FACHBUCHREIHE
für wirtschaftliche Bildung

Volkswirtschaftslehre

13. Auflage

VERLAG EUROPA-LEHRMITTEL
Nourney, Vollmer GmbH & Co. KG
Düsselberger Straße 23
42781 Haan-Gruiten

Europa-Nr.: 95019

EUROPA LEHRMITTEL

Autoren:

Albers, Hans-Jürgen	Prof. Dr., Dipl.-Hdl.	Böbingen/Rems
Albers-Wodsak, Gabriele	Dr., Dipl.-Kfm., Oberstudienrätin	Böbingen/Rems

13. Auflage 2018

Druck 5 4 3 2 1

Alle Drucke derselben Auflage sind parallel einsetzbar, da bis auf die Behebung von Druckfehlern untereinander unverändert.

ISBN 978-3-8085-4603-1

http://www.europa-lehrmittel.de

Umschlag, Satz: Satz+Layout Werkstatt Kluth GmbH, 50374 Erftstadt

Umschlagkonzept: tiff.any GmbH, 10999 Berlin

Umschlagfoto: © chungking – shutterstock.com

Druck: Dardedze Holografija, LV-1063 Riga (Lettland)

Vorwort

Das Lern- und Arbeitsbuch **„Volkswirtschaftslehre"** enthält die Gegenstände der allgemeinen Volkswirtschaftslehre. Es berücksichtigt den gegenwärtigen Erkenntnisstand der Wirtschaftstheorie und Wirtschaftspolitik und gibt aktuelle Entwicklungen der Wirtschaftsrealität wieder. Grundlage der Inhaltsauswahl sind entsprechende Lehrpläne der Bundesländer.

Das Buch ist geeignet für

- **Schülerinnen und Schüler sowie Lehrerinnen und Lehrer an Wirtschaftsgymnasien und gymnasialen Oberstufen,**
- **Schülerinnen und Schüler sowie Lehrerinnen und Lehrer an Berufsfachschulen, Fachoberschulen, Berufsoberschulen und vergleichbaren Schulformen,**
- **Studierende und Lehrende an Fachschulen, Berufsakademien, Verwaltungs- und Wirtschaftsakademien und im wirtschaftswissenschaftlichen Grundstudium an Universitäten, Pädagogischen Hochschulen und Fachhochschulen,**
- **Teilnehmerinnen und Teilnehmer sowie Dozentinnen und Dozenten an Kursen, Lehrgängen und Seminaren der Weiterbildung und Umschulung.**

Das Buch eignet sich sowohl für den Einsatz im volkswirtschaftlichen **Unterricht** als auch zum **eigenständigen Lernen,** z. B. im Rahmen von Vor- und Nachbereitungen.

Die oftmals komplexen Zusammenhänge werden **übersichtlich** und **verständlich** dargestellt. Die Kapitel sind einheitlich aufgebaut:

- Inhalt des Kapitels
- Erkenntnisleitende Fragestellungen am Beginn jedes Abschnitts
- Hinführung zum Problem
- Sachdarstellung
- Zusammenfassung des Kerninhalts in Merksätzen
- Aufgaben zum Üben und Vertiefen

Die **Sachdarstellung** enthält zahlreiche **Übersichten und Schaubilder,** die die Gegenstände einprägsam strukturieren und Zusammenhänge offenlegen. Tabellen mit **aktuellen Daten** zeigen die Sachverhalte in ihren realen Dimensionen. **Praxisnahe Beispiele, Texte, Zeitungsausschnitte** und sonstige Verweise stellen den notwendigen Zusammenhang zwischen **Theorie und Praxis** her. Sie ermöglichen die Anwendung der Erkenntnisse auf reale Situationen und fördern das **Verständnis wirtschaftlicher Situationen des privaten, beruflichen und gesellschaftlichen Lebensbereichs.**

Ein **ausführliches Inhaltsverzeichnis** erleichtert die Orientierung und ein **umfangreiches Stichwortverzeichnis** erlaubt das gezielte Aufsuchen einzelner Gegenstände.

Für die **13. Auflage** wurde das Buch durchgängig aktualisiert. Wirtschaftspolitische Inhalte wurden an die aktuellen Entwicklungen angepasst.

Für Verbesserungsvorschläge sind Verlag und Autoren stets dankbar. Schreiben Sie uns unter lektorat@europa-lehrmittel.de.

Im Herbst 2018 *Die Autoren*

Inhaltsübersicht

Inhaltsverzeichnis

Erkenntnisobjekt, Gegenstände und Methoden der Volkswirtschaftslehre

Die Beschäftigung mit wirtschaftlichen Fragen reicht in die Ursprünge menschlichen Daseins zurück. Erste Ansätze systematischen Arbeitens finden sich bereits bei den Philosophen der Antike. Vor allem PLATON und ARISTOTELES setzten sich mit wirtschaftlichen Problemen im Rahmen der „Politik" und „Gesellschaftslehre" auseinander. Als wissenschaftliche Disziplin im engeren Sinne ist die Volkswirtschaftslehre (früher oft auch Nationalökonomie oder Politische Ökonomie genannt) jedoch vergleichsweise jung. Seit etwa der zweiten Hälfte des 16. Jahrhunderts, als sich in Europa das Wirtschaftssystem des Merkantilismus entwickelte, wurden die Auseinandersetzungen mit wirtschaftlichen Problemen zahlreicher und systematischer. Von einer eigenständigen wissenschaftlichen Disziplin kann aber wohl erst seit Beginn des 18. Jahrhunderts gesprochen werden, als in Deutschland, England, Frankreich und Italien erste zusammenfassende Schriften entstanden, die ein das Wissen der damaligen Zeit umfassendes Lehrgebäude enthielten.

„Wir sind der Meinung, dass es unendlich viele Dinge gibt, die wichtiger sind als Wirtschaft: Familie, Gemeinde, Staat, alle sozialen Integrationsformen überhaupt bis hinauf zur Menschheit, ferner das Religiöse, das Ethische, das Ästhetische, kurz gesagt, das Menschliche, das Kulturelle überhaupt. Alle diese großen Bereiche ... sind wichtiger als die Wirtschaft. Aber sie alle können ohne die Wirtschaft nicht existieren; für sie alle muss die Wirtschaft das Fundament, den Boden bereiten."

Rüstow, A.: Wirtschaft als Dienerin der Menschlichkeit. In: Aktionsgemeinschaft Soziale Marktwirtschaft (Hrsg.): Was wichtiger ist als Wirtschaft. – Ludwigsburg 1960, S. 8

Wissenschaftliche Disziplinen bestimmen sich vor allem durch ihr Erkenntnisobjekt, das den Gegenstand der Betrachtung kennzeichnet und in der Regel durch eine Systematik in zweckmäßige Arbeitsgebiete eingeteilt ist, sowie durch spezifische Methoden zur Erkenntnisgewinnung.

Was Volkswirtschaftslehre ist ...

Noch vor wenigen Jahren wünschten sich die angehenden Studenten, die Volkswirtschaftslehre möglichst in einem Satz definiert zu bekommen. Der starken Nachfrage entsprach denn auch ein nicht minder kräftiges Angebot von Definitionen.

...

Mit einem Wort: Keine Definition ist erschöpfend, keine ist aber auch wirklich notwendig. Dennoch könnte die folgende den Zweck einer allgemeinen Einführung erfüllen:

- Die Volkswirtschaftslehre behandelt und prüft die Gesichtspunkte, nach denen sich der Einzelne und die Gesellschaft im Zeitablauf entscheiden, die stets knappen Produktionsmittel – sei es mit oder ohne Verwendung von Geld – zur Güterproduktion heranzuziehen, und wie das Produktionsergebnis auf den heutigen und zukünftigen Konsum der einzelnen Individuen und der Gesellschaftsgruppen aufgeteilt wird.

Samuelson, Paul A.: Volkswirtschaftslehre. Bd. I. – Köln ³1965, S. 19 ff.

Erkenntnisobjekt der Volkswirtschaftslehre

Erkenntnisobjekt der Volkswirtschaftslehre sind „generell Erscheinungen des Wirtschaftslebens" (WOLL). Untersucht werden Bedingungen und Beweggründe der Entscheidungen und Handlungen von Individuen und Institutionen, soweit sie sich auf die Verwendung knapper Mittel beziehen („wirtschaften"). In Anlehnung an SAMUELSON[1] hat die Volks-

[1] SAMUELSON, Paul A., amerikanischer Nationalökonom, 1979 erster Nobelpreisträger für Wirtschaftswissenschaften

wirtschaftslehre vor allem drei Grundfragen zum Gegenstand: WAS soll produziert werden, WIE soll produziert werden und FÜR WEN soll produziert werden.

Gegenstände der Volkswirtschaftslehre

In der Literatur finden sich etliche Vorschläge zur Unterteilung des Gegenstandsbereichs der Volkswirtschaftslehre. Dies allein schon deutet darauf hin, dass eine allseits befriedigende Systematik nicht besteht. Eine schlüssige Gliederung bereitet auch deswegen Schwierigkeiten, weil sich im deutschsprachigen Raum eine Aufteilung der Wirtschaftswissenschaft in die beiden weitgehend eigenständigen Disziplinen Betriebswirtschaftslehre und Volkswirtschaftslehre entwickelt hat. Diese Aufteilung ist so weitgehend, dass sie zu unterschiedlichen Studienabschlüssen (z.B. „Diplom-Kaufmann/-frau" und „Diplom Volkswirt/-in") führt.

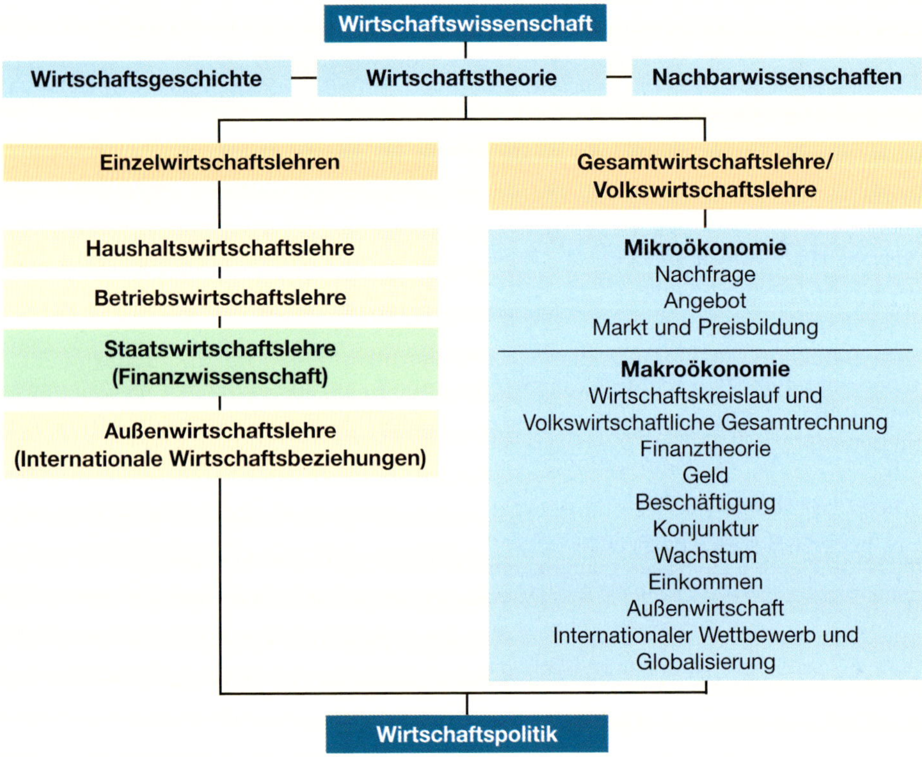

Die Betriebswirtschaftslehre ist eine Einzelwirtschaftslehre. Sie betrachtet wirtschaftliche Aktivitäten in Unternehmen, insbesondere im Zusammenhang mit dem Güterangebot.

Die Volkswirtschaftslehre ist eine Gesamtwirtschaftslehre. Allerdings weist sie in Teilgebieten (z.B. Theorie der Nachfrage, Theorie des Angebots) beträchtliche Ähnlichkeiten mit einzelwirtschaftlichen Betrachtungen auf. Darüber hinaus beschäftigt sich die Theorie der Nachfrage hauptsächlich mit der Nachfrage der privaten Haushalte, die spezifischen Nachfragebedingungen der Unternehmen und des Staates bleiben weitgehend unberücksichtigt. In ähnlicher Weise beschäftigt sich die Theorie des Angebots fast ausschließlich mit dem Angebot des Sektors „Unternehmen" und vernachlässigt das Angebotsverhalten der anderen Sektoren.

Zur weiteren Unterteilung der Volkswirtschaftslehre werden häufig die aus dem angelsächsischen Sprachraum übernommenen Begriffe Mikroökonomie und Makroökonomie verwendet, wobei der Mikroökonomie die mehr einzelwirtschaftlichen und der Makroökonomie die gesamtwirtschaftlichen Aspekte zugeordnet sind.

Eine Gliederung der Wirtschaftswissenschaft nach Akteuren bzw. Wirtschaftssektoren führt zu vier Einzelwirtschaftslehren: Haushaltswirtschaftslehre, Betriebswirtschaftslehre, Staatswirtschaftslehre und Außenwirtschaftslehre. Während sich die Betriebswirtschaftslehre zu einer breit gefächerten eigenständigen Disziplin entwickelt hat, bestehen für die übrigen Wirtschaftssektoren keine eigenständigen Wirtschaftslehren; sie werden – mehr oder weniger umfassend – durch Teilgebiete der Volkswirtschaftslehre abgedeckt. Die wirtschaftlichen Aktivitäten des Staates finden in der „Finanzwissenschaft" oder „Finanztheorie" und die außenwirtschaftlichen Beziehungen in der „Außenwirtschaftslehre" ihren Niederschlag. Das wirtschaftliche Handeln der privaten Haushalte wird – in einer weitgehend auf Nachfrageaspekte reduzierten Form – in der Nachfragetheorie behandelt.

Methoden der Volkswirtschaftslehre

Neben allgemeinen Methoden wissenschaftlichen Handelns verfügt jede Disziplin auch über spezifische bzw. bevorzugte Arbeitsmethoden. Typisch für die Volkswirtschaftslehre ist die Arbeit mit Theorien, Hypothesen und Modellen.

Volkswirtschaftliche Aussagen liegen in Form von **Theorien** vor. Die aus der Beobachtung wirtschaftlicher Vorgänge gewonnenen Einsichten über Sachverhalte werden durch **Termini** sprachlich bestimmt; die dahinter stehenden Begriffe durch **Definitionen** in ihrem Gegenstand festgelegt und in ihrem Umfang abgegrenzt. Die Erkenntnisse über Zusammenhänge und über Ursache-Wirkungs-Verhältnisse werden in **Hypothesen** ausgedrückt („Wenn der Preis eines Gutes sinkt, steigt die Nachfrage nach diesem Gut"). Eine Hypothese ist eine Aussage über eine vermutete Beziehung zwischen einem auslösenden Faktor und einem Ereignis. Regelhafte Beobachtungen, die also nur in Ausnahmefällen nicht zutreffen, werden häufig als **Gesetze** bezeichnet („Gesetz der Nachfrage"). Die Zusammenfassung mehrerer, sachlich verwandter Hypothesen und deren Verallgemeinerung führt zu einer Theorie („Theorie der Nachfrage").

Die in der Wirtschaftsrealität beobachtbaren Phänomene sind zumeist in ein vielfältiges Netz von Zusammenhängen eingebunden. In dieser Komplexität sind die Gegenstände kaum darstell- und handhabbar. Daher werden der Beschreibung von Vorgängen und der Untersuchung von Folgen oft Modelle zugrunde gelegt. Ein **Modell** ist einerseits ein System von Hypothesen und andererseits ein vereinfachtes Abbild der Wirklichkeit, welches unter Verzicht auf Vollständigkeit und Spezifikationen die wesentlichen Elemente eines Phänomens darstellt. So werden z.B. Abhängigkeiten bei der Güternachfrage auf einem Modellmarkt mit nur zwei unterschiedlichen Gütern dargestellt („Zwei-Güter-Modell").

Die Modellbedingungen, insbesondere die vereinfachenden Annahmen, werden als **Prämissen** bezeichnet („Auf einem Markt bieten *viele Anbieter* das *gleiche Gut* an"). Eine häufig verwendete Prämisse ist die **Ceteris-paribus-**Annahme (Ceteris-paribus-Klausel). „Ceteris paribus" (c. p.) bedeutet „unter sonst gleich bleibenden Bedingungen". Diese Annahme ist notwendig, um bei mehreren Wirkungsbeziehungen den Zusammenhang zwischen *einem bestimmten* auslösenden Faktor und *seinen* Folgen deutlich machen zu können. Die Wirkungen anderer Einflussgrößen werden für den Beobachtungszeitraum als konstant unterstellt

Ceteris-paribus-Klausel (c. p.)

Eine Frage an die Wirtschaftstheorie kann lauten: „Wie verändert sich die Nachfragemenge nach einem Gut x, wenn der Preis dieses Gutes steigt?"

Die Nachfrage nach einem Gut hängt von mehreren Faktoren ab: Preis des Gutes, Preise anderer Güter, Einkommen, Nutzenschätzungen der Nachfrager. →

→ In der Realität kann es vorkommen, dass mehrere Einflussgrößen gleichzeitig wirksam werden. So kann einerseits der Preis für das Gut steigen, das Einkommen der Nachfrager steigen und die Wertschätzung des Gutes bei den Nachfragern steigen, z.B. weil es in Mode gekommen ist.

Für normales Nachfrageverhalten gilt:

- Bei steigendem Preis sinkt die Nachfragemenge.
- Steigendes Einkommen und steigende Wertschätzung erhöhen die Güternachfrage.

Sind die Effekte aus Einkommen und Wertschätzung in ihrer Wirkung auf die Nachfragemenge stärker als die Wirkung der Preiserhöhung, so steigt die Nachfrage nach dem Gut.

Beobachtbar sind also drei auslösende Faktoren (Preissteigerung, Einkommenssteigerung, steigende Wertschätzung) und eine Wirkung (steigende Nachfragemenge). Unter der Oberfläche hat jedoch jeder Faktor eine eigene Wirkung entfaltet. Die Eingangsfrage gilt der Wirkung eines bestimmten Faktors; sein Einfluss muss also von den Einflüssen der übrigen Faktoren isoliert werden.

Die vollständige Antwort müsste demnach lauten: „Wenn der Preis eines Gutes steigt und wenn im Betrachtungszeitraum die Preise anderer Güter, das Einkommen und die Nutzenschätzungen der Güter gleich bleiben, sinkt die Nachfragemenge."

In Kurzform lautet die Antwort: „Wenn der Preis eines Gutes steigt, sinkt c.p. die Nachfragemenge."

Homo oeconomicus

Der „homo oeconomicus" ist ein in der Wirtschaftstheorie (vor allem in der klassischen und neoklassischen Wirtschaftstheorie) häufig unterstelltes menschliches Verhaltensmodell. Der „homo oeconomicus" entscheidet bei seinen Handlungen ausschließlich rational, verfolgt nur sein Eigeninteresse und ist darauf bedacht, seinen eigenen Nutzen zu maximieren. Durch diese Handlungsannahmen lassen sich ökonomische Verhaltensmuster erklären und auch Prognosen über voraussichtliches Verhalten aufstellen.

Allerdings zeigen sowohl unser Alltagswissen als auch sozio-ökonomische Experimente, dass Menschen in konkreten Situationen durchaus auch anders, d.h. irrational, emotional, opportunistisch und eben auch moralisch handeln. Das Leitbild des „homo oeconomicus" wird heute, insbesondere unter dem Einfluss moderner Institutionen- und Verhaltensökonomie, kritisch gesehen.

Homo oeconomicus: Anspruch und Wirklichkeit

Der Professor und der Regenschirm

„Ich brauchte in einer Zeit, als noch kein Mangel war, einen neuen Regenschirm. Es war zu überlegen, wie ich in meiner Rolle als Abnehmer die in der freien Marktwirtschaft mir obliegende Pflicht der Auswahl am besten treffen konnte. In Köln gibt es, so nahm ich an, etwa 50 Läden, in denen man einen Regenschirm kaufen kann. Diese müsste ich pflichtgemaß alle aufsuchen und keinen, da es ungerecht wäre, auslassen. Dann gibt es schätzungsweise 200 Sorten Regenschirme für Herren. Da es ein schwarzer Regenschirm mit gebogener Krücke sein sollte, mag sich die Sortenzahl auf 100 ermäßigen. Nun aber geht es mir um einen möglichst dauerhaften Regenschirm, dessen Stoff, Stock und Mechanik lange hält und auch bei starkem Wind brauchbar bleibt. Ich fand bald heraus, dass, allein um die Güte der Regenschirmstoffe auf Haltbarkeit und Wasserundurchlässigkeit zu prüfen, ein Kursus nötig sei, den ein Freund auf vier Wochen Dauer schätzte, geeignete Veranlagung des Lernenden vorausgesetzt. Auch die Mechanik sei, so meinte er, in ihrer Qualität verschieden, und man müsse schon etwas davon verstehen, wenn man eine sachkundige Auswahl treffen wolle. Diese Überlegungen führten dahin, dass ich, um mich und meine Familie mit dem nötigen Hausrat und der nötigen Bekleidung zu versehen, meinen Beruf aufgeben und noch einen Assistenten anstellen müsse. Dies bedenkend, verzichtete ich auf jede Konkurrenzprüfung, ging in den nächsten Laden und kaufte unter zehn vorgelegten Schirmen einen ohne lange Prüfung und zahlte dafür, was gefordert wurde."

Eugen Schmalenbach: Der freien Wirtschaft zum Gedächtnis. Köln, Opladen: Westdeutscher Verlag, 1949, S. 58

1 Grundlagen wirtschaftlichen Handelns

Wirtschaftliches Handeln ist mit dem menschlichen Dasein untrennbar verbunden. Im privaten und beruflichen Bereich müssen wir Tag für Tag wirtschaftliche Entscheidungen treffen und auch konkret wirtschaftlich handeln. Im gesellschaftlich-politischen Bereich finden ständig wirtschaftliche Ereignisse und Entwicklungen statt, von denen wir direkt und indirekt betroffen sind. Sowohl für das konkrete wirtschaftliche Handeln als auch für das Verständnis gesellschaftlich-politischer Vorgänge, ihrer Ursachen und Folgen, sind wirtschaftliche Grundkenntnisse und grundlegende Einsichten in wirtschaftliche Zusammenhänge unabdingbar.

1.1 Grundbegriffe

Eine sachverständige Auseinandersetzung mit wirtschaftlichen Sachverhalten setzt die Kenntnis ökonomischer Grundfragen und einiger zentraler Begriffe der Ökonomie voraus.

1.1.1 Wirtschaften und Wirtschaftssubjekte

Was sind die Grundlagen und Rahmenbedingungen wirtschaftlichen Handelns? **?**

▶ **Wirtschaften**

Die häufigste Definition für „Wirtschaften" lautet:

! Wirtschaften ist planmäßiger und effizienter Umgang mit knappen Mitteln zur Befriedigung von Bedürfnissen.

Ziel wirtschaftlichen Handelns ist die bestmögliche Versorgung der Menschen mit Gütern.

In dieser Kennzeichnung tauchen Begriffe auf, die später noch genauer erläutert werden müssen. Einige bedeutsame Merkmale lassen sich aber schon jetzt festhalten.

- Wirtschaften dient der Bedürfnisbefriedigung.
- Wirtschaftliches Handeln ist planmäßig, d.h. auf ein bestimmtes Ziel gerichtet; es ist kein absichtsloses, spielerisches Tun.
- Wirtschaften ist auf den Einsatz von Mitteln angewiesen, die prinzipiell knapp sind.

- Wirtschaftliches Handeln ist auf Effizienz ausgerichtet, d. h., es wird ein möglichst günstiges Verhältnis zwischen Mitteleinsatz (Aufwand) und Ergebnis (Nutzen, Gewinn) angestrebt.

▶ Wirtschaftssubjekte

Diejenigen, die wirtschaftlich handeln, werden als **Wirtschaftssubjekte** oder als **Wirtschaftseinheiten** bezeichnet.

! **Wirtschaftssubjekte** (Wirtschaftseinheiten): kleinste, selbstständig wirtschaftende Einheiten (z. B. ein privater Haushalt, ein Unternehmen)

Im Zusammenhang mit wirtschaftlichem Handeln müssen immer wieder grundsätzliche Entscheidungen getroffen werden:

- Welche Güter sollen in welchen Mengen hergestellt werden?
- Welche Produktionsmittel sollen in welchen Mengen für die Herstellung dieser Güter eingesetzt werden?
- Wer soll Nutznießer der hergestellten Güter sein?

! Wirtschaftliche Grundentscheidungen: **WAS** soll **WIE** und **FÜR WEN** hergestellt werden?

1.1.2 Bedürfnisse, Güter, Knappheit

? Was sind Bedürfnisse und Güter und warum besteht grundsätzlich Knappheit?

▶ Bedürfnisse

Wirtschaftliches Handeln findet in einem komplexen Beziehungsgeflecht statt. Ausgangspunkt und Triebkraft sind **Bedürfnisse** und der Wunsch, diese Bedürfnisse zu befriedigen.

! Bedürfnis ist das Gefühl eines Mangels, mit dem Streben, diesen Mangel zu beseitigen.

Diese übliche Definition für Bedürfnisse ist wertneutral und knüpft keinerlei Bedingungen an die Art einer Empfindung, an die Art der Mängelbeseitigung oder an die Entstehung des Bedürfnisses. Sie macht keinen Unterschied, ob jemand Hunger verspürt und sich etwas zu essen kauft oder ob jemand den Wunsch nach einem großen Auto hat und dafür eine Bank ausraubt. An diese Problematik knüpft die Diskussion um „berechtigte" und „unberechtigte" Bedürfnisse an.

Menge und Vielfalt menschlicher Bedürfnisse sind unbegrenzt. Zwar lässt sich in einzelnen Bereichen vielleicht eine Sättigung erreichen, doch sind in einer konkreten Situation bei jedem Menschen stets zahlreiche Wünsche unerfüllt.

> „Ein jeder Wunsch, wenn er erfüllt, kriegt augenblicklich Junge."
>
> *Wilhelm Busch, deutscher Zeichner und Dichter (1832–1908)*
>
> „Willst du jemanden reich machen, musst du nicht sein Gut mehren, sondern seine Bedürfnisse mindern."
>
> *Epikur, griechischer Philosoph (341–271 v. Chr.)*
>
> „Ich gehe jede Woche auf den Markt, um zu sehen, wie viele Dinge es gibt, die ich nicht brauche."
>
> *Sokrates, griechischer Philosoph (470–399 v. Chr.)*

▶ Bedürfnisarten

Die Vielfalt der Bedürfnisse hat zu verschiedenen Versuchen geführt, Bedürfnisse in Kategorien einzuteilen. Ob die vorgenommenen Einteilungen immer sehr sinnvoll sind, ist sicher diskussionswürdig. Die gängigsten Einteilungen werden im Folgenden kurz vorgestellt.

Die immer noch recht häufig anzutreffende Unterscheidung in **Existenzbedürfnisse, Kulturbedürfnisse** und **Luxusbedürfnisse** bringt kaum Erkenntniszuwächse. Insbesondere eine Zuordnung zu bzw. eine Unterscheidung zwischen Kultur- und Luxusbedürfnissen erscheint kaum möglich; was Kultur und was Luxus ist, ist individuell, zeitlich und gesellschaftlich höchst unterschiedlich.

Aussagefähiger ist eine Unterscheidung der Bedürfnisse nach der Dringlichkeit in Primär- und Sekundärbedürfnisse oder in Grundbedürfnisse und gesellschaftliche Bedürfnisse:

Bedürfnisarten		
Primärbedürfnisse Müssen befriedigt werden. (Essen, Trinken, Schlafen, Wohnen, Kleidung)		**Sekundärbedürfnisse** Hängen vom Einkommen, vom sozialen Umfeld und von sonstigen Faktoren ab.
Grundbedürfnisse*		**Gesellschaftliche Bedürfnisse**
Natürliche Bedürfnisse (Essen, Trinken, Schlafen, Wohnen, Kleidung)	Gesundheit, Bildung, Erwerbstätigkeit, Qualität des Arbeitslebens u. a.	Bedürfnisse, die von der Gesellschaft geprägt werden. (Durch Mode beeinflusste Bedürfnisse, auf Zivilisationsgüter gerichtete Bedürfnisse usw.)

* Einteilung nach OECD (= Organization for Economic Cooperation and Development; Organisation für wirtschaftliche Zusammenarbeit und Entwicklung)

Häufig wird auch die **Bedürfnispyramide** (Bedürfnishierarchie) von **MASLOW**[1] herangezogen. Diese ordnet die Bedürfnisse nach der Rangfolge, mit der ihre Befriedigung angestrebt wird. Dabei wird unterstellt, dass eine höhere Bedürfnisstufe erst dann befriedigt wird, wenn die darunter liegenden Stufen bis zu einem gewissen Grade befriedigt sind.

Körperliche Bedürfnisse: Essen, Trinken, Wärme, Schlaf, Sexualität

Sicherheit: Wohnung, fester Arbeitsplatz, Gesundheit, Ordnung, soziale Sicherheit

Soziale Beziehungen: Liebe, Partnerschaft, Freundeskreis, Gemeinschaft

Soziale Anerkennung: Status, Wohlstand, Ansehen, Achtung, Anerkennung

Selbstverwirklichung: Individualität, Talententfaltung, Entfaltung individueller Anlagen und Interessen.

Die Bedürfnispyramide macht deutlich, dass es unterschiedliche Arten von Bedürfnissen gibt und dass nur ein Teil der Bedürfnisse durch wirtschaftliche Aktivitäten, z. B. durch Güterkonsum, befriedigt werden kann. Im Mittelpunkt ökonomischer Betrachtungen stehen vor allem die wirtschaftlich zu befriedigenden Bedürfnisse.

---

[1] Abraham MASLOW (1908–1970), amerikanischer Psychologe, entwickelte 1958 ein der Bedürfnispyramide zugrunde liegendes Motivationsmodell.

Güter

Um Bedürfnisse befriedigen zu können, benötigen wir irgendetwas. Soweit die Bedürfnisse wirtschaftlicher Natur sind, können sie durch Konsum von Gütern befriedigt werden.

! Güter sind Mittel zur Befriedigung wirtschaftlicher Bedürfnisse.

Wie schon bei den Bedürfnissen, findet sich auch bei den Gütern eine Vielzahl von Einteilungsmöglichkeiten. Die wichtigsten werden im Folgenden kurz vorgestellt.

Güterarten

Wenn Güter in unbegrenzter Menge zur Verfügung stehen und für ihre Gewinnung keine wirtschaftlichen Anstrengungen notwendig sind, wird von **freien Gütern** gesprochen; alle anderen Güter werden als **wirtschaftliche Güter** bezeichnet. Da es aber praktisch keine freien Güter gibt (vielleicht mit Ausnahme der Luft), ist diese Unterscheidung wenig hilfreich. Daher beschäftigt sich die Ökonomie ausschließlich mit den wirtschaftlichen Gütern.

Bei den wirtschaftlichen Gütern lassen sich nach bestimmten Kriterien weitere Güterarten unterscheiden.

Güterarten			
Kriterium	**Arten**	**Erläuterung**	**Beispiele**
Beschaffenheit	Materielle Güter (Sachgüter, Waren)	Güter aus Materie. Man kann sie sehen und anfassen.	Hammer, Tisch
	Immaterielle Güter (Dienstleistungen)	Dienste einer Person stehen im Vordergrund.	Leistungen eines Arztes, einer Friseurin
Verwendungsort	Konsumgüter	Güter, die in einem privaten Haushalt verwendet werden.	Hammer in einem privaten Haushalt
	Produktionsgüter (Investitionsgüter)	Güter, die in einem Unternehmen eingesetzt werden.	Hammer in einem Unternehmen
Nutzungshäufigkeit	Gebrauchsgüter	Mehrmalige Nutzung	Auto
	Verbrauchsgüter	Einmalige Nutzung	Benzin
Anbieter	Private Güter	Anbieter sind privatwirtschaftliche Unternehmen.	Auto, Möbel
	Öffentliche Güter (Kollektivgüter)	Anbieter ist der Staat (die „öffentliche Hand").	Bildung, Straßen, innere und äußere Sicherheit
Beziehung zueinander	Substitutionsgüter	Güter können einander ersetzen.	Butter – Margarine Reis – Kartoffeln
	Komplementärgüter	Güter ergänzen sich.	Lampe – Glühbirne CD – CD-Spieler
Gleichartigkeit	Homogene Güter	Völlig gleichartige Güter	Superbenzin nach DIN
	Heterogene Güter	Verschiedenartige Güter	Benzin, Diesel

Substitutionsgüter: Esel-Boom in Anatolien

Die hohen Kraftstoffpreise haben in der Türkei nach einem Bericht der türkischen Zeitung „Zaman" die Nachfrage nach Eseln nach oben getrieben. Grund ist, dass zahlreiche Bauern wegen der teuren Energie vom Traktor auf die Lastentiere umgestiegen sind.

▶ Knappheit

Für die Herstellung von Gütern werden verschiedene Mittel eingesetzt, deren Grundelemente als **Produktionsfaktoren** bezeichnet werden. Die Menge der zur Verfügung stehenden Produktionsfaktoren ist in einem bestimmten Zeitpunkt und in einer bestimmten Situation begrenzt. Man sagt: Die Produktionsfaktoren sind grundsätzlich knapp.

Absolute und relative Knappheit

Absolute Knappheit: Ein Gut ist selten; es steht nur in ganz begrenzten Mengen zur Verfügung.

Relative Knappheit: Ein Gut ist nicht so reichlich vorhanden, dass alle entsprechenden Bedürfnisse befriedigt werden können.

Im wirtschaftlichen Sprachgebrauch wird schon dann von Knappheit gesprochen, wenn die nachgefragte Menge größer ist als die angebotene Menge.

Knappheit tritt in vielen Ländern in Form von Armut, Wasserknappheit, Energieknappheit usw. augenfällig in Erscheinung. Die hoch entwickelten Industrieländer werden häufig auch als Wegwerf- und Überflussgesellschaften bezeichnet. Aber auch in diesen Ländern gilt, dass die Summe der Bedürfnisse die Produktionsmöglichkeiten übersteigt. Knappheit ist eine ständige Begleiterscheinung wirtschaftlichen Handelns und ein zentrales Merkmal aller Wirtschaftsgesellschaften.

Zusammenfassung Kapitel 1.1:
Grundbegriffe

- Wirtschaften ist planmäßiger und effizienter Umgang mit knappen Mitteln.
- Ziel wirtschaftlichen Handelns ist die bestmögliche Versorgung der Menschen mit Gütern.
- Wirtschaftssubjekte bzw. Wirtschaftseinheiten sind die kleinsten, selbstständig wirtschaftenden Einheiten (z. B. ein privater Haushalt, ein Unternehmen).
- Die immer wieder zu treffenden Grundentscheidungen lauten: WAS soll WIE und FÜR WEN hergestellt werden.
- Bedürfnis ist das Gefühl eines Mangels, mit dem Streben, diesen Mangel zu beseitigen.
- Es besteht eine Vielzahl von Bedürfnissen. Eine Einteilung in Bedürfnisarten ist jedoch schwierig. Häufig verwendete Bedürfniskategorien sind:
  - Primär- und Sekundärbedürfnisse.
  - Grundbedürfnisse und gesellschaftliche Bedürfnisse.
  - Bedürfnishierarchie nach der Bedürfnispyramide von Maslow.
- Güter sind Mittel zur Befriedigung wirtschaftlicher Bedürfnisse.
- Güter ist der Oberbegriff für alles, was in irgendeiner Weise hergestellt wird. Alle anderen Bezeichnungen wie „Waren“, „Dienstleistungen“ usw. beschreiben Teilmengen der Gesamtmenge „Güter“.
- Güterarten werden vor allem nach den Kriterien „Beschaffenheit“, „Verwendungsort“, „Nutzungshäufigkeit“, „Anbieter“, „Beziehung zueinander“ und „Gleichartigkeit“ unterschieden.
- Produktionsfaktoren und Güter sind in einem bestimmten Zeitpunkt und in einer bestimmten Situation knapp. Im wirtschaftlichen Sprachgebrauch wird schon dann von Knappheit gesprochen, wenn die nachgefragte Menge größer ist als die angebotene Menge.

1.2 Volkswirtschaftliche Produktionsfaktoren

1.2.1 Begriff und Arten von Produktionsfaktoren

? Was wird für die Herstellung von Gütern benötigt?

Die Güter stellt in aller Regel die Natur nicht von sich aus in gebrauchsfähigem Zustand zur Verfügung; sie müssen produziert werden. Für die Herstellung der Güter wird eine Vielzahl von Produktionsmitteln eingesetzt. Werden die Produktionsmittel auf ihre Grundelemente zurückgeführt, ergeben sich die so genannten **Produktionsfaktoren.** Für die Leistungsfähigkeit eines Betriebes und auch einer Volkswirtschaft sind zwei Aspekte von Bedeutung:

- Menge der vorhandenen Produktionsfaktoren
- Qualität der Produktionsfaktoren.

! Produktionsfaktoren sind die zur Gütererzeugung benötigten Grundelemente.

Die Volkswirtschaftslehre unterscheidet traditionell drei Produktionsfaktoren:[1]

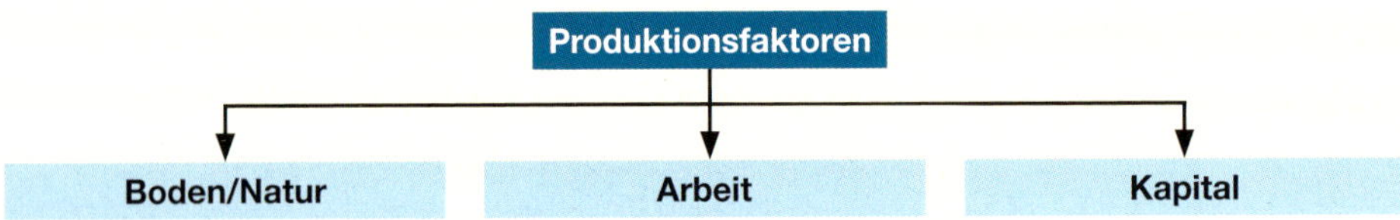

▶ Produktionsfaktor Boden/Natur

Der Produktionsfaktor Boden/Natur umfasst den Boden als solchen, die Bodenschätze und die natürlichen Elemente wie Luft, Wasser, Wind und Sonne. Nutzungsmöglichkeiten bestehen als Anbaufaktor, Abbaufaktor, Standortfaktor und Entsorgungsfaktor.

▶ Produktionsfaktor Arbeit

Der Produktionsfaktor Arbeit ist die menschliche Arbeit, die für den Prozess der Güterherstellung zur Verfügung steht. Arbeit kann in körperlichen oder geistigen Leistungen, in dispositiven[2] oder ausführenden Tätigkeiten bestehen.

▶ Produktionsfaktor Kapital

Der Produktionsfaktor Kapital besteht aus dem Sachkapital bzw. Realkapital der Unternehmen.[3] Dieses umfasst:

- Anlagen (Gebäude, Maschinen und Werkzeuge)
- Lagerbestände (Roh-, Hilfs- und Betriebsstoffe; Halb- und Fertigfabrikate).

[1] Es handelt sich hierbei um die volkswirtschaftlichen Produktionsfaktoren. In der Betriebswirtschaftslehre ist eine etwas andere Einteilung üblich.

[2] Dispositive Tätigkeiten: Leitung, Planung, Kontrolle

[3] Im üblichen Sprachgebrauch wird unter „Kapital" zumeist „Geldkapital" und nicht „Sachkapital" verstanden. Die Unterschiede sind nicht sehr groß. Zur Beschaffung von Sachkapital ist Geldkapital notwendig und in gewisser Weise ist Geldkapital im Sachkapital gebunden. Der Wert des Sachkapitals lässt sich stets in einer entsprechenden Menge Geldkapital ausdrücken.

Kapitalstock: Wert des für Produktionszwecke eingesetzten Anlagevermögens. Er wird sowohl für Betriebe (betrieblicher Kapitalstock) als auch für ganze Volkswirtschaften (gesamtwirtschaftlicher Kapitalstock) ermittelt.

Für moderne Produktionsprozesse spielt die Qualifikation der Beschäftigten, ihr technisches und kaufmännisches Fachwissen **(Humankapital),** eine große Rolle. Um diese Bedeutung hervorzuheben, wird gelegentlich ein vierter Produktionsfaktor hinzugefügt, der als „Bildung", „Know-how" oder ähnlich bezeichnet wird. Eine solche Erweiterung ist jedoch nicht notwendig, da es sich hierbei lediglich um qualitative Aspekte des Produktionsfaktors Arbeit handelt.

▶ Produktionsfaktor Information

Ein anderes „Produktionsgut" gewinnt allerdings heute so große Bedeutung, dass es angemessen erscheint, es als vierten Produktionsfaktor aufzuführen: **Informationen.** Der Besitz von Informationen, der schnelle Zugang zu Informationen, die Beschaffung zuverlässiger Informationen über Produkte, Märkte, Rahmenbedingungen usw. sowie deren sachgerechte Verarbeitung und schnelle Verwertung ist heute eine unerlässliche Voraussetzung für betrieblichen und gesamtwirtschaftlichen Erfolg.

Informationen stellen für die Güterherstellung wichtiges Wissen dar, das vom Unternehmen beschafft, gesammelt, verarbeitet, gespeichert und verfügbar gemacht wird.

Produktionsfaktoren			
Boden/Natur	**Arbeit**	**Kapital**	**Informationen**
Boden, Bodenschätze, Luft, Wasser, Sonne, Wind	Menschliche Arbeit	Sachkapital (Realkapital)	Beschaffung
▪ Anbaufaktor ▪ Abbaufaktor ▪ Standortfaktor ▪ Entsorgungsfaktor	▪ Körperliche und geistige Tätigkeiten ▪ Dispositive und ausführende Tätigkeiten	Anlagen (Gebäude, Maschinen, Werkzeuge) Lagerbestände	Verarbeitung Verwertung

Produktion ist die Herstellung von Gütern durch die Kombination von Produktionsfaktoren.

Die Produktionsfaktoren sind untereinander in Grenzen austauschbar; dieser Austauschprozess wird als **Substitution** bezeichnet. Am häufigsten wird Arbeit durch Kapital ersetzt (oft im Zuge von **Rationalisierung).** Das Verhältnis zwischen Kapitaleinsatz und Produktionsergebnis wird **Kapitalkoeffizient,** das Verhältnis zwischen Einsatzmenge an Arbeit und Produktionsergebnis wird als **Arbeitskoeffizient** bezeichnet.

$$\text{Kapitalkoeffizient} = \frac{\text{Kapitaleinsatz}}{\text{Produktionsergebnis}}$$

$$\text{Arbeitskoeffizient} = \frac{\text{Arbeitseinsatz}}{\text{Produktionsergebnis}}$$

Der Ersatz von Arbeit durch Kapital hat Folgen: Einerseits steigt die **Produktivität**[1], d.h. die durchschnittliche Leistung je Erwerbstätigen; andererseits verringert sich tendenziell

[1] Vgl. zu Einzelheiten der Produktivität den Abschnitt 1.3.3 „Erfolgskennziffern".

das **Arbeitsvolumen,** d. h. die für Menschen zur Verfügung stehende Arbeit. Immer mehr Arbeit wird durch Maschinen statt durch Menschen erledigt.

Den beiden Produktionsfaktoren Arbeit und Kapital kommt in modernen Industrie- und Dienstleistungsgesellschaften besondere Bedeutung zu. Sie werden daher im Folgenden noch etwas näher betrachtet.

Zusammenfassung Kapitel 1.2.1:
Begriff und Arten von Produktionsfaktoren

- Produktionsfaktoren sind die zur Gütererzeugung benötigten Grundelemente. Produktion ist die Herstellung von Gütern durch die Kombination von Produktionsfaktoren.
- Unterschieden werden in der Volkswirtschaftslehre die drei Produktionsfaktoren „Boden/Natur“, „Arbeit“ und „Kapital“; wegen der wachsenden Bedeutung von „Informationen“ werden diese in neuerer Zeit häufig als vierter Produktionsfaktor genannt.
- Produktionsfaktoren können zum Teil einander ersetzen (substituieren). Am häufigsten erfolgt die Substitution von Arbeit durch Kapital.

1.2.2 Arbeitsteilung

? Was ist Arbeitsteilung, welche Formen bestehen und welche Auswirkungen hat sie?

Auffälligstes Merkmal der Geschichte menschlicher Arbeit ist die ständig fortschreitende **Arbeitsteilung.**

! Arbeitsteilung ist die Zerlegung eines komplexen Arbeitsvorganges in Teilleistungen, die in der Regel von unterschiedlichen Wirtschaftssubjekten (Personen, Betrieben usw.) verrichtet werden.

Im Laufe der Zeit haben sich zahlreiche und unterschiedliche Formen der Arbeitsteilung herausgebildet.

Formen der Arbeitsteilung				
Personale Arbeitsteilung	**Institutionelle Arbeitsteilung**			**Territoriale Arbeitsteilung**
	Haushalte	Betriebe	Staat	

▶ Personale Arbeitsteilung

Bei der personalen Arbeitsteilung stehen Personen im Vordergrund. Die früheste Form war die Arbeitsteilung zwischen Männern und Frauen. Aufgrund besonderer Begabungen und Fertigkeiten konzentrierten sich einzelne Personen mehr und mehr auf bestimmte Tätigkeiten. Es bildeten sich die Berufe. Die zunächst breit angelegten Berufe wurden später oft noch in mehrere spezielle Unterberufe zergliedert **(Berufsspaltung).**

▶ Institutionelle Arbeitsteilung

Die institutionelle Arbeitsteilung betrachtet die Aufteilung von Tätigkeiten zwischen Haushalten, Betrieben und Staat. Ganz früher wurden die Tätigkeiten vollständig innerhalb von Haushalten (Horden, Sippen, Großfamilien usw.) erledigt. Irgendwann begann man jedoch damit, Stätten zu errichten, die ausschließlich der Güterproduktion dienten: Betriebe. Immer mehr Tätigkeiten wurden im Laufe der Zeit von den Haushalten in Betriebe ausgelagert. Heute findet Güterproduktion überwiegend in Betrieben statt.

Bestimmte Aufgaben, wie z.B. die Armenfürsorge und später auch beispielsweise die Bildung, wurden nicht Betrieben übertragen, sondern einem Gemeinwesen, z.B. der Stadt oder dem Land. Heute nennen wir die Gemeinwesen zusammenfassend „Staat".

Zwar bestehen auch gewisse Arbeitsteilungen zwischen Haushalten und zwischen staatlichen Einrichtungen, wirtschaftlich bedeutsam ist jedoch vor allem die betriebliche Arbeitsteilung.

Formen der betrieblichen Arbeitsteilung	
Zwischenbetriebliche Arbeitsteilung	**Innerbetriebliche Arbeitsteilung**
Vertikale Gliederung ▪ Urproduktion (Primärer Sektor) (Land-, Forst-, Fischwirtschaft, Bergbau[1]) ▪ Weiterverarbeitung (Sekundärer Sektor) (Handwerk und Industrie) ▪ Dienstleistung (Tertiärer Sektor) (Handel, Verkehr und sonstige Dienstleistungen wie Banken, Versicherungen usw.)	**Produktionsteilung** (Zerlegung eines Betriebes in mehrere Teilbetriebe)
Horizontale Gliederung Spezialisierung innerhalb der Sektoren	**Funktionsteilung** (Aufteilung eines Betriebes in Funktionen; z.B. Beschaffung, Fertigung, Lagerung, Verwaltung, Absatz)

[1] Der Bergbau wird teilweise dem sekundären Sektor zugeordnet (so z.B. vom Statistischen Bundesamt).

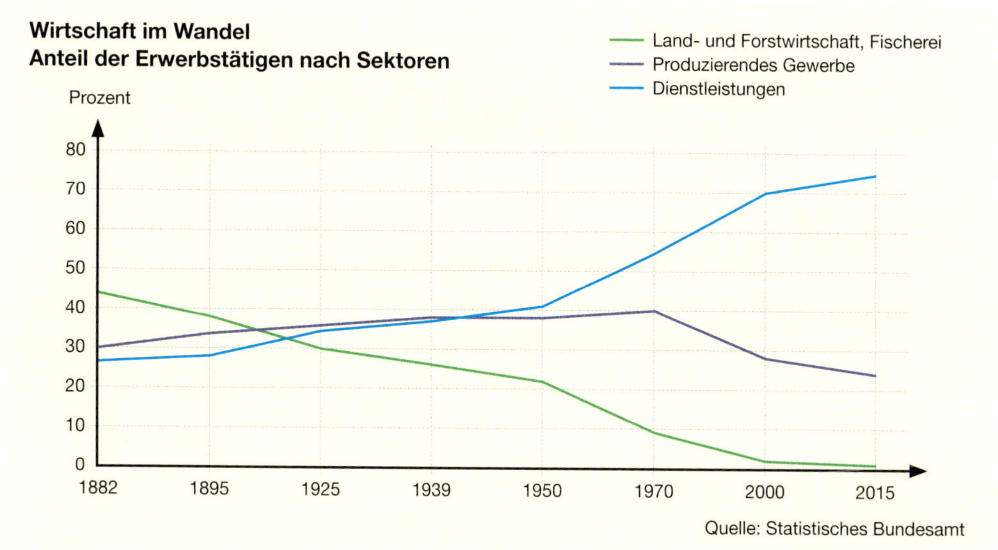

Die gesamtwirtschaftliche Bedeutung der Sektoren hat sich in den vergangenen zweihundert Jahren nachhaltig verändert. Zu Beginn des 19. Jahrhunderts war Deutschland noch ein Agrarland; weit über die Hälfte aller Beschäftigten war in der Land- und Forstwirtschaft tätig. Über den Weg einer Industriegesellschaft hat sich Deutschland im 21. Jahrhundert zu einer Dienstleistungs- und Informationsgesellschaft entwickelt. Diese Verschiebungen werden als langfristiger **Strukturwandel** bezeichnet.

Die weitestgehendste Form der Arbeitsteilung ist die **Arbeitszerlegung.** Hierbei wird der Arbeitsvorgang in kleinste Arbeitsschritte zergliedert, sodass für eine Person oft nur noch ein bestimmter, sich ständig wiederholender Handgriff bleibt.

▶ Territoriale Arbeitsteilung

Bei der territorialen Arbeitsteilung stehen räumliche Gesichtspunkte im Vordergrund. Werden Aufteilungen innerhalb eines Landes betrachtet, spricht man von **regionaler Arbeitsteilung** (Schiffbau an der Küste usw.). Eine Aufteilung zwischen verschiedenen Ländern wird **internationale Arbeitsteilung genannt.** Grundprinzip sowohl der regionalen als auch der internationalen Arbeitsteilung ist, dass Güter jeweils dort hergestellt werden, wo sie am günstigsten hergestellt werden können. Die internationale Arbeitsteilung hat in den letzten Jahrzehnten beträchtlich zugenommen. Vor allem Verbesserungen bei den Transport- und Kommunikationsmöglichkeiten haben dazu geführt, dass diese Arbeitsteilung nicht nur zwischen benachbarten Ländern, sondern weltweit stattfindet **(Globalisierung).**[1]

▶ Folgen der Arbeitsteilung

Arbeitsteilung hat weit reichende Folgen für das Produkt und den Produktionsprozess, aber auch für die Beschäftigten, die Gesellschaft und die Umwelt. Es verwundert daher nicht, dass sich Ökonomen immer wieder mit diesem Phänomen beschäftigt haben. Die bekannteste historische Darstellung ist das **„Stecknadelbeispiel"** von Adam Smith.[2]

Stecknadelbeispiel

Wir wollen daher als Beispiel die Herstellung von Stecknadeln wählen, ein recht unscheinbares Gewerbe, das aber schon häufig zur Erklärung der Arbeitsteilung diente. Ein Arbeiter, der noch niemals Stecknadeln gemacht hat und auch nicht dazu angelernt ist (erst die Arbeitsteilung hat daraus ein selbstständiges Gewerbe gemacht), sodass er auch mit den dazu eingesetzten Maschinen nicht vertraut ist (auch zu deren Erfindung hat die Arbeitsteilung vermutlich Anlass gegeben), könnte, selbst wenn er sehr fleißig ist, täglich höchstens eine, sicherlich aber keine zwanzig Nadeln herstellen. Aber so, wie die Herstellung von Stecknadeln heute betrieben wird, ist sie nicht nur als Ganzes ein selbstständiges Gewerbe. Sie zerfällt vielmehr in eine Reihe getrennter Arbeitsgänge, die zumeist zur fachlichen Spezialisierung geführt haben. Der eine Arbeiter zieht den Draht, der andere streckt ihn, ein dritter schneidet ihn, ein vierter spitzt ihn zu, ein fünfter schleift das obere Ende, damit der Kopf aufgesetzt werden kann. Auch die Herstellung des Kopfes erfordert zwei oder drei getrennte Arbeitsgänge. Das Ansetzen des Kopfes ist eine eigene Tätigkeit, ebenso das Weißglühen der Nadel, ja, selbst das Verpacken der Nadeln ist eine Arbeit für sich. Um eine Stecknadel anzufertigen, sind somit etwa 18 verschiedene Arbeitsgänge notwendig, die in einigen Fabriken jeweils verschiedene Arbeiter besorgen, während in anderen ein einzelner zwei oder drei davon ausführt. Ich selbst habe eine kleine Manufaktur dieser Art gesehen, in der nur 10 Leute beschäftigt waren, sodass einige von ihnen zwei oder drei solcher Arbeiten übernehmen mussten. Obwohl sie nun sehr arm und nur recht und schlecht mit dem nötigen Werkzeug ausgerüstet waren, konnten sie zusammen am Tage doch etwa 12 Pfund Stecknadeln anfertigen, wenn sie sich einigermaßen anstrengten. Rechnet man für ein Pfund über 4.000 Stecknadeln mittlerer Größe, so waren die 10 Arbeiter imstande, täglich etwa 48.000 Nadeln herzustellen, jeder also ungefähr 4.800 Stück. Hätten sie indes alle einzeln und unabhängig voneinander gearbeitet, noch dazu ohne besondere Ausbildung, so hätte der einzelne gewiss nicht einmal 20, vielleicht sogar keine einzige Nadel am Tag zustande gebracht. Mit anderen Worten, sie hätten mit Sicherheit nicht den zweihundertvierzigsten, vielleicht nicht einmal den viertausendachthundertsten Teil von dem produziert, was sie nunmehr infolge einer sinnvollen Teilung und Verknüpfung der einzelnen Arbeitsgänge zu erzeugen imstande waren. →

[1] Vgl. Abschnitt 13.3 „Globalisierung und internationaler Wettbewerb".

[2] Adam SMITH (1723–1790), englischer Philosoph und Nationalökonom; Begründer der klassischen Nationalökonomie

→ ...

Die enorme Steigerung der Arbeit, die die gleiche Anzahl Menschen nunmehr infolge der Arbeitsteilung zu leisten vermag, hängt von drei verschiedenen Faktoren ab: (1) der größeren Geschicklichkeit jedes einzelnen Arbeiters, (2) der Ersparnis an Zeit, die gewöhnlich beim Wechsel von einer Tätigkeit zur anderen verloren geht und (3) der Erfindung einer Reihe von Maschinen, welche die Arbeit erleichtern, die Arbeitszeit verkürzen und den einzelnen in den Stand setzen, die Arbeit vieler zu leisten.

Adam Smith: An Inquiry into the Nature and Causes of the Wealth of Nations (1776); dt. Der Wohlstand der Nationen; München 1974, S. 9 ff.

Eine eindeutige Klassifizierung der Folgen von Arbeitsteilung in Vor- und Nachteile ist oft nicht möglich. Was aus der Sicht eines Unternehmers ein Vorteil ist, ist für die Beschäftigten oft ein Nachteil und umgekehrt.

Wichtige Folgen der Arbeitsteilung sind:

- Höhere Produktivität
- Geringere Produktkosten
- Geringerer Bedarf an menschlicher Arbeit
- Höhere Arbeitseinkommen
- Monotone Arbeitsverrichtungen

Zusammenfassung Kapitel 1.2.2:
Arbeitsteilung

- Arbeitsteilung ist die Zerlegung eines komplexen Arbeitsvorganges in Teilleistungen, die in der Regel von unterschiedlichen Wirtschaftssubjekten (Personen, Betrieben usw.) verrichtet werden.
- Bei den Formen der Arbeitsteilung werden vor allem die personale, die institutionelle und die territoriale Arbeitsteilung unterschieden. Die betriebliche Arbeitsteilung wird weiterhin unterteilt in die zwischenbetriebliche und innerbetriebliche Arbeitsteilung. Die weitestgehende Form der Arbeitsteilung ist die Arbeitszerlegung.
- Wichtige Folgen der Arbeitsteilung sind: Höhere Produktivität, geringere Produktkosten, geringerer Bedarf an menschlicher Arbeit, höhere Arbeitseinkommen, monotone Arbeitsverrichtungen.

1.2.3 Sachkapitalbildung durch Investitionen

Was sind Investitionen, welche Arten gibt es und wie wird Sachkapital gebildet? ?

Das im Unternehmen vorhandene Sachkapital muss hergestellt bzw. beschafft werden. Die Schaffung von **Sachkapital** (Produktionsgütern) wird **Investition** genannt.

!

Investition ist die Verwendung von Gütern

- zur Produktion anderer Güter
- zur Lagerhaltung

Die Gesamtmenge aller Investitionen wird **Bruttoinvestitionen** genannt. Sie gliedern sich in **Anlageinvestitionen** und **Vorratsinvestitionen.**

- **Anlageinvestitionen** sind Investitionen in betriebliche Anlagen; sie verändern den Anlagenbestand. Unterschieden werden Investitionen in
  - Bauten
  - Ausrüstungen
  - Sonstige Anlagen
- **Vorratsinvestitionen** bestehen aus Veränderungen der Lagerbestände. Veränderungen können sich aus Zu- oder Abnahme des Lagerwertes ergeben. Bei Abnahme ergeben sich negative Vorratsinvestitionen. Vorratsinvestitionen sind die einzigen Investitionen, die negativ sein können.

Bruttoinvestitionen	Anlageinvestitionen	Bauten	
		Ausrüstungen	Maschinen und Geräte
			Fahrzeuge
		Sonstige Anlagen	Nutztiere und Nutzpflanzen
			Immaterielle Anlagen[1]
	Vorratsveränderungen		
	Nettozugang an Wertsachen[2]		

[1] Selbsterstellte EDV-Software, Urheberrechte, Suchbohrungen und Sonstiges

[2] Wertanlagen (Edelsteine, Edelmetalle, Antiquitäten, Kunstgegenstände u. Ä.); in der Praxis vor allem Käufe von Goldbarren und nicht umlauffähigen Goldmünzen
Der Nettozugang an Wertsachen wird statistisch mit den Vorratsveränderungen zusammengefasst.

Anlageinvestitionen lassen sich weiterhin nach dem mit der Investition beabsichtigten Zweck **(Investitionsmotiv)** unterscheiden.

Investitionsmotive	
Motiv	**Erläuterung**
Ersatz	Ersatz von Anlagen, die durch den Produktionsvorgang abgenutzt oder technisch veraltet sind.
Rationalisierung	Verbesserung bzw. Modernisierung der betrieblichen Anlagen.
Forschung, Entwicklung	Entwicklung und Herstellung neuer bzw. besserer Produkte und Produktionsverfahren.
Kapazitätserweiterung	Vergrößerung des betrieblichen Anlagebestandes.
Umweltschutz	Reduktion der mit der Güterproduktion verbundenen Umweltbelastungen.

Nettoinvestitionen sind alle Investitionen, die nicht dem Ersatz verbrauchter Anlagen (Ersatzinvestitionen) dienen; sie ergeben sich aus der Differenz zwischen Bruttoinvestitionen und Ersatzinvestitionen. Die Höhe der **Ersatzinvestitionen** entspricht den **Abschreibungen.**

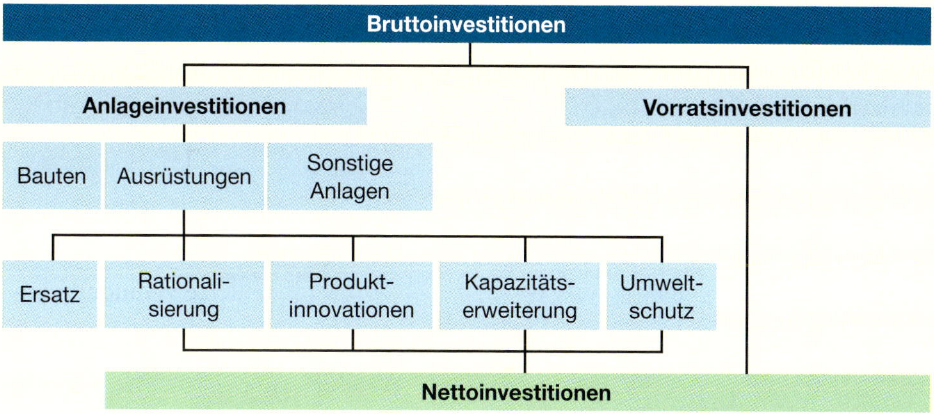

Bruttoinvestitionen in Deutschland
(Mrd. EUR)

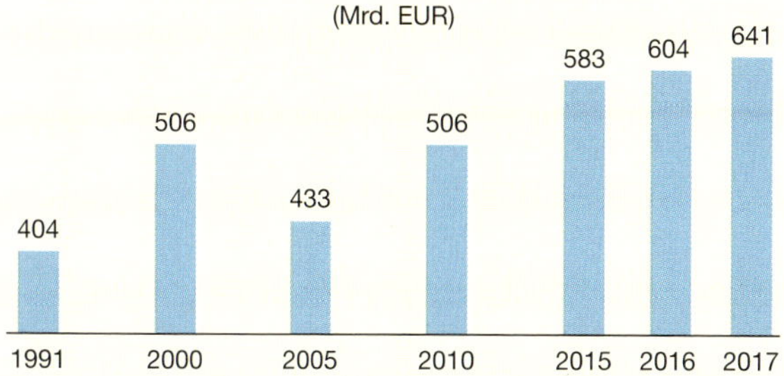

Quelle: Sachverständigenrat – Wirtschaft

Investitionsmotive	
Motiv	**2017 (%)**
Kapazitätserweiterung	67
Ersatz	27
Rationalisierung	6

Quelle: Ifo

In der Praxis sind die verschiedenen Investitionszwecke nicht immer strikt voneinander zu trennen. Wenn beispielsweise für eine veraltete Maschine eine neue gekauft wird, ist diese in der Regel auch leistungsfähiger als die bisherige Maschine; Ersatz- und Rationalisierungsinvestition vermischen sich.

Der Vorgang der Bildung von **Sachkapital** wird häufig veranschaulicht am Beispiel der Romanfigur des Robinson Crusoe von Daniel Defoe.

Robinson Crusoe wird als einziger Überlebender nach einem Schiffsunglück auf eine einsame, unbewohnte Insel verschlagen. Er verfügt zunächst nur über die beiden Produktionsfaktoren Boden und Arbeit. Um seinen Lebensunterhalt zu sichern, fängt er Fische mit der Hand, eine Arbeit die mithilfe eines Netzes ergiebiger wäre. Dies weiß auch Robinson Crusoe aufgrund seiner Lebenserfahrung. Deshalb beschließt er, eine Zeitlang weniger zu essen und einen Teil der Nahrungsmittel aufzubewahren, um über sie verfügen zu können, wenn er seine Arbeitskraft zur Herstellung des Netzes einsetzt. Volkswirtschaftlich entsteht durch die Herstellung des Netzes ein Produktionsgut, es wird Sachkapital gebildet. Robinson Crusoe leistet vorübergehend Konsumverzicht (= Sparen) und verwendet die dadurch frei gewordenen Mittel (seine Arbeitszeit) für die Herstellung eines Produktionsgutes (= Investieren = Kapitalbildung). Mithilfe des Netzes benötigt er zukünftig weniger Zeit um seine Fische zu fangen. Die gewonnene Zeit kann er nutzen, um zusätzliche Konsum- oder Produktionsgüter herzustellen. Sein Lebensstandard steigt.

Kapitalbildung geschieht durch Sparen und Investieren.

Produktionsfaktoren sind letztlich dazu da, Konsumgüter für die Menschen zu produzieren. Die Herstellung von Produktionsgütern ist daher nicht Selbstzweck, sondern nur Mittel zu dem Zweck, in späteren Perioden zusätzliche Konsumgüter herstellen zu können. Der Vorgang, dass Produktionsfaktoren zunächst zur Herstellung von Produktionsgütern eingesetzt werden, mit deren Hilfe dann nachfolgend zusätzliche Konsumgüter produziert werden können, wird daher auch als **Produktionsumweg** bezeichnet.

Zusammenfassung Kapitel 1.2.3:
Sachkapitalbildung durch Investitionen

- Investition bedeutet die Verwendung von Gütern zur Produktion anderer Güter oder zur Lagerhaltung.
- Die Gesamtmenge der Investitionen (Bruttoinvestitionen) gliedert sich in Anlage- und Vorratsinvestitionen.
- Bei den Anlageinvestitionen werden unterschieden:

Investitionsarten	Investitionsmotive
▪ Bauten	▪ Ersatz
▪ Ausrüstungen	▪ Kapazitätserweiterung
▪ Sonstige Anlagen	▪ Rationalisierung
	▪ Forschung, Entwicklung, Umweltschutz
	▪ Umstrukturierung

1.3 Bedingungen wirtschaftlichen Handelns

? Unter welchen Rahmenbedingungen findet wirtschaftliches Handeln statt?

Wirtschaftliches Handeln findet in allen Lebensbereichen statt: im privaten Bereich, im Beruf und im gesellschaftlichen Raum. Die Rahmenbedingungen sind vielfältig und individuell und situativ unterschiedlich. Dennoch sind einige Grundprinzipien typisch für ökonomisch sinnvolles Verhalten.

1.3.1 Ökonomisches Prinzip

? Welche Beziehungen bestehen zwischen Mitteleinsatz und Erfolg?

Die grundsätzliche Knappheit der Produktionsmittel sowie das Streben nach einem größtmöglichen Nutzen bzw. Gewinn legen nahe, die Produktionsmittel möglichst wirtschaftlich einzusetzen. Das Bemühen, ein optimales Verhältnis zwischen Mitteleinsatz und Produktionsergebnis zu erzielen, wird als **ökonomisches Prinzip** bzw. als **Wirtschaftlichkeitsprinzip** bezeichnet.

! Nach dem **ökonomischen Prinzip** zu handeln bedeutet, die knappen Mittel so einzusetzen, dass ein möglichst günstiges Verhältnis zwischen Mitteleinsatz und Ergebnis erzielt wird.

Zwei Formen dieses Prinzips werden unterschieden:

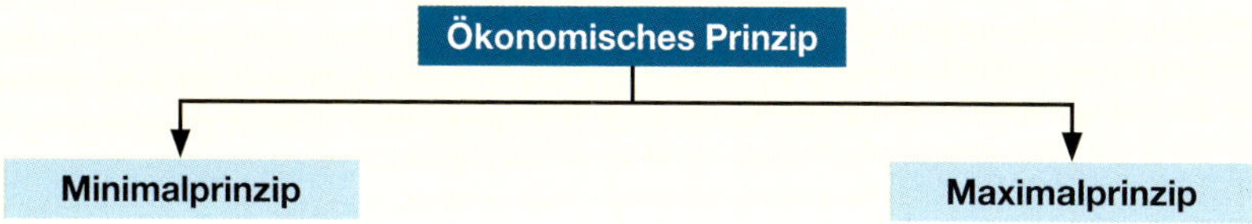

Minimalprinzip: Mit möglichst geringem Aufwand ein bestimmtes Ergebnis erzielen.

Maximalprinzip: Mit gegebenem Aufwand ein möglichst hohes Ergebnis erzielen.

Beispiel

Minimalprinzip: Ein Unternehmen erhält den Auftrag, von einem bestimmten Produkt 10.000 Stück zu liefern. Das Ergebnis ist gegeben. Das Unternehmen versucht nun, den Einsatz von Arbeitskräften und Maschinen optimal zu organisieren, damit der Auftrag mit möglichst geringen Kosten ausgeführt werden kann.

Maximalprinzip: Ein Unternehmen verfügt in einem bestimmten Zeitraum über einen gegebenen Bestand an Personal, Gebäuden und Maschinen. Es wird sich bemühen, diese Mittel so einzusetzen und miteinander zu kombinieren, dass ein möglichst hohes Produktionsergebnis erzielt wird.

Im betrieblichen Bereich ist das Minimalprinzip typisch für auftragsgebundene Produktion, das Maximalprinzip ist typisch für nicht auftragsgebundene Produktion.

Auch das private ökonomische Handeln richtet sich – oft unbewusst – nach dem ökonomischen Prinzip. Das Einkommen versuchen wir so zu verwenden, dass der erzielte Nutzen möglichst groß ist (Maximalprinzip). Den Kauf von Gütern versuchen wir so zu gestalten, dass möglichst geringe Ausgaben entstehen (Minimalprinzip).

Staatliches ökonomisches Handeln sollte sich ebenfalls am ökonomischen Prinzip ausrichten. Die begrenzten öffentlichen Mittel sollten so eingesetzt werden, dass der Nutzen für die Allgemeinheit möglichst groß ist. Bei vielen staatlichen Aktivitäten ist es jedoch nicht ganz einfach, darin die ökonomische Vernunft zu erkennen.

1.3.2 Produktionsmöglichkeitenkurve (Transformationskurve), Opportunitätskosten

Welche alternativen Gütermengen können mithilfe der knappen Produktionsfaktoren hergestellt werden?

Der Bestand einer Volkswirtschaft an Produktionsfaktoren kann zwar mittel- und langfristig verändert werden, zu einem gegebenen Zeitpunkt verfügt eine Volkswirtschaft (und jede andere Wirtschaftseinheit auch) über einen bestimmten Bestand. Mit diesen Produktionsfaktoren kann eine bestimmte Gütermenge hergestellt werden.

Die Produktionskapazität wird durch Menge und Qualität der vorhandenen Produktionsfaktoren begrenzt.

Sind alle Produktionsfaktoren ausgelastet, kann von einem Gut nur dann mehr hergestellt werden, wenn gleichzeitig von einem anderen Gut weniger hergestellt wird.

Beispiel

In einer Volkswirtschaft werden zwei Güter hergestellt: ein Konsumgut (Nahrungsmittel) und ein Investitionsgut (Maschinen). Werden alle Produktionsfaktoren für die Produktion von Nahrungsmitteln eingesetzt, können 800 Gütereinheiten hergestellt werden; werden alle Produktionsfaktoren für die Produktion von Maschinen eingesetzt, können 500 Gütereinheiten hergestellt werden. In der Volkswirtschaft werden zunächst nur Nahrungsmittel hergestellt. Sollen zusätzlich auch Maschinen hergestellt werden (z. B. 100), ist das nur möglich, wenn die Produktion von Nahrungsmitteln zurückgefahren wird (z. B. auf 700).

Der Zusammenhang lässt sich grafisch mithilfe der Produktionsmöglichkeitenkurve (Transformationskurve, Kapazitätslinie) darstellen:

Produktionsmöglichkeitenkurve (Transformationskurve, Kapazitätslinie)

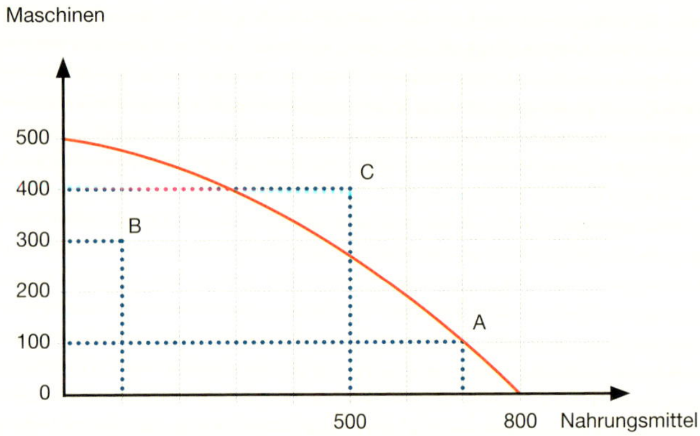

! Die Produktionsmöglichkeitenkurve (Transformationskurve, Kapazitätslinie) zeigt alle Gütermengenkombinationen an, die mit dem gegebenen Bestand an Produktionsfaktoren maximal produziert werden können.

In der Realität entspricht die Güterproduktion nur selten den maximalen Möglichkeiten; in der Regel sind die Produktionsfaktoren nicht voll ausgelastet. Bei allen Gütermengenkombinationen unterhalb der Kurve (z. B. Punkt B) besteht Unterbeschäftigung eines oder mehrerer Produktionsfaktoren. In einer solchen Situation kann die Produktion ausgeweitet werden, ohne dass zusätzliche Produktionsfaktoren geschaffen werden.

Gütermengenkombinationen oberhalb der Kurve (z. B. Punkt C) sind mit den vorhandenen Produktionsfaktoren nicht zu realisieren. Der Bestand an Produktionsfaktoren müsste erhöht werden. Dadurch verschiebt sich die Produktionsmöglichkeitenkurve nach rechts. Entsprechend hat eine Verringerung der Produktionsfaktoren eine Verschiebung der Kurve nach links zur Folge.

Die Zuordnung der Produktionsfaktoren zu den verschiedenen Einsatzmöglichkeiten wird **Faktorallokation** genannt. Zu den immer wieder zu treffenden wirtschaftlichen Entscheidungen gehört die Frage, wie die gegebenen (und knappen) Produktionsmittel auf die verschiedenen Produktionsmöglichkeiten bzw. Güter verteilt werden sollen.

Die Allokation ist dann **optimal,** wenn die Zuweisung den höchstmöglichen Nutzen bzw. Ertrag bringt und keine andere Zuweisung zu einem besseren Ergebnis führt.

Allokation: Zuweisung von Gütern und Produktionsfaktoren zu Personen oder Produktionsprozessen.

▶ Opportunitätskosten

Bei Auslastung der Produktionsfaktoren ist die Mehrproduktion eines Gutes nur auf Kosten der Produktion eines anderen Gutes möglich. Dieser Verzicht auf die Produktion eines anderen Gutes wird als **Opportunitätskosten (opportunity costs, Alternativkosten)** bezeichnet. Was für die Güterproduktion gilt, gilt ähnlich auch für die Güternachfrage. Bei gegebenem Budget, was leider der Regelfall ist, bedeutet die Geldausgabe für einen bestimmten Zweck immer auch den Verzicht auf eine andere Konsummöglichkeit.

Beispiel

Geldkosten: Eine Pizza kostet 8 Euro; ein Kinobesuch kostet 8 Euro.

Opportunitätskosten: Die Pizza kostet einen Kinobesuch; ein Kinobesuch kostet eine Pizza.

Wegen der prinzipiellen Knappheit von Produktionsfaktoren und Geld sind ständig Entscheidungen zwischen alternativen Verwendungsmöglichkeiten notwendig.

Opportunitätskosten sind der Nutzenentgang, der bei mehreren Alternativen durch die Entscheidung für die eine Möglichkeit und den dadurch notwendigen Verzicht auf andere Verwendungsmöglichkeiten entsteht.

Zusammenfassung Kapitel 1.3.2:
Produktionsmöglichkeitenkurve (Transformationskurve), Opportunitätskosten

- Das ökonomische Prinzip drückt das Bemühen aus, knappe Mittel mit einem möglichst hohen Wirkungsgrad einzusetzen, d. h. ein bestmögliches Verhältnis zwischen Aufwand und Ertrag zu erreichen. Unterschieden werden Minimalprinzip und Maximalprinzip.
- Die Produktionskapazität wird durch Menge und Qualität der vorhandenen Produktionsfaktoren begrenzt.
- Die Produktionsmöglichkeitenkurve (Transformationskurve) zeigt alle Gütermengenkombinationen an, die mit dem gegebenen Bestand an Produktionsfaktoren maximal produziert werden können.
- Opportunitätskosten sind der Nutzenentgang, der bei mehreren Alternativen durch die Entscheidung für die eine Möglichkeit und den dadurch notwendigen Verzicht auf andere Verwendungsmöglichkeiten entsteht.

1.3.3 Erfolgskennziffern: Produktivität, Wirtschaftlichkeit, Rentabilität

Durch welche Größen lässt sich der Erfolg wirtschaftlichen Handelns beurteilen?

Wenn man den Erfolg wirtschaftlichen Handelns messen will, werden Kennziffern benötigt, die es erlauben, den Mitteleinsatz und den daraus resultierenden Erfolg in Beziehung zu setzen. Solche Erfolgskennziffern sind **Produktivität, Wirtschaftlichkeit** und **Rentabilität**.

!

$$\text{Erfolgskennziffer} = \frac{\text{Erfolg}}{\text{Mitteleinsatz}}$$

Der Absolute Wert einer Erfolgskennziffer sagt zunächst wenig aus (z.B. Produktivität = 10). Erst durch einen

- Vergleich mit entsprechenden Werten ähnlicher Betriebe (Betriebsvergleich)

  oder
- Vergleich mit entsprechenden Werten früherer Perioden (Periodenvergleich)

lassen sich aussagefähige Erkenntnisse über die Leistungsfähigkeit und deren Entwicklung gewinnen.

▶ Produktivität

Die Produktivität setzt das Produktionsergebnis (Ausbringung) ins Verhältnis zu den eingesetzten Produktionsfaktoren **(Output-Input-Relation);** sie ist ein Maß für den Wirkungsgrad der Produktionsfaktoren. Je höher die Produktivität, desto größer ist die Ergiebigkeit der eingesetzten Produktionsfaktoren. „Ausbringung" und „Faktoreinsatz" werden in Mengen, bei Beteiligung mehrerer Produkte in Geldeinheiten angegeben.

!

$$\text{Produktivität} = \frac{\text{Ausbringung}}{\text{Faktoreinsatz}} = \frac{\text{Output}}{\text{Input}}$$

Entsprechend den drei Produktionsfaktoren werden **Bodenproduktivität, Arbeitsproduktivität** und **Kapitalproduktivität** unterschieden.

!

$$\text{Arbeitsproduktivität} = \frac{\text{Ausbringung}}{\text{Arbeitseinsatz}}$$

Die wichtigste Produktivitätsart ist die **Arbeitsproduktivität.** Sie ist in aller Regel auch gemeint, wenn einfach nur von „Produktivität" gesprochen wird. Die Arbeitsproduktivität setzt die erbrachte Leistung ins Verhältnis zu dem dafür aufgewendeten Arbeitseinsatz. Der Arbeitseinsatz kann in der Anzahl der Beschäftigten oder in der Zahl der Arbeitsstunden **(Arbeitsvolumen)** ausgedrückt werden.

! Die Arbeitsproduktivität gibt die durchschnittliche Leistung je Beschäftigten bzw. je Arbeitsstunde an.

Die grundsätzliche Bedeutung von Produktivität und Produktivitätsentwicklung soll an einem einfachen Beispiel verdeutlicht werden:

Beispiel

Ein Unternehmen ermittelt für drei aufeinander folgende Perioden die Arbeitsproduktivität und deren Entwicklung.

In Periode 1 werden mit 10 Beschäftigten 100 Stück hergestellt. Jeder Beschäftigte stellt im Durchschnitt 10 Stück her.

In Periode 2 steigt die Nachfrage und das Unternehmen erhöht die Produktion auf 110 Stück. Für die höhere Produktion wird eine zusätzliche Arbeitskraft benötigt.

In Periode 3 schafft das Unternehmen eine neue Maschine an. Da diese schneller ist als die alte Maschine, kann jeder Beschäftigte im Durchschnitt 11 Stück herstellen. →

→ Wird die Entwicklung in eine Tabelle übertragen, ergibt sich folgendes Bild:

Wirtschaftsleistung, Produktivität und Beschäftigung			
	Periode 1	**Periode 2**	**Periode 3**
Leistung (Stück)	100	110	110
Beschäftigte	10	11	10
Produktivität	10	10	11
Leistungsentwicklung	–	10 %	0 %
Produktivitätsentwicklung	–	0 %	10 %

Das Zahlenbeispiel liefert folgende Erkenntnisse über den Zusammenhang von Wirtschaftsleistung, Produktivität und Beschäftigung:

Wenn die Wirtschaftsleistung stärker wächst als die Produktivität, nimmt die Zahl der Beschäftigten zu	Periode 1 zu Periode 2
Wenn die Wirtschaftsleistung geringer wächst als die Produktivität, geht die Zahl der Beschäftigten zurück.	Periode 2 zu Periode 3
Wenn Wirtschaftsleistung und Produktivität in gleichem Umfang steigen, bleibt die Zahl der Beschäftigten gleich.	Periode 1 zu Periode 3

Neben ihrer Bedeutung als Erfolgskennziffer für einzelne Unternehmen kommt der Produktivität auch eine große gesamtwirtschaftliche Bedeutung zu.

!

$$\text{Gesamtwirtschaftliche Produktivität} = \frac{\text{Bruttoinlandsprodukt}}{\text{Zahl der Erwerbstätigen}}$$

Die gesamtwirtschaftliche Produktivität steigt ständig an. Steigende Produktivität bedeutet, dass für die Herstellung einer bestimmten Gütermenge immer weniger Arbeitskräfte benötigt werden. Wenn dieser „Verlust" nicht durch einen Zuwachs bei der Gütermenge (= Wirtschaftswachstum) ausgeglichen werden kann, sinkt die Zahl der Arbeitsplätze. Die Zahl der Beschäftigten nimmt zu, wenn das Wirtschaftswachstum höher ist als die Produktivitätsrate.[1]

Produktivitätsentwicklung in Deutschland				
	BIP	**Erwerbstätige (Inland)**	**BIP/ Erwerbstätigen**	
Jahr	**Mrd. EUR**	**TSD**	**EUR**	**Index**
1991	1.580	38.790	40.727	100
1995	1.898	37.958	50.004	123
2000	2.114	39.917	52.947	130
2005	2.298	39.326	58.430	143
2010	2.576	41.020	62.804	154
2015	3.027	43.032	70.343	173

Quelle: Statistisches Bundesamt; eigene Berechnungen

Allerdings ist der tendenzielle Verlust an Arbeitsplätzen nur die eine Seite einer steigenden Produktivität. Produktivitätssteigerung ist auch die Grundlage für einen wachsenden Lebensstandard. Reale Lohnsteigerungen sind auf Dauer nur möglich, wenn auch der Wert der Arbeitsleistung zunimmt. Aus diesem Grunde ist die Produktivitätsentwicklung ein wichtiger Maßstab bei Tarifverhandlungen.

[1] Zum Zusammenhang von Produktivität und Beschäftigung vgl. auch den Abschnitt 10.4 „Zum Zusammenhang von Wachstum und Beschäftigung" im Kapitel 10 „Beschäftigung, Konjunktur und Wachstum".

Messlatte ist die Produktivität

Stuttgart (...) Zu Beginn der Tarifverhandlungen haben die Arbeitgeber betont, dass die Entwicklung der Produktivität den entscheidenden Orientierungsrahmen für mögliche Lohnsteigerungen darstelle.

▶ Wirtschaftlichkeit

Bei der Wirtschaftlichkeit handelt es sich um eine Variante der Produktivität; sie misst das Verhältnis von Ertrag zu Aufwand. Ertrag ist der in Geld ausgedrückte Wert der Ausbringung. Der Aufwand ist der in Geld ausgedrückte Faktoreinsatz und entspricht den Kosten der Herstellung.

$$\text{Wirtschaftlichkeit} = \frac{\text{Ertrag}}{\text{Aufwand}}$$

▶ Rentabilität

Wer Kapital anlegt, erwartet hierfür eine Verzinsung. Dies gilt auch, wenn Geld statt am Geld- und Kapitalmarkt in Unternehmen eingesetzt wird. In diesem Fall stellt der Gewinn den Ertrag für das eingesetzte Kapital dar. Wird der Gewinn als prozentuales Verhältnis zum eingesetzten Kapital ausgedrückt, ergibt sich die Rentabilität.

$$\text{Rentabilität} = \frac{\text{Gewinn} \cdot 100}{\text{eingesetztes Kapital}}$$

Die Rentabilität gibt die Verzinsung des eingesetzten Kapitals an

In einem Unternehmen werden in der Regel zwei Formen von Kapital eingesetzt: Eigenkapital und Fremdkapital.

Eigenkapital sind jene Mittel, die von den Eigentümern einer Unternehmung aufgebracht oder als erwirtschafteter Gewinn im Unternehmen belassen werden.

Fremdkapital besteht aus den Schulden der Unternehmung (Bankkredite und sonstige Verbindlichkeiten gegenüber Dritten, Rückstellungen.

Je nachdem, welches Kapital zugrunde gelegt wird, werden zwei Formen der Rentabilität unterschieden:

- Wird der Gewinn nur auf das im Unternehmen tätige Eigenkapital bezogen, ergibt sich die **Eigenkapitalrentabilität (Unternehmerrentabilität).**
- Wird das im Unternehmen tätige Gesamtkapital (Eigenkapital + Fremdkapital) zugrunde gelegt, ergibt sich die **Gesamtkapitalrentabilität (Unternehmensrentabilität).**

Für das Fremdkapital müssen die an den Gläubiger zu zahlenden Zinsen erwirtschaftet werden. Bei der Ertragsgröße sind daher neben dem Gewinn (= Verzinsung des Eigenkapitals) auch die Fremdkapitalzinsen (= Verzinsung des Fremdkapitals) zu berücksichtigen.

$$\text{Eigenkapitalrentabilität} = \frac{\text{Gewinn} \cdot 100}{\text{Eigenkapital}}$$

$$\text{Gesamtkapitalrentabilität} = \frac{(\text{Gewinn} + \text{Fremdkapitalzinsen}) \cdot 100}{\text{Gesamtkapital}}$$

Für bestimmte Unternehmen, vor allem im Dienstleistungsgewerbe (z.B. Kaufhäuser), ist auch das Verhältnis von Gewinn zum Umsatz eine wichtige Kennziffer. Die so ermittelte **Umsatzrentabilität** gibt die Umsatzrendite an.

$$\text{Umsatzrentabilität} = \frac{\text{Gewinn} \cdot 100}{\text{Umsatz}}$$

Erfolgskennziffern

Kennziffer	Formel	Erläuterung
Produktivität	$\frac{\text{Ausbringung}}{\text{Faktoreinsatz}}$; $\frac{\text{Output}}{\text{Input}}$	Die Ausbringung kann in Mengen- oder in Geldeinheiten angegeben werden.
Wirtschaftlichkeit	$\frac{\text{Ertrag}}{\text{Aufwand}}$	**Ertrag:** In Geld (Preisen) bewertete Ausbringung (= Produktionswert). **Aufwand:** In Geld bewerteter Faktoreinsatz (= Kosten).
Rentabilität	$\frac{\text{Gewinn} \cdot 100}{\text{eingesetztes Kapital}}$	Verzinsung des eingesetzten Kapitals.

Zusammenfassung Kapitel 1.3.3:
Erfolgskennziffern: Produktivität, Wirtschaftlichkeit, Rentabilität

- Häufig benutzte Erfolgskennziffern sind Produktivität, Wirtschaftlichkeit und Rentabilität.
- Produktivität drückt das Verhältnis von Ausbringung zur Faktoreinsatzmenge (Output zu Input) aus. Die wichtigste Produktivitätsart ist die Arbeitsproduktivität. Sie gibt die durchschnittliche Leistung je Beschäftigten bzw. je Arbeitsstunde an. Produktivität und Produktivitätsentwicklung sind sowohl einzelwirtschaftlich als auch gesamtwirtschaftlich von großer Bedeutung.
- Wirtschaftlichkeit drückt das Verhältnis von Ertrag zu Aufwand aus.
- Rentabilität drückt das Verhältnis von Gewinn zum eingesetzten Kapital aus und gibt Auskunft über die Verzinsung des Kapitals. Beim eingesetzten Kapital werden Eigenkapital (Eigenkapitalrentabilität) und Gesamtkapital (Gesamtkapitalrentabilität) unterschieden.
- Umsatzrentabilität drückt das Verhältnis von Gewinn zu Umsatz aus.

1.3.4 Verantwortliches und nachhaltiges Wirtschaften[1]

Ursachen wirtschaftlicher Handlungen sind bestimmte Wünsche bzw. Bedürfnisse. Durch die Erfüllung der Wünsche bzw. die Befriedigung von Bedürfnissen erzielen wir einen **Nutzen.** Nutzen, der der eigenen Person zugute kommt, wird **Eigennutz** genannt. Die Wirtschaftstheorie geht davon aus, dass die einzelnen Individuen ihre Handlungen in erster Linie an ihrem eigenen Interesse ausrichten, d.h., wirtschaftliches Handeln ist durch das Streben nach Eigennutz bestimmt **(„Eigennutzaxiom“).**

[1] Vgl. hierzu auch Kapitel 12 „Ökonomie und Ökologie“.

„Jeder einzelne ist stets darauf bedacht, die vorteilhafteste Anlage für das Kapital, über das er zu gebieten hat, ausfindig zu machen. Er hat allerdings nur seinen eigenen Vorteil und nicht den des Volkes im Auge. ...

Nicht von dem Wohlwollen des Fleischers, Brauers oder Bäckers erwarten wir unsere Mahlzeit, sondern von ihrer Bedachtnahme auf ihr eigenes Interesse."

Adam Smith, Wohlstand der Nationen (1776)

Durch wirtschaftliches Handeln werden Güter unter Einsatz von Produktionsmitteln hergestellt und genutzt. Herstellung und Nutzung von Gütern haben vielfältige Folgen

- für den Handelnden selbst und für andere Menschen
- für soziale Systeme
- für die Umwelt

Viele dieser Folgen sind nachteilig. Es ist daher notwendig, die möglichen Folgen einer Handlung so gut wie möglich im Vorhinein abzuschätzen **(„Folgenabschätzung")** und dem eigenen Nutzen gegenüberzustellen. Das Streben nach Eigennutz durch wirtschaftliches Handeln ist zunächst einmal keineswegs verwerflich. Problematisch wird es erst, wenn nur die eigenen Interessen gesehen werden. Wirtschaftliches Handeln und Eigennutz müssen eingebettet werden in die Rücksichtnahme auf andere **(„Sozialverträglichkeit")** und auf die Umwelt **(„Umweltverträglichkeit").** **Verantwortliche Bedürfnisbefriedigung** verlangt, gegebenenfalls auf Handlungen zu verzichten, wenn die Nachteile für andere oder für die Umwelt in keinem angemessenen Verhältnis zum eigenen Nutzen stehen.

Verantwortliches wirtschaftliches Handeln bedeutet, dass die Befriedigung wirtschaftlicher Bedürfnisse in Einklang gebracht wird mit den Belangen der sozialen Umwelt und der Erhaltung der natürlichen Lebensgrundlagen.

Durch wirtschaftliche Vorgänge, insbesondere durch die Herstellung, Nutzung und Entsorgung von Gütern wird der Produktionsfaktor Boden/Natur in vielfältiger Weise in Anspruch genommen:

- Verbrauch von Rohstoffen
- Verbrauch von Energieträgern
- Emissionen in Boden, Luft und Wasser
- Zubetonierung der Landschaft
- Abfallbeseitigung

und vieles mehr.

Viele dieser Vorgänge sind mit Verbrauch, Zerstörung und Schädigung der Umwelt verbunden. Dadurch entsteht ein Konflikt, da die Umwelt zugleich natürliche Lebensgrundlage der Menschen ist. Diese auf einem quantitativ und qualitativ hohem Niveau zu erhalten, ist notwendig und wünschenswert. Aus dieser wechselseitigen und konflikthaften Beziehung ergibt sich das **Ökonomie-Ökologie-Dilemma:** Durch im Prinzip notwendiges wirtschaftliches Handeln zerstören bzw. schmälern wir die ebenso notwendigen Lebensgrundlagen für uns und für die kommenden Generationen.

Um beiden Anliegen, der Nutzung des Produktionsfaktors Boden/Natur auf der einen Seite und dem Schutz der natürlichen Lebensgrundlagen auf der anderen Seite Rechnung zu tragen, wurde das Konzept des **nachhaltigen Wirtschaftens („Sustainable development")** entwickelt.[1]

Nachhaltigkeit: Die wirtschaftliche Entwicklung soll im Einklang mit der Natur erfolgen. Wirtschaftliches Handeln darf die Umwelt nur soweit in Anspruch nehmen, dass sie auch zukünftigen Generationen möglichst ungeschmälert zur Verfügung steht.

Zusammenfassung Kapitel 1.3.4:
Verantwortliches und nachhaltiges Wirtschaften

- Wirtschaftliches Handeln ist in erster Linie durch die Verfolgung der eigenen Interessen bestimmt („Eigennutzaxiom").
- Verantwortliches wirtschaftliches Handeln bedeutet, dass die Befriedigung wirtschaftlicher Bedürfnisse in Einklang gebracht wird mit den Belangen der sozialen Umwelt und der Erhaltung der natürlichen Lebensgrundlagen.
- Nachhaltiges Wirtschaften bedeutet, dass die wirtschaftliche Entwicklung im Einklang mit der Natur erfolgt. Wirtschaftliches Handeln darf die Umwelt nur soweit in Anspruch nehmen, dass sie auch zukünftigen Generationen möglichst ungeschmälert zur Verfügung steht.

Aufgaben zum Üben und Vertiefen

Kapitel 1 Grundlagen wirtschaftlichen Handelns

1. Was ist das Ziel wirtschaftlichen Handelns?
2. Wie heißen die „Grundfragen des Wirtschaftens"?
3. Diskutieren Sie die These, nach der die menschlichen Bedürfnisse grundsätzlich unbegrenzt sind.
4. Begründen Sie, warum zwischen Bedürfnissen und wirtschaftlichen Gütern immer ein Spannungsverhältnis besteht.
5. Beschreiben Sie folgende Güterarten und geben Sie je ein Beispiel:
   - Konsumgüter
   - Produktionsgüter
   - Gebrauchsgüter
   - Verbrauchsgüter
   - homogene Güter
   - heterogene Güter
6. Worin besteht der Unterschied zwischen „absoluter Knappheit" und „relativer Knappheit"?

[1] Vgl. hierzu Abschnitt 12.4.1 „Nachhaltigkeitsprinzip (Sustainable Development)".

7. Geben Sie an, in welcher Eigenschaft der Boden bei folgenden Produktionsarten genutzt wird:
   - Klärwerk
   - Krabbenzucht
   - Busbahnhof
   - Gewinnung von Braunkohle

8. Was wird als „Kapitalstock" bezeichnet?

9. Erläutern Sie, warum heute neben den drei traditionellen Produktionsfaktoren Arbeit, Boden und Kapital die „Informationen" häufig als vierter Produktionsfaktor genannt werden.

10. Durch Rationalisierungsmaßnahmen wird häufig der Produktionsfaktor „Arbeit" durch den Produktionsfaktor „Kapital" ersetzt. Wie wird dieser Austauschprozess bezeichnet und welche Folgen sind mit ihm tendenziell verbunden?

11. Welche der folgenden Aussagen sind zutreffend? Begründen Sie Ihre Aussage.
    Durch den zunehmenden Ersatz von Arbeit durch Kapital
    - steigt der Kapitalkoeffizient
    - steigt der Arbeitskoeffizient
    - sinkt der Arbeitskoeffizient

12. Unterscheiden Sie vertikale und horizontale Arbeitsteilung an Hand eines Beispiels.

13. Im „Stecknadelbeispiel" von Adam Smith wird der Produktivitätszuwachs durch Arbeitsteilung dargestellt. Berechnen Sie, um wie viel Prozent die Produktivität in dem Beispiel gestiegen ist.

14. Die Produktivität der deutschen Wirtschaft nimmt – wie die der meisten Volkswirtschaften – Jahr für Jahr zu. Diskutieren Sie die Folgen dieser Entwicklung für die Beschäftigten.

15. Ein Unternehmen beschließt folgende Investitionen:
    a) 15 Mio Euro für den Neubau eines Lagergebäudes,
    b) 5 Mio Euro für die Anschaffung zusätzlicher Maschinen,
    c) 3 Mio Euro für den Ersatz technisch überholter Maschinen,
    d) 2 Mio Euro für die Erhöhung des Bestandes an Rohstoffen und Fertigerzeugnissen.
    Nennen Sie zu den jeweiligen Beträgen die zutreffenden Investitionsbegriffe.

16. In einer Volkswirtschaft werden folgende Werte für die Investitionen festgestellt:
    - Lagerinvestitionen 50
    - Ersatzinvestitionen 200
    - Nettoinvestitionen 500

    Ermitteln Sie die Höhe der Brutto- und der Anlageinvestitionen.

17. Welche der folgenden Sachen stellen Realkapital dar?
    - Aktienbesitz
    - Verwaltungsgebäude einer Großbank
    - gelagerte Rohstoffe im Industriebetrieb
    - aufgenommener Kredit
    - gelagerte Steine in einer Baustoffhandlung
    - Fertigungsroboter im Automobilwerk

- Luxuslimousine des Handelsvertreters
- Bankguthaben einer Großhandlung

18 Ein Schüler muss in einer Woche vier Klausuren schreiben. Für jede Klausur würde er eigentlich mindestens drei Stunden benötigen. Er hat zur Vorbereitung jedoch nur insgesamt zehn Stunden Zeit. In jedem Fach muss er mindestens die Note 4,0 erreichen. Seine bisherigen Durchschnittsnoten sind wie folgt:

Fach A	Durchschnitt
A	2,6
B	4,6
C	1,9
D	3,6

Begründen Sie, wie der Schüler bei Anwendung des ökonomischen Prinzips vorgehen sollte. Verwenden Sie dabei die in der Volkswirtschaftslehre üblichen Fachbegriffe.

19 Prüfen Sie, in welchen der folgenden Fälle das ökonomische Prinzip zugrunde liegt und geben Sie jeweils an, ob es sich um das Maximal- oder Minimalprinzip handelt.

a) In der Konstruktionsabteilung einer Automobilfabrik wird erreicht, dass bei gleicher PS-Zahl und unveränderten Beschleunigungswerten der Benzinverbrauch eines bestimmten Typs um 10 % gesenkt wird.

b) Zur Unterstützung der Landwirtschaft kauft eine staatliche Stelle Pfirsiche auf, um einen Preisverfall zu verhindern. Die aufgekauften Pfirsiche werden vernichtet.

c) In einer Möbelfabrik, die Bücherwände herstellt, war ein Unternehmensberater tätig. Aufgrund einer von ihm vorgeschlagenen Änderung des Fertigungsablaufs war es möglich, ohne zusätzliche Investitionen und zusätzliches Personal die Produktion um 6 % zu erhöhen.

d) Eine Organisation, die sich dem Schutz der Umwelt widmet, wirbt um Spenden mit dem Hinweis, dass bei gleichem Spendenaufkommen die Kosten für die Verwaltung von 0,8 % auf 0,5 % des Spendenaufkommens reduziert werden konnten.

e) In einem Weinanbaugebiet sind im Frühjahr die Blütenansätze der Trauben überwiegend erfroren. Wegen der geringen Erträge steigen die Preise für die Weine dieses Jahrgangs. Ein Weinbauer, dessen Weinberge in einer besonders geschützten Lage liegen, macht deshalb mit dem Verkauf des Weins dieses Jahrgangs einen viel höheren Gewinn als mit dem Verkauf früherer Jahrgänge.

20 Sie erhalten nachfolgende Tabelle mit zwei Gütern, Maschinen (stellvertretend für „Produktionsgüter") und Pkw (stellvertretend für „Konsumgüter"):

Produktionsmöglichkeiten	Pkw (in tausend Stück)	Maschinen (in tausend Stück)
A	12	–
B	10	4
C	8	6
D	6	7,6
E	4	9
F	2	10
G	–	10,5

a) Zeichnen Sie die Produktionsmöglichkeitenkurve (Maßstab: 2.000 Stück = 1 cm).

b) Was sagt die Produktionsmöglichkeitenkurve aus?

c) Begründen Sie, warum sie nach oben gekrümmt verläuft.

d) Angenommen, die Volkswirtschaft stellt 6.000 Pkw und 5.000 Maschinen her. Beschreiben Sie die dann vorliegende Situation.

e) Wie wirkt sich der technische Fortschritt auf die Produktionsmöglichkeitenkurve aus?

f) Erklären Sie den Begriff Opportunitätskosten unter Zuhilfenahme einer Zahl aus obigem Beispiel.

21 Ein Glaser stellt zusammen mit seinen drei Gesellen nur Fenster gleicher Größe und Qualität her. Der Verkaufspreis je Stück beträgt 150 EUR. Im Monat Mai stellten er und seine drei Gesellen in insgesamt 720 Arbeitsstunden 100 Fenster her, die auch alle verkauft wurden. Die Gesamtkosten der Glaserei betrugen im gleichen Monat 11.500 EUR. Das Eigenkapital belief sich auf 280.000 EUR. Berechnen Sie die Produktivität je Arbeitsstunde, die Wirtschaftlichkeit und die Rentabilität.

22 Begründen Sie, warum es bei der Realisierung von Eigennutz und Gemeinnutz zu Konflikten kommen kann und nennen Sie zwei Beispiele.

23 Welcher Konflikt wird als „Ökonomie-Ökologie-Dilemma" bezeichnet? Erläutern Sie das Problem an einem Beispiel.

24 Was wird unter „nachhaltigem Wirtschaften" verstanden?

2 Wirtschaftskreislauf und Volkswirtschaftliche Gesamtrechnung

In entwickelten Volkswirtschaften bestehen vielfältige Beziehungen zwischen den verschiedenen Wirtschaftssubjekten. Ursache der Tauschbeziehungen ist die Arbeitsteilung. Da jedes Wirtschaftssubjekt nur einen Teil der von ihm benötigten Güter selbst herstellt, ist es darauf angewiesen, sich die weiteren Güter im Tauschwege zu besorgen. Dabei werden Arbeit gegen Geld, Geld gegen Güter oder Güter gegen Güter getauscht. Auf diese Weise werden ständig wirtschaftliche Vorgänge **(Transaktionen)** zwischen Haushalten, Unternehmen, staatlichen Einrichtungen und dem Ausland abgewickelt.

Da zwischen den Wirtschaftssubjekten ständig Güter und Geld hin und her fließen, hat sich für die grafische Darstellung der Transaktionen die Bezeichnung **Wirtschaftskreislauf**[1] eingebürgert. Die zahlenmäßige Erfassung der Transaktionen zwischen den Wirtschaftseinheiten findet in der **Volkswirtschaftlichen Gesamtrechnung** (VGR) statt.

2.1 Wirtschaftskreislauf

Eine sachverständige Auseinandersetzung mit wirtschaftlichen Sachverhalten setzt die Kenntnis ökonomischer Grundfragen und einiger zentraler Begriffe der Ökonomie voraus.

Wie lassen sich die vielfältigen Transaktionen zwischen den verschiedenen Wirtschaftseinheiten übersichtlich darstellen?

Für eine grafische Darstellung werden die **Kreislaufelemente** Pole und Ströme benötigt.

Pole sind die am Kreislauf beteiligten Größen. Um die Vielzahl der Tauschvorgänge überschaubar zu machen, werden gleichartige Wirtschaftseinheiten zu Wirtschaftssektoren zusammengefasst (aggregiert):

- Alle privaten Haushalte bilden den Wirtschaftssektor private **Haushalte.**

[1] Die erste Darstellung der Wirtschaftsbeziehungen als Kreislauf stammt von François QUESNAY (1694–1774), französischer Volkswirtschaftler und Leibarzt Ludwigs XV., niedergelegt in dem Buch „Tableau économique" (1758).

- Alle Unternehmen bilden den Wirtschaftssektor **Unternehmen.**
- Alle staatlichen Einrichtungen bilden den Wirtschaftssektor **Staat.**

Staat: Bund, Länder, Gemeinden und Sozialversicherung.

- Alle an den Tauschvorgängen beteiligten ausländischen Wirtschaftseinheiten bilden zusammen den Sektor **Ausland (Übrige Welt).**

Die inländischen Haushalte, Unternehmen und staatlichen Einrichtungen bilden die drei Binnensektoren. „Ausland" oder „Übrige Welt" ist eine Sammelbezeichnung für alle Wirtschaftseinheiten jenseits der Landesgrenzen; eine Differenzierung in ausländische Haushalte, ausländische Unternehmen usw. findet nicht statt.

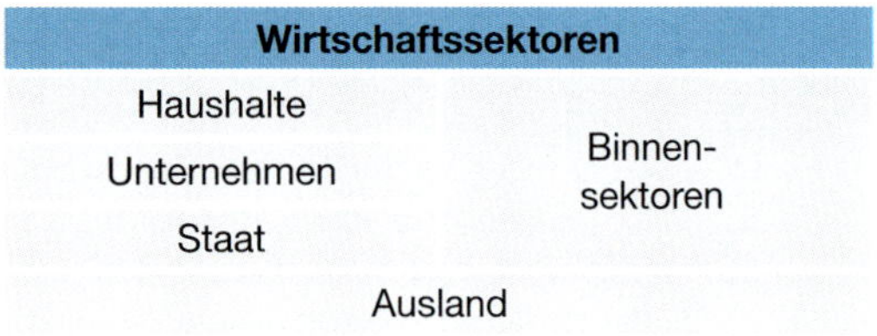

Durch die Zusammenfassung gleichartiger Wirtschaftseinheiten zu einem Wirtschaftssektor werden in der Kreislaufanalyse nur die Beziehungen zwischen den Sektoren betrachtet (z.B. zwischen Unternehmen und Haushalten). Die Beziehungen innerhalb der Sektoren (z.B. zwischen Unternehmen) werden nicht sichtbar.

Ströme geben als Geld- und Güterströme die Geld- und Güterbewegungen zwischen den Polen wieder; sie werden als Pfeile zwischen den beteiligten Elementen dargestellt. Leistungen, die einem Sektor zufließen, werden als **Zuströme,** Leistungen, die ein Sektor abgibt, als **Abströme** bezeichnet.

Das Vermögensänderungskonto wird weiter unten erläutert.

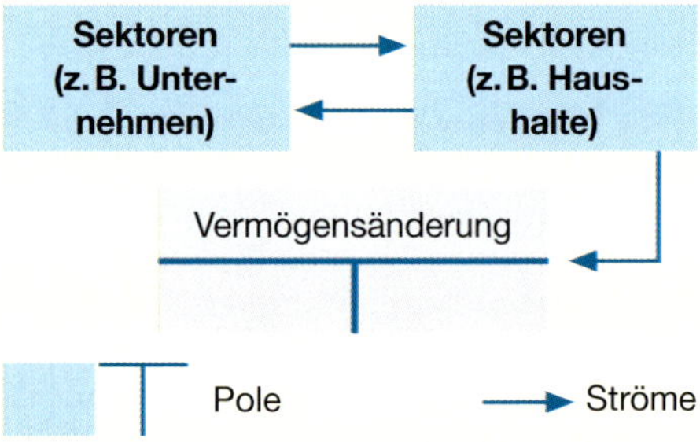

Der **Wirtschaftskreislauf** stellt die Transaktionen zwischen den Wirtschaftssektoren dar.

Das Kreislaufmodell wird im Folgenden stufenweise entwickelt. Ausgehend von einem einfachen Modell aus nur zwei Sektoren, werden Schritt für Schritt Erweiterungen vorgenommen, bis alle Sektoren und Stromgrößen enthalten sind.

Als **„geschlossene Wirtschaft"** wird eine Volkswirtschaft bezeichnet, die keine Beziehungen zum Ausland unterhält. Dies ist jedoch nur ein Zwischenstadium im Kreislaufmodell. In der Realität haben alle Volkswirtschaften in mehr oder weniger großem Umfang grenzüberschreitende Wirtschaftsbeziehungen und sind daher **„offene Wirtschaften".**

Stufen der Kreislaufdarstellung		
Stufe	**Bezeichnung**	**Beteiligte Sektoren**
1.	**Einfacher Wirtschaftskreislauf** (Kreislauf einer geschlossenen Wirtschaft ohne staatliche Aktivität)	Haushalte, Unternehmen
2.	**Erweiterter Wirtschaftskreislauf** (Kreislauf einer geschlossenen Wirtschaft mit staatlicher Aktivität)	Haushalte, Unternehmen, Staat
3.	**Vollständiger Wirtschaftskreislauf** (Kreislauf einer offenen Wirtschaft mit staatlicher Aktivität)	Haushalte, Unternehmen, Staat, Ausland

Im Folgenden werden der einfache und der vollständige Wirtschaftskreislauf ausführlich dargestellt.

Zusammenfassung Kapitel 2.1: Wirtschaftskreislauf

- Wirtschaftskreislauf ist eine bildhafte Bezeichnung für die Darstellung der Transaktionen zwischen den Wirtschaftssektoren.
- Die grafische Darstellung des Wirtschaftskreislaufs besteht aus den Kreislaufelementen „Pole“ und „Ströme“. Pole sind die an den Transaktionen beteiligten Sektoren: Haushalte, Unternehmen, Staat und Ausland. Ströme sind Pfeile zwischen den Polen, die Güter- und Geldströme symbolisieren.
- Die Entwicklung des Kreislaufmodells erfolgt in Stufen. Ausgehend von einem einfachen Kreislaufmodell mit zur zwei Sektoren werden Schritt für Schritt die weiteren Sektoren hinzugefügt.
- Als „geschlossene Wirtschaft“ wird eine Volkswirtschaft ohne Auslandsbeziehungen bezeichnet; eine Volkswirtschaft mit Auslandsbeziehungen wird als „offene Wirtschaft“ bezeichnet.

2.1.1 Einfacher Wirtschaftskreislauf

Welche Beziehungen bestehen zwischen den Sektoren „Haushalte“ und „Unternehmen“? ?

Der einfache Wirtschaftskreislauf beschränkt sich auf die Beziehungen zwischen den Sektoren „Haushalte“ und „Unternehmen“. Die Beziehungen sind überschaubar:

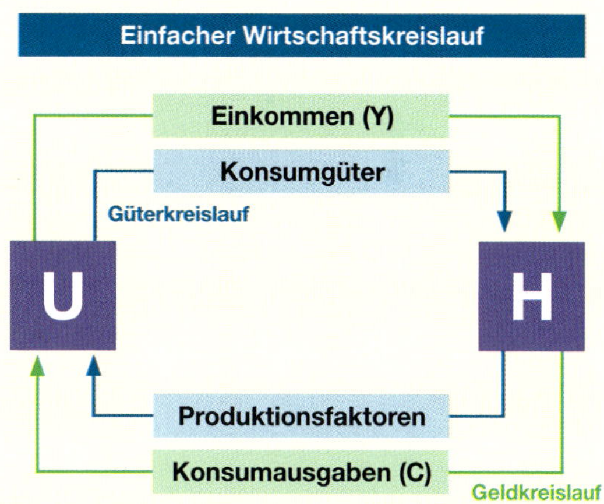

- Die Haushalte stellen den Unternehmen die Produktionsfaktoren, insbesondere den Faktor Arbeit, zur Verfügung.
- Dafür erhalten die Haushalte von den Unternehmen Einkommen (Y)[1]. Da es sich hierbei um Entgelte für die Produktionsfaktoren (Lohn, Zinsen, Miete, Pacht) handelt, werden sie auch **Faktoreinkommen** genannt.
- Die Einkommen fließen für Käufe von Konsumgütern (C) von den Haushalten an die Unternehmen zurück.
- Die Unternehmen liefern ihrerseits Konsumgüter an die Haushalte.

Zwischen Haushalten und Unternehmen fließen also zwei **Güterströme** (Produktionsfaktoren, Konsumgüter) und jeweils gegenläufig zwei **Geldströme** (Einkommen, Ausgaben für Konsumgüter). Da dies immer so ist, genügt es, wenn nur einer der beiden Ströme dargestellt wird.

[1] Y = engl. Yield (Einkommen, Ertrag, Verdienst

Im Kreislaufmodell werden nur Geldströme dargestellt.

Beschränkt sich die Betrachtung auf die bisher genannten Ströme, ergibt sich eine besondere Modellstufe des Kreislaufs. Wenn die Haushalte ihr gesamtes Einkommen für den Kauf von Konsumgütern ausgeben und die Unternehmen die gesamten Produktionskapazitäten für die Herstellung von Konsumgütern verwenden, verändert sich die Wirtschaft nicht. Der Prozess von Produktion und Konsumtion wiederholt sich von Periode zu Periode in gleicher Weise; wir sprechen dann von einer **stationären Wirtschaft,** einer Wirtschaft also, die sich nicht verändert.

Reale Volkswirtschaften sind nicht stationär. Die Haushalte geben nur einen Teil ihres Einkommens für Konsumgüter aus, einen Teil sparen sie. Die Unternehmen stellen nicht nur Konsumgüter, sondern auch Investitionsgüter her. Die Wirtschaft unterliegt also Veränderungen; eine solche Wirtschaft wird als **evolutorische Wirtschaft** bezeichnet. Da dies der Normalfall ist, wird die Bezeichnung im Folgenden nicht immer ausdrücklich mitgeführt.

Durch die Berücksichtigung von **Sparen** (S) und **Investitionen** (I) muss die bisherige Kreislaufdarstellung um diese beiden Ströme ergänzt werden. Ein weiterer Wirtschaftssektor ist hieran nicht beteiligt. Durch Sparen und Investitionen werden jedoch Vermögen verändert; dies schlägt sich auf dem **Vermögensänderungskonto** nieder.

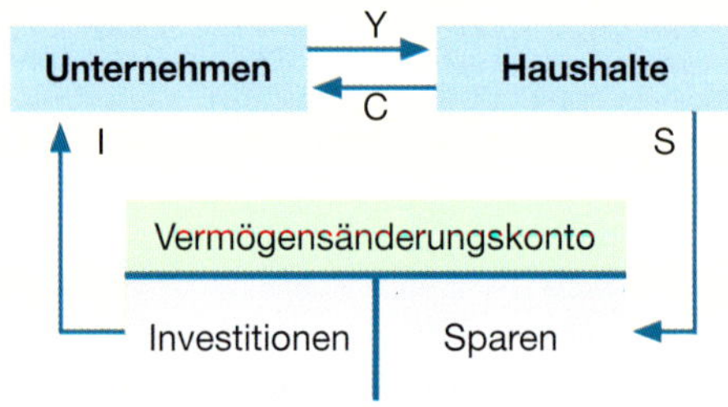

Der einfache Wirtschaftskreislauf enthält folgende Ströme:

Y = Faktoreinkommen der Haushalte

C = Konsumausgaben der privaten Haushalte

S = Sparen der privaten Haushalte

I = Investitionen der Unternehmen.

Da Einkommen und Güterwert gleich groß sind, gilt für den Zusammenhang zwischen den Strömen:

$$Y = C + S$$
$$Y = C + I$$
$$I = S$$

Exkurs: Die Gleichheit von I und S

Die unter den Annahmen des einfachen Wirtschaftskreislaufs sich ergebende Gleichheit von I und S (I = S) überrascht zunächst, da es äußerst unwahrscheinlich ist, dass die Sparabsichten der Millionen Haushalte und die Investitionsabsichten der vielen Unternehmen einer Volkswirtschaft in ihrer Summe genau gleich groß sind. Die Gleichheit ergibt sich jedoch nicht bei den im Vorhinein (ex ante) geplanten Größen, sondern im Nachhinein (ex post); d. h., am Ende einer Wirtschaftsperiode sind die realisierten Ersparnisse genauso hoch wie die realisierten Investitionen.

Die formelmäßige Gleichheit von I und S lässt sich auch sachlich nachvollziehen. Hierbei soll ein einfaches Zahlenbeispiel helfen.

Die Unternehmen produzieren Produktions- und Konsumgüter; da der Staat (noch) nicht beteiligt ist, entstehen nur Kosten für die Produktionsfaktoren (Löhne, Mieten, Pachten, Zinsen, Gewinn). Es gilt:

- Der Produktionswert entspricht den Produktionskosten.
- Die Produktionskosten sind für die Besitzer der Produktionsfaktoren Einkommen.
- Der Produktionswert aller Güter ist so hoch wie die Summe aller Einkommen.

Bei einem Produktionswert von 100 GE ergibt sich folgende Situation:

Unternehmen			Haushalte	
Gesamt produktion 100	Produktionsgüter (Investitionen) 20	=	Ersparnis 20	Einkommen 100
	Konsumgüter 80	=	Konsumausgaben 80	

Die Haushalte verwenden ihr Einkommen entweder für den Kauf von Gütern oder für Sparen. Der Wert der an die Haushalte verkauften Güter entspricht den Ausgaben der Haushalte für Konsumgüter (C). Wenn die Haushalte für 80 GE Güter kaufen, verkaufen die Unternehmen für 80 GE Konsumgüter an die Haushalte.

Als Investitionen (I) gelten alle hergestellten Güter, die nicht als Konsumgüter an die Haushalte verkauft werden. Im Beispiel beträgt das **Sparen** der Haushalte 20 GE. Da sie dieses Geld nicht für Konsumgüter ausgeben, leisten sie in Höhe der Ersparnis einen **Konsumverzicht.** Man kann auch sagen: In Höhe des Sparens verzichten die Haushalte auf eine Inanspruchnahme der Produktionskapazitäten. Die so freibleibenden Produktionskapazitäten können für die Herstellung von Produktionsgütern (Investitionsgütern) verwendet werden. Im Beispiel verbleibt für die Produktionsgüterherstellung ein Wert von 20 GE. Er ist zwangsläufig genauso hoch wie der Verzicht der Haushalte auf Konsumgüter.

Die Gesamtmenge der Investitionen **(Bruttoinvestitionen)** setzt sich zusammen aus Investitionen für Ersatz oder Erweiterung von Produktionskapazitäten **(Anlageinvestitionen)** und aus Bestandsänderungen bei der Lagerhaltung **(Vorratsinvestitionen).**

Während die Unternehmen in der Regel ihre Anlageinvestitionen so durchführen, wie sie geplant waren, können sie die Höhe der Vorratsinvestitionen nicht selbst bestimmen. Wenn im oben gewählten Zahlenbeispiel die Haushalte sich aus irgendwelchen Gründen im Laufe der Wirtschaftsperiode entschließen, statt 20 GE lieber 25 GE zu sparen, geben sie nur 75 GE für Konsumgüter aus. Die Unternehmen können hergestellte Konsumgüter im Wert von 5 GE nicht absetzen und müssen sie unfreiwillig aufs Lager nehmen. Da Lagerzuwächse aber auch Investitionen sind, finden in Höhe von 5 GE **ungeplante Investitionen** statt. Ein Teil der ursprünglich als Konsumgüter gedachten Produktion wird so zu Investitionen.

Wollen im umgekehrten Falle die Haushalte ihre Güternachfrage erhöhen, z. B. auf 85 GE, können sie die zusätzlichen 5 GE gar nicht ausgeben, da keine Güter dafür vorhanden sind. Es findet **ungeplantes Sparen** statt.

In der Realität werden die Unternehmen die Preise heraufsetzen, wenn die Nachfrage größer ist als das Angebot. Dann geben zwar die Haushalte mehr Geld für Güter aus, bekommen aber nicht mehr Güter. Auch dies ist eine Form ungewollten Sparens. Durch die höheren Preise steigen die Gewinne der Unternehmen und damit bei den Haushalten die Einkommen aus Unternehmergewinn. Nutznießer dieses Sparens ist der Teil der Haushalte, dem Einkommen aus Unternehmergewinnen zufließt.

Die ungeplanten Investitionen und Ersparnisse stellen somit ex post die Gleichheit von I und S her:

!

$$I_{geplant} + I_{ungeplant} = S_{geplant} + S_{ungeplant}$$

Zusammenfassung Kapitel 2.1.1:
Einfacher Wirtschaftskreislauf

- Der einfache Wirtschaftskreislauf (Kreislauf einer geschlossenen Wirtschaft ohne staatliche Aktivität) beschränkt sich auf die Beziehungen zwischen den Sektoren „Haushalte“ und „Unternehmen“.
- Als Geldströme fließen von den Unternehmen zu den Haushalten Faktoreinkommen (Y) und von den Haushalten zu den Unternehmen Ausgaben für Konsumgüterkäufe (C).
- Im Modell der stationären Wirtschaft finden keine Investitionen und kein Sparen statt. Produktions- und Konsumtionsprozess wiederholen sich von Periode zu Periode unverändert.
- Im Modell der evolutorischen Wirtschaft finden Veränderungen statt. Durch Sparen verändert sich das Geldvermögen der Haushalte und durch Investitionen das Sachvermögen der Unternehmen.
- Die Geldströme „Sparen“ (S) und „Investitionen“ (I) werden vom Pol „Vermögensänderungskonto“ erfasst.
- In einer geschlossenen Volkswirtschaft ohne staatliche Aktivität ist ex post in jeder Periode die Höhe der Investitionen gleich der Höhe des Sparens.

2.1.2 Vollständiger Wirtschaftskreislauf

?

Welche Beziehungen bestehen zwischen den Sektoren „Haushalte“, „Unternehmen“, „Staat“ und „Ausland“?

Für den Schritt vom einfachen zum vollständigen Wirtschaftskreislauf müssen zusätzlich die Sektoren „Staat“ und Ausland“ eingeführt werden.

▶ Beziehungen zwischen Staat, Haushalten und Unternehmen

Wird das aus den Sektoren „Unternehmen“ und „Haushalte“ bestehende einfache Kreislaufmodell um den Sektor **„Staat“** ergänzt, ergibt sich der erweiterte Wirtschaftskreislauf (Kreislauf einer geschlossenen Wirtschaft mit staatlicher Aktivität). Zur Erinnerung: Zum Sektor Staat zählen alle Einrichtungen der Gebietskörperschaften (Bund, Länder, Gemeinden und Gemeindeverbände) und der Sozialversicherung. Unternehmen in staatlichem Besitz zählen nicht zum Sektor Staat, sondern zum Sektor Unternehmen.

Die bisherige Darstellung muss um die Geldströme, die zwischen Staat und Haushalten einerseits und Staat und Unternehmen andererseits fließen, ergänzt werden. Der Saldo aus Einnahmen und Ausgaben des Staates wird als (positive oder negative) Ersparnis auf dem Vermögensänderungskonto festgehalten.

Der Staat unterhält zum einen normale Beziehungen zu anderen Wirtschaftssektoren. So kauft er etwa bei Unternehmen Güter ein (z. B. Einrichtungsgegenstände für Schulen) und zahlt Löhne und Gehälter für seine Beschäftigten. Zum anderen bestehen jedoch auch besondere Beziehungen:

- Die Leistungen an den Staat sind oft nicht freiwillig. Aufgrund seiner hoheitlichen Befugnisse kann der Staat andere Wirtschaftssubjekte zu bestimmten Leistungen *verpflichten* (z. B. Steuern, Beiträge zur gesetzlichen Sozialversicherung).
- Güter, die der Staat anbietet, werden in der Regel nicht über den Markt getauscht; für sie besteht auch kein Marktpreis. Ein Teil der Güter wird ohne unmittelbares Entgelt angeboten (z. B. Bildung, innere und äußere Sicherheit, Verkehrswege). Für andere Güter erhebt der Staat Gebühren (z. B. Müllabfuhrgebühr, Parkgebühr) und Beiträge (z. B. Kindergartenbeiträge, Straßenerschließungsbeiträge).
- Zahlreichen Leistungen steht keine unmittelbare Gegenleistung gegenüber. Solche Leistungen werden **Transferleistungen** oder **Übertragungen** genannt. Zu ihnen gehören Steuern, Sozialbeiträge und Sozialleistungen wie Rente, Arbeitslosengeld, Kindergeld usw. Für den Empfänger handelt es sich jeweils um Transfereinkommen, für den Zahlenden um Transferzahlungen.

Transferleistungen (Übertragungen) sind Leistungen, denen keine unmittelbare Gegenleistung gegenübersteht

Transaktionen zwischen Haushalten und Staat	
Haushalte an Staat	Steuern, Gebühren, Beiträge, Arbeitnehmerbeiträge zur Sozialversicherung
Staat an Haushalte	Einkommen für Arbeitnehmer im öffentlichen Dienst, Transferzahlungen (z. B. Sozialleistungen)

Transaktionen zwischen Unternehmen und Staat	
Unternehmen an Staat	Steuern, Gebühren, Beiträge, Arbeitgeberbeiträge zur Sozialversicherung, Einkommen (z. B. Dividende für Unternehmensanteile)
Staat an Unternehmen	Ausgaben für Güterkäufe Subventionen

▶ Beziehungen zwischen Ausland und Binnensektoren

Durch die Hinzunahme des Sektors **„Ausland"** wird das Kreislaufmodell vollständig. Hinter dem Sammelbegriff „Ausland" verbergen sich ausländische staatliche Stellen, ausländische Unternehmen und ausländische Haushalte. Eine entsprechende Differenzierung findet jedoch nicht statt. Alle grenzüberschreitenden Transaktionen werden ohne weitere Unterscheidung als Transaktionen mit dem Ausland dargestellt. Das Statistische Bundesamt erfasst diese Vorgänge auf dem Konto **„Übrige Wel**t".

Moderne Volkswirtschaften verfügen über eine Vielzahl von Wirtschaftsbeziehungen zum Ausland[1]. Diese **Außenverflechtungen** sind Folge weltweiter Handelsbeziehungen und zunehmender internationaler Arbeitsteilung. Die wichtigsten Beziehungen zum Ausland sind:

- **Exporte** (Ex) von Gütern
- **Importe** (Im) von Gütern.

[1] Wirtschaftliche Beziehungen zum Ausland werden vertieft im Kapitel 9 „Außenwirtschaft" behandelt.

Die Differenz – oder der Saldo – zwischen den Exporten und Importen ist der **Außenbeitrag** (Ex – Im):

- Ex > Im: positiver Außenbeitrag; Nettoabfluss von Gütern; Nettozufluss von Geld
- Ex < Im: negativer Außenbeitrag; Nettozufluss von Gütern; Nettoabfluss von Geld

In Höhe des Außenbeitrags wächst oder sinkt das Vermögen einer Volkswirtschaft; der Wert wird entsprechend auf dem Vermögensänderungskonto festgehalten.

Wichtig für die Darstellung der Auslandsbeziehungen ist, sich daran zu erinnern, dass im Wirtschaftskreislauf nur die Geldströme dargestellt werden. Hinter „Exporten" verbergen sich die Zahlungen des Auslands für die inländischen Ausfuhren; der Geldstrom für Exporte fließt also vom Ausland zum Inland; genauer: zum Sektor Unternehmen. Entsprechend fließt der Geldstrom für Importe von den Unternehmen zum Ausland.

An den außenwirtschaftlichen Beziehungen sind die Unternehmen mit ihren Exporten und Importen zwar vorrangig, aber nicht ausschließlich beteiligt. Beispielsweise erzielen die Haushalte Einkommen vom Ausland und beziehen von dort Übertragungen; Unternehmen leisten Einkommenszahlungen und der Staat Transferzahlungen an das Ausland.

Werden alle Transaktionen einer Volkswirtschaft dargestellt, ergibt sich der **vollständige Kreislauf** (Kreislauf einer offenen Wirtschaft mit staatlicher Aktivität).

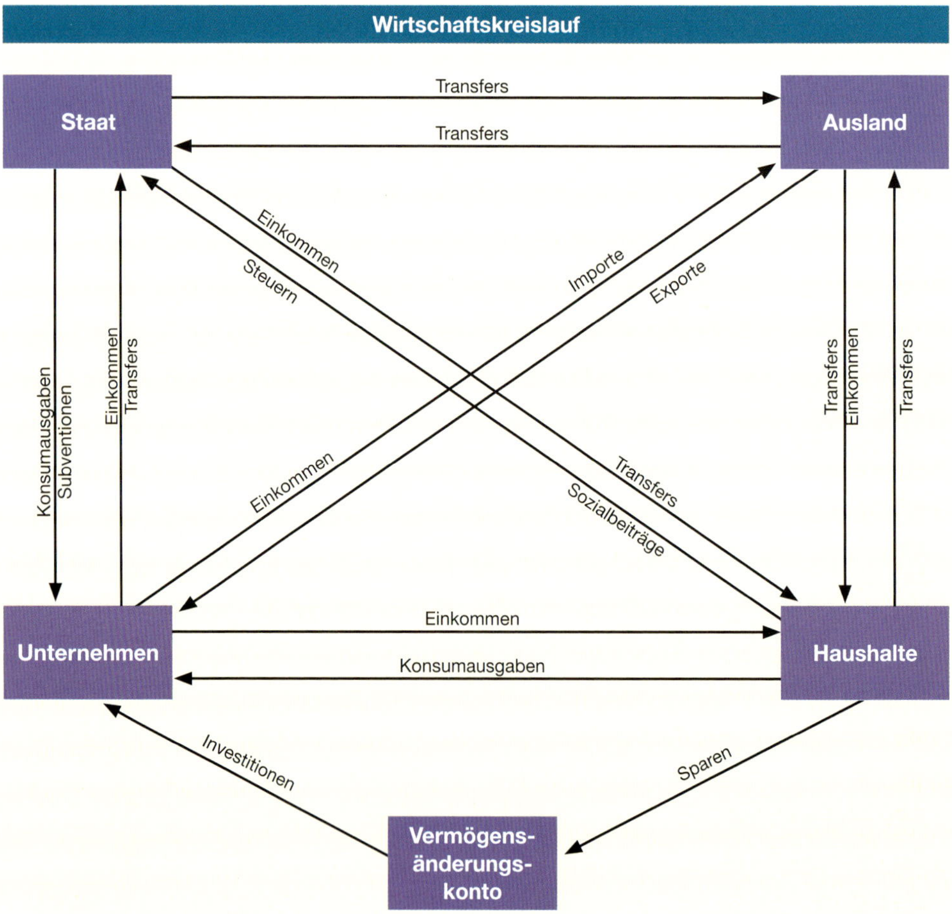

Empfänger / Zahler	Haushalte	Unternehmen	Staat	Ausland
Haushalte		Ausgaben für Konsumgüter	Transferzahlungen (Direkte Steuern, Abgaben, Sozialversicherungsbeiträge)	z. B. Überweisungen von Gastarbeitern[1]
Unternehmen	Faktoreinkommen		■ Transferzahlungen (Direkte und indirekte Steuern, Abgaben, Sozialversicherungsbeiträge) ■ Faktoreinkommen (z. B. Dividende)	■ Zahlungen für Importe ■ Faktoreinkommen
Staat	■ Faktoreinkommen ■ Transferzahlungen (z. B. Renten, Sozialleistungen)	■ Ausgaben für Konsumgüter ■ Subventionen		Transferzahlungen (z. B. Renten, Sozialleistungen)
Ausland	■ Faktoreinkommen ■ Transferzahlungen	Zahlungen für Exporte	Transferzahlungen	

[1] Die Zahlungen der privaten Haushalte für Tourismus zählen als Zahlungen für Importe und laufen über den Sektor „Unternehmen“.

**Zusammenfassung Kapitel 2.1.2:
Vollständiger Wirtschaftskreislauf**

- Der vollständige Wirtschaftskreislauf (Kreislauf einer offenen Wirtschaft mit staatlicher Aktivität) gibt die Beziehungen zwischen den Sektoren „Haushalte“, „Unternehmen“, „Staat“ und „Ausland“ wieder.
- Von den Haushalten zum Staat fließen Steuern, Gebühren, Beiträge sowie Arbeitnehmerbeiträge zur Sozialversicherung.
- Vom Staat an die Haushalte fließen Einkommen und Transferzahlungen.
- Von den Unternehmen an den Staat fließen Steuern, Gebühren, Beiträge, Arbeitgeberbeiträge zur Sozialversicherung sowie Einkommen.
- Vom Staat an die Unternehmen fließen Ausgaben für Güterkäufe sowie Subventionen.
- Transferleistungen (Übertragungen) sind Leistungen, denen keine unmittelbare Gegenleistung gegenübersteht.
- Die wichtigsten Beziehungen zum Ausland sind Exporte und Importe von Gütern.
- Die Differenz (der Saldo) zwischen Exporten und Importen wird Außenbeitrag genannt.

2.2 Volkswirtschaftliche Gesamtrechnung

Zwischen dem Kreislaufmodell und der Volkswirtschaftlichen Gesamtrechnung bestehen enge Beziehungen. Während der Wirtschaftskreislauf die Beziehungen zwischen den Sektoren in Strömen darstellt, werden in der Volkswirtschaftlichen Gesamtrechnung die Transaktionen zahlenmäßig erfasst und auf Konten festgehalten.[1]

2.2.1 Aufgabe und Struktur der Volkswirtschaftlichen Gesamtrechnung

? Welche Aufgabe hat die Volkswirtschaftliche Gesamtrechnung und wie ist sie aufgebaut?

Wenn in der Zeitung steht, dass im vergangenen Jahr das Bruttoinlandsprodukt um 2,5 % gewachsen ist, die Einkommen der privaten Haushalte um 4 % gestiegen sind, die Ausgaben der öffentlichen Hände um 6 % zugenommen haben usw., dann stammen diese Erkenntnisse aus der Volkswirtschaftlichen Gesamtrechnung.

Die deutsche Volkswirtschaftliche Gesamtrechnung entspricht in ihren Aufgaben und in ihrer Struktur dem **Europäischen System Volkswirtschaftlicher Gesamtrechnungen (ESVG).**[2] Mit der Einführung des ESVG ist sichergestellt, dass die Erfassung und Verarbeitung der volkswirtschaftlichen Daten in allen EU-Ländern in gleicher Weise geschieht. Das ESVG basiert auf dem „System of National Accounts" (SNA) der UNO.

▶ **Aufgabe der Volkswirtschaftlichen Gesamtrechnung**

Die Volkswirtschaftlichen Gesamtrechnungen (VGR) haben die Aufgabe, ein möglichst umfassendes und übersichtliches quantitatives **Gesamtbild des wirtschaftlichen Geschehens in Deutschland** zu geben. Dabei werden alle Wirtschaftseinheiten (Personen, Institutionen) mit ihren für die Beschreibung des Wirtschaftsablaufs wichtigen wirtschaftlichen Tätigkeiten und damit verbundenen Vorgängen (produzieren, verteilen, konsumieren, investieren, finanzieren) einbezogen. Die Wirtschaftseinheiten und ihre Tätigkeiten werden zu großen Gruppen (Wirtschaftsbereiche, Sektoren) zusammengefasst.

Statistisches Jahrbuch für die Bundesrepublik Deutschland

Die Volkswirtschaftlichen Gesamtrechnungen haben in erster Linie die Aufgabe, den arbeitsteiligen und komplexen Wirtschaftsablauf in seinen Grundzusammenhängen überschaubar darzustellen und damit für die Analyse nutzbar zu machen. ... Im Mittelpunkt der ... VGR steht ... die Ermittlung der in der Volkswirtschaft in einem bestimmten Zeitabschnitt produzierten Güter und Dienstleistungen sowie der im Zusammenhang damit entstandenen Einkommen.

Deutsche Bundesbank: Monatsbericht Dezember 1999, S. 52

[1] In der Volkswirtschaftlichen Gesamtrechnung werden jedoch andere Sektoren unterschieden als im Kreislaufmodell.

[2] Mit der Übernahme des **ESVG 1995** durch das Statistische Bundesamt im Jahre 1999 sind zahlreiche Veränderungen verbunden. Unter anderem wird anstelle des bisherigen **Sozialprodukts** jetzt das **Nationaleinkommen** verwendet.

2014 hat das Statistische Bundesamt das **ESVG 2010** übernommen. Die quantitativ wichtigsten Änderungen ergeben sich aus der Behandlung von Ausgaben für Forschung und Entwicklung sowie für militärische Waffensysteme als Investitionen. Durch die Umstellung liegt das nominale Bruttoinlandsprodukt (BIP) in Deutschland im Durchschnitt um rund 3 % über dem bisherigen Niveau, am realen (preisbereinigten) Wirtschaftswachstum ändert sich kaum etwas. Alle VGR-Aggregate wurden in voller Tiefe bis zum Jahr 1991 zurückgerechnet, sodass konsistente lange Zeitreihen zur Verfügung stehen.

Die **Volkswirtschaftliche Gesamtrechnung** (VGR) ist eine Art nationaler Buchführung, in der alle wichtigen wirtschaftlichen Aktivitäten der Wirtschaftseinheiten erfasst und nach dem Prinzip der doppelten Buchführung auf Konten festgehalten werden.

Zu den wichtigen Aufgaben der VGR gehört es, Auskunft zu geben über

- die Entstehung des Bruttoinlandsprodukts (Entstehungsrechnung)
- die Verwendung des Bruttoinlandsprodukts (Verwendungsrechnung)
- die Verteilung des Volkseinkommens (Verteilungsrechnung)[1]

Die Volkswirtschaftliche Gesamtrechnung hat die Aufgabe, umfassende Daten über das wirtschaftliche Geschehen bereitzustellen.

▶ Struktur der Volkswirtschaftlichen Gesamtrechnung

Die Volkswirtschaftliche Gesamtrechnung

- arbeitet mit aggregierten Größen
- gliedert die Wirtschaftseinheiten nach Sektoren und Wirtschaftsbereichen
- fasst die Aktivitäten in bestimmten Tätigkeiten zusammen.

Aggregierte Größen

Aggregation bedeutet Zusammenfassung gleichartiger Größen. Im Rahmen der VGR geschieht dies in zweifacher Weise:

- Gleichartige Wirtschaftseinheiten werden zu Sektoren und Wirtschaftsbereichen zusammengefasst.
- Gleichartige Tätigkeiten der Wirtschaftseinheiten werden addiert und summarisch gebucht.

Festgehalten wird also nicht die Einkommenszahlung, die ein bestimmtes Unternehmen X an einen bestimmten Haushalt Y zahlt, sondern wie viel Einkommen die Unternehmen einer Volkswirtschaft insgesamt an die Haushalte dieser Volkswirtschaft gezahlt haben.

Sektoren und Wirtschaftsbereiche

Sektoren und **Wirtschaftsbereiche** sind die am Wirtschaftsprozess beteiligten aggregierten Wirtschaftseinheiten.

Sektoren in der Volkswirtschaftlichen Gesamtrechnung
■ **Nichtfinanzielle Kapitalgesellschaften:** hierzu gehören Kapitalgesellschaften wie AG und GmbH, Personengesellschaften wie OHG und KG, rechtlich unselbstständige Eigenbetriebe des Staates und der privaten Organisationen ohne Erwerbszweck wie Krankenhäuser und Pflegeheime, sowie Wirtschaftsverbände.
■ **Finanzielle Kapitalgesellschaften:** vor allem Banken und Versicherungen.
■ **Staat:** Bund, Länder, Gemeinden und Sozialversicherung.
■ **Private Haushalte:** private Haushalte, selbstständige Landwirte, Einzelunternehmer, Händler, Gastwirte, selbstständige Verkehrsunternehmer, selbstständige Versicherungsvertreter, „Freiberufler“ usw.
■ **Private Organisationen ohne Erwerbszweck:** politische Parteien, Gewerkschaften, Kirchen, Wohlfahrtsverbände, Vereine usw.
■ **Übrige Welt:** Gesamtheit der Wirtschaftseinheiten, die ihren ständigen Sitz/Wohnsitz außerhalb des Wirtschaftsgebietes haben.
Quelle: Statistisches Bundesamt

[1] Weil in der VGR mehrere Rechnungen enthalten sind, wird oft auch die Pluralform „Volkswirtschaftliche Gesamtrechnungen“ verwendet.

Einen einheitlichen Sektor „Unternehmen“ gibt es nach dem ESVG in der Volkswirtschaftlichen Gesamtrechnung nicht mehr. Unternehmen finden sich in den Sektoren nichtfinanzielle und finanzielle Kapitalgesellschaften sowie private Haushalte.

Wirtschaftsbereiche gliedern die Wirtschaftseinheiten nach der Art der ausgeübten Tätigkeiten. Die Volkswirtschaftliche Gesamtrechnung unterscheidet sechs Wirtschaftsbereiche.

Sektoren und Wirtschaftsbereiche

Sektoren der VGR	Wirtschaftsbereiche der VGR	Sektoren nach Fourastié[1]
Nichtfinanzielle Kapitalgesellschaften	**Land- und Forstwirtschaft, Fischerei**	**Primärer Sektor** (Landwirtschaft)
Finanzielle Kapitalgesellschaften	**Produzierendes Gewerbe (ohne Baugewerbe)**	**Sekundärer Sektor** (Handwerk, Industrie)
	Baugewerbe	
Staat	**Dienstleistungsbereiche** Handel, Verkehr, Gastgewerbe Information und Kommunikation	**Tertiärer Sektor** (Dienstleistungen)
Private Haushalte	Finanz- und Versicherungsdienstleister	
Private Organisationen ohne Erwerbszweck	Grundstücks- und Wohnungswesen Unternehmensdienstleister	
Übrige Welt	Öffentliche Dienstleister, Erziehung, Gesundheit Sonstige Dienstleister	

[1] Jean FOURASTIÉ, französischer Ökonom, teilte die Wirtschaft zur Erfassung des langfristigen Strukturwandels in den primären, sekundären und tertiären Sektor ein.

Tätigkeiten sind die Aktivitäten der Wirtschaftseinheiten. Für jeden Sektor wird für jede Tätigkeit ein Konto geführt.

Konten in der Volkswirtschaftlichen Gesamtrechnung

Konten		Gegenstand
Produktionskonto		Produktion von Waren und Dienstleistungen
Einkommenskonten	Einkommensentstehungskonto	Entstehung der Erwerbs- und Vermögenseinkommen
	Einkommensverteilungskonto	Verteilung der Erwerbs- und Vermögenseinkommen
	Einkommensverwendungskonto	Verwendung der Einkommen
Vermögensänderungskonten	Reinvermögensänderungskonto	Vermögensbildung durch Sparen
	Sachvermögensänderungskonto	Vermögensbildung durch Anlageinvestitionen, Vorratsveränderungen
	Finanzierungskonto	Veränderungen der Forderungen und Verbindlichkeiten

Zusammenfassung Kapitel 2.2.1:
Aufgabe und Struktur der Volkswirtschaftlichen Gesamtrechnung

- Die Volkswirtschaftliche Gesamtrechnung (VGR) hat die Aufgabe, umfassende Daten über das wirtschaftliche Geschehen bereitzustellen.
- Die VGR arbeitet mit aggregierten Größen und gliedert sich nach Sektoren, Wirtschaftsbereichen und Tätigkeiten.
- Aggregation bedeutet die Zusammenfassung gleichartiger Größen.
- Sektoren und Wirtschaftsbereiche sind die am Wirtschaftsprozess beteiligten aggregierten Wirtschaftseinheiten.
- Tätigkeiten sind die Aktivitäten der Wirtschaftseinheiten.

Der Überblick über das System der Volkswirtschaftlichen Gesamtrechnung lässt erkennen, dass es sich um ein weit verzweigtes und tief gestaffeltes Kontensystem handelt. Alle Konten ausführlich zu behandeln, würde eine umfangreiche Darstellung erfordern. Für allgemeine Betrachtungen enthält das gesamtwirtschaftliche Produktionskonto alle wichtigen Größen; es wird daher im Folgenden näher betrachtet.

2.2.2 Gesamtwirtschaftliches Produktionskonto

Wie ist das gesamtwirtschaftliche Produktionskonto aufgebaut und welche Größen enthält es?

Das **gesamtwirtschaftliche Produktionskonto** erfasst alle mit der Herstellung von Gütern (Waren und Dienstleistungen) zusammenhängenden Vorgänge. Es stellt die Zusammenfassung der Produktionskonten aller Sektoren der Volkswirtschaft dar.

Die linke Seite des gesamtwirtschaftlichen Produktionskontos enthält den Aufwand, der für die Herstellung der Güter erforderlich war; die rechte Seite weist die Verwendung der Güter nach.

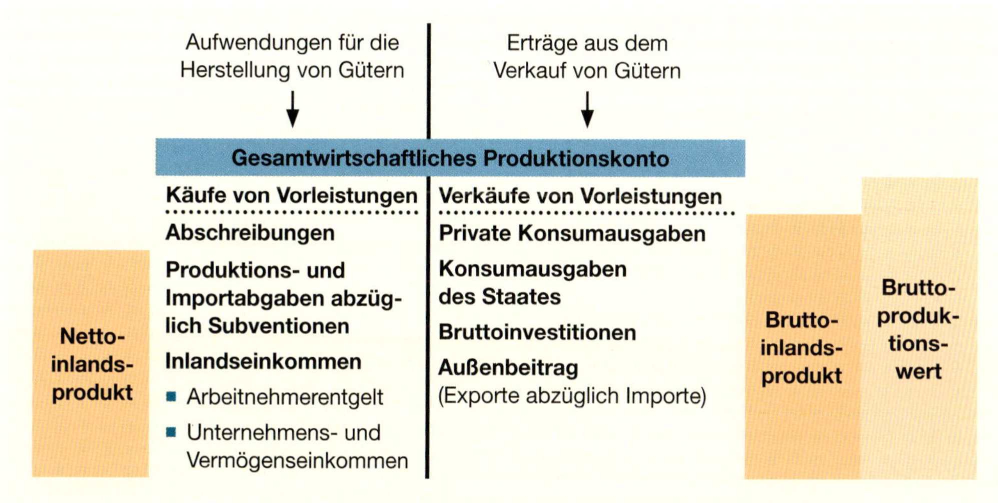

▶ **Bestandteile des gesamtwirtschaftlichen Produktionskontos:**

Vorleistungen: Waren und Dienstleistungen, die von anderen Wirtschaftseinheiten bezogen werden und in die eigene Produktion eingehen.

Beispiel: Ein Autohersteller bezieht Reifen von einem Reifenhersteller.

Bei einer gesamtwirtschaftlichen Betrachtung sind Käufe und Verkäufe von Vorleistungen gleich hoch, da jeder Kauf bei einer anderen Wirtschaftseinheit gleichzeitig einen Verkauf darstellt.

Abschreibungen: Wertminderungen des Anlagevermögens im Lauf der Periode durch Verschleiß und wirtschaftliches Veralten. Die Abschreibungen in der Volkswirtschaftlichen Gesamtrechnung sind zu Wiederbeschaffungspreisen bewertet.

Produktions- und Importabgaben: Indirekte Steuern, Zölle u. Ä.

Subventionen: Zahlungen ohne Gegenleistung, die der Staat oder Institutionen der Europäischen Union an gebietsansässige Produzenten leisten, um den Umfang der Produktion, die Verkaufspreise oder die Entlohnung der Produktionsfaktoren zu beeinflussen.

Produktions- und Importabgaben und Subventionen werden in der Regel als Saldo ausgewiesen („Produktions- und Importabgaben abzüglich Subventionen").

Arbeitnehmerentgelt: Bruttoeinkommen aus unselbstständiger Arbeit (Bruttolöhne und -gehälter, Arbeitgeberbeiträge zur Sozialversicherung, an Lebensversicherungsunternehmen und an Pensionskassen).

Unternehmens- und Vermögenseinkommen: Einkommen aus Unternehmertätigkeit und Vermögen **(Betriebsüberschuss/Selbstständigeneinkommen);** einschl. **kalkulatorischer Unternehmerlohn.**

Private Konsumausgaben: Waren- und Dienstleistungskäufe für Konsumzwecke. Die privaten Konsumausgaben setzen sich zusammen aus **Konsumausgaben der privaten Haushalte** zuzüglich **Konsumausgaben der privaten Organisationen ohne Erwerbszweck.**

Konsumausgaben des Staates: Waren- und Dienstleistungskäufe des Staates.

Bruttoinvestitionen: Summe aller Investitionen.

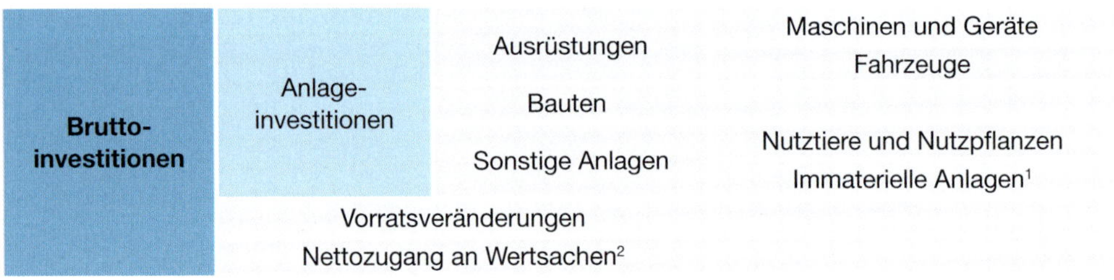

[1] Selbst erstellte Computerprogramme, Urheberrechte, Suchbohrungen und Sonstiges

[2] Wertanlagen (Edelsteine, Edelmetalle, Antiquitäten, Kunstgegenstände u. Ä.) in der Praxis vor allem Käufe der privaten Haushalte von Goldbarren und nicht umlauffähigen Goldmünzen

Werden die Bruttoinvestitionen um die Wertminderungen (Abschreibungen) vermindert, ergeben sich die **Nettoinvestitionen.**

! Bruttoinvestitionen – Abschreibungen = Nettoinvestitionen

Exporte: Ausfuhr von Waren und Dienstleistungen.

Importe: Einfuhr von Waren und Dienstleistungen.

Exporte und Importe werden in der Regel als Saldo ausgewiesen. Der Saldo (Exporte – Importe) heißt **Außenbeitrag.**

Das gesamtwirtschaftliche Produktionskonto ist Ausgangspunkt für die Ermittlung zahlreicher wichtiger gesamtwirtschaftlicher Größen. Seine rechte Seite liefert den **Bruttoproduktionswert.** Nach Abzug der Vorleistungen ergibt sich das **Bruttoinlandsprodukt.** Wird das Bruttoinlandsprodukt um die Abschreibungen vermindert, ergibt sich das **Nettoinlandsprodukt.**

Das **Inlandseinkommen** stellt die Summe aller im Inland entstandenen Faktoreinkommen dar; es entspricht der gesamtwirtschaftlichen **Wertschöpfung.**

Wertschöpfung ist die in den Wirtschaftsbereichen erbrachte Leistung. !

Zusammenfassung Kapitel 2.2.2: Gesamtwirtschaftliches Produktionskonto

- Das gesamtwirtschaftliche Produktionskonto erfasst alle mit der Herstellung von Gütern zusammenhängenden Vorgänge.
- Die linke Seite des gesamtwirtschaftlichen Produktionskontos enthält den Aufwand, die rechte Seite gibt Auskunft über die Verwendung der Güter.
- Das gesamtwirtschaftliche Produktionskonto ist Ausgangspunkt für die Ermittlung zahlreicher wichtiger gesamtwirtschaftlicher Größen.

2.2.3 Konzepte und Indikatoren der Volkswirtschaftlichen Gesamtrechnung

Mit welchen Konzepten arbeitet die Volkswirtschaftliche Gesamtrechnung und welche Indikatoren stehen im Vordergrund? ?

Volkswirtschaftliche Kennziffern, so genannte Leistungsindikatoren, werden für vielerlei Zwecke benötigt, z. B. um

- die Situation einer Volkswirtschaft in möglichst knapper Form beschreiben zu können,
- feststellen zu können, ob eine Wirtschaft gewachsen oder geschrumpft ist,
- Vergleiche mit anderen Volkswirtschaften anstellen zu können.

Die wichtigsten Indikatoren für die Kennzeichnung der wirtschaftlichen Situation eines Landes sind das **Inlandsprodukt,** das **Nationaleinkommen** (früher: **Sozialprodukt)** und das **Volkseinkommen.** Eine differenzierte Erfassung dieser Indikatoren erfordert bestimmte Unterscheidungen in der Zähl- bzw. Betrachtungsweise.

> „Das Inlandsprodukt und das Nationaleinkommen werden sowohl brutto als auch netto (d. h. nach Abzug der Abschreibungen) berechnet und dargestellt. Diese vier Größen werden zu Marktpreisen und das Nettonationaleinkommen zusätzlich zu Faktorkosten bewertet. Die Bewertung zu Marktpreisen bedeutet, dass ‚Produktions- und Importabgaben abzüglich Steuern' enthalten sind."
>
> *Statistisches Bundesamt*

In der Aussage des Statistischen Bundesamtes sind die wichtigsten Erfassungskonzepte genannt:

- Inlandskonzept und Inländerkonzept

  Inlandskonzept → Inlandsprodukte (= Produktionsindikatoren)

  Inländerkonzept → Nationaleinkommen (= Einkommensindikatoren)

- Brutto- und Nettogrößen
- Marktpreise und Faktorkosten
- Nominale und reale Größen

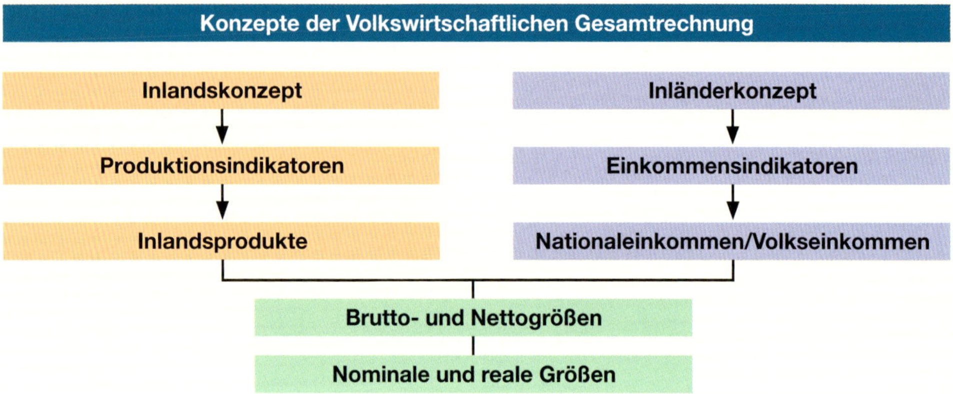

2.2.3.1 Inlandskonzept und Inländerkonzept

An der Leistungserstellung in einem Land können auch Personen beteiligt sein, die jenseits der Grenzen wohnen.

Beispiel: Eine Person wohnt in Österreich und arbeitet in Deutschland.

Umgekehrt erbringen auch Personen, die im Inland wohnen, wirtschaftliche Leistungen in einem anderen Land.

Beispiel: Eine Person wohnt in Deutschland und arbeitet in Frankreich.

Wohnort und Leistungsort können also in unterschiedlichen Ländern liegen. Die grenzüberschreitenden Leistungen bzw. grenzüberschreitenden Einkommen machen den Unterschied zwischen Inlandskonzept und Inländerkonzept aus. Für die Klassifizierung „Inländer" oder „Ausländer" ist nicht die Staatsangehörigkeit, sondern der Sitz bzw. Wohnsitz entscheidend.

! **Inländer** (inländische Wirtschaftseinheiten): Personen und Institutionen, die ihren ständigen Sitz bzw. Wohnsitz im Inland haben.

Ausländer (ausländische Wirtschaftseinheiten): Personen und Institutionen, die ihren ständigen Sitz bzw. Wohnsitz im Ausland haben.

Aussagen zur wirtschaftlichen Leistung eines Landes können sich

- auf die **im Inland** erbrachte Leistung
- oder auf die **von Inländern** erbrachte Leistung

beziehen.

▶ Im Inland erbrachte wirtschaftliche Leistungen (Inlandskonzept)

Bei dieser Betrachtungsweise wird die wirtschaftliche Leistung gemessen, die in einem Land (= im Inland) erbracht wurde, egal ob die Leistungsträger im Inland oder im Ausland wohnen. Die Höhe der wirtschaftlichen Leistung entspricht dem Wert der im Inland hergestellten Güter (Waren und Dienstleistungen).

Diese Betrachtungsweise wird **Inlandskonzept** (auch: **Arbeitsortkonzept)** genannt; das Ergebnis ist das **Inlandsprodukt.**

Gemeinsames Merkmal der im Inlandsprodukt erfassten Wirtschaftseinheiten ist, dass sie an der Produktion im Inland beteiligt waren; daher wird das Inlandsprodukt auch als **Produktionsindikator** bezeichnet.

!

Das deutsche **Inlandsprodukt** gibt an,

- wie hoch die in Deutschland in einer Periode erbrachte wirtschaftliche Leistung ist, bzw.
- wie hoch der Wert der in einer Periode in Deutschland hergestellten Güter (Waren und Dienstleistungen) ist.

▶ Von Inländern erbrachte wirtschaftliche Leistungen (Inländerkonzept)

Bei dieser Betrachtungsweise wird die wirtschaftliche Leistung gemessen, die von den Wirtschaftseinheiten mit Sitz/Wohnsitz im Inland (= Inländer) erbracht wurde, egal ob die Leistung im Inland oder im Ausland erbracht wurde.

Diese Betrachtungsweise wird **Inländerkonzept** (auch: **Wohnortkonzept)** genannt; das Ergebnis ist das **Nationaleinkommen** (früher: Sozialprodukt).

Gemeinsames Merkmal der im Inländerprodukt erfassten Wirtschaftseinheiten ist, dass ihr Einkommen im Inland zur Verfügung steht; daher wird das Inländerprodukt auch als **Einkommensindikator** bezeichnet.

!

Das deutsche **Nationaleinkommen** gibt an,

- wie hoch die wirtschaftliche Leistung der Inländer (Personen/Institutionen mit Wohnsitz/Sitz in Deutschland) ist, bzw.
- wie hoch die von Inländern (Personen/Institutionen mit Wohnsitz/Sitz in Deutschland) bezogenen Einkommen sind.

	Inland	**Inländer**
Produktion	Inlandsprodukt	
Einkommen		Nationaleinkommen

Inlandsprodukt		
Ausländer erbringen Leistungen im **Inland** und erhalten dafür Einkommen	**Inländer** erbringen Leistungen im **Inland** und erhalten dafür Einkommen	**Inländer** erbringen Leistungen im **Ausland** und erhalten dafür Einkommen
	Nationaleinkommen (Inländerprodukt)	

2.2.3.2 Brutto- und Nettogrößen; Marktpreise und Faktorkosten; nominale und reale Größen

Für tiefer gehende Fragestellungen werden sowohl beim Inlandsprodukt als auch beim Nationaleinkommen weitere Unterscheidungen vorgenommen.

▶ Brutto- und Nettogrößen

Ein Teil der im Produktionsprozess hergestellten Güter wird benötigt, um den produktionsbedingten Verschleiß an Anlagen (Gebäuden, Maschinen) zu ersetzen. In der Volkswirtschaftlichen Gesamtrechnung werden hierfür **Abschreibungen** zu Wiederbeschaffungspreisen angesetzt **(Substanzerhaltungsprinzip).** In Höhe der Abschreibungen dient die Güterproduktion zum Ersatz bereits vorher vorhandener Werte; erst die über die Abschreibungen hinausgehende Güterproduktion ist im engeren Sinne neue (Netto-)Produktion.

	Bruttogröße
–	Abschreibungen
=	**Nettogröße**

Die Differenz zwischen Brutto- und Nettogrößen besteht in den Abschreibungen.

▶ Marktpreise und Faktorkosten

Die hergestellten Güter gehen zunächst mit ihren Marktpreisen in die Volkswirtschaftliche Gesamtrechnung ein. Darin enthalten sind neben den **Herstellungspreisen** auch **Produktionsabgaben** (v. a. Steuern) und **Importabgaben** (v. a. Zölle).

Beispiel: Produktionsabgaben (Steuern)

Ein Unternehmen hat in einer Wirtschaftsperiode 50 Güter zum Marktpreis von je 100 EUR hergestellt. Sein Produktionswert geht mit dem Marktwert von 5.000 EUR in das Inlandsprodukt ein. In der folgenden Periode stellt das Unternehmen wiederum 50 Güter her. Gleichzeitig erhöht die Regierung die Mehrwertsteuer um 2 Prozentpunkte. Nun geht die (unveränderte) betriebliche Leistung mit einem höheren Marktpreis in das Inlandsprodukt ein. Der Zuwachs entspricht jedoch nicht einer Mehrleistung, sondern allein der im Marktpreis enthaltenen Mehrwertsteuer und deren Erhöhung.

Durch **Produktionsabgaben** (indirekte Steuern) und **Importabgaben** (Zölle) werden die Güterpreise „künstlich" erhöht.

Im Gegenzug senken **Subventionen** die Preise.

Beispiel: Subventionen

Einem Unternehmen entstehen Produktionskosten von insgesamt 1.000 EUR. Dafür hat es 20 Produkteinheiten hergestellt. Um die Kosten decken zu können, muss es jede Produkteinheit für 50 EUR verkaufen. In der folgenden Periode erhält das Unternehmen staatliche Subventionen in Höhe von 100 EUR. Um die verbleibenden Kosten von 900 EUR zu decken, kann es jetzt jede Produkteinheit für 45 EUR verkaufen.[1] Die (unveränderte) betriebliche Leistung geht jetzt nur noch mit 900 EUR in das Inlandsprodukt ein.

Durch **Subventionen** werden die Güterpreise „künstlich" gesenkt.

Produktions- und Importabgaben sowie Subventionen „verfälschen" also den Güterwert. Werden die Marktpreise um diese Größen „bereinigt", ergeben sich die Güterpreise zu **Faktorkosten.** „Zu Faktorkosten" bedeutet, dass dieser Wert den Kosten für die Produktionsfaktoren entspricht. In der Volkswirtschaftlichen Gesamtrechnung wird in der Regel der Saldo „Produktions- und Importabgaben abzüglich Subventionen" verwendet.

	Marktpreise
–	Produktions- und Importabgaben
+	Subventionen
=	**Faktorkosten**

Faktorkosten sind die Kosten der Produktionsfaktoren.

Faktorkosten ergeben sich aus den um Produktions- und Importabgaben abzüglich Subventionen bereinigten Marktpreisen.

[1] Ob ein Unternehmen tatsächlich den Preis senkt, hängt von der Konkurrenzsituation ab. Wenn es seine Produkte nach wie vor für z. B. 50 EUR verkaufen kann, wird es das auch tun. Dann erhöht sich entsprechend der Gewinn. An der Richtigkeit der Aussage, dass Subventionen die Kosten und damit auch die auf Kostenbasis kalkulierten Preise senken, ändert das nichts.

▶ Nominale und reale Größen

Wenn Güter nicht nur mengenmäßig, sondern auch wertmäßig erfasst werden sollen, muss ihr Wert in Geldeinheiten ausgedrückt werden; dazu werden die Güter mit ihren Preisen multipliziert:

Güterwert = Gütermenge · Güterpreise.

Der Güterwert steigt, wenn Menge und/oder Preise steigen. Um feststellen zu können, ob die in volkswirtschaftlichen Größen erfasste Gütermenge sich tatsächlich erhöht hat, muss die zu Marktpreisen ermittelte Größe (nominale Größe) um die in den Marktpreisen enthaltene Preissteigerungen bereinigt werden **(= Deflationierung).** Dazu werden die Güter mit den Preisen des Vorjahres bewertet; das Ergebnis ist die reale bzw. preisbereinigte Größe.

Für die unterschiedlichen Erfassungsmöglichkeiten benutzt die Statistik bestimmte Bezeichnungen:

- **in jeweiligen Preisen** bedeutet, dass die Güter mit den aktuellen Preisen des jeweiligen Jahres erfasst werden;
- **in Preisen des Vorjahres** bedeutet, dass die Güter mit den Preisen des Vorjahres bewertet und erfasst werden **(Vorjahrespreisbasis).**

	Nominale (jeweilige) Größe
–	Preissteigerungen
=	**Reale (preisbereinigte) Größe**

Die Differenz zwischen nominalen und realen Größen besteht in den Preissteigerungen. !

Zusammenfassung Kapitel 2.2.3:
Konzepte und Indikatoren der Volkswirtschaftlichen Gesamtrechnung

- Die wichtigsten Indikatoren für die Kennzeichnung der wirtschaftlichen Situation eines Landes sind das Inlandsprodukt, das Nationaleinkommen und das Volkseinkommen.
- Konzepte der Volkswirtschaftlichen Gesamtrechnung sind:
  - Inlandskonzept und Inländerkonzept
  - Brutto- und Nettogrößen
  - Marktpreise und Faktorkosten
  - Nominale und reale Größen
- Nach dem Inlandskonzept (Arbeitsortkonzept) wird die im Inland erbrachte wirtschaftliche Produktion erfasst.
- Nach dem Inländerkonzept (Wohnortkonzept) werden die von Inländern erzielten Einkommen erfasst.
- Inländer sind Personen und Institutionen, die ihren ständigen Sitz bzw. Wohnsitz im Inland haben.
- Ausländer sind Personen und Institutionen, die ihren ständigen Sitz bzw. Wohnsitz im Ausland haben.
- Die Differenz zwischen Brutto- und Nettogrößen besteht in den Abschreibungen:
  Bruttogröße – Abschreibungen = Nettogröße.
- Die Differenz zwischen Marktpreisen und Faktorkosten besteht in den Produktions- und Importabgaben und den Subventionen:
  Marktpreise – Produktions- und Importabgaben + Subventionen = Faktorkosten.
- Faktorkosten sind Kosten der Produktionsfaktoren.

- Die Differenz zwischen nominalen und realen Größen besteht in den Preissteigerungen: Nominale Größe – Preissteigerungen = reale Größe.

2.2.4 Inlandsprodukte

? Welche Inlandsprodukte gibt es, wie werden sie berechnet und was sagen sie aus?

Bei der Betrachtung des gesamtwirtschaftlichen Produktionskontos[1] wurde festgestellt, dass der um die Vorleistungen verminderte **Bruttoproduktionswert** das **Bruttoinlandsprodukt (BIP)** ergibt.

	Bruttoproduktionswert
–	Vorleistungen
=	**Bruttoinlandsprodukt**

„**Produktionswerte** geben den Wert der von inländischen Wirtschaftseinheiten in einer Berichtsperiode produzierten Güter (Waren und Dienstleistungen) an. Als Maß für die wirtschaftliche Leistung sind die Produktionswerte aber nur bedingt brauchbar, weil in die Produktion auch die von anderen Wirtschaftseinheiten produzierten Vorprodukte einfließen."

Statistisches Bundesamt

▶ Bruttoinlandsprodukt

Das **Bruttoinlandsprodukt (BIP)** ist die zentrale Größe für die Berechnung der verschiedenen Inlandsprodukte und später auch des Nationaleinkommens und des Volkseinkommens.

„Das **Bruttoinlandsprodukt** ist ein Produktionsindikator, der in zusammengefasster Form ein Bild der wirtschaftlichen Leistung einer Volkswirtschaft in einer Periode gibt. Es misst die Produktion von Waren und Dienstleistungen im Inland nach Abzug der Vorleistungen."

Statistisches Bundesamt

! Das **Bruttoinlandsprodukt (BIP)** gibt den Wert der in einem Jahr in einem Land (= Inland) produzierten Güter (Waren und Dienstleistungen) an.

Das **Bruttoinlandsprodukt** ist der wichtigste gesamtwirtschaftliche Leistungsindikator.

Das Bruttoinlandsprodukt wird zu **Marktpreisen (in jeweiligen Preisen)** erfasst (nominales Bruttoinlandsprodukt). In den Marktpreisen sind auch Preisänderungen erhalten. Um festzustellen zu können, ob sich das Bruttoinlandsprodukt tatsächlich verändert hat, d.h. ob es gewachsen oder geschrumpft ist, müssen die Preisänderungen herausgerechnet werden. Dies geschieht, indem die Güter mit den Preisen des Vorjahres bewertet und erfasst werden **(Vorjahrespreisbasis).** Die so ermittelte Größe wird als **preisbereinigtes Bruttoinlandsprodukt** (reales Bruttoinlandsprodukt) bezeichnet.

Beispiel

BIP 2014, in jeweiligen Preisen:	Gütermenge 2014 · Güterpreise 2014
BIP 2014, preisbereinigt:	Gütermenge 2014 · Güterpreise 2013

Die preisbereinigten absoluten Jahreswerte werden vom Statistischen Bundesamt nicht mehr in den öffentlichen Statistiken ausgewiesen. Da jedes Jahr eine andere Preisbasis

[1] Vgl. Abschnitt 2.2.2 „Gesamtwirtschaftliches Produktionskonto".

hat, können sie nicht ohne Weiteres miteinander verglichen werden und besitzen für sich allein keine Aussagefähigkeit. Der Vergleich über mehrere Jahre hinweg wird durch (eine statistisch aufwendige) **Verkettung** der preisbereinigten Jahreswerte hergestellt; eine solche Zeitreihe wird als Kettenindex bezeichnet. Ein **Kettenindex** stellt nicht Werte, sondern Relationen dar und wird auf ein bestimmtes **Referenzjahr (Basisjahr)** bezogen, das gleich 100 gesetzt wird (z.B. das Jahr 2010).

Die **Preisbereinigung** erfolgt in den deutschen VGR seit der großen Revision 2005 entsprechend internationaler Konventionen und verbindlicher europäischer Rechtsvorschriften auf der Grundlage einer jährlich wechselnden Preisbasis (Vorjahrespreisbasis). Anders als bei der früheren Festpreisbasis wird dabei nicht für die gesamte Zeitreihe ein festes Jahr verwendet, sondern jeweils das Vorjahr als Basisjahr (also z.B. die jahresdurchschnittlichen Preise von 2010 für Ergebnisse von 2011). Dadurch werden bei der Vorjahrespreismethode immer aktuelle Preisrelationen berücksichtigt, was die Berechnung der „realen" Veränderungsraten genauer macht (insbesondere das Wachstum des BIP). Durch Verkettung („Chain-linking") werden für jedes Merkmal vergleichbare Zeitreihen gebildet.

Statistisches Bundesamt

Jahr	BIP			
	preisbereinigt		in jeweiligen Preisen	
	Index	Veränderung %	insgesamt Mrd. EUR	je Einwohner EUR
1991	79,1	5,1	1.580	19.751
2000	91,4	3,0	2.114	25.715
2010	**100,0**	4,1	2.576	31.511
2015	108,2	1,7	3.033	37.127
2017	112,9	2,2	3.263	38.503

Der in Euro ausgewiesene Wert des Bruttoinlandsprodukts ist – egal, wie er ermittelt wird – immer nur begrenzt aussagefähig; wichtig ist vor allem die **Veränderungsrate,** also das **Wachstum** des realen Bruttoinlandsprodukts.

Preisbereinigungen haben das Ziel, Preiserhöhungen aus dem Produktpreis herauszurechnen. Wenn der Preis eines bestimmten Produktes von einem Jahr zum nächsten Jahr steigt, kann das zwei Ursachen haben: eine reine Preiserhöhung oder eine qualitative Verbesserung des Produkts; in der Realität tritt häufig beides gleichzeitig auf. Für die Preisbereinigung ist es daher wichtig, qualitätsbedingte Preisänderungen von reinen Preisänderungen zu unterscheiden und nur die reinen Preisänderungen einzubeziehen. Dieses Verfahren wird **hedonische Preismessung** genannt. Die hedonische Qualitätsbereinigung ist besonders geeignet für technische Produkte, die einem raschen Wandel unterliegen (z.B. EDV-Produkte). Mit der Revision der Volkswirtschaftlichen Gesamtrechnungen 2005 wurde die hedonische Preismessung für die Berechnung des Bruttoinlandsprodukts eingeführt.

▶ Nettoinlandsprodukt

	Bruttoinlandsprodukt
–	Abschreibungen
=	**Nettoinlandsprodukt**

Ein Teil der im Bruttoinlandsprodukt enthaltenen Produktionswerte wird benötigt, um den produktionsbedingten Verschleiß an Anlagen (Gebäuden, Maschinen) zu ersetzen. Um diesen Teil vergrößert sich der Güterbestand einer Volkswirtschaft nicht wirklich, da ihm ein ebenso großer Verlust gegenübersteht. Um den Nettozuwachs zu ermitteln, muss also das Bruttoinlandsprodukt um den Verschleiß (= Abschreibungen) vermindert werden. Das Ergebnis ist das **Nettoinlandsprodukt.**

Das **Nettoinlandsprodukt (NIP)** gibt den Wert der in einem Jahr in einem Land (= Inland) produzierten Güter (Waren und Dienstleistungen) an, vermindert um den produktionsbedingten Verschleiß (= Abschreibungen)

Zusammenfassung Kapitel 2.2.4: Inlandsprodukte

- Inlandsprodukte werden nach dem Inlandskonzept ermittelt.
- Das Bruttoinlandsprodukt (BIP) gibt den Wert der in einem Jahr in einem Land (= Inland) produzierten Güter (Waren und Dienstleistungen) an.
- Das Bruttoinlandsprodukt ist der wichtigste gesamtwirtschaftliche Leistungsindikator.
- Das Bruttoinlandsprodukt wird „in jeweiligen Preisen" und „preisbereinigt", d.h. in Vorjahrespreisen ermittelt.
- Der Vergleich über mehrere Jahre hinweg wird durch einen Kettenindex möglich.
- Durch die hedonische Preismessung werden qualitätsbedingte Preisänderungen von reinen Preisänderungen unterschieden.

2.2.5 Nationaleinkommen und Volkseinkommen

Welche Nationaleinkommen gibt es, wie werden sie berechnet und was sagen sie aus?

Dem Nationaleinkommen (früher Sozialprodukt) liegt das Inländerkonzept zugrunde. Während mit dem Inlandsprodukt Aussagen über die in einem Land produzierten Güter gemacht werden, gibt das Nationaleinkommen Auskunft über die in einem Land erzielten Einkommen. Das Nationaleinkommen wird nicht, wie das Inlandsprodukt, direkt ermittelt, sondern mithilfe weiterer Größen aus dem Bruttoinlandsprodukt errechnet.

Für das Verständnis des Zusammenhanges und des Unterschiedes zwischen Inlandsprodukt und Nationaleinkommen ist es hilfreich, kurz den Zusammenhang zwischen Produktion und Einkommen zu betrachten.

▶ Zusammenhang zwischen Produktion und Einkommen

Zwischen wirtschaftlicher Leistung (Güterproduktion) und Einkommen besteht ein enger Zusammenhang. Der Wert der wirtschaftlichen Leistung geht in Form von Einkommen an die verschiedenen Wirtschaftseinheiten; d.h., für jede wirtschaftliche Leistung entsteht irgendwo Einkommen. Im Prinzip sind also der Wert der produzierten Güter und die Einkommen gleich hoch.

Einkommen aus wirtschaftlicher Tätigkeit werden **Primäreinkommen** genannt. Primäreinkommen bestehen aus

- **Arbeitnehmerentgelt** (Löhne und Gehälter)
- **Unternehmens- und Vermögenseinkommen** (Gewinne, Mieten, Pachten, Zinsen).

Primäreinkommen: Entgelte der Produktionsfaktoren; Einkommen aus wirtschaftlicher Tätigkeit (Arbeitnehmerentgelt sowie Unternehmens- und Vermögenseinkommen).

Sekundäreinkommen (abgeleitete Einkommen): Einkommen ohne unmittelbare Gegenleistung; v.a. Transfereinkommen (Renten, Kindergeld, Sozialhilfe usw.

Wirtschaftliche Leistungen führen zu Primäreinkommen.

Primäreinkommen = erwirtschaftete Einkommen (Erwerbseinkommen + Vermögenseinkommen)

▶ Bruttonationaleinkommen

„Das **Bruttonationaleinkommen** ist in erster Linie ein Einkommensindikator. Es wird berechnet, indem vom Bruttoinlandsprodukt die Primäreinkommen abgezogen werden, die an die übrige Welt geflossen sind, und umgekehrt die Primäreinkommen hinzugefügt werden, die von inländischen Wirtschaftseinheiten aus der übrigen Welt bezogen worden sind."

Statistisches Bundesamt

Den Unterschied zwischen Bruttoinlandsprodukt und Bruttonationaleinkommen (BNE) machen also die Grenzgänger aus, Personen also, die in einem Land leben, aber in einem anderen Land arbeiten. Aus deutscher Sicht bedeutet das beispielsweise:

- Personen wohnen in Deutschland, arbeiten aber im Ausland, z. B. in der Schweiz.
- Personen wohnen im Ausland, z. B. Österreich, arbeiten aber in Deutschland.

Bruttoinlandsprodukt und Bruttonationaleinkommen in Deutschland

		2016 (Mrd. EUR)
	Bruttoinlandsprodukt	**3.134**
+	vom Ausland erhaltene Primäreinkommen	195
–	ins Ausland gezahlte Primäreinkommen	130
=	**Bruttonationaleinkommen**	**3.199**

Bruttonationaleinkommen (BNE): Summe der von allen Inländern erzielten Einkommen.

▶ Nettonationaleinkommen

Die Differenz zwischen Brutto- und Nettonationaleinkommen liegt – wie üblich – in den Abschreibungen.

	Bruttonationaleinkommen
–	Abschreibungen
=	**Nettonationaleinkommen**

▶ Nettonationaleinkommen zu Faktorkosten (Volkseinkommen)

Güter gehen – wie bereits erwähnt – mit ihren Marktpreisen in das Inlandsprodukt und damit auch in das Nationaleinkommen ein. Zur korrekten Bezeichnung müssten die bisherigen Größen daher mit dem Zusatz *„zu Marktpreisen"* versehen werden. Wird der Marktpreis um die „verfälschenden" Bestandteile „Produktions- und Importabgaben" sowie „Subventionen" bereinigt, ergibt sich das Nettonationaleinkommen zu Faktorkosten.

	Nettonationaleinkommen zu Marktpreisen
–	Produktions- und Importabgaben
+	Subventionen
=	**Nettonationaleinkommen zu Faktorkosten Volkseinkommen**

„Die Bewertung zu Marktpreisen bedeutet, dass ‚Produktions- und Importabgaben abzüglich Subventionen' enthalten sind, im Gegensatz zum Nettonationaleinkommen zu Faktorkosten (Volkseinkommen)."

Statistisches Bundesamt

Das Nettonationaleinkommen zu Faktorkosten entspricht dem **Volkseinkommen;** es ist die Summe aller den Inländern in einer Periode zugeflossenen Faktoreinkommen (= Erwerbs- und Vermögenseinkommen).

	Arbeitnehmerentgelt
+	Unternehmens- und Vermögenseinkommen
=	**Erwerbs- und Vermögenseinkommen**
=	**Volkseinkommen**

Volkseinkommen = Nettonationaleinkommen zu Faktorkosten

Volkseinkommen: Summe aller den Inländern in einer Periode zugeflossenen Erwerbs- und Vermögenseinkommen.

Inlandsprodukt, Nationaleinkommen und Volkseinkommen in Deutschland (in jeweiligen Preisen)

		2016 (Mrd. EUR)
	Bruttoinlandsprodukt	**3.134**
+	vom Ausland erhaltene Primäreinkommen	195
–	ins Ausland gezahlte Primäreinkommen	130
=	**Bruttonationaleinkommen**	**3.199**
–	Abschreibungen	552
=	**Nettonationaleinkommen**	**2.647**
–	Produktions- und Importabgaben abzüglich Subventionen	308
=	**Volkseinkommen**	**2.339**

Zusammenfassung Kapitel 2.2.5:
Nationaleinkommen und Volkseinkommen

- Primäreinkommen sind die Entgelte der Produktionsfaktoren. Sie sind Einkommen aus wirtschaftlicher Tätigkeit (Arbeitnehmerentgelt sowie Unternehmens- und Vermögenseinkommen).
- Das Bruttonationaleinkommen entspricht der Summe der von allen Inländern erzielten Einkommen.
- Nettonationaleinkommen = Bruttonationaleinkommen – Abschreibungen.
- Nettonationaleinkommen zu Faktorkosten = Nettonationaleinkommen (zu Marktpreisen) – Saldo aus Produktions- und Importabgaben abzüglich Subventionen.
- Das Volkseinkommen entspricht dem Nettonationaleinkommen zu Faktorkosten. Es ist die Summe aller den Inländern in einer Periode zugeflossenen Erwerbs- und Vermögenseinkommen.

Grundbegriffe der Volkswirtschaftlichen Gesamtrechnung

	Bruttoproduktionswert
–	Vorleistungen
=	Bruttowertschöpfung
+	Gütersteuern
–	Gütersubventionen
=	**Bruttoinlandsprodukt (zu Marktpreisen)**

Inlandskonzept

	Bruttoinlandsprodukt (zu Marktpreisen)
–	Abschreibungen
=	**Nettoinlandsprodukt (zu Marktpreisen)**

Inländerkonzept

	Bruttoinlandsprodukt (zu Marktpreisen)
+	Primäreinkommen aus dem Ausland
–	Primäreinkommen ans Ausland
=	**Bruttonationaleinkommen (zu Marktpreisen)**
–	Abschreibungen
=	**Nettonationaleinkommen (zu Marktpreisen)**
–	Produktions- und Importabgaben
+	Subventionen
=	**Nettonationaleinkommen (zu Faktorkosten)**
=	**Volkseinkommen**

Grundbegriffe der Volkswirtschaftlichen Gesamtrechnung

Begriff	Erläuterung
Bruttoproduktionswert	Summe aller abgesetzten Erzeugnisse zu Marktpreisen zuzüglich selbst erstellter Anlagen und Bestandsveränderungen an Halb- und Fertigwaren zu Herstellkosten.
Vorleistungen	Güter, die inländische Wirtschaftseinheiten von anderen Wirtschaftseinheiten bezogen und im Zuge der Produktion verbraucht haben.
Bruttowertschöpfung	Bruttoproduktionswert abzüglich Vorleistungen. Im Produktionsprozess geschaffener Mehrwert (zu Herstellungspreisen).
Gütersteuern	Steuern und Abgaben, die pro Einheit eines umgesetzten Gutes zu entrichten sind (Zölle. Verbrauchsteuern usw.).
Gütersubventionen	Subventionen, die pro Einheit eines produzierten oder eingeführten Gutes geleistet werden.
Bruttoinlandsprodukt	Wert der in einem Jahr in einem Land (= Inland) produzierten Güter (Waren und Dienstleistungen). Die Veränderungsrate des preisbereinigten Bruttoinlandsprodukts (BIP) dient als Messgröße für das Wirtschaftswachstum und ist damit die wichtigste Größe der Volkswirtschaftlichen Gesamtrechnungen.
Abschreibungen	Wertminderung des Anlagevermögens durch Verschleiß und Veralten.
Nettoinlandsprodukt	Bruttoinlandsprodukt abzüglich Abschreibungen.
Primäreinkommen	Entgelte der Produktionsfaktoren (Arbeitnehmerentgelt, Unternehmens- und Vermögenseinkommen).
Bruttonationaleinkommen	Summe der von allen Inländern erzielten Einkommen.
Nettonationaleinkommen	Bruttonationaleinkommen abzüglich Abschreibungen.
Produktions- und Importabgaben	Indirekte Steuern (Mehrwertsteuer, Verbrauchsteuern, Grundsteuer) und Importabgaben (Zölle, Importsteuern).
Subventionen	Zahlungen ohne Gegenleistung, die der Staat an Unternehmen leistet, um Produktion, Verkaufspreise oder Löhne zu beeinflussen.
Volkseinkommen	Volkseinkommen (= Nettonationaleinkommen zu Faktorkosten) ist die Summe aller Inländern in einem Jahr zugeflossenen Erwerbs-, Unternehmens- und Vermögenseinkommen.
Marktpreise	Am Markt erzielter Preis für die Güter.
Faktorkosten	Kosten der Produktionsfaktoren.
Inländer	Alle inländischen Wirtschaftseinheiten (Personen, Unternehmen, Institutionen) die ihren ständigen Sitz bzw. Wohnsitz im Inland haben.

2.2.6 Entstehungs-, Verwendungs- und Verteilungsrechnung

Wie tragen die Wirtschaftsbereiche zum Inlandsprodukt bei, für wen wird das Inlandsprodukt verwendet und wie wird das Volkseinkommen verteilt?

Entstehungsseite/-rechnung | Teilgebiet der Inlandsproduktberechnung, in dem die wirtschaftliche Leistung von der Produktionsseite her berechnet und dargestellt wird. Das Bruttoinlandsprodukt (BIP) ergibt sich dabei als Summe der Bruttowertschöpfung der einzelnen Wirtschaftsbereiche zuzüglich der Gütersteuern und abzüglich der Gütersubventionen.

Verwendungsseite/-rechnung | Teilgebiet der Inlandsproduktberechnung, in dem die wirtschaftliche Leistung von der Ausgabeseite her berechnet und dargestellt wird. Sie zeigt, wie die Güter aus der Inlandsproduktion und den Importen verwendet werden, wobei der Vorleistungsverbrauch bereits abgezogen ist. Das Bruttoinlandsprodukt (BIP), wird dabei ermittelt aus den privaten Konsumausgaben, den Konsumausgaben des Staates, den Bruttoanlageinvestitionen, den Vorratsveränderungen und dem Nettozugang an Wertsachen sowie dem Außenbeitrag.

Verteilungsseite/-rechnung | Teilgebiet der Inlandsproduktberechnung, in dem die wirtschaftliche Leistung anhand der im Wirtschaftsprozess entstandenen Einkommen berechnet und dargestellt wird. Allerdings ist in Deutschland bisher keine eigenständige, komplette Berechnung des Bruttoinlandsprodukts (BIP) auf diesem Wege möglich, weil über den Betriebsüberschuss bzw. die Unternehmens- und Vermögenseinkommen nur lückenhafte statistische Basisdaten vorliegen, sodass diese Größen als Saldengrößen aus dem gesamtwirtschaftlichen Kreislauf abgeleitet werden. …

Das **Volkseinkommen** ist eine häufig genutzte Größe der Verteilungsrechnung.

Statistisches Bundesamt

- **Entstehungsrechnung:** Gibt Auskunft darüber, in welcher Höhe die einzelnen Wirtschaftsbereiche zum Bruttoinlandsprodukt beigetragen haben.
- **Verwendungsrechnung:** Gibt Auskunft darüber, wo bzw. wofür die hergestellten Güter verwendet wurden.
- **Verteilungsrechnung:** Gibt Auskunft darüber, wie die entstandenen Einkommen verteilt wurden (Volkseinkommen = Arbeitnehmerentgelt sowie Unternehmens- und Vermögenseinkommen).

  Das Unternehmens- und Vermögenseinkommen enthält recht unterschiedliche Einkommensformen. Neben dem ausgeschütteten Gewinn sind darin auch die Vermögenseinkommen der Privathaushalte und des Staates (Zinsen, Mieten, Pachten), unverteilte Gewinne der Unternehmen sowie der **kalkulatorische Unternehmerlohn** erfasst.[1]

  Der Anteil des Arbeitnehmerentgelts am Volkseinkommen wird als **Lohnquote** bezeichnet. Höhe und Entwicklung der Lohnquote sind wichtige Aspekte für die **Lohnpolitik** der Tarifpartner.[2]

---

[1] Beim kalkulatorischen Unternehmerlohn handelt es sich um ein (unterstelltes) Entgelt für Arbeitsleistungen, die der Unternehmer im Unternehmen erbringt.

[2] Vgl. zur Einkommensverteilung und zur Lohnquote ausführlich das Kapitel 11 „Einkommensverteilung“.

Lohnquote: Prozentualer Anteil des Arbeitnehmerentgelts am Volkseinkommen.

Entstehung, Verwendung und Verteilung des Bruttoinlandsprodukts 2016 in Mrd. EUR

Entstehung		=	Verwendung		=	Verteilung	
Bruttowertschöpfung	**2.822,2**		**Konsumausgaben**	**2.296,8**		**Volkseinkommen**	**2.339,2**
Land- und Forstwirtschaft, Fischerei	18,0		Private Konsumausgaben	1.681,5		Arbeitnehmerentgelt	1.598,4
Produzierendes Gewerbe ohne Baugewerbe	722,3		Konsumausgaben des Staates	615,3		Unternehmens- und Vermögenseinkommen	740,8
Baugewerbe	134,6					+	
Handel, Verkehr, Gastgewerbe	443,1		+				
Information und Kommunikation	136,9						
Finanz- und Versicherungsdienstleister	110,8		**Bruttoinvestitionen**	**598,5**		**Produktions- und Importabgaben an den Staat abzüglich Subventionen vom Staat**	**307,5**
Grundstücks- und Wohnungswesen	307,0		Bruttoanlageinvestitionen	626,1			
			Vorratsveränderungen	−27,6		+	
Unternehmensdienstleister	316,4						
Öffentliche Dienstleister, Erziehung, Gesundheit	519,0					**Abschreibungen**	**552,0**
Sonstige Dienstleister	114,1		+				
+						−	
Gütersteuern abzüglich Gütersubventionen	**311,9**		**Außenbeitrag**	**238,8**		**Saldo der Primäreinkommen aus der übrigen Welt**	**64,6**
			Exporte	1.442,2			
			Importe	1.203,5			
Bruttoinlandsprodukt 3.134,1							

Quelle: Statistisches Bundesamt, Statistisches Jahrbuch 2017, S. 325

Zusammenfassung Kapitel 2.2.6:
Entstehungs-, Verwendungs- und Verteilungsrechnung

- Die Entstehungsrechnung erfasst das Produktionsergebnis der inländischen Wirtschaftsbereiche in einer bestimmten Wirtschaftsperiode.
- Die Verwendungsrechnung gibt Aufschluss darüber, wo die hergestellten Güter verwendet wurden.
- Die Verteilungsrechnung gibt Aufschluss über die Verteilung des Volkseinkommens.
- Die Lohnquote gibt den prozentualen Anteil der Arbeitnehmerentgelte am Volkseinkommen an.

2.3 Zur Aussagefähigkeit von Inlandsprodukt und Nationaleinkommen

Weil im **Inlandsprodukt** der Wert der gesamten wirtschaftlichen Leistung eines Landes erfasst wird, wird es oft als Maßstab für die Leistungskraft dieses Landes verwendet und mit der Leistungskraft anderer Länder verglichen.

Das **Nationaleinkommen** dient häufig als Maßstab für den Wohlstand der Bevölkerung, weil in ihm alle Einkommen (auch die Auslandseinkommen) erfasst werden.

Aussagen über Leistungsfähigkeit und Wohlstand eines Landes sind mit Inlandsprodukt und Nationaleinkommen jedoch nur begrenzt möglich.

2.3.1 Zur Problematik des Inlandsprodukts als Leistungsmaßstab

? Welche Aussagen kann das Inlandsprodukt über die Leistung einer Volkswirtschaft machen?

Die Eignung des Inlandsprodukts als Leistungsmaßstab wird vor allem durch zwei Aspekte eingeschränkt:
- Aussageprobleme
- Erfassungsmängel

▶ **Aussageprobleme**

Die Höhe des Inlandsprodukts sagt zunächst einmal nur etwas über die wirtschaftliche Größe eines Landes aus. Je größer ein Land, desto höher ist in der Regel sein Inlandsprodukt. Größe allein ist aber noch keine Gewähr für Leistungsfähigkeit.

Zur Ermittlung der Leistungsfähigkeit liegt es daher nahe, neben der Höhe des Inlandsprodukts auch die Bevölkerungszahl zu berücksichtigen. Wird das Bruttoinlandsprodukt durch die Einwohnerzahl dividiert, ergibt sich das **Bruttoinlandsprodukt pro Kopf.** Für internationale Vergleiche wird meist das Bruttoinlandsprodukt pro Kopf verwendet.

!

$$\text{Bruttoinlandsprodukt pro Kopf} = \frac{\text{Bruttoinlandsprodukt}}{\text{Einwohnerzahl}}$$

▶ Erfassungsmängel

Im Inlandsprodukt können nur Leistungen berücksichtigt werden, die offiziell und für die Statistiker erkennbar sind und die darüber hinaus mit einem Wert in Geld beziffert werden können. Da dies nicht bei allen wirtschaftlichen Vorgängen möglich ist, gibt das offizielle Inlandsprodukt die tatsächlich in einem Land erbrachte wirtschaftliche Leistung nur unvollständig wieder.

Erfassungsmängel sind:

- Im Inlandsprodukt werden nicht alle Leistungen erfasst.
- Im Inlandsprodukt werden Verluste nicht erfasst (Umweltabschreibungen).
- Im Inlandsprodukt werden bestimmte Leistungen zu Unrecht erfasst (Defensivausgaben).

Im Inlandsprodukt nicht erfasste Leistungen

Zu den Leistungen, die gar nicht bzw. nicht exakt erfasst werden, zählen alle Leistungen, die nicht über den Markt laufen. Dieser Teil der Wirtschaft wird auch als **Schattenwirtschaft** oder **informelle Wirtschaft** bezeichnet. Ihre statistische Erfassung ist nur begrenzt möglich.

- Die **Untergrundwirtschaft (Schwarzarbeit;** illegale Herstellung von und illegaler Handel mit Gütern usw.) wird nach den Regeln des ESVG und im Rahmen des Möglichen in das Bruttoinlandsprodukt einbezogen. Die Untergrundwirtschaft ist grundsätzlich **illegal.**
- Die **Selbstversorgungswirtschaft** (Eigenleistungen in Haus, Haushalt und Garten; Nachbarschaftshilfe) wird nicht in das Bruttoinlandsprodukt einbezogen. Die Selbstversorgungswirtschaft ist **legal.**

„Wenn jemand ein Dienstmädchen einstellt und bezahlt, erhöht er das Bruttoinlandsprodukt; wenn er das Dienstmädchen heiratet, senkt er das Bruttoinlandsprodukt."

Marcel Mart

Über den Umfang der Schattenwirtschaft lassen sich naturgemäß keine genauen Angaben machen. Schätzungen gehen jedoch davon aus, dass in Deutschland allein die **Schwarzarbeit** (von Unternehmern und Arbeitnehmern) etwa 15 Prozent des offiziellen Bruttoinlandsprodukts erreicht. Die Höhe der Schwarzarbeit ist von Land zu Land sehr unterschiedlich.[1]

Schwarzarbeit in Europa

Land	gemessen am BIP (%)
Griechenland	20,8
Italien	19,5
Spanien	16,6
Portugal	16,1
Frankreich	12,5
Deutschland	9,5
Niederlande	7,5
Österreich	6,7

Stand: 2018 Quelle: IAW

Im Inlandsprodukt nicht erfasste Verluste (Umweltabschreibungen)

Wertverluste an betrieblichen Gebäuden und Maschinen werden in der Volkswirtschaftlichen Gesamtrechnung als Abschreibungen erfasst. Durch die Herstel-

[1] Vgl. zur Schwarzarbeit ausführlich Abschnitt 10.1.1.4 „Schwarzarbeit".

lung des Inlandsprodukts treten jedoch auch Verluste bei anderen Gütern ein. Abbau von Rohstoffen, Abholzung von Wäldern, Verbauung der Landschaft, Luft- und Wasserverschmutzung usw. stellen ebenfalls Schäden bzw. Verluste dar. Diese werden jedoch in der traditionellen Inlandsproduktberechnung nicht berücksichtigt. Minderungen des Wertes der Umwelt, die durch die Herstellung des Inlandsproduktes entstanden sind, müssten eigentlich in Form von **Umweltabschreibungen** erfasst und vom Inlandsprodukt abgezogen werden.

Beispiel

Wenn eine Stadt Arbeitslose einstellt, sie mit Kettensägen ausrüstet und sämtliche Bäume in der Stadt umlegen lässt, geht dieser Vorgang ausschließlich positiv in das Inlandsprodukt ein. Die Schäden an der Umwelt und in der Lebensqualität werden nicht berücksichtigt.

Im Inlandsprodukt zu Unrecht erfasste Leistungen (Defensivausgaben)

Etliche wirtschaftliche Aktivitäten sind notwendig, um Folgekosten des Wirtschaftsprozesses (Umweltschäden und sonstige Schäden) zu beseitigen oder zu reparieren. Die hierdurch entstehenden Kosten werden als **Defensivausgaben** bezeichnet. Durch diese Leistungen werden lediglich zuvor herbeigeführte Schäden wieder rückgängig gemacht. Während jedoch die Schäden nicht als Verluste gezählt werden, werden die Defensivausgaben als zusätzliche Leistungen behandelt und erhöhen das Inlandsprodukt. Nach einschlägigen Schätzungen entfallen rund 20 Prozent des Wirtschaftswachstums auf die Behebung von Umweltschäden.

Beispiel

Durch einen Unfall mit einem Gefahrguttransporter wird Erdreich verseucht. Die erforderlichen Aushub- und Sanierungsarbeiten kosten 1 Million EUR. Das Bruttoinlandsprodukt wächst um diesen Betrag. In Wirklichkeit wurde aber nichts zusätzlich geschaffen; bestenfalls wurde der alte Zustand wieder hergestellt.

In jüngerer Zeit laufen Versuche, den Schwächen der traditionellen Inlandsproduktberechnung durch die Ermittlung eines sogenannten **Ökoinlandsprodukts** zu begegnen. Dabei wird das traditionell ermittelte Bruttoinlandsprodukt um die **Umweltabschreibungen** und die **Defensivausgaben** vermindert.[1]

	Bruttoinlandsprodukt
–	Umweltabschreibungen
–	Defensivausgaben
=	**Ökoinlandsprodukt**

Aussagefähigkeit des Inlandsprodukts als Leistungsmaßstab

Nicht bzw. nicht exakt erfasste Leistungen	Nicht erfasste Verluste (Umweltabschreibungen)	Zu Unrecht erfasste Leistungen (Defensivausgaben)
▪ Eigenleistungen in Haus, Haushalt, Garten ▪ Nachbarschaftshilfe ▪ Schwarzarbeit ▪ sonstige nicht erfasste Tätigkeiten	Abbau und Schädigung von Umweltgütern (Rohstoffe, Wälder, Landschaft, Luft, Wasser usw.)	Leistungen zur Behebung von produktions- und nutzungsbedingten Schäden

[1] Vgl. Einzelheiten zur „Umweltökonomischen Gesamtrechnung" im Kapitel 12 „Ökonomie und Ökologie".

2.3.2 Zur Problematik des Nationaleinkommens als Wohlstandsmaßstab

Welche Aussagen kann das Nationaleinkommen über den Wohlstand einer Volkswirtschaft machen? ?

Für Aussagen über den Wohlstand in einer Volkswirtschaft wird oft das Nationaleinkommen verwendet. Gegen eine einfache Gleichsetzung von Höhe des Nationaleinkommens und Lebensstandard der Bevölkerung sprechen vor allem drei Gründe:

- Im offiziellen Nationaleinkommen werden etliche Einkommen nicht erfasst.
- Die Höhe des Nationaleinkommens sagt nichts über die Verteilung der Einkommen aus.
- Materieller Wohlstand ist nicht gleichbedeutend mit Wohlfahrt und Lebensqualität.

▶ Im Nationaleinkommen nicht erfasste Einkommen

Die Nichterfassung von Einkommen im Nationaleinkommen hängt eng mit der Nichterfassung von Leistungen im Inlandsprodukt zusammen.

Beispiel

Wenn Schwarzarbeit verrichtet wird,

- geht die erbrachte wirtschaftliche Leistung nicht in das Inlandsprodukt ein
- geht das dadurch erworbene Einkommen nicht in das Nationaleinkommen ein

Darüber hinaus beziehen zahlreiche Haushalte neben den Einkommen aus unselbstständiger Tätigkeit und aus Unternehmertätigkeit und Vermögen auch Einkommen aufgrund staatlicher Leistungen (Renten, Kindergeld, Sozialhilfe usw.), aus unversteuerten Kapitalerträgen und aus anderen Quellen. Diese Einkommensteile haben inzwischen eine beträchtliche Höhe erreicht und tragen ohne Zweifel zum Wohlstand bei, werden aber im Nationaleinkommen nicht erfasst.

▶ Die Höhe des Nationaleinkommens sagt nichts über die Verteilung der Einkommen aus

Ebenso wie beim Inlandsprodukt gilt auch beim Nationaleinkommen, dass seine Höhe eng mit der Größe eines Landes zusammenhängt und kaum Aussagen über den Wohlstand im Land zulässt. Das oftmals ermittelte **Pro-Kopf-Einkommen** erbringt nur einen statistischen Mittelwert. Über die tatsächliche Verteilung der Einkommen sagt ein solcher Durchschnittswert nichts aus. Ein hohes durchschnittliches Einkommen pro Kopf schließt nicht aus, dass sich der Reichtum in wenigen Händen konzentriert und ein beträchtlicher Teil der Bevölkerung in Armut lebt.[1]

▶ Wohlstand ist nicht gleich Wohlfahrt

Während Wohlstand üblicherweise als eine wirtschaftliche Größe verstanden wird, ist Wohlfahrt ein umfassenderer Ausdruck. Neben dem quantitativ erfassbaren materiellen Wohlstand gehören dazu auch qualitative Aspekte. Gerade in den letzten Jahren haben Fragen der **Lebensqualität,** die Umweltgesichtspunkte, Zukunftsperspektiven, Freiheiten, Freizeit, soziale Sicherung usw. einschließen, eine besondere Intensität erfahren. Eine umfassende Aussage über den „Volkswohlstand" müsste diese und sicher noch viele andere Aspekte einschließen.

---

[1] Zu Einzelheiten der Einkommensverteilung vgl. das Kapitel 11 „Einkommensverteilung".

Aussagefähigkeit des Nationaleinkommens als Wohlstandsmaßstab		
Nicht bzw. nicht exakt erfasste Einkommen	**Keine Aussage über Verteilung**	**Wohlstand nicht gleich Wohlfahrt**
▪ Schwarzarbeit ▪ Schwarzmarkt ▪ Staatliche Leistungen ▪ Unversteuerte Kapitalerträge usw.	Pro-Kopf-Einkommen liefert nur einen statistischen Mittelwert, keine tatsächliche Einkommensverteilung.	Höhe des Nationaleinkommens ist nicht gleichbedeutend mit hoher Lebensqualität (Gesundheit, Bildung, Arbeit, Freizeit, Umwelt usw.).

Um die Schwächen der vorherrschenden Verwendung von Inlandsprodukt und Nationaleinkommen wenigstens teilweise zu beheben, haben die Vereinten Nationen (UN) einen umfassenderen Index entwickelt: **Human Development Index (HDI)** (dt.: Index für menschliche Entwicklung). Dieser Index berücksichtigt neben dem **Pro-Kopf-Einkommen** auch die nicht-materiellen Faktoren **Lebenserwartung** und **Bildungsgrad.** Der Index wird seit 1990 jährlich erhoben und erfasst derzeit 187 Länder. Allerdings kann auch dieser Index nicht allen Ansprüchen gerecht werden. So wird u. a. bemängelt, dass er pro Land Durchschnittswerte verwendet und so Ungleichheiten innerhalb eines Staates nicht wiedergeben kann.

Human Development Index (HDI) der Vereinten Nationen	
Rang	**Land**
1	Norwegen
2	Australien
4	Deutschland
10	USA
16	Großbritannien
17	Japan
21	Frankreich
26	Italien
49	Russland
187	Niger
188	Zentralafrikanische Republik

Stand: 2016; Quelle: UNDP

Zusammenfassung Kapitel 2.3:
Zur Aussagefähigkeit von Inlandsprodukt und Nationaleinkommen

- Mit Inlandsprodukt und Nationaleinkommen können nur begrenzt Aussagen über Leistung und Wohlstand einer Volkswirtschaft gemacht werden.
- Einschränkungen bezüglich der Aussagefähigkeit des Inlandsprodukts als Leistungsmaßstab ergeben sich vor allem aus Erfassungsmängeln:
  - im Inlandsprodukt werden nicht alle Leistungen erfasst;
  - im Inlandsprodukt werden Verluste nicht erfasst;
  - im Inlandsprodukt werden bestimmte Leistungen zu Unrecht erfasst.
- Einschränkungen bezüglich der Aussagefähigkeit des Nationaleinkommens als Leistungsmaßstab ergeben sich vor allem aus drei Gründen:
  - im offiziellen Nationaleinkommen werden etliche Einkommen nicht erfasst;
  - die Höhe des Nationaleinkommens sagt nichts über die Verteilung der Einkommen aus;
  - materieller Wohlstand ist nicht gleichbedeutend mit Wohlfahrt und Lebensqualität.

Aufgaben zum Üben und Vertiefen

Kapitel 2 Wirtschaftskreislauf und Volkswirtschaftliche Gesamtrechnung

1 Erläutern Sie, warum in entwickelten Volkswirtschaften eine Vielzahl von Transaktionen zwischen den Wirtschaftssektoren stattfindet.

2 Beantworten Sie die nachfolgenden Fragen unter Berücksichtigung der nebenstehenden Zeitungsmeldung:

> **Bruttoinlandsprodukt legt zu**
>
> Das Bruttoinlandsprodukt, der umfassendste Indikator für die wirtschaftliche Leistung eines Landes, nahm in Deutschland im vergangenen Jahr nominal um 3,2 Prozent zu. Der Index für das reale (preisbereinigte) Bruttoinlandsprodukt stieg von 101,35 auf 102,94.

a) Was drücken „Bruttoinlandsprodukt", „Bruttoinländerprodukt" und „Bruttonationaleinkommen" aus; welche Unterschiede und Zusammenhänge bestehen zwischen diesen drei Größen?

b) Warum wird das Bruttoinlandsprodukt als „umfassendster Indikator für die wirtschaftliche Leistung eines Landes" bezeichnet?

c) Worin unterscheidet sich die nominale Entwicklung von der realen Entwicklung?

d) Um wie viel Prozent ist das Bruttoinlandsprodukt real gewachsen?

e) Wie hoch war jene Größe, die den Unterschied zwischen nominalem und realem Bruttoinlandsprodukt bestimmt?

3 Folgende Vorgänge in einer Volkswirtschaft sind bekannt:

Käufe von Vorleistungen	348
Nettoinvestitionen	700
Private Konsumausgaben	1.036
Produktions- und Importabgaben	732
Arbeitnehmerentgelt	1.237
Exporte	47
Konsumausgaben des Staates	371
Abschreibungen	400
Importe	28
Subventionen	328

a) Erstellen Sie das gesamtwirtschaftliche Produktionskonto.

b) Ermitteln Sie:

- Produktionswert
- Bruttowertschöpfung zu Marktpreisen
- Nettowertschöpfung zu Marktpreisen
- Nettowertschöpfung zu Faktorkosten.

c) Warum sind Nettonationaleinkommen zu Faktorkosten und Volkseinkommen identisch?

4 Die Wirtschaftssubjekte stellen ihre Investitions- und Sparpläne unabhängig voneinander auf. Erläutern Sie, wie sich in einer geschlossenen Wirtschaft ohne staatliche Aktivität dennoch eine Gleichheit von Investieren und Sparen (I = S) einstellt.

5 Aus der VGR sind folgende Ergebnisse bekannt:

Bruttowertschöpfung	2.425,5
Private Konsumausgaben	1.291,3
Arbeitnehmerentgelt	1.312,6
Unternehmens- und Vermögenseinkommen	557,1
Bruttoinvestitionen	536,1
Außenbeitrag	150,8

Wie hoch sind die Konsumausgaben des Staates?

6 Aus der VGR sind folgende Ergebnisse bekannt:

Bruttoinvestitionen	373,5
Arbeitnehmerentgelt	989,3
Produktions- und Importabgaben	217,9
Importe	576,0
Private Konsumausgaben	1.027,3
Exporte	647,4
Abschreibungen	230,3
Konsumausgaben des Staates	365,8
Unternehmens- und Vermögenseinkommen	425,0

Erstellen Sie aus diesen Daten das Gesamtwirtschaftliche Produktionskonto.

7 Geben Sie an, wie die folgenden Fälle in die Ermittlung von Inlandsprodukt und Nationaleinkommen eingehen:

a) Eine Person wohnt in Schleswig-Holstein und arbeitet in Dänemark
b) Eine Person wohnt in der Schweiz und arbeitet in Deutschland
c) Ein Deutscher wohnt und arbeitet in Berlin
d) Ein Italiener wohnt und arbeitet in Stuttgart

8 In Deutschland ist das Bruttoinlandsprodukt meist etwas höher als das Bruttonationaleinkommen.

Welche Aussage über Güterproduktion und Einkommen lässt sich aus dieser Information herleiten?

9 Das Statistische Amt eines Landes ermittelt folgende Zahlen:

Bruttoinlandsprodukt (zu Marktpreisen)	368
Subventionen	16
vom Ausland erhaltene Primäreinkommen	11
Abschreibungen	65
Produktions- und Importabgaben	30
ans Ausland gezahlte Primäreinkommen	9

Berechnen Sie

a) das Bruttonationaleinkommen (zu Marktpreisen)

b) das Nettoinlandsprodukt und Nettonationaleinkommen (jeweils zu Marktpreisen)

c) das Nettonationaleinkommen zu Faktorkosten

d) das Volkseinkommen

⑩ Die empfangenen und geleisteten Übertragungen werden in der amtlichen Statistik als Einkommensumverteilung bezeichnet. Begründen Sie diese Bezeichnung.

⑪ In vielen Ländern sind die Vermögenseinkommen des Staates negativ. Erläutern Sie dies.

⑫ Das Statistische Amt eines Landes gibt folgende Zahlen bekannt:

Arbeitnehmerentgelt	200
Produktionswert der öffentlichen und privaten Dienstleister	75
Bruttoinvestitionen	83
Produktionswert im Baugewerbe	23
Außenbeitrag	6
Unternehmens- und Vermögenseinkommen	82
Produktionswert im Bereich Finanzierung, Vermietung und Unternehmensdienstleister	110
Konsumausgaben des Staates	71
Produktionswert im produzierenden Gewerbe	94
Private Konsumausgaben	208
Produktionswert im Bereich Handel, Gastgewerbe und Verkehr	66

a) Ermitteln Sie die Höhe des Bruttoinlandsprodukts nach seiner Entstehung

b) Ermitteln Sie die Höhe des Bruttoinlandsprodukts nach seiner Verwendung

c) Ermitteln Sie die Höhe des Volkseinkommens

⑬ Das Bruttoinlandsprodukt wird oft als Leistungsmaßstab für eine Volkswirtschaft verwendet. Nehmen Sie hierzu kritisch Stellung.

⑭ Warum eignet sich das Nationaleinkommen nur bedingt für Aussagen über den Wohlstand in einer Volkswirtschaft?

3 Nachfrage am Gütermarkt

Nachfrage und Angebot bilden die beiden Marktseiten. Die Nachfrage ist die wichtigste Bestimmungsgröße für Umfang und Struktur des Angebots und damit auch eine bedeutsame Determinante für die Beschäftigung. Trotz aller individueller Unterschiede lässt sich das Verhalten der Nachfrager verallgemeinern, da sie alle das gleiche Ziel anstreben: die Nachfrage so zu gestalten, dass sie einen größtmöglichen Nutzen erbringt.

An dieser gemeinsamen Zielvorstellung ändert sich auch dadurch nichts, dass die Nutzenvorstellungen, die die Nachfrager einem bestimmten Gut beimessen, unterschiedlich sind und dass sich der Nutzen, den ein Gut stiftet, nicht nur aus seinem Wert und seiner Funktion ergibt, sondern auch aus immateriellen Effekten, die sich durch Besitz und Nutzung eines Gutes einstellen.

Angebot und Nachfrage treffen sich auf unterschiedlichen Märkten. Nach dem Marktgegenstand lassen sich gesamtwirtschaftlich **Gütermarkt** (Produktmarkt), **Geld- und Kapitalmarkt** und **Faktormarkt** unterscheiden.[1] Der Geld- und Kapitalmarkt ist der Markt für Geld, langfristige Kredite und Kapitalanlagen. Faktormärkte sind Märkte für Produktionsfaktoren. Der wichtigste Faktormarkt ist der Arbeitsmarkt; auf ihm sind die Unternehmen Nachfrager und die Haushalte Anbieter.

Das Nachfrageverhalten auf Faktormärkten unterscheidet sich zwar nicht grundsätzlich von der Nachfrage auf Gütermärkten, ist jedoch in einigen Details, vor allem im Bereich der Preisbildung, anders.

Auf die Nachfrage auf Faktormärkten und auf dem Geld- und Kapitalmarkt wird hier nicht besonders eingegangen; die Nachfrage auf Gütermärkten wird im Folgenden ausführlich dargestellt.

[1] Zum Marktbegriff, zu Marktarten und zu Marktformen vgl. ausführlicher Kapitel 5 „Markt und Preisbildung".

3.1 Nachfrager am Gütermarkt

Wer fragt am Markt Güter nach?

Auf Gütermärkten werden Sachgüter und Dienstleistungen von unterschiedlichen Wirtschaftssubjekten angeboten und nachgefragt. Ein **Wirtschaftssubjekt,** auch **Wirtschaftseinheit** genannt, ist das kleinste wirtschaftende Grundelement (z. B. ein bestimmter Privathaushalt oder ein bestimmtes Unternehmen). Markttransaktionen finden an verschiedenen Orten und auf vielfältige Weise statt; gesamtwirtschaftlich wird jedoch zusammenfassend von dem Gütermarkt gesprochen.

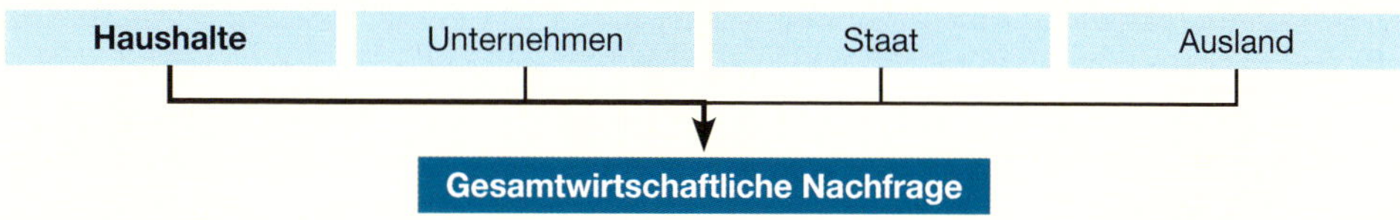

Für gesamtwirtschaftliche Betrachtungen werden gleichartige Wirtschaftssubjekte zu **Wirtschaftssektoren** zusammengefasst (aggregiert); so bilden alle Privathaushalte einer Volkswirtschaft den Sektor „Haushalte" und alle Unternehmen den Sektor „Unternehmen". Diese beiden Sektoren bilden zusammen mit dem Sektor „Staat" (öffentliche Haushalte) die Binnensektoren. Hinzu kommt der nicht weiter differenzierte Sektor „Ausland".

- Zum Sektor **Haushalte** (Privathaushalte) zählen alle nichtöffentlichen Verbrauchswirtschaftseinheiten.
- **Unternehmen** sind Wirtschaftseinheiten, die Sachgüter und Dienstleistungen produzieren.
- Zum **Staat** zählen alle öffentlichen Haushalte bzw. alle staatlichen Institutionen. Dazu gehören vor allem die **Gebietskörperschaften** (Bund, Länder, Gemeinden, Gemeindeverbände) und die **Sozialversicherung.**
- Der Sektor **Ausland** wird – ohne weitere Differenzierung – durch die ausländischen Wirtschaftssubjekte gebildet, die mit inländischen Wirtschaftssubjekten Transaktionen vornehmen.

Die Volkswirtschaftliche Gesamtrechnung gibt in ihrer Verwendungsrechnung Aufschluss über die Anteile der einzelnen Wirtschaftssektoren an der gesamtwirtschaftlichen Nachfrage. Die privaten Haushalte sind bei weitem der größte Nachfragesektor und damit ein wichtiger Faktor für Konjunktur und Beschäftigung. Die privaten Haushalte und ihre Nachfrage werden im Folgenden ausführlich dargestellt.

Anteile an gesamtwirtschaftlicher Nachfrage		
Sektor	**Mrd. EUR 2016**	**Anteil (%)**
Haushalte	1.682	39
Unternehmen	599	14
Staat	615	14
Ausland (Exporte)	1.442	33
Bruttonachfrage	**4.338**	**100**
Importe	1.204	
Bruttoinlandsprodukt	**3.134**	

3.2 Private Haushalte

Ein **privater Haushalt** – oder kurz: **Haushalt** – im ökonomischen Sinne ist eine aus mindestens einer Person bestehende Wirtschaftseinheit. Die privaten Haushalte treten in erster Linie als Anbieter von Arbeitskraft, als Käufer von Konsumgütern und als Anleger von Ersparnissen auf. „Haushalt" ist nicht identisch mit „Familie".

„Als (Privat-)**Haushalt** zählt jede zusammenwohnende und eine wirtschaftliche Einheit bildende Personengemeinschaft (Mehrpersonenhaushalte) sowie Personen, die allein wohnen und wirtschaften (Einpersonenhaushalte, z. B. Einzeluntermieter).

Die **Familie** im „statistischen Sinn" umfasst ... alle Eltern-Kind-Gemeinschaften, d. h. Ehepaare, nichteheliche (gemischtgeschlechtliche) und gleichgeschlechtliche Lebensgemeinschaften sowie alleinerziehende Mütter und Väter mit ledigen Kindern im Haushalt."

Statistisches Bundesamt

Privathaushalte in Deutschland

Jahr	Gesamt (TSD)	Personen je Haushalt: 1	2	3	4	5+	Bevölkerung (TSD)	Personen je Haushalt
		Prozentualer Anteil an Gesamtzahl						
1950	16.650	19	25	23	16	16	49.850	2,99
1970	21.991	25	27	20	15	13	60.176	2,74
1987	26.218	33	28	18	14	7	61.603	2,35
1991	35.256	34	31	17	13	5	80.152	2,27
2000	38.124	36	33	15	12	4	82.473	2,16
2010	40.301	40	34	13	10	3	81.752	2,03
2015	40.774	41	34	12	9	3	82.200	2,02

Quelle: Statistisches Bundesamt; eigene Berechnungen; Werte 1950–1987: Westdeutschland, jeweils Volkszählungen; übrige Werte: Deutschland, Mikrozensus

3.2.1 Einkommen der privaten Haushalte[1]

? Welche Einkommen fließen den privaten Haushalten zu?

Den privaten Haushalten fließen zunächst einmal Einkommen aus wirtschaftlichen Tätigkeiten **(Primäreinkommen)** zu:

- Arbeitnehmerentgelt (Einkommen aus unselbstständiger Tätigkeit)
- Einkommen aus selbstständiger Tätigkeit
- Vermögenseinkommen

[1] Zur Verteilung der Einkommen vgl. Kapitel 11 „Einkommensverteilung".

Diese Primäreinkommen **(Erwerbs- und Vermögenseinkommen)** der privaten Haushalte

- erhöhen sich um **empfangene Übertragungen,**
- vermindern sich um **geleistete Übertragungen.**

> **Übertragungen (Transfers):** Leistungen ohne unmittelbare Gegenleistung.
>
> *Empfangene Übertragungen:* Renten, Pensionen, Unterstützungen und ähnliche Zahlungen vom Staat oder von Unternehmen.
>
> *Geleistete Übertragungen:* Steuern, Sozialbeiträge, Beiträge zu Betriebskassen usw.

Primäreinkommen zuzüglich Saldo aus den Übertragungen ergibt das **verfügbare Einkommen.**

> **Verfügbares Einkommen:** Einkommensbetrag, der den Haushalten für privaten Konsum und Sparen zur Verfügung steht.

Einkommen der privaten Haushalte in Deutschland

Gegenstand		2016	
		Gesamt Mrd. EUR	Durchschnitt je Haushalt (EUR)
	Arbeitnehmerentgelte	1.599	39.038
+	Unternehmensgewinne	201	4.907
+	Vermögenseinkommen	388	9.480
=	**Primäreinkommen**	**2.188**	53.425
+	Empfangene Übertragungen	647	15.796
–	Geleistete Übertragungen	1.021	24.934
=	**Verfügbares Einkommen**	**1.814**	44.287
	Private Konsumausgaben	1.682	41.064
	Sparen	132	3.223

> **Konsumquote:** Prozentualer Anteil der Konsumausgaben am verfügbaren Einkommen.
>
> **Sparquote:** Prozentualer Anteil des Sparens am verfügbaren Einkommen.

Einkommen und Einkommensverwendung der privaten Haushalte

Gegenstand	1960	1970	1980	1990	2000	2010
	Mrd. EUR					
Verfügbares Einkommen	96	219	491	784	1.296	1.596
Private Konsumausgaben	88	189	428	675	1.180	1.410
Ersparnis	8	30	63	108	116	182
Konsumquote (%)	91	86	87	86	91	88,3
Sparquote (%)	9	14	13	14	9	11,4

Quelle: Statistisches Bundesamt; eigene Berechnungen

Geldvermögen und Schulden deutscher Privathaushalte			
	1991	2016	Veränderung
	Mrd. EUR		%
Geldvermögen	2.022	5.857	190
Schulden	824	1.727	110
Nettogeldvermögen	1.198	4.130	245
	EUR pro Haushalt		
Geldvermögen	57.400	142.993	149
Schulden	23.400	42.163	80
Nettogeldvermögen	34.000	100.830	197
	EUR pro Kopf		
Geldvermögen	25.280	71.253	182
Schulden	10.302	21.010	104
Nettogeldvermögen	14.978	50.243	235

Quelle: Deutsche Bundesbank; eigene Berechnungen

3.2.2 Nachfrage der privaten Haushalte

? Wie sieht die Güternachfrage der privaten Haushalte in der Realität aus?

Die später noch darzustellenden theoretischen Aspekte der Haushaltsnachfrage sind Modellvorstellungen, die ein rationales, dem **homo oeconomicus** entsprechendes Verhalten unterstellen.[1] In der Realität spielen jedoch zahlreiche irrationale Momente bei konkreten Kaufakten eine Rolle (Geschmack, Mode, Geltungsbedürfnis usw.). Kaum ein Haushalt wird mit GOSSENschen Gesetzen operieren und Indifferenzkurven konstruieren.

Geht die Theorie also mal wieder voll an der Realität vorbei? Nicht ganz. Natürlich gehen beim Kauf von Gütern in der Regel neben irrationalen auch rationale Argumente, wie funktionale Eigenschaften des Produkts, sein Preis und andere Aspekte, in die Entscheidung ein. Auch schließt der volkswirtschaftliche Nutzenbegriff durchaus auch nicht-rationale Elemente mit ein. Da die Nutzenschätzung ein individueller und subjektiver Vorgang ist, erfasst er alle Bedürfnisse und damit auch die indirekten Nutzen, die für eine Person mit dem Besitz bzw. der Nutzung eines Gutes verbunden sind.

Auch die Durchführung des Konsumplanes ist in der Realität sicher nicht so weitgehend formalisiert, wie dies im Modell dargestellt wird. Bestenfalls führen Privathaushalte ein Haushaltsbuch, in dem Einnahmen und Ausgaben der laufenden Periode festgehalten werden; die Planungen für zukünftige Perioden sind grob und erfassen in der Regel nur die nicht alltäglichen Vorgänge. Dennoch sind die Haushalte – zumindest unbewusst – bemüht, die im Modell dargestellten Optimierungsstrategien zu realisieren. Dazu gehört, die Konsumwünsche mit dem Einkommensrahmen abzugleichen und bei konkurrierenden Wünschen den Nutzen alternativer Güter gegeneinander abzuwägen.

Die tatsächliche Nachfrage der privaten Haushalte wird regelmäßig vom Statistischen Bundesamt in Zusammenarbeit mit den Statistischen Landesämtern durchgeführt. Hierzu werden alle fünf Jahre umfangreiche Befragungen bei Haushalten aller Bevölkerungsschichten durchgeführt (**„Einkommens- und Verbrauchsstichproben“, „EVS“**; ca. 60.000 Haushalte). Diese Eckwerte werden durch jährliche Erhebungen bei ausgewählten Haushalten ständig aktualisiert (**„Laufende Wirtschaftsrechnungen“, „LWR“**); 8.000 Haushalte).

[1] Vgl. Abschnitt 3.3 „Zur Theorie der Haushaltsnachfrage“.

Die Einkommens- und Verbrauchsstichprobe (EVS) „liefert unter anderem statistische Informationen über die Ausstattung mit Gebrauchsgütern, die Einkommens-, Vermögens- und Schuldensituation sowie die Konsumausgaben privater Haushalte. Einbezogen werden dabei die Haushalte aller sozialen Gruppierungen, sodass die Einkommens- und Verbrauchsstichprobe (EVS) ein repräsentatives Bild der Lebenssituation nahezu der Gesamtbevölkerung in Deutschland zeichnet."

...

Im fünfjährigen Turnus werden rund 60.000 private Haushalte in Deutschland im Rahmen der Einkommens- und Verbrauchsstichprobe (EVS) befragt.

Statistisches Bundesamt

Auf den privaten Konsum entfällt der mit Abstand größte Anteil der gesamtwirtschaftlichen Nachfrage. Daher ist die private Nachfrage ein wichtiger Faktor der konjunkturellen Entwicklung. Neben dem tatsächlichen Konsumverhalten der Haushalte spielt dabei auch die Stimmung bei den Haushalten und damit die voraussichtliche zukünftige Entwicklung der Privatnachfrage eine bedeutsame Rolle.

Ein wichtiger Indikator für das Konsumverhalten deutscher Haushalte und die Stimmung bei den Verbrauchern ist der **Konsumklimaindex** der **Gesellschaft für Konsumforschung (GfK),** Nürnberg. Hierfür werden monatlich repräsentative Verbraucher nach Einkommens- und Konsumerwartungen, Sparneigung und Einschätzung der allgemeinen wirtschaftlichen Entwicklung befragt.

Entwicklung der Verbrauchsausgaben

Jahr	1850	1910	1935	1950	2000	2015
Gütergruppe	**(% des Gesamtverbrauchs)**					
Nahrungsmittel, Getränke, Tabakwaren	60,0	51,7	48,4	44,2	15,0	13,5
Wohnung, Möbel, Energie	15,8	23,5	23,9	22,9	31,1	30,7
Bekleidung, Schuhe	10,9	14,2	11,8	14,0	6,0	4,9
Gesundheit, Körperpflege	2,4	3,4	5,2	4,7	4,1	5,5
Häusliche Dienste	10,3	2,9	2,0	1,2	0,0	0,0
Bildung, Erholung, Persönliche Ausstattung	0,5	1,4	3,5	6,5	27,6	28,6
Verkehr und Nachrichten	0,2	3,0	5,2	6,6	16,2	16,8

Quelle: Hoffmann, W.G.: Das Wachstum der deutschen Wirtschaft seit der Mitte des 19. Jahrhunderts. – Berlin u.a. 1965, S. 116ff.; Statistisches Bundesamt; eigene Berechnungen

Bei einem Blick auf die langfristige Entwicklung der Verbrauchsausgaben wird erkennbar, dass im Zeitablauf eine beträchtliche Verschiebung von den Grundbedürfnissen zu den freien Bedürfnissen stattgefunden hat. Insbesondere die Ausgaben für Nahrungsmittel beanspruchen einen ständig geringer werdenden Anteil. Hingegen haben die Aufwendungen für Wohnen, Möbel und Energie, Bildung und Erholung sowie Verkehr und Nachrichten verhältnismäßig zugenommen.

Das Statistische Bundesamt erfasst die Daten u. a. für den Durchschnitt aller privaten Haushalte sowie für Haushalte mit unterschiedlichen Einkommen.

Bei einer Differenzierung nach Einkommen zeigen sich zum Teil deutliche Unterschiede in der Ausgabenstruktur. Mit steigenden Einkommen entfällt ein ständig geringerer Anteil der Ausgaben auf den **Grundbedarf** (Nahrung, Kleidung, Wohnen); entsprechend unterschiedlich sind die Spielräume beim sogenannten **„freien Bedarf".**

Diese Entwicklung wurde bereits im vergangenen Jahrhundert von Ernst ENGEL und Hermann SCHWABE beobachtet.[1] Nach ENGEL nehmen bei steigendem Wohlstand zwar die Ausgaben eines Haushalts für Nahrungsmittel absolut zu, ihr Anteil an den Gesamtausgaben sinkt jedoch **(ENGELsches Gesetz).** Der von ENGEL festgestellte langfristige Zusammenhang zwischen Einkommenshöhe und Ernährungsaufwand gilt auch bei einer Querschnittsbetrachtung, also bei zeitgleichen Einkommensunterschieden. Das **SCHWABEsche Gesetz** besagt, dass bei steigenden Einkommen die Ausgaben für Wohnen relativ abnehmen. Allerdings gilt diese Gesetzmäßigkeit nur, wenn der Haushalt in der gleichen sozialen Schicht bleibt. Ist mit der Einkommensentwicklung ein sozialer Aufstieg – oder Abstieg – verbunden, so verändern sich offensichtlich auch entsprechend die Ansprüche an das Wohnen.

Zusammenfassung Kapitel 3.2:
Private Haushalte

- Als privater Haushalte zählen jede zusammenwohnende und gemeinsam wirtschaftende Personengemeinschaft sowie Personen, die allein wohnen und wirtschaften.
- Den privaten Haushalten fließen Einkommen aus wirtschaftlichen Tätigkeiten (Primäreinkommen; Einkommen aus Erwerbstätigkeit und Vermögen) sowie aus Übertragungen zu.
- Übertragungen (Transfers) sind Leistungen ohne unmittelbare Gegenleistung.
- Das Primäreinkommen zuzüglich empfangene Übertragungen abzüglich geleistete Übertragungen ergibt das verfügbare Einkommen.
- Die Konsumquote ist der prozentuale Anteil der Konsumausgaben am verfügbaren Einkommen.
- Die Sparquote ist der prozentuale Anteil der Ersparnisse am verfügbaren Einkommen.
- Die tatsächliche Nachfrage der privaten Haushalte wird regelmäßig statistisch erfasst (Einkommens- und Verbrauchsstichprobe, Laufende Wirtschaftsrechnungen).
- Die Ausgabenanteile für einzelne Güterarten haben sich im Zeitablauf unterschiedlich entwickelt. Die Ausgaben für den Grundbedarf gingen relativ zurück und die Ausgaben für den freien Bedarf nahmen relativ zu.
- Mit steigendem Wohlstand nehmen zwar die Ausgaben eines Haushalts für Nahrungsmittel absolut zu, ihr Anteil an den Gesamtausgaben sinkt jedoch **(ENGELsches Gesetz).**
- Mit steigendem Einkommen nehmen – innerhalb der gleichen sozialen Schicht – die Ausgaben für Wohnbedarf relativ ab **(SCHWABEsches Gesetz).**

[1] Ernst ENGEL (1821–1896), Begründer der preußischen Statistik, entwickelte 1857 aufgrund von Haushaltsrechnungen der Arbeiterhaushalte das nach ihm benannte Gesetz des Verbrauchs.

Hermann SCHWABE (1830–1874), preußischer Statistiker, beobachtete 1868 eine dem ENGELschen Gesetz entsprechende Entwicklung bei den Wohnungsausgaben, wobei aber diese Gesetzmäßigkeit nur innerhalb der gleichen sozialen Schicht gilt (H. Schwabe: Das Verhältnis von Miethe und Einkommen in Berlin, 1868).

Exkurs: Die gesamtwirtschaftliche Konsum- und Sparfunktion

Die Haushalte können ihr Einkommen (Y) auf zweierlei Weise verwenden: für Konsum (C) oder Ersparnis (S). Es gilt:

$$Y = C + S$$
$$C = Y - S$$
$$S = Y - C$$

In der Regel werden mit wachsenden Einkommen sowohl die Konsumausgaben als auch die Ersparnisse steigen. Anders verhält es sich mit dem Anteil der Konsumausgaben und der Ersparnisse am Einkommen. Mit steigendem Anteil nimmt die **Konsumquote** ab und die **Sparquote** nimmt zu. Die Abhängigkeit der Konsumhöhe von der Einkommenshöhe wird als **Konsumfunktion,** die Abhängigkeit der Ersparnishöhe von der Einkommenshöhe wird als **Sparfunktion** bezeichnet.

Die **Konsumfunktion** beschreibt den Zusammenhang zwischen den gesamtwirtschaftlichen Konsumausgaben und dem Einkommen.

Die **Sparfunktion** beschreibt den Zusammenhang zwischen der gesamtwirtschaftlichen Ersparnis und dem Einkommen.

Für den allgemeinen Verlauf von Konsum- und Sparfunktion sind einige Erkenntnisse bedeutsam:

1. Wird das gesamte Einkommen für Konsumzwecke ausgegeben, stellt die Konsumfunktion in einem Einkommen-Konsum-Diagramm eine Winkelhalbierende dar. Für alle Punkte dieser Kurve gilt: Y = C. Eine Sparfunktion besteht nicht.
2. In der Realität wird nur ein Teil des Einkommens für Konsumzwecke ausgegeben **(= Konsumsumme);** der Rest wird gespart. Konsum und Ersparnis sind komplementäre Größen.
3. Mit wachsendem Einkommen steigen Konsumausgaben und Ersparnis.
4. Ein gewisser Mindestkonsum ist aus existenziellen Gründen unverzichtbar; die Konsumfunktion kann daher nicht null werden.

Auf der Grundlage dieser Erkenntnisse lassen sich nun Konsumfunktion und Sparfunktion in ihrem prinzipiellen Verlauf darstellen.

▶ Konsumfunktion

Die Umsetzung der allgemeinen Erkenntnisse in ein exemplarisches Zahlenbeispiel macht einige Abhängigkeiten zwischen Einkommenshöhe und Konsumsumme deutlich. Die Konsumfunktion weist drei Bereiche auf:

Einkommen (Y)	Konsum (C)	Ersparnis (S)
0	15	–15
100	100	0
200	185	15
300	270	30
400	355	45

- Beim theoretischen Fall eines Volkseinkommens von null ergibt sich ein Konsum von 15. Diese Konsumhöhe ist gewissermaßen das volkswirtschaftliche Existenzminimum und insoweit von der

Einkommenshöhe unabhängig **(C_a = autonomer Konsum).** Die Finanzierung muss durch negatives Sparen (Kreditaufnahme oder Auflösung von Ersparnissen aus früheren Perioden) erfolgen.

- Bei einem Einkommen von 100 sind die Konsumausgaben voll abgedeckt, Ersparnis ist noch nicht möglich **(Basiseinkommen).**
- Erst wenn das Einkommen weiter ansteigt, können Teile für Ersparniszwecke verwendet werden.

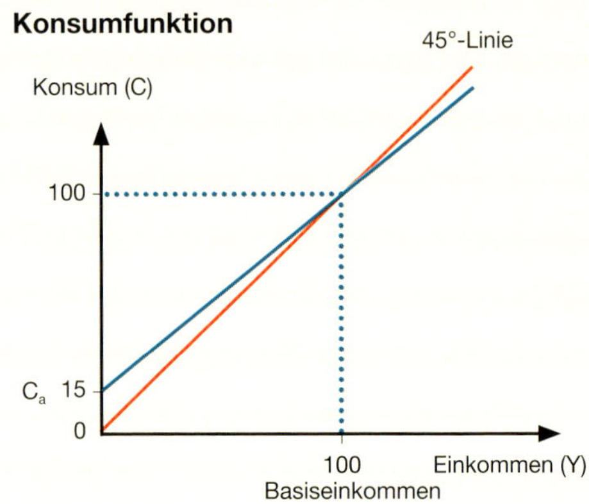

Mit steigendem Einkommen wächst also der Konsum. Im Zahlenbeispiel führt eine Einkommenserhöhung von 100 zu einer Konsumerhöhung von 85. Das Verhältnis zwischen Einkommenszunahme und Konsumzunahme wird als **Grenzneigung zum Konsum (Grenzkonsumquote, marginale Konsumquote)** bezeichnet; sie gibt an, wie viel Prozent eines zusätzlichen Einkommens für Konsumzwecke verwendet wird.

$$\text{Grenzneigung zum Konsum} = \frac{\text{Zunahme Konsumsumme}}{\text{Zunahme Einkommen}}$$

$$C = \frac{\Delta C}{\Delta Y}$$

Im gewählten Zahlenbeispiel ist die Grenzneigung zum Konsum (c) ein proportionaler Faktor von 0,85. Als Konsumsumme ergibt sich: C = 15 + 0,85 Y; die Konsumfunktion ist linear. In der Realität ist die Grenzneigung zum Konsum nicht proportional zur Einkommenshöhe. Mit wachsendem Einkommen nimmt die Konsumquote ab.

Die Konsumsumme (C) bei einem gegebenen Einkommen (Y) setzt sich zusammen aus dem Konsumsockel bzw. dem autonomen Konsum C_a und einem Einkommensanteil, der durch die Grenzneigung zum Konsum (c) und die Einkommenshöhe (Y) bestimmt wird.

Konsumfunktion: $C = C_a + c \cdot Y$

Die Konsumfunktion gibt die Konsumsumme bei alternativen Einkommenshöhen an.

▶ Sparfunktion

Die Bestimmung der Sparfunktion geschieht in gleicher Weise wie die Bestimmung der Konsumfunktion. Es gilt:

$$\text{Grenzneigung zum Sparen} = \frac{\text{Zunahme Ersparnis}}{\text{Zunahme Einkommen}}$$

$$s = \frac{\Delta S}{\Delta Y}$$

Die **Grenzneigung zum Sparen (Grenzsparquote, marginale Sparquote)** gibt an, wie viel Prozent eines zusätzlichen Einkommens gespart werden. In Höhe des einkommensunabhängigen, autonomen Konsums (C_a) finden negative Ersparnisse statt. Die Sparsumme (S) bei einem gegebenen Einkommen ergibt sich aus Einkommenshöhe und Grenzneigung zum Sparen und Höhe des autonomen Konsums.

Im gewählten Zahlenbeispiel ist die Grenzneigung zum Sparen (s) ein proportionaler Faktor von 0,15. Als Ersparnis ergibt sich: $S = 0{,}15\ Y - 15$.

Sparfunktion: $S = s \cdot Y - C_a$
Die Sparfunktion gibt die Ersparnis bei alternativen Einkommenshöhen an.

Da das Einkommen nur für Konsum- und Sparzwecke verwendet werden kann, ergänzen sich Grenzneigung zum Konsum und Grenzneigung zum Sparen zu 1.

$$C + S = Y$$
$$c + s = 1$$

In der grafischen Darstellung entspricht c dem Steigungsfaktor der Konsumfunktion und s dem Steigungsfaktor der Sparfunktion. Wird als Hilfslinie die 45°-Linie eingezeichnet (Y = C), lassen sich Verläufe von Konsum- und Sparfunktion leichter interpretieren:

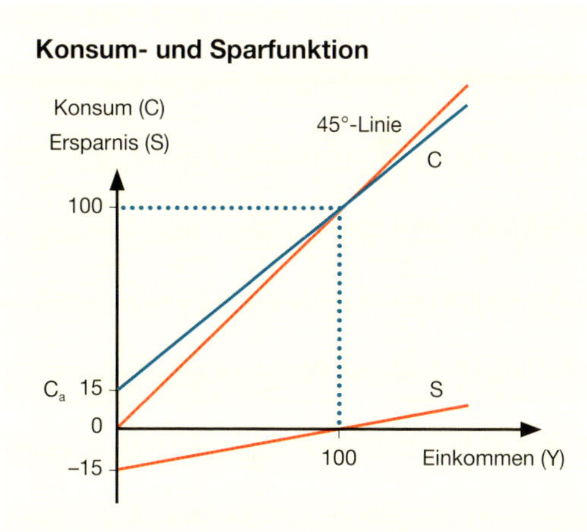

- Bei einem Einkommen von null finden Konsumausgaben und negative Ersparnis in Höhe des autonomen Konsums (C_a) statt.
- Bei einem Einkommen unterhalb des Basiseinkommens sind die Konsumausgaben höher als das Einkommen, es findet weiterhin negative Ersparnis statt.
- Bei einer bestimmten Einkommenshöhe, dem Basiseinkommen, sind Einkommen und Konsumausgaben gleich groß (Schnittpunkt von Konsumfunktion mit 45°-Linie); die Ersparnis ist null **(Sparschwelle).**
- Oberhalb des Basiseinkommens verläuft die Konsumfunktion unterhalb der 45°-Linie, d.h., die Konsumausgaben sind geringer als das Einkommen. Es findet positive Ersparnis statt.
- Die Differenz zwischen Konsumfunktion und 45°-Linie ergibt die Sparfunktion.

Die KEYNESsche Konsumfunktion geht von einem linearen Verlauf aus. Das schlägt sich in einer gleich bleibenden Höhe der Konsumquote nieder. In der Realität steigt die Konsumfunktion jedoch degressiv.

Mit wachsendem Einkommen nehmen zwar die Konsumausgaben noch zu, ihre Zunahme ist aber geringer als die Zunahme der Einkommen.

Die Grenzneigung zum Konsum (c) nimmt in der Regel mit steigenden Einkommen ab. Entsprechend nimmt mit steigenden Einkommen die Grenzneigung zum Sparen (s) zu.

3.3 Zur Theorie der Haushaltsnachfrage

Aus dem Verkauf von Arbeitskraft, aus Vermögen und aus Übertragungen erzielt der private Haushalt Einkommen. Die nicht für Ersparniszwecke verwendeten Einkommensteile gibt er für den Kauf von Konsumgütern aus **(Konsumsumme).**

3.3.1 Ziel der Haushaltsnachfrage: Nutzenmaximierung

? Wie muss das Haushaltseinkommen auf die verschiedenen Güter aufgeteilt werden, damit der aus dem Güterkonsum resultierende Nutzen möglichst groß ist?

Der Haushalt ist bestrebt, sein Einkommen so zu verwenden, dass ein möglichst großer Nutzen erzielt wird **(Nutzenmaximierung).** Im Vordergrund der Theorie der Haushaltsnachfrage steht daher der **optimale Konsumplan.** Der Konsumplan eines Haushalts, d. h. die Verteilung des Einkommens auf die verschiedenen Güter, ist dann optimal, wenn keine andere Gütermengenkombination einen größeren Nutzen erbringen würde.

3.3.1.1 Nutzen und Nutzenmessung

! Nutzen ist die Bedürfnisbefriedigung, die durch die Güterverwendung erzielt wird.

Der Nutzen, den ein bestimmtes Gut stiftet, kann nicht in einer absoluten Maßzahl **(„Kardinalskala“;** z. B. „Brot erbringt einen Nutzen von 8, Kuchen von 6“) angegeben werden. Die Wertschätzung eines Gutes ist auch von Person zu Person unterschiedlich. Ein Individuum ist dabei bestenfalls in der Lage, die verschiedenen Güter in eine Reihenfolge zu bringen **(„Ordinalskala“;** z. B. „Brot erbringt mir einen größeren Nutzen als Kuchen“), in der die verschiedenen Güter nach ihrem Nutzen geordnet sind **(„Präferenzordnung“).** Aber auch für ein und dieselbe Person ist der Nutzen eines bestimmten Gutes nicht immer gleich; wenn man durstig ist, stiftet ein Glas Wasser einen großen, wenn man nicht durstig ist, einen kleinen oder gar keinen Nutzen.[1] In der Haushaltstheorie wird unterstellt, dass jeder Haushalt eine Rangfolge seiner Bewertung von Gütern angeben kann.

Nutzenüberlegungen können sich auf den Konsum nur eines Gutes oder auf den Konsum *mehrerer* Güter beziehen.

3.3.1.2 Nutzenmaximum bei Konsum eines Gutes: Erstes GOSSENsches Gesetz

? Wie viel Einheiten eines Gutes muss ein Haushalt konsumieren, um sein Nutzenmaximum zu erreichen?

Bei der Analyse kann auf alltägliche Erfahrung zurückgegriffen werden. Wenn von einem bestimmten Gut nacheinander mehrere Einheiten konsumiert werden, ist der Nutzen der ersten Einheit am höchsten. Jede weitere Einheit bringt zunächst auch noch Nutzen, der jedoch von Einheit zu Einheit geringer wird.

[1] Aus der Unmöglichkeit, den Nutzen eines Gutes zu messen und in einer Maßzahl auszudrücken, hat als erster Vilfredo PARETO (1848–1923), italienischer Nationalökonom und Soziologe, die Konsequenz gezogen, mit Nutzenindizes zu arbeiten, die lediglich Rangziffern (z. B. 1., 4., 8.) für die Nutzenschätzung vorsehen und somit eine Aussage darüber enthalten, ob ein Gut einem anderen vorgezogen wird oder nicht.

Der Nutzenzuwachs, der durch jeweils eine Einheit, bzw. jeweils die letzte konsumierte Einheit, entsteht, heißt **Grenznutzen.**

Der Nutzen, den alle konsumierten Einheiten zusammen erbringen, ist der **Gesamtnutzen.** Nach dem Konsum einer endlichen Anzahl von Mengeneinheiten eines Gutes wird ein Zustand erreicht, in dem eine weitere Einheit keinen zusätzlichen Nutzen mehr stiftet; jetzt ist die **Sättigungsgrenze** erreicht.

Diese Erkenntnis bildet das erste **GOSSENsche Gesetz**[1] („Gesetz vom abnehmenden Grenznutzen" oder „Sättigungsgesetz").

„Die Größe eines und desselben Genusses nimmt, wenn wir mit der Bereitung des Genusses ununterbrochen fortfahren, fortwährend ab, bis zuletzt Sättigung einsetzt."

Hermann Heinrich Gossen

Werden nach Erreichen der Sättigung noch weitere Gütereinheiten konsumiert, können negative Nutzen entstehen, die den Gesamtnutzen entsprechend mindern.

Erstes GOSSENsches Gesetz (Gesetz vom abnehmenden Grenznutzen):
Der Grenznutzen eines Gutes sinkt mit zunehmender Sättigung.

Beispiel

Konsumierte Mengeneinheiten	Nutzenzuwachs durch diese Mengeneinheit (Grenznutzen)	Nutzen durch *alle* bisherigen Mengeneinheiten (Gesamtnutzen)
0		0
1	8	8
2	6	14
3	4	18
4	2	20
5	0	20
6	–2	18

Die Nutzenentwicklung ist durchaus am Konsum einer entsprechenden Anzahl von Gläsern eines Getränkes nachzuvollziehen. Der Nutzen des ersten Glases ist am größten. Werden mehrere Gläser nacheinander getrunken, ist der Nutzen jedes weiteren Glases geringer als der Nutzen des vorhergehenden Glases. Irgendwann findet kein Nutzenzuwachs mehr statt. Der Nutzen aus der ersten Einheit soll 8 betragen; nach ihrem Konsum ist ein Gesamtnutzen von 8 erreicht. Der Nutzen aus der nächstfolgenden Einheit (Grenznutzen) beträgt 6, nach ihrem Konsum ist ein Gesamtnutzen von 14 erreicht usw. (Im gewählten Zahlenbeispiel ist – aus Gründen der Veranschaulichung – eine kardinale Nutzenschätzung unterstellt, die jedoch in der Realität nicht möglich ist.)

[1] Nach Hermann Heinrich GOSSEN (1810–1858), preußischer Assessor und Volkswirtschaftler. Bedeutender Vertreter der subjektiven Wertlehre und Vorläufer der Grenznutzenschule (Vgl. H.H. Gossen: Entwicklung der Gesetze des menschlichen Verkehrs und der daraus fließenden Regeln für menschliches Handeln. – Braunschweig 1854).

Bei Konsum nur eines Gutes liegt also das Nutzenmaximum des Haushalts bei der Mengeneinheit, die einen Grenznutzen von null aufweist; im Beispiel bei fünf Einheiten.

Die grafische Darstellung macht die Verläufe von Gesamtnutzen und Grenznutzen anschaulich. Die Kurve des Gesamtnutzens (U) steigt mit zunehmender Konsummenge degressiv an, erreicht bei einer bestimmten Menge ihr Maximum und fällt dann möglicherweise wieder ab. Der Nutzenzuwachs je Gütereinheit (Grenznutzen) nimmt mit zunehmender Menge ab. Entsprechend weist die Kurve des Grenznutzens (U') einen fallenden Verlauf auf. Bei der Gütermenge, bei der der Gesamtnutzen maximal ist, ist der Grenznutzen gleich null.

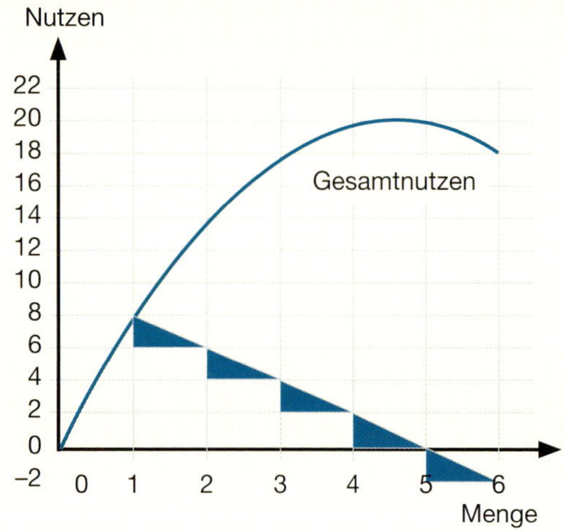

Auf eine zunächst widersprüchlich erscheinende Nutzenabwägung hat bereits Adam SMITH[1] hingewiesen. Ihm fiel auf, dass viele Menschen für das im Prinzip lebenswichtige Gut Wasser nur wenig oder gar kein Geld zahlen wollen, während sie für Diamanten, die nur begrenzte Verwendungsmöglichkeiten besitzen und auch keineswegs existenzielle Bedeutung haben, viel Geld auszugeben bereit sind **(Wasser-Diamanten-Paradoxon** oder auch **Wertparadoxon).**

Die Erklärung liegt in der unterschiedlichen Knappheit beider Güter und dem daraus sich ergebenden unterschiedlichen Grenznutzen. Zwar ist Wasser grundsätzlich lebenswichtig und entsprechend ist der Gesamtnutzen, den wir aus Wasser ziehen, groß. Doch ist Wasser in vergleichsweise großen Mengen vorhanden und es wird auch für weniger wichtige Dinge verwendet. Ohne zu zögern, schütten wir es auch einfach weg. Seine Wertschätzung richtet sich offensichtlich nach dem Nutzen der letzten verbrauchten Einheit (Grenznutzen) und ist daher gering. Da wir aber andererseits in aller Regel weniger Diamanten besitzen, als wir gern hätten, ist der Bedarf ungesättigt, und wir schätzen auch die letzte uns verfügbare „Einheit" in ihrem Wert bzw. in ihrem Nutzen noch hoch ein.

> „Der Platz des Wassers auf unserer Wertskala wird nicht durch den unendlich großen Nutzen eines Glases Wasser bestimmt, das uns vor dem Verdursten retten würde, wenn uns nur dieses eine Glas zur Verfügung stünde, sondern durch den Nutzen der letzten Dosis, die wir zum Baden oder Blumengießen benutzen. Wir nennen diesen Nutzen der letzten Dosis den Grenznutzen …"
>
> *Röpke, W.: Die Lehre von der Wirtschaft. – Erlenbach-Zürich [10]1965, S. 25*

[1] Adam SMITH (1723–1790), englischer Philosoph und Nationalökonom, erster Klassiker der Nationalökonomie, auch „Vater der Marktwirtschaft" genannt. Hauptwerke: „Theory of Moral Sentiments" 1759, „Inquiry into the Nature and Causes of the Wealth of Nations" 1776.

3.3.1.3 Nutzenmaximum bei Konsum mehrerer Güter: Zweites GOSSENsches Gesetz

Wie muss der Haushalt mehrere Güter miteinander kombinieren, damit der Nutzen aus der Güterkombination möglichst groß ist?

Nun richtet sich die Haushaltsnachfrage in der Regel nicht nur auf ein Gut, sondern auf mehrere Güter. Der Haushalt steht also vor dem Problem, in seine Nutzenüberlegungen eine Vielzahl von Gütern einzubeziehen und seine Konsumsumme so auf die Güter aufzuteilen, dass der Gesamtnutzen aus allen Gütern maximal ist.

Zur Verdeutlichung des Entscheidungsvorgangs kann ein vereinfachendes Zahlenbeispiel dienen. Hierzu wird wieder unterstellt, dass der Güternutzen in Zahlen ausgedrückt werden kann.

Beispiel

Ein Haushalt hat die Auswahl zwischen den beiden Gütern x und y. Gut x rangiert in der Präferenzordnung vor Gut y. Die erste Einheit des Gutes x stiftet einen Nutzen von 60, durch die zweite Einheit erhöht sich der Gesamtnutzen um weitere 50 usw. Die erste Einheit von Gut y liefert einen Nutzen von 45, die zweite von 40 usw.

Mengeneinheiten	Grenznutzen Gut x [U'(x)]	Grenznutzen Gut y [U'(y)]
1	60	45
2	50	40
3	40	35
4	30	30
5	20	25
6	10	20

▶ 1. Variante: Die Preise der beiden Güter sind gleich

Für den Fall, dass die Preise für jeweils eine Mengeneinheit von x und y gleich sind, kann die Analyse sich auf eine reine Mengenbetrachtung beschränken. Entsprechend seiner Konsumsumme kann der Haushalt eine bestimmte Menge von beiden Gütern gleichzeitig kaufen. Die Verteilung auf beide Güterarten wird er so vornehmen, dass die Summe der dadurch „eingekauften" Grenznutzen möglichst groß ist. Das ist stets dann der Fall, wenn die Grenznutzen der eingekauften Güter gleich sind. Reicht die Konsumsumme im Beispiel für den Kauf von insgesamt 5 Mengeneinheiten, so wird der Haushalt 3 Einheiten von Gut x und 2 Einheiten von Gut y kaufen. Genauer: Er wird zunächst 1 Einheit von Gut x, dann noch 1 Einheit x, dann 1 Einheit y, dann je 1 Einheit x und y kaufen. Der Gesamtnutzen dieser Kombination ergibt sich aus der Summe der Grenznutzen: $60 + 50 + 45 + 40 + 40 = 235$; es gibt im Beispiel keine andere Kombinationsmöglichkeit von 5 Mengeneinheiten, die einen größeren Gesamtnutzen liefern würde. Ist die Konsumsumme jedoch höher und kann der Haushalt z. B. insgesamt 7 Einheiten kaufen, ist die Lösung im Beispiel zunächst nicht eindeutig, da die Kombinationen $4x + 3y$ und $3x + 4y$ den gleichen Gesamtnutzen stiften. Wird jedoch davon ausgegangen, dass die Güter teilbar sind (z. B. 1,25 oder 3,88 Mengeneinheiten) stellt sich wieder eine eindeutige Kombination für das Nutzenmaximum ein.

▶ 2. Variante: Die Preise der beiden Güter sind unterschiedlich

Die Entscheidungslage des Haushalts wird etwas schwieriger, wenn – wie in der Realität – die Preise der Güter unterschiedlich sind. Der für eine gegebene Konsumsumme erzielbare Nutzen bei zwei beliebigen Gütern x und y hängt nun auch von den Güterpreisen ab. Für eine bestimmte Geldmenge können von dem einen Gut mehr Mengeneinheiten erworben werden als von dem anderen Gut. Lautete bisher die Frage: „Welchen Grenznutzen stiftet eine Gütereinheit?", muss jetzt gefragt werden: *„Welcher Grenznutzen kann für eine Geldeinheit erworben werden?"* Die Grenznutzen der einzelnen Gütereinheiten müssen also mit den Preisen gewichtet werden [U'(x)/p_x]. Beträgt der Preis für eine Einheit von Gut x beispielsweise 4 Geldeinheiten (GE), so beträgt im Beispiel der **gewogene Grenznutzen** für die erste Gütereinheit 60/4 = 15 Nutzeneinheiten je GE, für die zweite 50/4 = 12,5 Nutzeneinheiten je GE usw. Für Gut y ist ebenso zu verfahren.

Beispiel

Wird für Gut x ein Preis von 4 GE und für Gut y ein Preis von 5 GE je Mengeneinheit angenommen, ergibt sich folgende Erweiterung der vorhergehenden Tabelle:

Mengen-einheiten	Grenznutzen Gut x [U'(x)]	Grenznutzen Gut y [U'(y)]	Grenznutzen Gut x je GE [U'(x)/p_x]	Grenznutzen Gut y je GE [U'(y)/p_y]
1	60	45	15	9
2	50	40	12,5	8
3	40	35	10	7
4	30	30	7,5	6
5	20	25	5	5
6	10	20	2,5	4

Das Nutzenmaximum bei einer Kombination mehrerer Güter mit unterschiedlichen Preisen ist dann erreicht, wenn die für eine Geldeinheit erzielten Grenznutzen gleich hoch sind oder anders ausgedrückt: wenn die mit den Güterpreisen gewogenen Grenznutzen sich ausgleichen. Diese Aussage entspricht dem **Zweiten GOSSENschen Gesetz,** dem **Gesetz vom Nutzenausgleich** oder genauer dem **Gesetz vom Ausgleich der gewogenen Grenznutzen.**

Zweites GOSSENsches Gesetz (Gesetz vom Ausgleich der Grenznutzen):
Das Maximum an Bedürfnisbefriedigung ist erreicht, wenn die Grenznutzen der zuletzt beschafften Mengeneinheiten der Güter gleich sind.

„Nun, ohne Zweifel lassen wir uns davon leiten, dass das Grenznutzenniveau bei allen Arten der Befriedigung möglichst gleich hoch sein soll. Auch das ist nur die abstrakte Formulierung von etwas sehr Simplem, das wir täglich und stündlich praktizieren, ohne gleich die Formel dafür zu haben. Wir sehen den Vorgang in voller Deutlichkeit bei einem so trivialen Anlass wie dem des Kofferpackens für eine Reise. Da wir nicht unsere ganze Habe mitnehmen können, überlegen wir zunächst, welche Dinge wir am dringendsten brauchen (Auswahl); zugleich aber wägen wir ein Mehr an Hemden gegen ein Weniger an Schuhen, ein Mehr an Büchern gegen ein Weniger an Anzügen so gegeneinander ab, dass alles in einem vernünftigen Verhältnis zueinander steht (Begrenzung). Es klingt ein wenig komisch, aber es ist tatsächlich so, dass der Koffer dann ideal gepackt ist, wenn das Niveau des Grenznutzens für die Anzüge, Hemden, Socken, Taschentücher, Schuhe und Bücher gleich hoch und höher als der Nutzen der zurückgelassenen Gegenstände ist."

Röpke, W.: Die Lehre von der Wirtschaft. – Erlenbach-Zürich [10]1965, S. 31

Für beliebige Güter x und y ergibt sich somit als **Haushaltsoptimum** die Gleichgewichtsbedingung:

$$\frac{\text{Grenznutzen des Gutes x}}{\text{Preis des Gutes x}} = \frac{\text{Grenznutzen des Gutes y}}{\text{Preis des Gutes y}}$$

!

oder

$$U'(x)/p_x = U'(y)/p_y$$

!

Zusammenfassung Kapitel 3.3.1:
Ziel der Haushaltsnachfrage: Nutzenmaximierung

- Nutzen ist das durch den Konsum von Gütern entstehende Maß an Bedürfnisbefriedigung.
- Nutzenempfindungen sind individuell und situativ unterschiedlich.
- Gesamtnutzen ist der Nutzen, der sich als Summe der Nutzen aller konsumierten Einheiten eines Gutes einstellt.
- Grenznutzen ist der Nutzen, den eine Einheit, bzw. die jeweils letzte konsumierte Einheit eines Gutes stiftet.
- Das Erste GOSSENsche Gesetz (Gesetz vom abnehmenden Grenznutzen) bezieht sich auf die Nutzenentwicklung bei Konsum eines Gutes. Es sagt aus, dass der Grenznutzen (und damit die Bedürfnisbefriedigung) eines Gutes mit jeder konsumierten Einheit abnimmt und dass nach einer endlichen Anzahl von Einheiten eine Sättigung erreicht ist.
- Bei Konsum nur eines Gutes erreicht der Haushalt sein Nutzenmaximum bei der Mengeneinheit, die einen Grenznutzen von null aufweist (Sättigungsgrenze).
- Die Wertschätzung eines Gutes richtet sich weniger nach dem Gesamtnutzen, den es stiftet, sondern vielmehr nach dem Grenznutzen, d. h. nach dem Nutzen, den die letzte verbrauchte Einheit erbringt.
- Das Zweite GOSSENsche Gesetz (Gesetz vom Nutzenausgleich bzw. Gesetz vom Ausgleich der gewogenen Grenznutzen) bezieht sich auf die Nutzenentwicklung bei Konsum mehrerer Güter. Es sagt aus, dass der Gesamtnutzen (und damit die Bedürfnisbefriedigung) einer gegebenen Güterkombination dann maximal ist, wenn sich die Grenznutzen der Güter ausgleichen bzw. (bei unterschiedlichen Güterpreisen) wenn die mit den Güterpreisen gewogenen Grenznutzen der verschiedenen Güter sich ausgleichen.
- Die Gleichgewichtsbedingung für zwei Güter x und y lautet: $U'(x)/p_x = U'(y)/p_y$. In diesem Punkt ist das Haushaltsoptimum erreicht.

3.3.2 Darstellung der Nutzenabwägung durch Indifferenzkurven

Wie können die Güterkombinationen ermittelt werden, die dem Haushalt den gleichen Nutzen bringen? ?

Die bestmögliche Bedürfnisbefriedigung des Haushalts stellt sich ein, wenn er die verfügbaren Güter entsprechend seiner Nutzenschätzung in bestimmten Mengen miteinander kombiniert. In der Realität wird dieser Vorgang von den Haushalten mehr oder weniger intuitiv vorgenommen; im Modell lässt er sich mithilfe von **Indifferenzkurven**[1] nachvollziehen.

[1] Indifferenz bedeutet allgemein Unentschiedenheit, Unbestimmtheit; im vorliegenden Zusammenhang ist mit Indifferenz Unterschiedslosigkeit gemeint.

Beispiel

Güter	Güterkombinationen				
	A	B	C	D	E
Menge des Gutes x	30	22	15	10	7
Menge des Gutes y	2	3	5	8	12
Gesamtnutzen	U_k	U_k	U_k	U_k	U_k

Aus Vereinfachungsgründen, insbesondere, weil dadurch eine grafische Veranschaulichung in einem zweidimensionalen Koordinatenkreuz möglich ist, wird wieder angenommen, dass der Konsumplan des Haushalts nur zwei Güter enthält. Aufgrund seiner Nutzenschätzung ergeben sich für die verschiedenen Mengeneinheiten der beiden Güter unterschiedliche Grenznutzen; bestimmte Mengenkombinationen aus beiden Gütern erbringen einen jeweils gleichen Gesamtnutzen **(Nutzenindex).** So soll der Haushalt durch Konsum von 30 Mengeneinheiten des Gutes x (z. B. 30 Brote) und 2 Mengeneinheiten des Gutes y (z. B. 2 kg Wurst) einen bestimmten Gesamtnutzen U_k (z. B. 100) erzielen; den gleichen Gesamtnutzen von 100 erhält er aber auch, wenn er von Gut x 22 und von Gut y 3 Einheiten konsumiert usw. Die Güterkombinationen A, B, C, D, E erbringen also allesamt den gleichen Gesamtnutzen, sie sind hinsichtlich ihres Nutzens **indifferent.**

Werden die nutzengleichen Güterkombinationen in einem Mengendiagramm dargestellt, so entsteht eine **Indifferenzkurve.**

Indifferenzkurve:
Geometrischer Ort aller Mengenkombinationen zweier Güter, die den gleichen Nutzen, d. h. das gleiche Versorgungsniveau, stiften

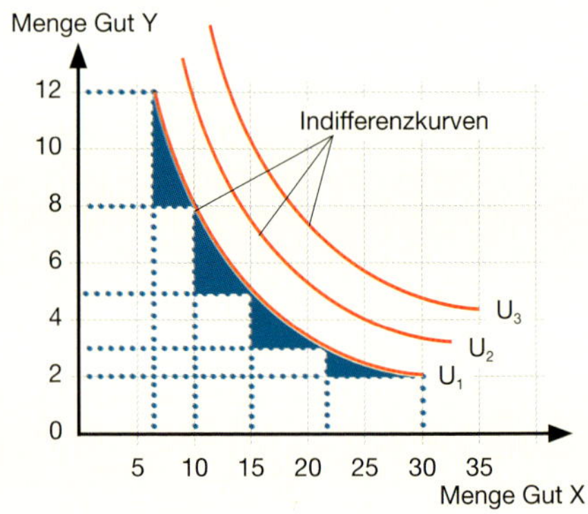

Nun leuchtet ein, dass der Nutzenindex höher ist, wenn die Mengeneinheiten beispielsweise bei einem Gut aufgestockt und beim anderen Gut gleich gehalten werden. 35 Brote und 2 kg Wurst bringen einen größeren Nutzen als 30 Brote und 2 kg Wurst. Der Punkt, der den Nutzenindex dieser neuen Kombination wiedergibt, kann also nicht auf der ersten erstellten Indifferenzkurve liegen; er gehört zu einer anderen Indifferenzkurve, die einen höheren Nutzenindex repräsentiert und daher weiter rechts im Diagramm liegen muss. Auf diese Weise existieren für einen Haushalt und eine bestimmte Güterkombination x und y unendlich viele Indifferenzkurven, die sogenannte **Indifferenzkurvenschar.**

Der Haushalt kann ohne Verlust bei seinem Versorgungsniveau bestimmte Mengeneinheiten von Gut x durch bestimmte Mengeneinheiten von Gut y ersetzen (substituieren). Im Zahlenbeispiel kann der Haushalt beim Wechsel von Güterkombination B nach C ohne Nutzeneinbuße die Menge des Gutes x um 7 Einheiten mindern, wenn er gleichzeitig die Menge des Gutes y um 2 Einheiten erhöht. Das Verhältnis beider Mengenänderungen zueinander wird als **Grenzrate der Substitution** bezeichnet ($\Delta y/\Delta x$; Grenzrate der Substitution von y in Bezug auf x).

!

Die **Grenzrate der Substitution** gibt an, in welchem Verhältnis eine Menge eines Gutes durch eine Menge eines anderen Gutes ersetzt (substituiert) werden kann, ohne dass sich das Versorgungsniveau ändert.

Da sich die Austauschverhältnisse der Gütermengen zueinander ändern, weist die Grenzrate der Substitution in jedem Punkt der Kurve einen anderen Wert auf; sie entspricht der Steigung der Kurve in einem bestimmten Punkt. Grafisch lässt sie sich als „Treppenstufen" darstellen.

Zusammenfassung Kapitel 3.3.2:
Darstellung der Nutzenabwägung durch Indifferenzkurven

- Eine Indifferenzkurve enthält alle Kombinationen zweier Güter, die dem Haushalt nach seiner subjektiven Bewertung den gleichen Nutzen (das gleiche Versorgungsniveau) bringen.
- Eine Indifferenzkurvenschar gibt für einen Haushalt die (unendlich) vielen Indifferenzkurven für eine Kombination zweier bestimmter Güter an.
- Die Grenzrate der Substitution gibt für ein bestimmtes, gleich bleibendes Versorgungsniveau das Verhältnis an, in dem eine Menge des einen Gutes durch eine Menge eines anderen Gutes ersetzt (substituiert) werden kann.

3.4 Bestimmungsgrößen der Haushaltsnachfrage nach einem Gut

?

Welche Faktoren bestimmen die Güternachfrage der privaten Haushalte?

Bei der Gestaltung des Konsumplanes muss der Haushalt von folgenden Bedingungen ausgehen:

- Die für den Konsum zur Verfügung stehenden Güter stiften unterschiedliche Nutzen.
- Für den Erwerb von Gütern steht nur ein begrenztes Einkommen zur Verfügung.
- Die Güter haben einen Preis, dessen Höhe vom einzelnen Haushalt grundsätzlich nicht beeinflusst werden kann.

Diese Entscheidungsparameter führen zu der **allgemeinen Nachfragefunktion:**

!

$$N = f(p_1, p_2, ..., p_n, Y_c, U)$$

Die allgemeine Nachfragefunktion besagt, dass die vom Haushalt nachgefragte Gütermenge abhängig ist von

- den Preisen der Güter ($p_1, p_2, ..., p_n$)
- dem für Konsumzwecke verfügbaren Einkommen (Y_c)
- der Präferenzordnung des Haushalts, die sich in den Nutzenschätzungen (U) für die verschiedenen Güter widerspiegelt.

Die **spezifische Nachfragefunktion** für die Nachfrage nach einem *bestimmten* Gut x lautet dann:

$$N_x = f(p_x, p_1, p_2, ..., p_n, Y_c, U)$$

Die Nachfrage nach einem bestimmten Gut x ist demnach abhängig von dem Preis des Gutes x, von den Preisen anderer Güter, der Konsumsumme und der Präferenzordnung bzw. der Nutzenschätzung des Haushalts. Die spezifischen Auswirkungen der verschiedenen Faktoren auf die Haushaltsnachfrage werden in den anschließenden Abschnitten in der Reihenfolge Nutzen, Preise, Einkommen eingehend behandelt. Unterstellt wird, dass der Haushalt seine Entscheidungen allein nach rationalen Kriterien trifft.

Determinanten der Konsumgüternachfrage		
Determinante		**Thema, unter dem die Determinante behandelt wird**
Preis des Gutes	p_x	▪ Individuelle Nachfragekurve ▪ Gesamtnachfragekurve ▪ Direkte Preiselastizität
Preise anderer Güter	$p_1 \ldots p_n$	Kreuzpreiselastizität
Einkommen (Konsumsumme)	Y_c	▪ Bilanzgerade (Budgetgerade) ▪ Einkommenselastizität
Nutzenschätzung	U	▪ Nutzen, Nutzenmaximierung ▪ Indifferenzkurven

3.4.1 Nachfrage und Preis: Individuelle Nachfragekurve

Wie wirkt sich der Preis eines Gutes auf die Nachfrage nach diesem Gut aus bzw. wie ändert sich die Nachfrage, wenn sich der Preis ändert

Neben dem Nutzen, den ein Nachfrager einem Gut beimisst, entscheidet vor allem der Preis des Gutes darüber, ob und gegebenenfalls in welchen Mengen er ein Gut nachfragt. Für die Beantwortung der Frage, wie der Preis eines Gutes die Nachfragemenge beeinflusst, wird – ähnlich wie bei der Nutzenbetrachtung – aus der Nachfragefunktion $N_x = f(p_x, p_1, p_2, ..., p_n, Y_c, U)$ der Preis p_x des nachgefragten Gutes isoliert und in seinem Einfluss auf die Nachfragemenge betrachtet; die übrigen Faktoren werden wieder konstant gehalten.

▶ Normale Nachfragereaktion

Beispiel

Eine Squash-Anlage ist am Spätnachmittag und am Abend vollständig ausgebucht. Mit der Belegung der übrigen Stunden ist der Besitzer unzufrieden. Er führt eine Sonderaktion durch und bietet die Spielstunde zu unterschiedlichen Preisen an: in der ersten Woche zu 10,00 EUR, in der zweiten Woche zu 9,00 EUR usw. →

Nachfrage und Preis	
Preis je Stunde	**Nachgefragte Menge**
10	1
9	2

→ Er notiert die Anzahl der Buchungen und hält das Ergebnis in einer Tabelle fest.

Nachfrage und Preis	
Preis je Stunde	**Nachgefragte Menge**
8	4
7	7
6	11
5	16
4	22
3	30

Bei normaler Nachfragereaktion steigt die Nachfrage nach einem Gut, wenn der Preis sinkt; die Nachfrage sinkt, wenn der Preis steigt.

Gesetz der Nachfrage

Die Nachfrageänderung steht in einem umgekehrten (inversen) Verhältnis zur Preisänderung
- Steigende Preise führen zu sinkender Nachfrage
- Sinkende Preise führen zu steigender Nachfrage

Die grafische Veranschaulichung des Zusammenhanges im sogenannten **Preis-Mengen-Diagramm** liefert die **individuelle Nachfragefunktion** oder **Nachfragekurve.**

Die normale Nachfragekurve fällt von links oben nach rechts unten. Preisänderungen führen zu einer **Bewegung auf der Kurve.** Exakte Aussagen können nur für die in der Tabelle enthaltenen Punkte gemacht werden. Für den Verlauf zwischen den Punkten liegen keine Daten vor; es kann jedoch ein stetiger Verlauf unterstellt werden.

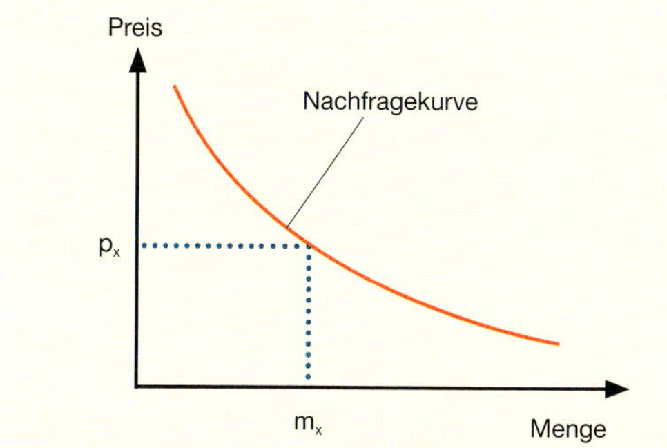

Die Nachfragekurve zeigt an, welche Menge eines Gutes bei einem bestimmten Preis nachgefragt wird und wie sich die Nachfrage verändert, wenn sich der Preis ändert.

Preisänderungen führen zu einer Bewegung auf der Nachfragekurve.

Die bisher dargestellten Preis-Mengen-Beziehungen geben den Zusammenhang bei normaler Nachfragereaktion wieder. Aus verschiedenen Untersuchungen ist jedoch bekannt, dass unter bestimmten Bedingungen auch andere, anomale Nachfragereaktionen[1] möglich sind.

▶ Anomale Nachfragereaktionen

Zu den anomalen Nachfragen (Paradoxien) gehört der sogenannte **Giffen-Fall.** Im 19. Jahrhundert beobachtete GIFFEN[2], dass bei einer Erhöhung des Brotpreises die Brot-

[1] Anomal (griech.) = unregelmäßig, regelwidrig; anomale Nachfragereaktionen sind solche, die nicht dem Gesetz der Nachfrage entsprechen.

[2] R. GIFFEN, englischer Statistiker, wies den beschriebenen Sachverhalt u.a. für die Reisnachfrage in Indien und die Brotnachfrage in England nach.

nachfrage der englischen Landbevölkerung zunahm. Erklärbar wird dieses Phänomen dadurch, dass in der damaligen Zeit Brot ein vergleichsweise billiges Grund- und Hauptnahrungsmittel war. Durch die Verteuerung des Brotes mussten die Haushalte zur Deckung ihres Grundbedarfs mehr Geld für Brot ausgeben als vorher. Für andere Nahrungsmittel (z. B. Fleisch) stand nun weniger Geld zur Verfügung. Der Ausfall bei diesen Nahrungsmitteln musste durch eine Mehrnachfrage nach Brot ausgeglichen (substituiert) werden, das zwar teurer geworden war, aber immer noch weniger kostete als Fleisch. In Umkehrung der üblichen Reaktion führte die Preissteigerung bei Brot zu einer wachsenden Nachfrage nach diesem Gut.

Beispiel

Einem Haushalt stehen für Nahrungsmittel (Brot und Fleisch) 480 Geldeinheiten (GE) zur Verfügung. Er benötigt für seine Versorgung 100 Nahrungseinheiten. Bisher konsumierte er 80 Einheiten Brot zum Preis von 3 GE/Einheit und 20 Einheiten Fleisch zum Preis von 12 GE/Einheit. Der Brotpreis steigt auf 4 GE/Einheit.

Nachfrage und Preis (anomal)

Brot			Fleisch			Gesamt	
Preis	Einheiten	Betrag	Preis	Einheiten	Betrag	Einheiten	Summe
3	80	240	12	20	240	100	480
4	80	320	12	20	240	100	560
4	90	360	12	10	120	100	480

Würde der Haushalt bei einer Preissteigerung für Brot von 3 auf 4 GE sein bisheriges Versorgungsniveau beibehalten, müsste er 560 GE für Nahrungsmittel ausgeben, was er jedoch nicht kann. Er kann im Rahmen seiner Budgetbeschränkung von 480 GE die benötigten 100 Nahrungseinheiten nur erwerben, wenn er die Fleischmenge von 20 auf 10 Einheiten reduziert und die Brotmenge von 80 auf 90 Einheiten erhöht. Bezogen auf das Gut Brot führt eine Preiserhöhung also zu einer Nachfragesteigerung

Der Giffen-Fall kann auch in der umgekehrten Situation eintreten. Dann führt eine Preissenkung zu einer sinkenden Nachfrage nach einem Gut. Wenn der Brotpreis sinkt, haben die Nachfrager mehr Einkommensteile für die Nachfrage nach Fleisch zur Verfügung. Wird mehr von dem **superioren Gut**[1] Fleisch konsumiert, braucht weniger von dem inferioren Gut Brot gegessen zu werden. Die Preissenkung bei Brot hat also über den Substitutionseffekt von Fleisch zu einer sinkenden Nachfrage nach Brot geführt.

Anomale Nachfragekurve

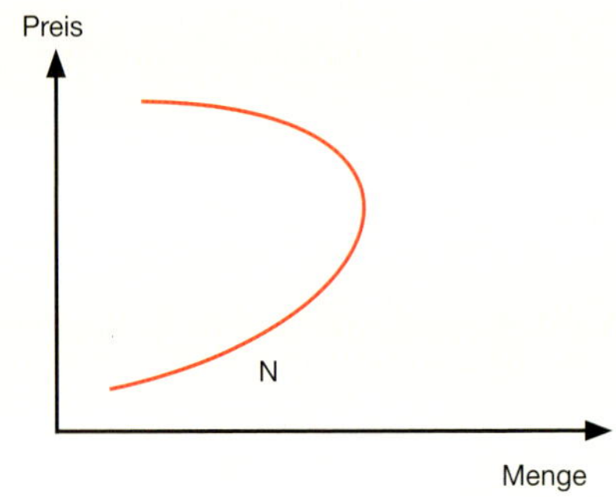

Die Giffen-Reaktion gilt jedoch nur, wenn die Preisänderung ein inferiores Gut betrifft (Giffen-Güter) und der erhöhte Preis dieses Gutes noch unter dem Preis des substituierten superioren Gutes liegt.

[1] Superior: qualitativ höherwertig; inferior: qualitativ geringerwertig

Zusammenfassung Kapitel 3.4.1:
Nachfrage und Preis: Individuelle Nachfragekurve

- Sinkende Preise führen zu steigender Nachfrage, steigende Preise führen zu sinkender Nachfrage (Gesetz der Nachfrage).
- Die individuelle Nachfragefunktion (Nachfragekurve) gibt die Beziehung zwischen dem Preis eines Gutes und der dazugehörigen Nachfragemenge wieder.
- Die grafische Darstellung der individuellen Nachfragekurve in einem Preis-Mengen-Diagramm führt zu einer Nachfragekurve, die von links oben nach rechts unten fällt.
- Unter bestimmten Bedingungen kann ein steigender (fallender) Preis auch zu steigender (sinkender) Nachfrage führen (Giffen-Fall).

3.4.2 Nachfrage und Einkommen: Bilanzgerade

Die allgemeine Nachfragefunktion $N = f(p_1, p_2, \ldots, p_n, Y_c, U)$ weist aus, dass die Nachfrage auch vom Einkommen (Y) bzw. von dem – nach Abzug der Ersparnis – für den Konsum reservierten Teil des Einkommens (Y_c) abhängt. Für die Behandlung der Einkommensabhängigkeit der individuellen Nachfrage werden wiederum die übrigen Nachfragefaktoren als konstant unterstellt. Die Abhängigkeit vom Einkommen ergibt sich als

- Abhängigkeit der Nachfrage von der Einkommenshöhe
- Abhängigkeit der Nachfrage von einer Änderung des Einkommens.

▶ Nachfrage und Einkommenshöhe

Welche Beziehung besteht zwischen der Nachfrage eines Haushalts und der Höhe seines Einkommens? **?**

Wie aus der Alltagserfahrung – manchmal etwas schmerzlich – bekannt ist, beschränkt das zur Verfügung stehende Einkommen die Konsummöglichkeiten. Der Wert der nachgefragten Güter kann nicht höher sein als die Konsumsumme Y_c. Diese Begrenzung wird als **Budgetbeschränkung** bezeichnet. Für den Zwei-Güter-Fall (x und y) ergibt sich die **Bilanzgleichung:**

$$Y_c = p_x \cdot x + p_y \cdot y$$ **!**

Beispiel

Ein Haushalt fragt die Güter x und y nach. Als Konsumsumme Y_c stehen ihm hierfür 480 GE zur Verfügung. Der Preis für Gut x beträgt 4 GE, für Gut y 6 GE. Der Haushalt kann für seine Konsumsumme unterschiedliche Mengenkombinationen von x und y erwerben.

Preis x (p_x)	Menge x (x)	Preis y (p_y)	Menge y (y)	Summe für Gut x	Summe für Gut y	Konsumsumme (Y_c)
4	120	6	0	480	0	480
4	90	6	20	360	120	480
4	60	6	40	240	240	480
4	30	6	60	120	360	480
4	0	6	80	0	480	480

→

→ Gibt der Haushalt sein gesamtes Geld für das Gut x aus, kann er davon 120 Einheiten und von y 0 Einheiten kaufen; gibt der Haushalt das gesamte Geld für das Gut y aus, kann er davon 80 Einheiten und von x 0 Einheiten kaufen. Zwischen diesen beiden Extremen besitzt er eine Vielzahl von Kombinationsmöglichkeiten.

Die grafische Darstellung aller Kombinationsmöglichkeiten der Güter x und y, die der Haushalt bei gegebener Konsumsumme und gegebenen Güterpreisen besitzt, wird als **Bilanzgerade** oder **Budgetgerade** bezeichnet.

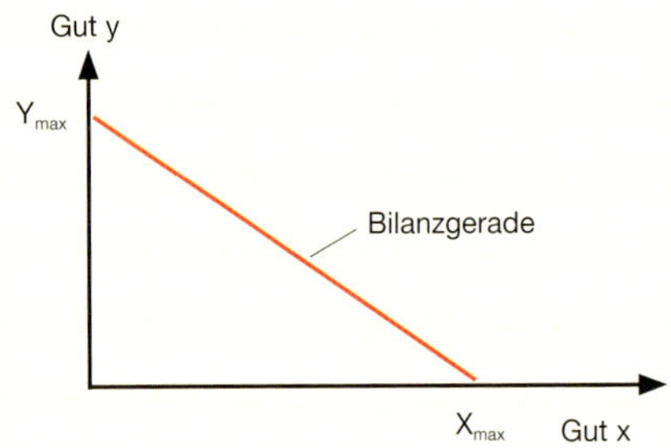

Bilanzgerade:

Geometrischer Ort aller möglichen Gütermengenkombinationen bei gegebener Konsumsumme und gegebenen Güterpreisen

Für den Haushalt stellt sich die Frage, welche der möglichen Güterkombinationen für ihn die beste ist. Zweifellos jene, die den größten Nutzen erbringt. Um diese Kombination zu ermitteln, muss die Bilanzgerade um die Nutzenschätzungen des Haushalts ergänzt werden. Wie bereits früher gezeigt wurde, besitzt der Haushalt für die Kombination zweier Güter eine Vielzahl von Indifferenzkurven, wobei alle Punkte auf einer Kurve das gleiche Nutzenniveau repräsentieren. Das Nutzenniveau ist umso höher, je weiter die Indifferenzkurve rechts liegt, d.h. vom Koordinatenursprung entfernt ist. Für den Haushalt stellt sich die Frage, welche Güterkombination den größten Nutzen bringt. Für die Entscheidung gelten zwei Bedingungen:

- Die Güterkombination muss von der verfügbaren Konsumsumme abgedeckt werden,
- Die Indifferenzkurve sollte so weit wie möglich rechts liegen.

Die erste Bedingung ist immer dann erfüllt, wenn sich die Bilanzgerade und eine Indifferenzkurve schneiden. Die zweite Bedingung ist genau dann erfüllt, wenn die Bilanzgerade eine Indifferenzkurve gerade noch berührt (tangiert). Der Tangentialpunkt kennzeichnet das **Haushaltsgleichgewicht,** d.h. die optimale Güterwahl, mit den Gleichgewichtsmengen x_G und y_G.

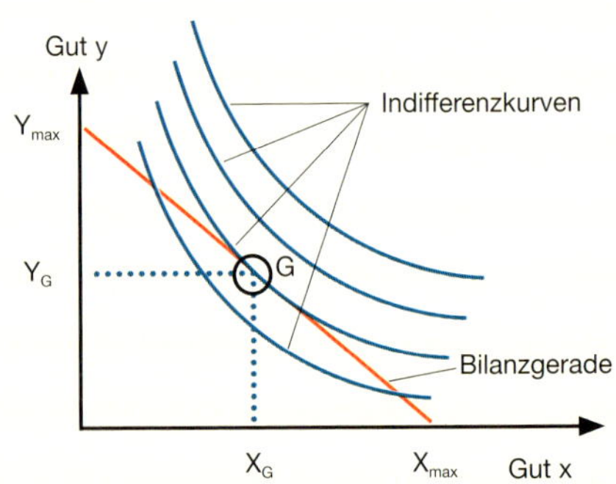

Haushaltsgleichgewicht:

Der Haushalt hat die Güter dann optimal kombiniert, wenn er unter Berücksichtigung seiner Bilanzgeraden das höchstmögliche Nutzenniveau erreicht. Das ist dort der Fall, wo die Bilanzgerade eine Tangente an eine der Indifferenzkurven bildet

▶ Nachfrage und Einkommensänderung

Wie verändert sich die Nachfrage des Haushalts, wenn sich sein Einkommen verändert? ?

In der Realität bleibt das Einkommen nicht konstant; zumeist steigt es im Zeitablauf. Da in aller Regel das Mehreinkommmen nicht vollständig gespart wird, erhöht sich auch die Konsumsumme Y_c. Die Auswirkungen der Mehrnachfrage lassen sich sowohl für ein Gut als auch für eine Güterkombination darstellen. Bei einer differenzierteren Betrachtung lassen sich wieder ein Normalfall und ein anomaler Fall unterscheiden.

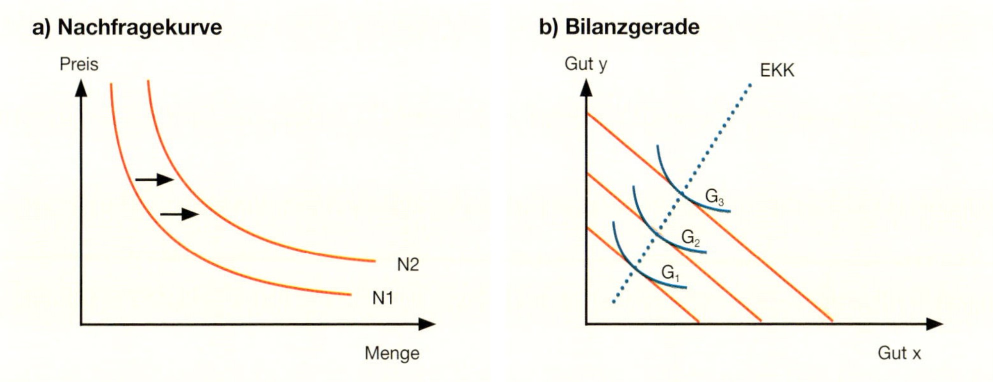

Im **Normalfall** führt die Einkommenserhöhung zu einer **proportionalen** Erhöhung der Güternachfrage. Wird die Nachfrage nach einem bestimmten Gut in einem Preis-Mengen-Diagramm dargestellt, ergibt sich infolge der Einkommenserhöhung eine Rechtsverschiebung der Nachfragekurve. Zu gegebenen Preisen kauft der Haushalt nach der Einkommenserhöhung von dem Gut größere Mengen als vorher. Während also Preisänderungen zu einer **Bewegung auf der Kurve** führen, bewirken Einkommensänderungen eine **Verschiebung der Kurve.**

Einkommensänderungen führen zu einer Verschiebung der Nachfragekurve. !

Im Zwei-Güter-Fall schlägt sich die Einkommenserhöhung – bei konstanten Güterpreisen – in einer parallelen Rechtsverschiebung der Bilanzgeraden nieder. Der Haushalt erreicht im Berührungspunkt mit einer neuen, weiter rechts liegenden Indifferenzkurve ein neues Haushaltsgleichgewicht (G_2) mit einem höheren Nutzenniveau; beide Gleichgewichtsmengen (x_G und y_G) sind größer als vor der Einkommenserhöhung. Bei einer erneuten Einkommenssteigerung ergibt sich im Berührungspunkt der Bilanzgeraden mit einer entfernteren Indifferenzkurve ein weiteres Gleichgewicht (G_3). Die Verbindungslinie der verschiedenen Gleichgewichtspunkte heißt **Einkommens-Konsum-Kurve (EKK).** Bei einer Einkommensminderung verläuft die Entwicklung in umgekehrter Richtung.

Im **anomalen Fall** verhält sich die Güternachfrage **nicht proportional** zur Einkommensänderung; die Nachfrage nach einem Gut steigt z. B. stärker als nach einem anderen Gut. Im Extremfall verändert sich durch die Einkommensänderung die Nachfrage nach einem Gut überhaupt nicht **(Sättigungsgut).** Es ist beispielsweise kaum anzunehmen, dass ein Haushalt mehr Streichhölzer kauft, weil sich sein Einkommen erhöht hat. Von bestimmten Güterarten, den inferioren Gütern, wird der Haushalt bei einer Verbesserung seiner Einkommenssituation relativ oder sogar absolut (vgl. den GIFFEN-Fall) weniger kaufen als vorher; er wird diese Güter ganz oder teilweise durch einen überproportionalen Mehrkonsum von hochwertigeren (superioren) Gütern ersetzen.

Zusammenfassung Kapitel 3.4.2:
Nachfrage und Einkommen: Bilanzgerade

- Die durch das Einkommen gegebene Begrenzung der Konsummöglichkeiten heißt Budgetbeschränkung. Die Bilanzgleichung lautet:

$$Y_c = p_x \cdot x + p_y \cdot y + ... + p_n \cdot n$$

- Die Bilanzgerade oder Budgetgerade gibt (grafisch) an, welche Kombinationsmöglichkeiten für zwei Güter bei gegebenem Einkommen bestehen.
- Das Haushaltsgleichgewicht (G), also die Realisierung des optimalen Konsumplanes, liegt im Tangentialpunkt der Bilanzgeraden mit einer Indifferenzkurve.
- Einkommensänderungen bewirken eine **Verschiebung** der Nachfragekurve.
- Einkommensänderungen bewirken eine Verschiebung der Bilanzgeraden. Nach einer Einkommensänderung ergibt sich ein neues Haushaltsgleichgewicht im Tangentialpunkt der neuen Bilanzgeraden mit einer weiter rechts liegenden Indifferenzkurve.
- Bei anomalen Nachfragereaktionen entwickelt sich die Güternachfrage nicht proportional zur Einkommensänderung. Bei einer Einkommenssteigerung kann die Nachfrage nach einem Gut gleich bleiben (Sättigungsgut), unterproportional steigen (relativ inferiores Gut), absolut sinken (absolut inferiores Gut) oder überproportional steigen (superiores Gut).

3.4.3 Weitere Bestimmungsgrößen der Nachfrage

? Welche Faktoren, außer der Nutzenschätzung des Haushalts, dem Preis des Gutes und dem Haushaltseinkommen, beeinflussen sonst noch die Nachfrage?

▶ Nachfrage und Vermögen

Vermögen spielt für die Haushaltsnachfrage nur mittelbar und mittelfristig eine Rolle. Beim Vermögen handelt es sich um angesammelte Einkommensteile, die in früheren Perioden nicht für Konsumzwecke verwendet wurden. Vermögen kann Auswirkungen auf die Präferenzordnung und – über Vermögenserträge oder Vermögensauflösungen – auf das Einkommen des Haushalts haben.

▶ Nachfrage und Preise anderer Güter

Preise anderer Güter wirken sich unter bestimmten Bedingungen auf die Nachfrage nach einem bestimmten Gut aus. Voraussetzung ist, dass zwischen den Gütern eine Beziehung existiert. Mittelbar stehen alle Güter über die Preise miteinander in Beziehung. Steigt – bei gegebenem Einkommen – der Preis eines Gutes und wird der Konsum dieses Gutes nicht in gleichem Umfang zurückgenommen, gehen die Mehraufwendungen für dieses Gut zwangsläufig zulasten anderer Güter.

Eine unmittelbare Abhängigkeit besteht, wenn die Güter in einer ganz bestimmten Beziehung zueinander stehen. Dies ist der Fall, wenn die Güter einander ersetzen können (Substitutionsgüter) oder wenn die sinnvolle Verwendung eines Gutes die Nutzung eines weiteren Gutes bedingt (Komplementärgüter)[1]. Steigt bei **Substitu-**

[1] Zu den unterschiedlichen Güterarten vgl. Kapitel 1 „Grundlagen wirtschaftlichen Handelns“.

tionsgütern der Preis für Gut A (z.B. Butter) an, so sinkt im Normalfall die Nachfrage nach diesem Gut und die Nachfrage nach dem substitutiven Gut B (z.B. Margarine) steigt. Die Aussage lässt sich auch umkehren: Führt eine Preiserhöhung bei einem Gut zur Nachfragesteigerung bei einem anderen Gut, so handelt es sich um Substitutionsgüter. Eine anomale Reaktion ergibt sich jedoch, wenn das eine Gut ein inferiores und das andere Gut ein superiores Gut ist. Handelt es sich um **Komplementärgüter,** so führt die Preissteigerung bei einem Gut (z.B. Computern) zu einem Nachfragerückgang bei diesem Gut und damit auch zu einem Nachfragerückgang bei einem komplementären Gut (z.B. Monitoren).[1] Auch hier gilt wieder, dass eine komplementäre Güterbeziehung angezeigt wird, wenn die Preissteigerung bei einem Gut zu einer Nachfrageminderung bei einem anderen Gut führt.

▶ Nachfrage und Bedürfnisstruktur

Die in den oben angestellten Nutzenüberlegungen unterstellte **Bedürfnisstruktur** des Haushalts bleibt im Zeitablauf nicht gleich. Bedürfnisstrukturen können sich ändern, weil sich beispielsweise das Alter oder die Anzahl der Haushaltsmitglieder ändert oder weil sich die Wertschätzung einzelner Güter ändert (z.B. bei Umstellung von Normalkost auf Vollwertkost). Eine Änderung der Bedürfnisstruktur führt zu anderen Nutzenschätzungen und damit auch zu einer anderen Präferenzordnung.

▶ Nachfrage und soziale Faktoren

Nicht zuletzt üben **soziale Faktoren** beträchtlichen Einfluss auf das Nachfrageverhalten aus. Die Wirtschaftstheorie unterstellt autonome, d.h. von anderen Haushalten unabhängige Nutzenschätzungen des einzelnen Haushalts. Dass dies so nicht zutrifft und in der Realität die Nutzenschätzungen vom Verhalten anderer Haushalte bzw. Konsumenten, oder genauer: vom Verhalten relevanter Bezugsgruppen, abhängt, wird eine kritische Selbstbeobachtung schnell bestätigen. Die Wirtschaftspraxis weist denn auch einige interessante Sonderfälle beim Nachfrageverhalten auf. Die wichtigsten sind Mitläufereffekt, Snob-Effekt und VEBLEN-Effekt.

Beim **Mitläufereffekt** besteht eine positive Abhängigkeit zwischen den Nutzenschätzungen von Haushalten in der Weise, dass ein Haushalt ein Gut erstmals oder vermehrt nachfragt, weil ein anderer Haushalt dieses Gut auch konsumiert. Solche Nachahmungseffekte treten vor allem bei Gütern auf, die der **Mode** unterliegen.

Der **Snob-Effekt**[2] kennzeichnet das gegenteilige Verhalten. Zwischen den Nutzenschätzungen der Haushalte besteht eine negative Abhängigkeit; weil eine andere Gruppe (z.B. mit geringem sozialen Ansehen) dieses Gut konsumiert, wird es von anderen Haushalten weniger oder gar nicht nachgefragt.

Snobistisches Nachfrageverhalten kann auch vom Preis des Gutes abhängen. Manche Güter sind nur deswegen begehrt, weil sie teuer sind und ihr Konsum Exklusivität verleiht. Sinkt der Preis und wird das Gut dadurch für eine größere Anzahl von Nachfragern prinzipiell erschwinglich, verliert es an Attraktivität. Dieses Verhalten findet sich vor allem bei sehr teuren Luxusgütern und bei Gütern mit einem geringen funktionellen Nutzen. Ein derartiger Demonstrations- und Prestigekonsum wurde von VEBLEN[3] untersucht und wird nach ihm als **VEBLEN-Effekt** bezeichnet. Wichtig hierbei ist, dass der Nachfragerückgang zunächst einmal nur die Nachfrage eines bestimmten Haushalts betrifft; es kann durchaus sein, dass die Gesamtnachfrage aller Haushalte aufgrund der Preissenkung zunimmt.

---

[1] Zu den Preisbeziehungen zwischen Substitutions- und Komplementärgütern vgl. ausführlicher die Erläuterungen zur Kreuzpreiselastizität.

[2] Snob = eingebildeter Mensch

[3] VEBLEN, Thorstein B., (1857–1929) amerikanischer Nationalökonom; vgl. T.B. Veblen: Theory of the leisure class, 1899; dt. Theorie der feinen Leute, 1959.

Keine Porsche unter 50.000 Euro

(STUTTGART) ... Porsche will seine Modellpalette nach unten erweitern, dabei aber kein Auto für weniger als 50.000 Euro anbieten. „50.000 Euro ist eine magische Untergrenze", sagte der Porsche-Chef. Günstiger dürfe ein Porsche nicht sein, wenn die Marke ihr Premium-Image nicht gefährden wolle.

Eine Zusammenstellung aller wichtigen Einflussgrößen auf die Konsumgüternachfrage lässt zwei Gruppen erkennen. Das eine Bündel beinhaltet mit Einkommen und Güterpreisen die in Geld ausdrückbaren Größen und bestimmt letztlich die Kaufkraft des Haushalts. Steigendes Einkommen erhöht und steigende Preise mindern die Kaufkraft.

Das zweite Einflussbündel – mit Persönlichkeitsmerkmalen, materieller und psychosozialer Umwelt – bestimmt die Bedürfnisstruktur. Mit materieller Umwelt werden Klima, Industrialisierungsgrad u. Ä. bezeichnet.

Da in aller Regel die Kaufkraft nicht ausreicht, alle Bedürfnisse zu befriedigen, werden die Güter einer Nutzenschätzung unterzogen. Deren Ergebnis schlägt sich dann in der Nachfrage nieder.

Determinanten der Güternachfrage

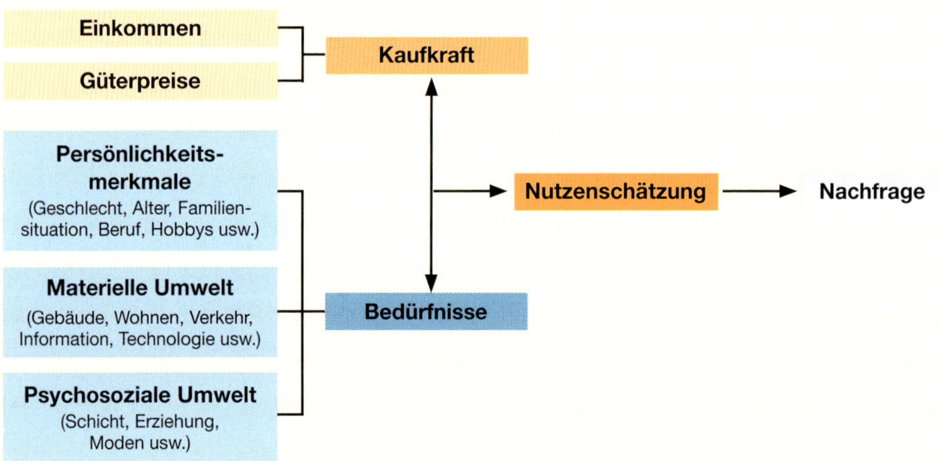

Zusammenfassung Kapitel 3.4.3:
Weitere Bestimmungsgrößen der Nachfrage

- Die Nachfrage nach einem bestimmten Gut hängt auch vom Preis anderer Güter ab. Bei Substitutionsgütern führt eine Preissteigerung bei einem Gut zur Nachfrageerhöhung bei einem anderen Gut. Bei Komplementärgütern führt eine Preissteigerung bei einem Gut zur Nachfrageminderung bei einem anderen Gut.
- Geänderte Bedürfnisstrukturen führen in aller Regel zu einer anderen Präferenzordnung und damit zu einem veränderten Nachfrageverhalten.
- Soziale Faktoren haben gewichtigen Einfluss auf die Nachfrage. Bedeutsame Sonderfälle des Nachfrageverhaltens sind Mitläufer-Effekt, Snob-Effekt und VEBLEN-Effekt.

3.5 Gesamtnachfrage aller Haushalte nach einem Gut

Wie lässt sich aus der Nachfrage einzelner Haushalte die Gesamtnachfrage aller Haushalte ermitteln?

Die bisherigen Überlegungen bezogen sich auf die individuelle Nachfragekurve eines Haushalts. Private Haushalte gibt es in Deutschland etwa 36 Mio. Jeder Haushalt besitzt gewissermaßen für jedes von ihm konsumierte Gut eine individuelle Nachfragekurve. Die Gesamtnachfrage aller Haushalte nach einem Gut ergibt sich, wenn die individuellen Nachfragen aller Haushalte zusammengefasst (aggregiert) werden. Sie kann rechnerisch ermittelt werden, indem die Mengen addiert werden, die von den einzelnen Haushalten bei bestimmten Preisen von dem Gut nachgefragt werden.

Zur Vereinfachung wird wieder angenommen, dass nur zwei Haushalte in der Volkswirtschaft existieren. Haushalt 1 fragt von Gut A 10 Mengeneinheiten nach und Haushalt 2 14 Mengeneinheiten. Die Gesamtnachfrage aller Haushalte nach Gut A beträgt dann 24 Mengeneinheiten. Grafisch wird die Marktnachfrage durch horizontale **Aggregation** der individuellen Nachfragekurven bestimmt. Das Ergebnis ist die Gesamtnachfragekurve NG.

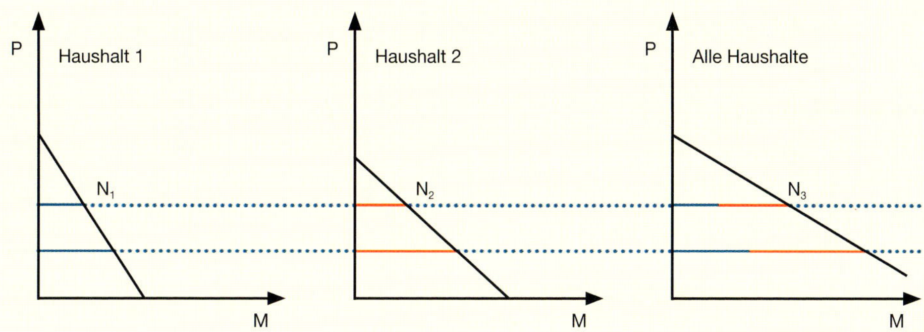

Die bereits erarbeiteten Erkenntnisse über die individuelle Nachfragekurve gelten analog auch für die Gesamtnachfragekurve. So steigt bzw. fällt die Gesamtnachfrage mit sinkendem bzw. steigendem Preis (Gesetz der Nachfrage). Neben der preisabhängigen Bewegung **auf der Kurve** lässt sich auch bei der Gesamtnachfrage unter bestimmten Bedingungen eine Bewegung der Kurve selbst feststellen.

Auslöser für eine **Verschiebung der Kurve** sind grundlegende Veränderungen in der Nachfrage nach diesem Gut (z. B. Veränderung der Anzahl der Haushalte, Veränderung des Volkseinkommens, eine Einkommensumverteilung oder umfassende Bedürfnisänderungen).

**Zusammenfassung Kapitel 3.5:
Gesamtnachfrage aller Haushalte nach einem Gut**

- Die Gesamtnachfrage aller Haushalte besteht aus der individuellen Nachfrage aller Haushalte nach diesem Gut. Rechnerisch ergibt sie sich als Addition aller Mengen, die die einzelnen Haushalte bei alternativen Preisen nachfragen. Grafisch wird die Gesamtnachfrage durch horizontale Aggregation der individuellen Nachfragekurven ermittelt.
- Für die Gesamtnachfragekurve gelten grundsätzlich die gleichen Bedingungen wie für die individuelle Nachfragekurve.

3.6 Elastizitäten der Nachfrage

Die bisherigen Überlegungen zu Nachfragereaktionen gingen zumeist von gegebenen Preisen und gegebenem Einkommen aus. In der Realität ändern sich beide Größen jedoch häufig und hierdurch bedingt auch die Nachfrage. Es wäre praktisch, wenn das Verhältnis von beispielsweise einer Preisänderung zu der daraus resultierenden Nachfrageänderung in einer handlichen Maßzahl ausgedrückt werden könnte. In Form von Elastizitäten stehen entsprechende Kennziffern zur Verfügung. Zu unterscheiden sind dabei

- Nachfrageänderungen aufgrund von Preisänderungen beim gleichen Gut (direkte Preiselastizität)
- Nachfrageänderungen aufgrund von Preisänderungen bei anderen Gütern (Kreuzpreiselastizität)
- Nachfrageänderungen aufgrund von Einkommensänderungen (Einkommenselastizität).

In allgemeiner Form geben die Elastizitäten der Nachfrage an, wie sich die abhängige Variable „Nachfragemenge“ (Wirkung) zu den unabhängigen Variablen „Güterpreise“ und „Einkommen“ (Ursachen) verhält. Die Veränderungen bei den Variablen werden aus Gründen einer einheitlichen Basis jeweils in Prozent angegeben.

!

$$\text{Elastizität} = \frac{\text{prozentuale Änderung der Wirkung}}{\text{prozentuale Änderung der Ursache}}$$

Als Kürzel für „Elastizität“ wird der kleine griechische Buchstabe „epsilon“ = ε verwendet.

3.6.1 Direkte Preiselastizität

? Wie stark ändert sich die Nachfrage nach einem Gut, wenn sich der Preis des Gutes ändert?

Die direkte Preiselastizität der Nachfrage (ε) gibt an, wie sich die Nachfrage nach einem Gut verändert, wenn sich sein Preis ändert. Die Preisabhängigkeit der Nachfrage wird als Kennziffer ausgedrückt, bei der der Umfang der Mengenänderung ins Verhältnis gesetzt wird zum Umfang der sie bewirkenden Preisänderung.

!

$$\varepsilon = \frac{\text{prozentuale Mengenänderung}}{\text{prozentuale Preisänderung}}$$

Beispiel

Preis EUR	Menge	Preisänderung %	Mengenänderung %	$\lvert\varepsilon\rvert$	Erlös EUR
2,50	800				2.000
3,50	600	40,00	–25,00	0,63	2.100
4,50	400	28,57	–33,33	1,17	1.800

Ein Diskothekenbesitzer verlangt für ein Glas Bier 2,50 EUR. Er hat ermittelt, dass er pro Abend durchschnittlich 800 Glas Bier verkauft. Da er der Meinung ist, dass seine Gäste, die überwiegend mit dem Auto kommen, zu viel Alkohol trinken, erhöht er den Preis auf 3,50 EUR. Der Bierabsatz geht auf 600 Gläser pro Abend zurück. Dem Besitzer ist das immer noch zu viel und er erhöht den Preis auf 4,50 EUR; nun setzt er noch pro Abend 400 Gläser um.

Bei der rechnerischen Ermittlung der Preiselastizität ist zu beachten, dass ε eigentlich ein negatives Vorzeichen tragen müsste, da eine der beiden prozentualen Änderungen negativ ist. Da dies immer so ist, ist ε auch immer negativ. Um aber das negative Vorzeichen nicht dauernd mitschleppen zu müssen, besteht seit langem die Praxis, ε nur betragsmäßig festzuhalten, also $|\varepsilon|$.

Auffallend ist die Entwicklung beim Erlös. Obwohl die Preissteigerung sich in gleichbleibenden Schritten von je 1,00 EUR und die Mengenreduktion sich in ebenfalls gleichbleibenden Schritten von je 200 vollzieht, steigt nach dem ersten Schritt der Erlös an, während er nach dem zweiten fällt.

Die Erklärung liegt darin, dass im ersten Schritt durch die Preissteigerung eine Mehreinnahme von 40 % entsteht, der eine Wenigereinnahme durch die Nachfragereduktion von lediglich 25 % gegenübersteht; der „Verlust" aufgrund des Nachfragerückgangs wird also durch den Zuwachs aufgrund der Preissteigerung mehr als wettgemacht.

Beim zweiten Schritt sieht die Entwicklung finanziell ungünstiger aus. Die Preissteigerung bringt nur noch einen Zuwachs von 28,57 %, dem gleichzeitig ein Rückgang von 33,33 % durch die Mindernachfrage gegenübersteht; jetzt überwiegt die Minderung.

Weiterhin fällt auf:

- im ersten Schritt ist $\varepsilon < 1$ (weil die prozentuale Mengenänderung kleiner als die prozentuale Preisänderung ist)
- im zweiten Schritt ist $\varepsilon > 1$ (weil die prozentuale Mengenänderung größer als die prozentuale Preisänderung ist).

Die Bruchstelle liegt offensichtlich bei $\varepsilon = 1$. In diesem Fall entspricht die relative Preisänderung genau der relativen Mengenänderung; Zuwachs und Rückgang halten sich die Waage, die Nachfrage ist **isoelastisch.** Die Ausgaben der Haushalte für den Kauf des Gutes, die sich aus dem Produkt Preis × Menge ($p \cdot m$) ergeben, bleiben gleich; entsprechend bleiben die Erlöse der Unternehmen, die ja ein Spiegelbild der Ausgaben sind und sich ebenfalls als Produkt aus $p \cdot m$ ergeben, gleich. Ist $\varepsilon < 1$, ist die relative Mengenänderung geringer als die sie bewirkende relative Preisänderung. Die Nachfrager reagieren unterproportional auf eine Preisänderung, die Nachfrage ist **unelastisch.** Die Gesamtausgaben für das Produkt steigen.

Ist dagegen $\varepsilon > 1$, ist die relative Mengenänderung größer als die sie bewirkende relative Preisänderung. Die Nachfrager reagieren überproportional auf eine Preisänderung, die Nachfrage ist **elastisch.** Somit ergeben sich drei Ausprägungen der Elastizität:

$\varepsilon < 1 \rightarrow$ Nachfrage reagiert unelastisch auf Preisänderungen. Bei einer Preiserhöhung steigen Ausgaben und Erlös, da die Mengenminderung geringer ist als die Preissteigerung. Gilt insbesondere für Güter des Grundbedarfs.

$\varepsilon = 1 \rightarrow$ Nachfrage reagiert isoelastisch auf Preisänderungen. Ausgaben der Haushalte und Erlöse der Unternehmen bleiben gleich, da die Mengenänderung genau der Preisänderung entspricht.

$\varepsilon > 1 \rightarrow$ Nachfrage reagiert elastisch auf Preisänderungen. Bei einer Preiserhöhung sinken Ausgaben und Erlös, da die Mengenminderung stärker ist als die Preissteigerung. Gilt insbesondere für Güter, die als weniger wichtig eingeschätzt werden.

Die Kenntnis der Nachfrageelastizität ist u.a. also für den Anbieter wegen der Auswirkungen auf den Erlös wichtig. Allerdings ist die Sache für den Anbieter nicht ganz so einfach, wie sie auf den ersten Blick erscheint. Ein Anbieter, der einmal für sein Gut eine unelastische Nachfrage festgestellt hat, kann sich nicht darauf verlassen, dass das immer so ist. Die

Nachfrageelastizität bei einem bestimmten Gut ist nicht entweder elastisch oder unelastisch. Wie bereits aus dem obigen Zahlenbeispiel ersichtlich ist, ist selbst bei einer linearen Funktion die Nachfrage mal elastisch, mal unelastisch. Bei einer genaueren Prüfung der Elastizität wird sich herausstellen, dass sie in jedem Punkt der Nachfragekurve anders ist und alle Werte zwischen null und unendlich annimmt. Das liegt daran, dass eine absolut gleiche Preissteigerung, z.B. um 1,00 EUR, bei einem Ausgangspreis von 2,50 EUR prozentual anders ausfällt als bei einem Ausgangspreis von z.B. 3,50 EUR. Entsprechend gilt auch für die Mengenänderung, dass für jeden Punkt der Nachfragekurve eine andere Menge die jeweilige Ausgangsgröße ist. (Für Interessierte: Eine Nachfragefunktion, die in allen Punkten die gleiche Elastizität aufweist, müsste die Form einer gleichseitigen Hyperbel haben, wobei als realistische Nachfrage nur der linke Ast bedeutsam wäre).

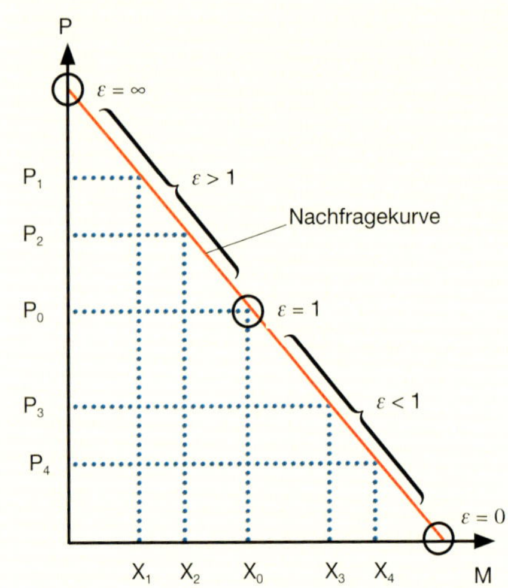

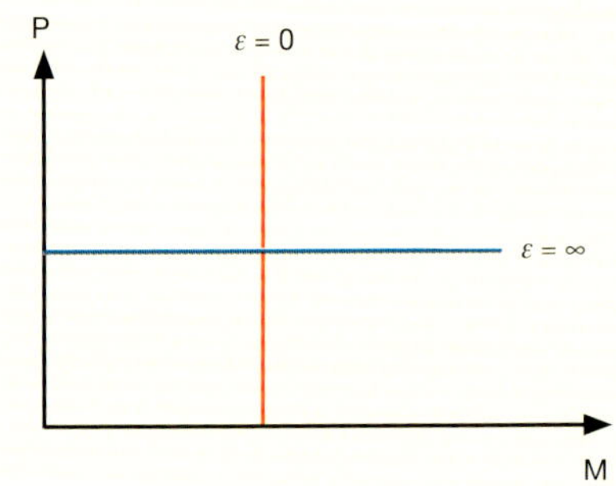

Nachfragekurven können sehr unterschiedliche Verläufe aufweisen. Lineare Nachfragekurven liegen zwischen den Extremen horizontal (Parallele zur x-Achse) und vertikal (Parallele zur y-Achse). Grundsätzlich gilt: Je flacher die Nachfragekurve verläuft, desto höher ist die Preiselastizität und je steiler die Nachfragekurve verläuft, desto geringer ist die Preiselastizität. Eine Nachfragekurve, die parallel zur Mengenachse verläuft, ist völlig elastisch ($\varepsilon = \infty$). Jede Preisänderung führt zum Verlust der gesamten Nachfrage. Eine völlig unelastische Nachfragekurve ($\varepsilon = 0$) verläuft parallel zur Preisachse. Preisänderungen haben keinen Einfluss auf die Nachfragemenge.

In der Realität treten diese Extremfälle kaum auf. Eine Annäherung an eine völlig elastische Nachfrage findet sich, wenn mehrere Anbieter ein weitestgehend gleiches Produkt anbieten und die Nachfrager die Marktsituation genau kennen. Erhöht ein Anbieter den Preis, verliert er seine Nachfrage; senkt ein Anbieter den Preis, verlieren die anderen Anbieter ihre Nachfrage. Eine – in gewissen Preisgrenzen – völlig unelastische Nachfrage findet sich bei lebenswichtigen Medikamenten und bei Gütern mit einem sehr geringen Preis (z.B. Streichhölzern).

Zusammenfassung Kapitel 3.6.1:
Direkte Preiselastizität

- Die Elastizitäten der Nachfrage geben im Allgemeinen an, wie sich die Nachfrage eines Haushalts nach einem Gut ändert, wenn sich die nachfragebestimmenden Faktoren „Güterpreise“ und „Einkommen“ ändern.
- Die direkte Preiselastizität ε ist eine Kennziffer, die anzeigt, in welchem Verhältnis der Umfang der Nachfrageänderung zu dem Umfang der sie bewirkenden Preisänderung steht.

- Bei der Höhe von ε sind drei Fälle zu unterscheiden:
  $\varepsilon < 1$ unelastische Nachfrage
  $\varepsilon = 1$ isoelastische Nachfrage
  $\varepsilon > 1$ elastische Nachfrage
- Die Preiselastizitäten auf einer gegebenen Nachfragekurve sind in jedem Punkt der Kurve anders; sie nehmen alle Werte zwischen null und unendlich an.
- Die praktische Bedeutung der direkten Preiselastizität liegt vor allem in den unterschiedlichen Auswirkungen auf die Erlössituation der Anbieter.

3.6.2 Kreuzpreiselastizität

Wie ändert sich die Nachfrage nach einem Gut, wenn sich der Preis eines anderen Gutes ändert? ?

In hoch entwickelten Volkswirtschaften mit einem sehr differenzierten Warenangebot bestehen zwischen zahlreichen Gütern Abhängigkeiten.

- Etliche Güter erfüllen die gleiche Funktion (z.B. Markenartikel, die sich im Wesentlichen nur durch ihren Namen unterscheiden, aber in Grenzen auch Güter wie Butter und Margarine) und daher einander ersetzen (substituieren) können. Solche Güter werden **Substitutionsgüter** genannt.
- Die zunehmende Komplexität und Vernetzung des Güterangebotes führt aber auch dazu, dass oftmals ein Gut nur sinnvoll genutzt werden kann, wenn es durch andere Güter ergänzt wird. So hat beispielsweise die Vielzahl elektrisch betriebener Geräte im Haushalt zu einer größeren Nachfrage nach Strom geführt; ein Verstärker in einer Musikanlage kann letztlich nur sinnvoll verwendet werden, wenn er um Lautsprecher, Plattenspieler usw. ergänzt wird, der Plattenspieler wiederum nur, wenn auch Schallplatten gekauft werden, ein Auto kann nur betrieben werden, wenn auch Benzin vorhanden ist usw. Solche Güter werden **Komplementärgüter** genannt.

Die nutzungsbedingten Abhängigkeiten zwischen zahlreichen Gütern schlagen sich auch in entsprechenden Nachfrageabhängigkeiten nieder. Wenn bei einem Gut A aufgrund einer Preissteigerung die Nachfrage zurückgeht, wird sich bei einem anderen Gut, welches zu Gut A in einer Beziehung steht, ebenfalls die Nachfrage ändern. Die Nachfrage nach einem Gut hängt also auch vom Preis anderer Güter ab. Zur Messung derartiger Abhängigkeiten zwischen zwei verschiedenen Gütern wird die **Kreuzpreiselastizität (indirekte Preiselastizität)** ε_{xy} verwendet.

!

$$\varepsilon_{xy} := \frac{\text{prozentuale Mengenänderung bei Gut x}}{\text{prozentuale Preisänderung bei Gut y}}$$

Beispiel 1 (Substitutionsgüter)

Aufgrund einer schlechten Ernte haben die Kaffeepreise stark angezogen. Als Folge trinken die Verbraucher weniger Kaffee und ersetzen ihn durch Tee. Aufgrund der Preissteigerung bei Kaffee ist also die Teenachfrage gestiegen.

Beispiel 2 (Komplementärgüter)

Die Preise für CD-Player sind im Verlauf weniger Jahre stark gesunken. Die Haushalte haben daraufhin vermehrt CD-Player und entsprechend auch viele CDs gekauft. Aufgrund der Preissenkung bei CD-Playern ist also die Nachfrage nach CDs gestiegen.

Substitutionsgüter					Komplementärgüter				
Kaffeepreis		Teenachfrage			CD-Spieler-Preis		CD-Nachfrage		
GE	%	ME	%	ε_{xy}	GE	%	ME	%	ε_{xy}
6,00		10			1.400		100		
8,00	33,3	12	20,0	0,60	1.200	−14,3	120	20,0	−1,4
10,00	25,0	13	8,3	0,33	1.000	−16,7	140	16,7	−1,0
12,00	20,0	14	7,7	0,38	900	−10,0	150	7,1	−0,7
14,00	16,7	14,5	3,6	0,21	800	−11,1	160	6,7	−0,6
16,00	14,3	15	3,6	0,24	700	−12,5	165	3,1	−0,3

Bei einer Analyse fällt auf, dass die Kreuzpreiselastizität bei Substitutionsgütern **(Substitutionselastizität)** stets *positiv* ist: Steigt (sinkt) der Preis für ein Gut, so steigt (sinkt) die Nachfrage nach dem Ersatzgut; beide Änderungen verlaufen parallel. Bei Komplementärgütern **(Komplementärelastizität)** ist die Kreuzpreiselastizität immer *negativ:* Sinkt (steigt) der Preis für ein Gut, so steigt (sinkt) die Nachfrage nach dem Komplementärgut; die beiden Änderungen verlaufen entgegengesetzt. Hieraus kann der Umkehrschluss gezogen werden: Wenn die Kreuzpreiselastizität positiv ist, besteht eine substitutive Beziehung zwischen den Gütern, wenn die Kreuzpreiselastizität negativ ist, besteht eine komplementäre Beziehung zwischen den Gütern. Der Betrag von ε_{xy} gibt die Stärke der Beziehung an.

Zusammenfassung Kapitel 3.6.2: Kreuzpreiselastizität

- Die Kreuzpreiselastizität (indirekte Preiselastizität) ε_{xy} ist ein Maß für die Abhängigkeit zwischen zwei verschiedenen Gütern. Sie gibt an, wie sich eine (prozentuale) Preisänderung bei einem Gut x auf die (prozentuale) Nachfrage bei einem anderen Gut y auswirkt.
- Ist die Kreuzpreiselastizität positiv, besteht eine substitutive Beziehung zwischen den Gütern, ist die Kreuzpreiselastizität negativ, besteht eine komplementäre Beziehung zwischen den Gütern.
- Der Betrag von ε_{xy} drückt die Stärke des Zusammenhanges zwischen beiden Gütern aus.

3.6.3 Einkommenselastizität

? Wie ändert sich die Nachfrage nach einem Gut, wenn sich das Einkommen ändert?

Das Einkommen konnte bereits früher als eine die Nachfrage bestimmende Größe festgestellt werden. Als Maß für die Reaktion der Nachfrage auf Einkommensänderungen dient die Einkommenselastizität der Nachfrage (ε_Y).

!

$$\varepsilon_Y := \frac{\text{prozentuale Nachfrageänderung nach einem Gut}}{\text{prozentuale Einkommensänderung}}$$

Steigt beispielsweise das Einkommen um 6 % und daraufhin die Nachfrage nach einem Gut um 3 %, so weist dieses Gut eine Einkommenselastizität von 0,5 auf.

Bei der Einkommenselastizität lassen sich vier Bereiche unterscheiden:

$\varepsilon_Y < 0$ Steigende (sinkende) Einkommen führen zu einer sinkenden (steigenden) Nachfrage nach einem Gut; diese Entwicklung tritt bei absolut inferioren Gütern ein. Wegen des erhöhten Einkommens beispielsweise steigt der Haushalt auf ein höherwertiges Gut um und fragt von dem geringerwertigen weniger nach.

$0 < \varepsilon_Y < 1$ Steigende (sinkende) Einkommen führen zu einer zwar parallelen, aber unterproportionalen Veränderung der Nachfrage; diese Entwicklung tritt bei relativ inferioren Gütern ein. Erhöht sich beispielsweise das Einkommen, erhöht sich auch die Nachfrage nach dem Gut; der Umfang der Nachfragesteigerung ist aber geringer als der Umfang der Einkommenssteigerung.

$\varepsilon_Y = 1$ Steigende (sinkende) Einkommen führen zu einer parallelen und proportionalen Veränderung der Nachfrage. Erhöht sich beispielsweise das Einkommen, erhöht sich die Nachfrage in gleichem Ausmaß.

$\varepsilon_Y > 1$ Steigende (sinkende) Einkommen führen zu einer parallelen und überproportionalen Veränderung der Nachfrage; diese Entwicklung tritt vornehmlich bei superioren Gütern ein. Erhöht sich beispielsweise das Einkommen, erhöht sich die Nachfrage nach dem Gut in einem noch stärkeren Maße.

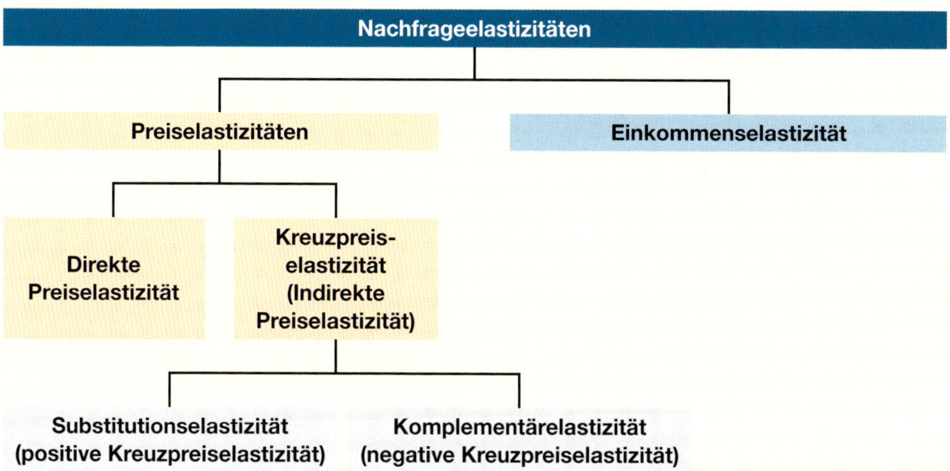

Zusammenfassung Kapitel 3.6.3: Einkommenselastizität

- Die Einkommenselastizität (ε_y) ist ein Maß für die Reaktion der Nachfrage auf Einkommensänderungen. Sie gibt das (prozentuale) Verhältnis der Nachfrageänderung zu der sie bewirkenden (prozentualen) Einkommensänderung an.
- Die Einkommenselastizität sagt etwas über die Wertigkeit des betroffenen Gutes aus. Im Normalfall ist sie positiv; lediglich bei absolut inferioren Gütern ist das Vorzeichen negativ.

Aufgaben zum Üben und Vertiefen

Kapitel 3 Nachfrage am Gütermarkt

1. Wer tritt am Gütermarkt als Nachfrager auf?

2. Die spezifische Nachfragefunktion gibt an, von welchen Größen die Nachfrage nach einem bestimmten Gut abhängig ist.

   Nennen Sie die spezifische Nachfragefunktion und erläutern Sie ihre Elemente!

3. Nennen Sie das Erste und Zweite GOSSENsche Gesetz und erläutern Sie jeweils Bedingungen und Aussagen.

4. Das Haushaltsoptimum für mehrere Güter wird mithilfe des gewogenen Grenznutzens ausgedrückt.

   a) Von welchen Größen hängt das Haushaltsoptimum ab?

   b) Wie lautet die Gleichgewichtsbedingung für zwei Güter x und y?

5. Ein Haushalt besitzt für zwei Güter x und y folgende Präferenzordnung:

Mengeneinheiten	Grenznutzen Gut x	Grenznutzen Gut y
1	40	80
2	30	70
3	20	60
4	15	50
5	10	40
6	5	30

   Dem Haushalt stehen für Konsumzwecke 80 Geldeinheiten zur Verfügung. Wo liegt das Nutzenmaximum für die Kombination der Güter x und y, wenn folgende Preise für die Gütereinheiten gelten?

   a) 1 ME x = 10 GE; 1 ME y = 10 GE

   b) 1 ME x = 15 GE; 1 ME y = 10 GE

6. Erläutern Sie die folgenden Eigenschaften von Indifferenzkurven:

   a) Indifferenzkurven können sich nicht schneiden

   b) Indifferenzkurven verlaufen nur im 1. Quadranten

   c) Indifferenzkurven besitzen eine negative Steigung, d. h., sie verlaufen von links oben nach rechts unten

   d) Eine Indifferenzkurve verläuft konvex in Bezug auf den Nullpunkt

7. Wie hoch ist der Grenznutzen im Nutzenmaximum? Begründen Sie Ihre Aussage!

8. Ein Haushalt konsumiert nur die Güter A und B. Ihm stehen 1.000 GE zur Verfügung. Der Preis für Gut A beträgt 100 GE je Mengeneinheit und für Gut B 40 GE je Mengeneinheit. Folgende Mengenkombinationen von A und B bringen dem Haushalt den gleichen Nutzen:

Gut A	14	9	6	5	4
Gut B	4	6	10	15	22

   Zeichnen Sie in ein Koordinatensystem die Indifferenzkurve und die Bilanzgerade ein und stellen Sie fest, welche Güterkombination optimal ist.

9. Welche Schlüsse kann ein Anbieter aus der Kenntnis der direkten Preiselastizität für sein Gut ziehen?

10. Für welche Güter ist eine elastische, für welche Güter ein unelastische Nachfrage wahrscheinlicher?

11. Warum ist es sinnvoll, bei der Berechnung der Nachfrageelastizitäten von prozentualen Veränderungen auszugehen?

12. Die Nachfragekurve für ein Gut A soll eine Gerade sein. Ist die Elastizität der Nachfrage in allen Punkten gleich oder bestehen unterschiedliche Elastizitäten?

    Begründen Sie Ihre Aussage.

13. Ein Landwirt setzt in einer Periode von einem Agrarprodukt bei einem Preis von 50,00 GE je Mengeneinheit 2.000 Mengeneinheiten ab. Nach einer schlechten Ernte erhöht er in der Folgeperiode den Preis auf 65,00 GE je Mengeneinheit. Daraufhin geht die Nachfrage um 10 % zurück.

    a) Ermitteln Sie die Preiselastizität der Nachfrage.

    b) Ist die Nachfrage elastisch oder unelastisch?

    c) Berechnen Sie den in jeder der beiden Perioden erzielten Umsatz.

14. Die Zeitungen berichten häufig, dass landwirtschaftliche Produkte vernichtet statt verkauft werden.

    a) Erläutern Sie dieses Verhalten mithilfe der Preiselastizität der Nachfrage.

    b) Warum findet ein solches Anbieterverhalten bei industriellen Produkten nicht statt?

15. Gut A steht zu Gut B in einer substitutiven und zu Gut C in einer komplementären Beziehung.

    a) Wie ändert sich die Nachfrage nach Gut A, wenn der Preis für Gut B steigt?

    b) Wie ändert sich die Nachfrage nach Gut A, wenn der Preis für Gut C sinkt?

16. In einem Entwicklungsland steigt aufgrund einer Missernte der Preis für Reis stark an. Am Ende der Wirtschaftsperiode stellt das Statistische Amt dieses Landes fest, dass die einkommensschwachen Bevölkerungsteile mehr Reis verbraucht haben als vor der Preiserhöhung.

    a) Erläutern Sie diese anomale Reaktion.

    b) Welche Aussage über die Preise anderer Nahrungsmittel lässt das Nachfrageverhalten zu?

    c) Werden die einkommensstarken Bevölkerungsteile ebenfalls mehr Reis nachgefragt haben?

17. In Deutschland sind die Kosten für Wohnraum in einer Wirtschaftsperiode um 10 % gestiegen. In der Folgeperiode ist die Nachfrage nach Einbauküchen um 3 % gesunken.

    a) Welche Beziehung besteht offensichtlich zwischen der Nachfrage nach Wohnraum und nach Einbauküchen?

    b) Welche Art der Preiselastizität gilt in diesem Fall?

    c) Ermitteln Sie die Höhe der Elastizität.

4 Angebot am Gütermarkt

Nachfrage und Angebot bilden die beiden Marktseiten. Ähnlich wie bei der Nachfrage besteht auch die Angebotsseite aus einer Vielzahl unterschiedlicher Wirtschaftssubjekte. Obwohl sich Zielsetzungen und Strategien der verschiedenen Anbieter unterscheiden, bestehen grundlegende Übereinstimmungen im Verhalten der Anbieter, so dass sich eine allgemeine Angebotstheorie entwickeln lässt.

4.1 Grundlagen der Angebotstheorie

Angebot findet auf allen Märkten statt (Gütermarkt, Geld- und Kapitalmarkt, Faktormarkt). Die nachfolgenden Überlegungen beziehen sich vor allem auf das Angebot am Gütermarkt.

4.1.1 Anbieter am Gütermarkt

? Wer bietet am Markt Güter an?

Anbieter am Gütermarkt sind alle Wirtschaftssektoren (Unternehmen, Haushalte, Staat und Ausland). Die Unternehmen sind die mit Abstand wichtigsten Anbieter und stehen im Vordergrund der Angebotstheorie. Die privaten Haushalte treten ebenfalls als Anbieter am Gütermarkt auf, z.B. als Anbieter von Gebrauchtgütern (Autos, Häusern u.a.) oder von Dienstleistungen für andere Haushalte (Haushaltshilfe). Auch der Staat bietet Güter an, insbesondere Dienstleistungen (Bildungswesen, Rechtsprechung, Gesundheitspflege u.a.). Das Angebot des Auslands schlägt sich in den Importen nieder. Das Angebot aller Sektoren zusammen wird als **Gesamtwirtschaftliches Angebot** bezeichnet.

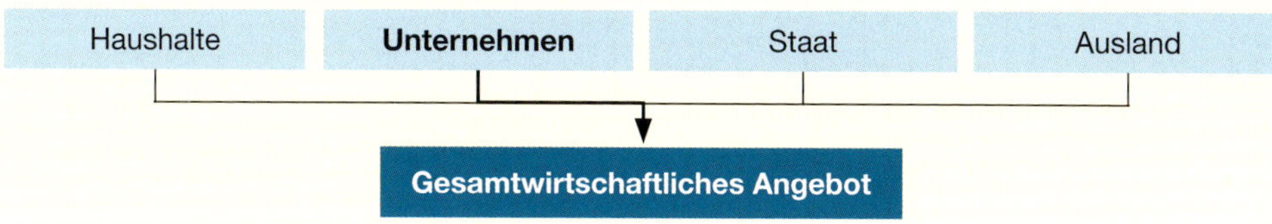

4.1.2 Annahmen (Prämissen) der Angebotstheorie

Von welchen Annahmen geht die Angebotstheorie aus? ?

Anbieter verfolgen unterschiedliche Ziele und setzen dabei unterschiedliche Marktstrategien ein. Staat und Haushalte verfolgen teilweise andere Interessen als Unternehmen. Bei den Unternehmen streben gemeinwirtschaftliche Unternehmen – die zumeist in öffentlicher Hand sind – nicht nach möglichst hohem Gewinn, sondern begnügen sich oft mit Kostendeckung. Für die nachfolgende Modellbetrachtung des Angebotsverhaltens müssen daher bestimmte Annahmen gemacht werden. Im Einzelnen sind dies folgende Prämissen:

- Betrachtet wird das Angebotsverhalten von Unternehmen.
- Die Unternehmen streben nach möglichst hohem Gewinn **(Gewinnmaximierung).**
- Auf dem Markt bieten viele Unternehmen das gleiche Produkt an; es herrscht ein Höchstmaß an Konkurrenz.[1]
- Das betrachtete Unternehmen stellt nur ein Produkt her und kann die jeweils hergestellte Menge vollständig am Markt absetzen.

Auf Märkten mit vielen Anbietern und entsprechend großer Konkurrenz hat ein einzelner Anbieter praktisch keinen Einfluss auf den Preis für sein Gut. Der Marktpreis bildet sich durch das Zusammenspiel von vielen Nachfragern und vielen Anbietern und ist für den einzelnen Anbieter vorgegeben; man sagt: Der Preis ist für ihn ein Datum.

4.1.3 Grundbegriffe der Angebotstheorie: Erlös, Kosten, Gewinn

Was sind Erlös, Kosten und Gewinn? ?

Das Verhalten des Anbieters wird durch sein Streben nach möglichst hohem Gewinn bestimmt. Die Höhe des Gewinns hängt ab von den Erlösen aus dem Verkauf des Produktes einerseits und den Kosten für das Produkt andererseits.

▶ Erlös

Erlös ist der Gegenwert aus dem Verkauf von Waren und Dienstleistungen. !

Der Anbieter verkauft seine Produkte zu einem bestimmten Marktpreis. Aus der Multiplikation von Preis (p) mit der abgesetzten Menge (x) ergibt sich der **Erlös** (E) bzw. der **Umsatz.**

[1] Vgl. hierzu die Ausführungen zu „vollkommener Konkurrenz“ und „Polypol“ (= viele Anbieter) im Kapitel 5 „Markt und Preisbildung“.

Erlösfunktion: $E = p \cdot x$

Gemäß den zuvor gemachten Annahmen kann ein einzelner Anbieter bei starker Konkurrenz den Marktpreis nicht beeinflussen; er kann zur Beeinflussung des Erlöses nur seine Menge verändern **(Mengenanpasser).** Die **Erlösfunktion** hat in einem solchen Fall einen linearen Verlauf.

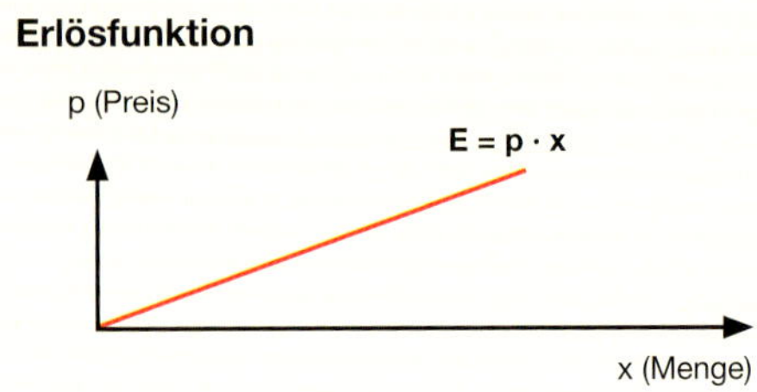

▶ Kosten

Für die Herstellung von Gütern werden Produktionsmittel benötigt (Gebäude, Rohstoffe, Energie, Arbeitskräfte usw.); diese müssen bezahlt werden, d. h., es fallen **Kosten** (K) an.

Kosten bezeichnen den mit Marktpreisen bewerteten Einsatz von Produktionsfaktoren bei der Herstellung von Waren und Dienstleistungen

Kosten fallen in unterschiedlicher Weise an und werden dementsprechend auch unterschiedlich bezeichnet.

▶ Kostenbegriffe

Kostenbegriff		Erläuterung	Verlauf
Fixe Kosten	K_f	Fallen unabhängig von der Produktionsmenge an. Beispiele: Gebäudekosten, Miete, Zinsen, Versicherungsbeiträge. $K_f = k_f \cdot x$	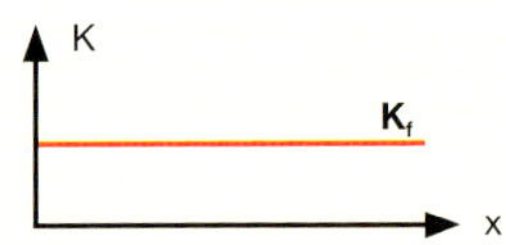
Variable Kosten	K_v	Sind in ihrer Höhe (weitgehend) abhängig von der produzierten Menge. Sie können linear (siehe Grafik rechts), S-förmig, progressiv oder degressiv verlaufen. Beispiele: Materialkosten, Energiekosten, Lohnkosten. $K_v = k_v \cdot x$	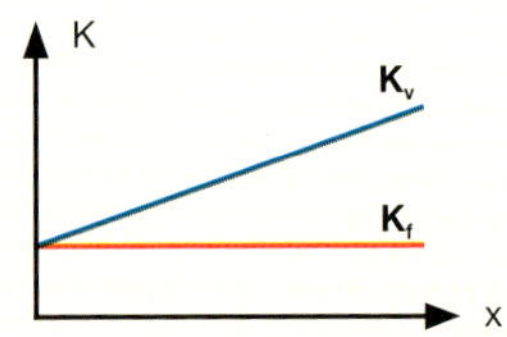
Gesamtkosten	K	Summe aus fixen und variablen Kosten $K = K_f + K_v$	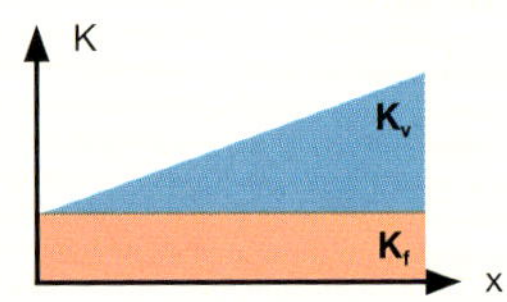
Stückkosten	k	Kosten, die auf eine produzierte Gütereinheit entfallen. $k = \frac{\text{Gesamtkosten}}{\text{Stückzahl}}$ $k = \frac{K}{x}$ k: Gesamtstückkosten; k_f: fixe Stückkosten; k_v: variable Stückkosten $k = k_f + k_v$	
Grenzkosten	K'	Kosten der jeweils letzten hergestellten Mengeneinheit bzw. Kosten einer zusätzlichen Mengeneinheit	

Beispiel

In einem Unternehmen fallen bei der Herstellung eines bestimmten Produktes folgende Kosten an:

Fixkosten: 1.000 EUR

Variable Kosten je Stück: 1 EUR

	Gesamtkostenbetrachtung			Stückkostenbetrachtung		
Menge	Fixe Kosten	Variable Kosten	Gesamt-kosten	Fixe Stückkosten	Variable Stückkosten	Gesamte Stückkosten
0	1.000	0	1.000	–	–	–
10	1.000	10	1.010	100,00	1,00	101,00
20	1.000	20	1.020	50,00	1,00	51,00
40	1.000	40	1.040	25,00	1,00	26,00
60	1.000	60	1.060	16,67	1,00	17,67
80	1.000	80	1.080	12,50	1,00	13,50
100	1.000	100	1.100	10,00	1,00	11,00

Das Beispiel liefert einige wichtige Erkenntnisse über Kostenverläufe:

- Die fixen Gesamtkosten sind unabhängig von der Ausbringungsmenge.
- Die fixen Stückkosten (und damit die Gesamtstückkosten) nehmen mit zunehmender Ausbringungsmenge ab. Bei einer Produktion von 10 Stück verteilen sich die fixen Kosten von 1.000 EUR auf eben diese 10 Stück; auf jedes Stück entfällt ein Fixkostenanteil von 100 EUR. Bei einer Produktion von 100 Stück verteilen sich die fixen Kosten von 1.000 EUR auf 100 Stück; auf jedes Stück entfällt ein Fixkostenanteil von nur noch 10 EUR.

Die Verringerung der Stückkosten bei zunehmender Ausbringungsmenge wird als **Fixkostendegression** bzw. als **Gesetz der Massenproduktion**[1] bezeichnet. Der Sachverhalt erklärt, warum Unternehmen an großen Stückzahlen interessiert sind und oftmals durch Aufkäufe, Fusionen u. Ä. versuchen, die Produktionsmenge zu erhöhen und dadurch die Kosten zu senken.

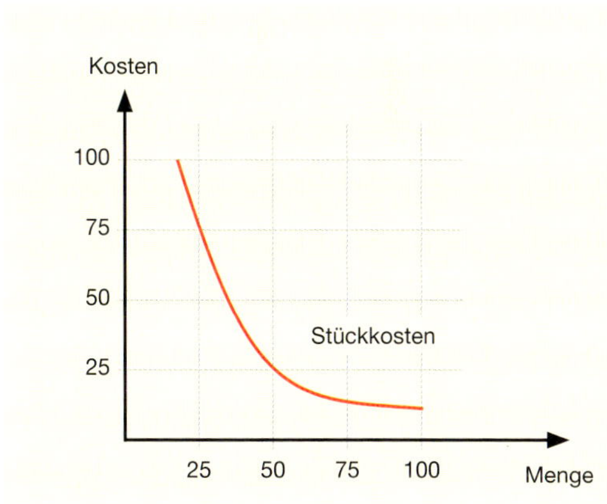

Geringere Stückkosten haben vor allem zwei Effekte:

- Bei unverändertem Marktpreis für das Produkt steigt der Gewinn pro Stück **(Stückgewinn).**
- Bei Wettbewerb führen sinkende Stückkosten zu sinkenden Preisen.

▶ Gewinn

Ein Anbieter erzielt aus dem Verkauf seiner Produkte Erlöse; gleichzeitig entstehen ihm für die Bereitstellung von Produktionsfaktoren Kosten.

[1] 1910 aufgestellt von Karl Wilhelm BÜCHER (1847–1930), deutscher Sozialökonom und Wirtschaftshistoriker; wird daher auch als „Büchersches Gesetz der Massenproduktion" bezeichnet.

Gewinn ist die Differenz zwischen Erlösen (E) und Kosten (K).

Gewinnfunktion: G = E – K

Wir erinnern uns an die Erlösfunktion: E = p · x. Dann gilt:

$$G = p \cdot x - K$$

Auf den Gewinn wirken somit drei Faktoren (Parameter) ein: Preis, Menge und Kosten. Preis und Kosten sind für den einzelnen Anbieter kaum beeinflussbar; seine Steuerungsgröße ist vor allem die Angebotsmenge.

Ölmultis mit riesigem Gewinn

Houston/Den Haag/London (...) Die beiden weltgrößten Ölkonzerne Exxon-Mobil und Royal Dutch Shell haben wegen der hohen Ölpreise im abgelaufenen Quartal ihre Gewinne und Umsätze deutlich gesteigert.

Exxon-Mobil fuhr den höchsten Quartalsgewinn der US-Geschichte ein und verdiente im dritten Quartal die neue Rekordsumme von 14,83 Mrd. Dollar – ein Plus zum Vorjahr von fast 60 Prozent.

4.1.4 Bestimmungsgrößen der Angebotsmenge: Angebotskurve

Von welchen Faktoren hängt die Angebotsmenge ab?

Ein Anbieter erzielt für jedes abgesetzte Stück einen sogenannten **Stückpreis.** Liegt der Stückpreis über den **Stückkosten,** erzielt der Anbieter mit jedem abgesetzten Stück einen **Stückgewinn.** Die Bereitschaft, überhaupt Güter anzubieten, sowie die Menge der angebotenen Güter (x) hängen demnach vor allem vom Preis (p) des Gutes ab.[1] Diese Überlegung schlägt sich in der **einfachen Angebotsfunktion** nieder.

Einfache Angebotsfunktion:

Die Angebotsmenge (x) eines bestimmten Gutes hängt vor allem vom Preis (p) dieses Gut ab.

$$x = f(p)$$

Beispiel

Ein Landwirt hat auf einem Grundstück Weihnachtsbäume gepflanzt. Am Verkaufstag haben sich etliche Interessenten eingefunden. Wie viele Bäume der Landwirt bereit ist zu schlagen, hängt davon ab, welchen Preis er erzielen kann.

Verkaufsbereitschaft des Anbieters	
Preis je Baum (EUR)	**Angebotsmenge (Bäume)**
30	22
25	18
20	14
15	10
10	6

[1] Zu weiteren Einflussgrößen auf die Angebotsmenge vgl. Abschnitt 4.2.2.6 „Weitere Bestimmungsfaktoren des individuellen Angebots“.

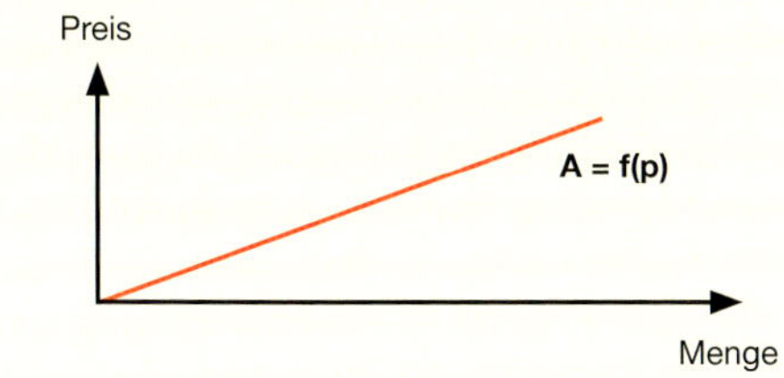

Die grafische Darstellung der Preisabhängigkeit der Angebotsmenge in einem Preis-Mengen-Diagramm ergibt die **Angebotskurve.**

!

Gesetz des Angebots:
Mit steigendem Preis steigt das Angebot.
Mit sinkendem Preis sinkt das Angebot.

Zusammenfassung Kapitel 4.1:
Grundlagen der Angebotstheorie

- Anbieter am Gütermarkt sind alle Wirtschaftssektoren (Unternehmen, Haushalte, Staat und Ausland). Die Unternehmen sind die mit Abstand wichtigsten Anbieter und stehen im Vordergrund der Angebotstheorie.
- Die Angebotstheorie arbeitet mit bestimmten Annahmen (Prämissen). Die wichtigsten: Gewinnmaximierung; starke Konkurrenz; Ein-Produkt-Unternehmen.
- Gewinn (G) ist die Differenz zwischen Erlösen und Kosten. Erlöse (E) sind der Gegenwert aus dem Verkauf von Waren und Dienstleistungen; ihre Höhe ergibt sich aus der Multiplikation von Preis (p) mit Menge (x) des Produkts. Kosten (K) bezeichnen den mit Marktpreisen bewerteten Einsatz von Produktionsfaktoren bei der Herstellung von Waren und Dienstleistungen.

  $E = p \cdot x$

  $G = E - K = p \cdot x - K$
- Wichtige Kostenbegriffe sind: Fixe Kosten (K_f), variable Kosten (K_v), Gesamtkosten (K), Stückkosten (k) und Grenzkosten (K').
- Die Angebotsmenge (x) hängt vor allem vom Preis (p) des Produkts ab.

  $x = f(p)$.
- Die grafische Darstellung der Abhängigkeit der Angebotsmenge vom Preis ergibt die Angebotskurve.
- Gesetz des Angebots: Mit steigendem Preis steigt das Angebot; mit sinkendem Preis sinkt das Angebot.

4.2 Individuelles Angebotsverhalten

Individuelles Angebot meint das Angebot eines einzelnen Anbieters, z.B. eines Unternehmens, für ein bestimmtes Produkt.

Der Anbieter möchte einen möglichst großen Gewinn erzielen. Sein Gewinn ergibt sich als Differenz aus Erlösen und Kosten **(G = E – K bzw. G = p · x – K).** Als Steuerungsgröße steht ihm nur die Angebotsmenge x zur Verfügung. Er wird seine Menge so wählen, dass die Differenz zwischen Erlösen und Kosten möglichst groß ist.

Bei konstantem Produktpreis ist die Erlösfunktion eine Gerade.[1]

[1] Vgl. den Abschnitt 4.1.3 „Grundbegriffe der Angebotstheorie: Erlös, Kosten, Gewinn".

Die Kostenfunktion kann unterschiedlich verlaufen: linear, s-förmig, progressiv oder degressiv. Im Folgenden werden das Verhalten des Anbieters und sein Streben nach Gewinnmaximierung sowohl für linearen als auch für ertragsgesetzlichen (s-förmigen) Kostenverlauf dargestellt.

4.2.1 Angebotsverhalten bei linearem Kostenverlauf

? Wie sieht ein an Gewinnmaximierung orientiertes Anbieterverhalten bei linearem Kostenverlauf aus?

Ein linearer Kostenverlauf ergibt sich, wenn die variablen Kosten je Stück bei jeder Produktionsmenge gleich sind.

Beispiel

In einem Unternehmen fallen bei der Herstellung eines bestimmten Produktes folgende Kosten und Erlöse an:

Fixkosten: 1.000 EUR
Variable Kosten je Stück: 1 EUR
Preis je Stück: 3,50 EUR
Die Kapazitätsgrenze liegt bei 1.000 Stück

Menge	Gesamtkostenbetrachtung			Erlös	Gewinn
	Fixe Kosten	Variable Kosten	Gesamtkosten		
0	1.000	0	1.000	0,00	–1.000,00
200	1.000	200	1.200	700,00	–500,00
400	**1.000**	**400**	**1.400**	**1.400,00**	**0,00**
600	1.000	600	1.600	2.100,00	500,00
800	1.000	800	1.800	2.800,00	1.000,00
1.000	1.000	1.000	2.000	3.500,00	1.500,00

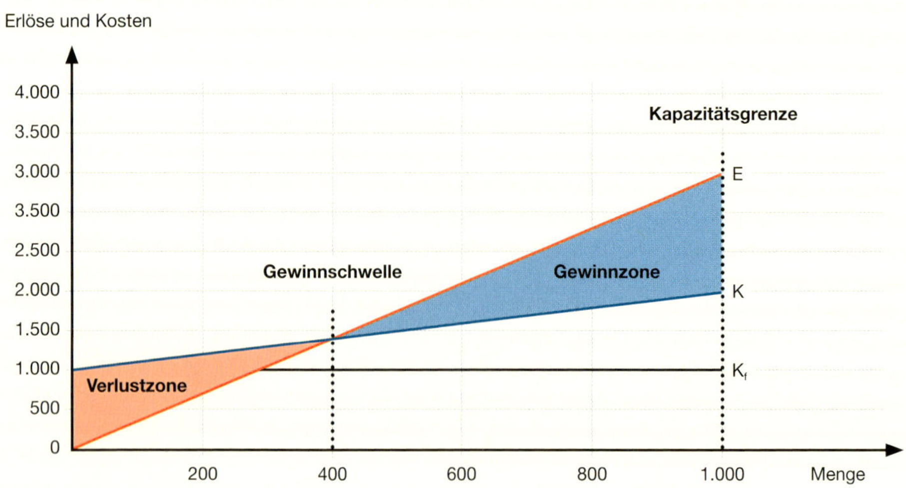

Tabelle und Kostenverlauf lassen erkennen:

- Bei geringen Stückzahlen (im Beispiel bis 400 Stück) sind die Kosten höher als die Erlöse; das Unternehmen macht Verlust.
- Bei 400 Stück sind Kosten und Erlöse gleich groß. Das Unternehmen wandert von der Verlustzone in die Gewinnzone. Dieser Punkt wird **Gewinnschwelle** (auch **Break-even-Punkt)** genannt.
- Bei einer Produktion größer 400 Stück erwirtschaftet das Unternehmen Gewinn.
- Der Gewinn ist umso größer, je größer die Ausbringungsmenge ist. Der für das Unternehmen größtmögliche Gewinn ist bei der Produktion an der **Kapazitätsgrenze** erreicht.

!

Bei linearem Verlauf von Gesamterlöskurve und Gesamtkostenkurve liegt das Gewinnmaximum bei der größtmöglichen Produktionsmenge (Kapazitätsgrenze).

Unter der Annahme, dass die gesamte Produktionsmenge verkauft werden kann, wird das Unternehmen – auch bei schwankenden Preisen – stets an der Kapazitätsgrenze produzieren.

Die **Angebotskurve** entspricht der Kapazitätsgrenze; sie ist gewissermaßen ein „Angebotspunkt“; das Angebot ist vollkommen unelastisch

4.2.2 Angebotsverhalten bei ertragsgesetzlichem (S-förmigem) Kostenverlauf

Für die Herstellung von Produkten müssen Produktionsfaktoren eingesetzt werden. Grundsätzlich nimmt die Produktionsmenge zu, wenn mehr Produktionsfaktoren eingesetzt werden. Der Zusammenhang zwischen der Menge der Produktionsfaktoren und der hergestellten Gütermenge wird als **Produktionsfunktion** bezeichnet.

!

Die **Produktionsfunktion** beschreibt den Zusammenhang zwischen dem Einsatz an Produktionsfaktoren (A = Arbeit, B = Boden, K = Kapital) und der damit herstellbaren Gütermenge (M).

$$M = f(A,B,K)$$

4.2.2.1 Ertragsgesetzliche Produktionsfunktion

?

Wie sieht die Produktionsfunktion aus, wenn der Einsatz einer bestimmten Menge an Produktionsfaktoren zu unterschiedlichen Ausbringungsmengen führt?

Bei dem bisher betrachteten linearen Verlauf der Kostenkurve wurde unterstellt, dass für gleiche Produktionsmengen stets die gleiche Menge an Produktionsfaktoren eingesetzt wird. Das muss in der Realität nicht immer so sein. Es gibt Produktionsabläufe, bei denen eine bestimmte Menge von Produktionsfaktoren unterschiedlich effektiv ist.

Im Folgenden wird betrachtet, wie sich die Produktionsmenge entwickelt, wenn ein Produktionsfaktor in seiner Menge variiert wird; die anderen Produktionsfaktoren bleiben konstant.

Beispiel

Auf einer Baustelle werden fünf Arbeitskräfte beschäftigt, die pro Tag gemeinsam eine bestimmte Leistung erbringen. Wird die Zahl der Arbeitskräfte auf 10 erhöht, erhöht sich die gemeinsame Leistung überproportional, da verstärkt Arbeitsteilung möglich ist, die einzelnen Arbeitskräfte weniger Zeit durch Hin- und Herlaufen verlieren usw. →

→ Wird die Zahl der Beschäftigten noch einmal um fünf erhöht, steigt die Leistung noch einmal überproportional. Es ist nachvollziehbar, dass diese Entwicklung nicht ständig weitergeht. Irgendwann ist die optimale Beschäftigungsmenge erreicht. Wird die Zahl der Arbeitskräfte dann noch weiter erhöht, stehen sie sich gegenseitig im Wege und die gemeinsame Arbeitsleistung wächst nur noch unterproportional

Diese Gesetzmäßigkeit wurde erstmals im Bereich der Landwirtschaft und für die Abhängigkeit der landwirtschaftlichen Erträge vom Einsatz an Arbeitskräften nachgewiesen.[1] Daher trägt eine Produktionsfunktion dieses Typs die Bezeichnung **„Ertragsgesetzliche Produktionsfunktion"**. Für ihren Verlauf ist typisch, dass sie zunächst überproportional (progressiv) steigt, dann aber (nach dem Wendepunkt) nur noch unterproportional (degressiv) wächst.

Ertragsgesetzliche Produktionsfunktion

Faktor-einsatzmenge	Produktions-menge	Produktions-faktoren je zusätzlicher Produktions-menge
0	0	
5	2	2,50
10	6	1,25
15	13	0,71
20	24	0,45
25	**40**	**0,31**
30	51	0,45
35	59	0,63
40	64	1,00
45	66	2,50

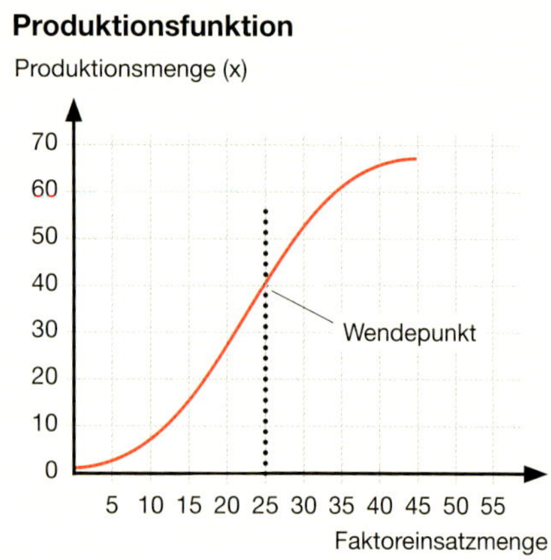

! Die **Ertragsgesetzliche Produktionsfunktion** steigt zunächst überproportional (progressiv) und ab Wendepunkt nur noch unterproportional (degressiv) an.

4.2.2.2 Ertragsgesetzliche (S-förmige) Kostenfunktion

? Wie sieht die Kostenfunktion aus, wenn der Einsatz einer bestimmten Menge an Produktionsfaktoren zu unterschiedlichen Ausbringungsmengen führt?

Durch den Einsatz der Produktionsfaktoren entstehen Kosten. Die Höhe der Kosten ergibt sich aus den mit ihren Faktorpreisen bewerteten Faktoreinsatzmengen. Die zu einer Produktionsfunktion gehörende Kostenentwicklung wird als **Kostenfunktion** bezeichnet.

! Eine **Kostenfunktion** beschreibt den Zusammenhang zwischen Ausbringungsmenge und Kosten.

[1] Z.B. Anne Robert TURGOT (1727–1781), franz. Nationalökonom: Bodenertragsgesetz

Im Zahlenbeispiel zur Produktionsfunktion wird erkennbar, dass mit zunehmenden Faktoreinsatzmengen die durchschnittliche Faktorleistung zunächst zunimmt und dann (ab Wendepunkt) abnimmt. Im Beispiel erbringen die ersten fünf Faktoreinheiten zwei Produktmengen, die nächsten fünf Faktoreinheiten vier Produktmengen, die nächsten fünf Faktoreinheiten sieben Produktmengen usw. Anders betrachtet, werden für eine zusätzliche Produktionsmenge zunächst 2,5 Faktoreinheiten, dann 1,25 usw. benötigt. Die geringsten Faktorkosten werden erreicht, wenn 25 Faktoreinheiten eingesetzt werden. Wird die Menge der eingesetzten Faktorkosten darüber hinaus erhöht, steigen die Faktorkosten je Produkteinheit wieder an.

Die **Ertragsgesetzliche Kostenfunktion** steigt zunächst unterproportional (degressiv) und ab Wendepunkt überproportional (progressiv) an.

Unter der Annahme, dass die Kosten je Faktoreinheit stets gleich hoch sind, steigen bei zunehmender Produktionsmenge die Gesamtkosten zunächst unterproportional (degressiv) und dann (ab Wendepunkt) überproportional (progressiv). Die Ertragsgesetzliche Kostenfunktion ist oberhalb der Fixkosten (K_f) gewissermaßen ein Spiegelbild der Produktionsfunktion.

Ertragsgesetzliche Kostenfunktionen

Gesamtbetrachtung

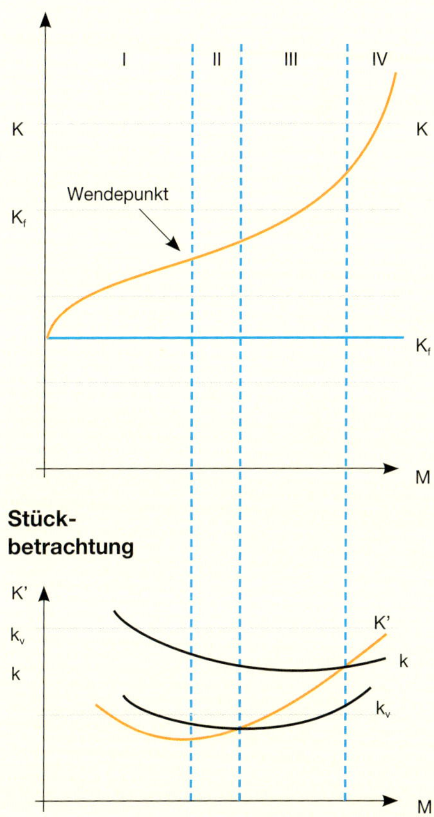

Die Verläufe von Grenzkosten (K′), variablen Stückkosten (k_v) und Stückkosten (k) lassen sich aus der Gesamtkostenkurve (K) ableiten.

Die **Grenzkosten** (K′), d. h. die Kosten für die jeweils letzte hergestellte Gütereinheit, sinken, solange die Gesamtkosten degressiv steigen, sie steigen, wenn die Gesamtkosten progressiv steigen. Der Tiefpunkt der Grenzkosten liegt also im Wendepunkt der Gesamtkostenkurve.

Die **variablen Stückkosten** (k_v) fallen, solange die Grenzkosten niedriger sind als die variablen Stückkosten; sind die Grenzkosten höher als die variablen Stückkosten, steigt die Kurve der variablen Stückkosten wieder an. Die Grenzkostenkurve schneidet also die Kurve der variablen Stückkosten in deren Minimum.

Die **gesamten Stückkosten** (k) liegen stets über der Kurve der variablen Stückkosten (wegen des Fixkostenanteils). Solange die Grenzkosten niedriger sind als die Stückkosten, fällt die Stückkostenkurve; sie steigt, sobald die Grenzkosten höher sind als die Stückkosten. Die Grenzkostenkurve schneidet also die Kurve der Stückkosten ebenfalls in deren Minimum.

Die Grenzkostenkurve (K') schneidet die Kurven der der gesamten Stückkosten (k) und die Kurve der variablen Stückkosten (k_v) jeweils in deren Minimum.

4.2.2.3 Gewinnmaximale Menge

? Bei welcher Menge erreicht ein Anbieter mit ertragsgesetzlicher Produktionsfunktion sein Gewinnmaximum?

Zur Erinnerung noch einmal kurz einige Prämissen unseres Modells:

- Der Anbieter strebt nach möglichst hohem Gewinn **(Gewinnmaximierung).**
- Der Gewinn ergibt sich aus der Differenz von Erlösen und Kosten:
  G = E – K bzw. **G = p · x – K**
- Wegen der unterstellten großen Konkurrenz am Markt
  - ist der Preis des Produktes (p) gegeben und kann vom Anbieter nicht beeinflusst werden,
  - sind die Preise der Produktionsfaktoren und damit die Kosten (K) gegeben und können vom Anbieter nicht beeinflusst werden,
  - kann der Anbieter von den gewinnbestimmenden Faktoren nur die Ausbringungsmenge (x) beeinflussen.

Aufgabe der nachfolgenden Betrachtungen ist es daher, jene Ausbringungsmenge zu ermitteln, bei der der Gewinn des Anbieters maximal ist.

Zu den im vorausgegangenen Kapitel ermittelten Kostenverläufen wird hierfür zusätzlich noch die Erlösfunktion benötigt. Da für jede angebotene Gütereinheit der am Markt geltende Preis erlöst wird, ist die Erlösfunktion eine Gerade **(E = p · x).**

▶ Gewinnmaximum in der Gesamtbetrachtung

Gesamtbetrachtung

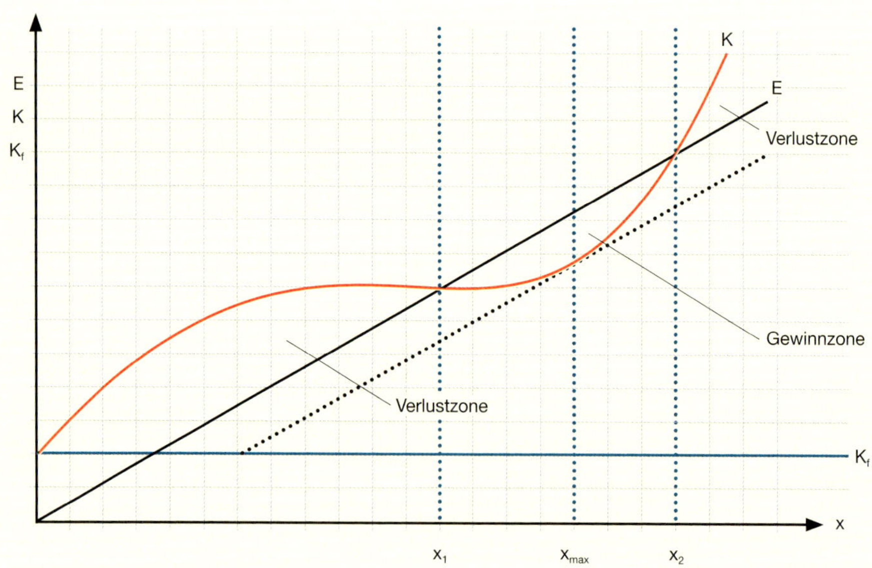

Bei geringen Ausbringungsmengen liegen die Kosten über den Erlösen; der Anbieter erwirtschaftet einen Verlust. Der Schnittpunkt von Kosten- und Erlösfunktion (x_1) wird als

Gewinnschwelle (Break-even-Punkt) bezeichnet. Mit zunehmender Ausbringungsmenge wird der Gewinn zunächst größer und dann – wegen der überproportional ansteigenden Gesamtkosten – wieder kleiner. Das Gewinnmaximum liegt dort, wo der vertikale Abstand zwischen Erlös- und Kostenfunktion am größten ist; grafisch lässt sich die gewinnmaximale Produktionsmenge ermitteln, indem die Erlöskurve bis zum **Tangentialpunkt** mit der Gesamtkostenkurve parallel verschoben wird. Bei einer Ausbringungsmenge größer x_2 entstehen wieder Verluste. Die **Gewinnzone** zwischen x_1 und x_2 wird auch als **Gewinnlinse** bezeichnet.

In der Gesamtbetrachtung liegt die gewinnmaximale Menge dort, wo der vertikale Abstand zwischen Gesamtkostenfunktion und Erlösfunktion am größten ist. !

▶ Gewinnmaximum in der Stückbetrachtung

In der Stückbetrachtung spielt neben Stückkosten und Grenzkosten auch der Grenzerlös (E') eine Rolle.

Der **Grenzerlös** ist der Erlös für die letzte verkaufte Einheit. !

Da in unseren Modellüberlegungen der Preis für jede Gütereinheit gleich hoch ist, ist die Grenzerlöskurve eine Gerade parallel zur x-Achse.

Solange die Kosten für eine Gütereinheit (Grenzkosten) geringer sind als der Preis des Gutes (Grenzerlös), erzielt der Anbieter mit jedem Stück einen Gewinn **(Stückgewinn).** Liegen die Grenzkosten über dem Grenzerlös, erbringt jede zusätzliche Produkteinheit einen Verlust **(Stückverlust).** Der Gewinn ist folglich dort am größten, wo Grenzkosten und Grenzerlös gleich hoch sind; das ist im Schnittpunkt der Grenzkostenkurve mit der Grenzerlöskurve der Fall.

In der Stückbetrachtung liegt die gewinnmaximale Menge dort, wo sich Grenzkostenkurve und Grenzerlöskurve schneiden: K' ≙ E'. !

Stückbetrachtung

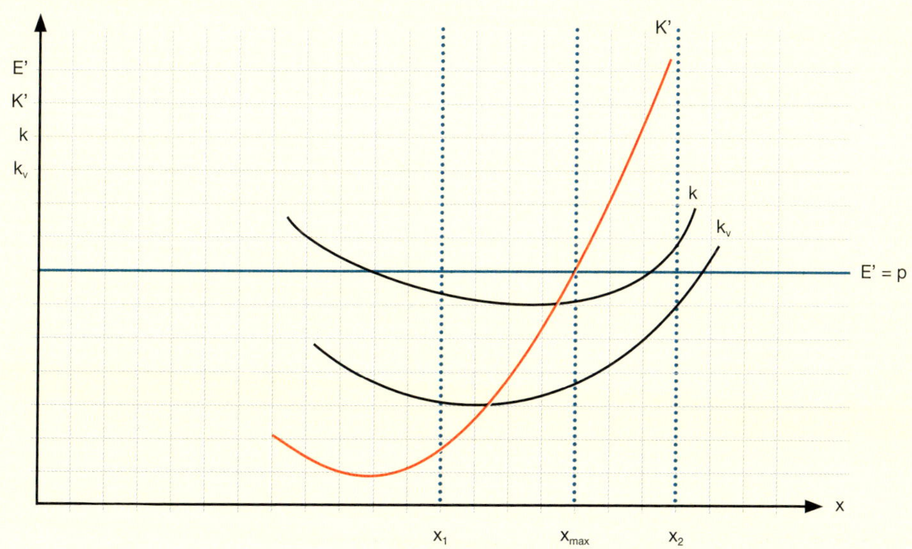

Für einen Mengenanpasser mit linearer Erlösfunktion entspricht der Grenzerlös dem Stückpreis (E′ = p). Die Gewinnmaximierungsregel lässt sich in diesem speziellen Fall auch so formulieren:

! Der Anbieter erzielt seinen maximal möglichen Gewinn bei der Ausbringungsmenge, bei der Grenzkosten und Grenzerlös (= Stückpreis) gleich hoch sind: **K' = E' = p**

4.2.2.4 Wichtige Kostenpunkte

? Welche Kostenpunkte sind für den Anbieter wichtig, insbesondere wenn sich der Marktpreis ändert?

Bei den bisherigen Überlegungen wurde nicht nur unterstellt, dass der Marktpreis gegeben ist und vom einzelnen Anbieter nicht beeinflusst werden kann, sondern auch, dass der Marktpreis sich nicht ändert. Preise – das zeigt die Alltagserfahrung – ändern sich jedoch und es stellt sich die Frage, welche Folgen haben sich ändernde Preise für den Anbieter.

Natürlich wird der Anbieter versuchen, auch bei sich ändernden Preisen einen möglichst hohen Gewinn zu erzielen. Die bisherigen Überlegungen haben bereits wichtige Erkenntnisse gebracht, mit deren Hilfe in der Stückbetrachtung wichtige Kostenpunkte bestimmt werden können:

1. Der Anbieter erzielt seinen maximal möglichen Gewinn jeweils bei der Ausbringungsmenge, bei der Grenzkosten und Grenzerlös (= Stückpreis) gleich hoch sind: **K′ = E′ = p.**
2. Der Grenzerlös entspricht dem Preis (E′ = p). Preisänderungen ($p_1 \dots p_n$) führen zu Verschiebungen der Grenzerlöskurve.

Wichtige Kosten- und Leistungspunkte

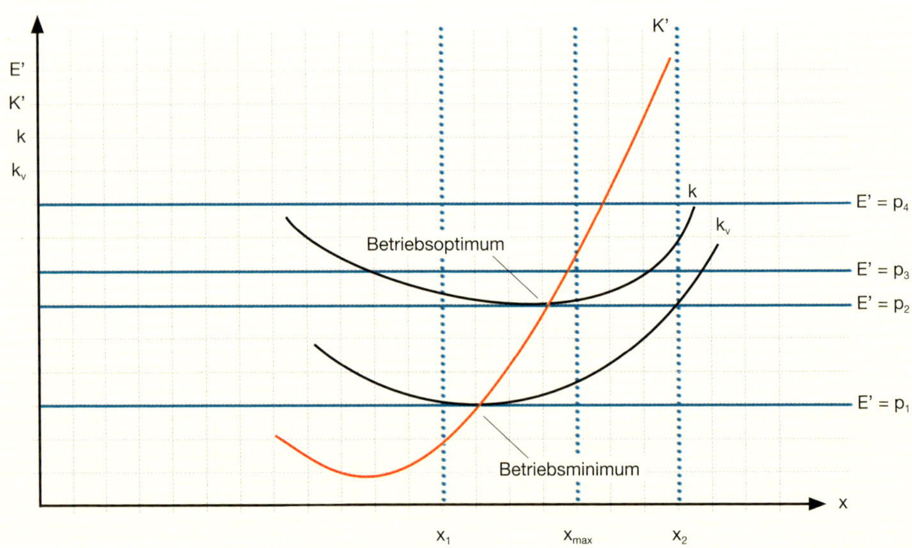

Wunschbedingung für den Anbieter ist, dass er einen möglichst hohen Gewinn erzielt. Mindestbedingung ist, dass zumindest die Produktionskosten gedeckt werden. Der Preis, bei dem die Kosten gedeckt werden, wird daher als **Preisuntergrenze** bezeichnet.

Langfristige Preisuntergrenze: Im Schnittpunkt K′ mit k haben die gesamten Stückkosten ihr Minimum (k_{min}). Liegt der Marktpreis höher (z. B. p_3), erzielt der Anbieter bei dieser Ausbringungsmenge den höchsten Stückgewinn. Liegt der Marktpreis genau bei k_{min} (p_2), erzielt der Anbieter bei dieser Ausbringungsmenge zwar keinen Gewinn, aber die Erlöse decken alle mit der Produktion verbundenen Kosten ab. Diese Situation kann ein Anbieter längere Zeit durchhalten. Der Punkt wird daher als langfristige Preisuntergrenze bzw. als **Betriebsoptimum** bezeichnet.

Die **langfristige Preisuntergrenze** bzw. das **Betriebsoptimum** liegt im Minimum der Stückkosten (k_{min}). Entspricht der Marktpreis genau k_{min} deckt der Erlös alle Kosten ab; liegt der Marktpreis oberhalb k_{min}, erzielt der Anbieter bei dieser Ausbringungsmenge seinen höchsten Stückgewinn.

Kurzfristige Preisuntergrenze: Im Schnittpunkt K′ mit k_v haben die variablen Stückkosten ihr Minimum (k_{vmin}). Liegt der Marktpreis genau bei k_{vmin} (p_1), erzielt der Anbieter bei dieser Ausbringungsmenge einen Verlust in Höhe der fixen Kosten, aber alle mit der Produktion verbundenen variablen Kosten werden durch die Erlöse gedeckt. Diese Situation kann ein Anbieter kurzfristige Zeit durchhalten. Zum einen würden die fixen Kosten auch entstehen, wenn er gar nicht produziert, zum anderen kann er hoffen, dass der Marktpreis bald wieder ansteigt und er wieder Gewinne erwirtschaftet. Dieser Punkt wird daher als kurzfristige Preisuntergrenze bzw. als **Betriebsminimum** bezeichnet.

Die **kurzfristige Preisuntergrenze** bzw. das **Betriebsminimum** liegt im Minimum der variablen Stückkosten (k_{vmin}). Entspricht der Marktpreis genau k_{vmin}, deckt der Erlös die variablen Kosten ab.

Bleibt der Preis lange Zeit unterhalb des Betriebsoptimums oder sinkt er gar unter das Betriebsminimum, wird das Unternehmen seine Produktion aufgeben.

Bereich zwischen k_{vmin} und k_{min}: Die variablen Kosten sowie ein Teil der fixen Kosten werden durch die Erlöse abgedeckt. Der Anteil der Fixkostendeckung wird als **Deckungsbeitrag** bezeichnet.

Bereich oberhalb k_{min}: Liegt der Marktpreis oberhalb des Betriebsoptimums, erzielt der Anbieter einen Gewinn. Der Gewinn ist umso größer, je höher der Marktpreis ist.

4.2.2.5 Abhängigkeit des Angebots vom Preis: Individuelle Angebotskurve

Wie reagiert ein Anbieter mit seiner Angebotsmenge auf sich ändernde Preise?

Das Verhalten eines Anbieters wird von zwei Parametern bestimmt:

1. Er muss zumindest seine Kosten decken.

   Kurzfristig kann er sich mit der Deckung der variablen Kosten begnügen. Bei einem Preis (p_1), der dies sichert, wird er für eine gewisse Zeit anbieten. Die individuelle Angebotskurve beginnt im **Betriebsminimum (= kurzfristige Preisuntergrenze).**

   Langfristig wird er aber nur anbieten, wenn der Erlös zumindest alle Kosten deckt. Bei einem Preis von p_2 ist das der

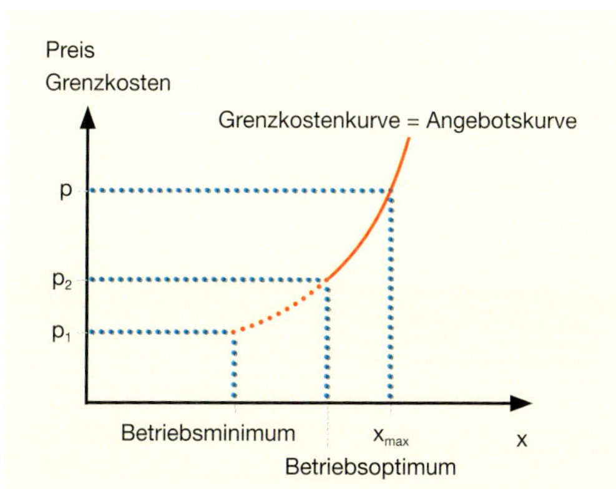

Fall. Die langfristige individuelle Angebotskurve beginnt im **Betriebsoptimum (= langfristige Preisuntergrenze).**

2. Er möchte einen möglichst hohen Gewinn erzielen.

   Das Gewinnmaximum liegt immer irgendwo auf dem aufsteigenden Ast der Grenzkostenkurve (K') und immer dort, wo der Marktpreis gleich den Grenzkosten ist (p = K'). Der Anbieter wird also bei steigenden Marktpreisen **entlang seiner Grenzkostenkurve** anbieten.

! Bei sich ändernden Marktpreisen (p) verläuft die individuelle Angebotskurve entlang der Grenzkostenkurve (K'). Sie beginnt kurzfristig im Betriebsminimum und langfristig im Betriebsoptimum.

4.2.2.6 Weitere Bestimmungsfaktoren des individuellen Angebots

? Welche Faktoren bestimmen neben dem Preis das Anbieterverhalten?

Der Preis ist eine bedeutsame, aber nicht die einzige Einflussgröße auf das Angebotsverhalten. Weitere wichtige Bestimmungsfaktoren sind:

- **Produktionskosten.** Wenn die Kosten der Produktionsfaktoren (Arbeit, Vorprodukte, Energie usw.) steigen, verschieben sich die Kostenkurven nach oben und die Angebotskurve nach links. Bei unverändertem Marktpreis sinkt die Angebotsmenge; bleibt die Angebotsmenge gleich, sinkt der Gewinn. In den Produktionskosten schlagen sich auch Änderungen der **Produktionsbedingungen** nieder. Durch den Einsatz neuer Technologien können die Produktionskosten sowohl steigen als auch sinken. Die Substitution von Arbeit durch Kapital (Technisierung, Automatisierung) führt in der Regel zu höherer Produktivität und zu sinkenden Kosten.

! Bei gleichbleibendem Marktpreis führen steigende Kosten zu sinkenden Angebotsmengen und sinkende Kosten zu steigenden Angebotsmengen.

- **Erwartungen.** Optimistische Erwartungen des Anbieters im Hinblick auf Absatz und Gewinn führen in der Regel zu einer Erhöhung der Angebotsmenge.
- **Marktsituation und Marktstrategie.** Für Anbieter ist die Marktsituation nicht immer gleich. Je nachdem, wie viele Konkurrenten auf dem Markt anbieten, können die Wettbewerbssituation und damit das Angebotsverhalten unterschiedlich aussehen. Insbesondere, wenn ein Anbieter um höhere Marktanteile kämpft oder sich mit einem Konkurrenten einen Verdrängungswettbewerb liefert, rangiert oft die Ausweitung der Angebotsmenge vor der maximalen Gewinnerzielung.
- **Unternehmensziele.** Nicht für alle Unternehmen gilt Gewinnmaximierung als oberstes Ziel. Gemeinwirtschaftliche Unternehmen streben oft eine optimale Güterversorgung der Bevölkerung an und begnügen sich häufig mit Kostendeckung.

Zusammenfassung Kapitel 4.2:
Individuelles Angebotsverhalten

- Bei linearem Verlauf von Gesamterlöskurve und Gesamtkostenkurve liegt das Gewinnmaximum bei der größtmöglichen Produktionsmenge (an der Kapazitätsgrenze). Die Angebotskurve entspricht der Kapazitätsgrenze; sie ist gewissermaßen ein „Angebotspunkt".

- Eine Produktionsfunktion beschreibt den Zusammenhang zwischen den eingesetzten Produktionsfaktoren und der damit herstellbaren Gütermenge.
- Die Ertragsgesetzliche Produktionsfunktion steigt zunächst überproportional (progressiv) und ab Wendepunkt nur noch unterproportional (degressiv) an.
- Eine Kostenfunktion beschreibt den Zusammenhang zwischen Ausbringungsmenge und Kosten.
- Die Ertragsgesetzliche Kostenfunktion steigt zunächst unterproportional (degressiv) und ab Wendepunkt überproportional (progressiv) an.
- Die Grenzkostenkurve (K') schneidet die Kurven der gesamten Stückkosten (k) und die Kurve der variablen Stückkosten (k_v) jeweils in deren Minimum.
- Bei einer Ertragsgesetzlichen Kostenfunktion liegt die gewinnmaximale Ausbringung dort, wo der vertikale Abstand zwischen Gesamtkostenkurve und Erlöskurve am größten ist (Gesamtbetrachtung) bzw. dort, wo sich Grenzkostenkurve und Grenzerlöskurve schneiden (Stückbetrachtung). Der Anbieter erzielt seinen maximal möglichen Gewinn bei der Ausbringungsmenge, bei der Grenzkosten und Preis gleich sind.
- Die kurzfristige Preisuntergrenze (Betriebsminimum) liegt im Minimum der variablen Stückkosten. Entspricht der Marktpreis genau diesem Minimum, deckt der Erlös die variablen Kosten ab.
- Die langfristige Preisuntergrenze (Betriebsoptimum) liegt im Minimum der gesamten Stückkosten. Entspricht der Marktpreis genau diesem Minimum, deckt der Erlös alle Kosten ab; liegt der Marktpreis oberhalb des Betriebsoptimums, erzielt der Anbieter bei dieser Ausbringungsmenge seinen höchsten Stückgewinn.
- Bei sich ändernden Marktpreisen verläuft die individuelle Angebotskurve entlang der Grenzkostenkurve. Sie beginnt kurzfristig im Betriebsminimum und langfristig im Betriebsoptimum.
- Neben dem Preis bestimmen auch die Produktionskosten, die Erwartungen des Anbieters, seine Marktstrategie, die jeweilige Marktsituation sowie die Unternehmensziele die individuelle Angebotsmenge.

4.3 Gesamtangebot und Angebotselastizität

4.3.1 Gesamtangebot (Marktangebot) eines Gutes

?

Wie lässt sich aus den zahlreichen individuellen Angeboten das Gesamtangebot (Marktangebot) eines bestimmten Gutes ermitteln?

Das **Gesamtangebot (Marktangebot)** für ein bestimmtes Produkt ergibt sich aus der Addition der bei einem gegebenen Preis bestehenden individuellen Angebote. Da die einzelnen Anbieter unterschiedliche Kostenstrukturen haben, beginnen die individuellen Angebote bei unterschiedlichen Preisen.

Beispiel

Auf einem Markt wird ein bestimmtes Gut von vier Anbietern (A, B, C, D) angeboten. Jeder Anbieter bietet erst an, wenn der Marktpreis mindestens seine Gesamtkosten deckt ($p = k_{min}$, Betriebsoptimum).

Preis EUR	Angebotsmenge				Gesamtangebot
	Anbieter				
	A	B	C	D	
1	0	0	0	0	0
2	0	0	0	0	0
3	0	0	0	0	0
4	50	0	0	0	50
5	55	40	0	0	95
6	60	45	30	0	135
7	65	50	35	50	200
8	70	55	40	55	220
9	75	60	45	60	240
10	80	65	50	65	260

Im Zahlenbeispiel beträgt bei einem Preis von 7 EUR das Gesamtangebot 200 Einheiten. Bei diesem Preis kann D gerade noch seine Kosten decken. Sinkt der Marktpreis auf 6 EUR, bieten A, B und C weniger an, D bietet nicht mehr an. Das Gesamtangebot beträgt nur noch 135 Einheiten.

Für D liegt der Preis von 7 EUR an der Grenze der Kostendeckung; er wird daher als **Grenzanbieter** bezeichnet. Sinkt der Marktpreis auf 6 EUR, wird C zum **Grenzanbieter.**

! Das Gesamtangebot (Marktangebot) für ein bestimmtes Produkt ergibt sich aus der Addition der bei einem gegebenen Preis bestehenden individuellen Angebote.

Die Zusammenfassung der individuellen Angebote kann auch grafisch vorgenommen werden; sie wird dann **Aggregation** genannt.

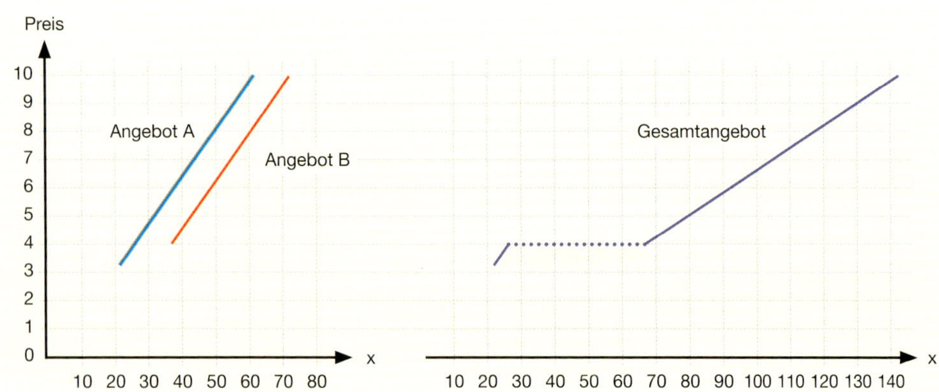

▶ Veränderungen des Gesamtangebots

Die Faktoren, die zu einer Veränderung des individuellen Angebots führen können[1], haben auch Einfluss auf das Gesamtangebot. Beim Gesamtangebot kommt als weiterer Bestimmungsfaktor noch die Zahl der Anbieter hinzu; nimmt die Zahl der Anbieter zu, erhöhen sich die Produktionskapazitäten und die Angebotsmenge nimmt zu.

Bei der Darstellung von Veränderungen in einem **Preis-Mengen-Diagramm** sind stets zwei Bewegungsrichtungen zu unterscheiden:

- **Bewegungen auf der Kurve.** Änderungen in der durch die Achsen (Preis, Menge) dargestellten Beziehung ergeben eine Bewegung auf der Kurve. Preiserhöhungen bewirken ein Steigen, Preissenkungen ein Sinken der angebotenen Menge.

  In einem Preis-Mengen-Diagramm führen Preisänderungen zu einer Bewegung auf der Kurve.

- **Verschiebungen der Kurve.** Die Einflüsse aller anderen Faktoren schlagen sich in Verschiebungen der Kurve nieder:
  - Steigende Produktionskosten und sinkende Zahl der Anbieter führen zu einer Linksverschiebung der Angebotskurve (= abnehmendes Angebot).
  - Sinkende Produktionskosten und steigende Zahl der Anbieter führen zu einer Rechtsverschiebung der Angebotskurve (= zunehmendes Angebot).

  In einem Preis-Mengen-Diagramm führen Änderungen bei Faktoren, die nicht auf den Achsen dargestellt sind, zu einer Verschiebung der Kurve.

4.3.2 Angebotselastizität

Wie stark ändert sich die angebotene Menge eines Gutes, wenn sich der Preis dieses Gutes ändert? ?

Die bisherigen Überlegungen führten zu der Erkenntnis, dass die Angebotsmenge steigt, wenn der Preis steigt, und dass die Angebotsmenge sinkt, wenn der Preis sinkt. Mithilfe der **Angebotselastizität** (ε_A) lässt sich ermitteln, **wie stark** die Angebotsmenge auf Preisänderungen reagiert.

$$\varepsilon_A = \frac{\text{prozentuale Mengenänderung}}{\text{prozentuale Preisänderung}}$$

Beispiel

Ein Anbieter bietet bei einem Preis von 3,00 EUR 2.200 Stück an. Steigt der Preis auf 4,00 EUR, bietet er 2.500 Stück an. Der Preis steigt um 33,3 %, die Angebotsmenge jedoch nur um 13,6 %. Die relative Preiserhöhung ist größer als die relative Mengensteigerung. Die Angebotselastizität beträgt 0,41.

Preis	Menge	Preisänderung %	Mengenänderung %	ε
3,0	2.200			
4,0	2.500	33,3	13,6	0,41
5,0	3.125	25,0	25,0	1,00
6,0	4.000	20,0	28,0	1,40

Steigt der Preis auf 5,00 EUR, erhöht sich das Angebot auf 3.125 Stück. Preis und Angebotsmenge steigen um jeweils 25 %. Relative Preiserhöhung und relative Mengensteigerung sind gleich groß. Die Angebotselastizität beträgt genau 1,0. →

[1] Vgl. Abschnitt 4.2.2.6 „Weitere Bestimmungsfaktoren des individuellen Angebots".

→ Steigt der Preis auf 6,00 EUR, erhöht sich das Angebot auf 4.000 Stück. Der Preis steigt um 20 %, die Angebotsmenge jedoch um 28 %. Die relative Preiserhöhung ist geringer als die relative Mengensteigerung. Die Angebotselastizität beträgt 1,40.

! Die Angebotselastizität (ε_A) gibt an, um wie viel Prozent sich die Angebotsmenge ändert, wenn sich der Preis des angebotenen Gutes um ein Prozent ändert.

$\varepsilon_A < 1$: Das Angebot reagiert **unelastisch;** die relative Mengenänderung ist kleiner als die relative Preisänderung.

$\varepsilon_A = 1$: Das Angebot reagiert **isoelastisch;** die relative Mengenänderung ist genauso hoch wie die relative Preisänderung.

$\varepsilon_A > 1$: Das Angebot reagiert **elastisch;** die relative Mengenänderung ist größer als die relative Preisänderung.

$\varepsilon_A = 0$: Das Angebot reagiert **vollkommen unelastisch,** da die Preisänderung zu keinerlei Mengenänderung führt.

Zusammenfassung Kapitel 4.3:
Gesamtangebot und Angebotselastizität

- Das Gesamtangebot (Marktangebot) für ein bestimmtes Produkt ergibt sich aus der Addition der bei einem gegebenen Preis bestehenden individuellen Angebote.
- Die Gesamtangebotskurve gibt an, welche Angebotsmengen die Anbieter bei alternativen Preisen anbieten.
- Preisänderungen führen in einem Preis-Mengen-Diagramm zu Bewegungen auf der Kurve. Änderungen anderer Faktoren führen zu einer Verschiebung der Kurve.
- Die Angebotselastizität (ε_A) gibt an, um wie viel Prozent sich die Angebotsmege ändert, wenn sich der Preis des angebotenen Gutes um ein Prozent ändert.

Aufgaben zum Üben und Vertiefen

Kapitel 4 Angebot am Gütermarkt

1. Wie setzt sich das Gesamtwirtschaftliche Angebot zusammen?
2. Nennen Sie mindestens drei Prämissen der Angebotstheorie.
3. Erläutern Sie die Begriffe
   - Gesamtkosten
   - Stückkosten
   - Variable Kosten
   - Grenzkosten
4. Erläutern Sie das Gesetz der Massenproduktion.
5. Wie lautet das „Gesetz des Angebots"?

6 Wo liegt bei linearem Verlauf von Gesamterlöskurve und Gesamtkostenkurve das Gewinnmaximum? Begründung.

7 Wie wird ein Unternehmen bei linearem Verlauf von Erlöskurve und Gesamtkostenkurve reagieren, wenn an der Kapazitätsgrenze der Preis unter den Stückkosten liegt?

8 Wann ist für einen Anbieter die Erlösfunktion eine Gerade?

9 Geben Sie je einen betriebswirtschaftlichen Grund an, warum die Gesamtkosten in einem Unternehmen überproportional und unterproportional verlaufen können.

10 Begründen Sie, warum bei der Ausbringungsmenge mit den geringsten Stückkosten nicht das Gewinnmaximum liegen muss.

11 Bei welchen Kostenpunkten liegt

a) das Betriebsminimum,

b) das Betriebsoptimum?

12 Begründen Sie, warum die Angebotskurve eines Unternehmens unter den üblichen Modellbedingungen der Angebotstheorie dem Verlauf der Grenzkosten entspricht.

13 In einem Unternehmen ergeben sich die in der Tabelle ausgebrachten Kosten und Erlöse.

Ausbringungsmenge	Fixe Kosten	Variable Kosten	Gesamtkosten	Gesamterlös	Gewinn/ Verlust	Stückkosten	Grenzkosten	Grenzerlös
0	500	0	500	0	–500	0	0	0
100	500	100	600	210	–390	6,00	1,00	2,10
200		195		420			0,95	2,00
300		285						
400		380						
500		500						
600		650						
700		860						
800		1.110						
900		1.410						
1.000 (Kapazitätsgrenze)		1.810						

a) Vervollständigen Sie die Tabelle.

b) Ermitteln Sie die Gewinnschwelle und die gewinnmaximale Absatzmenge.

c) Prüfen Sie die Ergebnisse von b) mithilfe der Stückbetrachtung nach.

d) Stellen Sie die Ergebnisse grafisch in einer Gesamt- und Stückbetrachtung dar.

14 Wie verändert sich das Angebotsverhalten, wenn

a) die Kosten (z. B. die Preise für den Produktionsfaktor Arbeit) steigen,

b) die Zahl der Anbieter abnimmt,

c) der Preis des Gutes steigt,

d) das Unternehmen ein bisher arbeitsintensives Produktionsverfahren durch Maschinen ersetzt?

15 Was drückt die Angebotselastizität aus?

5 Markt und Preisbildung

Die frühesten menschlichen Wirtschaftsgemeinschaften waren Selbstversorgungswirtschaften.

Alle benötigten Güter wurden innerhalb der Großfamilie, des Stammes, der Sippe, der Horde usw. hergestellt.

Die frühzeitlichen Jäger und Sammler waren Nomaden. Angesichts der geringen Bevölkerungsdichte bestanden nur geringe Chancen, auf andere Menschengruppen zu treffen.

Erst mit der zumindest zeitweiligen Sesshaftwerdung war es möglich, Kontakte mit anderen Gruppen aufzunehmen und dabei Waren und handwerkliche Fertigungstechniken auszutauschen.

Der erste Tauschakt zwischen Menschen war gleichsam die Geburtsstunde des Marktes.

Über die Bevölkerungsdichte und die Chancen, vor etwa dreißig- bis vierzigtausend Jahren auf andere Menschen zu treffen, gibt folgende Textstelle anschaulich Auskunft:

„Die Höhle von Jabrud ist mit fünfundvierzig aufeinander folgenden Kulturschichten ein reich besiedelter Platz im Nahen Osten. Es gehören zehn Schichten dem Jungpaläolithikum an, einer Zeitspanne von etwa zwanzigtausend Jahren. Jede Schicht →

→ zeugt von der Bewohnung durch eine Gruppe. Das besagt, dass im Durchschnitt nur alle zweitausend Jahre jungpaläolithische Jäger an diesen Ort gekommen sind."

Rust, A.: Der primitive Mensch. In: Weltgeschichte, hrsg. von G. Mann und A. Heuß, Band 1. – Frankfurt a. M. 1979, S. 191

5.1 Markt

In den bisherigen Überlegungen wurden die Vorgänge „Nachfrage am Gütermarkt" und „Angebot am Gütermarkt" getrennt betrachtet. Dabei wurde schon vom „Markt" gesprochen und es wurde deutlich, dass es unterschiedliche Märkte gibt. Am Markt treffen beide Seiten aufeinander. Neben einer Erläuterung dessen, was unter „Markt" zu verstehen ist und welche Marktformen bestehen, wird es im Folgenden auch darum gehen, unter welchen Bedingungen Angebot und Nachfrage zusammentreffen und wie sie sich wechselseitig beeinflussen.

Märkte sind für den Güteraustausch von so großer Bedeutung, dass sie jenem Wirtschaftssystem, das heute weltweit vorherrscht, den Namen gegeben haben: der Marktwirtschaft.

Im wirtschaftlichen und sozialen Leben der Menschen haben Märkte stets eine große Rolle gespielt. So war das **Marktrecht,** also das Recht, einen geregelten Markt abzuhalten, eine begehrte Auszeichnung für einen Ort und wurde vom jeweiligen weltlichen oder kirchlichen Landesherrn feierlich verliehen. Mit dem Marktrecht war zumeist ein wirtschaftlicher Aufschwung des Ortes verbunden. Damit – vor allem in den früher oft unsicheren Zeiten – das Marktgeschehen störungsfrei ablaufen konnte, sicherte der Landesherr auch den sogenannten **Marktfrieden,** durch den der Marktort und die Marktbesucher unter seinen besonderen Schutz gestellt wurden. Der Marktplatz war und ist in der Regel der schönste und größte Platz einer Stadt, der zumeist auch von den wichtigsten Gebäuden des Ortes umgeben ist.

5.1.1 Marktbegriff und Marktfunktionen

Was ist ein Markt und wie funktioniert er? ?

Markt im wirtschaftlichen Sinne ist jeder Ort, an dem Güter getauscht werden, und jede Gelegenheit, bei der Güter getauscht werden oder ein Güteraustausch durch Angebot und Nachfrage angebahnt wird. Die Markteigenschaft ist also nicht an bestimmte Örtlichkeiten oder an sonstige feste Bedingungen geknüpft. Der Wochenmarkt auf einem festgelegten Platz zu einer festgesetzten Zeit ist ebenso ein Markt wie ein Telefongespräch, bei dem Güter angeboten oder nachgefragt werden oder ein Gütertausch vereinbart wird.

Markt ist jede Gelegenheit, bei der Güter getauscht werden bzw. bei der Nachfrage und Angebot zusammentreffen. !

Kennzeichen von Märkten ist also das Zusammentreffen von **Nachfrage** und **Angebot.**

Nachfrage und Angebot werden als die beiden Marktseiten bezeichnet. Zahlreiche Wirtschaftssubjekte fragen Güter nach und viele Wirtschaftssubjekte bieten Güter an.

Was verbirgt sich hinter den Sammelbegriffen „Nachfrage“ und „Angebot“?

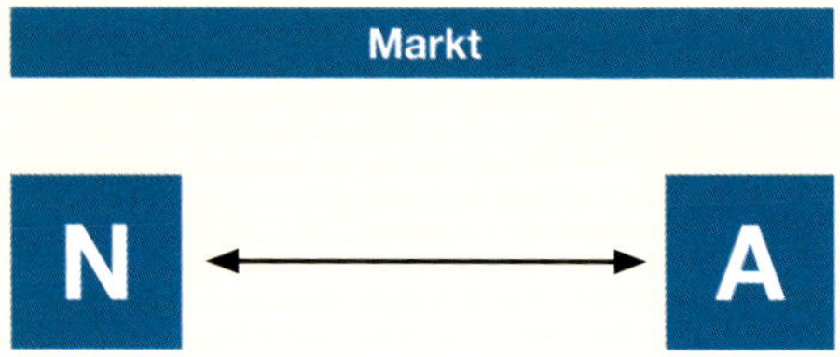

▶ Nachfrager am Markt

Nachfrager am Markt sind grundsätzlich alle Wirtschaftssubjekte. Für gesamtwirtschaftliche Betrachtungen werden gleichartige Wirtschaftssubjekte zu Wirtschaftssektoren zusammengefasst. Die privaten Haushalte fragen Konsumgüter nach (Privatverbrauch), die Unternehmen Investitions- bzw. Produktionsgüter (Bruttoinvestitionen), der Staat ebenfalls Konsumgüter (Staatsverbrauch) und das Ausland Exportgüter. Die Nachfragen aller vier Wirtschaftssektoren nach einem Gut bilden die **Marktnachfrage** und nach allen Gütern die **gesamtwirtschaftliche Nachfrage.** In einer gewissen Vereinfachung werden vor allem die privaten Haushalte als Nachfrager bezeichnet. Die volkswirtschaftliche „Theorie der Nachfrage“ beschäftigt sich denn auch schwerpunktmäßig mit dem Nachfrageverhalten der privaten Haushalte.[1]

▶ Anbieter am Markt

Anbieter am Markt können ebenfalls alle Wirtschaftssubjekte sein. Üblich ist wiederum eine Betrachtung auf der Ebene der Sektoren. Je nach Marktart ist das Gewicht dabei sehr unterschiedlich. Am Gütermarkt treten vor allem die Unternehmen als Anbieter auf. Auf dem Arbeitsmarkt sind die privaten Haushalte die Anbieter.[2] Die Angebote aller vier Wirtschaftssektoren von einem Gut werden als **Marktangebot** und von allen Gütern als **gesamtwirtschaftliches Angebot** bezeichnet. Die volkswirtschaftliche „Theorie des Angebots“ beschäftigt sich schwerpunktmäßig mit dem Angebotsverhalten der Unternehmen.[3]

Nachfrage	Marktgrößen	Angebot
Individuelle Nachfrage	Ein Wirtschaftssubjekt Ein Gut	Individuelles Angebot
Marktnachfrage	Alle Wirtschaftssubjekte Ein Gut	Marktangebot
Sektorale Nachfrage	Alle Wirtschaftssubjekte eines Sektors Alle Güter	Sektorales Angebot
Gesamtwirtschaftliche Nachfrage	Alle Wirtschaftssubjekte Alle Güter	Gesamtwirtschaftliches Angebot

▶ Marktfunktionen

Für jede Wirtschaft müssen die Grundfragen: „WAS, WIE und FÜR WEN soll produziert werden?“, beantwortet werden.[4] In marktwirtschaftlichen Systemen geschieht dies mithilfe des Marktes und über die **Marktfunktionen.**

---

[1] Zu Einzelheiten vgl. Kapitel 3 „Nachfrage am Gütermarkt“.

[2] Um diese Umkehrung der Marktseiten zu vermeiden, wird das Angebot am Arbeitsmarkt gelegentlich nicht als Angebot von Arbeit, sondern als Angebot von Arbeitsplätzen verstanden. Dann gilt wieder die übliche Zuordnung: Unternehmen sind Anbieter und private Haushalte Nachfrager.

[3] Zu Einzelheiten vgl. Kapitel 4 „Angebot am Gütermarkt“.

[4] Vgl. zu den Grundfragen des Wirtschaftens auch Kapitel 1.

- **Versorgungsfunktion:** Die Grundfunktion des Marktes entspricht dem allgemeinen Ziel des Wirtschaftens: bestmögliche Versorgung der Menschen mit Gütern. In einer arbeitsteiligen Wirtschaft ist dies nur durch Gütertausch über Märkte möglich.
- **Koordinationsfunktion:** Güternachfrage und Güterangebot müssen zueinander finden und sich wechselseitig beeinflussen können. Planmäßiger Gütertausch setzt also die Koordination von Nachfrage und Angebot voraus. Diese geschieht durch den Markt. Die Nachfrager entscheiden (zumindest im Modell) durch die Struktur ihrer Nachfrage darüber, welche Güter und jeweils wie viel Güter produziert werden.
- **Preisbildungsfunktion:** Für beide Marktseiten ist es vorteilhaft, wenn Nachfrage und Angebot sowohl hinsichtlich der Güterarten als auch der Gütermengen übereinstimmen, wenn also eine Entsprechung der Tauschwünsche vorliegt. Für einen solchen Ausgleich von Nachfrage und Angebot ist eine regulierende Größe notwendig, die Einfluss auf die Mengen von Nachfrage und Angebot nimmt: der Marktpreis. Der Preis bildet sich – wie später noch ausführlicher zu zeigen sein wird – durch das Zusammenspiel von Nachfrage und Angebot am Markt.
- **Verteilungsfunktion:** Zwischen Nachfrage, Angebot und Preis bestehen wechselseitige Abhängigkeiten. Einerseits ergibt sich aus dem Zusammenspiel von Nachfrage und Angebot der Preis, andererseits beeinflusst ein bestehender Preis Nachfrage und Angebot nach dem Gut. Der Marktpreis erfüllt – unter bestimmten Bedingungen – seinerseits weitere Funktionen.[1] Im Zusammenwirken mit den Preisen besorgt der Markt auch die Verteilung der Güter. Die Inhaber der Produktionsfaktoren erzielen für deren Zurverfügungstellung Einkommen. Die Höhe des Einkommens bestimmt die Nachfrage- bzw. Kaufkraft der Wirtschaftssubjekte, die zwar unterschiedlich, in jedem Falle aber begrenzt ist. Die am Markt angebotenen Güter fließen den Wirtschaftssubjekten zu, die aufgrund ihrer Kaufkraft, ihrer Bedürfnisstruktur und ihrer persönlichen Präferenzordnung bereit sind, die Preise für bestimmte Güter zu zahlen.

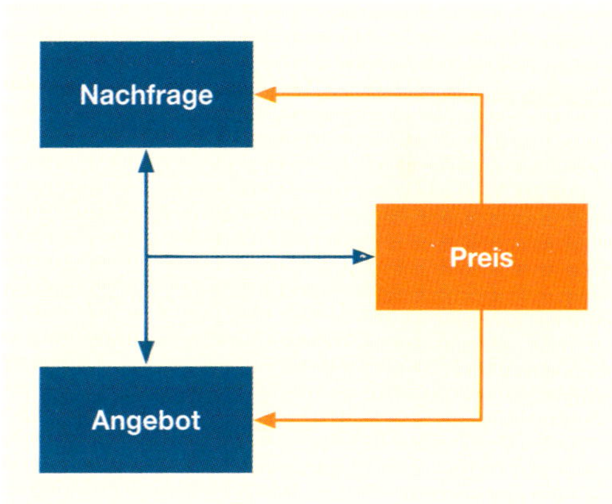

Wenn Märkte als Instrumente dezentraler Steuerung versagen, wenn sie also ihre Funktionen nicht hinreichend erfüllen, wird von **Marktversagen** gesprochen.

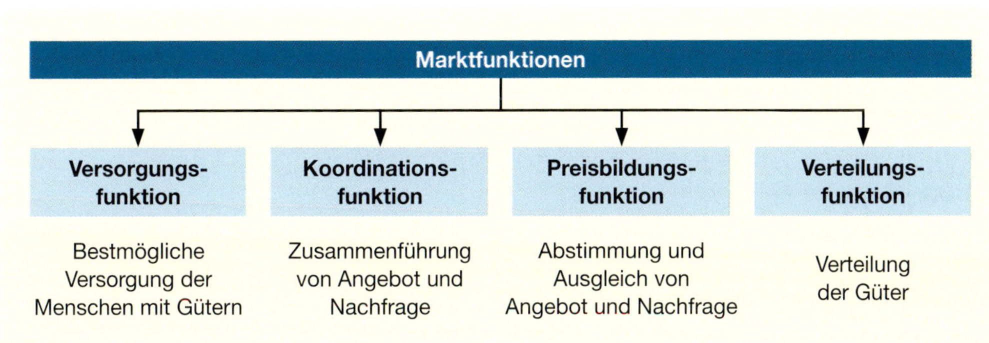

[1] Vgl. die Ausführungen zu den Preisfunktionen in diesem Kapitel.

Zusammenfassung Kapitel 5.1.1:
Marktbegriff und Marktfunktionen

- Markt ist jeder Ort, an dem Güter getauscht werden, bzw. jede Gelegenheit, bei der Angebot und Nachfrage zusammentreffen.
- Der Markt erfüllt folgende Funktionen:
  - Versorgungsfunktion
  - Koordinationsfunktion
  - Preisbildungsfunktion
  - Verteilungsfunktion
- Alle vier Wirtschaftssektoren treten sowohl als Nachfrager als auch als Anbieter am Markt auf. Die Summe aller Nachfragen nach einem Gut wird als Marktnachfrage und die Summe aller Angebote bei einem Gut als Marktangebot bezeichnet.

5.1.2 Allgemeines Marktmodell und Preismechanismus

? Wie geschieht die Abstimmung von Nachfrage und Angebot am Markt?

Jeder der zahlreichen Nachfrager und Anbieter am Markt hat seine eigenen Vorstellungen über Güterarten, Gütermengen usw., die zunächst unabhängig von anderen Marktteilnehmern entwickelt werden. So hat jeder private Haushalt einen bestimmten Nachfrageplan, der sich aus seiner Konsumsumme, seinen Nutzenschätzungen usw. ergibt; welche Güter und welche Mengen er nachfragen will, teilt er den Anbietern nicht im vorhinein mit. Ebenso hat jeder Anbieter einen bestimmten Produktionsplan, der sich aus seinen betrieblichen Möglichkeiten und Zielvorstellungen ergibt.

Die vielen einzelwirtschaftlichen Nachfrage- und Angebotspläne werden am Markt koordiniert und abgestimmt. Zum Verständnis dieses Vorgangs dienen die bereits erarbeiteten Erkenntnisse über

- Marktfunktionen
- Nachfrageverhalten
- Angebotsverhalten

Die Zusammenfassung dieser Erkenntnisse führt zu einem allgemeinen Marktmodell. Es bildet die Grundlage für die späteren Überlegungen zur Preisbildung. Das **Marktmodell** ist durch zwei grundlegende Marktlagen gekennzeichnet: Marktgleichgewicht und Marktungleichgewicht.

5.1.2.1 Marktgleichgewicht

Das Verhalten von Nachfragern und Anbietern lässt sich sowohl in allgemeinen Funktionen als auch durch entsprechende Kurven in einem **Preis-Mengen-Diagramm** darstellen. Im Normalfall verhalten sich die Nachfrager nach dem *Gesetz der Nachfrage* („Steigende Preise führen zu sinkender, sinkende Preise zu steigender Nachfrage"); die Nachfragekurve verläuft von links oben nach rechts unten. Die Nachfragekurve gibt das Verhalten der Nachfrager wieder; sie zeigt an, welche Mengen des Gutes die Nachfrager bei einem bestimmten Preis zu kaufen bereit sind.

Die Anbieter verhalten sich nach dem *Gesetz des Angebots* („Steigende Preise führen zu steigendem, sinkende Preise zu sinkendem Angebot"); die Angebotskurve verläuft von links unten nach rechts oben. Die Angebotskurve gibt das Verhalten der Anbieter wieder; sie zeigt an, welche Mengen des Gutes bei einem bestimmten Preis angeboten werden.

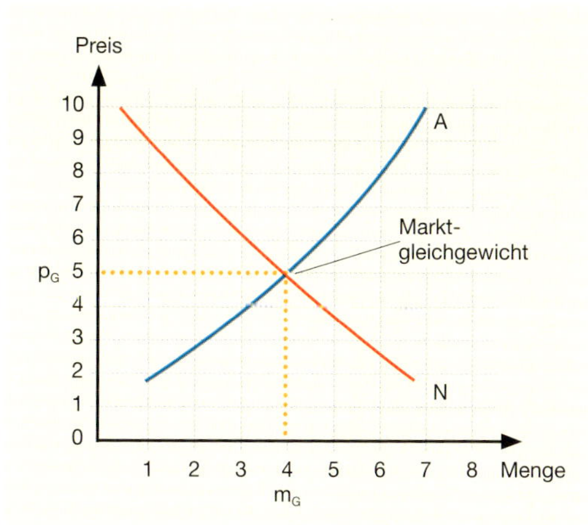

Der Ausgleich von Nachfrage und Angebot kommt im Schnittpunkt beider Kurven zustande.

Dieser Punkt wird als **Marktgleichgewicht,** der dazugehörige Preis als **Gleichgewichtspreis** (p_G), die dazugehörige Menge als **Gleichgewichtsmenge** (m_G) bezeichnet. Nachfrage und Angebot sind gleich groß. Befindet sich ein Markt im Gleichgewicht, ist seine Lage stabil. Solange keine störenden Einflüsse auftreten, ändert sich die Marktsituation nicht.

Marktgleichgewicht besteht beim Gleichgewichtspreis. Beim Gleichgewichtspreis sind Nachfrage- und Angebotsmenge gleich groß. Der Markt wird „geräumt".

5.1.2.2 Marktungleichgewichte

Das Zustandekommen von Marktungleichgewichten lässt sich mithilfe der Bestimmungsgrößen von Nachfrage und Angebot erläutern.

Die jeweiligen Bestimmungsgrößen sind in der Nachfragefunktion und in der Angebotsfunktion enthalten, die in den vorausgegangenen Abschnitten erarbeitet wurden:

- Nachfragefunktion: $N_x = f(p_x, p_1, \ldots, p_n, Y, U)$
- Angebotsfunktion: $A_x = f(p_x, K_x)$

Ein Vergleich der beiden Funktionen lässt zwei Gruppen von Bestimmungsgrößen erkennen:

- Preis des Gutes (ist bei Nachfrage- und Angebotsfunktion gleich)
- sonstige Faktoren (sind bei Nachfrage- und Angebotsfunktion verschieden)

Ein Marktungleichgewicht liegt immer dann vor, wenn kein Marktgleichgewicht besteht. Störungen des Marktgleichgewichts können durch Veränderungen beider Bestimmungselemente hervorgerufen werden. Aus den Überlegungen zu Nachfragekurve und Angebotskurve ist schon bekannt, dass die Änderungen unterschiedliche Wirkungen haben:

- Änderungen beim Preis führen zu Bewegungen auf den Kurven
- Änderungen bei sonstigen Faktoren führen zu einer Verschiebung der Kurven

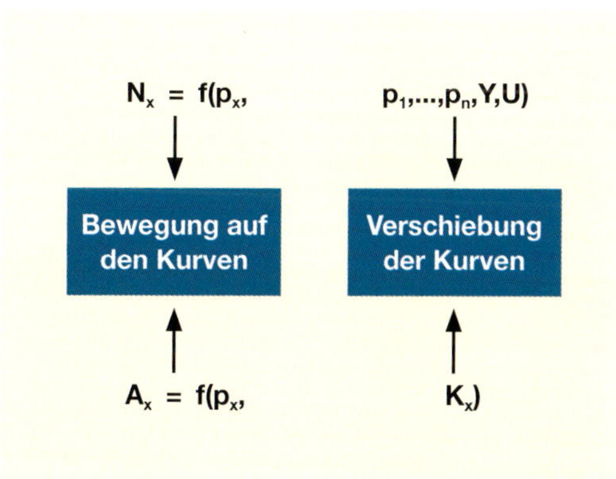

▶ Marktungleichgewichte durch Preisänderungen

Entspricht der Marktpreis nicht dem Gleichgewichtspreis, können zwei Ungleichgewichtslagen auftreten:

- **Angebotsüberhang** bzw. **Nachfragelücke.** Die Angebotsmenge ist größer als die Nachfragemenge; der Marktpreis liegt oberhalb des Gleichgewichtspreises (z. B. p_1).
- **Nachfrageüberhang** bzw. **Angebotslücke.** Die Nachfragemenge ist größer als die Angebotsmenge; der Marktpreis liegt unterhalb des Gleichgewichtspreises (z. B. p_2).

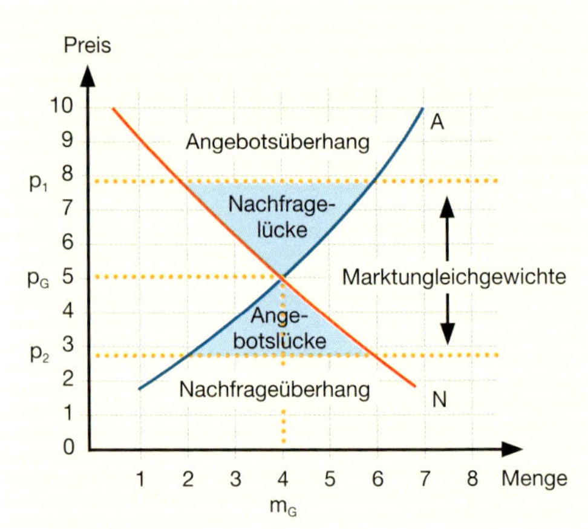

! Liegt der Marktpreis über dem Gleichgewichtspreis, ergibt sich ein Angebotsüberhang. Liegt der Marktpreis unter dem Gleichgewichtspreis, ergibt sich ein Nachfrageüberhang.

Ungleichgewichtslagen sind instabil. Der Markt tendiert über Preis- und Mengenanpassungen zu Veränderungen, im Normalfall zum Gleichgewicht. Dieser Prozess wird **Preismechanismus** oder auch **Marktmechanismus** genannt.

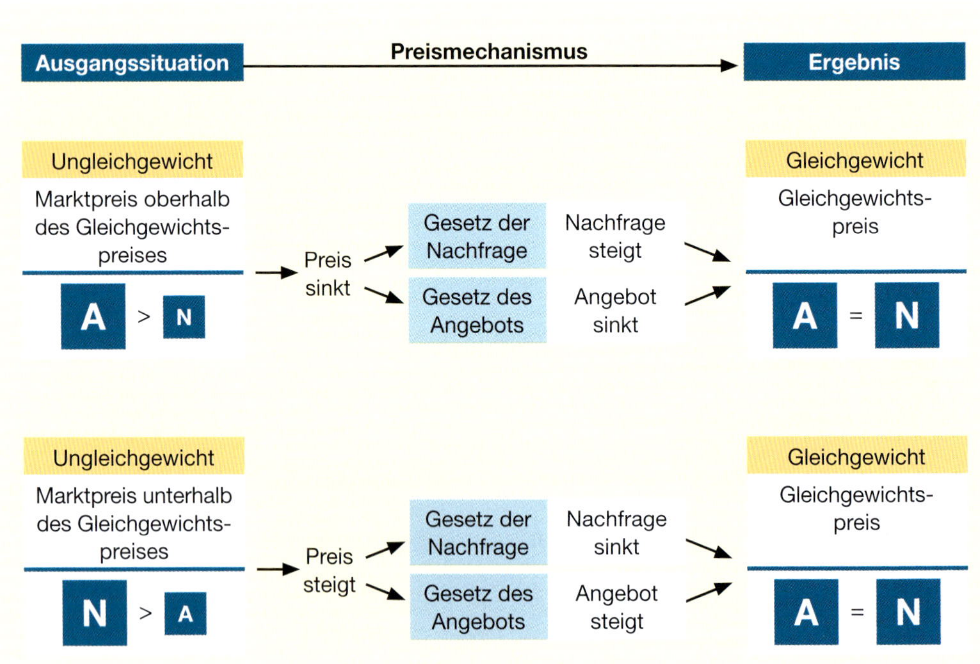

!

Preismechanismus

Zusammenhang zwischen Preis eines Gutes und den nachgefragten bzw. angebotenen Mengen dieses Gutes

- Ist das Angebot größer als die Nachfrage **(Angebotsüberhang),** senken die Anbieter den Preis, um nicht auf einem Teil ihrer Produkte sitzen zu bleiben. Sinkt der Preis, wird nach dem Gesetz der Nachfrage die Nachfrage steigen und nach dem Gesetz des Angebots das Angebot sinken. Der ursprüngliche Angebotsüberhang geht zurück und der Markt tendiert zum Gleichgewicht, d. h. zum Gleichgewichtspreis und damit zum Ausgleich von Angebot und Nachfrage.
- Ist die Nachfrage größer als das Angebot **(Nachfrageüberhang),** erhöhen die Anbieter den Preis, um die nachfragewirksame Kaufkraft abzuschöpfen. Steigt der Preis, geht nach dem Gesetz der Nachfrage die Nachfragemenge zurück und steigt nach dem Gesetz des Angebots die Angebotsmenge. Der ursprüngliche Nachfrageüberhang geht zurück und der Markt tendiert zum Gleichgewicht.

▶ Marktungleichgewichte durch Veränderungen sonstiger Bestimmungsgründe

Die bisherigen Überlegungen gingen von *unveränderten* Nachfrage- und Angebotsstrukturen aus. Betrachtet wurden Veränderungen der Nachfrage- und Angebotsmengen eines Gutes, wenn sich der Preis dieses Gutes ändert. Es stellte sich heraus, dass Preisänderungen zu Bewegungen auf den gegebenen Kurven führen.

Ein bestehendes Marktgleichgewicht kann auch dadurch gestört werden, dass sich statt des Güterpreises andere Größen ändern, die ebenfalls Nachfrage ($p_1,\ldots,p_n$,Y,U) und Angebot (K_x) beeinflussen. Eine Änderung bei diesen Größen **(„Shift-Faktoren")** führt nicht zu einer *Bewegung auf der gegebenen Kurve,* sondern zu einer *Verschiebung der Kurve* selbst.

Die Nachfrage- oder Angebotskurve kann sich sowohl nach rechts als auch nach links verschieben. Eine Rechtsverschiebung bedeutet eine Ausweitung, eine Linksverschiebung eine Reduktion von Nachfrage bzw. Angebot. Die Gründe für Verschiebungen der Kurven können unterschiedlicher Natur sein.

Verschiebung von Nachfrage- und Angebotskurven		
Richtung	**Nachfragekurve**	**Angebotskurve**
Rechtsverschiebung (Zunahme)	▪ Erhöhung des Einkommens ▪ Höhere Nutzenschätzung für das Gut (z. B. Änderung von Verbrauchsgewohnheiten, Modetrends) ▪ Preiserhöhungen bei Substitutionsgütern ▪ Preissenkungen bei Komplementärgütern ▪ Erhöhung der Zahl der Nachfrager (z. B. Bevölkerungswachstum)	▪ Sinkende Kosten (z. B. bei steigender Produktivität oder sinkenden Preisen der Produktionsfaktoren) ▪ Erhöhung der Zahl der Anbieter
Linksverschiebung (Abnahme)	▪ Verminderung des Einkommens ▪ Geringere Nutzenschätzung für das Gut (z. B. Änderung von Verbrauchsgewohnheiten, Modetrends) ▪ Preissenkungen bei Substitutionsgütern ▪ Preiserhöhungen bei Komplementärgütern ▪ Verminderung der Zahl der Nachfrager (z. B. Bevölkerungsrückgang)	▪ Steigende Kosten (z. B. bei sinkender Produktivität oder steigenden Preisen der Produktionsfaktoren) ▪ Verminderung der Zahl der Anbieter

Erhöht sich – bei gleichbleibendem Angebot – die Nachfrage für ein Gut, so verschiebt sich die Nachfragekurve nach rechts. Preis- und Mengeneffekt einer Nachfragesteigerung sind positiv, d. h., Preis und Absatzmenge steigen. Sinkt die Nachfrage für ein Gut, so verschiebt sich die Nachfragekurve nach links. Preis- und Mengeneffekt einer Nachfrageminderung sind negativ, d. h., Preis und Absatzmenge sinken.

Zunehmende Nachfrage

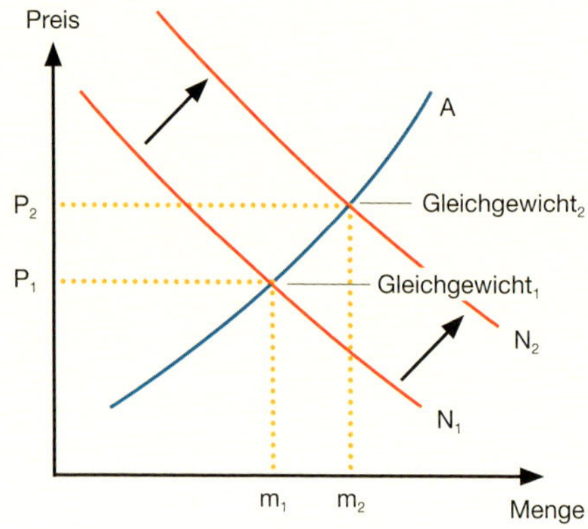

Abnehmende Nachfrage

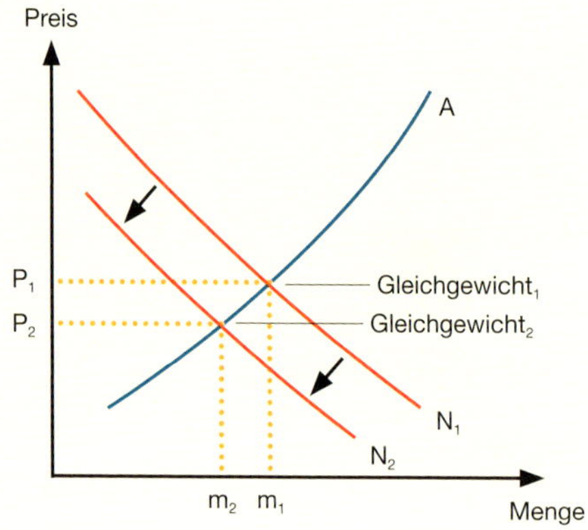

Zunehmendes Angebot

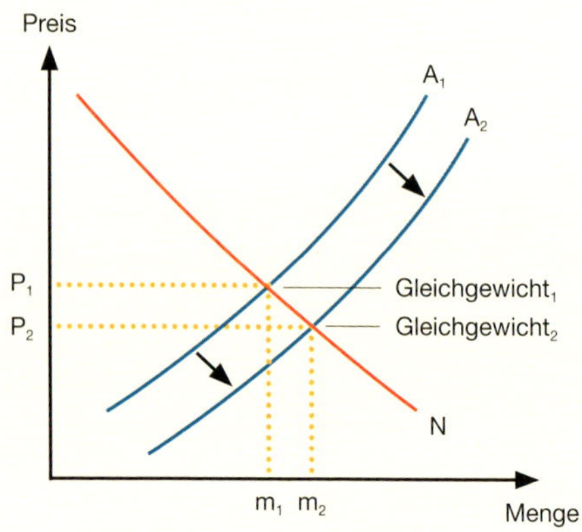

Abnehmendes Angebot

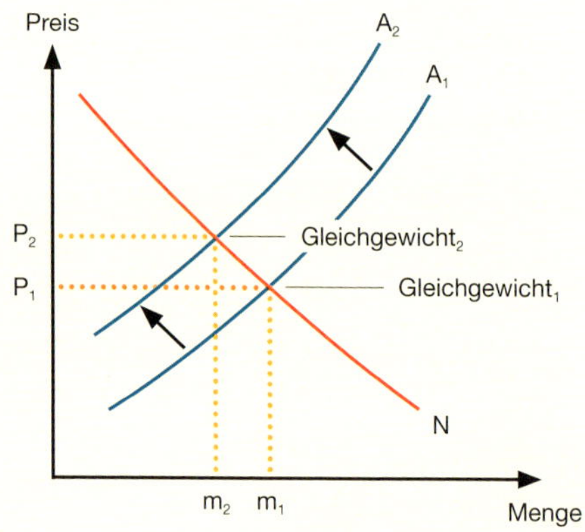

Bei einer Änderung des Angebots sind Preis- und Mengeneffekt entgegengesetzt gerichtet. Erhöht sich – bei gleich bleibender Nachfrage – das Angebot für ein Gut, so verschiebt sich die Angebotskurve nach rechts; der Preis sinkt und die Absatzmenge steigt. Sinkt das Angebot für ein Gut, so verschiebt sich die Angebotskurve nach links; der Preis steigt und die Absatzmenge sinkt.

Zusammenfassung Kapitel 5.1.2:
Allgemeines Marktmodell und Preismechanismus

- Die Darstellung der Verhaltensweisen beider Marktseiten durch Nachfrage- und Angebotskurven führt zum allgemeinen Marktmodell.
- Sind Nachfrage- und Angebotsmenge gleich groß, besteht Marktgleichgewicht. Der dazugehörige Preis wird als Gleichgewichtspreis und die dazugehörige Nachfrage- bzw. Angebotsmenge als Gleichgewichtsmenge bezeichnet.
- Marktungleichgewicht liegt vor, wenn Nachfrage und Angebot nicht gleich groß sind. Der Marktpreis entspricht nicht dem Gleichgewichtspreis.
- Liegt der Marktpreis oberhalb des Gleichgewichtspreises, ist das Angebot größer als die Nachfrage (Angebotsüberhang).

  Liegt der Marktpreis unterhalb des Gleichgewichtspreises, ist die Nachfrage größer als das Angebot (Nachfrageüberhang).
- Bei Marktungleichgewichten bewirkt der Preismechanismus eine Tendenz zum Gleichgewichtspreis und damit zum Ausgleich von Nachfrage und Angebot.
- Eine Veränderung des Güterpreises führt zu einer Bewegung auf den gegebenen Nachfrage- und Angebotskurven.
- Eine Veränderung anderer Größen („Shift-Faktoren“) führt zu einer Verschiebung von Nachfrage- oder Angebotskurve.
- Eine Zunahme der Nachfrage bewirkt eine Rechtsverschiebung der Nachfragekurve; Preis und Absatzmenge steigen. Eine Abnahme der Nachfrage bewirkt eine Linksverschiebung der Nachfragekurve; Preis und Absatzmenge sinken.
- Eine Zunahme des Angebots bewirkt eine Rechtsverschiebung der Angebotskurve; der Preis sinkt und die Absatzmenge steigt. Eine Abnahme des Angebots bewirkt eine Linksverschiebung der Angebotskurve; der Preis steigt und die Absatzmenge sinkt.

5.1.3 Marktarten

Welche Arten von Märkten gibt es? ?

Bisher wurde in allgemeiner Form von „dem Markt“ gesprochen. In arbeitsteiligen Wirtschaften existiert jedoch eine Vielzahl unterschiedlicher Märkte.

Im alltäglichen Sprachgebrauch werden Märkte u. a. nach zeitlichen Bestimmungen (Weihnachtsmarkt, Wochenmarkt, Jahrmarkt, Maimarkt usw.), nach den gehandelten Gütern (Fischmarkt, Arbeitsmarkt, Baumarkt usw.) und nach anderweitigen Gesichtspunkten (Großmarkt, Supermarkt, Flohmarkt, Schwarzmarkt usw.) bezeichnet.

Wirtschaftlich bedeutsam ist vor allem die Unterscheidung der Marktarten nach dem **Marktgegenstand.** Gegenstand von Markttransaktionen können Güter, Produktionsfaktoren und Geld sein. Entsprechend lassen sich Güter- und Faktormärkte sowie der Geld- und Kapitalmarkt unterscheiden.

Gütermärkte oder **Produktmärkte** sind Märkte, auf denen Güter (Sachgüter bzw. Waren und Dienstleistungen) gehandelt werden.[1] Gütermärkte stehen im Mittelpunkt volkswirtschaftlicher Überlegungen zu Marktformen und Preisbildungsprozessen.

[1] Vgl. hierzu auch Kapitel 3 „Nachfrage am Gütermarkt“ sowie Kapitel 4 „Angebot am Gütermarkt“.

Marktarten		
Gegenstand	**Marktart**	**Erläuterung**
Güter	Gütermärkte	Sachgüter und Dienstleistungen; auch Produktmärkte genannt
Produktionsfaktoren	Faktormärkte	Produktionsfaktoren: Boden/Natur, Arbeit, (Sach-)Kapital. Der wichtigste Faktormarkt ist der Arbeitsmarkt.
Geld und Kredit	Geld- und Kapitalmarkt	*Geldmarkt:* Markt für Geld (kurzfristig). *Kapitalmarkt:* Markt für langfristige Kredite und Kapitalanlagen (Aktienmarkt, Rentenmarkt usw.).

Faktormärkte sind Märkte für Produktionsfaktoren (Boden/Natur, Arbeit, Kapital). Der wichtigste Faktormarkt ist der **Arbeitsmarkt.** Die Preisbildung (= Lohnfindung) auf dem Arbeitsmarkt stellt einen Sonderfall dar. Bei Lohnverhandlungen stehen sich Gewerkschaften (Vertreter der Arbeitnehmer) als Anbieter und Arbeitgeberverbände (Vertreter der Unternehmen) als Nachfrager gegenüber. Die Verhandlungspartner werden als **Tarifpartner** bezeichnet. Die Marktform entspricht der später noch darzustellenden Form eines zweiseitigen (bilateralen) Monopols. Das Ergebnis der Preisbildung, also die Lohnhöhe, hängt von der jeweiligen Stärke der Tarifpartner ab, die u.a. von der aktuellen Lage auf dem Arbeitsmarkt und der allgemeinen Konjunkturlage bestimmt wird.

Auf dem **Geld- und Kapitalmarkt** wird Geldkapital gehandelt. Am **Geldmarkt** im engeren Sinne treten nur Zentralbank, Geschäftsbanken und große Wirtschaftsunternehmen auf. Getauscht werden u.a. Bargeld und Wertpapiere mit kurzen Laufzeiten. Der **Kapitalmarkt** ist der Markt für langfristige Kredite und Kapitalanlagen (Aktienmarkt, Rentenmarkt, Kredite der Geschäftsbanken an Nichtbanken, Einlagen der Nichtbanken bei Geschäftsbanken).[1]

Zusammenfassung Kapitel 5.1.3: Marktarten

- Märkte können nach verschiedenen Kriterien unterschieden werden.
- Nach dem wichtigsten Kriterium, dem Marktgegenstand, lassen sich Gütermärkte, Faktormärkte sowie Geld- und Kapitalmarkt unterscheiden.

5.1.4 Vollkommener und unvollkommener Markt

? Welche Voraussetzungen muss ein Markt erfüllen, um vollkommen zu sein?

Eine weitere Unterscheidung der Märkte bezieht sich auf deren qualitative Beschaffenheit. Unterschieden werden vollkommene und unvollkommene Märkte.

Ein **vollkommener Markt** muss bestimmte Voraussetzungen (Prämissen) erfüllen. Diese Prämissen stellen Anforderungen an verschiedene Marktelemente.

[1] Zum Geld- und Kapitalmarkt vgl. Kapitel 8.

Vollkommener Markt	
Marktelement	**Anforderung**
Güter	Homogenität
Marktsituation	Markttransparenz
Marktteilnehmer	Keine Präferenzen (räumlich, zeitlich, persönlich)
Marktverhalten	Kurzfristige Anpassung, Mobilität der Produktionsfaktoren

- **Homogenität** der Güter bedeutet völlige Gleichartigkeit der Güter (Beschaffenheit, Aussehen, Verpackung usw.) auf dem betrachteten Markt. Es dürfen keine objektiv feststellbaren Unterschiede bestehen.
- Die Marktteilnehmer (Nachfrager und Anbieter) müssen **Markttransparenz** besitzen, d. h., sie müssen über alle wichtigen Informationen des Marktgeschehens, z. B. über die Preise der anderen Anbieter, über Merkmale der Güter usw., verfügen.
- Die Marktteilnehmer dürfen keine *räumlichen, zeitlichen* oder *persönlichen* **Präferenzen** besitzen, d. h., sie dürfen niemanden bevorzugen und dürfen nicht bereit sein, aus einem dieser Gründe einen höheren Preis zu zahlen.

  Im Einzelnen bedeutet das zum Beispiel:

  Räumliche Präferenz. Ein Nachfrager ist bereit, bei einem näher gelegenen Bäcker für ein bestimmtes Brötchen 0,50 GE zu zahlen, obwohl er weiß, dass das gleiche Brötchen bei einem weiter entfernten Bäcker nur 0,45 GE kostet.

  Zeitliche Präferenz. Ein Nachfrager ist bereit, für die sofortige Lieferung eines Fernsehers 2.000 GE zu zahlen, obwohl er weiß, dass er den gleichen Fernseher von einem anderen Anbieter in der nächsten Woche für 1.900 GE erwerben könnte.

  Persönliche Präferenz. Ein Nachfrager ist bereit, für ein Hemd in einem Geschäft mit einer ihm besonders sympathischen Verkäuferin 70 GE zu zahlen, obwohl er weiß, dass er bei dem Verkäufer im Geschäft nebenan für das gleiche Hemd nur 60 GE zahlen müsste.
- In ihrem **Marktverhalten** müssen die Marktteilnehmer flexibel sein. Ändert beispielsweise ein Anbieter den Preis, müssen die Nachfrager schnell (theoretisch unendlich schnell) darauf reagieren. Bei Änderungen von Marktstrukturen müssen sich Betriebe und Produktionsfaktoren (insbesondere der Produktionsfaktor Arbeit) ebenfalls kurzfristig anpassen. Das verlangt vor allem eine räumliche Mobilität, d. h., der Produktionsfaktor Arbeit wandert stets dorthin, wo die Einsatzbedingungen für ihn am günstigsten sind.

Ein Markt, der den Bedingungen des vollkommenen Marktes weitgehend entspricht, ist die Börse.

Vollkommener Markt

Ein Markt, der den Bedingungen des vollkommenen Marktes weitgehend entspricht ist die **Börse.**

Der seit einigen Jahren stark wachsende **Onlinehandel** erfüllt ebenfalls in vielerlei Hinsicht die Merkmale eines vollkommenen Marktes. Experten sehen in dieser Tatsache und in dem vom Onlinehandel ausgehenden Wettbewerbsdruck auf traditionelle Märkte eine der Ursachen für die vergleichsweise niedrigen Inflationsraten der jüngeren Vergangenheit.

Der vollkommene Markt ist eine Modellvorstellung. Mit ihr wird nicht in erster Linie die Erklärung realer Marktvorgänge bezweckt; vielmehr sollen die Preisbildungsprozesse durchschaubarer gemacht werden, da durch die Vollkommenheitsbedingungen alle störenden Einflüsse auf die Preisbildung ausgeschaltet werden.

Zusammenfassung Kapitel 5.1.4:
Vollkommener und unvollkommener Markt

- Märkte können nach ihrer qualitativen Beschaffenheit nach vollkommenen und unvollkommenen Märkte unterschieden werden.
- Für vollkommene Märkte gelten als Prämissen (Voraussetzungen):
  - Homogenität der Güter
  - Markttransparenz
  - Keine räumlichen, zeitlichen und persönlichen Präferenzen
  - Unendlich schnelle Reaktionsgeschwindigkeit der Marktteilnehmer
- Ein unvollkommener Markt liegt immer dann vor, wenn mindestens eine der Prämissen nicht erfüllt ist.
- In der Realität existieren fast nur unvollkommene Märkte. Der vollkommene Markt ist ein Modell, mit dessen Hilfe Preisbildungsprozesse frei von störenden Einflüssen dargestellt werden können.

5.1.5 Marktformen

? Welche Marktformen lassen sich unterscheiden?

Schon aus der alltäglichen Markterfahrung wissen wir, dass ein Anbieter, der an einem Ort allein ist und daher keine unmittelbare Konkurrenz fürchten muss, sich anders verhalten kann als ein Anbieter, der sich den Markt mit mehreren anderen teilen muss. Die Anzahl der Marktteilnehmer dient denn auch als Kriterium für das am häufigsten benutzte Schema zur Unterscheidung von Marktformen.[1]

Unterschieden werden sowohl auf der Anbieter- als auch auf der Nachfragerseite drei Kategorien: viele, wenige, einer. Bei der Darstellung in einer Matrix ergeben sich neun verschiedene Kombinationen, die jeweils eine eigene Bezeichnung tragen. Zwar sind unterschiedliche Strukturen auf der Nachfrageseite keineswegs bedeutungslos, doch gilt für die Analyse von Preisbildungsprozessen das Interesse vor allem der Struktur der Angebotsseite. Im Allgemeinen wird unterstellt, dass auf der Nachfrageseite viele Marktteilnehmer vorhanden sind. Wird die Angebotsseite nach den Kriterien viele, wenige, einer differenziert, ergeben sich die „klassischen" Marktformen Polypol, Oligopol und Monopol.

Marktformen

Nachfrager / Anbieter	viele	wenige	einer
viele	Polypolistische Konkurrenz	Nachfrageoligopol	Nachfragemonopol
wenige	Angebotsoligopol	Zweiseitiges (bilaterales) Oligopol	Beschränktes Nachfragemonopol
einer	Angebotsmonopol	Beschränktes Angebotsmonopol	Zweiseitiges (bilaterales) Monopol

[1] Dieses Marktformenschema geht auf den deutschen Nationalökonomen Heinrich von STACKELBERG (1905–1946) zurück; vgl. Stackelberg, H. v.: Grundlagen der theoretischen Volkswirtschaftslehre. – Bern 21951, S. 235

!

Polypol: Ein Gut wird von vielen Anbietern (mit geringen Marktanteilen) angeboten.
Oligopol: Ein Gut wird von wenigen Anbietern (mit großen Marktanteilen) angeboten.
Monopol: Ein Gut wird von nur einem Anbieter angeboten.

Werden die Marktformen weiterhin danach unterschieden, ob sie sich auf vollkommenen oder unvollkommenen Märkten befinden, ergeben sich weitere, für die Preisbildung bedeutsame Unterscheidungen, wobei die jeweiligen Bezeichnungen allerdings nicht einheitlich sind.

Marktformen auf vollkommenen und unvollkommenen Märkten			
Beschaffenheit des Marktes	**Anzahl der Anbieter**		
	viele	**wenige**	**einer**
Vollkommen	vollkommene, atomistische Konkurrenz (auch vollständige oder homogene atomistische Konkurrenz)	Homogenes Oligopol	Reines Monopol
Unvollkommen	unvollkommene atomistische Konkurrenz (auch unvollständige oder heterogene Konkurrenz)	Heterogenes Oligopol	Unvollkommenes Monopol

Da die Gestaltungsmöglichkeiten der Anbieter und damit die Preisbildungsprozesse wesentlich von der jeweiligen Marktform abhängig sind, wird im Folgenden die Preisbildung getrennt nach Marktformen untersucht.

In der Realität bereitet die Bestimmung der „Zahl der Anbieter" auf einem Markt allerdings erhebliche Schwierigkeiten, die sich vor allem aus zwei Fragen ergeben:

- Wie groß ist „ein Markt"? Für einen bestimmten Nachfrager ist in der Regel nicht die gesamte Volkswirtschaft, sondern nur ein begrenztes Gebiet von Bedeutung. Es müsste demnach eine räumliche **Marktabgrenzung** vorgenommen werden, die Auskunft darüber gibt, welches in etwa überschaubare Gebiet als einheitlicher Markt verstanden werden kann.
- Wer ist der „Anbieter" – der Hersteller oder der Händler? In der Theorie wird zumeist der Hersteller, z. B. eines Autos, als Anbieter verstanden; für den Nachfrager ist jedoch der Händler der Anbieter. Wird als Anbieter der *Hersteller* verstanden, ergeben sich zumeist oligopolistische und – z. B. bei Markenartikeln – monopolistische Marktstrukturen für ein bestimmtes Produkt. Werden jedoch als Anbieter die Händler verstanden, ergeben sich – auch auf überschaubaren Märkten und selbst für das Produkt nur eines Herstellers – häufig polypolistische Strukturen.

Zusammenfassung Kapitel 5.1.5:
Marktformen

- Marktformen lassen sich nach der Zahl der Anbieter und Nachfrager unterscheiden.
- Wird auf der Angebotsseite nach dem Kriterium „Anzahl der Anbieter" differenziert, ergeben sich die Marktformen Polypol, Oligopol und Monopol.
- Die Marktformen lassen sich noch weiter danach unterscheiden, ob sie sich auf vollkommenen oder unvollkommenen Märkten befinden.
- Die Preisbildung ist in den verschiedenen Marktformen unterschiedlich.

5.2 Preisbildung

? Wie kommt ein Gut zu seinem Preis?

Bei Naturaltauschbeziehungen lässt sich der Tauschwert eines Gutes durch Mengeneinheiten eines anderen Gutes ausdrücken. Können beispielsweise zwei Kilogramm Bananen gegen einen Liter Wein getauscht werden, ergeben sich folgende „Preise“:

1 Kilogramm Bananen kostet 0,5 Liter Wein,

1 Liter Wein kostet 2 Kilogramm Bananen.

In den heutigen Geldverkehrswirtschaften geben Preise die Austauschrelationen zwischen Gütern an.

Alltagserfahrungen mit Preisen

- Jedes Gut hat seinen Preis
- Gleiche Güter haben unterschiedliche Preise
- Preise steigen
- Preise sinken
- Preise lassen sich aushandeln

! Der Preis ist der in Geld ausgedrückte Tauschwert eines Gutes.

Am Zustandekommen eines Güterpreises sind vier Instanzen beteiligt:

- Der Anbieter eines Gutes hat bestimmte Vorstellungen über einen angemessenen Preis für sein Gut, die insbesondere von seinen Zielen (z.B. Gewinnmaximierung) und den Kosten für die Herstellung des Gutes abhängen. Zur Ermittlung dieses **Angebotspreises** dient die betriebliche Preiskalkulation.
- Die Nachfrager haben ebenfalls bestimmte Vorstellungen über einen angemessenen Preis für ein bestimmtes Gut. Ihre Bereitschaft, einen bestimmten Preis zu zahlen, hängt vor allem davon ab, wie hoch sie den Nutzen des Gutes einschätzen und welches Einkommen ihnen für die Güternachfrage zur Verfügung steht.
- Die Vorstellungen von Anbietern und Nachfragern treffen am Markt aufeinander. Es findet ein Abstimmungsprozess (Preisbildungsprozess) zwischen den beiden Marktseiten statt. Das Ergebnis des Abstimmungsprozesses hängt von der Güterart und der Marktsituation ab. Die Marktsituation wird weitgehend bestimmt durch die Anzahl der Anbieter (Polypol, Oligopol, Monopol) und deren Wettbewerb untereinander. Das Ergebnis des Abstimmungsprozesses zwischen Nachfragern und Anbietern ist der **Marktpreis.**
- Der Staat beteiligt sich ebenfalls am Preisbildungsvorgang. Zum einen erhebt er Steuern (Mehrwertsteuer, Verbrauchssteuern), die in den Preis der Güter eingehen und die Höhe des Marktpreises beeinflussen. Zum anderen nimmt er über die Wettbewerbsordnung Einfluss auf die Marktsituation. Die Aufrechterhaltung bzw. die Herstellung von Wettbewerb ist eine der wichtigsten Aufgaben des Staates in der Sozialen Marktwirtschaft.

Für das Verhältnis zwischen Angebotspreis und Marktpreis bzw. das Verhalten eines Anbieters bestehen zwei Grundmodelle:

1. **Mengenanpassung.** Für das Gut hat sich ein bestimmter Marktpreis herausgebildet. Ein einzelner Anbieter mit einem geringen Marktanteil hat kaum Möglichkeiten, diesen Marktpreis zu beeinflussen. Er muss ihn als gegeben hinnehmen. Der Marktpreis ist für ihn ein „Datum". Die Gewinnmaximierungsstrategie des Anbieters beschränkt sich darauf, die Ausbringungsmenge so zu bestimmen, dass bei gegebenem Preis sein Gewinn möglichst groß ist. Ein solches Verhalten als **Mengenanpasser** ist typisch für das vollkommene Polypol.
2. **Preisfixierung.** Ein Anbieter macht einen Preisvorschlag für sein Gut und die Nachfrager entscheiden, ob und wie viel sie zu diesem Preis bei ihm kaufen wollen. Die Reaktion der Nachfrager beeinflusst unter Umständen den Preisvorschlag des Anbieters in der nächsten Periode. Ein solches Verhalten als **Preisfixierer** ist typisch für unvollkommene Märkte. Es ist das übliche Verhalten in Handwerk, Industrie und Handel und uns aus den täglichen Kontakten mit Anbietern bekannt.

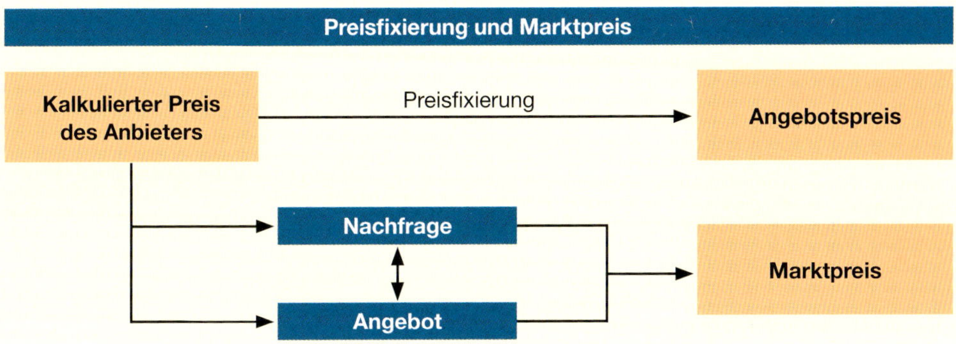

Wie kommen Angebotspreis und Marktpreis im Einzelnen zustande?

5.2.1 Angebotspreis

Nach welchen Gesichtspunkten entsteht die Preisvorstellung des Anbieters? ?

Am Endpreis eines Produktes sind grundsätzlich drei Elemente beteiligt. Der Preis soll

- die Kosten des Produkts,
- einen angemessenen Gewinn und
- die vom Staat verlangten Steuern abdecken.

Die nachfolgenden Überlegungen beziehen sich der Einfachheit halber nur auf den Hersteller eines Produkts; die Überlegungen gelten jedoch in gleicher Weise, wenn die Preisbestandteile (z.B. Kosten, Gewinn) auf mehreren Stufen (Produktionsstufe, Handelsstufen) auftreten und sich zum Endpreis eines Produktes summieren.

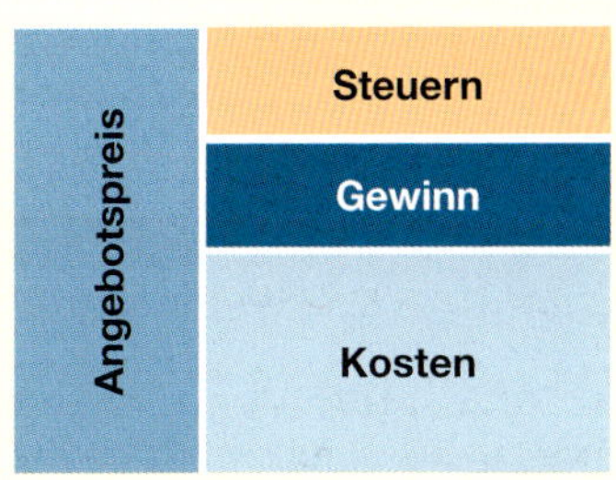

Kosten: Die Herstellung eines Produkts verursacht Kosten. Mithilfe seiner Kosten- und Leistungsrechnung bemüht sich der Betrieb, die auf eine Produkteinheit entfallenden Kosten möglichst exakt zu ermitteln. Er muss dabei sowohl die einer Produkteinheit direkt zurechenbaren Kosten **(Einzelkosten)** als auch die Kosten, die einer einzelnen Produkteinheit nicht direkt zurechenbar sind **(Gemeinkosten),** berücksichtigen. Als Kostenarten fallen u. a. Material- und Lohnkosten sowie Kosten für die Verwaltung und den Vertrieb des Produkts an.

Kalkulationsschema (vereinfacht)		
	Kostenart	**EUR**
	Materialkosten	20,00
+	Lohnkosten	40,00
=	Herstellkosten	60,00
+	Verwaltungsgemeinkosten (10 % der Herstellkosten)	6,00
+	Vertriebsgemeinkosten (5 % der Herstellkosten)	3,00
=	**Selbstkosten**	69,00
+	Kalkulierter Gewinn (20 % der Selbstkosten)	13,80
=	**Angebotspreis (vor Steuern)**	82,80

Gewinn: Der Gewinn wird als prozentualer Zuschlag auf die Selbstkosten behandelt. Er soll den Unternehmerlohn (als angemessene Vergütung für die Tätigkeit des Unternehmers), eine angemessene Verzinsung des im Betrieb angelegten Eigenkapitals sowie eine Wagnisprämie für das unternehmerische Risiko abdecken. Ein so ermittelter Gewinnaufschlag ist zunächst einmal ein beabsichtigter Gewinn. Er wird daher auch kalkulatorischer Gewinn genannt. Inwieweit er realisiert werden kann, hängt von der Marktsituation ab.

Steuern: In den Endpreisen der Güter sind auch indirekte Steuern enthalten:

- Mehrwertsteuer (allgemeine Verbrauchssteuer)
- Besondere Verbrauchssteuern (z. B. Mineralölsteuer, Tabaksteuer, Kaffeesteuer)

Verbrauchssteuern werden mit festen Beträgen pro Mengeneinheit oder als Prozentsatz vom Güterwert festgesetzt.

Mit der im Angebotspreis ausgedrückten Preisvorstellung „betritt" der Anbieter nun den Markt. Liegt der am Markt erzielbare Preis über dem kalkulierten Angebotspreis, so erhöht sich der Gewinn. Liegt der Marktpreis unter dem Angebotspreis, stehen dem Anbieter vier Möglichkeiten zur Verfügung:

- er akzeptiert einen reduzierten Gewinn
- er akzeptiert (zumindest für eine begrenzte Zeit) einen Verlust, wenn der Verzicht auf Gewinn nicht ausreicht
- er versucht, durch Kostensenkungen unter dem Marktpreis zu bleiben
- er nimmt sein Produkt vom Markt.

Zusammenfassung Kapitel 5.2.1:
Angebotspreis

- Preise sind Austauschrelationen zwischen Gütern. In Geldwirtschaften ist der Preis der in Geld ausgedrückte Tauschwert eines Gutes.
- Der Güterpreis bildet sich auf zwei Ebenen:
  - Der Angebotspreis spiegelt die Preisvorstellungen des Anbieters wider.
  - Der Marktpreis ergibt sich aus dem Zusammenwirken von Angebot und Nachfrage.
- Je nach Marktform agiert der Anbieter als Mengenanpasser oder als Preisfixierer.
- In den Angebotspreis eines Produktes gehen Kosten, Gewinn und Steuern ein.
- Die Möglichkeiten zur Durchsetzung des Angebotspreises hängen von der Marktsituation ab.

5.2.2 Marktpreisbildung

Die Preisbildung ist eine wichtige Funktion des Marktes. Wie jedoch bereits angedeutet wurde, bildet sich der Preis nicht auf allen Märkten in gleicher Weise. Märkte und Marktpreisbildung unterscheiden sich vor allem nach zwei Kriterien:

- Qualitative Beschaffenheit des Marktes (vollkommene und unvollkommene Märkte)
- Quantitative Beschaffenheit des Marktes (Anzahl der Marktteilnehmer).

Aus der quantitativen Beschaffenheit leiten sich die unterschiedlichen Preisbildungsprozesse im Polypol, Oligopol und Monopol ab. Zwischen der Marktform und dem Marktverhalten der Anbieter bestehen Zusammenhänge.

Aussagen zur Marktpreisbildung bewegen sich auf mehreren Ebenen:

- Aussagen zur Marktsituation (Marktteilnehmer, Vollkommenheitsgrad)
- Aussagen über Verhaltensweisen eines einzelnen Anbieters (ggf. unter Berücksichtigung der Verhaltensweisen von Konkurrenten)
- Aussagen über das Verhalten der Nachfrager.

Im **Monopol** hat der Anbieter keine Konkurrenz. Er kann eine unabhängige Preispolitik betreiben, d.h. den Preis ohne Rücksichtnahme auf andere Anbieter festsetzen. Sein Absatz hängt allein von der Nachfragestruktur ab. Er ist **Preisfixierer.**

Im **Oligopol** muss ein Anbieter bei seinen Preisaktionen mit Reaktionen der anderen wenigen Anbieter rechnen.

Im **Polypol auf unvollkommenem Markt** kann ein Anbieter in bestimmten Grenzen seinen Preis wie ein Monopolist unabhängig von anderen Anbietern festsetzen. Innerhalb dieser Grenzen hängt sein Absatz nur von dem normalen Nachfrageverhalten ab. Er ist – wie der Oligopolist – **Preisfixierer mit begrenztem Preisspielraum.**

Marktform und Preisverhalten	
Marktform	**Preisverhalten**
Monopol	Preisfixierer
Oligopol Unvollkommenes Polypol	Preisfixierer mit begrenztem Preisspielraum
Vollkommenes Polypol	Mengenanpasser an Marktpreis

Im **Polypol auf vollkommenem Markt** kann ein einzelner Anbieter den Preis gar nicht beeinflussen. Er kann sich lediglich dem herrschenden Marktpreis mit einer optimalen Bestimmung seiner Angebotsmenge anpassen. Er ist **Mengenanpasser.**

Natürlicher Preis

Die Klassiker der Nationalökonomie, unter anderem auch *Adam Smith*, verwendeten das Konstrukt „natürlicher Preis".

Im Gegensatz zum Marktpreis, der sich durch Angebot und Nachfrage ergibt, ist der natürliche Preis eines Produktes ausschließlich durch seine Herstellkosten bestimmt.

5.2.2.1 Preisbildung im Polypol

Überlegungen zu Preisbildungsprozessen liegen ausdrücklich oder stillschweigend zumeist polypolistische Marktvorstellungen zugrunde. Die Annahme, dass sich für ein bestimmtes Gut am Markt zahlreiche Nachfrager und ebenfalls zahlreiche Anbieter gegenüberstehen, ist zum Teil Wunschdenken, das nicht zuletzt durch die damit einhergehenden positiven Wirkungen eines strengen Konkurrenzverhaltens bestimmt ist. In der Realität gilt insbesondere die Annahme einer großen Zahl von Anbietern eines Gutes bestenfalls bei großräumigen Betrachtungen. Die Nachfrage, vor allem die der privaten Haushalte, beschränkt sich jedoch zumeist auf einen räumlich überschaubaren Bereich mit einer in der Regel begrenzten Zahl von Anbietern.

5.2.2.1.1 Preisbildung im vollkommenen Polypol: Vollständiges Marktmodell

? Wie bildet sich der Marktpreis, wenn viele Anbieter und Nachfrager vorhanden sind und die Bedingungen des vollkommenen Marktes gelten?

Die vollkommene atomistische Konkurrenz ist eine Modellvorstellung. Die dabei – neben der großen Zahl von Nachfragern und Anbietern – angenommenen Bedingungen eines vollkommenen Marktes sind in der Realität bestenfalls auf einigen wenigen Spezialmärkten (z. B. der Börse) und dort auch nur annähernd anzutreffen. Da dieses Modell alle Größen, die den Prozess der Preisbildung durch Angebot und Nachfrage stören könnten, ausschaltet, vermag es den Vorgang der Marktpreisbildung besonders anschaulich darzustellen. Aus diesem Grunde wird die Preisbildung im vollkommenen Polypol in der Volkswirtschaftslehre ausführlich behandelt.

In den folgenden Überlegungen wird zunächst das Modell des vollkommenen Polypols beschrieben. Dann wird der Preisbildungsvorgang anhand der Kursbildung an der Börse konkret dargestellt und anschließend ein Marktmodell entwickelt.

▶ Modell des vollkommenen Polypols

Das Modell des vollkommenen Polypols ist für die Überlegungen zur Marktpreisbildung das Standardmodell.

! **Prämissen des vollkommenen Polypols**

- Auf dem Markt stehen sich viele Anbieter und viele Nachfrager gegenüber. Der einzelne Marktteilnehmer verfügt nur über ganz geringe Marktanteile und besitzt daher keine nennenswerte Marktmacht. Für beide Seiten bestehen unbeschränkte Marktzugänge und -abgänge, damit Vielzahl und Vielfalt erhalten bleiben.
- Für den Markt gelten die Bedingungen eines vollkommenen Marktes (homogenes Gut, Markttransparenz, Fehlen von Präferenzen, kurzfristige Anpassung).

Aus dem Zusammenwirken von Angebot und Nachfrage entwickelt sich der Gleichgewichtspreis. Für einen einzelnen Anbieter bestehen auf einem solchen Markt keine eigenständigen Preissetzungsmöglichkeiten. Der Marktpreis ist für ihn eine vorgegebene Größe, ein „Datum". Seine Ziele, insbesondere das Ziel Gewinnmaximierung, kann ein Anbieter nur erreichen, indem er seine Angebotsmenge bestmöglich an diesen Preis anpasst.

Was geschieht, wenn auf einem vollkommenen polypolistischen Markt ein Anbieter dennoch zu einem anderen Preis als dem Marktpreis anbietet?

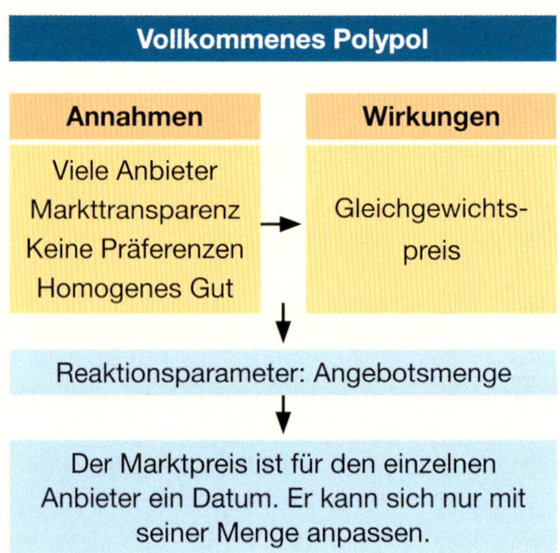

1. Möglichkeit: Er bietet über dem Marktpreis an. In diesem Falle ist sein Absatz gleich null, da alle Nachfrager sofort zur Konkurrenz abwandern.

2. Möglichkeit: Er bietet unter dem Marktpreis an. In diesem Falle wird sofort die gesamte Marktnachfrage zu ihm strömen. Das nützt ihm als kleinem Anbieter aber nichts, da er die zusätzliche Nachfrage nicht befriedigen kann. Er würde lediglich eine kaum veränderte Menge zu niedrigerem Preis absetzen und dadurch seinen Gewinn schmälern.

Als Reaktionsparameter steht dem einzelnen Anbieter daher nur seine Angebotsmenge zur Verfügung, er ist **Mengenanpasser.**

Das Marktverhalten des Mengenanpassers wurde bereits dargestellt. Es gilt die Gewinnmaximierungsbedingung:

Grenzerlös = Grenzkosten

Der Grenzerlös entspricht dem Marktpreis und ist für alle Anbieter gleich. Die Grenzkosten hängen von der jeweiligen betrieblichen Kostenstruktur[1] ab und sind von Anbieter zu Anbieter unterschiedlich.

Anbieterverhalten im vollkommenen Polypol

- Bei *konstanten Grenzkosten* wird ein Anbieter an seiner Kapazitätsgrenze anbieten.
- Bei *steigenden Grenzkosten* wird der Anbieter die Produktionsmenge wählen, bei der der Marktpreis seinen Grenzkosten entspricht.

Solange die Kosten der zusätzlichen Produktion geringer sind als der damit erzielbare Erlös, wächst der Gewinn des Anbieters. Steigt der Marktpreis, wird er eine größere Menge anbieten; sinkt der Marktpreis, wird er eine geringere Menge anbieten. Hieraus ergibt sich, dass die individuelle Angebotsfunktion des Polypolisten entlang seiner Grenzkostenkurve verläuft; bei steigendem Grenzkostenverlauf ist die Grenzkostenkurve seine Angebotsfunktion.

▶ Der Preisbildungsvorgang im vollkommenen Polypol

Die Preisbildung im vollkommenen Polypol entspricht der Preisbildung im allgemeinen Marktmodell.[2] Das liegt daran, dass das vollkommene Polypol das Standardmodell zur Erklärung von Preisbildungsprozessen ist. Eine vollständige Betrachtung geht noch über die bisherige Analyse, die sich mit dem Marktgleichgewicht sowie Marktungleichgewichten befasste, hinaus.

Beispiel

Auf einem Markt besteht für ein bestimmtes Gut folgende Situation:

Preis	Angebot	Nachfrage
2,00	20	100
4,00	40	80
6,00	60	60
8,00	80	40
10,00	100	20

Bei einem Preis von 6,00 sind Angebot und Nachfrage gleich groß. Bei diesem Preis besteht **Marktgleichgewicht.** Der Preis 6,00 ist der **Gleichgewichtspreis** (P_G), und die dazugehörige Menge von 60 ist die **Gleichgewichtsmenge** (M_G). Bei allen anderen Preisen besteht **Marktungleichgewicht:** Bei $P < 6{,}00$ besteht ein **Nachfrageüberhang,** bei $P > 6{,}00$ →

[1] Vgl. hierzu auch die Darstellung unterschiedlicher Kostenverläufe in Kapitel 4 „Angebot am Gütermarkt".

[2] Vgl. hierzu Abschnitt 5.1.2 „Allgemeines Marktmodell und Preismechanismus".

→ besteht ein **Angebotsüberhang.** Alle Anbieter verkaufen das Produkt zum Marktpreis von 6,00. Einige Anbieter hätten aber auch bei Preisen unterhalb von 6,00 verkauft. Diese Anbieter erzielen – gemessen an ihrer ursprünglichen Preisvorstellung – einen höheren Erlös. Dieser Zusatzerlös wird als **Produzentenrente** bezeichnet.

Alle Nachfrager kaufen das Produkt zum Marktpreis 6,00. Einige Nachfrager wären aber auch bereit gewesen, das Produkt zu einem höheren Preis zu kaufen. Diese Nachfrager erzielen – gemessen an ihrer ursprünglichen Preisvorstellung – eine unerwartete Ersparnis. Diese Ersparnis wird als **Konsumentenrente** bezeichnet.

Vollständiges Marktmodell

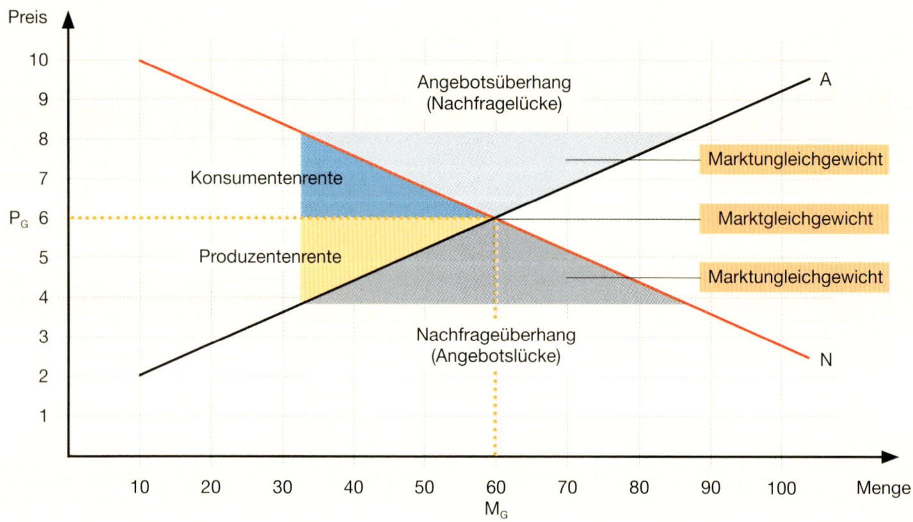

Bei den angestellten Überlegungen zur Preisbildung handelt es sich um eine sogenannte **komparativ-statische Analyse.** Dabei werden die Reaktionen der Marktteilnehmer ohne zeitliche Verzögerungen betrachtet. In der Realität bestehen jedoch Zeitunterschiede zwischen den Reaktionen. Auf eine Preisänderung beispielsweise reagieren Anbieter und Nachfrager mit einer gewissen zeitlichen Verzögerung („time-lag").[1]

Elemente des vollständigen Marktmodells

Marktgleichgewicht: Beim Gleichgewichtspreis sind Nachfrage- und Angebotsmenge gleich groß; der Markt wird geräumt.

Angebotsüberhang: (Nachfragelücke) Der Marktpreis liegt oberhalb des Gleichgewichtspreises; die Angebotsmenge ist größer als die Nachfragemenge. Um eine größere Menge absetzen zu können, werden die Anbieter den Preis senken. Ein sinkender Preis führt dazu, dass die Angebotsmenge zurückgeht und die Nachfragemenge steigt. Das Marktgleichgewicht pendelt sich ein (Preismechanismus).

Nachfrageüberhang: (Angebotslücke) Der Marktpreis liegt unterhalb des Gleichgewichtspreises; die Nachfragemenge ist größer als die Angebotsmenge. Um die höhere Nachfrage abzuschöpfen, erhöhen die Anbieter den Preis. Ein steigender Preis führt dazu, dass die Angebotsmenge steigt und die Nachfragemenge sinkt. Das Marktgleichgewicht pendelt sich ein (Preismechanismus). →

[1] Dynamische Modelle, die den Faktor der zeitverzögerten Reaktionen berücksichtigen, werden als **„Cobweb-Modelle"** oder **„Spinngewebe-Modelle"** bezeichnet.

→ **Konsumentenrente:** Der Marktpreis liegt unterhalb des Preises, für den ein Teil der Nachfrager zu kaufen bereit gewesen wäre. Für diese Nachfrager ergeben sich Minderausgaben im Vergleich zur ursprünglichen Preisvorstellung.

Produzentenrente: Der Marktpreis liegt oberhalb des Preises, für den ein Teil der Anbieter zu verkaufen bereit gewesen wäre. Für diese Anbieter ergeben sich Mehreinnahmen im Vergleich zur ursprünglichen Preisvorstellung.

Zusammenfassung Kapitel 5.2.2.1.1: Preisbildung im vollkommenen Polypol

- Das Marktmodell des vollkommenen Polypols geht davon aus, dass auf einem Markt viele Anbieter und viele Nachfrager vorhanden sind, ein homogenes Gut angeboten wird, die Marktteilnehmer über Markttransparenz verfügen und keine Präferenzen haben.
- Durch das Zusammenspiel von Angebot und Nachfrage bildet sich der Gleichgewichtspreis.
- Da ein einzelner Anbieter keine Marktmacht besitzt, kann er den Marktpreis nicht beeinflussen. Er muss ihn als gegeben hinnehmen und kann sich nur mit seiner Angebotsmenge anpassen. Er ist Mengenanpasser.
- In der Realität existieren keine Märkte, die diesem Modell entsprechen. Die Börse kommt der Modellvorstellung des vollkommenen Polypols jedoch recht nahe.
- Alle Nachfrager, die bereit gewesen wären, auch zu einem höheren Preis als dem Gleichgewichtspreis zu kaufen, erzielen eine Konsumentenrente.
- Alle Anbieter, die bereit gewesen wären, auch zu einem niedrigeren Preis als dem Gleichgewichtspreis zu verkaufen, erzielen eine Produzentenrente.

5.2.2.1.2 Preisbildung im unvollkommenen Polypol

Wie bilden sich Preise auf einem unvollkommenen Markt mit vielen Anbietern und vielen Nachfragern?

Im **unvollkommenen Polypol (unvollständige Konkurrenz, heterogene Konkurrenz)** ist mindestens eine der Bedingungen des vollkommenen Marktes nicht erfüllt. Auf realen Märkten fehlt es zumeist sogar an mehreren Erfordernissen. Es besteht keine völlige Markttransparenz, die Marktteilnehmer haben räumliche, persönliche und zeitliche Präferenzen und/oder die Güter sind nicht homogen. Die Überlegungen zur Preisbildung im unvollkommenen Polypol heben vor allem auf Unterschiede bei den Gütern ab; die Zahl der Anbieter wird als groß unterstellt. Die Konkurrenz gilt also als unvollkommen, weil die Güter heterogen sind (daher auch der Ausdruck „heterogene Konkurrenz“).

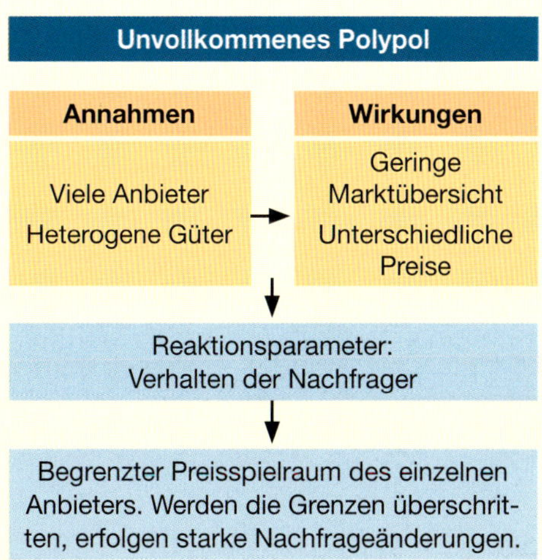

Heterogene Güter in diesem Sinne sind solche Güter, die sich wegen ihrer Ähnlichkeit und des gleichen Verwendungszwecks leicht substituieren lassen, die aber in der Sicht der Nachfrager nicht völlig identisch sind. In der Realität fallen beispielsweise viele Markenartikel unter diese Rubrik. Für den Preisbildungsprozess ist es dabei unerheblich, ob die Heterogenität auf tatsächlichen Produktunterschieden beruht oder lediglich auf eine unterschiedliche subjektive Einschätzung der Nachfrager zurückgeht.

Prämissen des unvollkommenen Polypols

- Auf dem Markt stehen sich viele Anbieter und viele Nachfrager gegenüber. Der einzelne Marktteilnehmer verfügt nur über ganz geringe Marktanteile und besitzt daher keine nennenswerte Marktmacht. Für beide Seiten bestehen unbeschränkte Marktzugänge und -abgänge, damit Vielzahl und Vielfalt erhalten bleiben.
- Auf dem Markt werden heterogene Güter angeboten.

Die Unterschiede bei den Gütern erschweren die Marktübersicht und ermöglichen dadurch unterschiedliche Preise. Das Grundschema der Preisbildung im unvollkommenen Polypol lässt sich recht gut aus den alltäglichen Markterfahrungen herleiten.

Beispiel

In einer Kleinstadt bieten etliche Bäcker Brötchen einer bestimmten Art an. Ein bestimmter Bäcker verlangt einen Preis von p_1 und setzt dabei die Menge m_1 ab. Seine Kundschaft besteht vor allem aus den Haushalten, die in überschaubarer Nähe wohnen.

Erhöht er den Brötchenpreis um einen geringen Betrag, wird er kaum weniger absetzen. Seine Kunden werden weiterhin bei ihm kaufen, weil sie entweder seine Brötchen mehr schätzen als die gleichen Brötchen anderer Bäcker (Heterogenität) oder weil sie nicht so genau die Preise der anderen Bäcker in der Stadt kennen (fehlende Markttransparenz) oder weil ihnen die Wege zu anderen Bäckern zu weit sind (räumliche Präferenzen) usw.

Erhöht der Bäcker den Brötchenpreis jedoch beträchtlich, dann schützen ihn diese Unvollkommenheiten des Marktes nicht mehr und seine Kunden wandern zu anderen Bäckern ab.

Für die Kunden des Bäckers gibt es ganz offensichtlich so etwas wie eine (von Kunde zu Kunde sicher etwas andere) „Schmerzgrenze“. Unterhalb dieser Schmerz- bzw. Preisgrenze kann der Bäcker seine Preise erhöhen, ohne größere Absatzverluste befürchten zu müssen; überschreitet seine Preiserhöhung jedoch die Schmerzgrenze, verliert er seinen Absatz.

Wenn nun unser Bäcker auf die Idee kommt, durch eine geringe Senkung des Brötchenpreises mehr Kunden auf sich zu ziehen, wird er ebenfalls die Tücken des unvollkommenen Marktes spüren.

Aus den gleichen Gründen wie oben werden die Kunden anderer Bäcker ebenfalls nicht ihr Stammgeschäft wechseln. Erst eine beträchtliche Preissenkung könnte in größerer Zahl andere Kunden dazu bewegen, zu ihm zu wechseln.[1]

Da der einzelne Anbieter nur einen ganz geringen Marktanteil hat, kann er das Marktgeschehen insgesamt kaum beeinflussen. Auf seine Maßnahmen (z.B. Preiserhöhung) werden daher die anderen Anbieter auch kaum reagieren.

[1] Für die Modellbetrachtung spielt es keine Rolle, dass sein Verhalten ökonomisch kaum sinnvoll ist, weil seine Kapazität wahrscheinlich gar nicht ausreicht, um den Kundenzuwachs zu befriedigen, oder weil er nach der drastischen Preissenkung seine Brötchen vielleicht nicht mehr kostendeckend verkaufen kann.

Der Anbieter im unvollkommenen Polypol muss daher bei seinen Aktionen in erster Linie das voraussichtliche Verhalten der Nachfrager und weniger die Gegenmaßnahmen der Konkurrenten berücksichtigen. Überschreiten Preisänderungen nach oben oder unten die von den Nachfragern hingenommenen Grenzen, so reagieren sie mit starken Nachfrageänderungen.

Anbieterverhalten im unvollkommenen Polypol

- Der Anbieter muss in erster Linie die Reaktionen der Nachfrager auf seine Preisaktionen berücksichtigen;
- Der einzelne Anbieter besitzt einen begrenzten Preissetzungsspielraum, innerhalb dessen er Preisänderungen vornehmen kann, ohne dass sich dadurch größere Auswirkungen auf seinen Absatz ergeben. Überschreitet er diese Preisgrenze, verliert er seinen Absatz. Unterschreitet er diese Preisgrenze, wandert ihm (theoretisch) die gesamte Nachfrage zu.

Zwischen der oberen und unteren Preisgrenze kann der Anbieter den Preis also nahezu nach Belieben festsetzen, ohne nennenswerte Auswirkungen auf die Nachfrage befürchten zu müssen. Eine solche Situation ist – wie später noch dargestellt wird – eigentlich nur für einen Monopolisten typisch. Daher wird dieser Preisbereich als **monopolistischer Preisspielraum** und das unvollkommene Polypol auch als **monopolistische Konkurrenz** bezeichnet.

Aus der Sicht eines einzelnen Anbieters spiegelt das Verhalten der Nachfrager gleichzeitig die eigenen Angebotsmöglichkeiten wider. Werden diese Erkenntnisse in eine Grafik übertragen, ergibt sich die typische **doppelt geknickte Nachfragekurve** bzw. **doppelt geknickte Preis-Absatz-Funktion** eines Anbieters bei monopolistischer Konkurrenz im unvollkommenen Polypol.[1]

Doppelt geknickte Preis-Absatz-Funktion

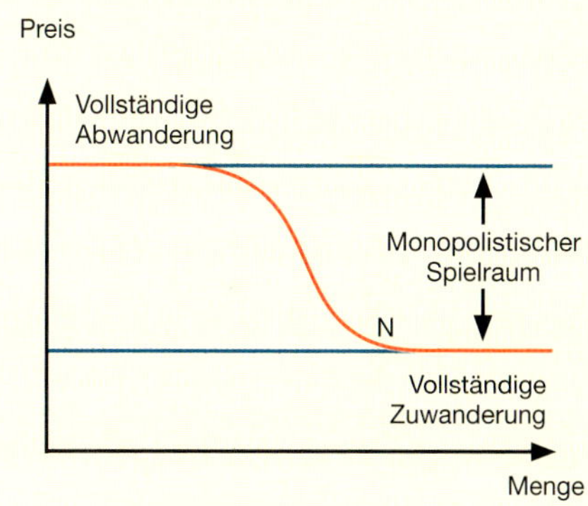

Die Größe des monopolistischen Preisspielraums hängt – neben der Standortdichte der Anbieter und der Elastizität der Nachfrage – vor allem von den Substitutionsverhältnissen ab, d. h. von der Bereitschaft der Nachfrager, bei Preiserhöhungen auf ein vergleichbares Gut eines anderen Anbieters auszuweichen. Daher lassen sich die untere und obere Grenze des monopolistischen Preisspielraums auch als **Substitutionsschwelle** bezeichnen. Überschreitet ein Anbieter diese Schwelle, sind die Nachfrager zur Substitution bereit. Die Anbieter sind daher bemüht, mittels Werbung eine intensive **Produktdifferenzierung** zu betreiben, die ihr Gut in den Augen der Nachfrager deutlich von den (ähnlichen) Produkten anderer Anbieter abhebt. Je mehr dies gelingt, umso höher liegt die Schwelle der Abwanderung.

Sinnvolle Preisbildungsräume ergeben sich für den Anbieter nur innerhalb des monopolistischen Spielraums. In diesem Bereich agiert er wie ein Monopolist. Sein Preis wird höher sein als der Preis bei vollkommenem Wettbewerb.

Dadurch entstehen in mehr oder minder großem Umfang **Monopolgewinne.** Sind diese Monopolgewinne hinreichend hoch, werden die guten Gewinnaussichten neue Anbieter auf den Markt locken und der monopolistische Spielraum wird geringer.

[1] Die doppelt geknickte Preis-Absatz-Funktion geht im Wesentlichen auf den deutschen Betriebswirt Erich GUTENBERG (1897–1984) zurück.

Zusammenfassung Kapitel 5.2.2.1.2:
Preisbildung im unvollkommenen Polypol

- Das Modell des unvollkommenen Polypols geht davon aus, dass auf einem Markt viele Anbieter und viele Nachfrager vorhanden sind, jedoch heterogene Güter angeboten werden, was zu Präferenzen und fehlender Markttransparenz führt.
- Auf einem unvollkommenen Markt besitzt der einzelne Anbieter einen begrenzten Preissetzungsspielraum, innerhalb dessen er Preisänderungen vornehmen kann, ohne dass sich dadurch größere Auswirkungen auf seinen Absatz ergeben.
- Überschreitet er seinen Preisspielraum, verliert er seinen Absatz. Unterschreitet er ihn, wandert ihm (theoretisch) die gesamte Nachfrage zu.
- Innerhalb des Preisspielraums kann sich der Anbieter wie ein Monopolist bewegen (monopolistischer Preisspielraum).

5.2.2.2 Preisbildung im Oligopol

? Wie bilden sich Preise auf einem Markt, auf dem nur wenige Anbieter eines bestimmten Gutes vertreten sind?

Neben dem unvollkommenen Polypol ist das Angebotsoligopol die in der Realität am häufigsten vorkommende Marktstruktur. Analysen oligopolistischer Preisbildungsprozesse tragen daher in besonderer Weise zum Verständnis tatsächlicher Preisbildung bei.

Oligopolistische Märkte können recht verschieden sein. Die Bandbreite reicht von einigen wenigen Anbietern mit jeweils hohen Marktanteilen (enges Oligopol) bis zu einer größeren Zahl von Anbietern mit nur begrenzten Marktanteilen (weites Oligopol). Genaue Grenzen für die Zahl der Anbieter bestehen nicht; daher ist der Übergang zur polypolistischen Konkurrenz fließend.

Konzentration in der Wirtschaft

Anteil der jeweils sechs größten Unternehmen am Branchenumsatz in Deutschland

Branche	Anteil (%)
Zucker	99
Tabakindustrie	93
Luft- und Raumfahrzeuge	91
Bergbau	90
Mineralöl	87
Energie	76
Zement	76
Büromaschinen	74
Kraftwagen	64

Quelle: Monopolkommission

Die geringe Zahl der Anbieter ist demnach zwar eine notwendige, aber noch keine hinreichende Bedingung für die Beschreibung eines Oligopols. Weiteres – und wichtigstes – Merkmal ist die wechselseitige Abhängigkeit der Anbieter. Von einem oligopolistischen Markt wird dann gesprochen, wenn ein Anbieter bei Marktaktionen, z.B. Preisänderungen, mit Gegenmaßnahmen anderer Anbieter rechnen und daher deren mögliche Reaktionen bei seiner Strategie berücksichtigen muss. Hier liegt einer der wesentlichen Unterschiede zum unvollkommenen Polypol. Während dort – wegen der vielen Anbieter – ein einzelner Anbieter in erster Linie die Reaktion der Nachfrager auf seine Maßnahmen berücksichtigen musste, muss der Anbieter im Oligopol in erster Linie die Reaktion der Konkurrenten auf seine Maßnahmen berücksichtigen.

Wie groß die wechselseitige Abhängigkeit der Anbieter ist, hängt von der Ähnlichkeit der Produkte und damit vom Grad der **Produktdifferenzierung** ab. Je homogener ein Produkt ist, umso größer ist die Abhängigkeit; je heterogener die Güter sind, umso geringer ist die Abhängigkeit. Die Homogenität oder Heterogenität der Güter ergibt sich vor allem daraus, wie die Nachfrager deren Substituierbarbeit einschätzen und damit Produktdifferenzierungen wahrnehmen. Produktdifferenzierung bei ähnlichen Gütern (z.B. Waschmittel, Zigaretten usw.) wird in erster Linie mittels Werbung betrieben. Es überrascht daher nicht, dass oligopolistische Märkte besonders werbeintensiv sind.

Merkmale des Angebotsoligopols

- Geringe Anzahl von Anbietern
- Wechselseitige Abhängigkeit der Anbieter bei Marktaktionen
- Berücksichtigung des (wahrscheinlichen) Verhaltens der Konkurrenten
- Produktdifferenzierung

Wegen der Unterschiedlichkeiten oligopolistischer Marktstrukturen besteht keine einheitliche Theorie der Preisbildung und des Marktverhaltens. Auch eine Unterscheidung in vollkommene und unvollkommene Märkte ist kaum möglich. Stattdessen wird von homogenen Oligopolen (mit weitgehend homogenen Gütern wie z.B. Mineralöl, Benzin) und von heterogenen Oligopolen (mit mehr oder weniger stark differenzierten Produkten wie z.B. Autos, Zigaretten) gesprochen.

Die wenigen Anbieter im Oligopol verfügen über mehr oder weniger große Marktanteile. Ihr Marktverhalten ist wesentlich dadurch geprägt, diese Marktanteile zu sichern bzw. zu vergrößern. Das an Marktanteilen orientierte Preisverhalten ist bedeutsam für das Verständnis der nachfolgend beschriebenen Preisstrategien.

Erhalt oder Vergrößerung von Marktanteilen ist wichtiger Beweggrund für das Preisverhalten des Oligopolisten.

5.2.2.2.1 Preisbildung im homogenen Oligopol

Merkmale des homogenen Oligopols sind wenige Anbieter und ein homogenes Gut. Aus der geringen Zahl der Anbieter folgt eine gute Marktübersicht. Die Konkurrenten und zum Teil auch die Nachfrager sind über die Vorgänge am Markt gut und schnell informiert. Die Markttransparenz in Verbindung mit der Homogenität des Gutes führt zu einem weitgehend einheitlichen Marktpreis für das Gut. Wegen der leichten Substituierbarkeit des Gutes werden die Konkurrenten durch etwaige absatzpolitische Maßnahmen eines Anbieters nachhaltig betroffen. Das führt in aller Regel zu entsprechenden Gegenmaßnahmen der Konkurrenten.

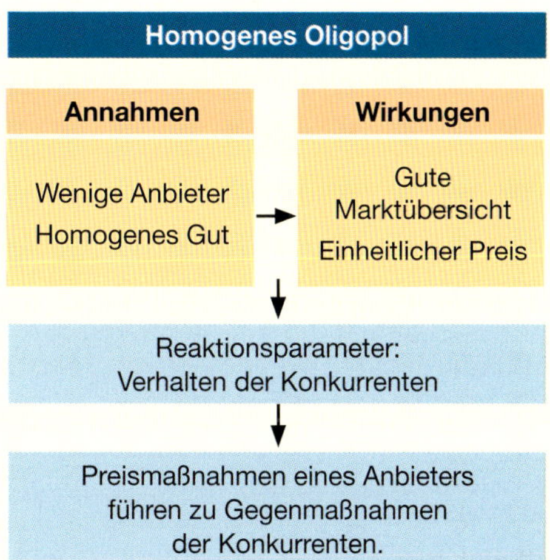

In einer solchen Marktsituation sind vor allem drei Verhaltensweisen der Anbieter möglich. Wenn die Anbieter ihr Verhalten nicht untereinander abstimmen, herrscht relative **Preisruhe.** Wenn die Anbieter ihr Verhalten untereinander abstimmen, finden **Preisabsprachen** statt. Ein Anbieter übernimmt die **Preisführerschaft** und die übrigen Anbieter passen sich seinem Preisverhalten an: Diese Anpassung kann mit oder ohne ausdrückliche Abstimmung erfolgen.

Anbieterverhalten im homogenen Oligopol
- Preisruhe
- Preisabsprachen
- Preisführerschaft

Diese Varianten des Anbieterverhaltens werden im Folgenden dargestellt.

▶ Relative Preisruhe im Oligopol: die geknickte Preis-Absatz-Funktion

Beispiel

In einer Kleinstadt bestehen fünf Tankstellen, die über etwa gleich große Marktanteile verfügen. Tankstelle A setzt bei einem Preis von p_1 für einen Liter Benzin die Menge m_1 ab. A möchte seinen Umsatz steigern. Dazu stehen ihm grundsätzlich zwei Möglichkeiten zur Verfügung:

1. Preissenkung;
   sein Umsatz würde sich erhöhen, wenn der Zuwachs bei der Absatzmenge relativ größer wäre als die Preisreduktion, wenn also viele Kunden von den anderen Tankstellen zu ihm wandern würden.
2. Preiserhöhung;
   sein Umsatz würde sich erhöhen, wenn die Preiserhöhung relativ größer wäre als die Minderung der Absatzmenge, wenn also nur wenige Kunden zu den anderen Tankstellen abwandern würden.

Bevor A eine der Preismaßnahmen durchführt, überlegt er, wie wohl die anderen Tankstellen auf seine Aktion reagieren würden.

Seine Überlegungen führen zu folgendem Ergebnis:

1. Preissenkung auf p_2. Nachfrager und Konkurrenten werden sehr schnell feststellen, dass er seinen Preis gesenkt hat. Die Nachfrager werden in großer Zahl zu ihm wandern. Die anderen Tankstellen werden Kunden und Marktanteile verlieren. Das werden sie nicht ohne Weiteres hinnehmen, sondern ebenfalls ihren Benzinpreis senken, um ihren Absatz zu halten.

   Damit ist hinsichtlich der Absatzmengen der alte Zustand bestehen geblieben. Aber alle verkaufen nun zu einem niedrigeren Preis und haben Umsatzeinbußen hinnehmen müssen.

   Das ist für A nicht der gewünschte Effekt; er verzichtet auf die Preissenkung.
2. Preiserhöhung auf p_3. Nachfrager und Konkurrenten werden sehr schnell feststellen, dass er seinen Preis erhöht hat. Die Nachfrager werden in großer Zahl von ihm weg zu den Konkurrenten wandern. Die anderen Tankstellen werden also Kunden und Marktanteile gewinnen. Dies ist für sie eine angenehme Entwicklung und sie sehen daher keinen Anlass, ihr bisheriges Marktverhalten zu ändern, d.h., sie werden die Preise nicht erhöhen.

   Auch dies ist für A nicht der gewünschte Effekt; er verzichtet auf die Preiserhöhung.[1]

---

[1] Diese Preisreaktionen gelten bei individuellen Entscheidungen. Geht die Preiserhöhung auf Faktoren zurück, die alle Anbieter betreffen (z.B. Kostensteigerungen, Steuererhöhungen), würden alle Anbieter in gleichem Umfang die Preise erhöhen (müssen).

Dem Modell liegt die Annahme annähernd gleicher Kostenstrukturen der Betriebe zugrunde. Hat jedoch beispielsweise ein Anbieter deutlich niedrigere Kosten als seine Konkurrenten, kann er den Preis so weit senken, dass die Konkurrenten nicht mehr mithalten können; es kommt zum **Verdrängungswettbewerb.**

Preisreaktionen im homogenen Oligopol

- Preissenkung eines Anbieters führt zu einer Preissenkung bei den anderen Anbietern. Es kommt zu einem **Preiskampf.** Die Marktanteile bleiben weitgehend unverändert.
- Preiserhöhung eines Anbieters führt nicht zu einer Preiserhöhung bei den anderen Anbietern. Der aktive Oligopolist wird Marktanteile verlieren.
- Da einem Anbieter sowohl eine Preissenkung als auch eine Preiserhöhung Nachteile bringen würde, herrscht relative Preisruhe.

Eine Übertragung der Erkenntnisse in eine grafische Darstellung führt zu der typischen **geknickten Preis-Absatz-Funktion** des Oligopolisten. Punkt A gibt die Ausgangssituation wieder. Bei einer Preissenkung eines Anbieters (von p_1 nach p_2) werden die Konkurrenten ebenso reagieren. Das Preisgefüge bleibt erhalten. Der Anbieter gewinnt nur den Mengenzuwachs, der dem normalen Nachfrageverhalten bei sinkenden Preisen entspricht (Punkt B; Strecke $m_2 - m_1$). Bei einer Preiserhöhung (von p_1 nach p_3) wandern die Kunden zu anderen Anbietern ab und der Absatz geht überproportional zurück (Punkt C; Strecke $m_1 - m_3$).

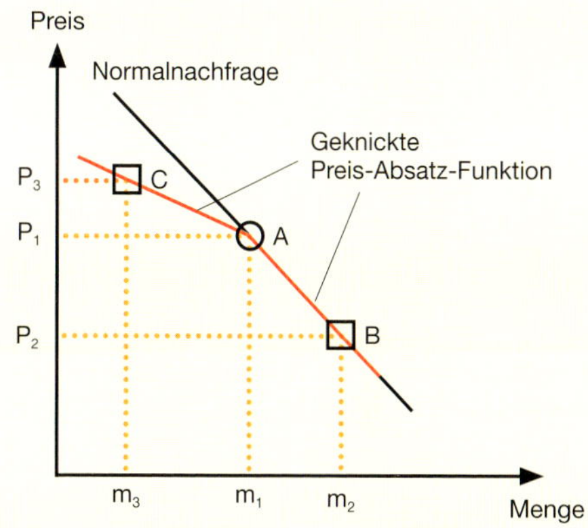

▶ Preisabsprachen bei abgestimmtem Verhalten

In einem homogenen Oligopol lohnen sich Preismaßnahmen eines einzelnen Anbieters nicht, da er mit entsprechenden Gegenmaßnahmen der Konkurrenten rechnen muss. Die Preiserhöhung eines einzelnen Anbieters würde dazu führen, dass die Nachfrage ganz oder teilweise von ihm abwandert. Selbstverständlich sind aber alle Anbieter prinzipiell an höheren Preisen interessiert, wenn damit keine überproportionalen Einbußen beim Absatz verbunden sind.

Bundeskartellamt verhängt drastische Bußgelder

BONN (...) – Das Bundeskartellamt hat gegen mehrere große Zementhersteller in der Bundesrepublik wegen verbotener Preisabsprachen Bußgelder in Höhe von etlichen Millionen Euro verhängt.

Dies lässt sich erreichen, wenn die Anbieter ihr Verhalten untereinander abstimmen und gleichzeitig und in gleichem Umfang den Preis erhöhen. Die wechselseitige Abhängigkeit im Oligopol „verführt" also gewissermaßen zu (allerdings verbotenen) Preisabsprachen. Bei einem **Preiskartell** treffen mehrere Anbieter eines Gutes Absprachen über eine gemeinsame Preispolitik. Solche Preisabsprachen werden oft von Absprachen über Produktionsmengen begleitet. International besonders bekannt geworden ist das OPEC-Preiskartell, dessen Mitglieder sich in den siebziger Jahren auf drastische Anhebungen des Rohölpreises und gleichzeitig auf Förderquoten für die Mitgliedsländer einigten.

▶ Preisführerschaft und gleichförmiges Preisverhalten

Die Erfahrung, dass – vor allem in engen Oligopolen – Preiskämpfe und aggressives Konkurrenzverhalten den Anbietern kaum Vorteile bringen, führt am Markt oft zu einer dritten

Variante des Preisverhaltens: der **Preisführerschaft** eines Anbieters und einem parallelen Verhalten der anderen Anbieter. Das Grundmuster besteht darin, dass ein Anbieter Preiserhöhungen vornimmt und die übrigen Anbieter nachziehen.

Benzinpreise in Bewegung

HAMBURG (...) – Seit gestern hat ESSO die Preise für Benzin um je 2 Cent und für Diesel um 1 Cent je Liter angehoben. Sprecher anderer Mineralölfirmen kündigten an, dass ihre Gesellschaften dem Schritt von ESSO in den nächsten Tagen folgen würden.

Die Zuweisung der Preisführerschaft kann auf zweierlei Weise erfolgen:

- Hat ein Anbieter aufgrund seiner Größe eine marktbeherrschende Stellung, ist er der „geborene" Preisführer. Er agiert wie ein Quasi-Monopolist und setzt den Preis fest. Aus Angst vor einer möglicherweise ruinösen Auseinandersetzung werden sich die anderen, kleineren Anbieter mit ihren Preisen anpassen.
- Die Preisführerschaft kann auch zwischen den Unternehmen wechseln. Dies ist insbesondere dann der Fall, wenn kein Unternehmen eine eindeutige Vormachtstellung besitzt. In wechselnder Reihenfolge wird ein Anbieter eine neue Preisrunde „einläuten" und die anderen Anbieter ziehen nach. Ein solches Verhalten kann von Fall zu Fall abgestimmt sein, auf einem langfristig vereinbarten Verhaltenskodex beruhen oder – ohne jegliche Vereinbarung – einfach aus den gemeinsamen Interessen der Oligopolisten herrühren.

Zusammenfassung Kapitel 5.2.2.2.1:
Preisbildung im homogenen Oligopol

- Das Modell des homogenen Oligopols geht davon aus, dass auf einem Markt wenige Anbieter ein homogenes Gut anbieten.
- Preismaßnahmen eines Anbieters wirken sich auf die Marktanteile der Konkurrenten aus. Sie werden daher Gegenmaßnahmen ergreifen, wobei ihre Preisreaktionen asymmetrisch sind.
  - Senkt ein Anbieter den Preis, werden die Konkurrenten ebenfalls ihren Preis senken; es kommt zum Preiskampf.
  - Erhöht ein Anbieter den Preis, werden die Konkurrenten ihren Preis jedoch nicht erhöhen, sodass der aktive Oligopolist Marktanteile verliert.
- Wegen der Gegenmaßnahmen der Konkurrenten weist die Preis-Absatz-Funktion des Anbieters im homogenen Oligopol einen Knick auf.
- Da aktive Preispolitik einem einzelnen Anbieter kaum Vorteile bringt, herrschen in einem homogenen Oligopol drei Preisverhaltensweisen vor:
  - Relative Preisruhe, wenn die Anbieter ihr Verhalten nicht untereinander abstimmen
  - Preisabsprachen, wenn die Anbieter ihr Verhalten untereinander abstimmen
  - Preisführerschaft und gleichförmiges Preisverhalten.

5.2.2.2.2 Preisbildung im heterogenen Oligopol

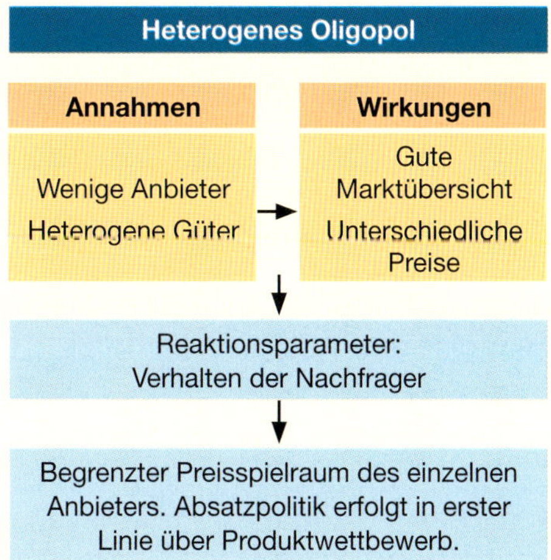

Ein heterogenes Oligopol ist gekennzeichnet durch wenige Anbieter, die heterogene Produkte herstellen. Die Heterogenität der Produkte führt einerseits dazu, dass die wechselseitige Abhängigkeit der Anbieter nicht so groß ist wie im homogenen Oligopol, und lässt andererseits Preisunterschiede zu.

Die Heterogenität der Produkte bezieht sich vor allem auf Unterschiede in der Wahrnehmung der Nachfrager. Daher ist das Verhalten der Nachfrager, vor allem ihre Bereitschaft, auf eine ähnliches Produkt eines anderen Anbieters umzusteigen, der entscheidende Faktor.

Die Marktformen des heterogenen Oligopols und des unvollkommenen Polypols sind nicht exakt zu trennen. Insbesondere bei einer regional begrenzten Betrachtung sind die Übergänge fließend.

Das Preisverhalten in heterogenen Oligopolen entspricht daher dem bereits dargestellten Verhalten im unvollkommenen Polypol: Der einzelne Anbieter besitzt einen monopolistischen Preisspielraum.

Anbieterverhalten im heterogenen Oligopol

- Der Anbieter muss in erster Linie die Reaktionen der Nachfrager auf seine Preisaktionen berücksichtigen;
- Der einzelne Anbieter besitzt einen begrenzten Preissetzungsspielraum, innerhalb dessen er Preisänderungen vornehmen kann, ohne dass sich dadurch größere Auswirkungen auf seinen Absatz ergeben. Überschreitet er diese Preisgrenze, verliert er seinen Absatz. Unterschreitet er diese Preisgrenze, wandert ihm (theoretisch) die gesamte Nachfrage zu.

Doppelt geknickte Preis-Absatz-Funktion

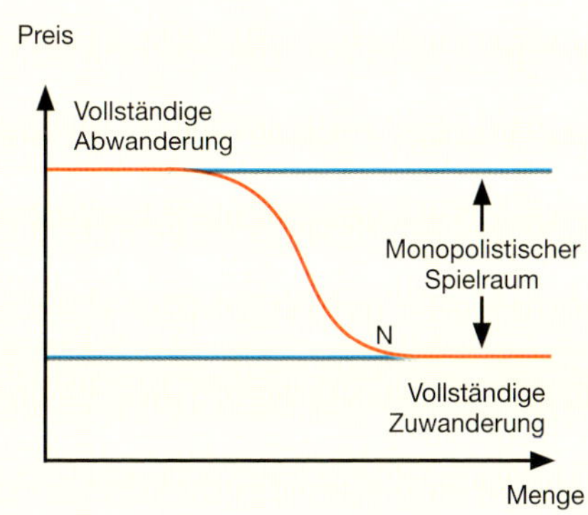

Die Preis-Absatz-Funktion eines Anbieters im heterogenen Oligopol weist den typischen Doppelknick auf. Die Grenzen des Preisspielraums ergeben sich aus der Heterogenität der Produkte. Überschreitet der Oligopolist mit seiner Preiserhöhung die bei den Nachfragern bestehende **Substitutionsschwelle,** nehmen sie einen Produktwechsel vor; z. B. wechseln sie von einer Marke zu einer anderen. Aus Untersuchungen zu Nachfragegewohnheiten ist bekannt, dass die Nachfrager eine beträchtliche „Markentreue" besitzen und der Anbieter dadurch einen entsprechend großen Preisspielraum erlangt.

Der Schwerpunkt der Marktaktivitäten im heterogenen Oligopol liegt aus diesen Gründen nicht im Preiswettbewerb, sondern im **Produktwettbewerb.** Das absatzpolitische Instrumentarium der Unternehmen dient vorwiegend dazu, das eigene Produkt von den Produkten anderer Anbieter abzuheben und markenbezogene Nachfragepräferenzen zu entwickeln. Der Nachfrager soll an das eigene Produkt gebunden werden. Hierdurch schafft sich der Anbieter einen besonderen, wenn auch begrenzten Markt für das eigene Produkt, auf dem er wie ein Monopolist agieren kann.

Einer solchen Produktpolitik dienen u. a. die Werbung, die Wahl bestimmter Absatzwege, Kundendienst, Finanzierungen usw. Nicht zuletzt wird durch technische oder sonstige Inkompatibilitäten (z. B. bei Anschlüssen, Geräteverbindungen usw.) dem Nachfrager ein Umsteigen auf das Produkt eines anderen Anbieters erschwert.

Zusammenfassung Kapitel 5.2.2.2.2:
Preisbildung im heterogenen Oligopol

- Das Modell des heterogenen Oligopols geht davon aus, dass auf einem Markt wenige Anbieter heterogene, aber substituierbare Produkte anbieten.
- Das Preisverhalten ähnelt dem im unvollkommenen Polypol. Ein einzelner Anbieter besitzt einen monopolistischen Preisspielraum. Die Preis-Absatz-Funktion eines Anbieters weist einen Doppelknick auf.
- Absatzpolitische Maßnahmen finden in erster Linie durch Produktwettbewerb statt.

5.2.2.3 Preisbildung im Monopol

5.2.2.3.1 Monopole im Modell und in der Realität

? Gibt es echte Monopole?

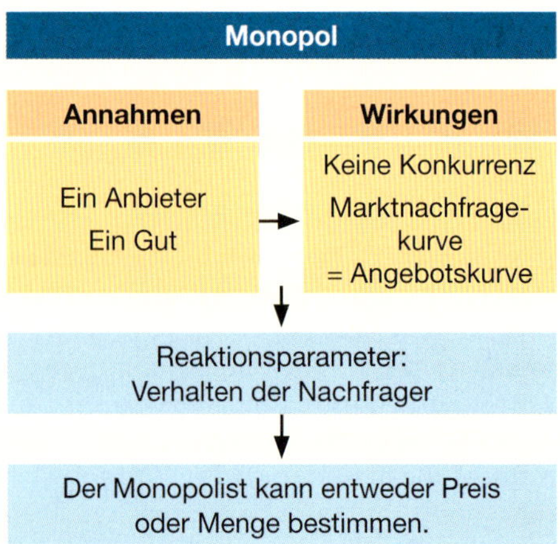

Das **Monopol** bzw. **Angebotsmonopol** stellt den Gegensatz zum vollkommenen Polypol dar. Ein bestimmtes Produkt wird nur von einem Anbieter angeboten. Da er keine Konkurrenz hat, ist seine individuelle Angebotskurve gleichzeitig die Gesamtangebotskurve für dieses Gut. Da die Nachfrager das Gut nirgendwo anders kaufen können, steht dem Monopolisten die gesamte Marktnachfrage gegenüber. Zu einem bestimmten Preis kann er immer genau so viel absetzen, wie die Gesamtheit der Nachfrager zu diesem Preis zu kaufen bereit ist. Die Absatzkurve des Monopolisten ist also mit der Marktnachfragekurve identisch. Für den längerfristigen Bestand eines Monopols müssen weiterhin Marktzutrittsbeschränkungen angenommen werden, die dafür sorgen, dass keine weiteren Anbieter auftreten.

Die Preis-Absatz-Funktion des Monopolisten entspricht der Marktnachfragekurve.

Während der Polypolist sich am bestehenden Gleichgewichtspreis, der für ihn ein Datum ist, orientieren muss und sich nur mit seiner Menge anpassen kann, kann der Monopolist Preis oder Menge autonom festlegen. Er ist also entweder Preis- oder Mengenfixierer. Dies ergibt sich daraus, dass durch den (angenommenen) Verlauf der Marktnachfragekurve die Relationen zwischen Güterpreisen und Absatzmengen festgelegt sind. Legt der Monopolist einen Preis fest, ergibt sich aus der Nachfragekurve seine Absatzmenge; legt er die Menge fest, ergibt sich sein Preis.

Der Monopolist kann für sein Gut den Preis festlegen (Preisfixierer) oder die Absatzmenge (Mengenfixierer).

Preisfixierer.

Der Monopolist legt den Preis für sein Produkt fest. Die Nachfrager entscheiden durch ihr Verhalten (ausgedrückt in der Nachfragekurve), welche Menge sie bei diesem Preis kaufen.

Mengenfixierer.

Der Monopolist legt die Absatzmenge für sein Produkt fest. Die Nachfrager entscheiden durch ihr Verhalten (ausgedrückt in der Nachfragekurve), zu welchem Preis sie diese Menge zu kaufen bereit sind.

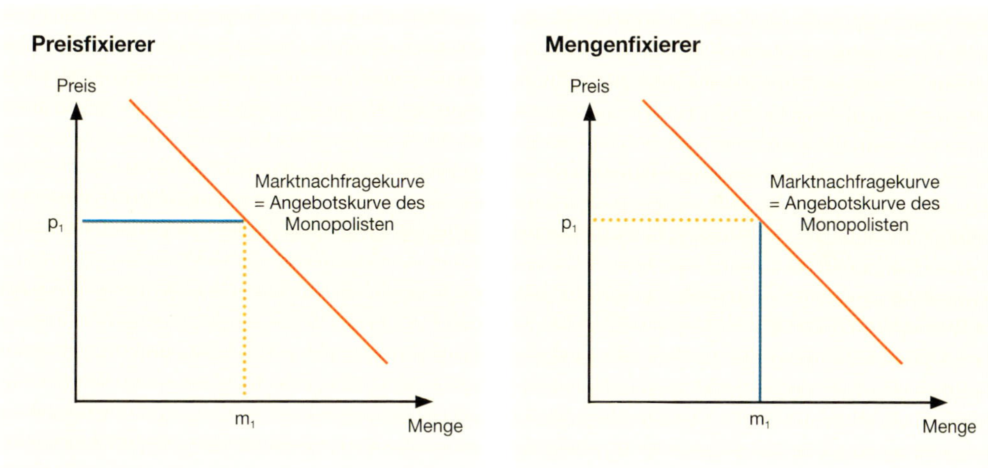

Die grafische Darstellung von Preis- bzw. Mengenfixierung macht die Abhängigkeit des Monopolisten vom Verhalten der Nachfrager deutlich.

Der Monopolist würde zwar gerne auch bei einem hohen Preis eine große Menge verkaufen, er kann jedoch stets nur die Mengen absetzen, die die Nachfrager bei einem bestimmten Preis zu kaufen bereit sind.

Wenn ein Monopolist den Preis für sein Gut festlegt, geschieht dies natürlich nicht nach Belieben.

Er wird versuchen, den Preis zu setzen, bei dem er einen möglichst großen Gewinn macht. Die Ermittlung dieses **gewinnmaximalen Preises** wird im folgenden Abschnitt modellhaft nachvollzogen.

Monopole in der Realität

Die Frage, ob es auf realen Märkten tatsächlich Monopole gibt, ist nicht ohne weiteres zu beantworten und hängt von der Interpretation verschiedener Größen ab:

- **Räumliche Marktabgrenzung.** Je größer ein Markt räumlich verstanden wird, umso schwieriger wird die Identifikation von Monopolen sein. Auf regionalen oder gar lokalen Märkten finden sich dagegen häufiger monopolartige Stellungen eines Anbieters.
- **Zeitliche Marktabgrenzung.** Aus technischen (Neuentwicklungen) oder rechtlichen Gründen (Patentschutz) können Monopole auf Zeit entstehen.
- **Güterabgrenzung.** Ob von einem Monopol gesprochen werden kann, hängt auch davon ab, wie weit oder eng der Begriff „ein Gut“ gefasst wird. Für das Gut „Auto“ gibt es mehrere, für eine bestimmte Automarke nur einen Hersteller. So gesehen ist jeder Hersteller eines Markenartikels ein Monopolist.
- **Anbieterbegriff.** Als Anbieter wird zumeist der Hersteller eines Produktes verstanden. Der Absatz des Gutes geschieht jedoch in der Regel über Händler, die einen mehr oder weniger großen eigenen Preisspielraum besitzen. Wird als Anbieter eines Gutes jeder Händler dieses Gutes verstanden, wird es erheblich schwieriger, Monopole zu entdecken. So ist zwar für eine bestimmte Automarke der Hersteller Monopolist, auf Händlerebene gibt es aber selbst auf lokalen Märkten oft mehrere Anbieter dieser Automarke.
- **Substitutionsbegriff.** Die Substitution hängt mit der Güterabgrenzung zusammen. Ob ein Anbieter wie ein Monopolist agieren kann, hängt davon ab, ob die Nachfrager ihm ausweichen können. Für nahezu alle Güter besteht eine mehr oder weniger enge Substitutionsschwelle. Wenn der Anbieter eines Gutes den Preis zu stark erhöht, weichen die Nachfrager auf ein anderes, ähnliches Gut aus. Bei einem weiten Güterbegriff ist die Substitution schwieriger als bei einem engen Güterbegriff. Selbst für die oft als Monopolbeispiele genannten öffentlichen Versorgungsunternehmen gibt es entsprechende Grenzen. Beispielsweise ist zwar die Bundesbahn Alleinanbieter von Bahntransporten, sie steht jedoch sowohl im Personen- als auch im Güterbereich im Substitutionswettbewerb mit dem Straßenverkehr.

Fazit: In reiner Form, wie sie das Modell vorsieht, existieren Monopole in der Realität kaum. In abgeschwächter Form ist monopolistisches Verhalten häufig anzutreffen **(Quasi-Monopol):** Der Anbieter legt den Preis für sein Gut fest und die Nachfrager entscheiden, welche Mengen sie zu diesem Preis kaufen wollen.

5.2.2.3.2 Gewinnmaximaler Preis des Monopolisten

Wie kann ein Monopolist den Preis ermitteln, bei dem sein Gewinn maximal ist?

Da der Monopolist den Preis oder die Menge des Gutes festlegen kann, besteht sein Gewinnmaximierungsproblem darin, den Preis bzw. die Menge zu ermitteln, bei der sein Gewinn maximal ist. Für den Gewinn gilt:

$$\text{Gewinn} = \text{Erlöse} - \text{Kosten}$$
$$\text{Erlöse} = \text{Preis} \cdot \text{Menge}$$
$$\text{Gewinn} = \text{Preis} \cdot \text{Menge} - \text{Kosten}$$

Der Gewinn ist dann maximal, wenn die Differenz zwischen Erlösen und Kosten möglichst groß ist. Für eine kurzfristige Betrachtung können die Kosten als konstant und gegeben unterstellt werden. Dann entscheiden Preis und Menge des Gutes über den Gewinn.

Ziel des Monopolisten ist die Bestimmung des gewinnmaximalen Preises. Hierfür muss er jedoch im Sinne einer Planrechnung zunächst die gewinnmaximale Ausbringungsmenge ermitteln. Ist dies geschehen, kann er gewissermaßen auf der Nachfragekurve den Preis ablesen, bei dem die Nachfrager diese Menge kaufen werden. Diesen Preis wird er dann für sein Produkt setzen.

Entsprechend vollzieht sich die Bestimmung des Gewinnmaximums in zwei Schritten:

1. Bestimmung der gewinnmaximalen Ausbringungsmenge
2. Bestimmung des dazugehörigen gewinnmaximalen Preises.

Beide Bestimmungen werden grafisch vorgenommen. Zur Veranschaulichung werden die grafischen Lösungsschritte durch ein einfaches Zahlenbeispiel begleitet.

▶ Bestimmung der gewinnmaximalen Ausbringungsmenge

Die Absatzmöglichkeiten des Monopolisten hängen vom Verhalten der Nachfrager ab. Sie entscheiden über die Mengen, die sie bei dem vom Monopolisten gesetzten Preis abnehmen. In die Planung des gewinnmaximalen Preises durch den Monopolisten gehen also Annahmen über das Verhalten der Nachfrager ein. Im Modell wird davon ausgegangen, dass dem Monopolisten die Preisreaktionen der Nachfrager und damit die Marktnachfragekurve für sein Gut bekannt sind. In der Realität wird der Monopolist bestenfalls gewisse Vorstellungen über die Nachfragereaktionen besitzen, z. B. aufgrund von Marktuntersuchungen, früheren Erfahrungen, subjektiven Einschätzungen usw. Waren seine Annahmen über das Nachfrageverhalten zutreffend, wird er tatsächlich die geplante Menge absetzen und einen maximalen Gewinn erzielen.

Für die Ermittlung der gewinnmaximalen Ausbringungsmenge sind notwendig:

- Informationen über die Erlöskurve und damit über die Preis-Absatz-Funktion, die im Monopol der Marktnachfragekurve entspricht,
- Informationen über die Kostensituation des Monopolisten,
- Gegenüberstellung von Erlös- und Kostensituation.

Beispiel

Dem Monopolisten ist das Verhalten der Nachfrager bekannt. Unterstellt wird ein normales, lineares Nachfrageverhalten, d. h., mit steigendem Preis sinkt die Nachfrage und mit sinkendem Preis steigt die Nachfrage. Die Nachfragekurve verläuft von links oben nach rechts unten.

Bei einer Preis-Absatz-Funktion der Form

$$m = \frac{120 - p}{20} \text{ bzw. } p = 120 - 20\,m$$

ergeben sich die in der Tabelle enthaltenen Beziehungen zwischen Preis und Absatzmenge. Im Unternehmen fallen Fixkosten von 50 GE und variable Kosten von 30 GE pro Stück an

Preis (p)	Menge (m)	Erlös (E)	Grenzerlös (E')	Kosten (K)	Grenzkosten (K')
120	0	0		50	
			100		30
100	1	100		80	
			60		30
80	2	160		110	
			20		30

Preis (p)	Menge (m)	Erlös (E)	Grenzerlös (E')	Kosten (K)	Grenzkosten (K')
60	3	180		140	
			−20		30
40	4	160		170	
			−60		30
20	5	100		200	
			−100		30
0	6	0		230	

Die Erlöskurve weist einen auffälligen Verlauf auf. Zunächst steigt sie, dann fällt sie. Die Grenzerlöskurve schneidet die Null-Achse unter dem Hochpunkt der Erlöskurve. Solange der Grenzerlös > 0 ist, wächst durch jede weitere verkaufte Einheit der Gesamterlös. Ist der Grenzerlös < 0, ergeben sich bei jeder weiteren Mengeneinheit negative Stückerlöse, sodass der Gesamterlös wieder sinkt. Das Erlösmaximum liegt also genau dort, wo der Grenzerlös = 0 ist.

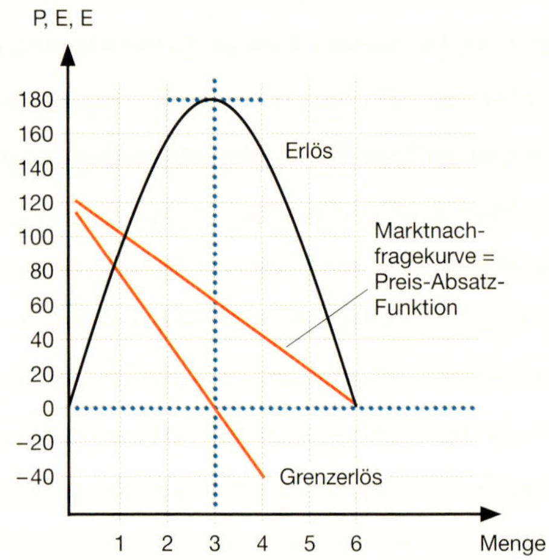

Die Erklärung für den zunächst steigenden und dann fallenden Verlauf der Erlösfunktion liefert die Nachfrageelastizität ε. Die zugrunde liegende lineare Nachfragefunktion ist im ersten Abschnitt elastisch ($\varepsilon > 1$) und im zweiten Abschnitt unelastisch ($\varepsilon < 1$).[1] Im elastischen Bereich sind die (positiven) Mengeneffekte größer als die (negativen) Preiseffekte. Der Erlöszuwachs durch die größere Absatzmenge ist größer als die Erlösminderung durch den geringeren Preis. Im unelastischen Bereich überwiegen umgekehrt die negativen Preiseffekte die positiven Mengeneffekte.

p	m	Preisänderung (%)	Mengenänderung (%)	EUR
120	0	−16,7		
100	1	−20,0	100,0	5,0
80	2	−25,0	50,0	2,0
60	3	−33,3	33,3	1,0
40	4	−50,0	25,0	0,5
20	5	−100,0	20,0	0,2
0	6			

Die gewinnmaximale Ausbringungsmenge lässt sich auf zwei Wegen bestimmen:

- Bei einer Betrachtung der **Gesamtgrößen** liegt die gewinnmaximale Ausbringungsmenge dort, wo die Differenz zwischen Erlös und Gesamtkosten am größten ist. Grafisch lässt sich der Punkt durch eine Parallelverschiebung der Gesamtkostenkurve bis zum Tangentialpunkt mit der Erlöskurve ermitteln. Hinsichtlich der Gewinnentwicklung las-

[1] Dies ist immer so. Der Nachweis wurde bereits bei den Überlegungen zur direkten Preiselastizität der Nachfrage erbracht.

sen sich drei Bereiche unterscheiden. Bei den ersten Mengeneinheiten ergibt sich ein Verlust, da insbesondere die Fixkosten durch die Erlöse nicht gedeckt sind. Ab der Menge m_1 **(Gewinnschwelle)** übersteigen die Erlöse die Kosten; die **Gewinnzone** beginnt. Der Gewinn steigt bis m_{max} und geht bei weiteren Mengeneinheiten zurück. Ab der Menge m_2 treten wieder Verluste auf.

- Bei einer Betrachtung der **Stückgrößen** liegt die gewinnmaximale Ausbringungsmenge bei der Menge, bei der Grenzerlös und Grenzkosten gleich groß sind (E′ = K′). Grafisch ergibt sich die Menge im Schnittpunkt von Grenzkostenkurve und Grenzerlöskurve.

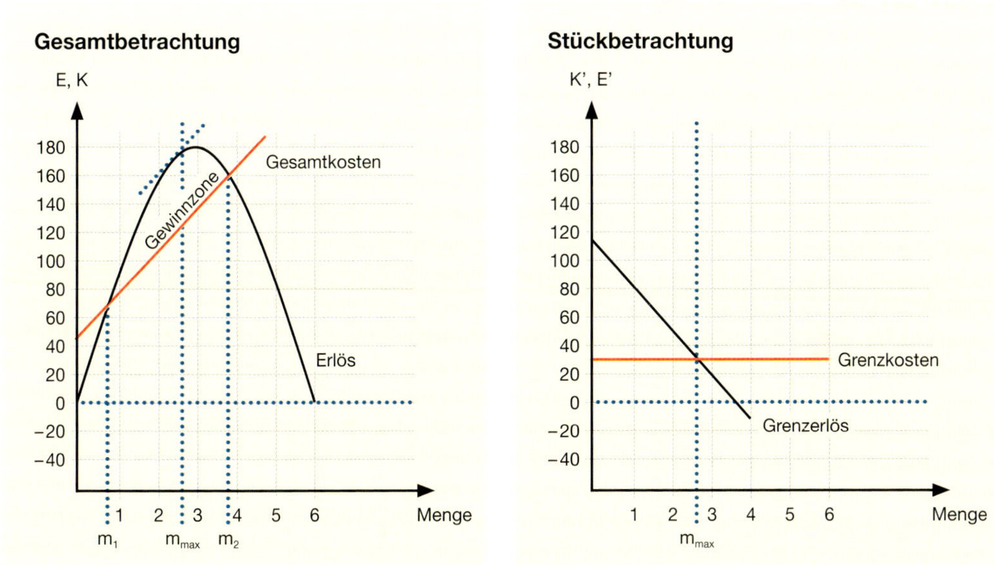

Gewinnmaximale Ausbringungsmenge im Monopol

Die gewinnmaximale Ausbringungsmenge des Monopolisten liegt dort, wo in der Gesamtbetrachtung die Differenz zwischen Erlös und Gesamtkosten am größten ist bzw. wo in der Stückbetrachtung die Grenzkosten und der Grenzerlös gleich groß sind.

▶ Bestimmung des gewinnmaximalen Preises

Dem Monopolisten steht die gesamte Marktnachfrage nach dem Gut gegenüber. Die Nachfragefunktion ist ihm bekannt und er hat sie bereits bei der Konstruktion der voraussichtlichen Erlöskurven verwendet. Er wird nun prüfen, bei welchem Preis die Nachfrager die von ihm ermittelte gewinnmaximale Ausbringungsmenge abnehmen. Hierfür stehen ihm mehrere Möglichkeiten zur Verfügung.

p	m	E	K	Gewinn
120	0	0	50	−50
100	1	100	80	20
80	2	160	110	50
60	3	180	140	40
40	4	160	170	−10
20	5	100	200	−100
0	6	0	230	−230

Tabellarisch lässt sich der Wert ermitteln, indem die bisher verwendete Tabelle mit Preis, Mengen, Kosten und Erlös um eine Spalte „Gewinn“ erweitert wird, in die Differenzen zwischen Erlös und Kosten eingetragen werden.

Rechnerisch ergibt sich der gewinnmaximale Preis aus der Nachfragefunktion.

Im Beispiel wurde die Funktion

$$m = \frac{120 - p}{20} \text{ bzw. } p = 120 - 20\ m$$

zugrunde gelegt.

Hieraus ergibt sich: $p_{gewinnmaximal} = 120 - 20\ m_{gewinnmaximal}$

Wenn $m_{gewinnmaximal}$ bekannt ist, kann $p_{gewinnmaximal}$ ermittelt werden.

Grafisch kann der Monopolist den gewinnmaximalen Preis ermitteln, indem er zunächst die gewinnmaximale Ausbringungsmenge von der x-Achse auf die Nachfragekurve projiziert. Er erhält dort den Punkt C, den sogenannten **COURNOTschen Punkt.**[1] Von ihm aus kann er auf der y-Achse den Preis „ablesen“, der zu dieser Menge gehört. In der grafischen Lösung ist der COURNOTsche Punkt mithilfe der Stückbetrachtung konstruiert worden. Es ist unschwer festzustellen, dass die Konstruktion genauso mithilfe der Gesamtbetrachtung möglich gewesen wäre.

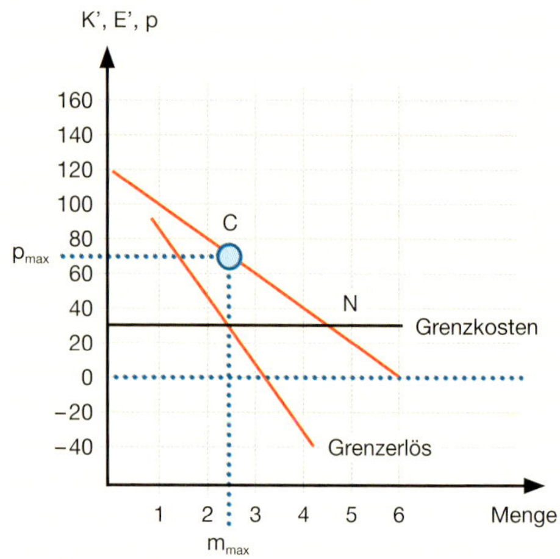

Den im COURNOTschen Punkt ermittelten gewinnmaximalen Preis wird der Monopolist für sein Gut festsetzen.

Gewinnmaximaler Preis im Monopol

Die Projektion der gewinnmaximalen Ausbringungsmenge auf die Marktnachfragekurve führt zum COURNOTschen Punkt. Der COURNOTsche Punkt kennzeichnet den gewinnmaximalen Preis des Monopolisten und die dazugehörige Absatzmenge.

5.2.2.4 Vergleich der Marktversorgung im Monopol und im vollkommenen Polypol

Monopol und vollkommenes Polypol stellen die beiden Extreme bei den Marktformen dar. Die Marktversorgung bei beiden Formen lässt sich im Modell miteinander vergleichen. Dazu müssen beide Marktsituationen einander gegenüberstellt werden. Im Monopolfall wird ein bestimmtes Gut von nur einem Anbieter und im Polypolfall wird dieses Gut von vielen Anbietern angeboten.

In beiden Marktformen spielt die Grenzkostenkurve eine entscheidende Rolle für die Bestimmung des Gewinnmaximums. Der Monopolist plant die Absatzmenge, bei der für ihn Grenzkosten und Grenzerlös gleich sind, und setzt den dazugehörigen Preis als Marktpreis fest. Seine Preis-Absatz-Funktion entspricht der Marktnachfragekurve. Für den Polypolisten ist der Marktpreis ein Datum und er passt sich mit seiner Angebotsmenge an. Seine Angebotskurve verläuft entlang der Grenzkostenkurve.

Dem Monopolisten steht die gesamte Marktnachfrage gegenüber. Um für einen Vergleich die gleiche Bedingung herzustellen, müssten die vielen Anbieter im Polypol gemeinsam betrachtet werden. Darüber hinaus muss für den modellhaften Vergleich die – unwahrscheinliche – Annahme gemacht werden, dass die aggregierte Grenzkostenkurve aller

[1] Nach Antoine Augustin COURNOT (1801–1877), franz. Mathematiker und Nationalökonom

Polypolisten der Grenzkostenkurve des Alleinanbieters bei einer Monopolsituation entspricht. Außerdem kalkulieren Unternehmen in der Regel nur bei zusätzlichen Aufträgen mit Grenzkosten (variable Kosten), ansonsten mit Stückkosten (fixe und variable Kosten).

Unter diesen Bedingungen lässt sich nachweisen, dass sowohl bei linearen als auch bei ertragsgesetzlichen Grenzkostenverläufen die Marktversorgung im Polypol besser ist als im Monopol. Das Gewinnmaximum im Polypol ergibt sich bei einer größeren Gütermenge und einem geringeren Produktpreis als im Monopol.

Wenn auch der Modellvergleich unter recht abstrakten Prämissen stattfindet, so ist dennoch die Verallgemeinerung zulässig, dass im Allgemeinen die Marktversorgung (Gütermengen, Güterpreise) in Monopolsituationen schlechter ist als in Konkurrenzsituationen.

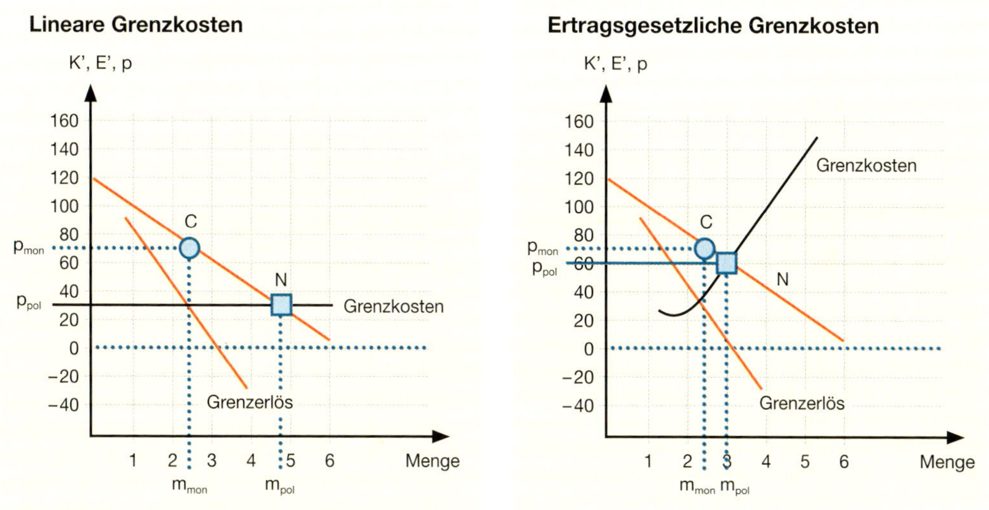

Zusammenfassung Kapitel 5.2.2.3: Preisbildung im Monopol und Kapitel 5.2.2.4: Vergleich der Marktversorgung im Monopol und im vollkommenen Polypol

- Der Monopolist kann für sein Gut den Preis festlegen (Preisfixierer) oder die Absatzmenge (Mengenfixierer). In der Regel setzt er den Preis fest und die Nachfrager entscheiden, welche Menge sie bei diesem Preis zu kaufen bereit sind.
- Für den Monopolisten stellt sich als Hauptproblem, den Preis zu ermitteln, bei dem sein Gewinn möglichst groß (maximal) ist.
- Die gewinnmaximale Ausbringungsmenge des Monopolisten liegt bei der Menge, bei der die Differenz zwischen Erlös und Gesamtkosten am größten ist bzw. bei der die Grenzkosten und der Grenzerlös gleich groß sind.
- Der gewinnmaximale Preis ergibt sich durch die Projektion der gewinnmaximalen Menge auf die Marktnachfragekurve. Der Punkt auf der Nachfragekurve, der dem Monopolisten den gewinnmaximalen Preis und die dazugehörige Absatzmenge anzeigt, heißt COURNOTscher Punkt.
- Die größte Marktmacht hat der Monopolist im unelastischen Bereich der Nachfrage, weil hier steigende Preise zu steigenden Erlösen führen.
- In Monopolsituationen ist die Marktversorgung schlechter als in Konkurrenzsituationen; die angebotenen Gütermengen sind geringer und die Güterpreise höher.

5.3 Preisdifferenzierung

? Wie können Anbieter die Konsumentenrente abschöpfen?

Die bisherigen Überlegungen gingen davon aus, dass alle Nachfrager den *gleichen* Preis für das Produkt zahlen. Bei diesem Marktpreis (p_m) erzielt der Anbieter einen Erlös, der dem Rechteck zwischen p_m und m_m entspricht. Wenn der Anbieter die Marktsituation genau betrachtet, wird er feststellen, dass einige Nachfrager auch bereit wären, für das Produkt einen höheren Preis als den Marktpreis zu zahlen. So besteht beispielsweise eine Nachfragergruppe (n_1), die bereit wäre, den Preis p_1 für das Gut zu zahlen und zu diesem Preis die (geringe) Menge (m_1) zu kaufen. Die Ersparnis, die diese Nachfrager durch den geringeren Marktpreis erzielen, wird – wie bereits dargestellt – Konsumentenrente genannt. Der Anbieter wird sich überlegen, welche Möglichkeiten er hat, von diesen Nachfragern einen höheren Preis für sein Produkt zu bekommen; wie er also die **Konsumentenrente** abschöpfen kann.

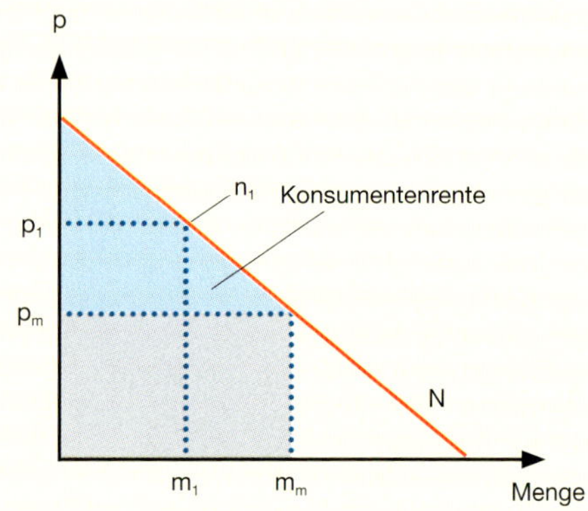

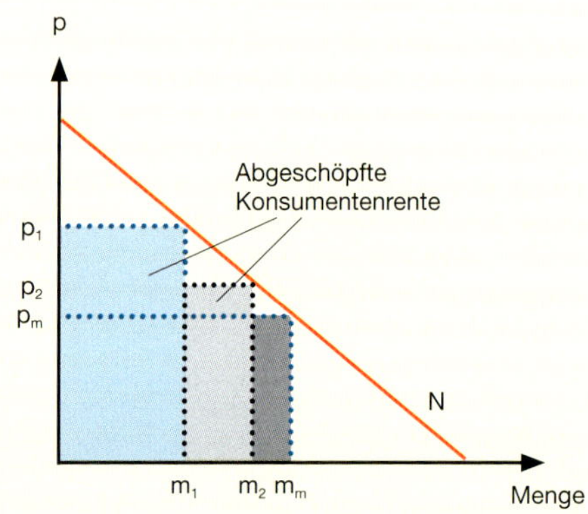

Der Anbieter wird versuchen, von jeder Nachfragergruppe den Preis zu bekommen, den sie zu zahlen bereit ist. Dies ist möglich, wenn er sein Gut zu unterschiedlichen Preisen auf den Markt bringt. Er kann z. B. sein Gut unter verschiedenen Namen oder in unterschiedlicher Aufmachung anbieten und dadurch – unterstützt durch entsprechende Werbung – jeweils unterschiedliche Käufergruppen ansprechen. Dieser Vorgang wird **Preisdifferenzierung** oder **Preisdiskriminierung** genannt. In der grafischen Darstellung wird deutlich, dass der Anbieter durch unterschiedliche Preise seinen Erlös steigern kann. Die Rechtecke, die bei den Preisen p_1 und p_2 oberhalb von p_m entstehen, sind abgeschöpfte Konsumentenrenten und stellen für den Anbieter zusätzliche Erlöse dar.

! **Preisdifferenzierung:** Angebot gleichartiger Güter zu unterschiedlichen Preisen.

Preisdifferenzierung setzt die Möglichkeit zur Preisgestaltung durch den Anbieter voraus. Preisbildungsspielräume ergeben sich – wie die Analyse der Preisbildungsprozesse in unterschiedlichen Marktformen gezeigt hat –, wenn der Markt unvollkommen ist, insbesondere, wenn die Güter heterogen sind und der Anbieter monopolistische Preisbildungsspielräume besitzt. Preisdifferenzierung findet sich also im unvollkommenen Polypol, im heterogenen Oligopol und im Monopol.

Heizölpreise unterschiedlich

HAMBURG (...) – Die Preise für Heizöl sind in Deutschland unterschiedlich, je nach regionaler Eigenart in der Versorgungsstruktur, den Transportbedingungen und den lokalen Verhältnissen von Angebot und Nachfrage. Im ostfriesischen Rhauderfehn kosten 100 Liter 55 bis 56 EUR; in Saarbrücken ist Heizöl mit 54 EUR noch etwas günstiger zu haben. Wesentlich teurer für den Verbraucher wird es in den größeren Städten. In Mainz verlangen die Händler 60,95 EUR, in Frankfurt 62 EUR, in München 62,33 EUR und in Stuttgart 65,06 EUR (jeweils bei Lieferung von 3.000 Litern).

In der Realität finden sich unterschiedliche Formen von Preisdifferenzierung.

- **Zeitliche Preisdifferenzierung.** Ein Produkt wird zu verschiedenen Zeiten zu unterschiedlichen Preisen angeboten. Beispiele: Sommerpreise für Winterartikel, Winterpreise für Sommerartikel, Tag- und Nachtstrom, Sportstätten usw.
- **Räumliche Preisdifferenzierung.** Ein Produkt wird auf regional verschiedenen Märkten oder in verschiedenen Ländern zu unterschiedlichen Preisen angeboten. Beispiele: Benzin, Pharmaprodukte usw.
- **Abnehmerorientierte Preisdifferenzierung.** Ein Produkt wird für verschiedene Personengruppen oder Institutionen zu unterschiedlichen Preisen angeboten. Beispiele: Kinder-, Erwachsenen-, Studententarife etwa bei Eintrittsgeldern, Bahnreisen; verschiedene Energietarife für Unternehmen und Haushalte; Versicherungssondertarife für Beamte usw.
- **Mengenorientierte Preisdifferenzierung.** Ein Produkt wird bei unterschiedlichen Abnahmemengen im Preis gestaffelt.
- **Verdeckte Preisdifferenzierung.** Ein und dasselbe Produkt wird unter verschiedenen Namen, in unterschiedlicher Verpackung usw. angeboten.

Preisdifferenzierung	
Form	**Kriterium**
Zeitliche Preisdifferenzierung	Jahres-, Tageszeiten
Räumliche Preisdifferenzierung	Regionen, Länder
Abnehmerorientierte Preisdifferenzierung	Personengruppen, Institutionen
Mengenorientierte Preisdifferenzierung	Abnahmemenge
Verdeckte Preisdifferenzierung	Vortäuschung von Produktunterschieden (Produktname, Verpackung)

Zusammenfassung Kapitel 5.3: Preisdifferenzierung

- Wenn für ein Produkt ein einheitlicher Marktpreis gilt, erzielen die Nachfrager, die bereit wären, einen höheren Preis als den Marktpreis zu zahlen, eine Konsumentenrente.
- Preisdifferenzierung dient der Abschöpfung von Konsumentenrenten.
- Bei Preisdifferenzierung wird das gleiche Gut zu unterschiedlichen Preisen angeboten.
- Preise können nach zeitlichen, räumlichen, abnehmer- und mengenbezogenen Gesichtspunkten differenziert werden. Der Verkauf von gleichen Produkten unter verschiedenen Bezeichnungen, mit verschiedenen Aufmachungen usw. wird als verdeckte Preisdifferenzierung bezeichnet.

5.4 Funktionen des Marktpreises

?

Welche Funktionen können Preise erfüllen, wenn sie sich nach Angebot und Nachfrage am Markt bilden können?

Preise, die sich durch das Zusammenwirken von Angebot und Nachfrage am Markt bilden, erfüllen wichtige Funktionen. Sie erfüllen diese Funktionen umso besser, je mehr die Marktsituation dem Ideal des vollkommenen Polypols ähnelt; sie erfüllen sie umso weniger, je mehr die Marktsituation dem Monopol entspricht. Die wichtigsten **Preisfunktionen** sind:

- **Informationsfunktion.** In der Wahrnehmung der Nachfrager beinhalten Preise Informationen über das Produkt. Wenn Produkte mit unterschiedlich hohen Preisen ausgezeichnet sind (z. B. zwei Fernsehgeräte in einem Geschäft, zwei Flaschen Wein in einem Regal usw.), neigen wir zu der Annahme, dass das Produkt mit dem höheren Preis besser, wertvoller usw. ist („Was nichts kostet, taugt auch nichts"). In dieser Annahme spiegelt sich – ob berechtigt oder nicht – die Vermutung wider, dass vor allem die Herstellkosten den Preis bestimmen. Inwieweit dies tatsächlich so ist, hängt vor allem vom Wettbewerb ab. Je stärker der Wettbewerb, umso zutreffender ist die im Preis enthaltene Information über den Wert des Produktes.

- **Ausgleichsfunktion** (Planabstimmungsfunktion, Markträumungsfunktion). Der Preismechanismus sorgt für die Abstimmung der Pläne von Anbietern und Nachfragern. Er bringt Angebot und Nachfrage zum Ausgleich und „räumt" den Markt.

- **Signalfunktion.** Der Marktpreis und seine Veränderungen zeigen die Knappheit eines Gutes an. Ein steigender Preis signalisiert eine zunehmende, ein sinkender Preis eine abnehmende Knappheit. Knappheit bezeichnet das Verhältnis zwischen der angebotenen und der nachgefragten Gütermenge.

- **Lenkungsfunktion** (Allokationsfunktion). Der Preis lenkt die Produktionsfaktoren auf die Märkte, auf denen die Güter knapp sind. Wenn Güter knapp sind (Nachfrage > Angebot), steigen die Preise und ceteris paribus auch die Gewinne der Anbieter. Die Gewinnaussichten reizen die Anbieter, mehr Güter als bisher anzubieten, bzw. locken neue Anbieter auf den Markt.

  Auf knappe Märkte werden also zusätzliche Produktionsfaktoren gelenkt; von den weniger knappen Märkten werden Produktionsfaktoren abgezogen. Durch das vermehrte Angebot geht die Knappheit zurück und die Preise werden wieder sinken.

- **Erziehungsfunktion.** Knappe Güter haben einen höheren Preis als weniger knappe Güter. Die von den Unternehmen verwendeten Produktionsgüter stellen Kosten dar. Will ein Unternehmen bei gegebener Marktsituation den Gewinn erhöhen, wird es versuchen, die Kosten zu senken, indem es knappe und teure Produktionsgüter durch weniger knappe und weniger teure ersetzt. Analoges gilt für Konsumgüter. Will ein Haushalt bei gegebener Konsumsumme die Konsummenge erhöhen, wird er versuchen, knappe und teure Konsumgüter durch weniger knappe und weniger teure zu substituieren.

Die Erziehungsfunktion des Preises macht sich der Staat zunutze, indem er gezielt in die Preisbildung am Markt eingreift.

Preisfunktionen	
Funktion	**Erläuterung**
Informationsfunktion	Preis enthält Infomationen über den „Wert" des Gutes
Ausgleichsfunktion	Preis sorgt für den Ausgleich von Nachfrage und Angebot
Signalfunktion	Preis signalisiert die Knappheit eines Gutes
Lenkungsfunktion	Preis lenkt die Produktionsfaktoren auf knappe Märkte
Erziehungsfunktion	Preis bewirkt einen sparsamen Umgang mit knappen Gütern

Zusammenfassung Kapitel 5.4: Funktionen des Marktpreises

- Marktpreise erfüllen wichtige Funktionen, die sogenannten Preisfunktionen. Je ähnlicher die Marktsituation dem vollkommenen Polypol ist, umso besser können die Preise diese Funktionen erfüllen.
- Die wichtigsten Preisfunktionen sind:
  - Informationsfunktion
  - Lenkungsfunktion
  - Ausgleichsfunktion
  - Erziehungsfunktion
  - Signalfunktion

5.5 Staatliche Eingriffe in die Preisbildung

Wie greift der Staat in die Preisbildung ein und welche Absichten verfolgt er damit? ?

Der Staat greift in vielerlei Weise in das Marktgeschehen ein; u.a. beeinflusst er die Preisbildung der Güter. Mit seinen preisbezogenen Markteingriffen verfolgt der Staat bestimmte Ziele.

Staatliche Ziele bei Eingriffen in die Preisbildung

- Schaffung von Einnahmen durch Erhebung von Steuern (Fiskalpolitisches Ziel)
- Beeinflussung der mengenmäßigen Nachfrage nach einem Gut aus gesundheitspolitischen, umweltpolitischen oder sonstigen Gründen (Mengenorientiertes Ziel)

Bei einem konkreten staatlichen Eingriff spielen oft beide Gründe mit.

Bei einer Erörterung staatlicher Eingriffe in die Preisbildung muss zwischen verschiedenen Preisen bzw. Preisbildungsprozessen unterschieden werden.

- **Staatliche Preissetzung.** Grundsätzlich hat der Staat die Macht, die Endpreise für Güter festzusetzen. Im Regelfall wird er dies jedoch nur für die von ihm selbst angebotenen sogenannten öffentlichen Güter tun. Die Preissetzung orientiert sich überwiegend an Versorgungs- und sozialen Gesichtspunkten.

- **Staatliche Höchst- und Mindestpreise.** Der Staat hat die Möglichkeiten, für Güterpreise eine Obergrenze, die nicht überschritten werden darf (Höchstpreise), oder eine Untergrenze, die nicht unterschritten werden darf (Mindestpreise), festzusetzen.
- **Staatlich kontrollierte Preise.** Güter, die der Staat nicht selbst anbietet, denen er aber ein besonderes öffentliches Interesse beimisst, kann er einer staatlichen Preiskontrolle unterwerfen. Die privaten Anbieter müssen dann ihre Preise vom Staat genehmigen lassen (z.B. Versicherungen, private Energieversorger).
- **Staatliche Interventionspreise.** Der Staat kann durch Interventionen am Markt dafür sorgen, dass bestimmte Preisgrenzen nicht unter- oder überschritten werden. Gewährt er beispielsweise für ein Gut eine Abnahmegarantie zu einem bestimmten Preis, wird der Marktpreis diesen staatlich garantierten Preis nicht unterschreiten, da die Produzenten zu diesem Preis an den Staat und nicht zu einem niedrigeren Preis auf dem Markt verkaufen würden. Eine solche Maßnahme wirkt wie eine Mindestpreisregelung. In etwa wird ein derartiges Verfahren im EU-Agrarmarkt praktiziert.
- **Staatlich beeinflusste Marktpreise.** Durch indirekte Steuern (Verbrauchssteuern) und Subventionen kann der Staat die Marktpreise der Güter beeinflussen.

Da die staatliche Beeinflussung von Marktpreisen die bedeutsamste Form staatlicher Eingriffe in die Preisbildung darstellt, soll sie ausführlicher dargestellt werden.

▶ Markteffekte von Verbrauchssteuern

Der Staat erhebt auf alle Güter eine allgemeine **Verbrauchssteuer,** die Mehrwertsteuer. Eine Veränderung dieser Steuer, in der Regel eine Erhöhung, beeinflusst das Preisniveau insgesamt, verändert die Preisstrukturen zwischen den Gütern aber nicht. Im Vordergrund steht das fiskalpolitische Motiv einer Veränderung der staatlichen Einnahmen. Ein nachfrageorientierter Aspekt gilt lediglich für die Gewährung eines ermäßigten Mehrwertsteuersatzes für bestimmte Güter (z.B. für Verlagsprodukte und Lebensmittel).

Energiesteueraufkommen

Jahr	Mrd. EUR	EUR je Liter Benzin
1964	3,1	0,16
1981	11,4	0,26
1991	24,2	0,47
2000	37,8	0,56
2010	39,8	0,65
2015	39,6	0,78
2017	41,0	0,88

Ausgewählte Verbrauchssteuern

Steuer	Mrd. EUR (2017)
Mehrwertsteuer	226,4
Energiesteuer	41,0
Tabaksteuer	14,4
Versicherungsteuer	13,3
Stromsteuer	6,9
Branntweinsteuer	2,1
Kaffeesteuer	1,1
Biersteuer	0,7
Schaumweinsteuer	0,4

Mit den besonderen Verbrauchssteuern (z.B. Energiesteuer, Tabaksteuer, Kaffeesteuer usw.) greift der Staat gezielt in die Preisbildung bei einzelnen Produkten ein. Neben dem allgemeinen fiskalpolitischen Motiv kommen hierbei auch spezielle Motive (gesundheitspolitische, umweltpolitische und sonstige Absichten) zum Tragen. Mit den speziellen Motiven will der Staat Mengeneffekte erzielen. Durch die Erhöhung einer besonderen Verbrauchssteuer soll der Verbrauch des betreffenden Gutes verringert, durch eine Senkung soll er erhöht werden.

Durch die Steuererhöhung steigt der Preis **(Preiseffekt).** Der Umfang der Preissteigerung hängt davon ab, inwieweit die zusätzlichen Steuern an den Verbraucher weitergegeben werden können **(Steuerüberwälzung).** Bei höheren Preisen besteht in aller Regel eine geringere Mengennachfrage **(Mengeneffekt).** Wie groß der Mengeneffekt ausfällt, hängt von der **Preiselastizität** der Nachfrage ab. Je größer die Elastizität, umso größer der Mengeneffekt, je geringer die Elastizität, umso geringer der Mengeneffekt.

Ein Blick auf den jeweiligen Steueranteil bei verschiedenen Gütern macht deutlich, dass der Staat sich bei seinen Eingriffen in die Preisbildung häufig der Erziehungsfunktion des Preises bedient. Er macht vor allem die Güter teuer, deren Verbrauchsmengen er reduzieren möchte. Ein Blick auf die Aufkommen der verschiedenen Steuern zeigt allerdings auch, dass sie dem Staat willkommene Einnahmequellen sind.

▶ Markteffekte von Subventionen

Subventionen sind Transferleistungen, die der Staat – i. d. R. unter bestimmten Bedingungen – an Unternehmen zahlt. Subventionen senken die Herstellkosten eines Gutes; das Unternehmen ist nicht darauf angewiesen, Kosten in Höhe der Subventionen über den Güterpreis hereinzuholen. Subventionen sind daher vor allem dann zweckmäßig, wenn der Staat den Preis eines Gutes senken und dadurch die Nachfrage erhöhen bzw. den Nachfragern den Kauf des Gutes zu einem niedrigeren Preis ermöglichen will.

Wie groß der Mengeneffekt ausfällt, hängt wiederum von der **Preiselastizität** der Nachfrage ab. Je größer die Elastizität, umso größer der Mengeneffekt; je geringer die Elastizität, umso geringer der Mengeneffekt.

> **Verbrauchssteuern** erhöhen die Preise.
>
> **Subventionen** senken die Preise.

▶ Marktverträglichkeit staatlicher Eingriffe

Von der Marktverträglichkeit her werden staatliche Eingriffe in marktkonforme und marktkonträre Maßnahmen unterschieden.

Marktkonforme Maßnahmen sind solche Eingriffe, die den Marktmechanismus bzw. Preismechanismus *nicht außer Kraft* setzen. Der Staat übt zwar Einfluss aus, der Preis bildet sich jedoch am Markt durch das Zusammenspiel von Angebot und Nachfrage.

Beispiel

Der Staat erhebt Steuern auf Benzin in Form eines bestimmten Euro-Betrages pro Liter Benzin. Der Marktpreis für Benzin wird dadurch zwar beeinflusst, kann sich in seiner jeweiligen Höhe jedoch nach wie vor am Markt bilden; er kann steigen und sinken und von Anbieter zu Anbieter unterschiedlich sein.

Marktkonträre Maßnahmen sind solche Eingriffe, die den Markt- bzw. Preismechanismus *außer Kraft* setzen. Den Marktteilnehmern bleibt kein oder nur ein eingeschränkter Spielraum bei der Preisgestaltung.

Beispiel

Der Staat bestimmt, dass ab 1. Januar nächsten Jahres der Preis für 1 Liter Benzin 2,00 EUR beträgt.

Staatliche Eingriffe nach der Marktverträglichkeit	
Marktkonforme Eingriffe	**Marktkonträre Eingriffe**
Eingriffe, die den Preismechanismus **nicht außer Kraft** setzen	Eingriffe, die den Preismechanismus **außer Kraft** setzen
▪ Staatliche Interventionspreise ▪ Staatlich kontrollierte Preise ▪ Staatlich beeinflusste Marktpreise	▪ Staatliche Preissetzung ▪ Staatliche Höchstpreise ▪ Staatliche Mindestpreise

Zusammenfassung Kapitel 5.5:
Staatliche Eingriffe in die Preisbildung

- Der Staat greift in die Güterpreisbildung ein, um sich zum einen Einnahmen zu verschaffen und um zum anderen die Mengennachfrage nach bestimmten Gütern zu beeinflussen.
- Die staatlichen Eingriffsmöglichkeiten sind:
  - Staatliche Preissetzung (insbesondere für öffentliche Güter)
  - Staatliche Höchst- und Mindestpreise
  - Staatliche Preiskontrollen
  - Staatliche Interventionspreise
  - Staatliche Einflüsse auf die Marktpreise.
- In die Marktpreisbildung greift der Staat durch Verbrauchssteuern und Subventionen ein.
- Eine Erhöhung von Verbrauchssteuern erhöht den im Güterpreis enthaltenen Steueranteil. Der Endpreis steigt (Preiseffekt) und die Mengennachfrage geht zurück (Mengeneffekt). Das Ausmaß der Preiserhöhung hängt von den Überwälzungsmöglichkeiten und der Umfang der Mengenreduktion von der Nachfrageelastizität ab. Eine Senkung von Verbrauchssteuern wirkt umgekehrt.
- Die Zahlung von Subventionen mindert die Kosten der Unternehmen. Der Endpreis sinkt (Preiseffekt) und die Mengennachfrage steigt (Mengeneffekt). Das Ausmaß der Preissenkung hängt von der Konkurrenzsituation und der Umfang des Mengenzuwachses von der Nachfrageelastizität ab.
- Staatliche Eingriffe nach der Marktverträglichkeit lassen sich unterscheiden in
  - marktkonforme Maßnahmen
  - marktkonträre Maßnahmen
- Staatliche Eingriffe nach der Form lassen sich unterscheiden in
  - hoheitliche Maßnahmen
  - fiskalische Maßnahmen

Aufgaben zum Üben und Vertiefen

Kapitel 5 Markt und Preisbildung

1. Nennen und erläutern Sie die Funktionen des Marktes!
2. Nennen und erläutern Sie die beiden Marktseiten. Beschreiben Sie dabei die Marktteilnehmer möglichst genau!

3. Stellen Sie das Marktgleichgewicht grafisch dar und beschreiben Sie diese Marktlage!

4. Nennen und erläutern Sie mögliche Formen von Marktungleichgewichten!

5. Erläutern Sie ein Marktungleichgewicht, das durch einen vom Gleichgewichtspreis abweichenden Marktpreis hervorgerufen wurde. Stellen Sie die Marktlage grafisch dar!

6. Erläutern Sie ein Marktungleichgewicht, das nicht unmittelbar durch eine Preisänderung, sondern durch eine Änderung anderer Faktoren hervorgerufen wurde. Stellen Sie die Marktlage grafisch dar!

7. Beschreiben Sie Voraussetzungen und Wirkungsweise des Preismechanismus (Marktmechanismus)!

8. Beschreiben Sie die Faktoren, die zu einer Verschiebung der Nachfrage- oder der Angebotskurve führen können.

9. Nennen und erläutern Sie die Bedingungen eines vollkommenen Marktes!

10. Stellen Sie das Marktformenschema nach der Anzahl von Anbietern und Nachfragern auf. Erläutern Sie die drei Grundformen, die sich bei einer Betrachtung nur der Angebotsseite ergeben.

11. Auf realen Märkten gilt das Oligopol als typische Marktform. Prüfen Sie diese Einschätzung und erläutern Sie Ihre Auffassung durch Beispiele aus der Wirtschaftspraxis.

12. Nennen und erläutern Sie die Bestandteile, die im Marktpreis eines Gutes enthalten sind.

13. Stellen Sie die Aussage der nachstehenden Zeitungsnotiz in einem Preis-Mengen-Diagramm dar und erläutern Sie die Darstellung.

Pfirsichpreise purzeln

BONN ... – Pfirsiche sind derzeit so billig wie schon lange nicht. Das reichliche Angebot gehe deutlich über die Absatzmöglichkeiten hinaus, teilt die Zentrale Markt- und Preisberichtsstelle mit.

14. Ein Anbieter kann als Mengenanpasser oder als Preisfixierer agieren. Beschreiben Sie beide Verhaltensweisen und geben Sie an, für welche Marktformen das Verhalten jeweils typisch ist.

15. Erläutern Sie anhand nachstehender Zeitungsmeldung das Grundmodell der Marktpreisbildung. Gehen Sie dabei vor allem auf jene Faktoren ein, die den Marktpreis eines Produktes bestimmen.

    Stellen Sie die beschriebene Situation grafisch dar.

Frostperiode hat Heizöl-Nachfrage kräftig angeheizt

HAMBURG ... – Der harte Wintereinbruch zu Beginn des Jahres hat die Nachfrage nach Heizöl in die Höhe getrieben und das Preisniveau gefestigt. Bei anhaltend kaltem Wetter rechnen Heizölhändler und Mineralölwirtschaft mit deutlich steigenden Preisen.

Zusätzlich zu der gewerblichen und privaten Nachfrage nach Brennstoffen wirken sich auch der sehr feste Dollar sowie die um drei Prozentpunkte höhere Mehrwertsteuer preistreibend auf den deutschen Ölmärkten aus.

16 Erläutern Sie, warum der Anbieter im vollkommenen Polypol als Mengenanpasser bezeichnet wird und warum es sich für ihn nicht lohnt, zu einem anderen Preis als dem Marktpreis anzubieten.

17 Jahr für Jahr geben die Unternehmen mehr Geld für Werbung aus.

a) Wie wirkt sich eine erfolgreiche Werbekampagne für ein Produkt auf die Nachfragekurve aus?

b) Welche Folgen für Produktpreis und Absatzmenge sind zu erwarten, wenn der Markt normal reagiert und die Angebotsstruktur unverändert bleibt?

18 Stellen Sie das vollständige Marktmodell im Polypol in einem Preis-Mengen-Diagramm dar und erläutern Sie die darin enthaltenen Elemente.

19 Marktform des unvollkommenen Polypols.

a) Stellen Sie die Situation eines Anbieters in einem Preis-Mengen-Diagramm dar.

b) Erläutern Sie Preissetzungsmöglichkeiten eines Anbieters.

c) Erläutern Sie das vom Anbieter bevorzugte Marktverhalten.

20 Überlegen Sie, ob es bei heterogenen, aber substitutionsfähigen Gütern, z. B. im heterogenen Oligopol, sinnvoll sein kann, in der Werbung nicht die Unterschiede zu einem anderen Produkt zu betonen, sondern die Ähnlichkeit mit ihm. Begründung!

21 Nennen und erläutern Sie die drei typischen Verhaltensweisen von Anbietern im homogenen Oligopol.

22 Stellen Sie die typische Preis-Absatz-Funktion im homogenen Oligopol grafisch dar und erläutern Sie ihren Verlauf.

23 Erläutern Sie anhand der nachstehenden Zeitungsmeldung Kernelemente der Preisbildung auf oligopolistischen Märkten.

Benzinpreis: Firmen „folgen dem Markt"

HAMBURG ... – Die Autofahrer müssen für Benzin und Diesel wieder mehr bezahlen. Die Deutsche BP, DEA Mineralöl und Aral haben am Mittwoch die Preise für alle Kraftstoffe um drei Cent erhöht. „Wir folgen damit der Marktentwicklung", begründeten die Unternehmenssprecher. Die Deutsche Shell AG hatte bereits am Dienstag die Preise für Benzin und Diesel um denselben Betrag erhöht.

24 Begründen Sie, warum die Preis-Absatz-Funktion des Monopolisten mit der Marktnachfragekurve identisch ist, und erläutern Sie die beiden möglichen Marktstrategien eines Monopolisten: Preisfixierung oder Mengenfixierung.

25 Prüfen Sie, ob auf realen Märkten Monopole bestehen.

26 Ein Monopolist möchte für sein Gut den gewinnmaximalen Preis ermitteln. Geben Sie an,

a) welche Informationen er hierfür besitzen bzw. welche Annahmen er machen muss und

b) in welchen Schritten sich die Preisbestimmung vollzieht.

27 Weisen Sie in einem Modellvergleich zwischen vollkommenem Polypol und Monopol nach, dass die Marktversorgung in Konkurrenzsituationen besser ist als in Monopolsituationen. Welche Prämissen müssen für diesen Modellvergleich gemacht werden?

28 Bestimmen Sie grafisch den COURNOTschen Punkt in folgenden Schaubildern:

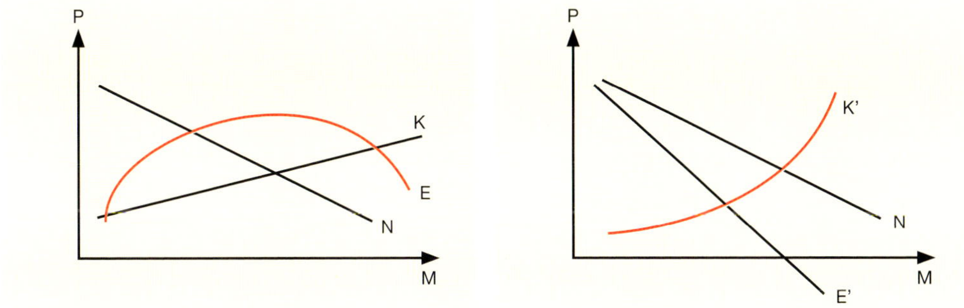

29 Warum ist für den Angebotsmonopolisten eine Ausbringungsmenge

a) links

b) rechts

von der durch den COURNOTschen Punkt bestimmten Ausbringungsmenge nicht gewinnmaximal?

30 In einer Tennishalle hängt nebenstehende Preisliste.

a) Welches Preisverhalten wird praktiziert?

b) Erläutern Sie den Grund für dieses Verhalten.

c) Welche Formen des Preisverhaltens werden praktiziert?

d) Welche Formen sind sonst noch möglich?

Preisliste

Preis je Stunde:

Mo – Fr	09:00 – 16:00	10,00 EUR
	16:00 – 21:00	15,00 EUR
	21:00 – 23:00	12,00 EUR
Sa, So, Feiertag	09:00 – 23:00	12,00 EUR

Schüler, Studenten, Wehrpflichtige, Zivildienstleistende: jeweils 2,00 EUR Preisnachlass (außer werktags von 16:00 – 21:00). Preise für die Monate Mai – Oktober: jeweils 70 % der o. a. Preise

31 Erläutern Sie, warum ein Anbieter für ein und dasselbe Gut oftmals unterschiedliche Preise verlangt. Gehen Sie dabei auch auf die Formen und Kriterien ein, nach denen die Preise unterschiedlich gestaltet werden.

32 Nennen Sie Modellannahmen, -wirkungen und -folgen für

a) Vollkommenes Polypol

b) Unvollkommenes Polypol

c) Homogenes Oligopol

d) Heterogenes Oligopol

e) Monopol

33 Nennen und erläutern Sie die Funktionen des Marktpreises!

34 Die nachstehende Zeitungsmeldung informiert über wirtschaftspolitische Maßnahmen der russischen Regierung.

Kehrtwende in Russland: Festpreise eingeführt

MOSKAU ... – Die neue russische Regierung hat eine scharfe wirtschaftliche Kehrtwende vollzogen und für eine Reihe von Gütern und Grundnahrungsmitteln zu Beginn des Jahres wieder staatlich regulierte Festpreise eingeführt. Dies meldete die Nachrichtenagentur Itar-Tass. Ziel der Maßnahme sei es, „den Inflationsprozess und die ungerechtfertigte Preissteigerung für wichtige Produkte, Güter und Dienstleistungen zu bremsen", hieß es in dem vom Premierminister unterzeichneten Beschluss.

a) Stellen Sie die Maßnahme der russischen Regierung in einem Preis-Mengen-Diagramm dar.

b) Beurteilen Sie die Maßnahme im Hinblick auf ihre Marktverträglichkeit.

c) Beurteilen Sie die Maßnahme im Hinblick auf den beabsichtigten preisdämpfenden Effekt.

35 Ein Staat trifft zum 1. Januar eines Jahres folgende Maßnahmen:

- Erhöhung der Mehrwertsteuer
- Erhöhung der Energie- und Tabaksteuer
- Einführung von Studiengebühren

Analysieren Sie die Absichten, die der Staat wahrscheinlich mit diesen Maßnahmen verfolgt!

36 Der Staat erhöht die Tabaksteuer mit dem Hinweis auf gesundheitliche Schäden des Rauchens. Beurteilen Sie diese Maßnahme unter Berücksichtigung der wahrscheinlichen Nachfrageelastizität nach Tabakerzeugnissen!

37 Der Staat bietet den Herstellern von Solarzellen Subventionen an. Beschreiben Sie die Wirkung.

38 Staatliche Eingriffe in die Preisbildung können nach ihrer Marktverträglichkeit in marktkonträre und marktkonforme Maßnahmen unterschieden werden.

a) Wodurch unterscheiden sich marktkonträre von marktkonformen Maßnahmen?

b) Nennen Sie je ein Beispiel für einen marktkonträren und einen marktkonformen staatlichen Eingriff.

6 Wirtschaftsordnungen

An wirtschaftlichen Vorgängen sind zwei Arten von Wirtschaftssubjekten beteiligt: Nachfrager und Anbieter. Dort, wo Nachfrage und Angebot zusammenkommen, ist Markt. Auf funktionierenden Märkten bilden sich Preise, die eine Abstimmung von Nachfrage und Angebot bewirken. Das Verhalten von Nachfragern und Anbietern, Märkte und Vorgänge der Preisbildung sind in vorausgegangenen Kapiteln ausführlich untersucht worden. In entwickelteren Wirtschaftsformen ist auch der Staat am Wirtschaftsgeschehen beteiligt. Zum einen ist er normaler Marktteilnehmer (Nachfrager und Anbieter), zum anderen nimmt er durch hoheitliche Eingriffe Einfluss auf das Wirtschaftsgeschehen. Schließlich bestehen auch noch außenwirtschaftliche Beziehungen. Die Rahmenbedingungen, unter denen diese wirtschaftlichen Aktivitäten ablaufen können, sind Gegenstand dieses Kapitels.

Auseinandersetzungen mit und über Wirtschaftsordnungen haben gegen Ende des zwanzigsten Jahrhunderts einen neuen Stellenwert bekommen. Über Jahrzehnte bestand weltwirtschaftlich eine Zweiteilung in Länder mit einer marktorientierten Wirtschaft und in Länder mit einer zentral verwalteten Wirtschaft, wobei sich die Unterschiede nicht nur auf das wirtschaftliche Leben bezogen. Es fand ein „Wettbewerb der Systeme" in dem Sinne statt, dass jedes der Systeme seine Überlegenheit gegenüber dem anderen System beweisen wollte. In dieser Situation waren für ein besseres Verständnis wirtschaftlicher und politischer Beziehungen eine detaillierte Darstellung und ein Vergleich der Systeme angebracht. Die politischen Veränderungen Ende der achtziger und Anfang der neunziger Jahre haben jedoch dazu geführt, dass heute nur noch ganz wenige Länder eine zentral verwaltete Wirtschaft haben. Eine Behandlung von Wirtschaftsordnungen kann sich daher heute auf eine Darstellung der Grundkonzeptionen beschränken.

6.1 Begriff und Notwendigkeit von Wirtschaftsordnungen

Was sind Wirtschaftsordnungen und warum braucht die Wirtschaft eine Ordnung? ?

In Gemeinwesen leben Menschen und existieren Institutionen. Zur Regelung der Beziehungen der Menschen untereinander, der Institutionen untereinander und der Beziehungen zwischen Menschen und Institutionen brauchen Gemeinwesen eine Ordnung. Umfassendstes Ordnungssystem in einer Gesellschaft ist die **Gesellschaftsordnung.** Innerhalb der Gesellschaftsordnung bestehen Teilordnungen, von denen die wichtigsten Wirtschaftsordnung, Rechtsordnung und Sozialordnung sind. Die verschiedenen Ordnungssysteme haben dabei keinen streng abgegrenzten Gegenstandsbereich, sondern weisen zahlreiche Überschneidungen auf.

Die Teilnehmer am Wirtschaftsgeschehen in einer Volkswirtschaft sind vielfältig (Haushalte, Unternehmen, Staat, Ausland) und zahlreich (in Deutschland sind es allein mehr als 40 Mio. Privathaushalte). Die Art der Wirtschaftsbeziehungen, der gehandelten Güter usw. ist ebenfalls sehr vielfältig. Ein solches Geflecht von Wirtschaftsteilnehmern und Wirtschaftsbeziehungen benötigt für ein einigermaßen reibungsloses Funktionieren Regeln. Ein Teil dieser Regeln ist in Gesetzen und Verordnungen schriftlich niedergelegt, ein Teil besteht in ungeschriebenen (Markt-) Gesetzen. Die Gesamtheit aller geschriebenen und ungeschriebenen Regeln für das wirtschaftliche Handeln in einer Wirtschaftsgemeinschaft ist die **Wirtschaftsordnung.** Werden nur die geschriebenen Regeln für das wirtschaftliche Handeln in einer Wirtschaftsgemeinschaft betrachtet, wird auch von **Wirtschaftsverfassung** gesprochen. Jede Wirtschaftsgemeinschaft (Staat aber auch Staatenbündnis wie die Europäische Union) hat ihre eigene Wirtschaftsordnung.

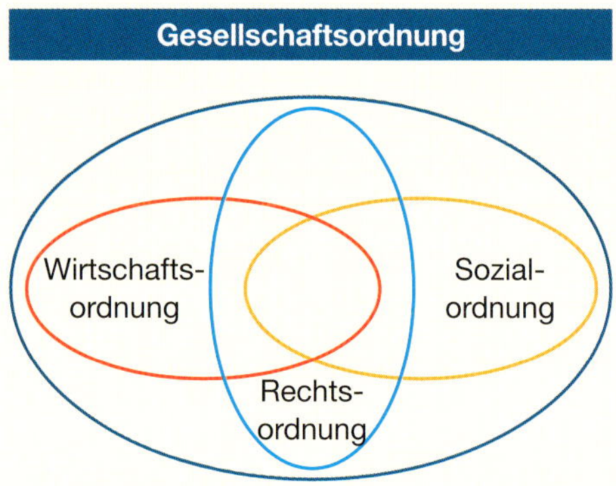

Zusammenfassung Kapitel 6.1:
Begriff und Notwendigkeit von Wirtschaftsordnungen

- Die Wirtschaftsordnung ist die Gesamtheit aller geschriebenen und ungeschriebenen Normen zur Regelung der Wirtschaftsbeziehungen in einer Wirtschaftsgemeinschaft.

6.2 Grundtypen von Wirtschaftsordnungen (Wirtschaftssysteme)

6.2.1 Ordnungsrahmen für Wirtschaftssysteme

? Durch welche grundlegenden Merkmale unterscheiden sich Wirtschaftsordnungen?

Die Wirtschaftsordnungen der einzelnen Länder weisen bei aller Unterschiedlichkeit im Detail zahlreiche Gemeinsamkeiten auf. Bei einer Betrachtung nur der grundlegenden Merkmale zeigt sich, dass die verschiedenen Wirtschaftsordnungen auf zwei Grundtypen zurückzuführen sind: **Marktwirtschaft** und **Zentralverwaltungswirtschaft.** Diese Grundtypen, auf denen die realen Wirtschaftsordnungen aufbauen, werden **Wirtschaftssysteme** oder auch **idealtypische Wirtschaftsordnungen** genannt.

Den Ablauf des Wirtschaftsgeschehens regeln zwei Instanzen: Markt und Staat. Die Verteilung der „Machtverhältnisse" zwischen diesen beiden Instanzen ist ein erstes wichtiges

Unterscheidungsmerkmal für Wirtschaftssysteme. Da der Markt nur so viel Macht hat, wie der Staat ihm zugesteht, kommt es vor allem auf die Rolle des Staates und dessen Einflussnahme auf die Wirtschaftsabläufe an.

▶ Rolle des Staates als Unterscheidungskriterium für Wirtschaftssysteme

Der Staat ist in zweierlei Weise am Wirtschaftsgeschehen beteiligt. Zum einen ist er „normaler" Nachfrager und Anbieter. In diesen Funktionen verhält er sich im großen und ganzen wie andere Wirtschaftssubjekte auch. Zum anderen ist er aber auch mit hoheitlicher Gewalt ausgestattet, kann Gesetze, Verordnungen usw. erlassen und auf diese Weise die Wirtschaft regeln und in Wirtschaftsabläufe eingreifen. Der Umfang staatlicher Eingriffe in die Wirtschaft im allgemeinen und in den Markt im besonderen ist daher ein bedeutsames Differenzierungskriterium.

Markteinflüsse und Staatseinflüsse sind komplementär. Je mehr Einfluss der Staat hat, umso weniger besitzt der Markt und umgekehrt. Das Wechselspiel lässt sich auf einem Kontinuum darstellen. In der Mitte sind Markt- und Staatseinflüsse gleich stark. Zu den Polen hin nimmt der Einfluss einer der beiden Instanzen zu und der der anderen Instanz ab. Auf der einen Seite markiert die **Freie Marktwirtschaft** den Endpunkt, auf der anderen Seite die reine **Zentralverwaltungswirtschaft.**

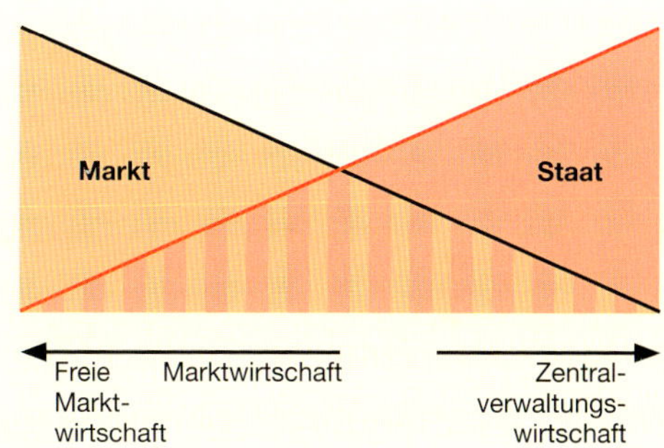

Freie Marktwirtschaft:	Markt ohne Staat
Reine Zentralverwaltungswirtschaft:	Staat ohne Markt

Neben dem allgemeinen Differenzierungsmerkmal der staatlichen Einflussnahme auf das Wirtschaftsgeschehen bestehen noch eine Reihe von Einzelkriterien, die bei der Unterscheidung von Wirtschaftssystemen zu Hilfe genommen werden.

Ein grundlegender Unterschied besteht bereits im Verständnis des Verhältnisses von Individuum und Gemeinschaft. In der Marktwirtschaft herrscht die Auffassung des **Individualismus** vor, die den Vorrang des Einzelnen gegenüber der Gesellschaft betont. Jede Einzelpersönlichkeit hat das Recht auf freie Entfaltung. Sachlich und historisch mit dem Individualismus eng verknüpft ist die Staats- und Gesellschaftsauffassung des **Liberalismus.** Wirtschaftlicher Liberalismus betont die Privatinitiative und verlangt Beschränkung der staatlichen Eingriffe in die Wirtschaft auf das Notwendigste.

In der Zentralverwaltungswirtschaft herrscht das Grundprinzip des **Sozialismus** vor. Das Wohl des Einzelnen hat sich dem Wohl der Gemeinschaft unterzuordnen. Gemeinnutz geht vor Eigennutz. Entsprechend liegt der Schwerpunkt der wirtschaftlichen Aktivitäten auch nicht bei Einzelpersonen, sondern bei Gruppen, beim Kollektiv **(Kollektivismus).**

Die weiteren Kriterien hängen mehr oder weniger eng mit diesen Grundprinzipien zusammen. Besonders hervorzuheben sind davon noch die Gestaltung der Entscheidungsstruktur und der Eigentumsordnung.

Hervorstechendes Merkmal marktwirtschaftlicher Systeme ist die **Dezentralität** der Entscheidungsstruktur. Jedes einzelne Wirtschaftssubjekt (jeder Privathaushalt, jedes Unternehmen usw.) trifft seine Entscheidungen aufgrund seiner individuellen Zielvorstellungen. Eigenständige Entscheidungen sind nur möglich, wenn der Entscheidungsträger auch Eigentümer der Entscheidungsgrundlagen ist. Daher ist **Privateigentum** (vor allem an Produktionsmitteln) unabdingbare Voraussetzung für ein marktwirtschaftliches System.

Die **Zentralität** der Entscheidungsstruktur ist für Zentralverwaltungswirtschaften so typisch, dass sie namensgebend geworden ist. Für den Produktionsbereich liegen alle wichtigen Entscheidungen bei einer zentralen staatlichen Instanz. Die Entscheidungen einer zentralen Instanz sind nur durchsetzbar, wenn sich die Produktionsmittel in staatlichem bzw. **gesellschaftlichem Eigentum** befinden.

Ordnungsrahmen für Wirtschaftssysteme		
Kriterium	**Marktwirtschaft**	**Zentralverwaltungswirtschaft**
Grundprinzip	Individualismus Liberalismus	Sozialismus Kollektivismus
Entscheidungsstruktur	dezentral	zentral
Entscheidungsinstanz	Wirtschaftssubjekte	Staat
Koordinationssystem	Markt	Plan
Koordinationsinstrument	Marktpreis	Planvorgaben
Eigentum an Produktionsmitteln	privat	gesellschaftlich
Notwendige Bedingungen	**Wettbewerb „Marktfreiheiten" (u. a. Vertragsfreiheit, Gewerbefreiheit, Niederlassungsfreiheit, Informationsfreiheit)**	**Planerfüllung**

6.2.2 Grundzüge der Freien Marktwirtschaft

? Unter welchen Bedingungen findet wirtschaftliches Handeln in einer Freien Marktwirtschaft statt?

Eine Wirtschaftsordnung mit einer Freien Marktwirtschaft in reiner Form hat es nie gegeben. Daher können die Prämissen nur am Modell dargestellt werden. Die Wirtschaft in den jungen Industrieländern in der ersten Hälfte des 19. Jahrhunderts kam dem Modell einer Freien Marktwirtschaft jedoch recht nahe. Dadurch kann zumindest ein Teil der mutmaßlichen Probleme dieses Wirtschaftssystems historisch belegt werden.

In der Freien Marktwirtschaft dominiert der Markt. Das wirtschaftliche Handeln wird von der Entscheidungsfreiheit der einzelnen Wirtschaftssubjekte bestimmt. Die Marktfreiheiten (Vertragsfreiheit, Gewerbefreiheit, Freihandel usw.) gelten uneingeschränkt. Jeder soll handeln können, wie er im Interesse seiner Nutzenmaximierung handeln möchte **(Laissez-faire-Prinzip)**[1].

Der Staat spielt in der Freien Marktwirtschaft nur eine untergeordnete Rolle. Als Marktteilnehmer tritt er vor allem als Nachfrager in Erscheinung. Sein Angebot hat sich auf jenen Teil der öffentlichen Güter zu beschränken, die von privaten Unternehmen nicht angeboten werden, für die Gesellschaft aber unverzichtbar sind (äußere und innere Sicherheit, Verkehrsleistungen usw.).

Darüber hinaus hat sich der Staat in das Wirtschaftsgeschehen möglichst nicht einzumischen. Seine hoheitlichen Eingriffe sind auf einige wenige Ordnungsaufgaben beschränkt. Im Wesentlichen hat er nur bei Störungen des Marktes und bei Missbrauch der Freiheiten einzuschreiten.

[1] laissez faire (franz. = lasst machen). Forderung des extremen ökonomischen Liberalismus

Da eine Freie Marktwirtschaft in der reinen Form des Modells historisch nie existiert hat, ist die Rolle des Staates letztlich auch nie genau definiert worden. Insbesondere ist unklar, wie weit seine Ordnungsfunktion in einer Freien Marktwirtschaft tatsächlich reicht. Einerseits gehört zur Marktwirtschaft zwangsläufig ein starker Wettbewerb, andererseits besteht die Gefahr von Machtkonzentrationen, wenn die Wirtschaft sich selbst überlassen wird. Ob der Staat in einer Freien Marktwirtschaft Maßnahmen zur Aufrechterhaltung von Wettbewerb ergreifen und damit in die Freiheit der Unternehmer eingreifen kann, ist offen. Zur Rolle des Staates bestehen lediglich zeitgenössische Aussagen. Zu den bekanntesten zählt die Kennzeichnung durch LASSALLE[1], der die Rolle des Staates spöttisch als **Nachtwächterstaat** bezeichnet hat, der nur einzugreifen habe, wenn Gefahr im Verzuge sei. Nach der Forderung einer Gruppe von Industriellen aus der englischen Stadt Manchester in der ersten Hälfte des 19. Jahrhunderts, nach der jegliche Eingriffe des Staates in das Wirtschaftsleben zu unterbleiben haben, wird ein extremer wirtschaftlicher Liberalismus auch als **Manchestertum** bezeichnet.

Vor- und Nachteile einer Wirtschaftsordnung, die nie in reiner Form existiert hat, lassen sich nur theoretisch beschreiben. Allerdings bieten die Erfahrungen mit der liberalistischen Wirtschaftsordnung des 19. Jahrhunderts, vor allem in dessen erster Hälfte, zahlreiche Hinweise.

▶ Vorteile einer Freien Marktwirtschaft

Vorteil einer Freien Marktwirtschaft ist ohne Zweifel die hohe Effizienz im Bereich der Güterproduktion. Die freie Entfaltung von Leistungswillen und Leistungsfähigkeiten des Einzelnen, verbunden mit staatlich nicht begrenzten Möglichkeiten der Profiterzielung, führen quantitativ und strukturell zu einer Ausweitung des Güterangebots. Es ist sicher kein historischer Zufall, dass mit der Zeit des ökonomischen Liberalismus die Zeit der Industrialisierung eng verknüpft ist. In einer vergleichsweise kurzen Zeitspanne von wenigen Jahrzehnten wuchs der Kapitalstock der Volkswirtschaften gewaltig an und ein leistungsfähiges Infrastrukturnetz (Eisenbahn- und Straßennetz, Post- und Fernmeldewesen usw.) wurde geschaffen.

▶ Nachteile einer Freien Marktwirtschaft

Die wirtschaftliche Effizienz muss allerdings mit einem hohen Preis bezahlt werden. Zu den größten Nachteilen einer Freien Marktwirtschaft zählen:

- Mangelnde Befriedigung öffentlicher Bedürfnisse, da der Staat nur in geringem Umfang Güter anbietet.
- Unterdrückung und Ausbeutung schwächerer Marktteilnehmer. Trotz eines vierzehnstündigen Arbeitstages deckte der Arbeiterlohn zu Beginn der Industrialisierung häufig nicht einmal das familiäre Existenzminimum ab. Folge war u. a. eine weit verbreitete Kinderarbeit. Selbst Zehnjährige mussten bereits schwere Arbeiten in Bergwerken und Fabriken verrichten.
- Für die Wechselfälle des Lebens (Krankheit, Arbeitslosigkeit, Alter) fehlt jegliche wirtschaftliche Absicherung. (Die gesetzliche Sozialversicherung wurde in Deutschland erst ab 1883 nach und nach eingeführt.)
- Konzentration wirtschaftlicher Macht in den Händen weniger. Da der Stärkere sich durchsetzt, besteht die Gefahr der Monopolisierung und des Wettbewerbsverlusts.
- Die Konjunkturausschläge sind heftig, da der Staat weder fördernd noch dämpfend eingreift.

[1] Ferdinand LASSALLE (1825–1864), Politiker, Sozialist. Begründete 1863 den „Allgemeinen Deutschen Arbeiterverein", den Vorgänger der SPD.

Freie Marktwirtschaft		
Merkmale	**Pro**	**Kontra**
■ Privatinitiative ■ Marktmechanismus ■ Mindestmaß staatlicher Eingriffe	■ Hohe Effizienz im Bereich der Güterproduktion ■ Theoretisch hohes Maß an individueller Freiheit	■ Geringes Angebot an öffentlichen Gütern ■ Ausbeutung schwächerer Marktteilnehmer ■ Fehlende soziale Absicherung ■ Machtkonzentration und Monopolisierung ■ Heftige konjunkturelle Ausschläge

Die gravierenden Nachteile einer Freien Marktwirtschaft sind gewissermaßen durch einen „Systemfehler" bedingt. Das Prinzip der uneingeschränkten Freiheiten und Entfaltungsmöglichkeiten des Einzelnen führt nicht dazu, dass jeder sich entsprechend entfalten kann, sondern dazu, dass wenige sich auf Kosten der Übrigen entfalten.

Ohne staatliche Regelungen gilt das Recht des Stärkeren. Entsprechend kam es auch im vergangenen Jahrhundert zu einer Ansammlung von Macht und Reichtum in den Händen weniger Menschen bzw. Familien bei gleichzeitiger Verelendung der Massen.

6.2.3 Grundzüge der Zentralverwaltungswirtschaft

? Unter welchen Bedingungen findet wirtschaftliches Handeln in einer Zentralverwaltungswirtschaft statt?

Auch für die **Zentralverwaltungswirtschaft** gilt, dass sie in reiner Form nie existiert hat. Eine vollständig zentral verwaltete Wirtschaft dürfte keinerlei Privatproduktion zulassen und müsste neben dem Produktions- und Außenwirtschaftsbereich auch den Konsumbereich erfassen. Die real existierenden Zentralverwaltungswirtschaften haben jedoch nur den Produktions- und Außenwirtschaftsbereich zentral gelenkt und in mehr oder minder großem Umfang auch private Produktionsmöglichkeiten zugelassen. Mit diesen Einschränkungen haben Zentralverwaltungswirtschaften bis zum Ende der achtziger bzw. bis zum Anfang der neunziger Jahre des 20. Jahrhunderts in zahlreichen Ländern existiert (Sowjetunion, osteuropäische Länder, Volksrepublik China, Nordkorea, Kuba, einige afrikanische Länder).

Von ihrer Entstehungsgeschichte her ist die Zentralverwaltungswirtschaft der Versuch, die offenkundigen Nachteile einer liberalistischen Wirtschaftsordnung zu überwinden. Hauptkritiker des Liberalismus und geistiger Vater der Zentralverwaltungswirtschaft war Karl MARX[1]. Er sah in dem Privateigentum an Produktionsmitteln die wesentliche Ursache für Auswüchse der damaligen Zeit.

Das Privateigentum an Produktionsmitteln führt für MARX

- zu einer Zweiteilung der Gesellschaft in eine besitzende Klasse **(„Bourgeoisie")** und in eine nichtbesitzende Klasse **(„Proletariat")**
- zu einer ungehemmten „Profitgier" der besitzenden Klasse, der „Kapitalisten", die zu einer Ausbeutung der „Arbeiterklasse" führt.

[1] Karl MARX (1818–1883), dt. Philosoph und Nationalökonom; Hauptwerk: „Das Kapital"

Den im Kapitalismus bestehenden Klassenkampf sah MARX nur durch einen grundlegenden Wandel der Gesellschafts- und Eigentumsverhältnisse und durch die Schaffung einer klassenlosen Gesellschaft als überwindbar an.

Das MARXsche Gedankengebäude wurde durch den Marxismus-Leninismus weiterentwickelt und nach der Oktoberrevolution 1918 zunächst in Russland bzw. der Sowjetunion in praktische Wirtschaftspolitik umgesetzt.

Eckpfeiler der Zentralverwaltungswirtschaft sind:

- Die Gesellschaft und die gesellschaftlichen Interessen haben Vorrang vor dem Individuum und den Individualinteressen.
- Alle wichtigen ökonomischen Entscheidungen liegen beim Staat.
- Regulierung der Wirtschaft, zumindest der Produktion, durch zentrale Pläne.
- Der Staat muss Zugriff auf die Produktionsmittel haben. Daher müssen sie in staatlichem bzw. gesellschaftlichem Eigentum sein.
- Preise werden nach gesellschaftlichen Belangen festgesetzt.
- Verteilung der Einkommen nach Bedürftigkeit.

Die Regulierung der Produktion erfolgt durch den **Volkswirtschaftsplan.** Pläne werden für unterschiedliche Zeiträume erstellt (Ein-, Zwei-, Fünf-, Zehnjahrespläne). Planung und Pläne sind für Zentralverwaltungswirtschaften so bestimmend, dass sie zur Namensgebung beigetragen haben **(Planwirtschaft).**

Der **Plan** nimmt die volkswirtschaftliche Produktion vollständig vorweg (Güterarten und Gütermengen, Preise, Zulieferer, Abnehmer usw.). Die Produktionspläne sämtlicher Betriebe werden von einer zentralen staatlichen **Planungsinstanz** erarbeitet und den Betrieben als „Soll“ vorgegeben.

Die **Planrealisation** findet in den Betrieben statt. Deren oberste Aufgabe ist **Planerfüllung.** Da die Betriebe über den Plan in vielfältiger Weise miteinander verflochten sind, ist Planerfüllung erste Voraussetzung für ein Funktionieren der Zentralverwaltungswirtschaft. Nichterfüllung an einer Stelle führt zu Nichterfüllungen an zahlreichen anderen Stellen. Liefert beispielsweise ein Rohstofflieferant nicht rechtzeitig oder nicht in ausreichender Menge oder nicht in der erforderlichen Qualität an einen Zulieferererbetrieb, kann der seine Zulieferungen nicht plangemäß erfüllen und alle von dem Zulieferererbetrieb wiederum abhängigen Betriebe können bei Ausbleiben der Zulieferungen ihre Produkte nicht wie vorgesehen herstellen.

Wegen der Bedeutung der Planerfüllung ist eine umfassende und aufwendige **Plankontrolle** notwendig, welche einerseits auf Planerfüllung drängt und andererseits bei Nichterfüllung Sanktionen verhängt und möglichst frühzeitig einen Umplanungsprozess in Gang setzt.

Eine Beurteilung des Systems zentraler Planung und Lenkung der Wirtschaft müsste fairerweise zwischen der Idee und dem, was in verschiedenen Ländern daraus gemacht wurde, unterscheiden. Das ist jedoch schwierig, da im Einzelnen nicht feststellbar ist, ob die beobachtbaren Phänomene im System selbst oder in der jeweiligen Durchführung begründet sind. Da jedoch in den verschiedenen Ländern mit Zentralverwaltungswirtschaften die Folgen im Wesentlichen gleich sind, liegt die Vermutung nahe, dass es sich um grundlegende, systembedingte Faktoren handelt.

Eine Beurteilung unter ökonomischen Gesichtspunkten wird auch dadurch erschwert, dass Staatsphilosophie, Gesellschaftspolitik und Wirtschaftspolitik eng miteinander verflochten sind. Für zahlreiche Phänomene lässt sich nicht eindeutig sagen, ob sie sich aus wirtschaftlichen Zusammenhängen ergeben oder Folgen einer marxistisch-leninistisch geprägten Gesellschaftspolitik sind.

Vorteile einer Zentralverwaltungswirtschaft

- *Versorgungssicherheit*

  Auf einem zwar vergleichsweise niedrigen Niveau bestand für breite Bevölkerungskreise ein relativ sicheres Versorgungsniveau. Die Güter zur Deckung des Grundbedarfs standen – mit Einschränkungen beim Wohnraum – zumeist in ausreichenden Mengen und zu niedrigen Preisen zur Verfügung.

- *Vollbeschäftigung*

  Die Arbeitsplätze waren weitgehend gesichert. Für ihre Beibehaltung war kein aufreibender Konkurrenzkampf erforderlich. Die Bürger in Ländern mit Zentralverwaltungswirtschaften besaßen ein Recht auf Arbeit und zumindest die offizielle Statistik wies für die Zentralverwaltungswirtschaften keine Arbeitslosigkeit aus. Allerdings musste die Vollbeschäftigung mit einer unter ökonomischen Gesichtspunkten kaum zu vertretenden personellen Überbesetzung in Unternehmen und staatlichen Stellen erkauft werden. Nach einschlägigen Untersuchungen waren in der ehemaligen DDR 15 % aller Arbeitsplätze überbesetzt; d. h. konkret, dass in Betrieben und staatlichen Einrichtungen rund 1,4 Millionen Menschen beschäftigt waren, für die am eingenommenen Arbeitsplatz eigentlich keine Arbeit vorhanden war.

- *Sozialeinrichtungen*

  Sozialeinrichtungen wie Kinderbetreuungsstätten, Schulen, in Grenzen das Gesundheitswesen usw. waren recht gut ausgebaut, für jedermann zugänglich und erschwinglich.

Diese Vorteile mussten jedoch zum Teil mit so großen wirtschaftlichen Effizienzverlusten und hohen staatlichen Subventionen bezahlt werden, dass sie die Volkswirtschaften überforderten und auf Dauer nicht zu finanzieren waren.

Nachteile einer Zentralverwaltungswirtschaft

- *Mangelnde Entsprechung von Güterproduktion und Nachfragebedürfnissen*

  Die hergestellten Güter in Zentralverwaltungswirtschaften deckten sich oft hinsichtlich Art, Menge, Qualität und Aussehen weder mit dem Investitionsbedarf der Betriebe noch mit den Konsumwünschen der Haushalte.

- *Konsumgütermangel*

  Da letztlich vom Staat festgelegt wurde, was und wie viel produziert wurde, bestand offenbar ein starke Verlockung, staatlicher Güternachfrage Vorrang einzuräumen. Dies führte dazu, dass nur ein vergleichsweise geringer Teil der volkswirtschaftlichen Produktionskapazitäten für die Herstellung von Konsumgütern eingesetzt wurde, sodass selbst einfache Güter des täglichen Bedarfs oft knapp waren.

- *Geringe Effizienz*

  Die Wirtschaftsleistung je Erwerbstätigen, die Produktivität, ist in Zentralverwaltungswirtschaften deutlich geringer als in Marktwirtschaften. Das dürfte zum einen auf die personelle Überbesetzung in staatlichen und betrieblichen Stellen und zum anderen auf fehlende Leistungsanreize zurückzuführen sein. Die geringere Effektivität der Zentralverwaltungswirtschaften wirkte sich u. a. in einem durchgängig geringeren Lebensstandard im Vergleich zu marktwirtschaftlichen Systemen aus.

- *Verschwendung knapper Ressourcen*

  Der spezifische Verbrauch an Rohstoffen und Energie, der Aufwand an Arbeitskraft, die Belastung der Umwelt usw. waren in den existierenden Zentralverwaltungswirtschaften deutlich höher als in vergleichbaren Marktwirtschaften.

Es erscheint wie ein Widerspruch, dass gerade im Sozialismus, der in besonderer Weise humane und soziale Fortschritte und auch ein menschliches Antlitz der Wirtschaft anstrebt, die Umwelt durch wirtschaftliches Handeln in einem kaum vorstellbaren Maße ausgebeutet und geschädigt wurde und Gesundheitsgefährdungen für die Menschen in Kauf genommen wurden.

Zentralverwaltungswirtschaft		
Merkmale	**Pro**	**Kontra**
■ Staatliche Lenkung ■ Regulierung durch Pläne ■ Staatliches Eigentum an Produktionsmitteln ■ Staatliche Preissetzung	■ Versorgungssicherheit bei Gütern des Grundbedarfs ■ Sicherheit der Arbeitsplätze ■ Für jedermann zugängliche Sozialeinrichtungen	■ Mangelnde Entsprechung von Güterproduktion und Nachfragebedürfnissen ■ Vernachlässigung des Konsumgüterbereichs ■ Geringe Effektivität ■ Verschwendung knapper Ressourcen

Zusammenfassung Kapitel 6.2:
Grundtypen von Wirtschaftsordnungen (Wirtschaftssysteme)

- Als Wirtschaftssysteme werden die beiden Grundtypen von Wirtschaftsordnungen, Marktwirtschaft und Zentralverwaltungswirtschaft, bezeichnet.
- Wichtiges Unterscheidungsmerkmal zwischen Wirtschaftssystemen ist die Verteilung der wirtschaftlichen Aktivitäten auf Markt und Staat.
- Die Entscheidungsstruktur ist in der Marktwirtschaft dezentral, in der Zentralverwaltungswirtschaft zentral.
- Das Eigentum an Produktionsmitteln ist in der Marktwirtschaft privat, in der Zentralverwaltungswirtschaft gesellschaftlich bzw. staatlich.
- In einer Freien Marktwirtschaft dominieren Privatinitiative und Marktgesetze; die staatlichen Eingriffe in die Wirtschaft sind auf ein unbedingt notwendiges Mindestmaß begrenzt.
- Vorteil einer Freien Marktwirtschaft ist in erster Linie die hohe Effizienz im Bereich der Güterproduktion.
- Nachteile einer Freien Marktwirtschaft sind vor allem:
  - Ausbeutung Schwächerer
  - Verelendung großer Bevölkerungsteile
  - Konzentration von Macht und Reichtum in den Händen einiger weniger
- Eckpfeiler der Zentralverwaltungswirtschaft sind
  - Alle wichtigen ökonomischen Entscheidungen liegen beim Staat
  - Regulierung der Wirtschaft, zumindest der Produktion, durch zentrale Pläne
- Vorteile von Zentralverwaltungswirtschaft sind weitgehende Versorgungssicherheit mit Gütern des Grundbedarfs sowie relative Arbeitsplatzsicherheit.
- Nachteile von Zentralverwaltungswirtschaften sind
  - Die Güterproduktion entspricht oft nicht den Nachfragebedürfnissen.
  - Der Konsumgüterbereich wird vernachlässigt.
  - Das wirtschaftliche Handeln weist eine geringe Effektivität auf.
  - Mit den knappen Ressourcen wird nicht sorgfältig umgegangen.

6.3 Soziale Marktwirtschaft

„Soziale Marktwirtschaft“ ist in erster Linie die Bezeichnung für die Wirtschaftsordnung in Deutschland. Der Name steht jedoch nicht für ein festgefügtes, starres System, sondern für eine Vorstellung davon, wie Wirtschaftsprozesse ablaufen und wie sie ggf. gesteuert werden sollen, damit bestimmte Prinzipien gesichert sind und bestimmte Ziele erreicht werden können.

Als Bezeichnung für die nach dem Zweiten Weltkrieg im Entstehen begriffene Wirtschaftsordnung der Bundesrepublik Deutschland wurde der Begriff erstmals von *Müller-Armack* in einem 1947 erschienenen Buch verwendet. Neben *Müller-Armack* sind Idee und Entstehung der Sozialen Marktwirtschaft insbesondere mit dem Namen *Ludwig Erhard* verbunden. Bedeutendster Vordenker war *Walter Eucken*, der bereits 1942 einen völligen Umbau der Wirtschaftsordnung nach marktwirtschaftlichen und sozialen Grundsätzen für unabdingbar hielt.

Alfred Müller-Armack
(1901 – 1978), Professor für Volkswirtschaftslehre; 1958 – 1963 Staatssekretär im Bundeswirtschaftsministerium bei Ludwig Erhard.

Ludwig Erhard
(1897 – 1977), Professor für Volkswirtschaftslehre; 1949 – 1963 Bundeswirtschaftsminister; 1963 – 1966 Bundeskanzler.

Walter Eucken
(1891 – 1951), Professor für Volkswirtschaftslehre; Mitbegründer der „Freiburger Schule“.

„Der Begriff der sozialen Marktwirtschaft kann so als eine ordnungspolitische Idee definiert werden, deren Ziel es ist, auf der Basis der Wettbewerbswirtschaft die freie Initiative mit einem gerade durch die marktwirtschaftliche Leistung gesicherten sozialen Fortschritt zu verbinden. …

Sinn der sozialen Marktwirtschaft ist es, das Prinzip der Freiheit auf dem Markte mit dem des sozialen Ausgleichs zu verbinden.“

Alfred Müller-Armack: Soziale Marktwirtschaft.
In: Handwörterbuch der Sozialwissenschaften. – Stuttgart 1956, S. 390

Das ist der soziale Sinn der Marktwirtschaft, dass jeder wirtschaftliche Erfolg, wo immer er entsteht, dass jeder Vorteil aus der Rationalisierung, jede Verbesserung der →

→ Arbeitsleistung *dem Wohle des ganzen Volkes nutzbar gemacht wird* und einer besseren Befriedigung des Konsums dient. …

Jedermann weiß … dass ich meine Wirtschaftspolitik auf den *Grundsatz der Freiheit und Freizügigkeit gestellt habe,* weil eine wirklich organische und harmonische Ordnung nur in einem durch freien Leistungswettbewerb und freie Preisbildung gesteuerten freien Markt zu gewährleisten ist."

Ludwig Erhard: Wohlstand für Alle. – Düsseldorf 1957, S. 174f.

Der Name „Soziale Marktwirtschaft" ist zunächst als Bezeichnung für die Wirtschaftsordnung der Bundesrepublik Deutschland nach dem Zweiten Weltkrieg entstanden. Im Staatsvertrag von 1990 zwischen der Bundesrepublik und der DDR wurde die „Soziale Marktwirtschaft" ausdrücklich als gemeinsame Wirtschaftsordnung für das wiedervereinigte Deutschland vereinbart (Art. 1, Abs. 3). Zahlreiche osteuropäische Länder haben sich nach dem Ende der Zentralverwaltungswirtschaft ebenfalls ausdrücklich zur Sozialen Marktwirtschaft bekannt. Auch für die EU gilt die Soziale Marktwirtschaft als wirtschaftspolitische Leitidee (Art. 3, Abs. 3 EU-Vertrag).

In gewisser Weise entsprechen heute die Wirtschaftsordnungen fast aller Industrieländer den Grundgedanken der Sozialen Marktwirtschaft. Die englischsprachige Bezeichnung lautet „Social market economy".

▶ Soziale Marktwirtschaft und Grundgesetz

Das Grundgesetz für die Bundesrepublik Deutschland hält sich hinsichtlich der Wirtschaftsordnung auffallend zurück. Weder wird der Ausdruck „Soziale Marktwirtschaft" noch eine andere Bezeichnung für die Wirtschaftsordnung benutzt. Das Bundesverfassungsgericht hat 1954 im sogenannten „Investitionshilfe-Urteil" ausdrücklich die „wirtschaftspolitische Neutralität" des Grundgesetzes betont und darauf hingewiesen, dass es keineswegs „eine nur mit marktkonformen Mitteln zu steuernde ‚Soziale Marktwirtschaft' garantiert".

„Das Grundgesetz garantiert weder die wirtschaftspolitische Neutralität der Regierungs- und Gesetzgebungsgewalt noch eine nur mit marktkonformen Mitteln zu steuernde ‚Soziale Marktwirtschaft'. Die ‚wirtschaftspolitische Neutralität' des Grundgesetzes besteht lediglich darin, dass sich der Verfassungsgeber nicht ausdrücklich für ein bestimmtes Wirtschaftssystem entschieden hat. … Die gegenwärtige Wirtschafts- und Sozialordnung ist zwar eine nach dem Grundgesetz mögliche Ordnung, keineswegs aber die allein mögliche."

Aus einem Urteil des Bundesverfassungsgerichts 1957 („Investitionshilfe-Urteil")

Die Grundrechte (Artikel 1–19 GG) enthalten jedoch allgemeine Vorgaben, die natürlich auch von der Wirtschaftsordnung eingelöst werden müssen. Für die Wirtschaftsordnung wichtige Aussagen des Grundgesetzes sind:

Artikel 2: Freie Entfaltung der Persönlichkeit.
Artikel 9: Vereinigungsfreiheit (Gewerkschaften!)
Artikel 12: Recht auf freie Wahl von Beruf, Arbeitsplatz und Ausbildungsstätte
Artikel 14: Gewährleistung des Privateigentums; Sozialbindung des Eigentums
Artikel 20: Demokratie und Sozialstaatlichkeit
Artikel 20a: Umweltschutz

6.3.1 Grundzüge der Sozialen Marktwirtschaft

? Welches sind die Grundpfeiler der Sozialen Marktwirtschaft?

▶ Leitbild

Die Soziale Marktwirtschaft stellt den Versuch einer möglichst optimalen Verknüpfung zweier Säulen dar. Die eine Säule betont die Selbstständigkeit des Individuums, die Entfaltung seiner Interessen, Freiheiten und Leistungsmöglichkeiten. Die andere Säule betont die Belange des Gemeinwesens, der Menschenwürde sowie der sozialen Sicherheit und Gerechtigkeit.

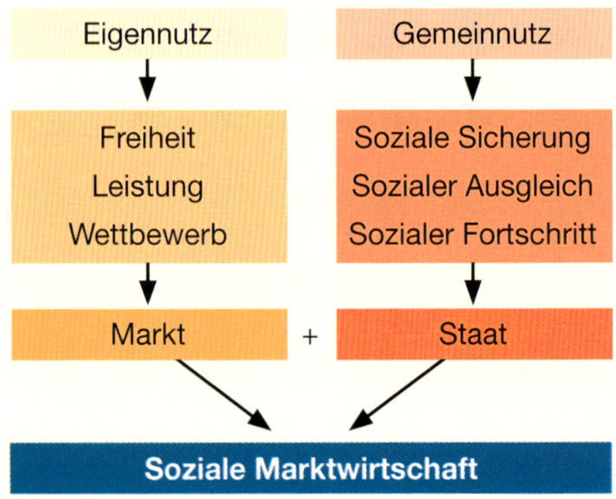

Erfüllungsort für die erste Säule ist der **Markt.** Ein von Freiheit und Leistungsstreben geprägter Markt, auf dem sich die Preise nach Angebot und Nachfrage bilden, verspricht hohe Effizienz bei der Entwicklung, Herstellung und Verteilung von Gütern. Für die Anliegen der zweiten Säule muss – da der Markt sie nicht erfüllen kann – eine andere Instanz sorgen. Das kann letztlich nur der **Staat** sein.

!

Freie Marktwirtschaft	=	Markt ohne Staat
Zentralverwaltungswirtschaft	=	Staat ohne Markt
Soziale Marktwirtschaft	=	Markt und Staat

Der Dualismus von Markt und Staat zieht sich wie ein roter Faden durch die Diskussion um die Ausgestaltung der Sozialen Marktwirtschaft. Dabei wird dem Staat keineswegs die Rolle eines „Nachtwächters“ zugewiesen; er soll vielmehr die geeigneten Rahmenbedingungen schaffen (und diese auch schützen) und bestimmte Ziele durch Eingriffe in die Wirtschaft aktiv anstreben. „Die Soziale Marktwirtschaft fordert keinen schwachen Staat, sondern sieht in einem starken demokratischen Staat die Voraussetzung für das Funktionieren dieser Ordnung“ (*Müller-Armack*).

Zu den unverzichtbaren Bestandteilen des Leitbildes gehören weiterhin das **Privateigentum** (auch an Produktionsmitteln) und **dezentrale Entscheidungsstrukturen.** Den einzelnen Wirtschaftssubjekten wird ein hohes Maß an selbstbestimmten Entfaltungsmöglichkeiten zugebilligt; im Gegenzug wird von ihnen aber auch Verantwortung im Umgang mit ihrer Freiheit eingefordert.

! Zum Leitbild der Sozialen Marktwirtschaft gehört der mündige Wirtschaftsbürger, der im privaten, beruflichen und gesellschaftlichen Bereich möglichst selbstbestimmt und verantwortlich wirtschaftlich handelt.

Das in der Sozialen Marktwirtschaft dominierende Bemühen, Marktprinzipien und -mechanismen mit staatlicher Kontrolle und Lenkung zu verbinden, wird oft als **„dritter Weg“** zwischen reiner Marktwirtschaft und Zentralverwaltungswirtschaft bezeichnet.

Das Leitbild der Sozialen Marktwirtschaft umreißt ein „atmendes“ System. Die bestimmenden Koordinaten können und müssen den sich wandelnden politischen, gesellschaftlichen und ökonomischen Bedingungen angepasst werden. Die „Ur"-Soziale Marktwirtschaft der Entstehungszeit gibt es schon heute nicht mehr. Gerade ihre Anpassungsfähigkeit an wechselnde Rahmenbedingungen haben der Sozialen Marktwirtschaft eine bisher durchaus respektable Erfolgsgeschichte beschert.

▶ Leistungsprinzip und Sozialverpflichtung

Die Forderung nach sozialer Gerechtigkeit erfordert die schwierige Balance zwischen Leistungsprinzip und Sozialprinzip. Das **Leistungsprinzip** fordert eine der Leistung angemessene Entlohnung. Wer viel leistet, soll auch viel bekommen. Die Kehrseite: Wer nichts oder wenig leistet (leisten kann), bekommt nichts oder wenig. Das **Sozialprinzip** hebt auf Bedarfsaspekte ab und fordert, dass – unabhängig von Leistung und Leistungsfähigkeit – jeder zumindest so viel vom Volkseinkommen erhält, dass er ein menschenwürdiges Leben führen kann. Auf die Schwierigkeiten, Leistung, Bedarf und Gerechtigkeit zu definieren und einigermaßen objektiv zu messen, soll hier nur hingewiesen werden.

Zur Sozialen Marktwirtschaft gehören sowohl Leistungsprinzip als auch Sozialverpflichtung. !

Wichtigstes Instrument der Leistungsgerechtigkeit ist die **Tarifpolitik.** In der Regel liegt diese in einer Sozialen Marktwirtschaft in den Händen der sogenannten **Tarifpartner** (Arbeitgeber und Arbeitnehmer, in der Regel vertreten durch Arbeitgeberverbände und Gewerkschaften). In Deutschland und in etlichen anderen Ländern besteht dabei **Tarifautonomie,** also das Recht, Tarifverträge über Löhne, Arbeitsbedingungen usw. frei von staatlichen Eingriffen abzuschließen.

Auch wenn soziale Aspekte immer wieder auch in Tarifverträgen ausgehandelt werden, ist die Verfolgung des **Sozialprinzips** vor allem eine Aufgabe des Staates. Im Vordergrund steht dabei das Bemühen, die im Wirtschaftsprozess zunächst entstandene **Primärverteilung** der Einkommen im Wege der **Sekundärverteilung** umzuverteilen, um eine Grundsicherung für jedermann sicherzustellen und die ursprünglichen Einkommensunterschiede zu glätten.

Für diese Aufgabe stehen dem Staat vor allem Steuerpolitik, Verteilungspolitik und Sozialpolitik zur Verfügung. Über den Einkommensteuertarif sollen mithilfe von Freigrenzen und steigenden Steuersätzen die Steuerpflichtigen entsprechend ihrer steuerlichen Leistungsfähigkeit belastet werden. Soweit die steuerlich nivellierten Primäreinkommen (noch) nicht den gesellschaftlichen Vorstellungen einer angemessenen **Einkommensverteilung** entsprechen, werden mit Mitteln der Verteilungs- und Sozialpolitik Sekundäreinkommen (v. a. Transfereinkommen) gezahlt (Renten, Kindergeld, Sozialhilfe usw.).

Eine wichtige Säule sozialer Sicherheit ist die gesetzliche **Sozialversicherung** mit ihren (in Deutschland) fünf Zweigen: Krankenversicherung (1883), Unfallversicherung (1884), Rentenversicherung (1889), Arbeitslosenversicherung (1927), Pflegeversicherung (1995). Während diese Systeme Schutz in besonderen Lebenslagen bieten, zielen die allgemeinen **Sozialleistungen** (Hartz IV, Sozialhilfe usw.) auf eine Grundsicherung ab.

In Deutschland ist die Bundesregierung seit 2000 verpflichtet, jeweils zur Mitte einer Wahlperiode dem Bundestag im Interesse einer Stärkung sozialer Gerechtigkeit und zur Verbesserung gesellschaftlicher Teilhabe einen **„Armuts- und Reichtumsbericht"** vorzulegen.

Die Urteile über den Erfolg staatlicher **Sozialpolitik** fallen höchst unterschiedlich aus. Während viele beklagen, dass die Besteuerung schon die Grenze der Leistungsfeindlichkeit erreicht habe, sprechen andere von einer Umverteilung von unten nach oben und sehen die Reichen immer reicher und die Armen immer ärmer werden.

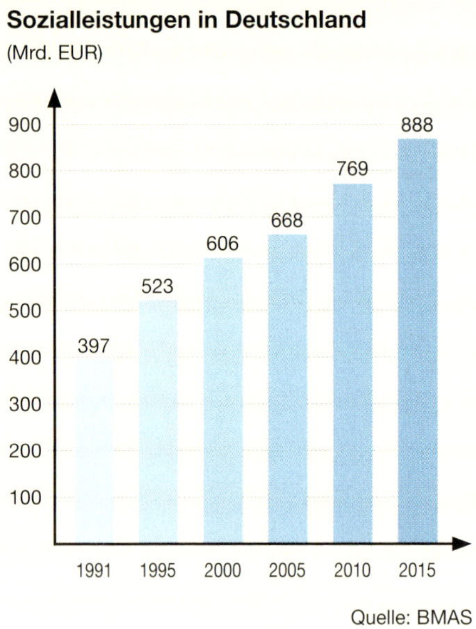

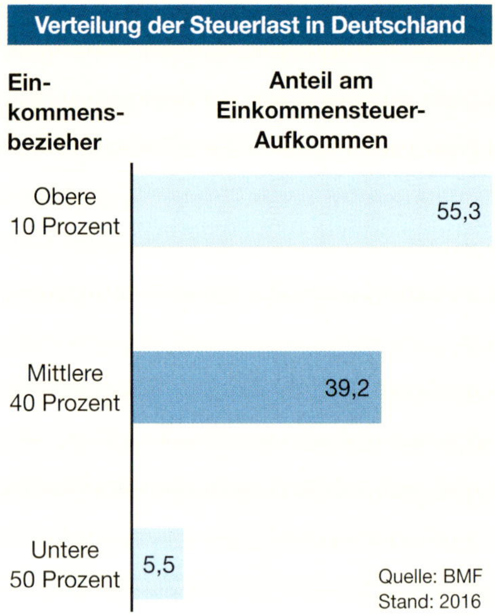

▶ Freiheit und Verantwortung

Freiheit und Verantwortung sind in der Sozialen Marktwirtschaft zwei Seiten ein und derselben Medaille. Die Forderung nach und die Inanspruchnahme von Freiheit verpflichtet gleichzeitig zu einem verantwortlichen Umgang mit dieser Freiheit, zur Verantwortung für das eigene Tun und Lassen und zur Verantwortung gegenüber Mitmenschen und Umwelt.

! Zur Sozialen Marktwirtschaft gehören sowohl Freiheit als auch Verantwortung.

Es liegt auf der Hand, dass verantwortliches Handeln der Wirtschaftssubjekte staatliche Korrekturen seltener nötig macht. Andererseits laufen aber eine zu umfassende staatliche Daseinsvorsorge und ein übertriebener staatlicher Regulierungsdrang auch Gefahr, individuelle Freiheiten zu beschneiden und die Wirtschaftssubjekte aus ihrer Verantwortung zu entlassen.

Die Versuchung, Freiheit ohne Verantwortung zu genießen oder es an Verantwortung fehlen zu lassen, scheint allerdings verlockend zu sein. Individuen nutzen die sozialen Sicherungs- und Hilfesysteme über Gebühr aus **(„moral hazard")** oder begehen **Steuerflucht;** internationale Unternehmen lassen ihre Verluste dort anfallen, wo die Steuern hoch sind, und ihre Gewinne dort, wo die Steuern niedrig sind; in Krisenzeiten rufen oft ganze Branchen nach staatlichen Schutzschirmen, lehnen staatliche Kontrollen aber ab, solange bzw. sobald es ihnen gut geht.

Verantwortliches Handeln ist nicht nur eine juristische, sondern auch eine ethische Kategorie. Als Richtschnur für zwischenmenschliches ethisches Verhalten gilt seit alters her die sogenannte **„Goldene Regel":** „Was Du nicht willst, das man Dir tu, das füg auch keinem andern zu." Unethisches Verhalten äußert sich aber nicht nur gegenüber anderen Menschen, sondern kann auch gegenüber Institutionen oder dem Gemeinwesen praktiziert werden.

Für staatliches Handeln gelten im Prinzip die gleichen Anforderungen wie für individuelles oder unternehmerisches Verhalten. So wirft es beispielsweise Fragen nach Verantwortung und Moral politischen Handelns und politisch Handelnder auf, wenn gestandene Volkswirtschaften Gefahr laufen, ohne umfangreiche internationale Hilfe an ihren übermäßig aufgehäuften Schulden regelrecht pleitezugehen.

Sowohl zur Sozialverpflichtung als auch zur Verantwortung gehört die **Nachhaltigkeit.** In einem interdisziplinären Begriffsverständnis ist damit die Berücksichtigung der ökonomischen, ökologischen und sozialen Verträglichkeit von Verhaltsweisen und Maßnahmen gemeint.

6.3.2 Rolle des Staates in der Sozialen Marktwirtschaft

Welche Aufgaben hat der Staat in der Sozialen Marktwirtschaft? ?

Die Soziale Marktwirtschaft ist eine Marktwirtschaft – aber nicht nur. Ihre Grundpfeiler und zugleich die regulierenden Stellschrauben sind „Markt" und „Staat". Was der Markt regeln kann, soll der Markt regeln. Was der Markt aber nicht oder nicht in der gesellschaftlich gewünschten Form regeln kann, soll der Staat übernehmen, zumindest gesellschaftlich konform steuern.

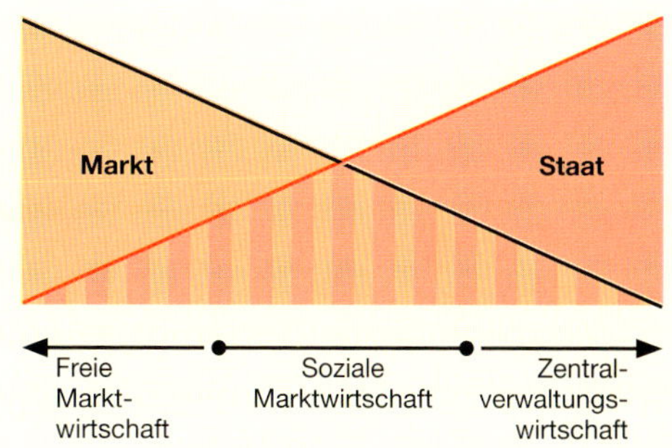

Die Offenheit der Leitidee erlaubt es, aus gesellschaftlichen, (koalitions-)politischen oder sonstigen Gründen an den Stellschrauben zu drehen und mal die Rolle des Marktes oder mal die Rolle des Staates stärker zu betonen. Insofern deckt die Soziale Marktwirtschaft ein breites Spektrum zwischen wirtschaftlicher Freiheit und staatlicher Lenkung ab. Ein Blick auf die konkrete Ausgestaltung in verschiedenen Ländern oder in verschiedenen Epochen macht die Flexibilität der Leitidee offenkundig.

Für die Justierung der regulierenden Stellschrauben „Markt" und „Staat" gilt der Grundsatz:

„So viel Markt wie möglich, so viel Staat wie nötig". !

Der **Markt** übernimmt vor allem eine Koordinationsfunktion. Er ist der Ort, an dem Nachfrage und Angebot zusammengeführt und abgestimmt werden und an dem sich Preise bilden. Kernaufgabe des Gütermarktes ist dabei die bestmögliche Versorgung der Menschen mit Gütern. Bestmöglich heißt: ausreichende Menge bei guter Qualität und angemessenem Preis. Kernaufgabe des **Arbeitsmarktes** ist die bestmögliche Versorgung der Menschen mit Arbeit und der Betriebe mit Arbeitskräften.

Notwendige Bedingung für das Funktionieren der Märkte, im engeren Sinne für die Erfüllung der Marktfunktionen, ist freier **Wettbewerb** zwischen unabhängigen und möglichst zahlreichen Marktteilnehmern. Die Wirtschaftstheorie arbeitet zur Darstellung von Marktabläufen unter solchen Bedingungen mit dem Modell der vollkommenen Konkurrenz. In der Realität sind Märkte jedoch in der Regel unvollkommen. Oligopolistische und teilweise monopolistische Strukturen, begrenzte Informationen über Güter und Märkte, Präferenzen für bestimmte Produkte oder Anbieter, wettbewerbsbeschränkendes Verhalten (z. B. Preisabsprachen) und anderes schränken den Wettbewerb ein.

Wenn die Allokation durch Märkte nicht bestmöglich funktioniert, das reale Marktergebnis also von der optimalen Lösung abweicht, wird von **Marktversagen** gesprochen. Neben den bereits genannten wettbewerbsmindernden Faktoren gilt dies vor allem für die Bereitstellung öffentlicher Güter und für Marktverzerrungen durch das Auftreten externer Effekte. Von **externen Effekten** wird gesprochen, wenn Verursacher und Träger von Kosten (negative externe Effekte bzw. externe Kosten) oder Nutzen (positive externe Effekte bzw. externe Nutzen) auseinanderfallen. Sind die Allgemeinheit oder die Umwelt Träger anderweitig verursachter „Kosten", entstehen soziale Kosten. Marktversagen zeigt in aller Regel einen staatlichen Eingriffs- und Regulierungsbedarf an.

! **Marktversagen** liegt vor, wenn die Koordination über den Markt nicht zu einer optimalen Allokation der Ressourcen, zu Marktverzerrungen und externen Effekten führt.

Wichtigste ordnungspolitische Aufgabe des **Staates** ist die Sicherung des Wettbewerbs. Dieser Aufgabe dienen Gesetze (v.a. Gesetz gegen Wettbewerbsbeschränkungen, Gesetz gegen unlauteren Wettbewerb) und Institutionen (u.a. Bundeskartellamt, Monopolkommission).

Als originäre wirtschaftspolitische Aufgaben des Staates werden nach vorherrschender Überzeugung u.a. die Bereitstellung öffentlicher Güter (z.B. Bildung, innere und äußere Sicherheit), die Strukturpolitik, die (mittel- und langfristige) Konjunkturpolitik, die Infrastrukturpolitik (z.B. Verkehrswege) sowie die Stabilitätspolitik angesehen. Der Staat kann dabei die Erfüllung von Aufgaben auch unabhängigen Institutionen übertragen (wie z.B. Geldwertstabilitätspolitik an die Zentralbank).

Zu den Aufgaben des Staates gehört weiterhin die Vorbeugung bzw. Korrektur unerwünschter Marktergebnisse. Zu diesem weiten Feld gehören u.a. Umweltpolitik, Sozialpolitik, Verteilungspolitik und Arbeitsmarktpolitik. Im Idealfall entdeckt der Staat einen Marktfehler und beseitigt ihn durch „richtige" wirtschaftspolitische Eingriffe **(Benevolenzannahme).**

Nach reiner Lehre sollten die staatlichen Eingriffe nur **marktkonform** erfolgen, d.h., sie sollten die Marktmechanismen nicht außer Kraft setzen, sondern lediglich in der gewünschten Richtung beeinflussen. In begründeten Einzelfällen dürften aber auch **marktkonträre Eingriffe** mit dem Leitbild der Sozialen Marktwirtschaft vereinbar sein.

Neben Marktversagen gibt es natürlich auch **Staatsversagen.** Von Staatsversagen wird dann gesprochen, wenn durch staatliches Handeln oder durch Unterlassung von Handlungen Fehlallokationen entstehen, d.h. wenn der Staat nicht eingreift, obwohl er aufgrund der ihm obliegenden Aufgaben eingreifen müsste, wenn staatliche Eingriffe nicht zu den angestrebten Ergebnissen führen oder wenn sie gar zu schlechteren als den Marktergebnissen führen. In leichteren Fällen führt Staatsversagen zu Ineffizienz, Bürokratismus, höheren Transaktionskosten usw., in schwereren Fällen zu Wohlfahrts- und Gerechtigkeitsverlusten. Ursachen von Staatsversagen können Informationsdefizite, falsche Entscheidungen und/oder unzureichende Umsetzungen sein.

! **Staatsversagen** liegt vor, wenn durch staatliche Eingriffe in den Markt oder durch Unterlassung von Handlungen unerwünschte oder ineffiziente Ergebnisse verursacht werden.

Zu den typischen Erscheinungsformen von Staatsversagen werden u.a. Umweltprobleme, hohe Arbeitslosigkeit (insbesondere hohe Jugendarbeitslosigkeit), Schattenwirtschaft, Korruption, Verarmung größerer Bevölkerungskreise und hohe Staatsverschuldung gezählt.

Die Einstellung zur Rolle des Staates ist nicht immer widerspruchsfrei. Einerseits ertönt bei Schwierigkeiten sehr schnell der Ruf nach staatlicher Intervention oder staatlicher Regulierung, andererseits wird auch eine immer stärkere staatliche Gängelung beklagt. Eine Beurteilung, ob sich der Staat in bestimmten Situationen ordnungskonform verhält bzw. ob ein bestimmtes Verhalten oder eine bestimmte Entwicklung noch mit den Grundlagen der Sozialen Marktwirtschaft vereinbar ist, ist außerordentlich schwierig und nicht unabhängig von politischen, moralischen und sozialen Überzeugungen des Urteilenden.

Effizienz und Glaubwürdigkeit staatlichen wirtschaftspolitischen Handelns werden sich auch daran messen lassen müssen, wieweit es gelingt, gesellschaftliche und individuelle Wohlfahrtsinteressen auszugleichen und im Zweifel **Gemeinwohl** vor **Eigenwohl** zu setzen, auch und gerade gegen mächtige Gruppeninteressen.

▶ Gegenstände staatlicher Eingriffe

Eingriffe des Staates in der Sozialen Marktwirtschaft		
Funktion	**Gegenstand**	**Politikbereiche**
Ordnungsfunktion	*Ordnung des Marktes.* Bestimmung von Entscheidungsträgern und Entscheidungsbefugnissen. Sicherung der marktwirtschaftlichen Grundstruktur, insbesondere des Wettbewerbs.	Ordnungspolitik Wettbewerbspolitik
Steuerungsfunktion	*Steuerung des Marktes.* Aktive Gestaltung und Steuerung wirtschaftlicher Entwicklungen.	Konjunkturpolitik Beschäftigungspolitik Stabilitätspolitik Strukturpolitik Außenwirtschaftspolitik
Schutzfunktion	*Schutz von Marktteilnehmern und Umwelt.* Schutz schwächerer Marktteilnehmer und der Lebensgrundlagen der Menschen.	Verbraucherschutzpolitik Mieterschutzpolitik Mitbestimmungspolitik Mittelstandspolitik Umweltschutzpolitik
Ausgleichsfunktion	*Korrektur von Marktergebnissen.* Korrektur und Ausgleich von sozial ungerechten und sozial unerwünschten Ergebnissen des Wirtschaftsprozesses.	Sozialpolitik Verteilungspolitik

▶ Formen staatlicher Eingriffe[1]

Nach der Form hat der Staat zwei Möglichkeiten, in das Wirtschaftsgeschehen einzugreifen: hoheitlich und fiskalisch.

Hoheitliche Eingriffe: Zur Durchsetzung seiner Vorstellungen kann der Staat Gebote und Verbote erlassen. Die Maßnahmen sind für jedermann bindend.

Beispiel

Der Staat bestimmt, dass ab 1. Januar nächsten Jahres alle neu zugelassenen Personen-wagen über eine bestimmte Sicherheitseinrichtung verfügen müssen.

[1] Zur Marktverträglichkeit staatlicher Eingriffe in die Preisbildung vgl. Abschnitt 5.5 „Staatliche Eingriffe in die Preisbildung".

Fiskalische Eingriffe. Der Staat schreibt ein bestimmtes Verhalten nicht vor. Er fördert jedoch das gewünschte Verhalten, z. B. durch Steuerermäßigungen, Subventionen oder Abschreibungsmöglichkeiten. Fiskalische Eingriffe sind nicht bindend, sondern ein Angebot des Staates. Es bleibt dem Einzelnen überlassen, ob er von diesem Angebot Gebrauch macht.

Beispiel

Der Staat möchte, dass alle neu zugelassenen Personenwagen über eine bestimmte Sicherheitseinrichtung verfügen. Um einen entsprechenden Anreiz zu schaffen, beschließt er, dass Personenwagen, die mit dieser Sicherheitseinrichtung ausgestattet sind, für drei Jahre von der Kfz-Steuer befreit werden.

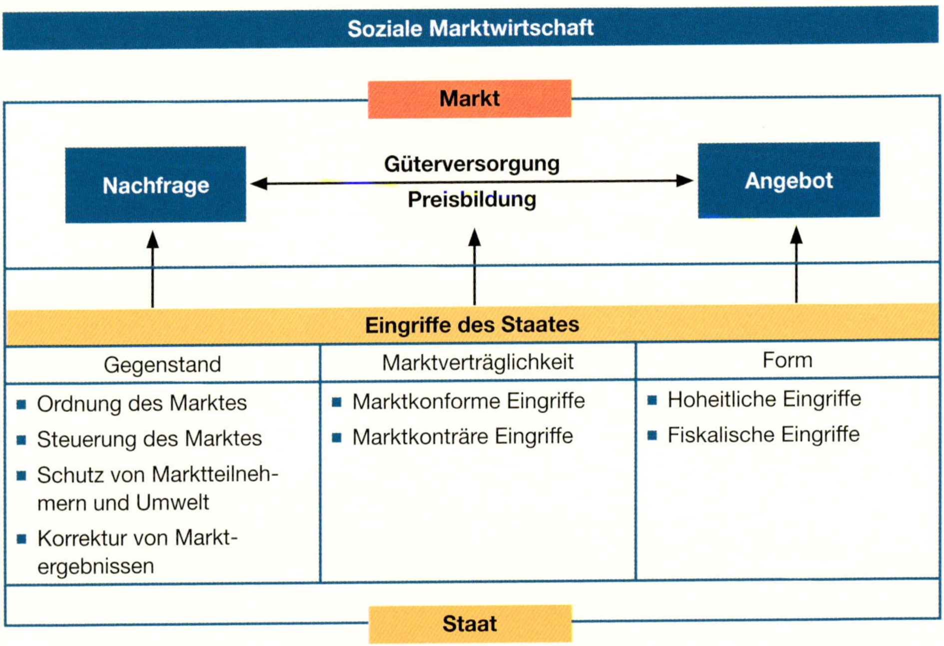

Zusammenfassung Kapitel 6.5:
Soziale Marktwirtschaft

- Der Name „Soziale Marktwirtschaft“ ist als Bezeichnung für die Wirtschaftsordnung in der Bundesrepublik Deutschland entstanden. Die Wirtschaftsordnungen nahezu aller Industrieländer entsprechen jedoch dem Grundkonzept der Sozialen Marktwirtschaft.
- Die Soziale Marktwirtschaft ist eine Mischform von Marktwirtschaft und Zentralverwaltungswirtschaft. Sie versucht, durch eine ausgewogene Verteilung von Marktkräften und staatlicher Lenkung die Vorteile beider Systeme zu verbinden, die Nachteile jedoch zu vermeiden.
- In der Sozialen Marktwirtschaft soll die Freiheit des Einzelnen und die Wettbewerbswirtschaft auf der einen Seite mit dem Sozialstaatsgedanken auf der anderen Seite verknüpft werden.

- Grundpfeiler der Sozialen Marktwirtschaft sind
  - Leitbild
  - Leistungsprinzip und Sozialverpflichtung
  - Freiheit und Verantwortung
- Für das Verhältnis von Markt und Staat gilt der Grundsatz: „So viel Markt wie möglich, so viel Staat wie nötig".
- Der Markt übernimmt vor allem eine Koordinationsfunktion. Marktversagen liegt vor, wenn die Verteilung über den Markt nicht zu optimalen Ergebnissen führt.
- Staatsversagen liegt vor, wenn staatliche Eingriffe zu unerwünschten Ergebnissen führen.
- Staatliche Eingriffe dienen folgenden Funktionen:
  - Ordnungsfunktion
  - Steuerungsfunktion
  - Schutzfunktion
  - Ausgleichsfunktion
- Staatliche Eingriffe lassen sich nach der Form unterscheiden in
  - Hoheitliche Eingriffe
  - Fiskalische Eingriffe

Aufgaben zum Üben und Vertiefen

Kapitel 6 Wirtschaftsordnungen

1. Grenzen Sie die Begriffe „Wirtschaftsordnung" und „Wirtschaftsverfassung" voneinander ab!

2. Erläutern Sie, warum Wirtschaftsordnungen notwendig sind!

3. Nennen und erläutern Sie mindestens drei Unterscheidungskriterien für Wirtschaftssysteme!

4. Die „Freie Marktwirtschaft" ist eine Modellvorstellung.
   a) Beschreiben Sie die Grundzüge dieses Modells!
   b) Nennen Sie Vor- und Nachteile einer Freien Marktwirtschaft!

5. Die „Zentralverwaltungswirtschaft" ist in wesentlichen Punkten in zahlreichen Ländern realisiert worden.
   a) Beschreiben Sie die Grundzüge einer Zentralverwaltungswirtschaft!
   b) Nennen Sie Vor- und Nachteile einer Zentralverwaltungswirtschaft!

6. Die „Soziale Marktwirtschaft" ist in ihren Grundzügen in allen Industrieländern realisiert.
   a) Beschreiben Sie die Grundzüge der Sozialen Marktwirtschaft!
   b) Beschreiben Sie die Rolle des Staates in der Sozialen Marktwirtschaft!

7 Erläutern Sie, warum in der Sozialen Marktwirtschaft
- Leistungsprinzip und Sozialverpflichtung
- Freiheit und Verantwortung

sich wechselseitig bedingen.

8 Staatliche Eingriffe in der Sozialen Marktwirtschaft können nach ihrem Gegenstand unterschieden werden.

a) Nennen und erläutern Sie staatliche Eingriffsmöglichkeiten in der Sozialen Marktwirtschaft nach dem Gegenstand der Eingriffe!

b) Nennen Sie für jeden Gegenstand ein Beispiel für einen staatlichen Eingriff in Deutschland!

9 Staatliche Eingriffe in der Sozialen Marktwirtschaft können in hoheitlicher oder in fiskalischer Form erfolgen.

a) Wodurch unterscheiden sich hoheitliche Eingriffe von fiskalischen Eingriffen?

b) Nennen Sie je ein Beispiel für einen hoheitlichen und für einen fiskalischen Eingriff!

7 Grundlagen der Wirtschaftspolitik

Damit die Wirtschaft ihren Zweck, die bestmögliche Versorgung der Menschen mit Gütern, erfüllen kann, ist wirtschaftliches Handeln notwendig. Alle Wirtschaftssubjekte handeln auf ihre Art.

Das wirtschaftliche Handeln des Staates wird zusammenfassend als Wirtschaftspolitik bezeichnet. Es sollte unter Einbezug grundlegender gesellschaftlicher Positionen auf Erkenntnissen der Wirtschaftstheorie aufbauen und diese zum Wohle der Menschen umsetzen.

Da die Wirtschaftsordnung eines Landes Teil der umfassenden Gesellschaftsordnung ist, bestehen enge Wechselwirkungen zwischen Wirtschaftspolitik und allgemeiner Staats- oder Gesellschaftspolitik. Fragen beispielsweise der Beschäftigung bzw. Arbeitslosigkeit und Einkommensverteilung berühren nicht nur ökonomische Kategorien. Insoweit sind die wirtschaftspolitischen Ziele Teilmenge übergreifender gesellschaftlicher Zielsetzungen.

Wenn die Gestaltung der Wirtschaft nicht Zufälligkeiten und Beliebigkeiten überlassen bleiben soll, benötigt sie Ziele. Ziele müssen durch wirtschaftspolitische Träger definiert und angestrebt und durch fiskalpolitische Maßnahmen unterstützt werden.

Dank einer entwickelten Arbeitsmarkt- und Sozialpolitik haben die heutigen Beschäftigten – zumindest in den Industrieländern – Anspruch auf zahlreiche soziale Leistungen. Es erstaunt jedoch außerordentlich, welche arbeitnehmerfreundlichen Regelungen bereits im persischen Großreich unter dem Herrscher **Dareios dem Großen** (522–486 v. Chr.) bestanden.

Heidemarie Koch berichtet in ihrem Buch „Es kündigt Dareios der König. Vom Leben im persischen Großreich", Mainz, 3. Aufl. 2000, unter anderem von folgenden Errungenschaften:

- Bei gleicher Leistung erhielten Männer und Frauen gleichen Lohn und besaßen gleiche Aufstiegschancen.
- Die Höhe der Entlohnung richtete sich nach Ausbildung und Arbeitseinsatz.
- Es bestanden Mindestlöhne sowie Regelungen für Härtefälle.
- Bei der Geburt eines Kindes wurde „Mutterschaftsurlaub" gewährt; außerdem gab es Sonderzuteilungen sowie Kinderbetreuung während der Arbeit.
- Für Beschäftigte stand eine Betriebsküche zur Verfügung.
- Für besonders anstrengende Arbeit, für besondere Bemühungen, für Frauen mit Kindern und für andere Anlässe wurden diverse soziale Leistungen gewährt.
- Die Bediensteten der Krone waren mitsamt ihrer ganzen Familie in das Versorgungsnetz der Verwaltung eingeschlossen; genossen also so etwas wie „Beamtenstatus".

7.1 Gegenstände der Wirtschaftspolitik

Wirtschaftspolitik ist ein Teil der umfassenden Staatspolitik. Ihre Aufgabe besteht in der Gestaltung wirtschaftlicher Strukturen und Abläufe. In der Vergangenheit wurde Wirtschaftspolitik ausschließlich als nationalstaatliche Aufgabe verstanden.

Die zunehmende Integration vieler Staaten sowie die weltweiten Verflechtungen moderner Volkswirtschaften verlagern wirtschaftspolitische Aufgaben und Kompetenzen mehr und mehr auch in supranationale Gemeinschaften und Organisationen.

Innerhalb der Wirtschaftspolitik wird üblicherweise zwischen Ordnungs-, Struktur- und Prozesspolitik unterschieden.

- **Ordnungspolitik** hat Aspekte der Wirtschaftsordnung zum Gegenstand. Sie behandelt zum einen die Grundfrage nach dem Wirtschaftssystem und zum anderen die konkrete Ausgestaltung des Wirtschaftssystems.
- Bei der **Strukturpolitik** stehen Fragen der Anpassung der Wirtschaftsstruktur an sich wandelnde gesellschaftliche und wirtschaftliche, insbesondere auch internationale wirtschaftliche Bedingungen im Vordergrund. Veränderungen, Modernisierungen oder Anpassungen können sich auf einzelne Industrien oder Branchen **(sektorale Strukturpolitik)** oder bestimmte Regionen **(regionale Strukturpolitik)** beziehen. Gegenstand kann auch die Verbesserung der Infrastruktur (Verkehr, Telekommunikation) sein.
- **Prozesspolitik** hat die Aufgabe, den Wirtschaftsprozess zu optimieren. Dazu gehört es, kurz- und mittelfristige Schwankungen, Instabilitäten und Ungleichgewichte (z. B. Markt- und Konjunkturschwankungen) zu vermeiden bzw. zu dämpfen und gegebenenfalls deren Folgen zu bewältigen. Beispiele sind Beschäftigungspolitik, Einkommensverteilungspolitik, Geldpolitik, Außenwirtschaftspolitik usw.

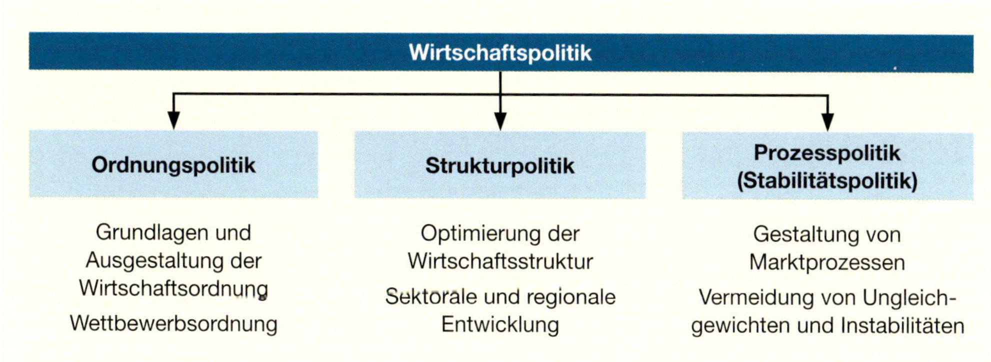

7.2 Träger der Wirtschaftspolitik

Wer ist für die Gestaltung der Wirtschaftspolitik zuständig? ?

Träger der Wirtschaftspolitik sind alle Institutionen, die in maßgeblicher Weise das wirtschaftliche Geschehen beeinflussen. Von staatlicher Seite gehören dazu vor allem Parlamente und Regierungen. Bei einem föderativen Staatsaufbau, wie in Deutschland, sind sowohl Bundes- als auch Ländergremien beteiligt. Zu den Trägern wirtschaftlicher Entscheidungen bzw. zu den Organisationen, die auf wirtschaftliche Entscheidungen Einfluss nehmen, gehören weiterhin die Zentralbank, die Tarifpartner, die Selbstverwaltungsorganisationen der Wirtschaft, Parteien, Verbände und internationale Organisationen.

Wichtigster Entscheidungsträger ist das **Parlament** (Legislative). Mithilfe seiner Gesetzgebungsbefugnis ist es insbesondere für die Gestaltung der Rahmenbedingungen wirtschaftlicher Entwicklungen zuständig. Die Aufgaben der **Regierung** (Exekutive) liegen in der Durchführung der Gesetze sowie in der laufenden Politik innerhalb der gesetzlich gesteckten Grenzen. Ihre wichtigsten Instrumente sind Rechtsverordnungen aufgrund entsprechender gesetzlicher Ermächtigungen und Verwaltungsvorschriften. Die staatlichen Maßnahmen können hoheitlicher Natur (Gebote und Verbote, die grundsätzlich für jedermann verbindlich sind) oder wirtschaftlicher Natur sein (Angebote z. B. in Form von Subventionen, Steuererleichterungen usw., die zum Teil nur für bestimmte Gruppen von Wirtschaftssubjekten gelten und die angenommen werden können, aber nicht müssen).

Träger der Wirtschaftspolitik	
Institution	**Gegenstände/Instrumente**
Parlament und Regierung	Hoheitliche und wirtschaftliche Maßnahmen aufgrund von Gesetzen, Verordnungen, Verwaltungsvorschriften usw.
Zentralbank	Geldpolitik; Geldpolitisches Instrumentarium
Sozialpartner	Tarifpolitik; Tarifverhandlungen, Streik, Aussperrung, Schlichtung
Selbstverwaltungsorganisationen der Wirtschaft	Ausbildungs-, Weiterbildungs-, Prüfungs-, Schieds-, Schlichtungswesen usw.
Verbände	Gutachten, Stellungnahmen, Lobby
Internationale Organisationen	Internationales Recht, Internationale Abkommen

Die Zentralbank, für Deutschland die **EZB** und die **Deutsche Bundesbank,** ist insbesondere für die Versorgung der Wirtschaft mit Zahlungsmitteln und für die Geldwertstabilität zuständig. Soweit diese Ziele es zulassen, soll sie die allgemeine Wirtschaftspolitik der Regierung unterstützen. Die Entscheidungsbefugnisse einer Zentralbank hängen ganz wesentlich vom Grad ihrer Selbstständigkeit, d.h. von der Unabhängigkeit von staatlichen Stellen ab. Die EZB ist von Weisungen der Regierungen unabhängig. Zur Erfüllung ihrer Aufgabe steht der Zentralbank vor allem das geldpolitische Instrumentarium zur Verfügung.[1]

§

Grundgesetz für die Bundesrepublik Deutschland

Artikel 9 (Vereinigungsfreiheit)

(1) Alle Deutschen haben das Recht, Vereine und Gesellschaften zu bilden.

...

(3) Das Recht, zur Wahrung und Förderung der Arbeits- und Wirtschaftsbedingungen Vereinigungen zu bilden, ist für jedermann und für alle Berufe gewährleistet.

Sozialpartner bzw. **Tarifpartner** sind die Vereinigungen der Arbeitnehmer **(Gewerkschaften)** und der Arbeitgeber **(Arbeitgeberverbände).** Ihre Aufgaben liegen vor allem in der Gestaltung der Arbeitsbedingungen. Das Existenzrecht gründet sich auf Artikel 9 (Vereinigungsfreiheit) des Grundgesetzes für die Bundesrepublik Deutschland. Im Rahmen ihrer Aufgabe, der Wahrung und Förderung der Arbeits- und Wirtschaftsbedingungen, sind sie selbstständig und von staatlichen Weisungen unabhängig **(Tarifautonomie).** Wichtige Gestaltungsbereiche sind Arbeitsentgelte, Arbeitszeiten und sonstige Arbeitsbedingungen. Zur Durchsetzung bzw. zur Abwendung wechselseitiger Forderungen stehen ihnen als Instrumente vor allem **Tarifverhandlungen, Streik, Aussperrung** und **Schlichtung** zur Verfügung.

Die Aufgaben der **Selbstverwaltungsorganisationen der Wirtschaft** (Industrie- und Handelskammern, Handwerkskammern, Landwirtschaftskammern usw.) liegen, neben der Selbstverwaltung, vor allem im Bereich des Aus- und Weiterbildungswesens, des Prüfungswesens sowie des Schieds- und Schlichtungswesens.

§

Grundgesetz für die Bundesrepublik Deutschland

Artikel 21 (Parteien)

(1) Die Parteien wirken bei der politischen Willensbildung des Volkes mit. ...

Politische Parteien sind in mittelbaren Demokratien wichtige Träger der politischen Willensbildung des Volkes und konstitutive Elemente der Volksvertretungen. Im Gesetz über die politischen Parteien (Parteiengesetz) vom 24.07.1967 sind sie als verfassungsrechtlich notwendiger Bestandteil der freiheitlichen demokratischen Grundordnung anerkannt. Die Ziele der politischen Parteien sind in Grundsatzprogrammen verankert.

Ihre Instrumente sind insbesondere die parlamentarische Mitwirkung bei der Gesetzgebung, Gesetzesinitiativen und Einflussnahmen auf die Regierungsarbeit.

Verbände sind in erster Linie Interessenvertreter. Entsprechend der unterschiedlichen gesellschaftlichen Interessengebiete besteht eine Vielzahl von Verbänden (Verbraucherver-

[1] Zu Aufgaben, Organisation und geldpolitischen Instrumenten der EZB vgl. ausführlicher Kapitel 8 „Geldtheorie und Geldpolitik".

bände, Standesverbände, Sparerschutzverbände, Steuerzahlerverbände, Umweltschutzverbände, Weltanschauungsgemeinschaften usw.).

Einfluss auf die Wirtschaftspolitik versuchen sie durch Gutachten, Stellungnahmen, Einschaltung von Massenmedien und durch die Arbeit von Verbandsvertretern (Lobby) zu nehmen.

In neuerer Zeit gewinnen **internationale Organisationen und Abkommen** einen immer größeren Einfluss auf die nationale Wirtschaftspolitik.

Die zunehmende weltweite Verflechtung der Wirtschaftsbeziehungen und die dadurch wachsende wechselseitige Abhängigkeit haben einerseits zu vielfältigen bilateralen Wirtschaftsvereinbarungen und andererseits zur Gründung multinationaler Organisationen geführt, die einen Teil der wirtschaftspolitischen Kompetenzen beanspruchen.

Zu den wichtigsten Organisationen dieser Art zählen die Europäische Union (EU), der Internationale Währungsfonds (IWF), die Welthandelsorganisation (WTO), die Konferenz der Vereinten Nationen für Handel und Entwicklung (Welthandelskonferenz, UNCTAD) und die Organisation für wirtschaftliche Zusammenarbeit und Entwicklung (OECD).

Zusammenfassung Kapitel 7.2:
Träger der Wirtschaftspolitik

- Träger der Wirtschaftspolitik sind jene Institutionen, die in maßgeblicher Weise das wirtschaftliche Geschehen beeinflussen.
- Zu ihnen gehören staatliche Institutionen, politische und gesellschaftliche Gruppen sowie internationale Organisationen.

7.3 Ziele der Wirtschaftspolitik

Jeder Träger der Wirtschaftspolitik verfügt über spezifische Zielsetzungen, zumindest über unterschiedliche Schwerpunkte bei der Zielerreichung. Der gesellschaftlichen Begründung und Legitimation bedürfen vor allem die wirtschaftspolitischen Ziele staatlicher Institutionen; sie stehen daher bei der folgenden Betrachtung im Vordergrund.

Leitziel wirtschaftspolitischen Handelns ist die bestmögliche Förderung der Wohlfahrt der Menschen. !

Wohlfahrt bezieht sich keineswegs allein auf Wohlstand, sondern schließt auch qualitative Aspekte menschlichen Daseins ein. Alle weiteren Zielsetzungen haben sich diesem Leitziel unterzuordnen und an ihm messen zu lassen.

Einige allgemeine Zielsetzungen ergeben sich aus dem Wirtschaftssystem selbst. Für ein marktwirtschaftliches System ist beispielsweise der Wettbewerb ein unbedingt notwendiges Element. Aufgabe staatlichen Handelns ist, dafür zu sorgen, dass solche unabdingbaren Elemente wirksam bleiben. Entsprechend existieren in Deutschland Gesetze (z.B. Gesetz gegen Wettbewerbsbeschränkungen) und Institutionen (z.B. das Bundeskartellamt), die der Aufrechterhaltung des Wettbewerbs dienen.

Die wichtigsten wirtschaftspolitischen Ziele sind in Gesetzen niedergelegt bzw. unterliegen einem breiten gesellschaftlichen Konsens.

7.3.1 Allgemeines Ziel: Gesamtwirtschaftliches Gleichgewicht

? Welche gesamtwirtschaftlichen Größen sollen im Gleichgewicht sein?

§ **Grundgesetz für die Bundesrepublik Deutschland**

Artikel 109

(2) Bund und Länder erfüllen gemeinsam die Verpflichtungen der Bundesrepublik Deutschland … zur Einhaltung der Haushaltsdisziplin und tragen in diesem Rahmen den Erfordernissen des gesamtwirtschaftlichen Gleichgewichts Rechnung.

Zielvorgaben für die staatliche Wirtschaftspolitik werden, so lässt sich vermuten, in Gesetzen ihren Niederschlag gefunden haben. Das Grundgesetz für die Bundesrepublik Deutschland führt im ersten Abschnitt, der den Grundrechten gewidmet ist, einige Aspekte auf, die zwar bedeutsam für die grundlegende Gestaltung des Wirtschaftssystems sind (z.B. Berufsfreiheit, Recht auf Eigentum), aber keine eigentlichen Zielformulierungen darstellen. Lediglich im Artikel 109 ist mit der Verpflichtung auf das **gesamtwirtschaftliche Gleichgewicht** eine allgemeine Zielsetzung angesprochen.

Im Gegensatz zu wirtschaftlichen Ungleichgewichten, die instabil sind und zu Veränderungen tendieren, zeichnen sich Gleichgewichtslagen durch Stabilität aus. Daher werden alle wirtschaftspolitischen Maßnahmen, die der Erhaltung oder Herstellung des gesamtwirtschaftlichen Gleichgewichts dienen, auch als **Stabilitätspolitik** bezeichnet.

Ein Markt ist dann im Gleichgewicht, wenn sich Angebot und Nachfrage ausgleichen. Diese **Gleichgewichtsbedingung** gilt sowohl für Teilmärkte als auch für den Gesamtmarkt. Ein gesamtwirtschaftliches Gleichgewicht besteht dann, wenn die **gesamtwirtschaftliche Nachfrage** genauso hoch ist wie das **gesamtwirtschaftliche Angebot.** Die gesamtwirtschaftliche Nachfrage besteht aus der Nachfrage aller vier Wirtschaftssektoren (Haushalte, Unternehmen, Staat, Ausland), das gesamtwirtschaftliche Angebot besteht aus dem Angebot aller vier Wirtschaftssektoren. Das Gleichgewicht in einer dynamischen Wirtschaft bleibt erhalten, wenn sich Angebot und Nachfrage proportional verändern.

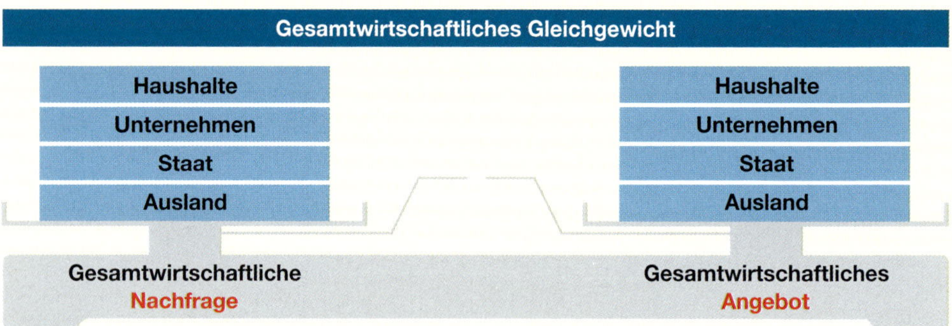

! Gesamtwirtschaftliches Gleichgewicht besteht, wenn gesamtwirtschaftliche Nachfrage und gesamtwirtschaftliches Angebot gleich groß sind.

Wegen der unterschiedlichen Nachfrage- und Angebotsbedingungen werden die Teilmärkte **Gütermarkt, Arbeitsmarkt** und **Geldmarkt** unterschieden und die Gleichgewichtsbedingungen jeweils getrennt analysiert. Die Verwirklichung des Ziels „gesamtwirtschaftliches Gleichgewicht“ verlangt jedoch, dass alle Märkte im Gleichgewicht sind.

Zusammenfassung Kapitel 7.3.1:
Allgemeines Ziel: Gesamtwirtschaftliches Gleichgewicht

- Oberstes Ziel der Wirtschaftspolitik ist die Förderung der Wohlfahrt der Menschen.
- Das allgemeine Ziel „Gesamtwirtschaftliches Gleichgewicht" ist dann erreicht, wenn sich auf allen Teilmärkten (Gütermarkt, Arbeitsmarkt, Geldmarkt) Angebot und Nachfrage ausgleichen

Übersicht über die wirtschaftspolitischen Ziele:

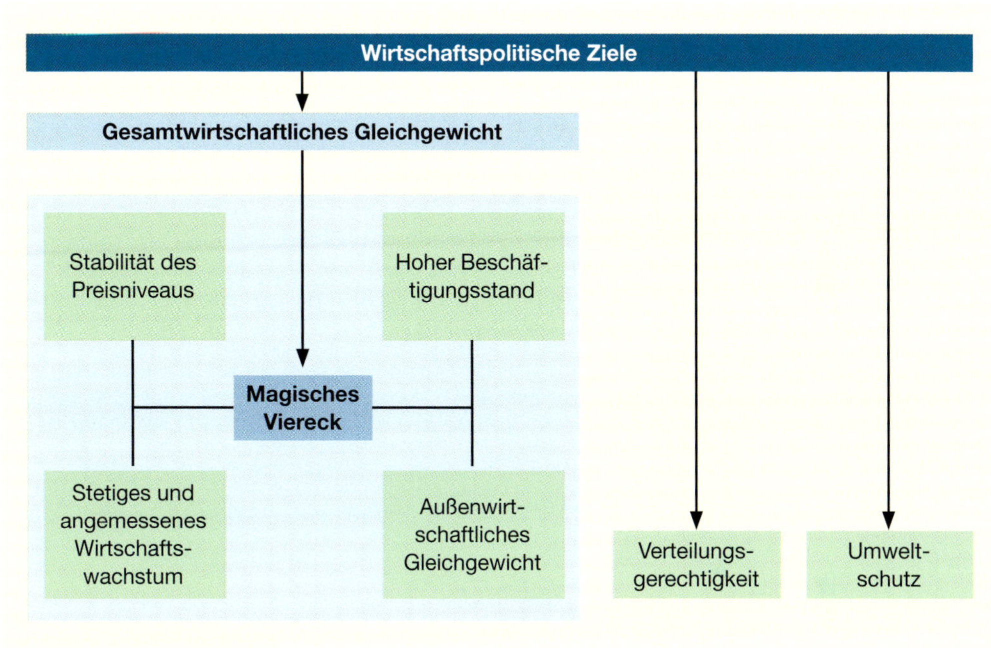

7.3.2 Die Ziele des Stabilitätsgesetzes: Das magische Viereck

Das allgemeine Ziel des gesamtwirtschaftlichen Gleichgewichts erfährt im „Gesetz zur Förderung der Stabilität und des Wachstums der Wirtschaft" **(Stabilitätsgesetz)** vom 08.06.1967 eine Konkretisierung durch vier Einzelziele:

- Stabilität des Preisniveaus
- Hoher Beschäftigungsstand
- Außenwirtschaftliches Gleichgewicht
- Stetiges und angemessenes Wirtschaftswachstum

Ein Vergleich mit anderen Ländern zeigt, dass die im Stabilitätsgesetz genannten Ziele international üblich sind; sie gelten in ähnlicher Form in nahezu allen Industrieländern.

§

Gesetz zur Förderung der Stabilität und des Wachstums der Wirtschaft (Stabilitätsgesetz) vom 08.06.1967

§ 1 Erfordernisse der Wirtschaftspolitik

Bund und Länder haben bei ihren wirtschafts- und finanzpolitischen Maßnahmen die Erfordernisse des gesamtwirtschaftlichen Gleichgewichts zu beachten. Die Maßnahmen sind so zu treffen, dass sie im Rahmen der marktwirtschaftlichen Ordnung gleichzeitig zur Stabilität des Preisniveaus, zu einem hohen Beschäftigungsstand und außenwirtschaftlichem Gleichgewicht bei stetigem und angemessenem Wirtschaftswachstum beitragen.

§

EWG-Vertrag von 1957

Artikel 104 (Ziele der Wirtschaftspolitik)

Jeder Mitgliedstaat betreibt die Wirtschaftspolitik, die erforderlich ist, um unter Wahrung eines hohen Beschäftigungsstandes und eines stabilen Preisniveaus das Gleichgewicht seiner Gesamtzahlungsbilanz zu sichern und das Vertrauen in seine Währung aufrechtzuerhalten.

Das Stabilitätsgesetz verlangt, dass die vier Ziele „gleichzeitig" angestrebt werden. Wegen der zum Teil gegensätzlichen Beziehungen zwischen den Zielen ergeben sich hierbei erhebliche Schwierigkeiten; daher wird dieses Zielsystem auch **„magisches Viereck"** genannt. In der praktischen Wirtschaftspolitik wird in der Regel jeweils dem Ziel Vorrang eingeräumt, das momentan am meisten gefährdet ist.

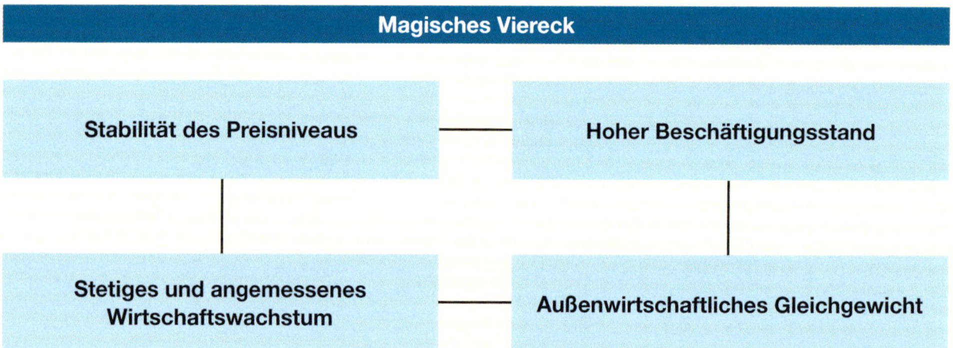

Bei den Zielen des Stabilitätsgesetzes handelt es sich um quantitative Größen. Als Unterziele des Gesamtziels „gesamtwirtschaftliches Gleichgewicht" gehören auch sie zum Konzept der **Stabilitätspolitik.** Der Grad der Zielerreichung ist messbar. Zu diesem Zweck gibt die Bundesregierung in den **Jahreswirtschaftsberichten,** die der Bundesminister für Wirtschaft nach § 2 des Stabilitätsgesetzes zu Beginn eines jeden Jahres vorlegen muss, Zielprojektionen über die als realisierbar angesehenen Größenordnungen an. Die Zielprojektionen spiegeln also nicht wider, was wünschenswert ist, sondern was erreichbar erscheint.

Die nachfolgende Darstellung der Ziele des Stabilitätsgesetzes geschieht jeweils in drei Schritten: Gegenstand des Ziels, Messung des Ziels, Realisierung des Ziels. Da das Stabilitätsgesetz keine konkreten Aussagen über die Soll-Größe der Realisierung macht, werden jeweils allgemeine Maßstäbe sowie ein Vergleich mit der Situation in anderen Industrieländern zu Hilfe genommen. Kurzfristig ist auch ein Vergleich der tatsächlichen Entwicklung mit der Jahresprojektion der Bundesregierung möglich.

Gegenüberstellung der Jahresprojektion 2017 und der tatsächlichen Entwicklung		
Eckwerte der gesamtwirtschaftlichen Entwicklung in der Bundesrepublik Deutschland[1]	**Jahresprojektion 2017**	**Tatsächliche Entwicklung 2017**
	Veränderung gegenüber Vorjahr in Prozent, soweit nicht anders angegeben	
ENTSTEHUNG des Bruttoinlandsprodukts (BIP)		
BIP (preisbereinigt)	**1,4**	**2,2**
Erwerbstätige (im Inland)	0,7	1,5
BIP je Erwerbstätigen	0,6	0,8
BIP je Erwerbstätigenstunde	0,8	1,0
nachrichtlich:		
Erwerbslosenquote in Prozent (ESVG-Konzept)[2]	3,8	3,5
Arbeitslosenquote in Prozent (Abgrenzung der BA)[2]	6,0	5,7
VERWENDUNG des BIP in jeweiligen Preisen (nominal)		
Konsumausgaben		
Private Haushalte und private Organisationen ohne Erwerbszweck	3,0	3,8
Staat	4,3	3,7
Bruttoanlageinvestitionen	3,4	4,9
Vorratsveränderungen und Nettozugang an Wertsachen (Mrd. EUR)	−33,5	−21,4
Inlandsnachfrage	3,4	4,2
Außenbeitrag (Mrd. EUR)	232,5	248,1
Außenbeitrag *(in Prozent des BIP)*	7,2	7,6
Bruttoinlandsprodukt (nominal)	**2,8**	**3,8**
VERWENDUNG des BIP preisbereinigt (real)		
Konsumausgaben		
Private Haushalte und private Organisationen ohne Erwerbszweck	1,4	2,0
Staat	2,3	1,4
Bruttoanlageinvestitionen	1,7	3,0
Ausrüstungen	1,2	3,5
Bauten	1,9	2,6
Sonstige Anlagen	2,2	3,5
Vorratsveränderungen und Nettozugang an Wertsachen (Impuls)[3]	0,0	0,1
Inlandsnachfrage	1,6	2,2
Exporte	2,8	4,7
Importe	3,8	5,2
Außenbeitrag (Impuls)[3, 7]	−0,1	0,2
Bruttoinlandsprodukt (real)	**1,4**	**2,2**
Preisentwicklung (2010 = 100)		
Konsumausgaben der privaten Haushalte[4]	1,6	1,7
Inlandsnachfrage	1,7	1,9
Bruttoinlandsprodukt[5]	1,4	1,5
VERTEILUNG des Bruttonationaleinkommens (BNE)		
(Inländerkonzept)		
Arbeitnehmerentgelte	3,2	4,3
Unternehmens- und Vermögenseinkommen	2,0	3,9
Volkseinkommen	2,8	4,1
Bruttonationaleinkommen	2,8	4,0
nachrichtlich (Inländerkonzept):		
Arbeitnehmer	0,8	1,7
Bruttolöhne und -gehälter	3,3	4,4
Bruttolöhne und -gehälter je Arbeitnehmer	2,5	2,7
Verfügbares Einkommen der privaten Haushalte	2,9	3,9
Sparquote in Prozent[6]	9,7	9,7

Quelle: Jahresbericht 2018

[1] Bis 2017 vorläufige Ergebnisse des Statistischen Bundesamtes; Stand: Januar 2018.
[2] Bezogen auf alle Erwerbspersonen.
[3] Absolute Veränderung der Vorräte bzw. des Außenbeitrags in Prozent des BIP des Vorjahres (= Beitrag zur Zuwachsrate des BIP).
[4] Verbraucherpreisindex; Veränderung gegenüber Vorjahr: Jahresprojektion 2017: 1,8 %; tatsächliche Entwicklung 2017: 1,8 %.
[5] Lohnstückkosten je Arbeitnehmer; Veränderung gegenüber Vorjahr: Jahresprojektion 2017: 1,8 %; tatsächliche Entwicklung 2017: 1,8 %
[6] Sparen in Prozent des verfügbaren Einkommens der privaten Haushalte einschl. betrieblicher Versorgungsansprüche.
[7] Saldo der Leistungsbilanz: Jahresprojektion 2017: +8,1 %; tatsächliche Entwicklung 2017: +7,9 %.

7.3.2.1 Stabilität des Preisniveaus

Was bedeutet das Ziel „Stabilität des Preisniveaus", wie wird es gemessen und inwieweit ist es verwirklicht?

Gegenstand: Stabilität des Preisniveaus ist gleichbedeutend mit Erhaltung des Geldwertes. Durch Preissteigerungen vermindert sich die Kaufkraft des Geldes. Das „Preisniveau" ist ein Mittelwert aus einer Vielzahl einzelner Güterpreise. Da diese ständig in Bewegung sind (z. B. aufgrund von Kostensteigerungen, saisonalen Einflüssen, Marktschwankungen usw.), ist ein absolut stabiles Preisniveau, d. h. eine Inflationsrate von null, die Ausnahme. Die Steigerung des Preisniveaus wird als Inflationsrate bezeichnet.

Messung: Zur Messung der Preisentwicklung werden unterschiedliche Preisindizes verwendet. Die bekannteste Messgröße ist der **Verbraucherpreisindex.** Er ist ein Maß für die durchschnittliche Preisentwicklung der von privaten Haushalten nachgefragten Güter und Dienste. Bei seiner Ermittlung geht man von der Verbraucherpreisstatistik und einem typischen Ausgabeverhalten (Warenkorb) aus. Der **Warenkorb** beruht auf amtlichen Erhebungen über die Zusammensetzung der Ausgaben privater Haushalte für die Lebenshaltung. Er muss im Laufe der Zeit dem sich ständig ändernden Ausgabeverhalten angepasst werden. Der deutsche Verbraucherpreisindex wird vom Statistischen Bundesamt ermittelt. Das Statistische Amt der Europäischen Gemeinschaft (Eurostat) errechnet für die EWU einen harmonisierten Verbraucherpreisindex (HVPI)[1].

Veränderung des Verbraucherpreisindex für Deutschland

Realisierung: Die Antwort auf die Frage, ob das Ziel „Stabilität des Preisniveaus" verwirklicht ist, hängt ganz wesentlich vom zugrunde gelegten Maßstab ab. Eine **Preissteigerungsrate** von 0 oder nahe 0 ist wegen des damit verbundenen Deflationsrisikos nicht wünschenswert; eine hohe Preissteigerungsrate ist wegen der damit verbundenen Inflationsgefahren ebenso wenig erstrebenswert. Die **Europäische Zentralbank** (EZB), die im Bereich der Europäischen Währungsunion (EWU) für die Geldpolitik und damit auch für die Geldwertstabilität zuständig ist, trägt beiden Risiken

Preissteigerungsraten 2016	
Italien	−0,1
Japan	−0,1
Frankreich	0,2
Deutschland	0,5
Großbritannien	0,6
USA	1,3
China	2,0

[1] Zur Messung der Verbraucherpreisindizes vgl. ausführlich Kapitel 8 „Geldtheorie und Geldpolitik".

Rechnung. Ziel ihrer **Stabilitätspolitik** ist eine Preissteigerungsrate von unter, aber nahe bei 2 %.[1]

Im internationalen Vergleich sind die Preisteigerungsraten in Deutschland eher niedrig.

7.3.2.2 Hoher Beschäftigungsstand[2]

Was bedeutet das Ziel „Hoher Beschäftigungsstand", wie wird es gemessen und inwieweit ist es verwirklicht?

Gegenstand: Der Gesetzgeber hat das beschäftigungspolitische Ziel nicht „Vollbeschäftigung", sondern „Hoher Beschäftigungsstand" genannt. Darin steckt sicher zum einen ein Stück Vorsicht, da Vollbeschäftigung eindeutig ist und somit gegebenenfalls eine mangelnde Zielerreichung offenkundig wäre; zum anderen verbirgt sich hinter der zurückhaltenden Formulierung aber auch die Einsicht, dass Vollbeschäftigung in dem Sinne, dass alle, die arbeiten wollen, auch Arbeit haben, d.h. eine Arbeitslosenquote von null, nicht erreichbar ist. Individuelle, saisonale, strukturelle und sonstige Gründe bedingen auch bei guter Arbeitsmarktlage einen gewissen Sockel an Arbeitslosigkeit.

Messung: Die Messung des Beschäftigungsstandes geschieht über die **Arbeitslosenquote** und die **Erwerbslosenquote.** Die Arbeitslosenquote wird von der **Bundesagentur für Arbeit (BA)** und die **Erwerbslosenquote** vom Statistischen Bundesamt nach den Kriterien der **International Labour Organization (ILO)** ermittelt. Die beiden Quoten basieren auf unterschiedlichen Erhebungsmethoden und unterschiedlichen Bezugsgrößen. Die nach ILO-Kriterien erfasste Zahl der Erwerbslosen ist deutlich niedriger als die Zahl der bei der Bundesagentur für Arbeit registrierten Arbeitslosen. Zum einen weicht der zugrunde liegende wöchentliche Arbeitsumfang erheblich voneinander ab, zum anderen werden nach ILO-Kriterien auch diejenigen Arbeitslosen erfasst, die sich nicht als arbeitslos gemeldet haben.

$$\text{Arbeitslosenquote} = \frac{\text{Zahl der registrierten Arbeitslosen}}{\text{Zahl der (zivilen) Erwerbspersonen}}$$

$$\text{Erwerbslosenquote} = \frac{\text{Erwerbslose}}{\text{Zahl der (zivilen) Erwerbspersonen}}$$

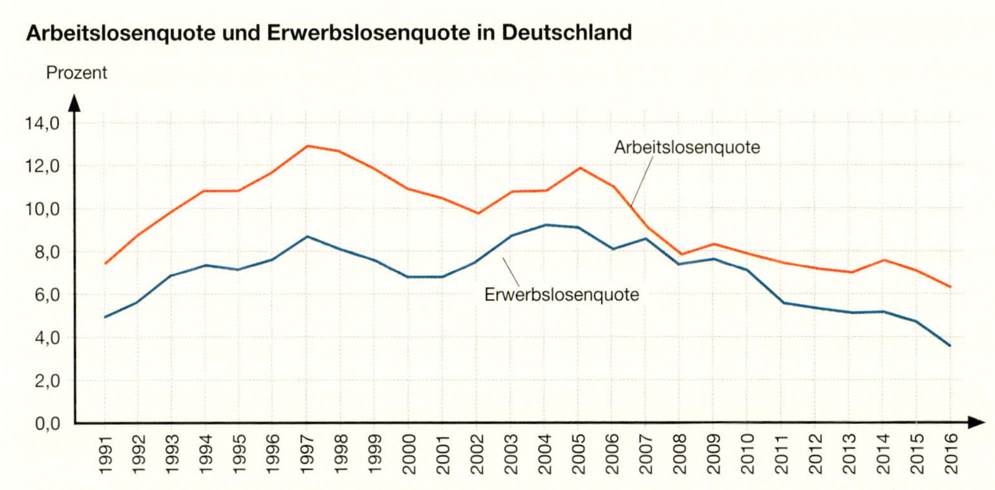

[1] Zur Geldpolitik der EZB vgl. ausführlich Kapitel 8 „Geldtheorie und Geldpolitik".

[2] Vgl. auch Kapitel 10 „Beschäftigung, Konjunktur und Wachstum".

Realisierung: Wenn auch der Maßstab für hohen Beschäftigungsstand nicht eindeutig ist, so besteht doch Übereinstimmung darüber, dass das wirtschaftspolitische Ziel nicht verwirklicht ist. In ihrem ersten Jahreswirtschaftsbericht nach dem Inkrafttreten des Stabilitätsgesetzes gab die Bundesregierung als Zielprojektion eine jahresdurchschnittliche Arbeitslosenquote bis zu 0,8 % an (bei normalem Winterwetter). Im internationalen Vergleich liegt Deutschland unter den Industrieländern auf einem vorderen Platz.

Arbeitslosenquoten international

Land	2017
Griechenland	22,8
Spanien	17,6
Italien	11,5
Frankreich	9,9
EU	8,0
USA	5,3
Großbritannien	5,0
Deutschland	4,0
Japan	3,4

7.3.2.3 Außenwirtschaftliches Gleichgewicht

? Was bedeutet das Ziel „Außenwirtschaftliches Gleichgewicht", wie wird es gemessen und inwieweit ist es verwirklicht?

Gegenstand: Etwa 40 % des deutschen Bruttoinlandsprodukts werden exportiert; der Anteil der Importe am Bruttoinlandsprodukt beläuft sich auf ca. 35 %. Diese – auch im internationalen Vergleich – hohe Außenverflechtung lässt erkennen, dass die außenwirtschaftlichen Beziehungen für die deutsche Volkswirtschaft von erheblicher Bedeutung sind und dass die wirtschaftliche Entwicklung nicht zuletzt von der außenwirtschaftlichen Position beeinflusst wird. Das Ziel „außenwirtschaftliches Gleichgewicht" hebt auf ein angemessenes Verhältnis von Exporten und Importen ab. Aus gesamtwirtschaftlicher Sicht sind auf Dauer weder Überschüsse noch Defizite wünschenswert. Ständige Überschüsse bedeuten u. a., dass Inländer Güter produzieren, die ihnen weder zum Verbrauch noch für Investitionen zur Verfügung stehen. Defizite müssen aus den Währungsreserven finanziert werden; stehen diese nicht ausreichend zur Verfügung, ergeben sich internationale Finanzierungs- und Verschuldungsprobleme.[1]

Leistungsbilanz
- **Außenbeitrag**
  - Warenhandel
  - Dienstleistungen
- Primäreinkommen
- Sekundäreinkommen

Messung: Messgrundlage für die außenwirtschaftliche Situation ist die **Leistungsbilanz.**[2] Darin sind enthalten: Warenhandel, Dienstleistungen, **Primäreinkommen** und **Sekundäreinkommen.** Als Indikator für das außenwirtschaftliche Gleichgewicht verwendet die Bundesregierung den **Außenbeitrag;** genauer: den prozentualen Anteil des Außenbeitrages am Bruttoinlandsprodukt. Der Außenbeitrag ergibt sich aus den Salden von Warenhandels- und Dienstleistungsbilanz.

Leitlinie des Ziels „außenwirtschaftliches Gleichgewicht" ist eine ausgeglichene Leistungsbilanz. Der Leistungsbilanzsaldo ist der umfassendste Ausdruck für den außenwirtschaftlichen Status eines Landes und wird daher häufig für internationale Vergleiche herangezogen.

[1] Zu außenwirtschaftlichen Beziehungen allgemein, zur Zahlungsbilanz, zu Zahlungsbilanzungleichgewichten und zu internationalen Finanzierungsproblemen vgl. Kapitel 9 „Außenwirtschaft".

[2] Ab Juli 2014 ist das methodische Konzept der deutschen Zahlungsbilanzstatik auf den überarbeiteten Standard des Internationalen Währungsfonds (IWF) umgestellt worden.
Einzelheiten hierzu finden sich in Abschnitt 9.5.1 Struktur der Zahlungsbilanz in Kapitel 9 Außenwirtschaft.
Innerhalb der Leistungsbilanz werden neue Begriffe eingeführt: Die „Erwerbs- und Vermögenseinkommen" heißen nun „Primäreinkommen" und die „Laufenden Übertragungen" heißen nun „Sekundäreinkommen".

	Leistungsbilanz (Salden)	Mrd. EUR 2017
	Warenhandel	265
+	Dienstleistungen	–16
=	**Außenbeitrag**	**249**
+	Primäreinkommen	67
+	Sekundäreinkommen	–54
=	**Leistungsbilanz**	**262**

Realisierung: Die deutsche Leistungsbilanz weist in aller Regel Überschüsse im Warenhandel und teilweise auch bei den Primäreinkommen auf; die Dienstleistungsbilanz (darin sind u. a. die Reiseausgaben deutscher Touristen im Ausland enthalten) ist in der Regel negativ. Die Sekundäreinkommen (darin sind u.a. die Überweisungen von Gastarbeitern in ihre Heimatländer, Beiträge zu internationalen Organisationen wie EU, UNO usw. enthalten) sind traditionell im Defizit. Der Außenbeitrag ist im Normalfall so hoch, dass das Defizit in den übrigen Bilanzen ausgeglichen werden kann, sodass ein Leistungsbilanzüberschuss erwirtschaftet wird. Die Leistungsbilanzdefizite in den 1990er-Jahren waren zum Teil eine Folge der deutschen Wiedervereinigung.

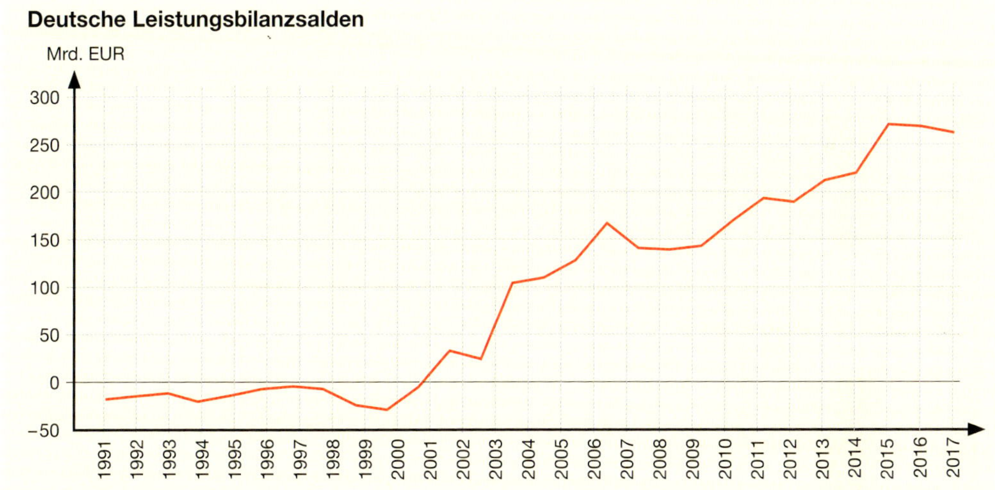

Im internationalen Vergleich stellt sich die außenwirtschaftliche Position Deutschlands im Regelfall günstig dar. Mit Ausnahme der durch die Wiedervereinigung bedingten Verwerfungen zu Beginn der neunziger Jahre weist die Leistungsbilanz einen positiven Saldo auf. Dieser Saldo ist zumeist höher als der vergleichbarer anderer Länder.

Internationale Leistungsbilanzsalden

Land	2010	2015	2016
	Mrd. US-Dollar		
Deutschland	188	281	289
Frankreich	–54	–27	–23
Italien	–68	39	48
Großbritannien	–56	–152	–116
USA	–706	–390	–481
China	297	277	196
Japan	196	36	187

Quelle: Statistisches Bundesamt

7.3.2.4 Stetiges und angemessenes Wirtschaftswachstum

? Was bedeutet das Ziel „Stetiges und angemessenes Wirtschaftswachstum“, wie wird es gemessen, inwieweit ist es verwirklicht und welche Probleme sind mit ihm verbunden?

Gegenstand: Stetigkeit des Wirtschaftswachstums bedeutet kontinuierlichen Zuwachs der wirtschaftlichen Leistung ohne heftige konjunkturelle Ausschläge. Weniger einfach zu beantworten ist die Frage, welche Wachstumsrate angemessen ist. Es stellt sich sogar die Frage, warum Wachstum überhaupt angestrebt werden soll. Nach heute vorherrschender Auffassung ist Wachstum kein eigenständiges Ziel der Wirtschaftspolitik. Es ist vielmehr eine mittelbare Größe, mit deren Hilfe sich andere Anliegen, wie Erhöhung des Lebensstandards und hoher Beschäftigungsstand, leichter verwirklichen lassen. Vor allem im Hinblick auf die Beschäftigungslage erscheint ein Wachstum notwendig, das den Beschäftigungsabbau infolge des Produktivitätszuwachses ausgleicht. Auch eine gerechtere Einkommensverteilung ist bei wirtschaftlichem Wachstum konfliktfreier zu erreichen, da es leichter ist, Zuwächse zu verteilen als Vorhandenes umzuverteilen. Insofern ist die Notwendigkeit von Wirtschaftswachstum ebenso wie seine „Angemessenheit“ in dem Beitrag zur Verwirklichung anderer Ziele zu sehen.

Messung: Indikator für das Wirtschaftswachstum ist die jährliche prozentuale Veränderung des **realen Bruttoinlandsprodukts.** Das Bruttoinlandsprodukt gibt den Wert aller in einer Wirtschaftsperiode erstellten Güter (Waren und Dienstleistungen) an. Die Erfassung geschieht mit den Marktpreisen der Güter („in jeweiligen Preisen“). In diesem nominalen Inlandsprodukt sind auch Preissteigerungen enthalten. Werden diese herausgerechnet, ergibt sich das reale Bruttoinlandsprodukt.

Wirtschaftswachstum in Deutschland

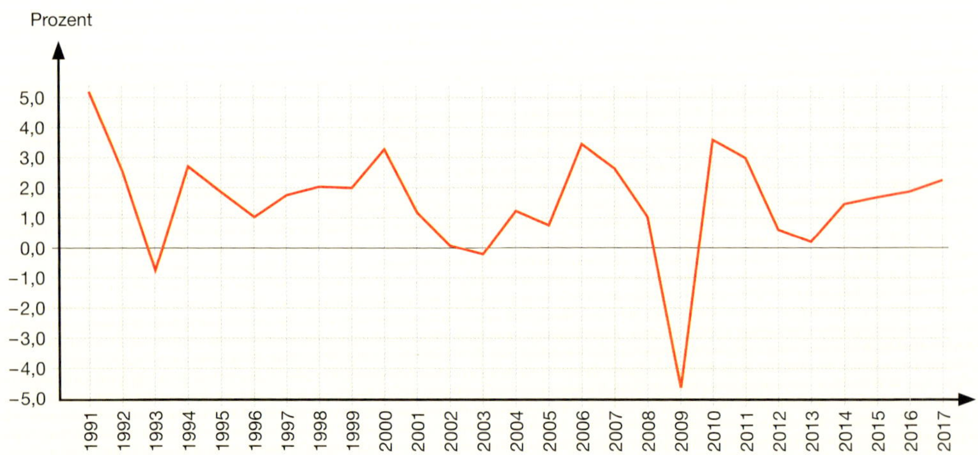

Realisierung: Wirtschaftswachstum ist kein Selbstzweck. Mit seiner Hilfe sollen andere Ziele besser erreicht werden. Zu diesen Zielen gehört insbesondere eine ausreichende Beschäftigung. Da – vereinfacht – im Umfang des Produktivitätszuwachses Arbeitsplätze verloren gehen, muss das Wirtschaftswachstum etwa genau so hoch sein wie der Produktivitätszuwachs, um die Zahl der bestehenden Arbeitsplätze zu erhalten; um die Zahl der Arbeitsplätze zu erhöhen, müsste das Wirtschaftswachstum größer sein als der Produktivitätszuwachs. Im internationalen Vergleich besitzt Deutschland in der jüngeren Vergangenheit zumeist ein überdurchschnittliches Wachstum.

Wirtschaftswachstum international (Dollar-Basis)			
Land	**2010**	**2015**	**2016**
Deutschland	4,1	1,5	1,8
Großbritannien	1,8	2,2	1,8
Italien	1,5	0,8	0,9
Frankreich	1,5	1,1	1,2
USA	3,0	2,4	1,6
China	10,3	6,9	6,7
Japan	4,0	1,5	1,0

Ziele des Stabilitätsgesetzes	
Ziel	**Messgröße**
Stabilität des Preisniveaus	Verbraucherpreisindex (Inflationsrate)
Hoher Beschäftigungsstand	Arbeitslosenquote: $= \frac{\text{Zahl der registrierten Arbeitslosen}}{\text{Zahl der Erwerbspersonen}} \cdot 100$
Außenwirtschaftliches Gleichgewicht	Außenbeitrag in Prozent des Bruttoinlandsprodukts
Stetiges und angemessenes Wirtschaftswachstum	Jährliche Veränderungsrate des realen Bruttoinlandsprodukts

▶ Zur Problematik des Ziels „Wirtschaftswachstum"

„Die Erde gehört nicht uns – wir haben sie nur von unseren Kindern geliehen."

Während die drei erstgenannten wirtschaftspolitischen Ziele sowohl national als auch international weitgehend unumstritten sind, hat sich in der jüngeren Vergangenheit bei der Bewertung des Wachstums ein Wandel vollzogen. Ein wesentlicher Auslöser der Wachstumskritik war der 1972 erschienene Bericht des CLUB OF ROME über die „Grenzen des Wachstums". Bedenken sind vor allem gegen ein zu sehr quantitativ orientiertes Wachstumsverständnis geäußert worden. Nicht zuletzt aufgrund des Wirtschaftswachstums hat der Verbrauch an Boden so stark zugenommen, dass allenthalben von „zersiedelter" und „zubetonierter" Landschaft gesprochen wird. Der hohe Lebensstandard der derzeitigen Generationen in den Industrieländern ist mit einer so hohen Ausbeutung der Rohstoffe und Bodenschätze erkauft worden, dass die nachfolgenden Generationen von ihrer Nutzung ganz oder teilweise ausgeschlossen sind. Neben dieser Umweltzerstörung ist auch eine zunehmende Umweltverderbnis durch Luftverunreinigung, Wasserverschmutzung, Lärmerzeugung, Abfallanhäufung usw. zu verzeichnen. Diese Entwicklung führt dazu, dass zunehmend an die Stelle eines quantitativ verstandenen Wachstums die Vorstellung von **qualitativem Wachstum** tritt, bei dem die wirtschaftlichen Aktivitäten stärker in Bereiche gelenkt werden, die umweltneutral sind oder – wie umweltfördernde Investitionen – das Ausmaß der Umweltschädigung mindern.

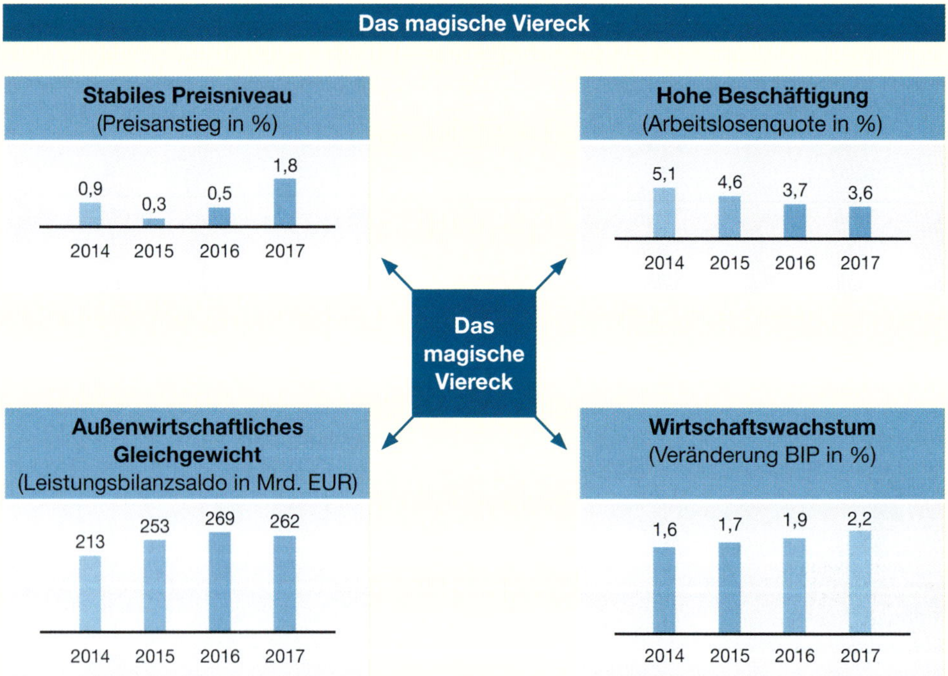

Zusammenfassung Kapitel 7.3.2:
Die Ziele des Stabilitätsgesetzes: Das magische Viereck

- Die wirtschaftspolitischen Ziele des Stabilitätsgesetzes sind:
  - Stabilität des Preisniveaus
  - Hoher Beschäftigungsstand
  - Außenwirtschaftliches Gleichgewicht
  - Stetiges und angemessenes Wirtschaftswachstum
- Stabilität des Preisniveaus bedeutet Erhaltung des Geldwertes und wird mithilfe des Verbraucherpreisindex ermittelt.
- Hoher Beschäftigungsstand bedeutet eine möglichst geringe Zahl von Arbeitslosen. Zur Messung wird die Arbeitslosenquote verwendet, die den Anteil der registrierten Arbeitslosen an der Zahl der abhängigen Erwerbspersonen angibt.
- Außenwirtschaftliches Gleichgewicht liegt vor, wenn ein angemessenes Verhältnis zwischen Exporten und Importen besteht. Messgröße ist der Außenbeitrag. Als angemessen gilt, wenn der Außenbeitrag in etwa die Verpflichtungen aus dem internationalen Übertragungsverkehr abdeckt.
- Das Wirtschaftswachstum wird durch die jährliche Veränderungsrate des realen Bruttoinlandsprodukts gemessen. Wirtschaftswachstum gilt heute nicht mehr als eigenständiges Ziel. Es dient der Unterstützung anderer Ziele (Beschäftigung, Einkommensverteilung usw.).
- In neuerer Zeit ist vor allem aus Umweltgründen erhebliche Kritik am Wachstumsziel geäußert worden.

7.3.3 Weitere Zielsetzungen

Neben den Zielen des Stabilitätsgesetzes werden in der wirtschaftspolitischen Diskussion noch weitere Zielsetzungen genannt. Die beiden am häufigsten genannten Ziele sind Verteilungsgerechtigkeit und Umweltschutz. Im Gegensatz zu den bisher erörterten **quantitativen Zielen** handelt es sich hierbei um **qualitative Ziele.** Sie sagen zwar etwas aus über die angestrebte Zielrichtung, können jedoch weder hinsichtlich des angestrebten Zustands noch der erreichten Situation in messbaren Größen angegeben werden.

7.3.3.1 Verteilungsgerechtigkeit

Wann ist die Verteilung von Einkommen und Vermögen „gerecht“?

In einem allgemeinen Verständnis bezieht sich **„Verteilungsgerechtigkeit“** auf alle Sachverhalte, die in einer Volkswirtschaft einer irgendwie gearteten Verteilung unterliegen. Dazu gehören u. a. Arbeit, Wohnung, Geld. In der Regel beziehen sich jedoch sowohl verteilungstheoretische Überlegungen als auch verteilungspolitische Maßnahmen auf die Verteilung von Einkommen und Vermögen.[1]

§

Gesetz über die Bildung eines Sachverständigenrates zur Begutachtung der gesamtwirtschaftlichen Entwicklung vom 14.08.1963

§ 2 Der Sachverständigenrat soll in seinen Gutachten die jeweilige gesamtwirtschaftliche Lage und deren absehbare Entwicklung darstellen. ... In die Untersuchung sollen auch die Bildung und die Verteilung von Einkommen und Vermögen einbezogen werden.

Nach dem Gesetz zur Bildung eines **Sachverständigenrates zur Begutachtung der gesamtwirtschaftlichen Entwicklung** von 1963 soll neben dem gesamtwirtschaftlichen Gleichgewicht und den vier Zielgrößen des Stabilitätsgesetzes auch die „Bildung und Verteilung von Einkommen und Vermögen“ beachtet werden. Insoweit ist Verteilungsgerechtigkeit auch eine gesetzlich verankerte Zielvorstellung.

Eine Auseinandersetzung mit dem Ziel „Verteilungsgerechtigkeit“ erfordert drei Schritte:

- Bestimmung von Maßstäben für eine „gerechte“ Verteilung von Einkommen und Vermögen
- Messung der bestehenden Verteilung von Einkommen und Vermögen
- Beurteilung der vorgefundenen Verteilung anhand der Maßstäbe

▶ Maßstäbe für eine „gerechte“ Verteilung

Die Schwierigkeiten des Ziels „Verteilungsgerechtigkeit“ liegen vor allem in der Antwort auf die Frage, wie die Verteilung von Einkommen und Vermögen beschaffen sein sollte, um als gerecht bezeichnet werden zu können.

Als Maßstäbe stehen grundsätzlich zwei Prinzipien zur Verfügung: Verteilung nach Leistung **(Leistungsprinzip)** und Verteilung nach sozialen Gesichtspunkten **(Bedarfsprinzip).**[2] Verteilungspolitisch geht es dabei weniger um die Frage, welches der beiden Prinzipien zum Zuge kommen soll, sondern wie sie miteinander kombiniert werden sollen. Konkret: wie stark das Leistungsprinzip und wie stark das Bedarfsprinzip am Endeinkommen beteiligt sein soll.

[1] Aspekte der Einkommensverteilung werden ausführlich in Kapitel 11 „Einkommensverteilung“ behandelt. Daher werden hier nur einige allgemeine Hinweise gegeben.

[2] Zu diesen Verteilungskriterien vgl. ausführlich Kapitel 11.

Das Problem ist keineswegs neu. Bereits das biblische Gleichnis von den Arbeitern im Weinberg hat die Abwägung zwischen Leistungsbemessung und sozialer Einkommensbestimmung zum Gegenstand.

▶ Messung der Verteilung von Einkommen und Vermögen

Die Messung der **Einkommensverteilung** ist trotz nach wie vor unzulänglichen Zahlenmaterials in begrenztem Umfange möglich. Allerdings liegen Angaben nur in Form von Durchschnittswerten vor. Über die tatsächliche Verteilung sagen Durchschnittswerte jedoch wenig aus.

Aussagen über die **Vermögensverteilung** sind noch schwieriger, da zum einen keine kontinuierlichen Statistiken hierüber geführt werden und zum anderen erhebliche Bewertungsprobleme (z.B. bei Haus- und Grundbesitz, Schmuck usw.) bestehen.

Aussagen über die tatsächliche Verteilung der Einkommen basieren u.a. auf der sogenannten **Lohnquote,** d.h. dem Anteil der Löhne am gesamten Volkseinkommen,[1] der **Lorenzkurve** und dem **Gini-Koeffizienten.**[2]

▶ Beurteilung der vorgefundenen Verteilung

Bei der Beurteilung der vorgefundenen Verteilung geht es letztlich darum, ob die Verteilung, so wie sie besteht, gerecht ist, oder wie sie geändert werden müsste, um gerecht zu sein. Eine solche Beurteilung ist nicht in wertneutraler Weise möglich; sie wird je nach politischer, sozialer, religiöser oder sonstiger Grundüberzeugung des Beurteilenden anders ausfallen.

7.3.3.2 Umweltschutz

? Welchen Beitrag kann die Wirtschaftspolitik zum Umweltschutz leisten?

§ **Grundgesetz für die Bundesrepublik Deutschland**

Artikel 20a

Der Staat schützt auch in Verantwortung für die künftigen Generationen die natürlichen Lebensgrundlagen im Rahmen der verfassungsmäßigen Ordnung durch die Gesetzgebung und nach Maßgabe von Gesetz und Recht durch die vollziehende Gewalt und die Rechtsprechung.

Die Umwelt ist Lebensgrundlage der Menschen. Ihr Erhalt ist daher unverzichtbar. Produktion und Verwendung von Gütern sind jedoch oft mit Umweltbelastungen, Umweltschädigungen oder gar Umweltzerstörungen verbunden. **Umweltschutz** ist Aufgabe jedes Wirtschaftssubjekts. Durch die Rolle, die dem Staat in der Sozialen Marktwirtschaft zukommt, ist er in besonderer Weise zum Schutz der Umwelt aufgerufen, da der Markt diese Aufgabe nicht erfüllen kann. Ein solches Verständnis staatlicher Aufgaben ist keineswegs neu, sondern findet sich zum Teil schon bei den Klassikern der Nationalökonomie.

Das **Verhältnis von Ökonomie und Ökologie**[3] wird vielfach als ein Gegensatz begriffen. Andererseits wird zu Recht betont, dass eine „Versöhnung" notwendig sei, da beide Bereiche unverzichtbare Aspekte menschlichen Daseins sind.

[1] Zur Lohnquote vgl. auch die Aussagen zur Verteilungsrechnung innerhalb der Volkswirtschaftlichen Gesamtrechnung in Kapitel 2.

[2] Vgl. hierzu ausführlicher die Messung der Einkommensverteilung in Kapitel 11.

[3] Zum Verhältnis von Ökonomie und Ökologie vgl. ausführlich Kapitel 12.

„Aber gibt es nichts, was als Eigentum betrachtet werden muss, außer dem, was produziert wird? Gibt es nicht die Erde selbst, die Wälder und das Wasser und all die anderen natürlichen Reichtümer über und unter der Erde? Das ist das Erbe der ganzen Menschheit und es muss Regeln für den allgemeinen Umgang mit ihnen geben. Mit welchen Rechten und unter welchen Bedingungen der Einzelne einen Teil dieses allgemeinen Erbes in Anspruch nehmen kann, kann nicht ungeregelt bleiben. Keine andere Aufgabe der Regierung als die Regulierung dieser Dinge kann ihr weniger freigestellt werden oder vollständiger mit der Idee der zivilisierten Menschheit verbunden sein."

John Stuart Mill: Principles of Political Economy (1848).
Zit. n. Schlecht, O.: Grundlagen und Perspektiven der Sozialen Marktwirtschaft.
– Tübingen, 1990, S. 3

Neben globalen Prozessen wie der Entwicklung der Weltbevölkerung und der weltweit zunehmenden Industrialisierung sind vor allem die vielfältigen wirtschaftlichen Aktivitäten der einzelnen Wirtschaftssubjekte bei der Güterherstellung und der Güternutzung für die Zerstörung und Schädigung der Umwelt verantwortlich. Daher ist ein umfassender Umweltschutz auch nicht allein durch staatliche Maßnahmen zu erreichen. Notwendig ist ein entsprechendes Bewusstsein und Verhalten bei jedem Einzelnen.

Vor allem ein Faktor muss bei der Umweltschädigung durch wirtschaftliches Handeln genannt werden: die Verfügbarkeit von Umwelt und Natur weitgehend zum **Nulltarif.** Weder in privaten Haushaltsrechnungen noch in betrieblichen Kostenrechnungen oder in volkswirtschaftlichen Gesamtrechnungen erscheinen bisher Verbrauch und Belastung von Umwelt als nennenswerter Kostenfaktor. Der Autofahrer beispielsweise nimmt die Natur für die Entsorgung des Lärms, der Abgase usw. kostenlos in Anspruch. Kosten entstehen erst, wenn – freiwillig oder erzwungen – spezifische Investitionen (z. B. Katalysator) getätigt werden. Da also Umweltschädigung in aller Regel keinen Preis hat, kann der Preismechanismus nicht funktionieren. Das bedeutet, dass **Umweltschutz** – zumindest derzeit – auch nicht vom marktwirtschaftlichen System allein her bewältigt werden kann, sondern dass der Staat zum Eingreifen aufgefordert ist. Hierfür stehen dem Staat hoheitliche, ökonomische und erzieherische Maßnahmen zur Verfügung.

Durch **hoheitliche Maßnahmen** (Gesetze, Verordnungen usw.) kann der Staat Gebote und Verbote erlassen, wie sie beispielsweise in den gesetzlichen Regelungen zur Luftreinhaltung, zur Abfallbewirtschaftung, zur Wassergüte usw. enthalten sind.

Eine mit dem marktwirtschaftlichen System konforme Maßnahme wäre, für Umweltverbrauch Entgelte zu erheben und eine Kostenzuweisung nach dem **Verursacherprinzip** vorzunehmen. Weitere mögliche Maßnahmen sind Vorschriften zum Recycling und die Ein-

Umweltschutz		
Maßnahmen	**Gegenstände**	**Instrumente**
Hoheitliche Maßnahmen	▪ Gebote und Verbote ▪ Kostenzuweisung nach dem Verursacherprinzip ▪ Recycling ▪ Umweltbehörden	▪ Umweltstrafen ▪ Umweltabgaben ▪ Umweltsteuern ▪ Umweltlizenzen
Ökonomische Maßnahmen	Subventionierung umweltverträglicher Produkte und Produktionsverfahren	Steuervergünstigungen, Abschreibungserleichterungen, Zuschüsse
Erzieherische Maßnahmen	Förderung der Umwelterziehung zur Heranbildung eines allgemeinen Umweltbewusstseins	

richtung von **Umweltbehörden** (wie z.B. dem 1974 gegründeten **Umweltbundesamt).** Zur Durchsetzung bzw. Finanzierung dieser Maßnahmen kann der Staat **Umweltstrafen** verhängen, **Umweltabgaben** erheben, allgemeine oder spezifische **Umweltsteuern** (Öko-Steuern) einführen oder auch Umweltlizenzen vergeben. **Umweltlizenzen** enthalten das käufliche Recht zum Verbrauch von Umwelt. Wenn beispielsweise eine gewisse Menge CO_2 pro Jahr als umweltverträglich angesehen wird, kann der Staat Emissionsrechte für diese Menge in Form von Anteilen verkaufen. Dadurch wird zum einen Umweltverbrauch zu einem Kostenfaktor und zum anderen – wenn das System durch Überwachung funktionsfähig ist – sichergestellt, dass die Gesamtemission den als verträglich angesehenen Umfang nicht überschreitet. Betriebe, die z.B. durch Umweltinvestitionen ihren ursprünglichen Schadstoffausstoß vermindern, können die dann nicht mehr benötigten Umweltlizenzen wieder verkaufen und sparen dadurch Kosten ein.

Ökonomische Maßnahmen des Staates umfassen die breite Palette der Subventionierung umweltverträglicher Produkte und Produktionsverfahren. Der Staat kann hierfür Steuervergünstigungen, Abschreibungserleichterungen oder auch direkte Zuschüsse gewähren.

Erzieherische Maßnahmen des Staates dienen einer umfassenden Förderung der Umwelterziehung durch Heranbildung eines allgemeinen Umweltbewusstseins. Dies kann beispielsweise angestrebt werden durch Einbezug der Umwelterziehung in die Lehrpläne der Schulen, durch Werbekampagnen usw. Hoheitliche und ökonomische Maßnahmen des Staates können langfristig das Problem des Umweltschutzes nur unzureichend lösen; auf Dauer und nachhaltig können Umwelt und Natur nur ausreichend geschützt werden, wenn bei jedem einzelnen Bürger ein persönliches Umweltbewusstsein vorhanden ist.

Zusammenfassung Kapitel 7.3.3:
Weitere Zielsetzungen

- Weitere wirtschaftspolitische Zielsetzungen sind vor allem Verteilungsgerechtigkeit und Umweltschutz; hierbei handelt es sich um qualitative Ziele.
- Die gerechte Verteilung von Einkommen und Vermögen ist eine allgemeine Zielvorstellung. Sie kann nicht in messbaren Größen ausgedrückt werden, da keine objektiven Anhaltspunkte dafür bestehen, welche Verteilung als gerecht anzusehen ist.
- Staatliche Wirtschaftspolitik hat die Aufgabe, Ökonomie und Ökologie nach Möglichkeit in Einklang zu bringen. Dem Staat stehen hierfür hoheitliche, ökonomische und erzieherische Maßnahmen und entsprechende Instrumente zur Verfügung.

7.4 Zielbeziehungen

? Welche Beziehungen bestehen zwischen den wirtschaftspolitischen Zielen?

Das Stabilitätsgesetz verlangt „gleichzeitige" Verfolgung seiner Ziele. Dies ist für die praktische Wirtschaftspolitik vor allem aus zwei Gründen schwierig. Zum einen stehen alle Ziele untereinander in einer Wechselbeziehung, sodass ein bestimmter Eingriff auf irgendeine Weise alle Ziele berührt, was zu einem kaum noch überschaubaren Wirkungsgefüge führt. Zum anderen bestehen zwischen den Zielen unterschiedliche Beziehungen: Es kann eine Zielharmonie oder ein Zielkonflikt vorliegen.

Zielharmonie liegt vor, wenn eine bestimmte wirtschaftspolitische Maßnahme zwei oder mehreren Zielen gleichzeitig dient.

Beispiel

Zielharmonie besteht zwischen den Zielen „Wachstum" und „hoher Beschäftigungsstand". Wenn der Staat z. B. ein Konjunkturprogramm auflegt und es über Kreditaufnahme finanziert, erhöht sich im Umfang des Konjunkturprogramms die gesamtwirtschaftliche Nachfrage. Die Mehrnachfrage erhöht das Wirtschaftswachstum und schafft zusätzliche Arbeitsplätze.

Zielkonflikt (Zielkonkurrenz) liegt vor, wenn eine Maßnahme einem wirtschaftspolitischen Ziel dient, aber gleichzeitig einem anderen Ziel abträglich ist. Die Förderung des einen Ziels geht also auf Kosten eines anderen Zieles.

Beispiel

Ein Zielkonflikt besteht zwischen „Wachstum" und „Umweltschutz". Ein weiterer, geradezu klassischer Zielkonflikt besteht zwischen den Zielen „Stabilität des Preisniveaus" und „Hoher Beschäftigungsstand". Dies zeigt sich, wenn das zuvor gewählte Beispiel eines kreditfinanzierten Konjunkturprogramms hinsichtlich seiner Auswirkungen auf die Geldwertstabilität untersucht wird. Der kurzfristig erhöhten Mehrnachfrage steht zunächst ein unverändertes Angebot gegenüber, da die Unternehmen eine gewisse Zeit brauchen, bis sie ihre Produktionsmengen der höheren Nachfrage angepasst haben. Das bestehende Ungleichgewicht zwischen Nachfrage und Angebot führt – zumindest bis zur Anpassung der Produktion an die gestiegene Nachfrage – zu Preissteigerungen; erfahrungsgemäß bleiben diese aber auch nach einer Erhöhung der Produktion teilweise erhalten. Das Konjunkturprogramm dient also der Beschäftigung, gefährdet aber die Geldwertstabilität. Die Wirtschaftspolitik muss also abwägen, welchem Ziel sie momentan einen höheren Stellenwert beimessen will.

Zielharmonie: Eine bestimmte wirtschaftspolitische Maßnahme dient mehreren Zielen gleichzeitig.

Zielkonflikt: Eine bestimmte wirtschaftspolitische Maßnahme dient einem Ziel, schadet aber einem anderen Ziel.

Eine auch empirisch überprüfbare Darstellung des Konflikts zwischen Geldwertstabilität und Beschäftigung stellt die **PHILLIPS-Kurve** dar.[1] In ihrer ursprünglichen Form stellte sie einen Zusammenhang zwischen Lohnsteigerungsrate und Arbeitslosenquote her. Sie wies dabei einen negativen Zusammenhang aus. Bei höherer Arbeitslosigkeit fanden sich geringere Lohnsteigerungsraten und umgekehrt bei geringerer Arbeitslosigkeit höhere Lohnsteigerungen. Später wurde die Lohnsteigerungsrate durch die Preissteigerungsrate ersetzt (sogenannte modifizierte PHILLIPS-Kurve); der empirische Zusammenhang blieb dabei erhalten. Es zeigte sich, dass bei hohen Preissteigerungsraten die Arbeitslosenquote niedriger und umgekehrt bei geringen Preissteigerungsraten die Arbeitslosenquote höher ist. Die PHIL-

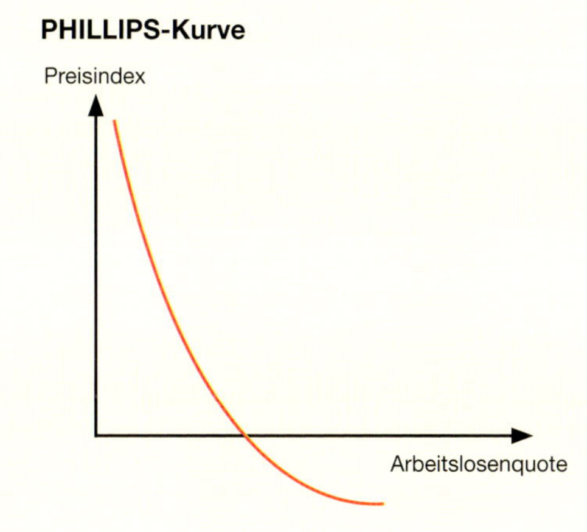

[1] 1958 veröffentlichte der Engländer A.W. PHILLIPS eine empirisch ermittelte Beziehung zwischen der Lohnsteigerungsrate und der Arbeitslosenquote.

LIPS-Kurve konnte – in unterschiedlichen Varianten – für etliche Volkswirtschaften empirisch bestätigt werden. Allerdings handelt es sich hierbei lediglich um einen statistischen Zusammenhang, nicht um ein Ursache-Wirkungs-Verhältnis.

„Lieber fünf Prozent Inflation als fünf Prozent Arbeitslosigkeit."

Helmut Schmidt, ehemaliger deutscher Bundeskanzler (im Jahre 1970)

Das Stabilitätsgesetz setzt bei der Erreichung der Ziele keine Prioritäten. Auch in der allgemeinen wirtschaftspolitischen Diskussion wird zwar häufig dem Ziel „Hoher Beschäftigungsstand" eine besondere Rolle eingeräumt, eine eindeutige Rangfolge der Ziele besteht jedoch nicht. Es herrscht die Meinung vor, dass im Konfliktfall dem Ziel, das momentan am meisten gefährdet ist, bei wirtschaftspolitischen Maßnahmen Vorrang einzuräumen ist.

Zusammenfassung Kapitel 7.4: Zielbeziehungen

- Zwischen den wirtschaftspolitischen Zielen bestehen vielfältige und zum Teil gegensätzliche Beziehungen.
- Zielharmonie liegt vor, wenn eine bestimmte wirtschaftspolitische Maßnahme zwei oder mehreren Zielen gleichzeitig dient.
- Zielkonflikt liegt vor, wenn eine bestimmte wirtschaftspolitische Maßnahme einem Ziel dient, aber gleichzeitig einem anderen Ziel abträglich ist.

7.5 Fiskalpolitik

Der Staat greift in vielfältiger Weise in das Wirtschaftsgeschehen ein:

- Er erlässt Gesetze und Verordnungen.
- Er erhebt Steuern, Gebühren und Beiträge.
- Er tätigt Ausgaben.
- Er nimmt Kredite auf.

Wichtigstes Instrument staatlicher Wirtschaftspolitik ist der Staatshaushalt. Über die Gestaltung der staatlichen Einnahmen und Ausgaben nimmt der Staat wesentlichen Einfluss u. a. auf

- Umfang und Struktur von gesamtwirtschaftlicher Nachfrage und gesamtwirtschaftlichem Angebot;
- Einkommens- und Vermögensverteilung
- Bildungswesen, Forschung, Infrastruktur u. v. a. m.

Einnahmen und Ausgaben des Staates werden als **fiskalpolitische Instrumente** und seine Einnahmen- und Ausgabenpolitik als **Fiskalpolitik** bezeichnet.[1]

! **Fiskalpolitik:** Alle finanzpolitischen Maßnahmen des Staates im Bereich öffentlicher Einnahmen und Ausgaben. Die staatlichen Einnahmen und Ausgaben sollen so eingesetzt werden, dass die allgemeinen wirtschaftspolitischen Ziele möglichst erreicht werden. Durch antizyklischen Einsatz der Instrumente soll die konjunkturelle Entwicklung verstetigt werden.

[1] Fiskus (lat. = Geldkorb); heute allgemeiner Begriff für den Staat, insbesondere insoweit seine Geldangelegenheiten, also staatliche Einnahmen und Ausgaben, gemeint sind.

7.5.1 Staatshaushalt

Was steht im Staatshaushalt?

Höhe und Struktur der staatlichen Einnahmen und Ausgaben sind in den **Haushaltsrechnungen** (Ist) und **Haushaltsplänen** (Soll) von Bund, Ländern, Gemeinden und gesetzlicher Sozialversicherung aufgeführt.

Nach dem sogenannten **Schalenkonzept** werden **Kernhaushalte, Extrahaushalte** (Fonds, Einrichtungen und Unternehmen [FEU] des Staates) sowie **Sonstige öffentliche Fonds, Einrichtungen und Unternehmen** (FEU) unterschieden.

Die Kernhaushalte und Extrahaushalte von Bund, Ländern, Gemeinden und gesetzlicher Versicherung bilden den **öffentlichen Gesamthaushalt.** Die „normalen" staatlichen Aktivitäten sind in den **Kernhaushalten** erfasst.

Haushaltsplan: Systematische Zusammenstellung der für eine Haushaltsperiode (in der Regel ein Kalenderjahr) geplanten Ausgaben und der geschätzten Einnahmen.

Die Haushaltspläne werden von der Regierung aufgestellt, im Parlament diskutiert und als Gesetz verabschiedet.

Grundgesetz für die Bundesrepublik Deutschland

Artikel 110 [Haushaltsplan und Haushaltsgesetz des Bundes]

(1) Alle Einnahmen und Ausgaben des Bundes sind in den Haushaltsplan einzustellen; ... Der Haushaltsplan ist in Einnahme und Ausgabe auszugleichen.

Für die öffentliche Haushaltswirtschaft gelten **Haushaltsgrundsätze,** die der Transparenz und der Kontrollierbarkeit dienen sollen. Die Grundsätze sind im „Gesetz über die Grundsätze des Haushaltsrechts des Bundes und der Länder (Haushaltsgrundsätzegesetz – HgrG – von 1969) niedergelegt.

Haushaltsgrundsätze	
Grundsatz	**Erläuterung**
Vollständigkeit	Alle erwarteten Einnahmen und vorgesehenen Ausgaben müssen aufgenommen werden, und zwar ohne Saldierung (Bruttoprinzip).
Klarheit	Der Haushaltsplan ist systematisch und aussagefähig zu gliedern. Die einzelnen Positionen sind eindeutig zu bezeichnen, damit erkennbar wird, wofür die Haushaltsmittel tatsächlich verwendet werden.
Spezialität	Mittel dürfen nur für den im Haushaltsplan ausgewiesenen Zweck und auch nur bis zu der im Haushaltsplan ausgewiesenen Höhe ausgegeben werden.
Öffentlichkeit	Haushaltsberatungen und Haushaltsplan müssen öffentlich sein. Geheimpläne sind nicht gestattet.
Sparsamkeit und Wirtschaftlichkeit	Bei der Verwendung der Haushaltsmittel gilt das Wirtschaftlichkeitsprinzip; d. h., ein bestimmter Erfolg soll mit dem geringstmöglichen Mitteleinsatz bzw. mit einem bestimmten Mitteleinsatz soll ein größtmöglicher Erfolg angestrebt werden (ökonomisches Prinzip).

Ein Blick auf die Entwicklung von Ausgaben und Einnahmen des Bundes macht zweierlei deutlich:

- Der Staat lebt im Wesentlichen von seinen Steuereinnahmen;
- Einnahmen und Ausgaben sind in der Regel nicht gleich hoch.

Die Differenz zwischen Einnahmen und Ausgaben ergibt den **Finanzierungssaldo.** Ist dieser positiv, ergibt sich ein **Haushaltsüberschuss**; ist er negativ, ergibt sich ein **Haushaltsdefizit.** Haushaltsdefizit muss durch die **Nettokreditaufnahme** geschlossen werden.

Bundeshaushalt Deutschland				
	2005	2010	2015	2017
	Mrd. EUR			
Ausgaben	**259,8**	**303,7**	**299,3**	**325,4**
Einnahmen	**228,4**	**259,3**	**311,1**	**330,1**
darunter Steuern	190,1	226,2	281,7	309,4
Finanzierungssaldo	**–31,4**	**–44,4**	**11,8**	**5,0**
Nettokreditaufnahme	**31,2**	**–44,0**	**0,0**	**0,0**

Quelle: Bundesfinanzministerium

▶ Länderfinanzausgleich

> Das System des Länderfinanzausgleichs hat … die Aufgabe, die sich durch die Steuerverteilung ergebenden Finanzkraftunterschiede unter den Ländern angemessen auszugleichen, sodass alle Länder in die Lage versetzt werden, den ihnen zugewiesenen Aufgaben nachzukommen.
>
> *Bundesfinanzministerium*

Während die zu erfüllenden Aufgaben der Bundesländer im Wesentlichen gleich sind, ist ihre Finanzkraft unterschiedlich. Zum Ausgleich zu hoher Unterschiede leisten im Rahmen des Länderfinanzausgleichs reichere Bundesländer **(Geber-Länder)** Zahlungen an ärmere Bundesländer **(Nehmer-Länder)**.

Während ein solcher Ausgleich im Prinzip nicht umstritten ist, stehen jedoch die Art und Weise der Ermittlung und die Ergebnisse der Umverteilung immer wieder in der Kritik.

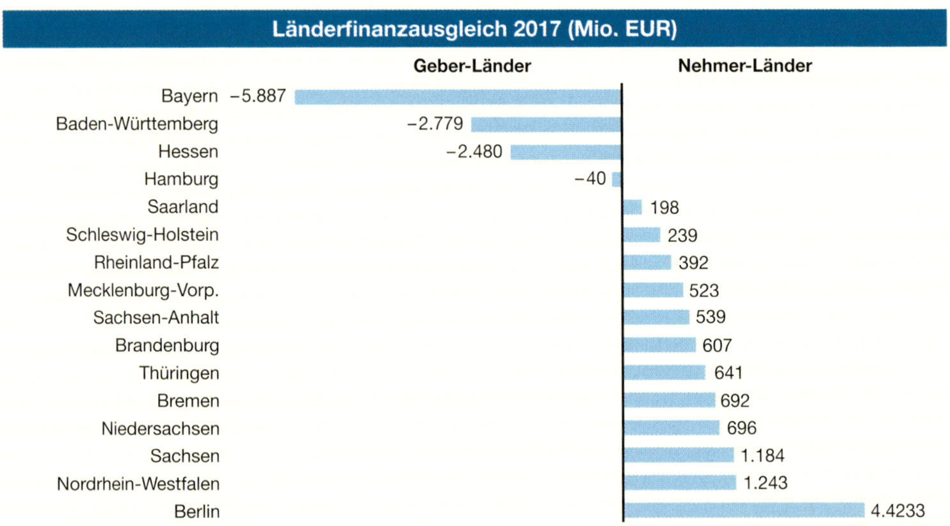

Quelle: Bundesfinanzministerium

Zusammenfassung Kapitel 7.5.1:
Staatshaushalt

- Der Staatshaushalt enthält die Einnahmen und Ausgaben von Bund, Ländern, Gemeinden und gesetzlicher Sozialversicherung.
- Unterschieden werden Kernhaushalte und Extrahaushalte; sie bilden zusammen den öffentlichen Gesamthaushalt. Die „normalen" staatlichen Aktivitäten sind in den Kernhaushalten erfasst.
- Ein Haushaltsplan ist die systematische Zusammenstellung der für eine Haushaltsperiode geplanten Ausgaben und der geschätzten Einnahmen.
- Die Differenz zwischen Einnahmen und Ausgaben ergibt den Finanzierungssaldo (Haushaltsüberschuss oder Haushaltsdefizit).
- Im Wege des Länderfinanzausgleichs leisten finanzkräftigere Bundesländer Ausgleichszahlungen an finanzschwächere Bundesländer.

7.5.2 Staatseinnahmen

Welches sind die wichtigsten Einnahmen des Staates? ?

Staatseinnahmen sind sämtliche Einnahmen der öffentlichen Hand. !

Der Staat hat verschiedene Geldquellen: Zinsen, Einnahmen aus wirtschaftlicher Tätigkeit, Notenbankgewinne usw. Haupteinnahmequellen des Staates sind jedoch die öffentlichen Abgaben (Steuern, Gebühren und Beiträge), die er von seinen Bürgern erhebt. Darüber hinaus kann der Staat auch Kredite aufnehmen.

7.5.2.1 Steuern

Die weitaus wichtigste und größte öffentliche Einnahmequelle des Staates sind die Steuern; für den Bundeshaushalt machen sie rund 90 Prozent der Einnahmen aus.

Die Erhebung von Steuern steht nur dem Staat zu **(Steuerprivileg).** Wichtigster Steuergrundsatz ist die **Steuergerechtigkeit.** Die Abgabenlast soll gerecht auf die Gesamtheit der Steuerpflichtigen verteilt werden; dazu gehört auch die Besteuerung nach **Leistungsfähigkeit,** bei der sich die Steuerhöhe am Einkommen orientiert.

Steuern sind Zwangsabgaben, die vom Staat erhoben werden; ein Anspruch der Steuerzahler auf konkrete Gegenleistungen besteht nicht. !

Bereits im Jahre 1776 stellte *Adam Smith* „Vier Grundregeln über die Steuern im Allgemeinen" auf:

1. Gleichmäßigkeit der Besteuerung; Gleichbehandlung der Steuerpflichtigen.
2. Bestimmtheit der Besteuerung; Vermeidung von Willkür bei der Steuererhebung.
3. Bequemlichkeit der Besteuerung (Steuerzahlungstermine; Zahlungsmodalitäten).
4. Billigkeit der Besteuerung; Minimierung der Steuererhebungskosten.

Die Vielzahl der erhobenen Steuern lässt sich nach unterschiedlichen Gesichtspunkten einteilen.

Einteilung der Steuern		
Erhebungsart	Direkte Steuern	Erhebung erfolgt unmittelbar als Steuer (z. B. Lohnsteuer, Grundsteuer)
	Indirekte Steuern	Steuern sind in Güterpreisen enthalten (z. B. Mehrwertsteuer, Tabaksteuer)
Steuerempfänger	Bundessteuern	Stehen dem Bund zu (z. B. Mineralölsteuer)
	Landessteuern	Stehen den Ländern zu (z. B. Kfz-Steuer)
	Gemeindesteuern	Stehen den Gemeinden zu (z. B. Grundsteuer)
	Gemeinschaftssteuern	Bund, Länder, Gemeinden und EU erhalten jeweils bestimmte Anteile (z. B. Einkommensteuer)
Steuergegenstand	Besitzsteuern	Besteuerung von Einkommen und Vermögen (z. B. Einkommensteuer, Erbschaftsteuer)
	Verkehrsteuern	Besteuerung wirtschaftlicher Vorgänge (z. B. Grunderwerbsteuer, Börsenumsatzsteuer)
	Verbrauchsteuern	Besteuerung von Verbrauch (z. B. Tabaksteuer)

Mit der Steuerhebung verfolgt der Staat unterschiedliche **Steuerziele:**

- **Erzielung von Einnahmen** zur Deckung der staatlichen Ausgaben ist natürlich das wichtigste Ziel.
- **Verteilungspolitische Gesichtspunkte** dienen der Umverteilung von Einkommen und Vermögen im Sinne einer größeren Verteilungsgerechtigkeit. So besteuert der Staat z. B. hohe Einkommen hoch und niedrige Einkommen gar nicht oder nur geringfügig.
- **Ökologische Gründe** führen dazu, dass umweltunfreundliche Güter höher besteuert werden. So dient z. B. die **Ökosteuer** dazu, die Preise für den Energieverbrauch anzuheben.
- **Gesundheitspolitische Gründe** spielen eine Rolle bei der hohen Besteuerung von Genussmitteln (Alkohol und Nikotin).
- **Wirtschaftspolitische Aspekte** bewegen den Staat zu einer konjunktur-, beschäftigungs- und wettbewerbsfördernden Gestaltung des Steuersystems (z. B. Senkung der Unternehmenssteuern).

Die Steuerarten sind in ihrem Aufkommen sehr unterschiedlich. Die ergiebigsten Steuern sind mit großem Abstand die Mehrwertsteuer und die Lohnsteuer. Steuerarten mit geringem Aufkommen werden auch als **Bagatellsteuern** bezeichnet.

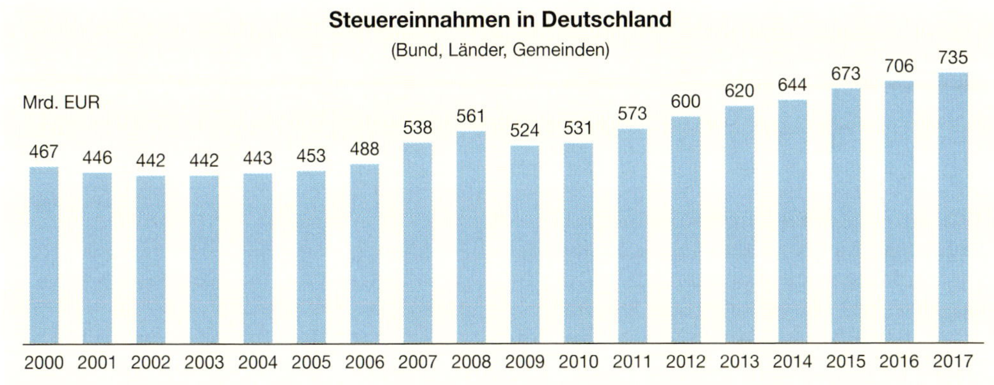

Das Anliegen nach einer Besteuerung nach Leistungsfähigkeit ist beispielhaft im Einkommensteuertarif angelegt. Der **Einkommensteuertarif** legt über den Steuersatz fest, wie hoch Einkommen besteuert werden. Der Steuersatz verläuft **progressiv;** er steigt mit steigendem Einkommen an. Für niedrige Einkommen sind gar keine bzw. geringe, für hohe Einkommen hohe Steuern zu zahlen. Der Einkommensteuertarif ist in mehrere Zonen unterteilt, für die jeweils unterschiedliche Prozentsätze und unterschiedliche Einkommensbeträge gelten. Die Proportionalzone II, die für hohe Einkommen zum Tragen kommt, wird auch als **„Reichensteuer“** bezeichnet. Prozentsätze und Einkommensgrenzen wechseln häufig. Im Schaubild ist der typische Verlauf des Steuertarifs dargestellt.

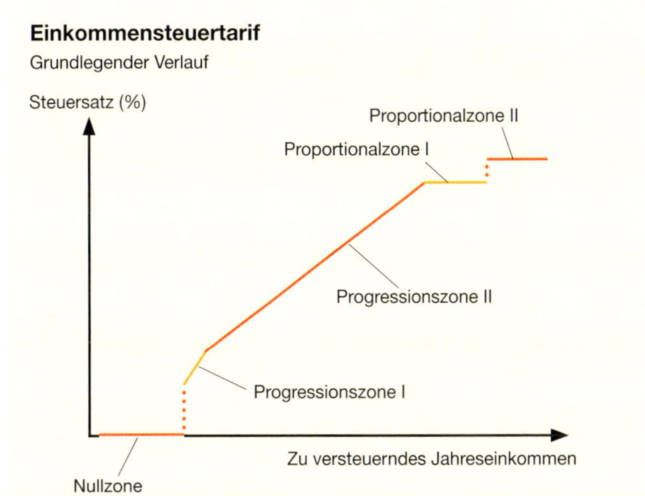

Durch den progressiven Verlauf des Einkommensteuertarifs wird für jeden über dem Grundfreibetrag verdienten Euro ein höherer Einkommensteuersatz fällig. Der Prozentsatz, mit dem zusätzlich verdientes Einkommen besteuert wird, wird **Grenzsteuersatz** genannt. Der **Durchschnittssteuersatz** gibt an, mit welchem Steuersatz das gesamte zu versteuernde Einkommen besteuert wird.

Der **Grenzsteuersatz (marginaler Steuersatz)** gibt an, wie hoch der jeweils nächste Einkommenszuwachs besteuert wird.

Der **Durchschnittssteuersatz** gibt an, wie hoch das gesamte zu versteuernde Einkommens besteuert wird.

Beispiel: Durchschnittssteuersatz und Grenzsteuersatz

Steuersituation eines ledigen Arbeitnehmers

Zu versteuerndes Jahreseinkommen:	30.000 EUR
Zu errichtende Jahreseinkommensteuer:	5.625 EUR
Durchschnittssteuersatz auf das Einkommen:	18,75 %
Nach einer Lohnerhöhung beträgt das zu versteuernde Jahreseinkommen:	30.100 EUR
Zu errichtende Jahreseinkommensteuer:	5.657 EUR
Der Einkommenszuwachs von 100 EUR ist mit 32 EUR zu versteuern.	
Der Grenzsteuersatz für die zusätzlichen 100 EUR beträgt	32 %.

	Nominaleinkommen
–	Inflation
=	**Realeinkommen**

Durch Lohnerhöhungen steigt das **Nominaleinkommen.** Gleichzeitig verliert das Einkommen durch Inflation an Kaufkraft. Nach Abzug der Inflation verbleibt das **Realeinkommen.** Obwohl die Lohnerhöhung ganz oder zum Teil von der Inflation aufgefressen wird, muss der Beschäftigte aus dem höheren Einkommen – bedingt durch den progressiven Verlauf des Steuertarifs – höhere Steuern zahlen. Am Ende steht ihm möglicherweise weniger Geld als in der Vorperiode für Konsumzwecke zur Verfügung. Dieser Effekt wird als **kalte Progression** bezeichnet. Von Zeit zu Zeit wird der Steuertarif in der Progressionszone angepasst, um die Wirkungen der kalten Progression abzumildern.

Beispiel (vereinfacht): Kalte Progression

Steuersituation eines ledigen Arbeitnehmers		**Steuern**
Einkommen am Jahresanfang	30.000 EUR	5.625 EUR
2 % Lohnerhöhung während des Jahres	+ 600 EUR	
Einkommen am Jahresende (nominal)	30.600 EUR	5.815 EUR
2 % Inflation während des Jahres	– 600 EUR	
Einkommen am Jahresende (real)	30.000 EUR	

Lohnerhöhung und Inflationsverlust gleichen sich aus. Das reale Einkommen bzw. die Kaufkraft des Einkommens bleiben unverändert. Der Beschäftigte muss jedoch wegen des nominalen Einkommenszuwachses 190 EUR mehr Steuern zahlen.

Kalte Progression bezeichnet die Steuermehrbelastung, die infolge des progressiven Steuertarifs eintritt, obwohl die Inflation die Einkommenssteigerung ganz oder teilweise auffrisst. Die kalte Progression verletzt eine Grundlage des Steuerrechts, nämlich die Besteuerung nach Leistungsfähigkeit. Obwohl die Leistungsfähigkeit unverändert bleibt, steigt die Steuerhöhe.

7.5.2.2 Gebühren, Beiträge, Kredite

▶ Gebühren

Gebühren sind Abgaben, die Bürger für eine bestimmte Leistung des Staates zu entrichten haben, wenn sie diese Leistung in Anspruch nehmen. Ihre Höhe bestimmt sich nach dem Verwaltungsaufwand, der mit dieser Leistung verbunden ist, und dem Nutzen, den der Bürger erhält.

Beispiele für Gebühren: Parkgebühr, Müllabfuhrgebühr, Wasser- und Abwassergebühr.

▶ Beiträge

Beiträge sind Abgaben, die die Bürger für die Bereitstellung einer Leistung durch den Staat zu entrichten haben, unabhängig davon, ob diese Leistung auch tatsächlich in Anspruch genommen wird.

Beispiele für Beiträge: Erschließungsbeitrag, Beiträge zur gesetzlichen Sozialversicherung.

▶ Kredite

Soweit die staatlichen Einnahmen zur Finanzierung der Aufgaben nicht ausreichen, muss der fehlende Betrag über **Kredite** finanziert werden. Ebenso wie für Privatpersonen gilt grundsätzlich auch für den Staat, dass die Finanzierung bestimmter Aufgaben über Kredite oder die Überbrückung temporärer Finanzierungslücken durch Kredite nicht grundsätzlich problematisch sind. Zum Problem wird die Kreditaufnahme jedoch dann, wenn sie der Regelfall ist und die Verschuldung des Staates kontinuierlich wächst.[1]

▶ Abgabenquote

Die relative Belastung der Bürger durch Steuern und Sozialabgaben drückt sich in der Steuerquote, Soziallastquote und der Abgabenquote aus.

Steuerquote: Anteil der erhobenen Steuern im Verhältnis zum Bruttoinlandsprodukt.

Soziallastquote: Anteil der Sozialbeitragseinnahmen im Verhältnis zum Bruttoinlandsprodukt.

Abgabenquote: Anteil von Steuer- und Sozialbeitragseinnahmen im Verhältnis zum Bruttoinlandsprodukt.

Ermittelt werden die Quoten nach verschiedenen Methoden:

- In der Abgrenzung der Volkswirtschaftlichen Gesamtrechnung.
- In der Abgrenzung der Finanzstatistik (nach dem kassenmäßigen Steueraufkommen).
- In der Abgrenzung der OECD (für internationale Vergleiche).

	Steuerquote
+	Soziallastquote
=	Abgabenquote

Die verschiedenen Ermittlungsmethoden führen zu geringfügig unterschiedlichen Ergebnissen.

Über die richtige Höhe der Besteuerung ist zu allen Zeiten viel diskutiert worden. Bereits 1728 hielt *Jonathan Swift*[2] in seinem **„Steuereinmaleins"** die Erkenntnis fest, dass sich die Steuereinnahmen keineswegs verdoppeln müssen, wenn der Steuersatz verdoppelt wird. Eine ähnliche Aussage über den Zusammenhang von Steuersatz und Steuereinnahmen

[1] Vgl. zu den Staatsschulden ausführlich Abschnitt 7.5.4 „Staatsverschuldung".

[2] Jonathan SWIFT (1667–1745), irischer Schriftsteller und Politiker

Abgabenquoten international			
Land	Abgabenquote (Steuern und Sozialabgaben)	davon Steuerquote	davon Sozialabgabenquote
	in % des BIP		
	2016		
Frankreich	45,3	28,5	16,8
Italien	42,9	29,9	13,0
Deutschland	37,6	23,4	14,2
Spanien	33,5	22,1	11,4
Großbritannien	33,2	26,9	6,3
USA	26,0	19,8	6,2

In der Abgrenzung der OECD

trifft die sogenannte **Laffer-Kurve**[1]**:** Bei einem Steuersatz von null fallen keine Steuereinnahmen an; wird der Steuersatz allmählich erhöht, steigen die Steuereinnahmen zuerst überproportional an, dann langsamer bis zu einem Maximalpunkt, danach sinken sie. Bei einem Satz von 100 Prozent fallen keine Steuereinnahmen mehr an. Nach dieser Erkenntnis sollte rationale Steuerpolitik Steuersätze vor dem Erreichen des Maximalpunktes anstreben. In der Realität konnte die Laffer-Kurve nur bedingt belegt werden.

Zusammenfassung Kapitel 7.5.2:
Staatseinnahmen

- Staatseinnahmen sind sämtliche Einnahmen der öffentlichen Hand. Dazu zählen vor allem die öffentlichen Abgaben (Steuern, Gebühren, Beiträge), Zinsen, Einnahmen aus wirtschaftlicher Tätigkeit und Notenbankgewinne.
- Steuern sind Zwangsabgaben, die vom Staat erhoben werden; ein Anspruch der Steuerzahler auf konkrete Gegenleistungen besteht nicht.
- Die Steuern lassen sich nach unterschiedlichen Gesichtspunkten einteilen.
- Mit der Steuererhebung verfolgt der Staat unterschiedliche Ziele; Hauptziel ist jedoch die Erzielung von Einnahmen.
- Die ergiebigsten Steuerarten sind Mehrwertsteuer und Lohnsteuer.
- Durch den progressiven Verlauf des Einkommensteuertarifs soll die unterschiedliche Leistungsfähigkeit der Steuerzahler berücksichtigt werden.
- Der Grenzsteuersatz gibt an, wie hoch der jeweils nächste Einkommenszuwachs besteuert wird. Der Durchschnittssteuersatz gibt an, wie hoch das gesamte zu versteuernden Einkommen besteuert wird.
- Gebühren sind Abgaben für eine bestimmte Leistung des Staates an einen bestimmten Bürger.
- Beiträge werden für die Bereitstellung einer Leistung erhoben, unabhängig davon, ob die Leistung in Anspruch genommen wird.
- Die relative Belastung der Bürger durch Steuern und Sozialabgaben drückt sich in der Steuerquote, Soziallastquote und der Abgabenquote aus.

[1] Nach Arthur B. LAFFER, amerikanischer Ökonom

7.5.3 Staatsausgaben

Wofür gibt der Staat sein Geld aus?

Staatsausgaben sind sämtliche Ausgaben der öffentlichen Hand.

Ausgaben tätigt der Staat für Güter, Dienste und Transferleistungen.

Staatsausgaben		
Ausgaben für Güter und Dienste		**Transferausgaben**
Staatliche Güterkäufe	Löhne und Gehälter der Angehörigen des öffentlichen Dienstes	Soziale Leistungen, Subventionen, Zinsen, Sonstige Übertragungen
Staatsquote (Gesamtausgaben in Prozent des Bruttoinlandsprodukts)		
Staatsverbrauch		

Staatsquote: Prozentualer Anteil aller staatlichen Ausgaben am Bruttoinlandsprodukt. Die Bedeutung der Staatsquote liegt in ihrer Aussage über die Inanspruchnahme der Volkswirtschaft durch den staatlichen Sektor: Je höher die Staatsquote, umso höher der Anteil des Staates am Wirtschaftsgeschehen.

Staatsverbrauch: Staatliche Ausgaben für den Eigenverbrauch (staatliche Güterkäufe sowie Löhne und Gehälter der Angehörigen des öffentlichen Dienstes).

Deutsche Staatsquoten	
Jahr	**Quote**
1950	28,6
1960	33,0
1970	39,1
1980	49,0
1990	46,1
2000	45,6
2010	47,9
2015	44,0

Internationale Staatsquoten	
Land	**2017**
Frankreich	56,0
Griechenland	50,4
Italien	49,1
Deutschland	**44,0**
Spanien	41,1
Großbritannien	41,0
EU-28	46,0
USA	37,6
Japan	39,7

Die Staatsausgaben sinken zwar auch mal, im Trend steigen sie jedoch beständig an. Das hängt nicht nur mit der häufig beklagten Verschwendungssucht der Politiker zusammen, sondern auch damit, dass immer mehr Aufgaben auf den Staat übertragen werden und die Bürger wachsende Ansprüche an den Staat stellen, die nur über wachsende Staatsausgaben befriedigt werden können.

Seit Jahren beanspruchen die Ausgaben für Arbeit und Soziales den mit Abstand größten Anteil am Bundeshaushalt. Zweitgrößter Posten ist die **Bundesschuld.** Dahinter verbergen sich die Zinszahlungen für die vom Bund aufgenommenen Kredite. Wegen der wachsenden Staatsverschuldung sind die Zinslasten beträchtlich angewachsen und übersteigen beispielsweise die Verteidigungsaufgaben.

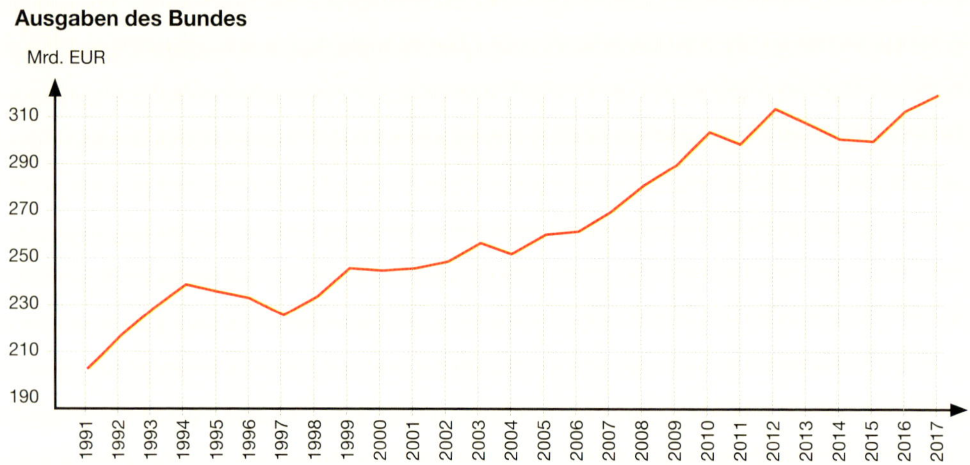

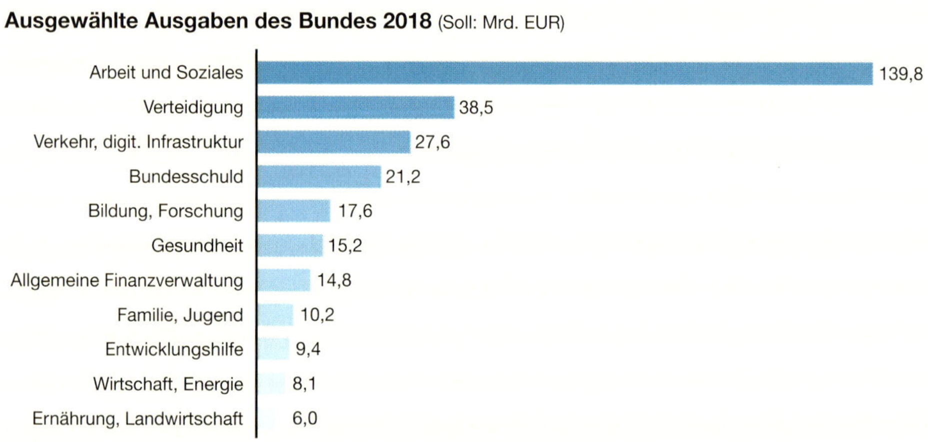

Zusammenfassung Kapitel 7.5.3: Staatsausgaben

- Staatsausgaben sind sämtliche Ausgaben der öffentlichen Hand.
- Die Staatsquote gibt den prozentualen Anteil aller staatlichen Ausgaben am Bruttoinlandsprodukt an.
- Der Staatsverbrauch enthält die staatlichen Ausgaben für den Eigenverbrauch (staatliche Güterkäufe sowie Löhne und Gehälter der Angehörigen des öffentlichen Dienstes).

7.5.4 Subventionen

? Was sind Subventionen, warum gibt es sie und wie hoch sind sie?

Ein beträchtlicher Teil der Staatsausgaben sind **Subventionen.**

Subventionen: Finanzielle Zuschüsse, die nicht an eine direkte Gegenleistung gebunden sind. Empfänger von Subventionen können sowohl Unternehmen oder Wirtschaftsbereiche (z. B. Bergbau, Landwirtschaft) sein als auch private Haushalte. Bei privaten Haushalten spricht man von **Transferzahlungen** oder Sozialleistungen. Subventionen umfassen **Finanzhilfen** und **Steuervergünstigungen.**

Subventionen werden gewährt vom Bund, Ländern, Gemeinden, EU (Agrarsubventionen) sowie im Rahmen des ERP.[1]

Subventionen in Deutschland 2018

Branche	Mrd. EUR
Verkehr	3,0
Wohnungswesen	2,3
Ernährung, Landwirtschaft	1,5
Bergbau	1,1
Erneuerbare Energien	2,2
Sonstige	14,4
Summe	**25,2**

Finanzhilfen und Steuervergünstigungen des Bundes

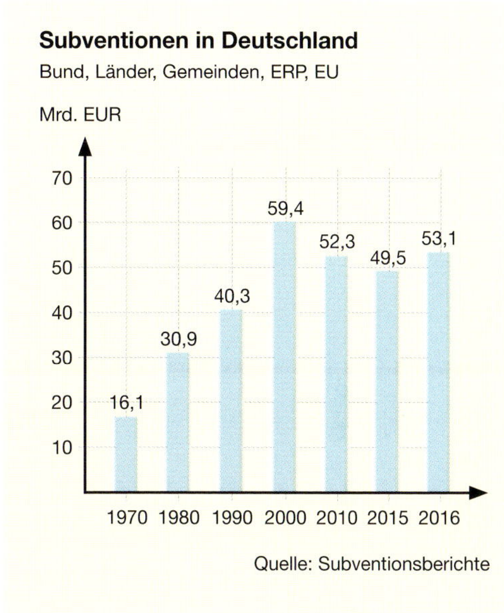

Subventionen sind ein wirtschaftspolitisches Instrument, mit dem bestimmte Branchen gefördert oder bestimmte Verhaltensweisen hervorgerufen werden sollen. Nicht zuletzt soll durch Subventionen der Strukturwandel der Wirtschaft, beispielsweise bei der Umstellung von überholten Produktionen und Produktionsverfahren auf zukunftsträchtige Produkte und Technologien, gefördert werden.

Der wirtschaftliche Nutzen von Subventionen wird durchaus kritisch gesehen:

- Subventionen beanspruchen in erheblichem Maße Mittel, die für andere Zwecke nicht mehr zur Verfügung stehen.
- Die durch Subventionen angestrebten Zwecke sind oftmals nicht wirtschaftlich, sondern politisch begründet.
- Häufig sind auch kapital- und ertragsstarke Unternehmen Nutznießer von Subventionen.
- Nicht selten lösen Subventionen lediglich Mitnahmeeffekte aus. Die geförderten Veränderungen und Investitionen würden von den Unternehmen auch ohne Subventionen vorgenommen.

Die Bundesregierung muss alle zwei Jahre im sogenannten **Subventionsbericht** über Höhe und Entwicklung der Subventionen Auskunft geben. Nach allgemeiner Auffassung sind die Subventionen generell zu hoch. Zur Eindämmung staatlicher Ausgaben wird daher immer wieder eine Verringerung der Subventionen vorgeschlagen **(Subventionsabbau).**

[1] ERP: European Recovery Program („Marshall-Plan"); ein Programm zum Wiederaufbau Europas nach dem Zweiten Weltkrieg

Zusammenfassung Kapitel 7.5.4:
Subventionen

- Subventionen sind Finanzhilfen und Steuervergünstigungen, die vom Staat ohne eine direkte Gegenleistung gewährt werden.
- Subventionsgeber sind Bund, Länder, Gemeinden, EU sowie ERP.
- Der Nutzen von Subventionen, insbesondere in der gegenwärtigen Höhe, wird kritisch gesehen; daher wird immer wieder ein Subventionsabbau gefordert.

7.5.5 Staatsverschuldung

? Wie hoch ist die Staatsverschuldung und welche Probleme entstehen durch sie?

Durch die Tendenz der öffentlichen Haushalte, regelmäßig mehr Geld auszugeben, als sie einnehmen, ist der staatliche Schuldenberg im Laufe der Jahre gewaltig angewachsen. Zu den öffentlichen Schulden zählen die Schulden von Bund, Ländern und Kommunen; berücksichtigt werden sowohl die Kernhaushalte als auch die Extrahaushalte. In vielen Ländern haben die Staatsschulden inzwischen eine sehr bedenkliche Größe erreicht.

Bei den staatlichen Schulden sind zwei Größen zu unterscheiden:

! **Haushaltsdefizit:** Höhe der jährlichen Neuverschuldung der öffentlichen Haushalte; Nettokreditaufnahme.

Staatsverschuldung: Gesamte Schulden der öffentlichen Haushalte (Bund, Länder, Kommunen, Sozialversicherung).

Für beide Schuldengrößen sind im **„Stabilitäts- und Wachstumspakt“** der **Europäischen Wirtschafts- und Währungsunion (EWWU),** meist verkürzt als **Europäische Währungsunion (EWU)** bezeichnet, Obergrenzen **(„Konvergenzkriterien“)** festgelegt. In Anlehnung an den sogenannten Vertrag von Maastricht werden diese Vorgaben auch **„Maastricht-Kriterien“** genannt:

- Das jährliche Haushaltsdefizit darf nicht mehr als 3 % des Bruttoinlandsprodukts (BIP) betragen.
- Die Staatsverschuldung darf nicht mehr als 60 % des Bruttoinlandsprodukts (BIP) betragen.

▶ Haushaltsdefizit

Haushaltsdefizit in Deutschland (in Mrd. EUR)

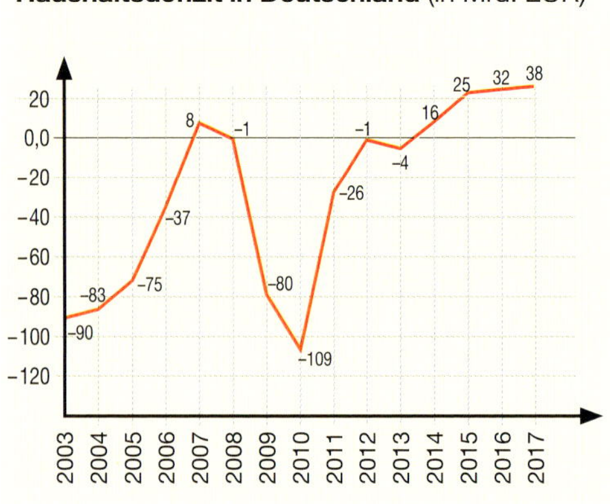

Haushaltsdefizit in Deutschland (in % des BIP)

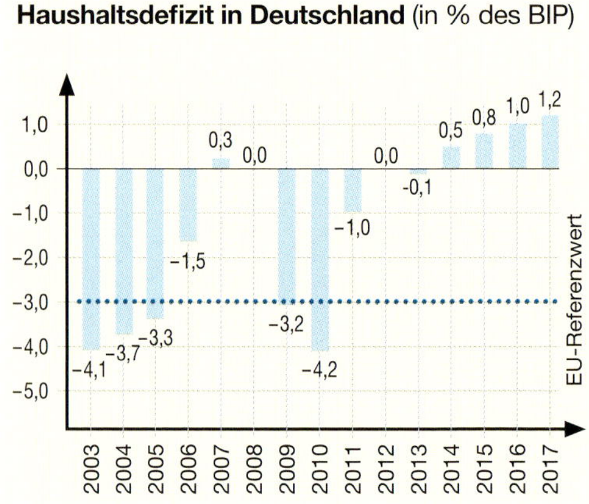

Das **Haushaltsdefizit** schwankt beträchtlich. Während einiger Jahre hat es die zulässige Obergrenze von 3 % des BIP überschritten.

▶ Staatsverschuldung

Die **Staatsverschuldung** ist in Deutschland kontinuierlich angewachsen und hat inzwischen eine problematische Größe erreicht.

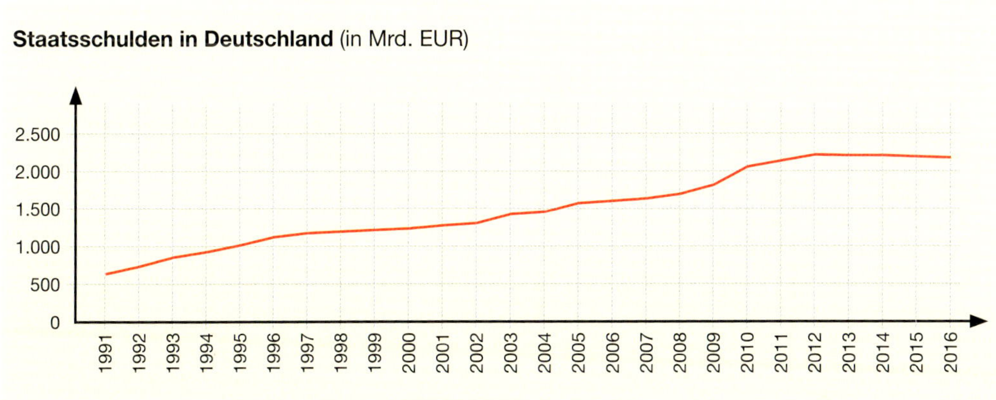

Das Maastricht-Kriterium von höchstens 60 % des Bruttoinlandsprodukts kann seit etlichen Jahren nicht mehr eingehalten werden.

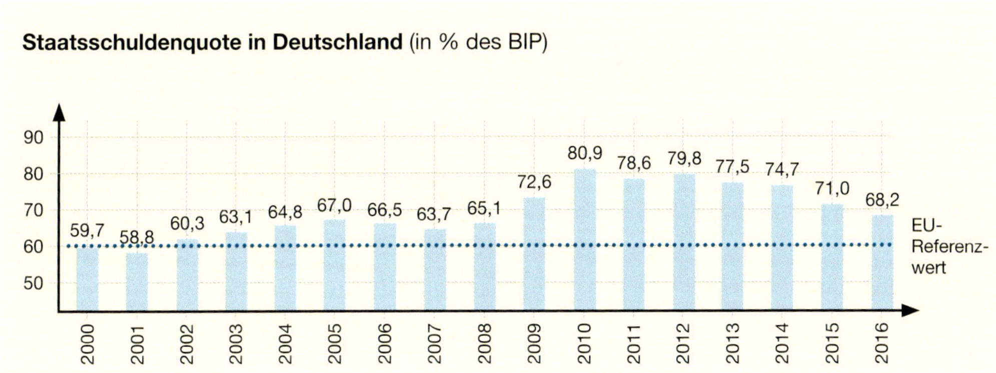

Die **Staatsverschuldung** ergibt sich aus den Schulden der öffentlichen Haushalte (Bund, Länder, Gemeinden, gesetzliche Sozialversicherung). Ein Blick auf die Verteilung zeigt, dass der weitaus größte Teil der Schulden auf den Bund entfällt.

Schulden der öffentlichen Haushalte		
	2016	
	Mrd. EUR	Anteil (%)
Bund	1.257	62,7
Länder	605	30,2
Gemeinden	143	7,1
Sozialversicherung	1	0,1
Gesamt	**2.006**	**100**

▶ Folgen übermäßiger Staatsverschuldung

Die Folgen einer übermäßigen Staatsverschuldung sind gravierend:

- Abhängigkeit von Finanzmärkten und Gläubigern, auch von internationalen Gläubigern (beispielsweise wird in den USA nur gut die Hälfte der neuen Staatsanleihen im Inland verkauft).
- Hohe Kosten für Zinszahlungen; ein großer Teil der Staatseinnahmen muss für den Zinsdienst verwendet werden und steht nicht für andere Ausgaben zur Verfügung.
- Belastung folgender Generationen, die für die angehäuften Schulden in Zukunft geradestehen müssen. In gewisser Weise wirken Staatsschulden wie auf die Zukunft verschobene Steuererhöhungen.

Zinsausgaben der öffentlichen Haushalte in Deutschland (in Mrd. EUR)

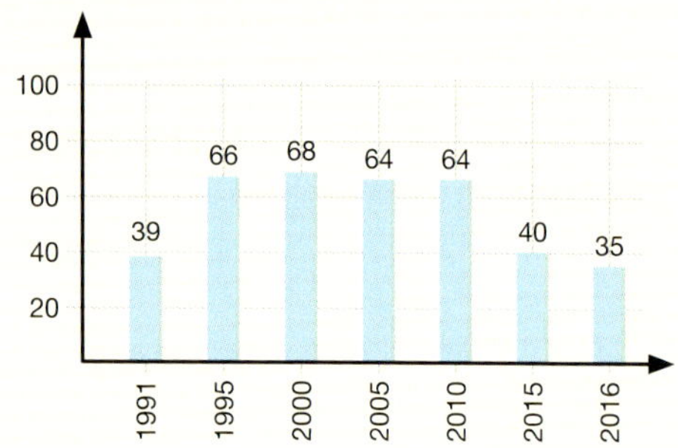

Beispiel: Belastung zukünftiger Generationen durch Staatsschulden

Wenn bei einem staatlichen Schuldenberg von 2 Billionen Euro nachfolgende Generationen monatlich 1 Milliarde Euro tilgen – in guten und in schlechten Zeiten – benötigen sie rund 170 Jahre für die Schuldentilgung.

Wenn man bedenkt, dass der Staat gegenwärtig selbst in wirtschaftlich guten Jahren kaum Schulden tilgt, oft sogar neue Schulden aufnimmt, lässt sich ermessen, welche Belastung die heutige Generation den kommenden Generationen hinterlässt.

„Das beste Mittel seine Unabhängigkeit zu verlieren, ist, das Geld auszugeben, das man nicht besitzt."

Kemal Atatürk (1881–1938) ehem. Türkischer Staatspräsident

▶ Maßnahmen zur Reduzierung der Staatsverschuldung

Wegen des bedenklich angewachsenen staatlichen Schuldenbergs und wegen der damit verbundenen gravierenden Folgen, wurde in Deutschland im Jahre 2009 eine grundlegende Reform der staatlichen Verschuldungsregeln beschlossen **(„Schuldenbremse").** Durch eine Ergänzung von Artikel 109 des Grundgesetzes wurde für Bund und Länder ein annähernd bzw. vollständig ausgeglichener Haushalt verpflichtend gemacht. Dem Bund wird lediglich eine maximale Neuverschuldung von 0,35 % des Bruttoinlandsprodukts **(„strukturelle Neuverschuldung"** bzw. **„strukturelles Defizit"),** den Ländern keine Neuverschuldung mehr zugestanden.

§ **Grundgesetz für die Bundesrepublik Deutschland**

§ 109

…

(3) Die Haushalte von Bund und Ländern sind grundsätzlich ohne Einnahmen aus Krediten auszugleichen. … [Bestimmte Ausnahmen sind zugelassen] … [Für den Bund gilt,] dass Satz 1 entsprochen ist, wenn die Einnahmen aus Krediten 0,35 vom Hundert im Verhältnis zum nominalen Bruttoinlandsprodukt nicht überschreiten. … [Für die Länder gilt,] dass Satz 1 nur dann entsprochen ist, wenn keine Einnahmen aus Krediten zugelassen werden.

Strukturelle Neuverschuldung bzw. **Strukturelles Defizit:** Nicht durch konjunkturelle Schwankungen, Naturkatastrophen oder außergewöhnliche Notsituationen bedingtes Haushaltsdefizit. Mit anderen Worten: Ein strukturelles Defizit liegt vor, wenn bei normaler Wirtschaftsentwicklung die Ausgaben höher sind als die Einnahmen.

Die Neuregelung wurde mit breiter Zustimmung von Bundestag und Bundesrat verabschiedet. Für die Einhaltung der Vorgaben ist für den Bund eine Übergangsfrist bis 2016 und für die Länder bis 2020 vorgesehen. Während der Übergangszeit erhalten ärmere Bundesländer zur Schuldentilgung Hilfen des Bundes und der übrigen Länder.

Um Haushaltskrisen frühzeitig erkennen zu können, soll ein **Stabilitätsrat** die Etatplanungen von Bund und Ländern kontrollieren und eine mögliche Schieflage im Vorfeld abwehren. Der Stabilitätsrat setzt sich aus den Bundesministern für Finanzen sowie Wirtschaft und den Landesfinanzministern zusammen; er hat jährlich einen Stabilitätsbericht vorzulegen.

§

Grundgesetz für die Bundesrepublik Deutschland

§ 109a Zur Vermeidung von Haushaltsnotlagen regelt ein Bundesgesetz, ...

1. die fortlaufende Überwachung der Haushaltswirtschaft von Bund und Ländern durch ein gemeinsames Gremium (Stabilitätsrat),

...

Die Beschlüsse des Stabilitätsrats und die zugrunde liegenden Beratungsunterlagen sind zu veröffentlichen.

Zusammenfassung Kapitel 7.5.5:
Staatsverschuldung

- Die Staatsschulden bestehen aus den Schulden von Bund, Ländern, Kommunen und Sozialversicherung (sowohl Kernhaushalte als auch Extrahaushalte).
- Haushaltsdefizit: Höhe der jährlichen Neuverschuldung.
- Staatsverschuldung: Gesamte Schulden der öffentlichen Haushalte.
- Nach den sogenannten Maastricht-Kriterien darf das jährliche Haushaltsdefizit höchstens 3 % und die Staatsverschuldung höchstens 60 % des Bruttoinlandsprodukts betragen.
- In Deutschland wurden beide Verschuldungskriterien in etlichen Jahren nicht erfüllt.
- Wichtige Folgen übermäßiger Staatsverschuldung sind:
  - Abhängigkeit von Finanzmärkten und Schuldnern.
  - Hohe Zinszahlungen.
  - Belastung folgender Generationen durch Schuldentilgung.
- 2009 wurde in das Grundgesetz die sogenannte „Schuldenbremse“ eingebaut, die die Staatsverschuldung schrittweise verringern soll.
- Ein „Stabilitätsrat“ soll die Haushalte von Bund und Ländern kontrollieren und vorbeugend Haushaltsnotlagen vermeiden.

7.6 Wirtschaftspolitik der Europäischen Union (EU)

EU-Verträge

Bei den grundlegenden Verträgen der EU entstehen leicht Orientierungsschwierigkeiten. Das liegt unter anderem daran, dass recht viele Verträge bestehen, Beziehungen zwischen Verträgen oft nicht ohne Weiteres ersichtlich sind, dass für Verträge unterschiedliche Bezeichnungen verwendet werden und dass Bezeichnungen für Verträge im Zeitablauf geändert wurden.

Die folgende Zusammenstellung soll die Übersicht erleichtern.

Gründungsverträge der EU

1957 Vertrag zur Gründung der Europäischen Wirtschaftsgemeinschaft (EWG-Vertrag) und Vertrag zur Gründung der Europäischen Atomgemeinschaft (EURATOM) **(„Römische Verträge")**

- 1992 Der EWG-Vertrag wird durch den „Vertrag über die Europäische Union" umbenannt in **„Vertrag zur Gründung der Europäischen Gemeinschaft" (EG-Vertrag).**

1992 **Vertrag über die Europäische Union (EU-Vertrag, EUV) („Vertrag von Maastricht")**

Geändert und ergänzt durch

- 1997 Vertrag von Amsterdam
- 2001 Vertrag von Nizza
- 2007 Vertrag von Lissabon

  Die Europäische Gemeinschaft (EG) wird aufgelöst und ihre Funktionen auf die Europäische Union (EU) übertragen.
- 2009 Mit Inkrafttreten des Lissabon-Vertrags zum 1.12.2009 wird der EG-Vertrag in „Vertrag über die Arbeitsweise der Europäischen Union" umbenannt und erhält eine neue Artikelabfolge.

2009 **Vertrag über die Arbeitsweise der Europäischen Union (AEU-Vertrag, AEUV)** (Ursprünglich 1957 EWG-Vertrag, ab 1992 EG-Vertrag, ab 2009 AEU-Vertrag)

!

Die heutigen Primärverträge zu den Grundlagen und zur Arbeitsweise der EU sind:

- **Vertrag über die Europäische Union (EU-Vertrag, EUV) („Vertrag von Maastricht")**
- **Vertrag über die Arbeitsweise der Europäischen Union (AEU-Vertrag, AEUV)**

Die beiden Verträge stehen gleichrangig nebeneinander und werden als „die Verträge" bezeichnet.

§

Vertrag über die Arbeitsweise der Europäischen Union (AEUV)

Artikel 1

(1) Dieser Vertrag regelt die Arbeitsweise der Union und legt die Bereiche, die Abgrenzung und die Einzelheiten der Ausübung ihrer Zuständigkeiten fest.

(2) Dieser Vertrag und der Vertrag über die Europäische Union bilden die Verträge, auf die sich die Union gründet. Diese beiden Verträge, die rechtlich gleichrangig sind, werden als „die Verträge" bezeichnet.

§

Vertrag über die Arbeitsweise der Europäischen Union (AEUV)

Artikel 119

(1) Die Tätigkeit der Mitgliedstaaten und der Union im Sinne des Artikels 3 des Vertrags über die Europäische Union umfasst nach Maßgabe der Verträge die Einführung einer Wirtschaftspolitik, die auf einer engen Koordinierung der Wirtschaftspolitik der Mitgliedstaaten, dem Binnenmarkt und der Festlegung gemeinsamer Ziele beruht und dem Grundsatz einer offenen Marktwirtschaft mit freiem Wettbewerb verpflichtet ist.

7.6.1 Entwicklung und Organe der EU

?

Wie ist die EU entstanden, wie hat sie sich entwickelt und welches sind ihre Organe?

▶ Entwicklung der EU

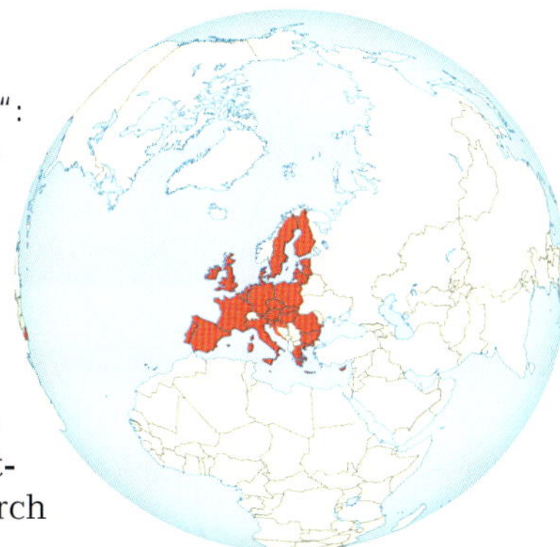

Die Europäische Union (EU) besteht aus drei „Säulen“: **Europäische Gemeinschaft (EG), Gemeinsame Außen- und Sicherheitspolitik (GASP)** und **Kooperation in Justiz- und Innenpolitik.**

Die erste europäische Gemeinschaft wurde mit der **Europäischen Gemeinschaft für Kohle und Stahl (EGKS, Montanunion)** 1951 ins Leben gerufen. Ihr folgten am 1.1.1958 die **Europäische Atomgemeinschaft (EAG bzw. EURATOM)** und die **Europäische Wirtschaftsgemeinschaft (EWG)**, deren Gründung 1957 durch die **Römischen Verträge** beschlossen wurde.

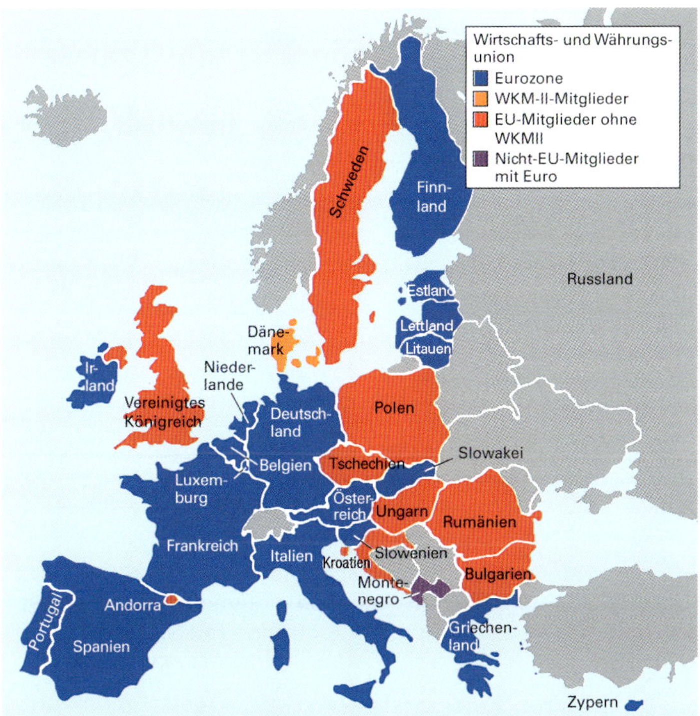

Seit dem 1.7.1967 sind die Organe der drei Gemeinschaften aufgrund des Fusionsvertrages von 1965 miteinander verschmolzen, sodass seit dieser Zeit einheitlich von EG gesprochen wird. Mit dem Inkrafttreten des **Vertrages von Maastricht** am 01.11.1993 führen die bisherigen Europäischen Gemeinschaften die Bezeichnung **Europäische Union** (EU).

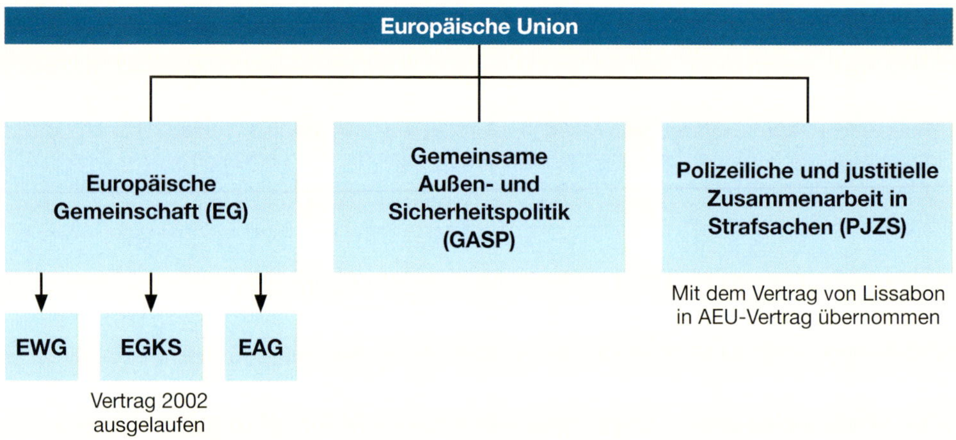

Entwicklung der EU	
25.03.1957	Unterzeichnung der „Römischen Verträge“
01.01.1958	EWG tritt in Kraft
01.07.1958	Zollunion
01.01.1973	Dänemark, Großbritannien und Irland treten bei
13.03.1979	Europäisches Währungssystem (EWS) tritt in Kraft
01.01.1981	Griechenland tritt bei
01.01.1986	Spanien und Portugal treten bei
28.02.1986	Unterzeichnung der Einheitlichen Europäischen Akte (EEA)
09.12.1989	Beschluss zur Wirtschafts- und Währungsunion in drei Stufen
01.07.1990	Erste Stufe der Wirtschafts- und Währungsunion tritt in Kraft
03.10.1990	Die DDR wird durch den Beitritt zur Bundesrepublik Deutschland Teil der EG
22.10.1991	EG und EFTA beschließen gemeinsamen Europäischen Wirtschaftsraum (EWR)
07.02.1992	Unterzeichnung des Vertrages von Maastricht
01.01.1993	Gemeinsamer Europäischer Binnenmarkt
01.11.1993	„Vertrag über die Europäische Union (EU)“, der sogenannte **Vertrag von Maastricht** tritt in Kraft
01.01.1994	Zweite Stufe der Wirtschafts- und Währungsunion tritt in Kraft
01.01.1995	Finnland, Österreich und Schweden treten bei
01.01.1999	Beginn der Europäischen Währungsunion (EWU)
01.01.2002	Euro als Bargeld
01.05.2005	Estland, Lettland, Litauen, Malta, Polen, Slowakei, Slowenien, Tschechien, Ungarn, Zypern treten bei
01.01.2007	Bulgarien und Rumänien treten bei
01.07.2013	Kroatien tritt bei

„Wir haben die EU geschaffen, um die großen Schicksalsfragen gemeinsam zu lösen und Europa eine angemessene Rolle in der Welt zwischen Amerika und Asien zu geben. Wir haben die EU nicht geschaffen, um einheitliche Glühbirnen, Toilettenspülungen oder Bananengrößen zu bekommen.“

Thomas Ender, Vorstandsvorsitzender EADS; DER SPIEGEL, 09.12.2013

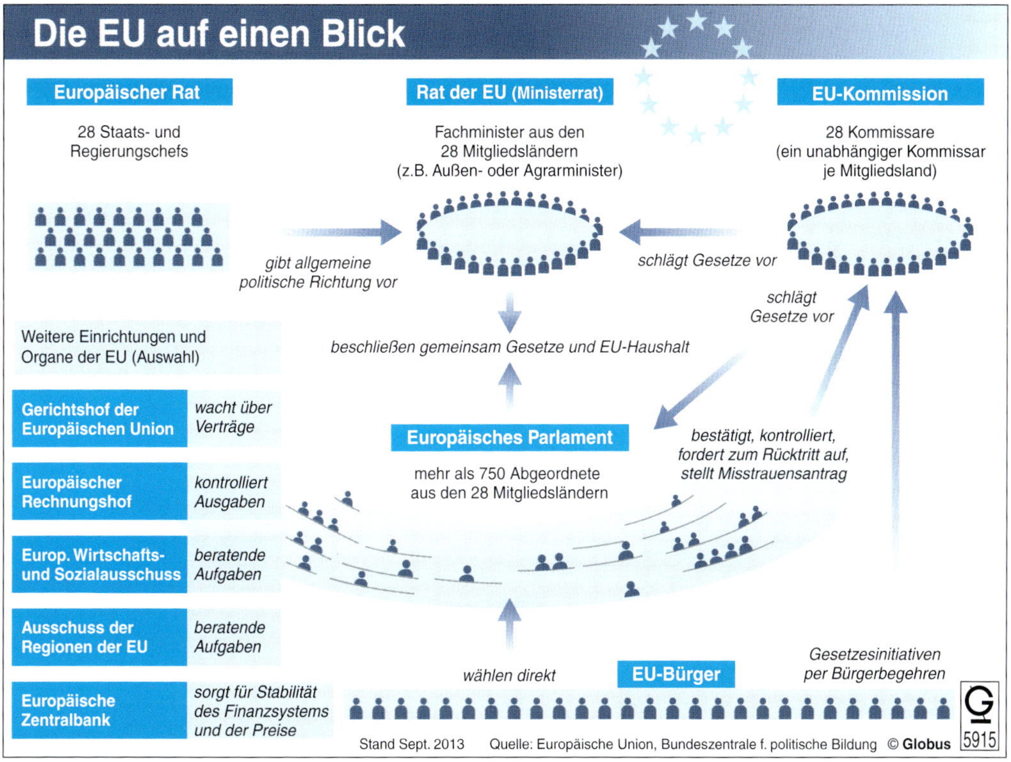

7.6.2 Länder der EU

Welche Länder sind in der EU und wie sehen wichtige Kennzahlen aus?

Die Länder der Europäischen Union

Land	Fläche (1.000 km²)	Einwohner (Mio.)	BIP (Mrd. EUR)	BIP pro Kopf in KKS[1] Index (EU-28 = 100)
		2016		
Belgien	31	11,3	423	118
Bulgarien	111	7,2	48	49
Dänemark	43	5,7	277	124
Deutschland	357	82,2	3.144	124
Estland	45	1,3	21	75
Finnland	338	5,5	216	109
Frankreich	544	66,8	2.229	106
Griechenland	132	10,8	174	67
Großbritannien	244	65,4	2.396	108
Irland	70	4,7	276	183
Italien	301	60,7	1.681	97
Kroatien		4,2	46	60

Die Länder der Europäischen Union				
Land	Fläche (1.000 km²)	Einwohner (Mio.)	BIP (Mrd. EUR)	BIP pro Kopf in KKS[1] Index (EU-28 = 100)
		2016		
Lettland	65	2,0	25	65
Litauen	65	2,9	39	75
Luxemburg	3	0,6	53	257
Malta	0,3	0,4	10	94
Niederlande	41	17,0	703	128
Österreich	84	8,7	353	127
Polen	313	38,0	426	68
Portugal	92	10,3	185	77
Rumänien	238	19,8	170	58
Schweden	450	9,9	465	123
Slowakei	49	5,4	81	77
Slowenien	20	2,1	40	83
Spanien	506	46,4	1.119	92
Tschechien	79	10,6	177	88
Ungarn	93	9,8	114	67
Zypern	9	0,8	18	83
EU 28	**4.324**	**510,5**	**14.909**	**100**

[1] KKS = Kaufkraftstandard

7.6.3 Bausteine einer gemeinsamen europäischen Wirtschafts- und Finanzpolitik

? Welches sind die wichtigsten Elemente einer gemeinsamen europäischen Wirtschafts- und Finanzpolitik?

In den Verträgen zur europäischen Einigung ist als wichtiger Aspekt der europäischen Integration eine Konvergenz[2] der Wirtschafts- und Finanzpolitik festgeschrieben. Eine Angleichung der wirtschaftlichen Bedingungen in den EU-Ländern ist nicht nur Ausdruck einer gemeinsamen Solidarität, sondern auch Voraussetzung für ein gemeinsames wirtschafts- und finanzpolitisches Handeln. Wesentliche Elemente des Konvergenzprozesses sind Gemeinsamer Binnenmarkt, die Europäische Währungsunion und der Europäische Fiskalpakt.

▶ Gemeinsamer Binnenmarkt

§ **Vertrag über die Arbeitsweise der Europäischen Union (AEUV)**

Art. 26

(2) Der Binnenmarkt umfasst einen Raum ohne Binnengrenzen, in dem der freie Verkehr von Waren, Personen, Dienstleistungen und Kapital … gewährleistet ist.

2 Konvergenz = Angleichung. Die Konvergenz der Wirtschafts- und Finanzpolitik der EU-Staaten strebt eine Angleichung der Wirtschaftskraft, des Lebensstandards und der Regeln für wirtschafts- und finanzpolitisches Verhalten in den Ländern der EU an.

Der Gemeinsame Europäische Binnenmarkt besteht seit 1993.

Gemeinsamer Europäischer Binnenmarkt

Freier Warenverkehr

- keine Grenzkontrollen
- Steuerharmonisierung
- Vereinheitlichung von Normen

Freier Personenverkehr

- keine Grenzkontrollen
- Niederlassungs- und Beschäftigungsfreiheit für EU-Bürger

Freier Dienstleistungsverkehr

Liberalisierung und Harmonisierung der Bank- und Versicherungsdienstleistungen

Freier Kapitalverkehr

- Freizügigkeit für Geld- und Kapitalbewegungen
- Freier Wertpapierverkehr

▶ Europäische Währungsunion[1]

Mit dem Vertrag von Maastricht über die Europäische Union im Jahre 1992 wurde auch die Schaffung einer **Europäischen Wirtschafts- und Währungsunion (EWWU),** oft auch kurz als **Europäische Währungsunion (EWU)** bezeichnet, beschlossen. Kernelement war die Einführung einer gemeinsamen Währung, dem Euro. Eingeführt wurde der Euro zum 1. Januar 1999, als Bargeld zum 1. Januar 2002.

▶ Europäischer Fiskalpakt

Mit dem Fiskalpakt verpflichten sich die EU-Länder zu strenger Haushaltsdisziplin. 25 der 28 EU-Länder unterzeichneten im März 2012 in Brüssel den Pakt, der eine Schuldenbremse und automatische Sanktionen bei Verstößen vorsieht. Lediglich Großbritannien, Tschechien und Kroatien haben den Fiskalpakt (bisher) nicht unterzeichnet. Die Mitgliedsländer verpflichten sich, einen annähernd ausgeglichenen gesamtstaatlichen Haushalt im nationalen Recht zu verankern. Durch den Fiskalpakt soll die Kontrolle über die nationalen Fiskalpolitiken teilweise auf die europäische Ebene übertragen werden.

Eine Beteiligung Deutschlands am Europäischen Fiskalpakt ist nach einem Urteil des Bundesverfassungsgerichts vom 12.09.2012 verfassungsgemäß.

7.6.4 Haushalt der EU

Welches sind die Einnahmen und Ausgaben der EU? ?

Wichtige Gesichtspunkte für den Ablauf des jährlichen Haushaltsverfahrens der EU sind in der 2006 geschlossenen *„Interinstitutionellen Vereinbarung über die Haushaltsdisziplin und die wirtschaftliche Haushaltsführung"* niedergelegt. Für den EU-Haushalt gilt der *„Grundsatz des Ausgleichs von Einnahmen und Ausgaben"*; d.h., ein Haushaltsdefizit ist nicht erlaubt. Der Ausgleich von Einnahmen und Ausgaben wird durch eine entsprechende Festsetzung des Prozentsatzes für die BNE-Eigenmittel (s. nächste Seite) gesichert.

[1] Vgl. ausführlicher Abschnitt 7.7 „Europäische Wirtschafts- und Währungsunion (EWWU)".

▶ Einnahmen der EU

Der EU fließen als Einnahmen die sogenannten Eigenmittel (ca. 99 %) und die sonstigen Einnahmen (ca. 1 %) zu.

Eigenmittel

- Traditionelle Eigenmittel, insbesondere Zölle, die bei Einfuhren aus Nicht-EU-Staaten erhoben werden.
- Mehrwertsteuer-Eigenmittel; einheitlicher Prozentsatz, der auf die harmonisierte MwSt-Bemessungsgrundlage jedes Mitgliedsstaates angewandt wird.
- BNE-Eigenmittel; einheitlicher Prozentsatz, der auf das Bruttonationaleinkommen (BNE) jedes Mitgliedstaates angewandt wird. Mit Abstand wichtigste Einnahmequelle der EU.

EU-Haushalt	2017	
Einnahmen	**Mrd. EUR**	**Anteil (%)**
Beiträge der Mittgliedsstaaten	93,7	70
Zölle und Zuckerabgaben	21,5	16
Anteile der Mehrwertsteuer	16,6	12
Sonstiges	2,8	2
Summe	**134,6**	**100**

Sonstige Einnahmen sind u. a. Bußgelder von Unternehmen, die gegen das Wettbewerbsrecht verstoßen haben, sowie Beiträge von Drittländern zu bestimmten EU-Programmen.

▶ Ausgaben der EU

Die Ausgaben-Schwerpunkte der EU werden in mehrjährigen (in der Regel siebenjährigen) Finanzrahmen niedergelegt (z.B.: 2007–2013; 2014–2020). Der EU-Haushaltsplan gliedert sich in 10 Einzelpläne; 95 % der Ausgaben werden jedoch über den Einzelplan III (Kommission) abgewickelt. In ihm befinden sich die operativen Mittel für die einzelnen Politikbereiche. Die anderen Einzelpläne enthalten ausschließlich die Verwaltungsausgaben der anderen Organe und Einrichtungen.

EU-Haushalt	2017	
Ausgaben-Rubriken	**Mrd. EUR**	**Anteil (%)**
Agrarpolitik	54,9	40,8
Strukturpolitik	37,2	27,7
Forschund und Technologie	19,3	14,3
Außenpolitik	9,5	7,1
Verwaltung	9,4	7,0
Innenpolitik	3,8	2,8
Sonstiges	0,4	0,3
Summe	**134,5**	**100**

Die Ausgaben-Rubriken orientieren sich an den im geltenden Finanzrahmen festgelegten Schwerpunkten. Die für die Ausgaben-Schwerpunkte gewählten Bezeichnungen erinnern oftmals jedoch mehr an Politik-Lyrik als an informative Ausgabenkategorien. So verbergen sich z. B. in der Rubrik „Nachhaltiges Wachstum" u. a. die großen Struktur- und Kohäsionsfonds und in der Rubrik „Bewahrung und Bewirtschaftung der natürlichen Ressourcen" die Ausgaben für die Agrarwirtschaft und die Hilfen für den ländlichen Raum.

Während die EU-Mitgliedstaaten nach weitgehend einheitlichen Kriterien zu den Einnahmen beitragen, kommen die Ausgaben den Ländern unterschiedlich zugute. Das ist grundsätzlich so auch gewollt. Die EU strebt an, die wirtschaftlichen Unterschiede zwischen den EU-Ländern zu verringern, und unterstützt entsprechend schwächere Länder besonders stark **(Konvergenz).**

Entsprechend ihrer wirtschaftlichen Stärke zahlen einige EU-Länder mehr in die EU-Kasse ein, als sie von dort zurückbekommen **(„Geber-Länder"** bzw. **„Nettozahler")** und einige EU-Länder erhalten mehr Geld von der EU zurück, als sie einzahlen **(„Nehmer-Länder"** bzw. **„Nettoempfänger").**

Nettozahler zum EU-Haushalt 2016
(Mrd. EUR)

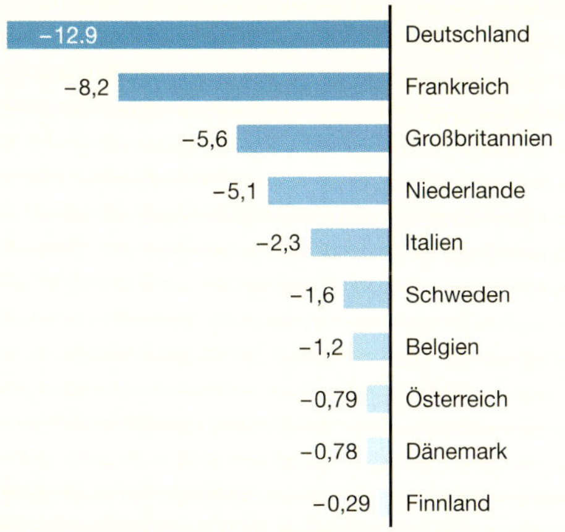

Quelle: EU-Finanzbericht 2017

Nettoempfänger aus dem EU-Haushalt 2016 (Mrd. EUR)

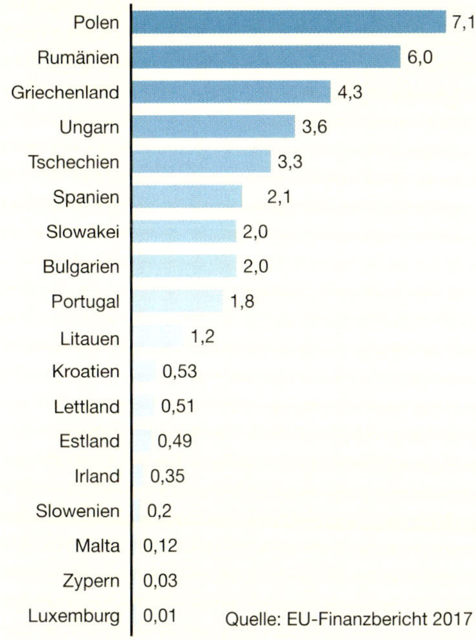

Quelle: EU-Finanzbericht 2017

Die Debatte über die Nettobeitragspositionen der EU-Mitgliedstaaten ist so alt wie die Europäische Wirtschaftsintegration. Das in den unterschiedlichen Nettobeiträgen innewohnende Umverteilungspotenzial führt sowohl in der Politik als auch in der Bevölkerung immer wieder über Mutmaßungen über die Leistungsgerechtigkeit sowohl der Berechnungen als auch der Verteilungskriterien. Die Urteile sind auch nicht unabhängig davon, ob sie aus dem Blickwinkel eines Zahlers oder Empfänger geschehen.

Zusammenfassung Kapitel 7.6:
Wirtschaftspolitik der Europäischen Union (EU)

- Mit der Unterzeichnung der „Römischen Verträge“ im Jahre 1957 begann die europäische Integration zur heutigen Europäischen Union (EU).
- Die Organe der EU sind: Europäisches Parlament, Europäischer Rat, Rat der Europäischen Union, Europäische Kommission, Gerichtshof der Europäischen Union, Europäische Zentralbank, Rechnungshof.
- Wichtige Bausteine einer gemeinsamen europäischen Wirtschafts- und Finanzpolitik sind:
  - Gemeinsamer Binnenmarkt
  - Gemeinsame Währung
  - Europäischer Fiskalpakt
- Einnahmequellen der EU sind:
  - Mehrwertsteuer-Eigenmittel
  - BNE-Eigenmittel
  - Traditionelle Eigenmittel
- Die Ausgaben orientieren sich an den in den Finanzrahmen festgelegten Schwerpunkten.

- Länder, die mehr in die EU-Kasse einzahlen, als sie von dort zurückbekommen, werden als „Geber-Länder“ oder „Nettozahler“ bezeichnet. Länder, die mehr von der EU erhalten, als sie einzahlen, werden als „Nehmer-Länder“ oder „Nettoempfänger“ bezeichnet.

7.7 Europäische Wirtschafts- und Währungsunion (EWWU)

? Was ist die Europäische Wirtschafts- und Währungsunion?

▶ Entwicklung der EWU

Mit dem Vertrag von Maastricht über die Europäische Union im Jahre 1992 wurde auch die Schaffung einer **Europäischen Wirtschafts- und Währungsunion (EWWU),** oft auch kurz als **Europäische Währungsunion (EWU)** bezeichnet, beschlossen. U. a. sollten in einem dreistufigen Prozess die Voraussetzungen für die Einführung einer gemeinsamen Währung, dem Euro, geschaffen werden. Eingeführt wurde der Euro zum 1. Januar 1999, als Bargeld zum 1. Januar 2002.

Entwicklung der EWU	
1979	Beginn des Europäischen Währungssystems (EWS).
1990	Erste Stufe der Europäischen Wirtschafts- und Währungsunion (EWWU).
1993	„Vertrag über die Europäische Union (EU)“, der sogenannte „Vertrag von Maastricht“, tritt in Kraft.
1994	Zweite Stufe der Europäischen Wirtschafts- und Währungsunion (EWWU).
1995	Der Europäische Rat beschließt die Eckwerte für den Übergang zur EWU und legt den Namen „Euro“ für die gemeinsame Währung fest.
1999	Dritte Stufe der Europäischen Wirtschafts- und Währungsunion (EWWU) ▪ Die Europäische Währungsunion (EWU) startet mit elf Teilnehmerländern ▪ Einführung der gemeinsamen Währung „Euro“ als Buchgeld ▪ Zuständigkeit für die Geldpolitik liegt bei der EZB
2002	Euro als Bargeld; die nationalen Währungen verlieren ihre Gültigkeit.

Vorgesehen ist, dass alle EU-Länder an der Währungsunion teilnehmen. Voraussetzung ist, dass die im Maastricht-Vertrag festgelegten **Konvergenzkriterien („Maastricht-Kriterien“)** erfüllt werden. Allerdings wurde Großbritannien und Dänemark zugestanden, dass ihre Teilnahme an der Währungsunion nicht verpflichtet sein soll. Eine Ausnahmeregelung gilt auch für Schweden, nachdem sich die schwedische Bevölkerung 2003 in einem Referendum gegen die Einführung des Euro ausgesprochen hat. Die anderen Staaten streben jeweils die Einführung des Euro an, sobald sie die Konvergenzkriterien erfüllen und ihnen ein Beitritt wirtschaftlich möglich ist. Die Länder, die den Euro bereits eingeführt haben, werden als **Eurozone** bzw. als **Euroraum,** die institutionelle Verankerung durch die **Europäische Zentralbank** und die Zentralbanken der Euro-Länder als **Eurosystem** bezeichnet.[1]

[1] Zum Eurosystem vgl. Abschnitt 8.5 „Institutionen der Geldpolitik“.

Konvergenzkriterien

- Preisanstieg höchstens 1,5 Prozentpunkte über dem durchschnittlichen Preisanstieg der drei preisstabilsten Länder.
- Haushaltsdefizit höchstens 3 % des Bruttoinlandsprodukts; Staatsverschuldung höchstens 60 % des Bruttoinlandsprodukts.
- Währungsstabilität in den letzten zwei Jahren vor der Währungsunion.

▶ Teilnehmerländer der EWU

Europäische Währungsunion (EWU)		
Teilnehmerländer	**EU-Länder, die nicht teilnehmen**	**Nicht-EU-Länder mit EUR**
11 Gründungsmitglieder 1999: Belgien Deutschland Finnland Frankreich Irland Italien Luxemburg Niederlande Österreich Portugal Spanien	Bulgarien Dänemark Großbritannien Kroatien Polen Rumänien Schweden Tschechien Ungarn	Monaco San Marino Vatikanstadt
Griechenland (2001) Slowenien (2007) Malta (2008) Zypern (2008) Slowakei (2009) Estland (2011) Lettland (2014) Litauen (2015)		Etliche Länder haben den Euro einseitig als Währung eingeführt bzw. haben den Kurs ihrer Währung an den Euro gekoppelt.

Stand: 01.01.2015

▶ Stabilitäts- und Wachstumspakt

Um Preisstabilität, Haushaltsdisziplin und Staatsverschuldung nicht nur beim Eintritt in die EWU, sondern auf Dauer sicherzustellen, haben die EU-Länder 1997 einen **Stabilitäts- und Wachstumspakt** beschlossen.

Stabilitäts- und Wachstumspakt

Der Stabilitäts- und Wachstumspakt wurde – insbesondere auf Drängen Deutschlands – auf dem EU-Gipfel 1997 in Amsterdam beschlossen. Durch ihn soll eine Koordinierung der allgemeinen Wirtschaftspolitik sowie eine strikte Haushaltsdisziplin erreicht und die Stabilität des Euro dauerhaft gesichert werden.

Vorgesehen ist, dass die Mitgliedstaaten einen annähernd ausgeglichenen Haushalt vorlegen und die Konvergenzkriterien (Haushaltsdefizit höchstens 3 %, Staatsverschuldung höchstens 60 % des Bruttoinlandsprodukts) dauerhaft gelten. Die Kontrolle →

→ über die Einhaltung der Defizitkriterien obliegt der EU-Kommission; letztlich entscheidet jedoch der Rat, ob ein übermäßiges Defizit besteht. Bei einem Verstoß gegen die Defizitregeln sieht der Stabilitätspakt Sanktionen vor: Zunächst ist eine unverzinsliche Einlage von 0,2 % des BIP fällig, die für jeden Prozentpunkt der Defizitverfehlung um 0,1 % des BIP bis zu einer Obergrenze von 0,5 % des BIP ansteigt. Die Einlage wird zu einer nicht rückzahlbaren Geldstrafe, wenn das Defizit nicht innerhalb von zwei Jahren beseitigt wird. Solange das Defizit besteht, werden die Geldstrafen jährlich erneut fällig.

2005 wurde eine Modifizierung des Stabilitätspaktes beschlossen, der die Ausnahmetatbestände ausweitete und die Stabilitätskriterien aufweichte. 2011 wurde – nicht zuletzt wegen der Erfahrungen mit der Staatsschulden- und Eurokrise – erneut eine Reform beschlossen (auch als **„Sixpack"**-Regelung bezeichnet), nach der die Defizitkriterien wieder strikter gehandhabt werden sollen; die Zuständigkeiten der EU-Kommission werden gestärkt und die nationaler Regierungen eingeschränkt.

Obwohl Deutschland, Frankreich und insbesondere Griechenland bereits in den Jahren ab 2001 die Defizitgrenze mehrfach verletzt hatten, wurden entsprechende Defizitverfahren von der EU eingestellt. Infolge der weltweiten Finanzkrise nach 2007 erfüllten etliche EU-Länder nicht mehr die Defizitregeln.[1] 2011 beschloss die Euro-Gruppe eine Verschärfung des Stabilitätspakts. Unter anderem wurden höhere Strafen vorgesehen; der Ministerrat muss begründen, wenn er trotz Verstoßes kein Sanktionsverfahren durchführt. Ein automatischer Sanktionsmechanismus – wie er von vielen Experten befürwortet wurde – wurde jedoch nicht eingeführt.

▶ Wechselkursmechanismus II (WKM II)

Die Beziehungen, vor allem die Wechselkurse, zwischen dem Euro und den nationalen Währungen der EU-Länder, die den Euro (bisher) nicht eingeführt haben, regelt der **Wechselkursmechanismus II (WKM II)**[2]. Eine mindestens zweijährige spannungsfreie Teilnahme eines EU-Landes am Wechselkursmechanismus II ist Vorbedingung für die Einführung des Euro.

Mit dem WKM II wird den EU-Mitgliedstaaten, die den Euro zunächst noch nicht einführen, die Möglichkeit geboten, ihre Währung an den Euro anzubinden. Eine Verpflichtung für die Teilnahme am WKM II besteht jedoch nicht. Der Wechselkursmechanismus II entspricht einem System relativ fester Wechselkurse mit dem Euro-Kurs als Leitkurs. Die erlaubte Abweichung vom vereinbarten Euro-Leitkurs beträgt 15 % nach oben und unten; andere Schwankungsbreiten können vereinbart werden.

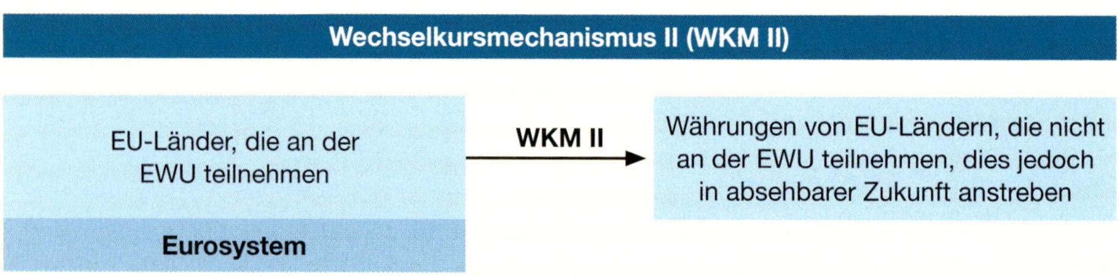

Teilnehmer am WKM II (Stand 2015): Dänemark

---

[1] Vgl. zur Schuldenkrise in der Eurozone auch Abschnitt 7.8 „Die Euro-Schuldenkrise".

[2] Als Wechselkursmechanismus I wird der Wechselkursmechanismus im Europäischen Währungssystem (EWS) bezeichnet; das EWS war ab 1979 Vorläufer der späteren EWWU.

Zusammenfassung Kapitel 7.7:
Europäische Wirtschafts- und Währungsunion (EWWU)

- Nach dem Vertrag von Maastricht wurde ab 1992 in einem dreistufigen Prozess bis 1999 die Europäische Wirtschafts- und Währungsunion (EWWU) eingeführt. Der Euro wurde 1999 als Buchgeld und zum 01.01.2002 als Bargeld eingeführt.
- Teilnehmerländer der EWWU müssen so genannte Konvergenzkriterien erfüllen.
- Um Preisstabilität, Haushaltsdisziplin und Staatsverschuldung auf Dauer sicherzustellen, wurde 1997 ein Stabilitäts- und Wachstumspakt beschlossen. Bei Verstoß gegen die Defizitregeln sind Sanktionen vorgesehen.
- Die Beziehungen zwischen dem Euro und den nationalen Währungen der EU-Länder, die den Euro (bisher) nicht eingeführt haben, regelt der Wechselkursmechanismus II (WKM II).

7.8 Die Euro-Schuldenkrise

Die krisenhafte Entwicklung der Verschuldung zahlreicher Euroländer und die Auswirkungen auf den Euro in den Jahren ab 2010 werden unterschiedlich bezeichnet: Europäische Staatsschuldenkrise, Eurokrise usw. Überwiegend wird die Kennzeichnung „Euro-Schuldenkrise" verwendet, die beide Aspekte beinhaltet: „Schuldenkrise" und „Eurokrise".

7.8.1 Entwicklung

Der Euro-Schuldenkrise ging eine internationale Finanzkrise und – davon ausgelöst – eine internationale Wirtschaftskrise voraus. Die Finanz- und Wirtschaftskrise war zwar eine bedeutsame, keineswegs aber die einzige Ursache der europäischen Staatsschuldenkrise und der ihr folgenden Eurokrise.

Finanzkrise	→	Wirtschaftskrise	→	Schuldenkrise	→	Eurokrise
2007/2008		2009		2010+		2011+

▶ Finanzkrise

Die später als Finanz- und Bankenkrise bezeichnete Entwicklung begann im Frühjahr 2007. Ein über etliche Jahre aufgeblähter Immobilienmarkt hatte in den USA eine **Immobilienblase** aufgebaut, die im Frühjahr 2007 zu platzen begann und zu der US-Immobilienkrise **(„Subprimekrise"**[1]) führte. Hauptursache war eine exzessive Kreditvergabe, auch an Schuldner mit geringer Bonität. Um zusätzliches Kapital zu erhalten, „verbrieften" die US-Banken die Hypothekenkredite und die darin enthaltenen Risiken und verkauften sie gebündelt weltweit an Banken, Versicherungen und sonstige Investoren.

Da zahlreiche Immobilienkredite nur unzureichend abgesichert waren, gerieten etliche, auch große Banken, in den USA in Bedrängnis, als viele Schuldner ihren Verpflichtungen nicht mehr nachkommen konnten. Wegen der Verflechtung der Finanzmärkte wurden weltweit Banken in Mitleidenschaft gezogen. Die internationale **Finanzkrise** erreichte ihren Höhepunkt mit dem Zusammenbruch der US-Großbank *Lehman Brothers* im September 2008.

[1] Subprime: Hypothekenkredite mit geringer Bonität

In zahlreichen Ländern mussten Banken in großem Umfang mit Staatsgeldern gerettet werden. Hierfür mussten sich die Länder zum Teil erheblich verschulden, was die Staatsverschuldung stark ansteigen ließ.

1,6 Billionen für Bankenrettung

Nach Angaben der EU-Kommission mussten die EU-Staaten zwischen 2008 und 2010 etwa 1,6 Billionen Euro (Beihilfen, Garantien, Bürgschaften) bereitstellen, um Geldhäuser vor dem Zusammenbruch zu retten.

Auf dem Gipfeltreffen der **G-20-Länder**[1] im April 2009 wurde das bestehende **Forum für Finanzstabilität** *(Finanical Stability Forum, FSF)* in **Finanzstabilitätsrat** *(Financial Stability Board, FSB)* umbenannt und mit erweiterten Funktionen ausgestattet. Seine Hauptaufgabe ist, Gefährdungen des Finanzsystems zu beurteilen und Maßnahmen vorzuschlagen.

In Deutschland wurde im Oktober 2008 mit dem **Finanzmarktstabilisierungsgesetz** der **„Sonderfonds Finanzmarktstabilisierung" (SoFFin)** ins Leben gerufen, der den Banken staatliche Garantien, Eigenkapitalstärkungen und Risikoübernahmen in einem Gesamtvolumen von 470 Milliarden Euro zur Verfügung stellte **(„Bankenrettungsschirm").** Große Stützungsaktionen wurden u.a. für Hypo Real Estate (HRE), IKB, Commerzbank sowie für fast alle Landesbanken notwendig.

▶ Wirtschaftskrise

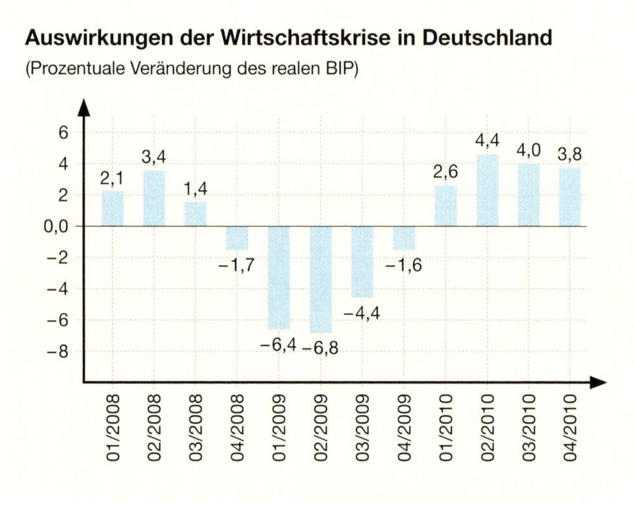

Die Finanzkrise übertrug sich 2008 und verstärkt 2009 auf die **Realwirtschaft**. Weltweit ging die Nachfrage zurück, die Produktion wurde gedrosselt, die Arbeitslosigkeit wuchs sprunghaft an und die Aktienkurse gingen stark zurück. International rutschen die meisten Volkswirtschaften in eine Rezession. Etliche Unternehmen, auch große Konzerne wie beispielsweise General Motors in den USA, gingen in die Insolvenz. Die Industrieproduktion in der Eurozone sank vom Frühjahr 2008 bis Frühjahr 2009 um rund 20 Prozent. Im April 2009 schätzte der Internationale Währungsfonds (IWF) die weltweiten Verluste infolge der Krise auf vier Billionen US-Dollar (rund drei Billionen EUR).

Um die Auswirkungen der Finanzkrise auf die Realwirtschaft abzumildern, wurden von zahlreichen Staaten umfangreiche **Konjunkturpakete** geschnürt. Weltweit wird das Volumen der Konjunkturprogramme auf 2 Billionen US-Dollar geschätzt. Zur Finanzierung der Stützmaßnahmen mussten viele Staaten erneut beträchtliche Schulden aufnehmen.

In Deutschland beschloss die Bundesregierung zwei Konjunkturpakete (Konjunkturpaket I im November 2008 und Konjunkturpaket II im Januar 2009). Die unmittelbaren Kosten der Konjunkturpakete werden auf rund 80 Milliarden EUR beziffert. Das Gesamtvolumen ist al-

[1] G-20: Gruppe der 20 wichtigsten Industrie- und Schwellenländer

lerdings nur schwer zu beziffern, da für die meisten Maßnahmen nicht konkrete Beträge bereitgestellt wurden, sondern Zusagen, Garantien, Bürgschaften und Ähnliches übernommen wurden. Die vom Bund eingegangenen Bürgschaften werden auf ca. 1,5 Billionen EUR beziffert. Der wohl bekannteste Teil des Konjunkturprogramms war die sogenannte **Abwrackprämie** im Jahre 2009. Bei der Verschrottung eines alten und Kauf eines neuen Autos gewährte der Bund eine staatliche Prämie. Allein für diese Maßnahme stellt die Bundesregierung 5 Milliarden EUR zur Verfügung

Für den Bankenrettungsschirm und die Konjunkturpakete mussten die öffentlichen Haushalte in Deutschland massiv neue Schulden aufnehmen. Allein für das Konjunkturpaket II wurde eine zusätzliche öffentliche Schuldenaufnahme in Höhe von ca. 37 Millionen EUR notwendig.

Reale Veränderung des BIP 2009

Land	Prozent
Frankreich	−2,5
Deutschland	−4,7
Großbritannien	−4,9
Italien	−5,2
Estland	−13,9
Litauen	−14,7
USA	−2,6
Japan	−6,3
Russland	−7,8

Größte Verschuldung in der Geschichte Deutschlands

(BERLIN) ... In der schwersten Wirtschaftskrise seit Kriegsende setzt der Staat gleich mit zwei riesigen Konjunkturpaketen ein machtvolles Zeichen gegen die Rezession. Nach einem ersten Konjunkturpaket im Umfang von 30 Milliarden EUR beschloss die Koalition nun ein zweites Konjunkturpaket in Höhe von rund 50 Milliarden EUR. Das wird die Neuverschuldung des Bundes auf einen Rekordwert von 50 Milliarden EUR treiben. Für Bund, Länder und Gemeinden zusammen wird die staatliche Neuverschuldung in diesem Jahr von null auf 75 Milliarden EUR geradezu explodieren.

Japan stützt Konjunktur mit 28 Mrd. Euro

(TOKIO) ... Japan will der schwächelnden Wirtschaft mit milliardenschweren Konjunkturhilfen unter die Arme greifen. Dafür werden im Haushaltsjahr von April 2011 bis März 2012 zusätzliche Schulden von 2,94 Billionen Yen (rund 28 Milliarden EUR) veranschlagt. Bereits heute liegt die japanische Staatsverschuldung bei 200 Prozent der Wirtschaftsleistung.

Auf dem Arbeitmarkt haben Finanz- und Wirtschaftskrise heftige Bremsspuren hinterlassen. Insbesondere in den Krisenländern stieg die Arbeitslosigkeit kräftig an. Dank der Konjunkturpakete, einer besonderen Kurzarbeitsregelung und der hohen internationalen Wettbewerbsfähigkeit hatte die Wirtschaftskrise keine Auswirkungen auf den Arbeitsmarkt in Deutschland; in den Krisenjahren konnte die Arbeitslosigkeit sogar deutlich gesenkt werden.

Harmonisierte Arbeitslosenquote ausgewählter Euro-Länder

Land	2005	2008	2009	2010	2011	2017
Griechenland	9,9	7,7	9,5	12,6	17,7	18,4
Irland	4,4	6,3	11,9	13,7	14,4	4,9
Portugal	8,6	8,5	10,6	12,0	12,9	6,8
Spanien	9,2	11,3	18,0	20,1	21,7	13,8
Deutschland	11,3	7,8	7,8	7,1	5,9	3,5

Quelle: BMF

▶ Staatsschuldenkrise

Die als Folge der Wirtschaftskrise konjunkturbedingten staatlichen Mindereinnahmen sowie die staatlichen Mehrausgaben für Bankenrettung und Konjunkturpakete haben die Staatsverschuldung in vielen Ländern der Welt deutlich ansteigen lassen. Das gilt insbesondere auch für etliche Länder der EU und der Euro-Zone. Besonders getroffen von der Staatsschuldenkrise sind Griechenland, Italien, Irland, Portugal und Spanien. Diese Länder konnten ihre Schulden nicht mehr aus eigener Kraft bedienen und hatten große Probleme, sich Kredite zu vertretbaren Konditionen am Kapitalmarkt zu verschaffen.

Staatsschulden und Haushaltsdefizite (jeweils in % des BIP)

Land		2000	2005	2009	2010	2011	2017
Griechenland	Schuldenquote	104,4	101,2	129,4	145,0	165,3	178,6
	Defizitquote	−3,7	−5,5	−15,6	−11,1	−8,6	0,8
Italien	Schuldenquote	108,5	105,4	116,0	118,6	120,1	131,8
	Defizitquote	−0,8	−4,2	−5,4	−4,2	−3,0	−2,3
Irland	Schuldenquote	37,5	27,2	65,1	92,5	108,2	68,0
	Defizitquote	4,7	1,6	−14,0	−32,4	−8,0	−0,3
Portugal	Schuldenquote	48,5	62,5	83,1	93,9	107,8	125,7
	Defizitquote	−3,2	−6,2	−10,2	−11,2	−5,5	−3,0
Spanien	Schuldenquote	59,4	43,1	53,9	61,2	68,5	98,3
	Defizitquote	−0,9	1,2	−11,2	−9,4	−10,3	−3,1

„Maastricht-Kriterien“: Staatsverschuldung höchstens 60 %, Haushaltsdefizit höchstens 3 % des BIP

Quelle: BMF

Die Tabelle macht zum einen deutlich, dass die Staatsverschuldung in den Ländern im Zuge der Finanz- und Wirtschaftskrise deutlich angewachsen ist, lässt zum anderen aber auch erkennen, dass einige Länder die Konvergenzkriterien seit Bestehen der Währungsunion nie oder selten erfüllt haben (vgl. hierzu weiter unten auch zu den „Ursachen“).

Die Staatsschuldenkrise spitzte sich dramatisch zu, als im Oktober 2010 die griechische Regierung gestand, dass die Vorgängerregierungen die EU-Statistiken systematisch gefälscht hatten und einräumen musste, dass das Haushaltsdefizit 2009 nicht wie bisher angegeben 3,7 %, sondern 12,7 % betrug; wie Eurostat dann ermittelte, betrug es tatsächlich sogar 15,4 %. Die drohende **Staatsinsolvenz** Griechenlands konnte nur durch umfangreiche Hilfen von EU, EZB und IWF **(„Troika“)** vermieden werden. Diese Hilfen waren mit harten Spar- und Konsolidierungsauflagen verbunden, deren Einlösung Griechenland mithilfe mehrerer Sparpakete versuchte. Um den Ende 2011 bestehenden, nicht mehr finanzierbaren hohen Schuldenberg zu verringern, drang Griechenland auf einen **Schuldenschnitt,** bei dem die privaten Gläubiger (Banken, Investoren) auf einen Teil ihrer Ansprüche verzichten sollten. Im März 2012 stimmten die privaten Anleihegläubiger in großer Mehrheit einem Schuldenschnitt zu, bei dem sie auf 53 % bis 74 % (je nach Bewertung) ihrer Forderungen gegen den griechischen Staat verzichteten; das entsprach einem Verzicht auf knapp 100 Milliarden EUR.

Zur Unterstützung der Problemländer gehört auch, dass die EZB – im Widerspruch zu ihrem eigentlichen Auftrag – in großem Stil Staatsanleihen dieser Länder aufkauft. Zur Unterstützung in Not geratener Länder wurden **„Rettungsschirme“** für den Euro und die Euro-Zone eingerichtet: Zunächst 2010 der **„Europäische Finanzstabilisierungsfazilität“ (EFSF)** und ab 2012 der **„Europäische Stabilitätsmechanismus“ (ESM).**

7.8.2 Eurokrise

Die Staatsschuldenkrise einiger Euroländer, nicht zuletzt als Folge von Finanzkrise und Wirtschaftskrise, führte zu einer Krise der gemeinsamen Währung. Wirtschaftshistorisch treten derartige Ketten häufig auf. Der Sachverständigenrat bezeichnet derartige Entwicklungen als **Drillingskrisen** und spricht von einem Teufelskreis von Banken-, Schulden- und Währungskrisen.

Teufelskreis der Banken-, Schulden- und Währungskrisen

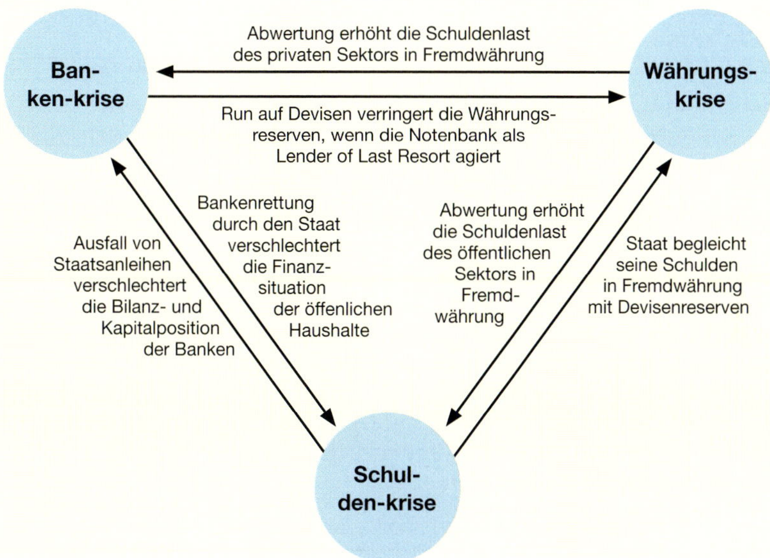

Quelle: Sachverständigenrat, Jahresgutachten 2011/12: Verantwortung für Europa wahrnehmen, S. 138

Angesichts drohender Staatsinsolvenzen verloren die Finanzmärkte einerseits ihr Vertrauen in Bonität und Zahlungsfähigkeit der Krisenländer und spekulierten andererseits gegen sie. Das führte u. a. dazu, dass sich diese Länder nur gegen hohe Zinsen Geld auf dem Finanzmarkt besorgen konnten, was die bereits bestehende Krisensituation weiter verschlimmert.

Die krisenhafte Situation führte zu ernsthaften Diskussionen sowohl über die generelle Lebensfähigkeit der gemeinsamen Währung als auch über den Verbleib gewisser Staaten in der Eurozone. Insbesondere der mögliche Austritt Griechenlands wurde immer wieder thematisiert.

7.8.2.1 Ursachen

Für die Zuspitzung der Euro-Schuldenkrise war ein größeres Ursachenbündel verantwortlich:

- Die Kosten der **Bankenrettungen** und der **Konjunkturpakete** zur Überwindung der Wirtschaftskrise kosteten die Staaten viel Geld und machten erhebliche zusätzliche Schulden nötig.
- **Immobilienblasen** in Spanien und Irland brachten zahlreiche Banken in gefährliche Schieflagen und beeinträchtigten die Gesamtwirtschaft.
- Über viele Jahre bestehende strukturelle **Haushaltsdefizite** und wachsende **Staatsverschuldungen** hatten etliche Länder in eine schwierige finanzielle Lage gebracht.

- Zu den Haushaltsdefiziten trugen nicht nur **hohe Staatsausgaben,** sondern auch zu **geringe Staatseinnahmen** bei. Beispielsweise zeigten sich die Steuer- und Steuererhebungssysteme in einigen Ländern als wenig leistungsfähig (der Leiter der griechischen Steuerfahndung bezifferte im Juni 2012 den Verlust aus nicht gezahlten bzw. nicht eingezogenen Steuern für den griechischen Staat auf jährlich zwischen 40 bis 45 Milliarden).
- Zu den längerfristig wirkenden Faktoren zählt auch die **mangelnde Wettbewerbsfähigkeit** etlicher Staaten, die nicht selten von Korruption und Schattenwirtschaft begleitet wird. Die mangelnde Wettbewerbsfähigkeit etlicher Länder zeigt sich u. a. in einer chronisch defizitären Leistungsbilanz; Jahr für Jahr werden mehr Waren und Dienstleistungen importiert als exportiert. Ein solches Defizit führt zu einer ständig steigenden Auslandsverschuldung.[1]
- Von grundlegender Art ist die von vielen Experten als Konstruktionsfehler der EWWU bezeichnete Kombination von dezentraler, d.h. nationaler Haushalts- und Verschuldungspolitik auf der einen Seite, und gemeinsamer Währung und zentraler Geldpolitik auf der anderen Seite.

„Die eigentliche Schwachstelle beim Start in die Währungsunion war aber die Konstellation aus gemeinsamer Geldpolitik und dezentraler Haushaltspolitik. Verantwortlich für die Geldpolitik ist die europäische Ebene, nämlich die Europäische Zentralbank. Verantwortlich für die Haushaltspolitik sind dagegen die einzelnen Mitgliedsländer, also die nationale Ebene. Dieses Auseinanderfallen der Zuständigkeiten stand schon im Zentrum der Diskussion, als die Währungsunion gegründet wurde. In einer Währungsunion mit dezentraler Haushaltspolitik haben die Mitgliedsländer nämlich einen erhöhten Anreiz, sich zu verschulden. Steigert ein Land seine Staatsverschuldung, so trägt es nicht alleine die Folgen, denn die verdünnen sich über den gesamten Währungsraum – zum Beispiel über steigende Zinsen für alle."

Dr. Andreas Dombret, Vorstandsmitglied der Deutschen Bundesbank

Die Defizitregeln des **Stabilitäts- und Wachstumspakts („Maastricht-Kriterien")** wurden von etlichen Staaten und über einen längeren Zeitraum nicht eingehalten. Bei Verstößen gegen die Defizitregeln setzen die Sanktionen jedoch nicht automatisch ein, sondern müssen vom EU-Rat beschlossen werden. Derartige Beschlüsse wurden jedoch nie gefasst, sodass die Übertretung der Vorgaben nicht geahndet wurde.[2] Ein früheres Mitglied des EZB-Direktoriums hat diese Situation so charakterisiert, dass „Sünder über Sünder urteilen".

Den Vätern des Euro waren die Gefahren, die der gemeinsamen Währung aus einer übermäßigen Staatsverschuldung drohen, durchaus bewusst. Die **Konvergenzkriterien** des Stabilitäts- und Wachstumspaktes sollten genau dies verhindern. Um deren Einhaltung zu sichern, wurden bei Verstößen Sanktionen vorgesehen. Hätten sich die Euroländer an ihren eigenen Stabilitätspakt und die mit ihm zusammenhängenden Beschlüsse gehalten, hätte die Staatsschuldenkrise und die von ihr ausgelöste Eurokrise eigentlich gar nicht entstehen können.

Zur Sicherung der Haushaltsdisziplin wurde auch ein Verbot öffentlicher Kredite bei der EZB oder nationalen Zentralbanken („Staatsfinanzierung durch die Notenpresse") ausgesprochen (Art. 123 AEU-Vertrag). Zudem wurde in Artikel 125 AEU-Vertrag die **„No-bail-out-Klausel" („Nichtbeistands-Klausel")**[3] verankert. Diese besagt, dass weder die EU als Ganzes noch einzelne Mitgliedstaaten für Verbindlichkeiten eines anderen Mitgliedstaates haften.

[1] Vgl. zum Zusammenhang von Staatsverschuldung und Leistungsbilanzdefiziten auch Abschnitt 9.5.3 „Zahlungsbilanzungleichgewichte".

[2] Vgl. hierzu auch Abschnitt 7.7 „Europäische Wirtschafts- und Währungsunion (EWWU)".

[3] Bailout = aus der Klemme helfen

Der Beschluss der Europäischen Zentralbank (EZB), von Krisenländern Staatsanleihen aufzukaufen, wird von vielen Kritikern ebenso wie die Pläne zur Vergemeinschaftung der Schulden als eindeutiger Verstoß gegen EU-Verträge gesehen.

7.8.2.2 Maßnahmen

Zur Bewältigung der Euro-Schuldenkrise wurden zahlreiche Maßnahmen ergriffen:

- **Rettungspakete**

  Griechenland I: Um eine drohende Zahlungsunfähigkeit Griechenlands abzuwenden, erhielt das Land im Mai 2010 Kreditzusagen der Euro-Staaten und des Internationalen Währungsfonds (IWF) im Umfang von 110 Milliarden EUR.

  Griechenland II: Im Juli 2011 einigten sich die Euroländer und der IWF auf ein neues Hilfspaket für Griechenland. Es umfasst 140 Milliarden EUR. Das neue Griechenland-Programm soll durch den ESM finanziert werden.

  Im März 2013 stimmten auf Druck der griechischen Regierung die privaten Gläubiger (Banken und Investoren) einem **Schuldenschnitt** zu, bei dem Sie auf den größten Teil ihrer Forderungen gegen den griechischen Staat verzichteten; das entsprach einem Verzicht auf rund 100 Milliarden EUR.

  Griechenland III: Im August 2015 einigten sich Griechenland und die europäischen Partner auf ein drittes, bis zu 86 Milliarden EUR umfassendes drittes Rettungspaket. Wiederum verlangen die Geberländer eine Reihe von Reformen. Im Juli 2018 konnte Griechenland den Euro-Rettungsschirm wieder verlassen.

  Irland: Im November 2010 wurde Irland ein Hilfspaket in Höhe von 85 Milliarden EUR gewährt. Im September 2013 konnte Irland den Euro-Rettungsschirm wieder verlassen.

  Portugal: Im Mai 2011 erhielt Portugal ein vom EFSF, dem IWF und der EU finanziertes Rettungspaket über 78 Milliarden EUR. Im Mai 2014 konnte Portugal den Euro-Rettungsschirm wieder verlassen.

  Spanien: Im Juni 2012 wurden Spanien zur Lösung seiner Bankenkrise Notkredite von bis zu 100 Milliarden EUR gewährt. Im Januar 2014 konnte Spanien den Euro-Rettungsschirm wieder verlassen.

  Zypern: Im April 2013 stellte die Eurozone Zypern zur Sanierung des maroden und überdimensionierten Bankensektors und zur Finanzierung des Staatshaushalts Hilfskredite bis zu 10 Milliarden EUR zur Verfügung. Im Gegenzug müssen der aufgeblähte Bankenapparat reformiert, Staatsausgaben gekürzt und Steuern erhöht werden sowie Maßnahmen gegen Geldwäsche ergriffen werden. Im März 2016 kann Zypern den Euro-Rettungsschirm wieder verlassen.

  Insgesamt umfassen die bisherigen Hilfspakete einen Finanzrahmen von rund 600 Milliarden EUR.

- **ESM**

  Der **ESM („Europäischer Stabilitätsmechanismus")** löste 2012 den bisherigen EFSM ab. Über diesen dauerhaften Rettungsschirm werden die Euroländer nicht mehr nur Bürgschaften beisteuern, sondern auch tatsächlich Kapital einzahlen. Die Bereitstellung des Kapitals belastet die Staatshaushalte unmittelbar.

  Der Fonds verfügt über ein Stammkapital von 700 Milliarden EUR. Dieses setzt sich aus Kapitaleinlagen von 80 Milliarden EUR und Kreditgarantien in Höhe von 620 Milliarden EUR zusammen. Das heißt, bis zu einer solchen Summe haften die Euro-Staaten. Deutschland ist bei der Kapitalanlage mit 22 Milliarden und bei den Kreditgarantien mit 168 Milliarden EUR, also insgesamt mit 190 Milliarden EUR, beteiligt.

Der ESM kann nur in Anspruch genommen werden, wenn die Stabilität des Euro-Währungsraumes insgesamt gefährdet ist und wenn sich die Staaten zu einem strikten Sparkurs und zu Wirtschaftsreformen verpflichten.

Das Bundesverfassungsgericht hat am 12.09.2012 entschieden, dass die Beteiligung Deutschlands am ESM mit dem Grundgesetz vereinbar ist, wenn bestimmte Auflagen erfüllt sind (Informations- und Beteiligungsrechte von Bundestag und Bundesrat und Deckelung der deutschen Haftung bei 190 Milliarden EUR).

Europäischer Stabilitätsmechanismus (ESM)		
Beiträge der Euro-Länder (Mrd. EUR)		
Land	**Kapital**	**Garantie**
Deutschland	21,7	168,3
Frankreich	16,3	126,4
Italien	14,3	111,1
Spanien	9,5	73,8
Niederlande	4,6	35,4
Belgien	2,8	21,6
Griechenland	2,3	17,5
Österreich	2,2	17,3
Portugal	2,0	15,6
Finnland	1,4	11,1
Irland	1,3	9,9
Slowakei	0,7	5,1
Slowenien	0,3	2,7
Litauen	0,3	2,5
Lettland	0,2	1,7
Luxemburg	0,2	1,6
Zypern	0,2	1,2
Estland	0,1	1,2
Malta	0,1	0,5

Ein Streitpunkt bei der Anwendung des ESM ist die Frage, ob – wie bisher – nur Staaten unterstützt werden sollen oder ob er auch zur Rettung notleidender Banken **(„Bankenrettung")** eingesetzt werden soll, indem der ESM künftig Geld direkt zur Unterstützung von Banken zur Verfügung stellt. Bisher laufen Unterstützungsmaßnahmen über die Nationalstaaten und belasten entsprechend deren Staatshaushalte. So soll der Teufelskreis von Bankenpleiten und Staatsverschuldung durchbrochen werden.

Während vor allem Euroländer mit größeren Bankenproblemen eine umfassende Bankenrettung durch den ESM fordern, plädieren vor allem nordeuropäische Länder dafür, dass der ESM nicht für „Altlasten" bei Banken zur Verfügung steht und dass generell die Unterstützung von Banken durch den ESM an die Einrichtung einer gemeinsamen europäischen Bankenaufsicht gekoppelt wird. Im Dezember 2012 einigten sich die EU-Finanzminister auf Eckpunkte einer gemeinsamen europäischen Bankenaufsicht.

- **Europäischer Fiskalpakt**

  Mit dem Fiskalpakt verpflichten sich die EU-Länder zu strenger Haushaltsdisziplin. 25 der 28 EU-Länder unterzeichneten im März 2012 in Brüssel den Pakt, der eine Schuldenbremse und automatische Sanktionen bei Verstößen vorsieht. Lediglich Großbritannien, Tschechien und Kroatien haben den Fiskalpakt (bisher) nicht unterzeichnet. Die Mitgliedsländer verpflichten sich, einen annähernd ausgeglichenen gesamtstaatlichen Haushalt im nationalen Recht zu verankern. Durch den Fiskalpakt soll die Kontrolle über die nationalen Fiskalpolitiken teilweise auf die europäische Ebene übertragen werden.

  Eine Beteiligung Deutschlands am Europäischen Fiskalpakt ist nach einem Urteil des Bundesverfassungsgerichts vom 12.09.2012 verfassungsgemäß.

- **Verschärfung der Sanktionen bei Defizitverstößen**

  Nach den Erfahrungen mit der Staatsschuldenkrise, die auch durch eine lasche Handhabung der Maastricht-Kriterien gefördert wurde, wurde 2011 eine striktere Handhabung der Defizitkriterien und der Sanktionen beschlossen; die Zuständigkeiten der

EU-Kommission wurden gestärkt und die Zuständigkeiten nationaler Regierungen eingeschränkt (auch als **„Sixpack"-Regelung** bezeichnet).

- **Ankauf von Staatsanleihen durch die EZB**[1]

  Ergänzend zu den Entscheidungen und Maßnahmen der politischen Gremien beteiligt sich auch die Europäische Zentralbank (EZB) an den Stützungsaktionen für die Krisenländer.

  Der AEU-Vertrag verbietet in Artikel 123 allerdings der EZB und den nationalen Zentralbanken die Gewährung von Krediten an Staaten („Staatsfinanzierung durch die Notenpresse"). Ausdrücklich verboten ist auch der unmittelbare Erwerb von öffentlichen Schuldtiteln. Nach Artikel 125 AEUV haftet die Gemeinschaft auch nicht für die Verbindlichkeiten von Mitgliedsländern **(„No-bail-out-Klausel"** bzw. **„Nichtbeistands-Klausel").**

  Seit Mai 2010 hat die EZB dennoch in großem Stil Staatsanleihen von europäischen Krisenländern aufgekauft; wegen des Verbots des „unmittelbaren Erwerbs" geschah dies jedoch nicht bei den Staaten selbst, sondern bei anderen Banken und Investoren, die Staatsanleihen der Krisenländer besaßen **(„Sekundärmarkt").** Nach einer längeren Unterbrechung des Ankaufprogramms kündigte die EZB im September 2012 erneut an, Staatsanleihen notleidender Euroländer aufzukaufen. Voraussetzung: Die Staaten nehmen gleichzeitig den Euro-Rettungsfonds in Anspruch. Das neue Anleihe-Programm ist in seiner Höhe nicht begrenzt.

  Am 22. Januar 2015 kündigte die EZB an, sie wolle zwischen März 2015 und September 2016 Staatsanleihen und Anleihen von privaten Schuldnern in Höhe von über 1,1 Billionen Euro aufkaufen. Diese Maßnahme solle zum einen dazu dienen, die Wirtschaft im Euroraum anzukurbeln und zum anderen die Gefahr einer Deflation vorbeugen. Eine derartige gezielte Ausweitung der Geldbasis wird als **Quantitative Easing (Quantitative Lockerung, monetäre Lockerung)** bezeichnet.

  Als **Quantitative Easing (Quantitative Lockerung, monetäre Lockerung)** wird eine expansive Geldpolitik der Zentralbank bezeichnet, die nicht über die Zinssteuerung, sondern durch eine direkte Ausweitung der Geldmenge erfolgt. Ein solches Vorgehen erscheint als letzte Möglichkeit (EZB-Präsident Draghi: „Dicke Bertha"), wenn die Zinsen bereits nahe Null sind und eine weitere Zinssenkung nicht möglich bzw wirkungslos ist.

  Vor allem in Deutschland, besonders auch von der Deutschen Bundesbank, wird der Anleihekauf durch die EZB kritisch gesehen. Zum einen wird angezweifelt, ob diese Maßnahme mit den Regelungen des EVG vereinbart ist, und zum anderen werden Gefahren für die Geldwertstabilität befürchtet.

- **Europäische Bankenunion**

  Als Reaktion auf die im Jahr 2008 ausgebrochene Finanzkrise hat die EU konkrete Schritte zu einer Europäischen Bankenunion eingeleitet. Dabei geht es insbesondere um eine zentrale und gemeinsame Verantwortung für die **Finanzmarktaufsicht**, die **Einlagensicherung** und die Sanierung oder **Abwicklung von Kreditinstituten** innerhalb der Europäischen Union.

Bankenunion		
Einheitlicher europäischer Aufsichtsmechanismus (SSM)	Einheitlicher europäischer Restrukturierungs- und Abwicklungsmechanismus (SRM)	Gemeinsames europäisches Einlagensicherungssystem (DGS)

[1] Vgl. hierzu auch Abschnitt 8.7 „Exkurs: Die EZB und die Euro-Schuldenkrise".

- **Eurobonds**

Bisher müssen die Euroländer, wenn sie Kredite am Finanzmarkt aufnehmen, eigene nationale Staatsanleihen emittieren. Je nach Bonität des ausgebenden Landes sind die Zinssätze unterschiedlich hoch: Krisenländer müssen hohe Zinsen zahlen, stabile Länder müssen geringere Zinsen zahlen.

Die von etlichen Seiten, insbesondere auch von den großen Schuldnerländern, geforderten Eurobonds wären hingegen gemeinsame Anleihen der Euroländer. Für alle Euroländer würden dann die gleichen Zinssätze gelten und für die Schulden müssten alle Euroländer gemeinsam haften.

Die deutsche Bundesregierung lehnt Eurobonds und die mit ihnen verbundene Vergemeinschaftung der Schulden ab und fürchtet, dass durch gemeinsame Anleihen und gemeinsame Haftung für Krisenländer ein wesentlicher Anreiz zur Haushaltssanierung und für Wirtschaftsreformen entfiele.

Kernelemente der finanz- und wirtschaftspolitischen Zusammenarbeit in der Europäischen Union

Ziel	**Staatsverschuldung reduzieren**	**Wachstum und Wettbewerbsfähigkeit stärken**	**Finanzmarkt stabilisieren**
Krisenprävention	**Neuer Fiskalpakt und Stabilitäts- und Wachstumspakt** ▪ Schuldenbremsen in allen Eurostaaten ▪ Zusätzliches Ziel zur 3-Prozent-Defizitobergrenze: Ausgeglichener Haushalt wird mittelfristig verpflichtend und sanktionsbewehrt ▪ Verpflichtende Schuldenrückführung (Abbau der Differenz zwischen Schuldenstand und Referenzwert von 60 Prozent des BIP um $^{1}/_{20}$ p. a.) ▪ Automatische Sanktionen bei Nichteinhaltung	**Europa 2020** ▪ Gemeinsame Strategie für intelligentes, nachhaltiges und integratives Wachstum **Verfahren zur Überwachung makroökonomischer Ungleichgewichte** ▪ Früherkennung von Blasen und Ungleichgewichten und politische Vorgabe zur Korrektur (mit Sanktionen), falls nötig **Euro-Plus-Pakt** ▪ Euroländer vereinbaren jährliche Ziele zur Steigerung der Wettbewerbsfähigkeit	**Finanzmarktreform** ▪ Neue EU-Finanzmarktaufsicht (auf Makro- und Mikroebene) ▪ EU-weit koordinierte Stresstests ▪ Strengere Regulierung (mehr Eigenkapital, weniger spekulative Produkte) ▪ Nationale Regeln zur Bankenabwicklung und nationale Fonds zur Bankenrestrukturierung
Notfallhilfe	**Europäischer Stabilitätsmechanismus (ESM)** *Permanenter* „Schutzmechanismus" ab 2012 Hilfspakete gegen strikte Auflagen zur Sicherung der Finanzstabilität der Eurozone		
	Europäische Finanzstabilisierungsfazilität (EFSF) *Temporärer* „Rettungsschirm" bis 2013 Hilfspakete gegen strikte Auflagen zur Sicherung der Finanzstabilität der Eurozone		

Quelle: BMWi, Jahresbericht 2012, S. 18

Zusammenfassung Kapitel 7.8:
Die Euro-Schuldenkrise

- In den Jahren ab 2007/2008 führten die Finanzkrise, die Wirtschaftskrise und die Staatsschuldenkrise zu einer Eurokrise.
- Für die Zuspitzung der Krise war ein größeres Ursachenbündel verantwortlich, u. a.:
  - Kosten der Bankenrettung und der Konjunkturpakete.
  - Über viele Jahre bestehende strukturelle Haushaltsdefizite und wachsende Staatsverschuldungen in zahlreichen europäischen Ländern.
  - Mangelnde Wettbewerbsfähigkeit etlicher Volkswirtschaften.
  - Auseinanderfallen von dezentraler, nationaler Haushalts- und Verschuldungspolitik und gemeinsamer Währung mit zentraler Geldpolitik.
  - Die im Stabilitäts- und Wachstumspakt vorgesehen Defizitregeln wurden nicht eingehalten; bei Verstößen fanden keine Sanktionen statt.
- Mit zahlreichen Maßnahmen versuchen die Euroländer, der Krise gegenzusteuern:
  - Hilfspakete
  - Rettungsschirme (EFSF, ESM)
  - Europäischer Fiskalpakt
  - Verschärfung der Sanktionen bei Defizitverstößen
- Die EZB beteiligt sich durch den Ankauf von Staatsanleihen kriselnder Euroländer an den Stützungsaktionen.

Aufgaben zum Üben und Vertiefen

Kapitel 7 Grundlagen der Wirtschaftspolitik

1. Nennen und erläutern Sie drei Teilbereiche der Wirtschaftspolitik.

2. Nennen Sie Träger der Wirtschaftspolitik und erläutern Sie deren Instrumente.

3. Nennen Sie die wichtigsten Quellen für die Ziele staatlicher Wirtschaftspolitik.

4. Wie lautet das Leitziel für wirtschaftspolitisches Handeln?

5. Sowohl im Grundgesetz als auch im Stabilitätsgesetz ist das Ziel „Gesamtwirtschaftliches Gleichgewicht" genannt. Erläutern Sie diese Zielvorgabe.

6. Der nachstehende Text stammt aus einem Jahreswirtschaftsbericht des Bundesministers für Wirtschaft. Erläutern Sie die Aussagen.

> „Aus diesen Annahmen der Jahresprojektion für die nominale Entwicklung des gesamtdeutschen Bruttoinlandsprodukts und seiner Preiskomponenten ergibt sich im Jahresdurchschnitt 20.. für Gesamtdeutschland insgesamt ein *reales Wachstum des Bruttoinlandsprodukts von gut 2 %.*"

7 Der nachstehende Text stammt aus einem Jahreswirtschaftsbericht des Bundesministers für Wirtschaft. Erläutern Sie diesen Text im Hinblick auf die darin enthaltenen Aussagen zum Zusammenhang von Wirtschaftswachstum, Arbeitsplätzen und Produktivität.

> „Das knapp den Annahmen der Jahresprojektion entsprochene Wirtschaftswachstum (von 1,9 %) ging insgesamt mit einer Reduzierung der Erwerbstätigkeit um rd. 560 Tsd. oder 1,5 % entsprechend der Untergrenze der Projektion (–1,5 bis –2 %) einher. Die Produktivität, hier ausgedrückt als Bruttoinlandsprodukt je Erwerbstätigen, nahm danach mit 3,5 % (Jahresprojektion: 4 bis 4,5 %) schwächer als vorausgeschätzt zu."

8 Geben Sie für die im Stabilitätsgesetz genannten wirtschaftspolitischen Ziele jeweils den Gegenstand und die Messgröße an. Prüfen Sie für jedes Ziel, ob es derzeit als erreicht angesehen werden kann.

9 Erläutern Sie, warum die im Stabilitätsgesetz aufgeführten Ziele auch „magisches Viereck" genannt werden!

10 Begründen Sie, warum eine Orientierung an der Arbeitslosenquote kein vollständiges Bild über den Erfolg staatlicher Beschäftigungspolitik bieten kann.

11 Erläutern Sie die Messgröße „Außenbeitrag" und geben Sie an, warum in Deutschland in der Regel ein positiver Außenbeitrag notwendig ist, um eine ausgeglichene Leistungsbilanz zu erreichen.

12 Das Ziel „Wirtschaftswachstum" wird heute zumeist nicht mehr als eigenständiges Ziel staatlicher Wirtschaftspolitik gesehen. Erläutern Sie diese Sichtweise im Rahmen der Gesamtproblematik von Wirtschaftswachstum. Gehen Sie dabei auch auf den Begriff „qualitatives Wachstum" ein.

13 a) Welche wirtschaftspolitischen Ziele werden in dem nachfolgenden Zeitungsausschnitt angesprochen?

b) Begründen Sie die Haltung der Zentralbank und erläutern Sie die Wirkungsweise der getroffenen Maßnahme.

c) Erläutern Sie die in der Nachricht enthaltenen Beziehungen zwischen den Zielen.

> **EZB erhöht Zinsen**
>
> FRANKFURT (...) – Das anfängliche Verständnis für die Zinserhöhung der EZB ist im In- und Ausland der wachsenden Sorge um die konjunkturellen Folgen gewichen. Während die Zentralbank die Maßnahme wegen der in ihren Augen bestehenden Inflationsgefahr als notwendig betrachtet, haben mittelständische Wirtschaft und IG Metall den Zinsschritt scharf kritisiert. Als Folge werden Firmenpleiten, wachsende Arbeitslosigkeit und Verlangsamung des Aufschwungs in Ostdeutschland befürchtet.

14 Stellen Sie die Schwierigkeiten dar, die sich für eine eindeutige Formulierung und für eine messbare Nachprüfbarkeit des Ziels „Verteilungsgerechtigkeit" ergeben.

15 Erläutern Sie die Notwendigkeit eines staatlichen Schutzes der Umwelt und stellen Sie die Möglichkeiten des Staates dar.

16 Nennen und erläutern Sie die Arten von Beziehungen, die zwischen wirtschaftspolitischen Zielen bestehen, und geben Sie je zwei Beispiele an.

17 Welche Zusammenhänge zwischen wirtschaftspolitischen Zielen drücken die beiden nachfolgenden Abbildungen aus? Erläutern Sie den jeweiligen Zusammenhang an einem Beispiel!

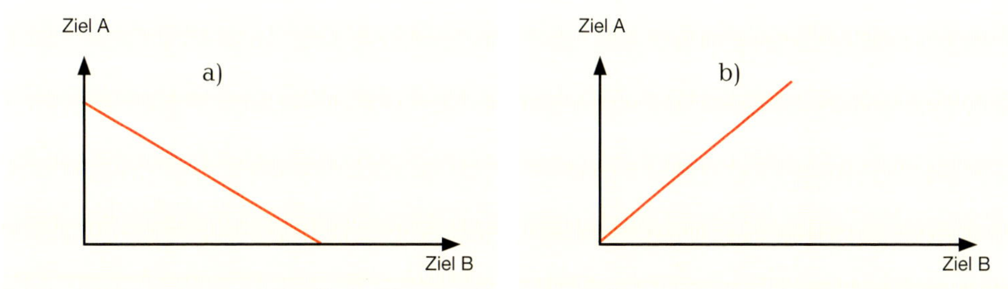

18 Einer Tageszeitung war die nachstehende Nachricht zu entnehmen.

Bauvorhaben gefährdet

BONN (...) Scharfe Kritik an der Umweltschutzbewegung hat der Vorsitzende der Gewerkschaft Bau, Steine, Erden geäußert. Die Umweltbewegung sei inzwischen so weit, dass oftmals Bauvorhaben gefährdet seien.

Diskutieren Sie diese Meldung vor allem im Hinblick auf wirtschaftspolitische Ziele!

19 Erläutern Sie die folgenden Begriffe

- Fiskalpolitik
- Haushaltsplan
- Haushaltsgrundsätze; nennen und erläutern Sie mindestens drei Haushaltsgrundsätze
- Durchschnittssteuersatz
- Grenzsteuersatz
- Kalte Progression
- Steuerquote
- Soziallastquote
- Abgabenquote
- Staatsquote
- Staatsverbrauch
- Bundesschuld
- Subventionen
- Transferzahlungen
- Haushaltsdefizit
- Staatsverschuldung
- Schuldenbremse
- Strukturelles Defizit

20 Was sind Steuern und wie werden sie eingeteilt?

21 Der Staat versucht, die Bürger gemäß ihrer Leistungsfähigkeit zu besteuern. Erläutern Sie, in welcher Weise sich dieser Grundsatz im Einkommensteuertarif niederschlägt.

22 Nennen Sie mindestens fünf Ausgabenposten des Bundes.

23 Was spricht für und was spricht gegen Subventionen?

24 Nennen und erläutern Sie mindestens drei Folgen einer übermäßigen Staatsverschuldung.

25 Setzen Sie sich kritisch mit folgenden Aussagen auseinander:

a) „Wenn der Staat zu wenig Schulden macht, lebt die kommende Generation auf Kosten der gegenwärtigen Generation. Wenn der Staat zu viele Schulden macht, lebt die gegenwärtige Generation auf Kosten der kommenden Generation."

b) „Staatsschulden sind auf die Zukunft verschobene Steuererhöhungen."

26 Kann die Staatsverschuldung weiter wachsen, auch wenn der Schuldenstand gemessen am Bruttoinlandsprodukt rückläufig ist?

27 Nennen und erläutern Sie die „Freiheiten" des Gemeinsamen Europäischen Binnenmarktes.

28 Für Länder, die an der Europäischen Währungsunion teilnehmen, gelten Konvergenzkriterien („Maastricht-Kriterien"). Beschreiben Sie die beiden Kriterien, die für die Staatsverschuldung gelten.

29 Welche Bedeutung hat der Wechselkursmechanismus II (WKM II)?

8 Geldtheorie und Geldpolitik

Mit Geld bist du ein Drache – Ohne Geld ein Wurm

Japanisches Sprichwort

Geld ist Macht. Kein Geld – Macht nix.

Unbekannt

In modernen Volkswirtschaften hat Geld eine überragende Bedeutung. Es besitzt bei weitem nicht nur einen neutralen, instrumentellen Charakter als Mittel, das den Austausch von Gütern erleichtert. Durch seine Einschaltung in nahezu alle wirtschaftlichen Aktivitäten entfaltet es auch eine Eigendynamik. Monetäre Größen wie Geldmenge und Zins beeinflussen ihrerseits die realen wirtschaftlichen Vorgänge und Entwicklungen. Darüber hinaus besitzt Geld auch eine beachtliche psychologische Bedeutung.

8.1 Grundlagen der Geldtheorie und Geldpolitik

Die Wirtschaftslehre unterscheidet zwischen Geldtheorie und Geldpolitik. Die **Geldtheorie** ist Teil der Wirtschaftstheorie und beschäftigt sich mit den Geldfunktionen, den Bedingungen von Geldnachfrage und Geldangebot sowie mit der Bedeutung des Geldes in gesamtwirtschaftlichen Zusammenhängen. Die **Geldpolitik** ist Teil der Wirtschaftspolitik und behandelt Ziele, Träger und Instrumente der Geldpolitik.

Die Bezeichnungen **Geld** und **Währung** werden in der Regel synonym gebraucht.

8.1.1 Begriff und Funktionen des Geldes

? Was ist Geld und was muss Geld leisten können?

Die umfassendste und letztlich auch zutreffendste Gelddefinition lautet:

! **Geld ist, was gilt.**

Diese Aussage deutet darauf hin, dass Geld nicht notwendigerweise an bestimmte Erscheinungsformen gebunden ist. Entscheidend ist die allgemeine Akzeptanz. Ob „etwas“ als Geld akzeptiert wird, hängt davon ab, ob es bestimmte Funktionen erfüllen kann.

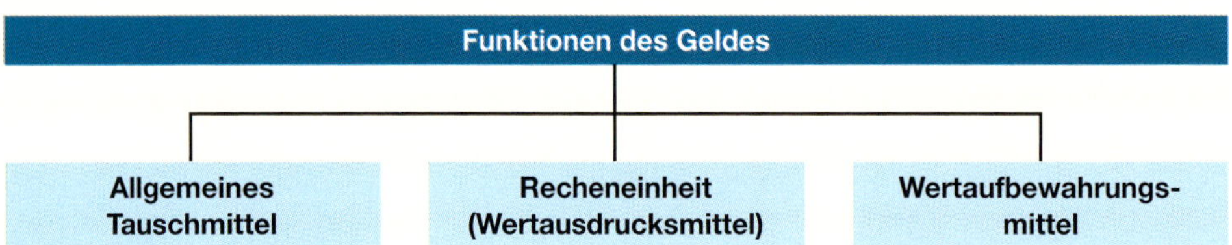

▶ Geld als Tauschmittel

Die **Tauschmittelfunktion** des Geldes erhält ihre Bedeutung dadurch, dass arbeitsteilige Wirtschaften **Tauschwirtschaften** sind. Einerseits stellt jedes Wirtschaftssubjekt nur wenige der Güter, die es benötigt, selbst her; andererseits stellt es in größeren Mengen Güter her, die es gar nicht selbst benötigt. Die hergestellten Güter werden gegen andere Güter getauscht. Ein Tausch Gut gegen Gut **(Naturaltausch)** ist angesichts der Vielzahl der Tauschgüter und Tauschpartner kaum möglich. Eine *Entsprechung der Tauschwünsche* wird schwer und zumeist nur über einen mehr oder weniger umfangreichen Ringtausch zu erreichen sein, an dem eine größere Zahl von Tauschpartnern beteiligt ist.

Wird jedoch zwischen alle Tauschvorgänge das gleiche allgemeine (universelle) Tauschmittel zwischengeschaltet, so erleichtert dies die Abwicklung beträchtlich. Die Tauschvorgänge reduzieren sich auf zwei Schritte: hergestellte Güter gegen allgemeines Tauschmittel und allgemeines Tauschmittel gegen jedes andere beliebige Gut. Diese Vereinfachung des Tauschvorganges hat bereits in sehr frühen Zeiten dazu geführt, dass die Menschen ihren Gütertausch mithilfe von Tauschmitteln durchgeführt haben.

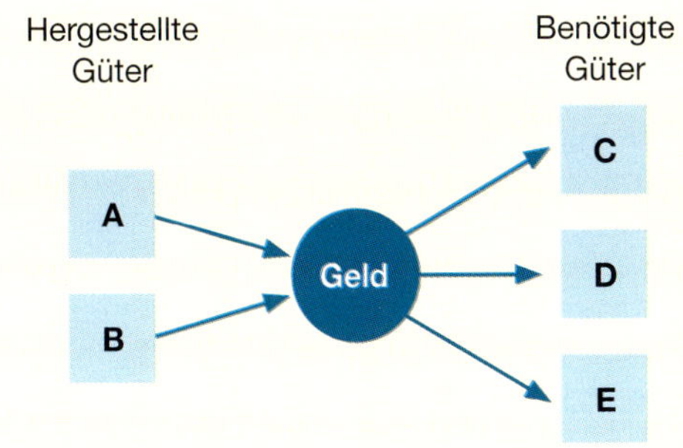

§

Grundgesetz für die Bundesrepublik Deutschland

Artikel 73

Der Bund hat die ausschließliche Gesetzgebung über: ...

4. das Währungs-, Geld- und Münzwesen, Maße und Gewichte sowie die Zeitbestimmung. ...

Eng verknüpft mit der Tauschmittelfunktion ist die Funktion des Geldes als **gesetzliches Zahlungsmittel.** Gesetzliches Zahlungsmittel wird ein Tauschmittel, wenn ein Staat es durch Gesetz dazu bestimmt. In Deutschland liegt die rechtliche Zuständigkeit hierfür beim Bund; gesetzliches Zahlungsmittel ist der Euro. Bei einer soliden Geldverfassung stimmen gesetzliches Zahlungsmittel und Tauschmittel in der Regel überein. Besitzt die Bevölkerung eines Landes jedoch kein Vertrauen in die eigene Währung, so kann es dazu kommen, dass gesetzliches Zahlungsmittel und Tauschmittel auseinander fallen. In Zeiten hoher Inflationsraten entwickeln sich dann oft „Ersatzwährungen" (z.B. ausländische Währungen oder Naturalien wie etwa die sogen. „Zigarettenwährung" nach dem Zweiten Weltkrieg).

Merkmal eines gesetzlichen Zahlungsmittels ist, dass in seinem Geltungsgebiet jeder Schuldner mit diesem Zahlungsmittel bezahlen kann. Für den Gläubiger besteht *Annahmepflicht.* In Deutschland kann also jedermann in Euro-Münzen und Euro-Banknoten seine finanziellen Verpflichtungen erfüllen. Für Münzen bestehen jedoch Einschränkungen. Nach der EG-Verordnung Nr. 974/98 vom 03.05.1998 müssen bei einer einzelnen Zahlung nicht mehr als fünfzig Münzen angenommen werden.

Für **Geldersatzmittel** (Schecks, Wechsel usw.) besteht keine Annahmepflicht.

§

Verordnung (EG) Nr. 974/98 des Rates vom 3. Mai 1998 über die Einführung des Euro

Artikel 11

Vom 1. Januar 2002 an geben die teilnehmenden Mitgliedstaaten Münzen aus, die auf Euro oder Cent lauten ... . haben diese Münzen als einzige in allen diesen Mitgliedstaaten die Eigenschaft eines gesetzlichen Zahlungsmittels. Mit Ausnahme der ausgebenden Behörde und der Personen, die in den nationalen Rechtsvorschriften des ausgebenden Mitgliedstaats speziell benannt werden, ist niemand verpflichtet, mehr als fünfzig Münzen bei einer einzelnen Zahlung anzunehmen.

!

Gesetzliche Zahlungsmittel werden vom Staat bestimmt. Mit gesetzlichen Zahlungsmitteln kann ein Schuldner seine Verbindlichkeiten rechtsgültig erfüllen; für den Gläubiger besteht Annahmepflicht.

▶ Geld als Recheneinheit

Geld bietet auch für die Vielzahl der Güter eine gemeinsame **Recheneinheit (Wertausdrucksfunktion).** Da alle Güter in Geldeinheiten (z. B. Euro) ausgedrückt werden, erhalten sie einen einheitlichen Maßstab. Dadurch wird es möglich, unterschiedliche Güter wertmäßig zu vergleichen und beispielsweise auch zu addieren. Wie wichtig die Existenz einer gemeinsamen Recheneinheit ist, wird deutlich, wenn man einmal gedanklich eine Naturaltauschsituation zwischen mehreren Tauschpartnern durchspielt. Durch die Einschaltung einer allgemeinen Recheneinheit entfällt die nahezu unendliche Vielzahl güterspezifischer Tauschrelationen zugunsten der Relation von einer Einheit des jeweiligen Gutes zu Geld.

▶ Geld als Wertaufbewahrungsmittel

Schließlich besitzt Geld auch eine **Wertaufbewahrungsfunktion.** Das durch Güterverkauf erworbene Geld muss nicht im direkten Tausch gegen ein anderes Gut eingesetzt werden. Theoretisch kann zwischen Verkauf eines Gutes und Kauf eines anderen Gutes eine beliebig lange Zeitspanne liegen. Das Geld speichert den Tauschwert des verkauften Gutes so lange, bis ein Bedarf für den Kauf eines Gutes besteht. Diese Speicherfähigkeit erlaubt es auch, mit Geld Werte zu transportieren.

▶ Eigenschaften des Geldes

Damit „etwas" Geldfunktionen erfüllen kann, muss es bestimmte Eigenschaften besitzen. Die wichtigsten **Geldeigenschaften** sind: Knappheit, Handlichkeit, Teilbarkeit und Wertbeständigkeit.

Knappheit und Handlichkeit sind Voraussetzungen dafür, dass Geld als Tauschmittel anerkannt und akzeptiert wird. Knappheit verschafft dem Geld allgemeine Wertschätzung und Handlichkeit sichert seine problemlose Verwendung. Ein Gut, das sich jeder selbst leicht in beliebigen Mengen besorgen könnte, ist ebenso wenig als Tauschmittel denkbar wie ein Gut, das schwer und unförmig ist und nur mit Schwierigkeiten transportiert werden kann.

Teilbarkeit des Geldes ist insbesondere für seine Funktion als allgemeine Recheneinheit notwendig. Bei Realgütern ist eine Teilbarkeit oftmals jedoch recht schwierig. Mit Geld hingegen bereitet es kein Problem, ein Gut zu kaufen, welches beispielsweise einen Wert von 9,99 EUR besitzt.

Die *Wertbeständigkeit* von Geld steht vor allem im Zusammenhang mit der Wertaufbewahrung. Sie gilt in einem doppelten Sinne. Zum einen muß Geld physisch beständig sein, d. h., es darf durch Lagerung keinen Schwund erleiden und nicht verderben, wie das etwa bei Getreide der Fall wäre. Darüber hinaus bezieht sich die Wertbeständigkeit aber auch auf die Kaufkraft. Der Tauschwert des Geldes sollte im Zeitlauf nicht wesentlich sinken, da sonst die zeitliche Verzögerung zwischen Verkauf (Gelderwerb) und Kauf (Geldausgabe) einer Ware zu Verlusten führt. Das oben bereits angesprochene Ausweichen auf andere Währungen in Ländern mit hohen Inflationsraten ist vor allem auf die mangelnde Wertaufbewahrungsfähigkeit der inländischen Währung zurückzuführen.

Geld	
Funktionen	**Notwendige Eigenschaften**
Tauschmittel (Gesetzliches Zahlungsmittel)	Knappheit, Handlichkeit
Recheneinheit	Weitgehende Teilbarkeit
Wertaufbewahrung	Wertbeständigkeit

Zusammenfassung Kapitel 8.1.1:
Begriff und Funktionen des Geldes

- Geld ist nicht an bestimmte Erscheinungsformen gebunden. Geld ist das, was gilt; was also von der Bevölkerung als Geld akzeptiert wird.
- Geld muss bestimmte Funktionen erfüllen und benötigt hierfür gewisse Eigenschaften.
- Die wichtigsten Geldfunktionen sind: Tauschmittel (einschl. gesetzliches Zahlungsmittel), Recheneinheit und Wertaufbewahrung.
- Die wichtigsten Geldeigenschaften sind: Knappheit, Handlichkeit, Teilbarkeit, Wertbeständigkeit.

8.1.2 Formen und Arten des Geldes

Wie sieht Geld aus? ?

In den frühesten Tauschakten wurde Ware gegen Ware getauscht **(Naturaltausch).** Die Bedeutung eines allgemeinen Tauschmittels wurde jedoch schon bald erkannt. Den ersten Tauschmitteln fehlten jedoch zumeist einige wichtige Eigenschaften, sodass sie die Geldfunktionen nur teilweise erfüllen konnten.

> Wenn ein Bürger Getreide oder Silber von einem Kaufmann bekommen, er Getreide oder Silber zum Zurückgeben nicht hat, aber anderes Gut hat, wird er alles, was in seiner Hand ist, vor Zeugen, die er bringt, seinem Kaufmann geben.
>
> Der Kaufmann wird nicht zurückweisen, er wird nehmen.
>
> *Kodex des Hammurapi, um 1700 v. Chr.*

Die ursprünglichsten Erscheinungsformen von Tauschmitteln waren Waren, die über bestimmte Eigenschaften verfügten **(Warengeld).** Genutzt wurden u. a. Vieh, Felle, Getreide, Waffen, Ton, Kaurimuscheln, Perlen, Salz und auch Sklaven. An ihre Stelle traten im Laufe der Zeit zunehmend wertvolle Metalle, vor allem Gold und Silber. Da diese Metalle überwiegend in Barrenform verwendet wurden, deren Wert durch Wiegen festgestellt werden musste, wird dieses Geld auch **Barrengeld** oder **Wägegeld** genannt.

Naturaltausch	
Geldformen	
Bezeichnung	**Beispiele/Erläuterung**
Warengeld	Perlen, Muscheln, seltene oder außergewöhnliche Steine, Felle, Getreide, Salz, Vieh usw.
Wägegeld	Wert wurde durch Wiegen festgestellt. Schmuck, Ringe, Stäbe, Edelmetallbarren
Prägegeld (Münzen)	*Kurantmünzen:* Wert bestimmt sich aus dem Material. *Scheidemünzen:* Wert bestimmt sich aus dem aufgeprägten Betrag (Nennwert)
Papiergeld (Noten)	Wert bestimmt sich aus dem aufgedruckten Betrag (Nennwert).
Buchgeld	Bankguthaben, über die der Eigentümer mittels Barauszahlung, Scheck, Überweisung, Wechsel, Kreditkarte usw. verfügen kann

Geld im engeren Sinne entstand, als die Landesherren dazu übergingen, den Metallstücken durch Einstempelungen (Bilder, Inschriften) einen bestimmten Wert zu garantieren und sie zu Zahlungsmitteln in ihrem Herrschaftsbereich zu deklarieren. Die ersten Münzen entstanden nach heutigem Wissensstand um die Mitte des 7. Jahrhunderts v. Chr. im Königreich Lydien und in den griechischen Städten an der kleinasiatischen Westküste. Schon früh wurden Münzen sowohl aus wertvollen als auch aus wertlosen Metallen geprägt. Münzen, bei denen der aufgeprägte Nennwert ihrem Metallwert entspricht, werden **Kurantmünzen** und Münzen aus vergleichsweise wertlosem Metall, bei denen keine Beziehung zwischen Nennwert und Materialwert besteht, werden **Scheidemünzen** genannt. Kurantmünzen wurden im Laufe der Zeit immer seltener verwendet; einzelne Stücke sind jedoch bis in die Neuzeit geprägt worden. Die bekanntesten deutschen Kurantmünzen waren der Taler in Norddeutschland und der Gulden in Süddeutschland. Goldmünzen im Wert von 10 Mark („Krone") und 20 Mark („Doppelkrone") waren bis 1938 gesetzliches Zahlungsmittel, allerdings seit dem Ersten Weltkrieg kaum noch im Umlauf. Seit Einführung des Euro im Jahre 2002 werden in Deutschland wieder Goldmünzen – allerdings als Gedenkmünzen – geprägt (100 EUR, 20 EUR).

Frühe Formen von **Papiergeld** waren bereits in China vor der Jahrtausendwende bekannt. In Europa entstand Papiergeld etwa im 17. Jahrhundert in England und Italien. Englische Goldschmiede nahmen Edelmetalle und Münzen in Verwahrung und stellten darüber Quittungen aus **(Goldsmith Notes);** die Geldhäuser – insbesondere der oberitalienischen Handelsstädte – nahmen von Kaufleuten ebenfalls Edelmetalle an und stellten darüber Depositenscheine aus, die als Zahlungsmittel innerhalb der Kaufmannschaft akzeptiert wurden. Vom lateinischen „Nota" leitet sich die Bezeichnung **Note** oder **Banknote** ab. Später übernahm der Staat die Papiergeldherstellung und übertrug sie einer Zentralbank **(Notenbank).** Die Herstellung von Papiergeld kennzeichnet auch den Übergang von **Stoffgeld** zu **stoffwertlosem Geld.**

Fast zeitgleich mit dem ersten Papiergeld bildete sich in den großen Handelsstädten zum Beginn der Neuzeit auch das **Buchgeld** heraus. Kaufleute eröffneten bei Bankhäusern Konten und verfügten darüber mittels Überweisung und Scheck.

Überweisung und **Scheck** stellen selbst keine Zahlungsmittel dar, sondern sind als **Geldersatzmittel (Geldsurrogate)** lediglich bestimmte Verfügungsformen über Geld.

Da das Geld stofflos war und nur in den Büchern der Banken erschien, wurde es Buchgeld genannt. Wegen seiner Verwendung im Überweisungsgeschäft (Giralverkehr) wird es auch **Giralgeld** genannt.

Heute existiert Geld in Form von Münzen, Banknoten und Buchgeld. Münzen und Banknoten werden als Bargeld bezeichnet. Für die Münzen werden Legierungen aus geringwertigen Metallen verwendet (Scheidemünzen). In modernen Volkswirtschaften werden Münzen und Banknoten im Wesentlichen nur noch für die Abwicklung der Alltagsgeschäfte verwendet; volumenmäßig entfällt der weitaus größere Teil auf das **Buchgeld.**

Buchgeld im engeren Sinne sind nur die Guthaben auf Giro- bzw. Kontokorrentkonten, über die ohne jegliche Einschränkung zu jeder Zeit verfügt werden kann (Sichteinlagen). Verfügungsmittel (Geldersatzmittel, Geldsurrogate) sind Überweisung, Scheck, Wechsel, Karten (Kreditkarte, EC-Karte, Geldwertkarte usw.) und sonstige elektronische Verfügungsformen.

Zum **Buchgeld im weiteren Sinne** zählen auch andere Einlagen, die jedoch über eine geringere Liquidität verfügen (Termingelder, Spareinlagen usw.).

Zusammenfassung Kapitel 8.1.2:
Formen und Arten des Geldes

- Geld als Tauschmittel ist in unterschiedlichen Erscheinungsformen verwendet worden. Die chronologische Abfolge (Warengeld, Wägegeld, Münzen, Papiergeld, Buchgeld) stellt gleichzeitig auch einen Prozess zunehmender Abstraktion des Geldes dar.
- Heutige Arten des Geldes sind Scheidemünzen, Banknoten und Buchgeld.

8.1.3 Geldmengen

Was ist gemeint, wenn heute von „Geld" gesprochen wird? ?

Geld existiert auch heute noch in unterschiedlichen Erscheinungsformen. Insbesondere innerhalb des stoffwertlosen Geldes lassen sich nach der Verfügbarbeit (Liquidität) verschiedene Abstufungen unterscheiden. Zum Zwecke der Wertaufbewahrung wird Geld kaum als Bargeld oder als Sichtguthaben gehalten. Hierfür werden Aufbewahrungsformen (Spareinlagen, Termineinlagen usw.) gewählt, die Zinsen bringen. Dem Ertrag an Zinsen steht hierbei jedoch ein Verlust an Liquidität gegenüber. Das Geld steht nicht jederzeit und in vollem Umfange zur Verfügung, sondern entweder zu einem vorher festgelegten Termin oder nach vorheriger Kündigung.

Je nachdem, was alles als Geld gezählt wird, ergeben sich unterschiedliche Aussagen über den Geldbestand einer Volkswirtschaft. Wirtschaftstheorie und Wirtschaftspolitik benötigen jedoch eindeutige Kriterien um die Lage auf dem Geldmarkt beschreiben, analysieren und steuern zu können.

Die **Europäische Zentralbank (EZB)** unterscheidet nach dem **„Geldgrad"**, d.h. nach der Liquidität, drei **Geldmengen (monetäre Aggregate):**

	Geldmenge M1 („eng gefasstes monetäres Aggregat")
	Bargeld
+	täglich fällige Einlagen (Sichteinlagen)

Der Anteil des Bargeldes an der Geldmenge M1 wird als **Bargeldquote** bezeichnet.[1] Bei den Bargeldbeständen werden alle Münzen und Banknoten gezählt, die im Umlauf sind. Eine Beschränkung auf den inländischen Umlauf ist statistisch nicht möglich, sodass auch die Münzen und Noten mitgezählt werden, die sich momentan im Ausland befinden.

	Geldmenge M2 („mittleres monetäres Aggregat")
	Geldmenge M1
+	Einlagen mit vereinbarter Laufzeit von bis zu 2 Jahren (Termingelder)
+	Einlagen mit vereinbarter Kündigungsfrist von bis zu 3 Monaten (z.B. Spareinlagen)

[1] Gelegentlich wird die Bargeldquote auch angegeben als Verhältnis des Bargeldumlaufs zum Bruttoinlandsprodukt.

Geldmenge M3 („breites monetäres Aggregat“)	
	Geldmenge M2
+	Repogeschäfte[1]
+	Geldmarktfondsanteile und Geldmarktpapiere
+	Schuldverschreibungen bis zu 2 Jahren

[1] Repogeschäfte: Wertpapierpensionsgeschäfte (Käufe von Wertpapieren mit Rückkaufsvereinbarung). „Repo“ kommt von engl. Repurchase (= Rückkauf). In die Geldmenge gehen nur Repogeschäfte zwischen Banken und Nichtbanken ein.

Für alle Geldmengen und deren Bestandteile gilt, dass sie sich immer auf den Bestand in Händen von **Nichtbanken** beziehen (Bargeld in den Händen von Nichtbanken, Einlagen von Nichtbanken, Repogeschäfte mit Nichtbanken usw.). Diese Einschränkung kann zweifach begründet werden. Zum einen ist für geldpolitische Überlegungen vor allem die **nachfragewirksame Geldmenge** wichtig; Geld in den Kassen oder Tresoren der Geschäftsbanken wird aber nicht direkt zur Güternachfrage verwendet. Zum anderen stehen zumindest einem Teil der Kassenbestände der Banken Gutschriften auf Konten von Kunden gegenüber. Wenn jemand beispielsweise 1.000 EUR bar auf ein Girokonto einzahlt, erhöhen sich sein Buchgeldbestand *und gleichzeitig* die Bargeldbestände der Bank um diesen Betrag. Würde sowohl das Bargeld der Bank als auch das Sichtguthaben des Kunden gezählt, würde der Betrag doppelt gezählt.

In bestimmten geldpolitischen Zusammenhängen wird auch von **Zentralbankgeld** gesprochen. Weitere Bezeichnungen sind: **Geldmenge MO, Geldbasis, Basisgeld** und **monetäre Basis.**

Geldmenge MO (Zentralbankgeld)	
	Bargeldumlauf (bei Banken und Nichtbanken)
+	Mindestreserven (Pflichteinlagen der Banken bei der Zentralbank)
+	Überschussreserven (über das Mindestreserve-Soll hinausgehende Einlagen der Banken bei der Zentralbank)

! **Nichtbanken (Nicht-Monetäre Finanzinstitute; Nicht-MFI):** Private Haushalte, staatliche Institutionen sowie Unternehmen, die keine Bankgeschäfte betreiben.

Banken (Monetäre Finanzinstitute; MFI): Banken und Sparkassen (einschl. Bausparkassen), Geldmarktfonds sowie Europäische Zentralbank und Zentralnotenbanken des Eurosystems

<table>
<tr><th colspan="5">Geldarten und Geldmengen</th></tr>
<tr><th colspan="2">Geldarten</th><th colspan="3">Geldmenge (Monetäre Aggregate)</th></tr>
<tr><td rowspan="2">Bargeldumlauf</td><td>Münzen</td><td rowspan="3">Geldmenge M1</td><td rowspan="5">Geldmenge M2</td><td rowspan="8">Geldmenge M3</td></tr>
<tr><td>Banknoten</td></tr>
<tr><td colspan="2">Täglich fällige Einlagen (Sichteinlagen)</td></tr>
<tr><td colspan="2">Einlagen mit vereinbarter Laufzeit von bis zu 2 Jahren (Termineinlagen)</td><td></td></tr>
<tr><td colspan="2">Einlagen mit vereinbarter Kündigungsfrist von bis zu 3 Monaten (z. B. Spareinlagen)</td><td></td></tr>
<tr><td colspan="2">Repogeschäfte</td><td></td><td></td></tr>
<tr><td colspan="2">Geldmarktfondsanteile und Geldmarktpapiere</td><td></td><td></td></tr>
<tr><td colspan="2">Schuldverschreibungen bis zu 2 Jahren</td><td></td><td></td></tr>
</table>

Geldarten und Geldmengen	
Geldart/Geldmenge	**EWU 2017 (Mrd. EUR)**
Bargeldumlauf	1.112
Täglich fällige Einlagen	6.637
M1	**7.749**
Einlagen mit vereinbarter Laufzeit von bis zu 2 Jahren	1.194
Einlagen mit vereinbarter Kündigungsfrist von bis zu 3 Monaten	2.261
M2	**11.204**
Repogeschäfte	76
Geldmarktfondsanteile	509
Schuldverschreibungen bis zu 2 Jahren	76
M3	**11.865**

Zusammenfassung Kapitel 8.1.3: Geldmengen

- Die Europäische Zentralbank (EZB) unterscheidet drei Geldmengen (monetäre Aggregate):
  - M1 (eng gefasstes monetäres Aggregat)
  - M2 (mittleres monetäres Aggregat)
  - M3 (breites monetäres Aggregat)
- Die Geldmengen unterscheiden sich nach ihrem Liquiditätsgrad.
- Den Bankensektor bilden die Monetären Finanzinstitute (MFI); dazu zählen Banken und Sparkassen (einschl. Bausparkassen), Geldmarktfonds sowie die Europäische Zentralbank und die Zentralnotenbanken des Eurosystems.
- Den Nichtbankenbereich bilden die Nicht-Monetären Finanzinstitute (Nicht-MIF); dazu zählen die privaten Haushalte, staatliche Institutionen sowie Unternehmen, die keine Bankgeschäfte betreiben.

8.1.4 Währungssysteme

Wie kann das Vertrauen in das Geld gesichert werden? ?

Geld kann seine Funktionen nur erfüllen, wenn es von der Bevölkerung akzeptiert wird. Voraussetzung für die Akzeptanz ist Vertrauen in den Tauschwert der Währung, d.h. die Gewissheit, dass das Geld jederzeit in einem angemessenen Verhältnis gegen reale Werte (z.B. Güter) eingetauscht werden kann.[1] Hauptproblem bei der Sicherung des Geldwertes ist, das Geld knapp zu halten. Knappheit im vorliegenden Sinne bedeutet, dass die in einer Volkswirtschaft umlaufende Geldmenge und die dafür eintauschbare Gütermenge in einem angemessenen Verhältnis zueinander stehen.

Die Geldwertsicherung ist im Laufe der Zeit auf unterschiedliche Weise bewältigt worden und hat zu entsprechend unterschiedlichen Währungssystemen geführt. Mit **Währungs-**

[1] Der Vertrauensgedanke ist bereits im Wort selber angelegt. Der Ausdruck „Währung" stammt vom mhd. **werunge** und bedeutet so viel wie Gewährleistung (eines Rechts, einer Qualität, eines Münzgehalts usw.).

system wird die Geldordnung oder Geldverfassung eines Landes bezeichnet, also die Gesamtheit aller Gesetze und sonstigen Regelungen, die das Geld- und Zahlungswesen eines Landes bestimmen. Die **Währungssysteme** unterscheiden sich vor allem dadurch, wie die umlaufende Geldmenge wertmäßig abgesichert, d.h. gedeckt ist. Ist die Höhe des Geldumlaufs von anderen Werten abhängig, so wird von gebundenen, ansonsten von freien Währungen gesprochen.

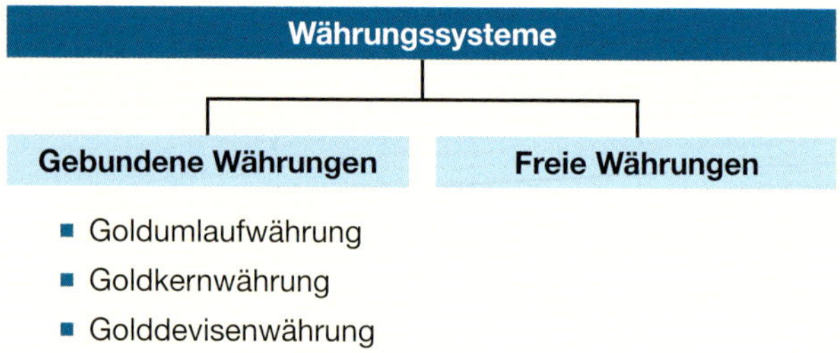

▶ Gebundene Währungen

In früheren Zeiten wurde die Knappheit und damit der Wert von Geld dadurch erreicht, dass das Geld stofflich an andere Werte gebunden wurde **(gebundene Währungen).** Nach dem Warengeld geschah dies vor allem durch die Verwendung von Kurantmünzen. Für die Münzen wurde entweder ein Edelmetall **(monometallistische Währung)** oder zwei Edelmetalle **(bimetallistische Währung)** verwendet. In der Regel dienten dazu Gold und Silber. In der Zeit der Kurantmünzen besaß Geld ein hohes Maß an Freizügigkeit. Mittelalterliche Kaufleute zahlten mit Talern, Dukaten usw. Nicht die Herkunft und die Prägung des Geldes waren ausschlaggebend, sondern der Gehalt an Edelmetall. Da die Kaufleute diesen kannten, war es für sie kein Problem, Münzen aus unterschiedlichen Ländern zu verwenden.

Bei einer **Goldumlaufwährung** ist das Edelmetall in den Münzen nach gesetzlich festgelegten Mengen enthalten. Die vollwertig ausgeprägten Münzen sind gesetzliches Zahlungsmittel. Sofern Scheidemünzen und Banknoten im Umlauf sind, können diese jederzeit in Gold oder Kurantmünzen eingetauscht werden. Zwischen einer Währungseinheit und Gold wird ein bestimmtes Austauschverhältnis festgesetzt **(Goldparität).** Zu den Kurantmünzen anderer Länder ergibt sich aus der Goldparität ebenfalls ein Austauschverhältnis.

Im Deutschen Reich entsprach nach dem Münzgesetz von 1873 eine Mark 0,359 Gramm Gold ($^{1}/_{1395}$ Teil eines Pfundes Feingold). In Umlauf waren Goldmünzen im Wert von 5, 10 und 20 Mark. Da 1 englisches Pfund 7,18 Gramm Gold enthielt, entsprach 1 Pfund ca. 20 Mark.

Solange das Edelmetall unmittelbar in die Münzen eingeht, besteht eine Art natürliche Knappheit. Sobald Scheidemünzen und Banknoten verwendet werden, sind der staatlichen Geldherstellung prinzipiell keine Grenzen gesetzt. Um eine zu starke Geldmengenausweitung zu vermeiden, müssen also künstliche Verknappungsmechanismen geschaffen werden. In der Regel sind dies gesetzliche Vorschriften, die den Banknotenumlauf an die vorhandenen Goldbestände der Notenbank binden **(Deckungsvorschrift).** So bestimmte beispielsweise die Währungsordnung des Deutschen Reiches, dass die umlaufenden Banknoten zu mindestens einem Drittel in Gold und der Rest durch sogenannte „gute" Handelswechsel[1] gedeckt sein mussten.

Bei einer **Goldkernwährung** sind nur Scheidemünzen und Banknoten im Umlauf. Eine Einlösepflicht besteht nur gegenüber ausländischen Zentralbanken. Die Deckungsvorschriften entsprechen grundsätzlich denen der Goldumlaufwährung. Das umlaufende Geld

[1] „Gute" Handelswechsel müssen bestimmte Qualitätskriterien erfüllen.

muss in einem bestimmten Verhältnis durch Gold und/oder Devisen **(Golddevisenwährung)** gedeckt sein. Beispielsweise mussten nach der Neuordnung der Währung im Jahre 1924 40 % der umlaufenden Banknoten durch Gold und Devisen, der Rest durch gute Handelswechsel gedeckt sein.

Durch Goldparität und Deckungsvorschrift sind bei gebundenen Währungen die Möglichkeiten eines Staates, Geld herzustellen, eng begrenzt. Will er mehr Geld in Umlauf bringen, muss er in entsprechenden Mengen über Gold, Devisen oder sonstige „deckende" Werte verfügen. Diesem Stabilitätsvorteil stehen jedoch erhebliche Nachteile gegenüber. Insbesondere sind die Möglichkeiten einer aktiven Geldpolitik, z.B. einer flexiblen Geldmengensteuerung, eng begrenzt. Bei zu geringen Goldvorräten besteht die Gefahr, dass die Geldmenge nicht an ein steigendes Gütervolumen angepasst werden kann. Das kann zu deflationären Erscheinungen und entsprechenden Auswirkungen führen. Eine aktive Steuerung der Konjunktur mit den Mitteln der Geldpolitik ist kaum möglich. Nicht zuletzt ergibt sich bei gebundenen Währungen eine Abhängigkeit von den vergleichsweise wenigen Gold produzierenden Ländern.

Während Goldumlaufwährungen im Wesentlichen nur bis zum Ersten Weltkrieg existierten, verfügten zahlreiche Länder bis zum Zweiten Weltkrieg noch über Goldkernwährungen. Deren Nachteile und die zunehmende Bedeutung des Buchgeldes führten jedoch dazu, dass die Länder mehr und mehr die bestehenden Bindungen in Form der Deckungsvorschriften aufgaben.

▶ Freie Währung

Ist die Umlaufmenge an Geld nicht mehr an bestimmte Deckungsvorschriften gebunden, wird von einer **freien Währung** oder **manipulierten Währung** gesprochen. Das umlaufende Geld besteht aus Scheidemünzen, Banknoten und Buchgeld. Die Ausweitung der Geldmenge unterliegt also keinen systematischen Begrenzungen. Dadurch eröffnen sich verstärkt Möglichkeiten einer aktiven Konjunkturpolitik mithilfe der Geldpolitik. Im Interesse der Geldwertstabilität muss jedoch nach wie vor auf eine Entsprechung von Geldvolumen und Gütervolumen geachtet werden. Das früher durch die Bindung des Geldes an andere Werte unterstützte Vertrauen beruht bei freien Währungen darauf, dass der Tauschwert des Geldes erhalten bleibt. Die richtige Steuerung der Geldmenge stellt bei freien Währungen folglich das Hauptproblem dar. Eine zu geringe Geldmenge würde der Wirtschaft die notwendigen Tauschmittel entziehen; eine zu starke Ausweitung der Geldmenge fördert inflationäre Tendenzen. Die Zentralbank benötigt also ein Instrumentarium, mit dessen Hilfe sie die Entwicklung der Geldmenge steuern kann; da über das Buchgeld auch der Geschäftsbankensektor Geld „herstellen" kann, muss das Instrumentarium auch die Kreditvergabe der Geschäftsbanken beeinflussen können.[1]

In Deutschland besteht heute – wie in allen anderen Industriestaaten auch – eine freie Währung.

Zusammenfassung Kapitel 8.1.4:
Währungssysteme

- Gebundene Währungen sichern den Wert des Geldes durch Bindung der umlaufenden Geldmenge an eine Deckung (Gold, Devisen, Handelswechsel).
- Bei freien Währungen besteht keine systematische Begrenzung der Geldmenge. Die Entwicklung der Geldmenge ist von der Zentralbank nach geldpolitischen Erwägungen zu steuern.

[1] Vgl. hierzu die Ausführungen über die Geldschöpfung der Kreditinstitute und über die geldpolitischen Instrumente der EZB. Die Bezeichnungen „Geschäftsbanken" und „Kreditinstitute" werden synonym verwendet.

8.2 Binnenwert des Geldes

Beim Wert des Geldes wird zwischen **Binnenwert** und **Außenwert** unterschieden.

Binnenwert des Geldes: Kaufkraft des Geldes
Tauschverhältnis zwischen Geld und Gütern

Außenwert des Geldes: Tauschverhältnis zwischen zwei Währungen (Wechselkurs)

Der Außenwert des Geldes wird im Zusammenhang mit den außenwirtschaftlichen Beziehungen dargestellt. Der Binnenwert des Geldes wird unter folgenden Aspekten behandelt:

- Kaufkraft des Geldes
- Kaufkraft des Lohnes und Lebensstandard
- Messung des Binnenwertes (Verbraucherpreisindex, Harmonisierter Verbraucherpreisindex)

8.2.1 Kaufkraft des Geldes

Welche Bedeutung hat das Tauschverhältnis zwischen Geld und Gütern und wie wird es gemessen?

In seiner Hauptfunktion als allgemeines Tauschmittel dient Geld dazu, den Austausch von Gütern zu erleichtern. Die Güter haben einen in Geldeinheiten ausgedrückten Wert, den Preis.

Beispiel

Wenn für 100 Geldeinheiten 10 Einheiten eines bestimmten Gutes gekauft werden können, beträgt das Tauschverhältnis Geld : Güter 10:1; 10 Geldeinheiten müssen für eine Gütereinheit aufgewandt werden. Wenn zu einem späteren Zeitpunkt 110 Geldeinheiten für 10 Einheiten desselben Gutes aufgebracht werden müssen, beträgt das Tauschverhältnis Geld : Güter 11:1. Für die gleiche Gütermenge müssen mehr Geldeinheiten aufgebracht werden bzw. für die bisherige Geldmenge kann nur noch eine geringere Gütermenge eingetauscht werden. Der **Nominalwert** des Geldes ist unverändert geblieben (100 EUR sind nach wie vor 100 EUR); der **Realwert** oder Güterwert oder Tauschwert einer Geldeinheit hat jedoch abgenommen.

Diese Überlegungen lassen sich auf die Gesamtwirtschaft übertragen. Dem gesamtwirtschaftlichen Gütervolumen steht ein gesamtwirtschaftliches Geldvolumen gegenüber.

Beispiel

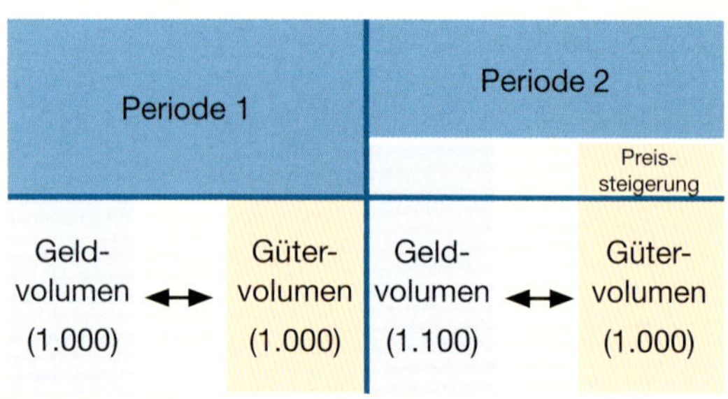

Nehmen wir vereinfachend an, dass die Nachfrager in einer Volkswirtschaft ein Geldvolumen von 1.000 Geldeinheiten besitzen, das sie in einer Wirtschaftsperiode zum Kauf von Gütern ausgeben. Die in der Volkswirtschaft umgesetzten Güter haben entsprechend einen Marktwert von 1.000 Geldeinheiten. In der folgenden Wirschaftsperiode erhöht sich das →

→ Geldvolumen auf 1.100 Geldeinheiten; das Gütervolumen bleibt unverändert. Die Geldnachfrage ist jetzt größer als das Güterangebot. Wenn die Nachfrager wiederum das gesamte Geldvolumen für Güterkäufe ausgeben, erhalten sie die gleiche Gütermenge für mehr Geld. Das geht nur, wenn wertmäßige Anpassungen bei den Gütern stattfinden. Der Wert der Güter wird erhöht – aber nicht durch reale Zuwächse bei den Gütermengen, sondern durch nominelle Anhebungen bei den Güterpreisen. Konnten die Nachfrager in Periode 1 für eine Geldeinheit noch eine Gütereinheit erwerben, können sie in Periode 2 für eine Geldeinheit nur noch ca. 0,9 Gütereinheiten erwerben. Der Tauschwert, also der Binnenwert des Geldes, hat um 10 % abgenommen bzw. die Güterpreise haben sich um 10 % erhöht.[1]

Der **Binnenwert des Geldes** drückt sich im Tauschverhältnis Geld : Güter aus.

Für Aussagen über den Geldwert ist weniger das Tauschverhältnis in einem bestimmten Zeitpunkt von Bedeutung, sondern mehr die Veränderung im Zeitablauf. Der Tauschwert des Geldes wird als **Kaufkraft** bezeichnet. Der in Geldeinheiten ausgedrückte Wert eines Gutes ist der **Preis.** Erhöht sich dieser Wert, liegt **Preissteigerung** vor. Das gesamtwirtschaftliche Tauschverhältnis wird durch das **Preisniveau** ausgedrückt. Können in einer Wirtschaftsperiode für die gleiche nominale Geldmenge weniger Güter gekauft werden als in der Vorperiode, ist das Preisniveau gestiegen. Das Ausmaß der gesamtwirtschaftlichen Preissteigerung bzw. der Erhöhung des Preisniveaus wird als **Geldentwertung** oder **Inflation** bezeichnet.

Das Verhältnis zwischen Geldmenge und Gütermenge lässt sich in der sogenannten **Quantitätsgleichung** oder **Verkehrsgleichung** des Geldes ausdrücken:[2]

$$G \cdot U = P \cdot H$$

Die Elemente der Quantitätsgleichung sind:[3]

G = Geldvolumen: Geldmenge, die zum Tausch zur Verfügung steht

U = Umlaufgeschwindigkeit: Häufigkeit, mit der die Geldmenge im Durchschnitt in einer Wirtschaftsperiode umgeschlagen wird. Eine bestimmte Geldeinheit (z. B. eine Banknote von 100 EUR) wird in einer Periode mehrmals für Zahlungen eingesetzt. Beträgt z. B. das BIP 3 Billionen GE und die Geldmenge M3 2 Billionen GE, ist die Umlaufgeschwindigkeit 1,5. U ist in den letzten Jahren leicht rückläufig.

G · U Nachfragewirksame Geldmenge: Geldsumme, die in einer Wirtschaftsperiode für die Güternachfrage ausgegeben wird.

P = Preisniveau : Gewogener Durchschnitt aller Güterpreise

H = Handelsvolumen: Wert aller Güter, die in einer Periode umgesetzt werden. Das Handelsvolumen erfasst also alle Güter, die Gegenstand des Austausches in einer Wirtschaftsperiode sind. Es ergibt sich, wenn das Bruttoinlandsprodukt um die Lagerbestandsveränderungen korrigiert wird (Bruttoinlandsprodukt + Lagerabgänge – Lagerzugänge).

[1] Vom Binnenwert des Geldes ist der Außenwert des Geldes zu unterscheiden. Der Außenwert gibt das Tauschverhältnis zwischen zwei Währungen wieder (z. B. Euro : Dollar), das im Wechselkurs ausgedrückt wird.

[2] In dieser Form geht die Verkehrsgleichung auf Irving FISHER (1867–1947, amerikanischer Nationalökonom; vgl. Fisher, I.: The Purchasing Power auf Money, New York 1911) zurück; nach ihm wird die Gleichung auch als FISHERsche Verkehrsgleichung bezeichnet. Die Grundidee wurzelt jedoch in der Quantitätstheorie. So wird jene Variante der Geldtheorie bezeichnet, die das Verhältnis von Geldmenge und Gütermenge untersucht; sie geht davon aus, dass eine Geldmengenveränderung zu einer entsprechenden Veränderung des Preisniveaus führt.

[3] Statt H (= Handelsvolumen) wird heute oft auch BIP (= Bruttoinlandsprodukt) eingesetzt.

Handelsvolumen und Geldmenge sind unabhängige Variable, deren Größe sich als Ergebnis des Wirtschaftsprozesses bzw. der Geldpolitik ergeben. Die Umlaufgeschwindigkeit ist eine funktionale Größe, die sich aus Kassenhaltungsgewohnheiten ergibt. Die Klassiker der Volkswirtschaftslehre gingen davon aus, dass sich die Umlaufgeschwindigkeit kaum ändert und daher als Konstante behandelt werden kann. Für kurz- bis mittelfristige Betrachtungen gilt diese Annahme auch heute noch.

Das Preisniveau ergibt sich als abhängige Variable der drei anderen Größen:

$$P = \frac{G \cdot U}{H}$$

Die Verkehrsgleichung liefert keine Ursachenerklärung für Preisniveau- bzw. Geldwertschwankungen. Sie ist eine Identitätsgleichung. Die Definitionen der beteiligten Größen sind so, dass auf beiden Seiten der Gleichung letztlich das Gleiche steht: Die nachfragewirksame Geldmenge entspricht dem Wert der umgesetzten Güter. Oder anders ausgedrückt: Der Wert der gekauften Güter ($G \cdot U$) entspricht dem Wert der verkauften Güter ($P \cdot H$).

Die **Kaufkraft des Geldes** drückt die Gütermenge aus, die für eine Geldeinheit bzw. eine bestimmte Geldmenge gekauft werden kann; sie wird daher auch als **„Güterpreis des Geldes“** bezeichnet. Kaufkraft (K) und Preisniveau (P) stehen in einem reziproken Verhältnis zueinander. Steigt das Preisniveau, sinkt in gleichem Maße die Kaufkraft.

$$K = \frac{1}{P} = \frac{H}{G \cdot U}$$

Beispiel

Kaufkraft und Preisniveau werden in einem Basisjahr gleich 100 gesetzt. Bei einer Inflationsrate von 5 % steigt das Preisniveau im nächsten Jahr auf 105. Die Kaufkraft beträgt nur noch $^{1}/_{1,05} = 95,2$.

Die Kaufkraft des Geldes gibt an, welche Gütermenge mit einer Geldeinheit (einer bestimmten Geldmenge) gekauft werden kann und wie sich diese Gütermenge verändert.

8.2.2 Kaufkraft des Lohnes und Lebensstandard

▶ Kaufkraft des Lohnes

Eine wirtschaftlich und insbesondere lohnpolitisch bedeutsame Zielgröße ist die Erhaltung der **Lohnkaufkraft.** Monat für Monat erfahren wir schmerzlich, dass sich der mit dem Arbeitgeber vereinbarte bzw. von diesem gezahlte **Bruttolohn** nicht in unserem Geldbeutel wiederfindet. Der Staat zieht vom Bruttolohn **Steuern** und **Sozialabgaben** ein; übrig bleibt der **Nettolohn (Nominallohn).** Am Nettolohn frisst noch die Inflation; wird der Nominallohn um die Preissteigerung bereinigt, ergibt sich der **Reallohn.**

Lohnkaufkraft

			Zahlenbeispiel
Monatlicher Bruttolohn			**3.000,00**
–	Steuern	17 %	–510,00
–	Sozialabgaben	20 %	–600,00
=	**Nettolohn (Nominallohn)**		**1.890,00**
–	Preissteigerung	2 %	–37,80
=	**Reallohn**		**1.852,20**

Für die Kaufkraftentwicklung des Lohnes sind also zwei Größen bedeutsam:

- Im Umfang einer Lohnerhöhung steigt die Lohnkaufkraft.
- Im Umfang der Preissteigerung sinkt die Lohnkaufkraft

Aus dem Verhältnis von Lohnerhöhung zu Preissteigerung ergibt sich:

Lohnerhöhung > Preissteigerung → Lohnkaufkraft steigt

Lohnerhöhung < Preissteigerung → Lohnkaufkraft sinkt

Reallohnentwicklung	
Jahr	**Veränderung**
2011	1,2
2012	0,5
2013	−0,1
2014	1,9
2015	2,4
2016	1,8
2017	0,6

Die Lohnkaufkraft gibt an, welche Gütermenge vom Lohn (z. B. einem Monatslohn) gekauft werden kann und wie sich diese Gütermenge verändert.

Lohnkaufkraftentwicklung = Nominallohnsteigerung − Inflationsrate

▶ Kaufkraft und Lebensstandard

Für die Entwicklung des **Lebensstandards** ist der Tauschwert der Arbeit wichtiger als die zahlenmäßige Entwicklung von Löhnen oder Preisen.

Je mehr Güter für den Gegenwert einer Arbeitsstunde eingetauscht werden können bzw. je weniger Arbeit für den Erwerb eines bestimmten Gutes aufgewandt werden muss, umso höher ist im Allgemeinen der Lebensstandard.

Lohnkaufkraft		
	Arbeitszeit (Stunden : Minuten)	
Güter	**1960**	**2016**
1 kg Mischbrot	0:20	0:10
250 g Butter	0:39	0:04
500 g Kaffee	3:32	0:19
1 Liter Vollmilch	0:11	0:03
1 kg Rindfleisch	2:04	0:31
1 l Benzin	0:14	0:04
1 Damenkleid	2:00	5:20
1 Herrenanzug	68:00	13:43
1 Fernseher	351:00	24:11

Die Steigerung der Lohnkaufkraft wird deutlich, wenn einmal der Tauschwert einer Arbeitsstunde über einen längeren Zeitraum verglichen wird. Obwohl die Preise der verschiedenen Güter nominell beträchtlich gestiegen sind, wurde für die weitaus meisten Güter der dafür notwendige Aufwand an Arbeitszeit immer geringer.

8.2.3 Messung des Binnenwertes

Die Messung des Binnenwertes des Geldes geschieht mithilfe von **Preisindizes.** Für die Gesamtwirtschaft wird eine Vielzahl unterschiedlicher Preisindizes ermittelt (u. a. Index des Bruttoinlandsprodukts, Index der Erzeugerpreise, Index der Außenhandelspreise, Baupreisindex, Straßenbaupreisindex).

Für den Verbraucher sind vor allem die Entwicklungen bei den Lebenshaltungskosten der privaten Haushalte von Bedeutung. Für deren Messung bestehen zwei Indizes:

- **Verbraucherpreisindex** (gilt für Deutschland und wird vom Statistischen Bundesamt ermittelt).[1]
- **Harmonisierter Verbraucherpreisindex** (gilt für die Europäische Währungsunion und wird von Eurostat, dem Statistischen Amt der EU, ermittelt).

[1] Das Statistische Bundesamt ermittelt zusätzlich auch Lebenshaltungskostenindizes für verschiedene Haushaltstypen.

8.2.3.1 Verbraucherpreisindex

Zur Ermittlung der Lebenshaltungskosten verwendet das Statistische Bundesamt einen so genannten **Warenkorb.** Er repräsentiert die Konsumgewohnheiten eines Durchschnittshaushalts und enthält eine Auflistung der Güter, die ein „typischer" Haushalt regelmäßig kauft. Neben den jeweiligen Gütern und deren Qualitäten sind auch die durchschnittlich in einem Zeitabschnitt (i.d.R. einem Monat) gekauften Mengen wichtig. Entsprechend diesen Mengen erhalten die Güter eine **Wägungszahl.** Güter, die monatlich in größeren Mengen gekauft werden, werden mit einem entsprechenden Vielfachen, Güter mit längerer Lebensdauer, die nur im Abstand von mehreren Jahren einmal gekauft werden, entsprechend anteilmäßig aufgenommen. Aus den Gütern und den mit ihren Mengen „gewogenen" Güterpreisen **(gewogener Durchschnitt der Güterpreise)** werden die monatlichen Lebenshaltungskosten ermittelt.

Beispiel

Kauft der Durchschnittshaushalt im Monat 10 l Milch zum Preis von 0,90 EUR je Liter und alle 5 Jahre einen Fernseher zum Preis von 960,00 EUR, können nicht beide Güter mit jeweils einer Einheit und deren Preis aufgenommen werden. Milch erhält die Wägungszahl 10 und der Fernseher die Wägungszahl 1/60 (bei einer Lebensdauer von fünf Jahren wird jeden Monat 1/60 des Fernsehers „verbraucht"). Entsprechend erscheint Milch mit 9,00 EUR und der Fernseher mit 16,00 EUR im monatlichen Warenkorb.

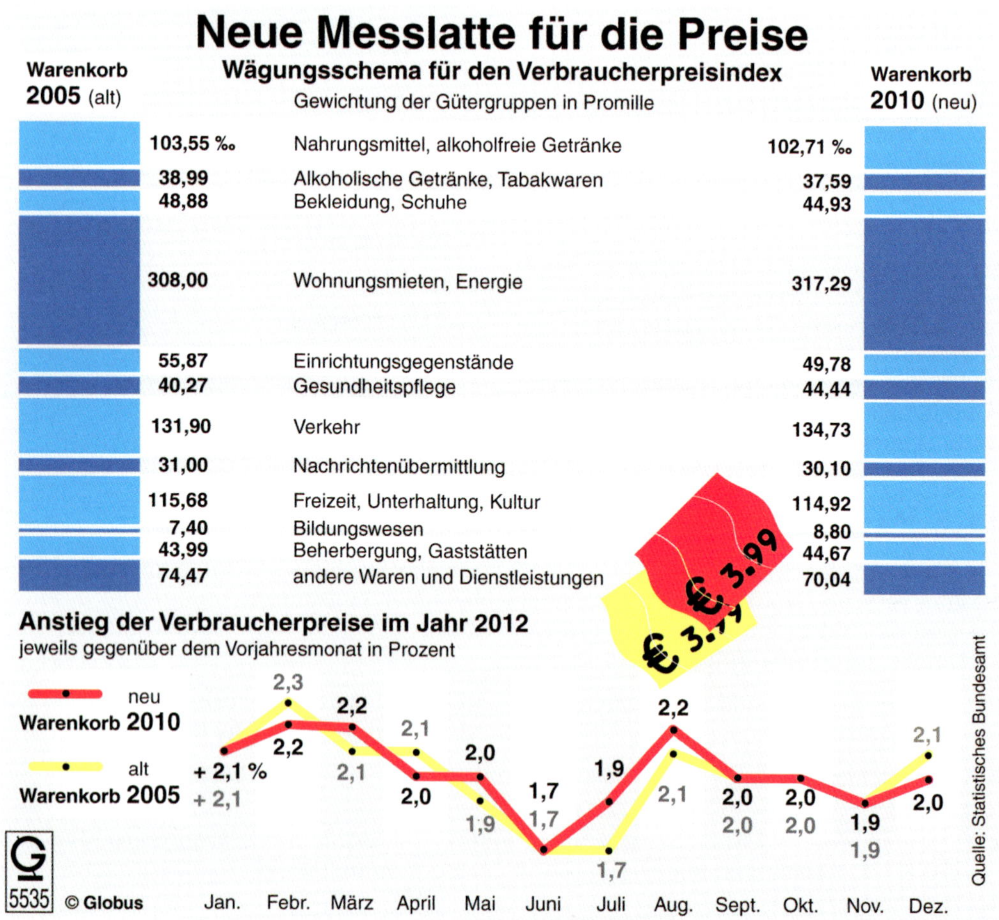

Die Zusammensetzung des Warenkorbes wird über repräsentative Erhebungen im Wege der **Verbrauchsstichproben** ermittelt. Da die Konsumgewohnheiten sich ändern, müssen von Zeit zu Zeit Überarbeitungen vorgenommen werden. Dies geschieht in neuerer Zeit in der Regel alle fünf Jahre. Das zu Grunde gelegte Jahr wird als **Basisjahr** bezeichnet.[1] Bis zur erneuten Überarbeitung des Warenkorbes und der Festlegung eines neuen Basisjahres bleibt die Zusammensetzung unverändert. Ein bestimmtes Gut wird aufgenommen, wenn ein gewisser Prozentsatz der Haushalte dieses Gut besitzt bzw. regelmäßig kauft. So fand beispielsweise zu einem bestimmten Zeitpunkt im Warenkorb die Umstellung vom Schwarzweißfernseher auf einen Farbfernseher statt oder die Aufnahme einer Videokamera, eines CD-Plattenspielers usw.

Der Gesamtpreis des Warenkorbes wird monatlich durch Erhebungen neu ermittelt. Hierzu notieren ca. 4.000 Außendienstmitarbeiter der Statistischen Landesämter in Geschäften unterschiedlicher Art in 118 Orten die aktuellen Preise der im Warenkorb enthaltenen Güter. Der ermittelte Gesamtpreis des Warenkorbes wird verglichen u.a mit dem Preis des Vormonats und dem Preis des gleichen Monats im Vorjahr. Ist er teurer geworden, sind die Lebenshaltungskosten gestiegen.

Beispiel

Kostet der Warenkorb in einem bestimmten Erhebungszeitpunkt 1.000 EUR und im nachfolgenden Erhebungszeitpunkt 1.050 EUR, so müssen die Preise um 50 EUR (= 5 %) gestiegen sein, da die Güter im Warenkorb unverändert geblieben sind.

Lebenshaltungskosten steigen

WIESBADEN (...) – Das Statistische Bundesamt teilte mit, dass der Verbraucherpreisindex aller privaten Haushalte von 123,5 auf 126,5 gestiegen ist, das entspricht einer Inflationsrate von 2,43 % im Vergleich zum Vorjahr.

Die Entwicklung der Lebenshaltungskosten wird auf zweierlei Weise ausgedrückt:

- Durch den Verbraucherpreisindex
- Durch die prozentuale Veränderung gegenüber einem Vergleichszeitraum. Vergleichszeiträume sind entweder der gleiche Zeitabschnitt des Vorjahres oder aufeinanderfolgende Jahre.

Jahr	t_0 (Basisjahr)	t_1	t_2	t_3
Preis des Warenkorbes (EUR)	1.600,00	1.640,00	1.705,60	1.808,00
Verbraucherpreisindex	100	102,5	106,6	113
Prozentuale Veränderung zum Vorjahr		2,5	4	6

Bei Verwendung des Verbraucherpreisindex wird der Warenkorbpreis des Basisjahres gleich 100 gesetzt. Die Warenkorbpreise der Folgejahre werden *auf das Basisjahr* bezogen und durch entsprechende Indizes ausgedrückt. Ein Index von 113 im Jahr t_3 bedeutet, dass die Preise im Vergleich zum Basisjahr t_0, also innerhalb von 3 Jahren, um 13 % gestiegen sind.

Bei Verwendung prozentualer Veränderungsraten bezieht sich die Aussage auf das Vorjahr. Ein Wert von 6 % im Jahr t_3 bedeutet, dass die Preise im Vergleich zum Vorjahr t_2 um 6 % gestiegen sind.

Das Ausmaß der jährlichen Preissteigerung wird als **Inflation** bzw. **Inflationsrate** bezeichnet.

Die **Inflationsrate** zeigt an, wie sich die Preise für Waren und Dienstleistungen, die ein typischer Haushalt in Deutschland kauft, im Jahresvergleich ändern.

[1] Bisherige Basisjahre: 1950, 1958, 1962, 1970, 1976, 1980, 1985, 1991, 1995, 2000, 2005, 2010

8.2.3.2 Harmonisierter Verbraucherpreisindex (HVPI)

Für die Länder der Europäischen Währungsunion (EWU) wird vom Statistischen Amt der Europäischen Gemeinschaft (Eurostat) ein gemeinsamer Lebenshaltungskostenindex ermittelt: der **Harmonisierte Verbraucherpreisindex (HVPI).** Seiner Erfassung liegt ein Warenkorb zugrunde, der für alle Mitgliedsländer der EWU gleich ist.

Das Statistische Bundesamt berechnet für Deutschland die Inflation sowohl nach dem nationalen Warenkorb (VPI) als auch nach dem gemeinsamen Warenkorb (HVPI). Die „offizielle" Inflationsrate ist die nach dem VPI. Zwischen dem HVPI und den nationalen Preisindizes können sich Unterschiede ergeben, da die jeweils zugrunde gelegten Warenkörbe nicht völlig identisch sind.

Eine gemeinsame Basis für die Erfassung der Teuerungsrate in den EWU-Ländern ist u. a. wichtig für die Überprüfung des Konvergenzkriteriums „Preisstabilität".

Die Preisentwicklung nach dem Harmonisierten Verbraucherpreisindex ist eine der Säulen für die Geldpolitik der Europäischen Zentralbank (EZB).[1]

Verbraucherpreisindizes			
	VPI	HVPI	
	(Veränderung zum Vorjahr in %)		
Jahr	Deutschland		EWU
2008	2,6	2,8	3,3
2009	0,3	0,2	0,3
2010	1,1	1,2	1,6
2011	2,1	2,5	2,7
2012	2,0	2,1	2,5
2013	1,5	1,6	1,4
2014	0,9	0,8	0,4
2015	0,3	0,1	0,0
2016	0,5	0,4	0,2
2017	1,8	1,7	1,5

Zusammenfassung Kapitel 8.2:
Binnenwert des Geldes

- Der Binnenwert des Geldes drückt das Tauschverhältnis von Geld zu Gütern aus.
- Das Verhältnis zwischen Geldmenge und Gütermenge lässt sich mithilfe der sogenannten Quantitätsgleichung oder Verkehrsgleichung ausdrücken:
  $G \cdot U = P \cdot H$
- $G \cdot U$ ist die nachfragewirksame Geldmenge in einer Wirtschaftsperiode und $P \cdot H$ ist die umgesetzte Gütermenge, bewertet zu Marktpreisen.
- Die Kaufkraft des Geldes drückt die Gütermenge aus, die für eine Geldeinheit bzw. eine bestimmte Geldmenge gekauft werden kann; sie wird daher auch als „Güterpreis des Geldes" bezeichnet.
- Die Messung des Binnenwertes geschieht über Preisindizes mithilfe eines Warenkorbes. Das Ergebnis drückt die Entwicklung des Geldwertes aus und wird – im Falle einer Geldentwertung – als Inflation bezeichnet.
- Der Preisindex gibt die Preisniveauentwicklung im Vergleich zum Basisjahr an.
- Die prozentuale Preissteigerungsrate gibt die Preisniveauentwicklung im Vergleich zum Vorjahr an.

[1] Vgl. hierzu den Abschnitt über die „Grundlagen der Geldpolitik".

8.3 Geldwertschwankungen

Der Geldwert verändert sich im Zeitablauf. Möglich sind sowohl ein Sinken als auch ein Steigen des Geldwertes. In der Realität findet sich in der Regel nur ein sinkender Geldwert (Inflation); Geldwertsteigerungen (Deflation) über einen längeren Zeitraum kommen so gut wie nicht vor. Daher wird im Folgenden die Inflation ausführlich und die Deflation vergleichsweise kurz dargestellt. Wegen ihrer Bedeutung ist die Geldwertstabilität ausdrücklich als wirtschaftspolitisches Ziel im Stabilitätsgesetz aufgeführt.[1]

8.3.1 Inflation

8.3.1.1 Begriff „Inflation"

Was bedeutet Inflation? ?

Inflation ist ein Prozess allgemeiner Preissteigerungen. Durch die Preissteigerungen sinkt – wie bereits bei der Betrachtung des Binnenwertes festgestellt wurde – der Tauschwert des Geldes. Entscheidend ist, dass nicht nur einzelne Preise, sondern die Preise eines größeren Güterbündels im Durchschnitt ansteigen, daher **Preisniveausteigerung.** Für das Güterbündel wird in der Regel der Warenkorb für die Lebenshaltung aller privaten Haushalte zugrunde gelegt. Die Steigerung des Preisniveaus schließt nicht aus, dass für einige Güter die Preise sinken; es überwiegen jedoch die Preissteigerungen.

In Deutschland waren in der jüngeren Vergangenheit zwei große Inflationen zu verzeichnen: zu Beginn der zwanziger Jahre und durch die Geldentwertung im Zuge der Währungsreform im Jahre 1948.

Inflation ist ein Prozess allgemeiner Preissteigerungen. !

Zur Begleichung der Staatsschulden nach dem Ersten Weltkrieg (1914 – 1918) wurde die Geldmenge in Deutschland massiv ausgeweitet. Dies führte in den Jahren 1922 und 1923 zu einer bisher nie dagewesenen Geldentwertung **(„Hyperinflation").** Im Herbst 1923 kostete ein US-Dollar 4.200.000.000.000 (vier Billionen zweihundert Milliarden) Mark.

Im Umfeld von Inflation werden weitere Inflationsbegriffe verwendet. Preissteigerungsraten können

- steigen (Inflation, **Kerninflation)**
- zurückgehen **(Disinflation)**
- negativ sein (Deflation)[2]
- subjektiv gefühlt werden **(gefühlte Inflation, wahrgenommene Inflation)**

Kerninflation

Bei der Messung der Kerninflation wird nicht der gesamte Warenkorb zugrunde gelegt. Preise für Lebensmittel und Energie bleiben unberücksichtigt, weil sie – u. a. saisonal – besonders stark schwanken („volatile" Preise)[3]. Auf diese Weise sollen möglichst nur die längerfristig wirkenden Preistendenzen bei den Preisniveaubewegungen erfasst werden.

[1] Vgl. Abschnitt 7.3 „Ziele der Wirtschaftspolitik".

[2] Zur Deflation vgl. Abschnitt 8.3.2 „Deflation".

[3] Volatil, Volatilität (von lat. „flüchtig"): Im Zeitablauf stark und häufig schwankende Werte

Disinflation

„Disinflation ist ein Prozess sinkender Teuerungsraten (d.h. einer geringeren Steigerungsrate des allgemeinen Preisniveaus), der vorübergehend sogar zu negativen Inflationsraten führen könnte. Sie sind oftmals das Ergebnis von Kosteneinsparungen auf der Angebotsseite. Beispiele hierfür sind unter anderem kräftige Steigerungen der Gesamtproduktivität ohne entsprechende Lohnerhöhungen ... "

EZB: Monatsbericht 03/2009, S. 61

Gefühlte Inflation (wahrgenommene Inflation)

Verbraucher haben oft den Eindruck, dass die Preise deutlich stärker steigen, als dies in der offiziellen Inflationsrate zum Ausdruck kommt. Die Diskrepanz entsteht vor allem dadurch, dass Preisänderungen bei Produkten des täglichen Bedarfs stärker wahrgenommen werden als bei Produkten, die nur selten gekauft werden (z.B. langlebige Konsumgüter wie Computer, Autos).

Die sogenannte „gefühlte" Inflation wird versucht, mithilfe des **„Index der wahrgenommenen Inflation (IWI)"**[1] zu messen; mit ihm soll die subjektive Inflationswahrnehmung der Konsumenten nachgebildet werden. Der IWI basiert auf dem gleichen Warenkorb wie die amtliche Inflationsmessung, allerdings mit einigen Besonderheiten:

- Während bei der amtlichen Inflationsmessung die Waren nach ihrem Anteil am Budget eines Haushalts gewichtet werden, geschieht dies beim IWI nach der Kaufhäufigkeit der Güter. Güter, die häufiger gekauft werden (z.B. Lebensmittel), fließen stärker in die Berechnung ein als Güter, die selten gekauft werden (z.B. Autos).
- Preissteigerungen werden beim IWI doppelt so stark gewichtet wie Preissenkungen. Damit wird dem Phänomen Rechnung getragen, dass viele Menschen Verluste stärker empfinden als Gewinne **(„Loss Aversion").**
- Berücksichtigt wird auch, dass Verbraucher die aktuellen Güterpreise nicht – wie die amtliche Statistik – mit den Preisen von vor genau einem Jahr vergleichen, sondern oft mit Preisen, die länger zurückliegen.

Die gefühlte Inflation liegt in aller Regel größer als die amtlich gemessene Inflation. Die Differenz war nach Einführung des Euro besonders hoch **(„Teuro").** Dies ist darauf zurückzuführen, dass mit der Einführung des Euro überdurchschnittlich große Preiserhöhungen gerade bei solchen Gütern auftraten, die besonders häufig gekauft wurden.

8.3.1.2 Inflationsarten

? In welchen Formen tritt die Geldentwertung auf?

Inflationen treten – unabhängig von ihren Ursachen – in unterschiedlichen Erscheinungsformen auf. Gelegentlich wird bei den Inflationsarten auch nach Ursachen unterschieden. Im Folgenden wird jedoch zwischen Erscheinungsbild und Ursachen getrennt. Zur Unterscheidung von Inflationsarten dienen mehrere Kriterien.

Nach der *Erkennbarkeit* wird zwischen offener und verdeckter Inflation unterschieden. Von **offener Inflation** wird gesprochen, wenn die Preissteigerung offen zutage tritt, an den Güterpreisen feststellbar und in öffentlichen Statistiken ablesbar ist. Von **verdeckter (zurückgestauter, verkappter) Inflation** wird gesprochen, wenn die Preissteigerung nicht of-

[1] Der „Index der wahrgenommenen Inflation (IWI)" wurde von dem Ökonomen Hans Wolfgang BRACHINGER in Zusammenarbeit mit dem Statistischen Bundesamt entwickelt.

fenkundig wird. Durch staatliche Maßnahmen (Preisstopp, Subventionierung usw.) können die sichtbaren Preise für den Verbraucher stabil gehalten werden, obwohl „unter der Decke" sehr wohl Preissteigerungen bzw. Kostensteigerungen stattfinden. Wird die Preissteigerung durch einen staatlichen Preisstopp zurückgestaut, werden oft auch die Güter zurückgehalten und es bildet sich ein Schwarzmarkt, auf dem die Güter zu entsprechend höheren Preisen angeboten werden.

Inflationsarten		
Kriterium	**Ausprägungen**	
Erkennbarkeit	Offene Inflation	Verdeckte Inflation
Dauer	Temporäre Inflation	Permanente Inflation
Ausmaß	Schleichende Inflation	Galoppierende Inflation

Nach der *Dauer* wird zwischen temporärer und permanenter Inflation unterschieden. Eine **temporäre Inflation** erstreckt sich über nur einige wenige Perioden, während die **permanente Inflation** von nachhaltiger Dauer ist.

Nach dem *Ausmaß* bzw. der *Geschwindigkeit* wird zwischen schleichender und galoppierender Inflation unterschieden. Für extrem hohe Preissteigerungsraten findet sich auch der Ausdruck **Hyperinflation.** Von **schleichender Inflation** wird gesprochen, wenn die Preissteigerungsraten gering, von **trabender Inflation,** wenn sie mäßig sind; von **galoppierender Inflation** wird gesprochen, wenn die Preissteigerungsraten hoch sind. Die Grenzen sind fließend. Es hat sich jedoch eingebürgert, dann von galoppierender Inflation zu sprechen, wenn die Preissteigerungsrate den Zins für langfristige Geldanlagen überschreitet. Bei einer solchen Inflation wäre Geld selbst durch langfristige Anlage nicht mehr vor Wertverlusten zu schützen.

Simbabwe schlägt alle Rekorde

HARARE (...) – Die Inflation in Simbabwe hat mit 3.713 Prozent einen neuen Rekordwert erreicht. Gegenüber dem Vormonat zogen die Preise im April um mehr als 1.500 Prozent an, teilte das nationale Statistikbüro mit. Kritiker halten selbst diesen Wert als zu niedrig angesetzt.

Bei lang anhaltenden hohen Inflationsraten wird gelegentlich ein so genannter **„Währungsschnitt"** durchgeführt. Dabei werden bei der Währung einige Nullen gestrichen, um die Güterpreise wieder in normale Größenordnungen zu bringen.

Sechs Nullen gestrichen

ANKARA (...) – Die Türkei hat das neue Jahr mit einem Währungsschnitt begonnen. Bei der türkischen Lira wurden sechs Nullen gestrichen, sodass jetzt ein Dollar nicht mehr 1,3 Mio. Lira, sondern 1,30 Lira wert sind. Die Streichung war u. a. notwendig, weil die Ladenkassen die astronomischen Beträge nicht mehr aufnehmen konnten.

8.3.1.3 Inflationsursachen

Wodurch kann Inflation entstehen? ?

Preise bilden sich in marktwirtschaftlichen Systemen durch das Zusammenspiel von Angebot und Nachfrage. Da am Preisbildungsprozess beide Marktseiten beteiligt sind, können

Preissteigerungen auch von beiden Seiten ausgehen. Entsprechend wird zwischen nachfrageinduzierten und angebotsinduzierten **Inflationsursachen** unterschieden.

„Theorien über die Ursachen der Inflation sind so zahlreich wie Sand am Meer oder kaum weniger häufig wie Menschen, die sich zu diesem Problem geäußert haben. So macht einer den Krieg in irgendeinem Erdteil, ein Zweiter kauflustige Hausfrauen, ein Dritter die Besteuerung von Dienstleistungen, ein Vierter übermäßige Ansprüche an das Sozialprodukt verantwortlich – eine Liste, die sich beliebig verlängern ließe."

Woll, A.: Allgemeine Volkswirtschaftslehre. – München, 10. Aufl., 1990, S. 511

▶ Nachfrageinduzierte Inflation

Die Erklärung einer Preisniveausteigerung über **nachfrageinduzierte Inflation (Nachfrageinflation; Nachfragesoginflation; demand-pull-inflation)** ist in der modernen Wirtschaftstheorie am weitesten verbreitet. Bei ihr geht der erste Impuls für Preiserhöhungen von der Nachfrageseite aus. Der Grundgedanke wurde bereits bei der Erläuterung des Binnenwertes des Geldes aufgegriffen. Ausgangspunkt ist eine Marktsituation, in der die gesamtwirtschaftliche (Geld-)Nachfrage größer ist bzw. schneller steigt als das gesamtwirtschaftliche (Güter-)Angebot.

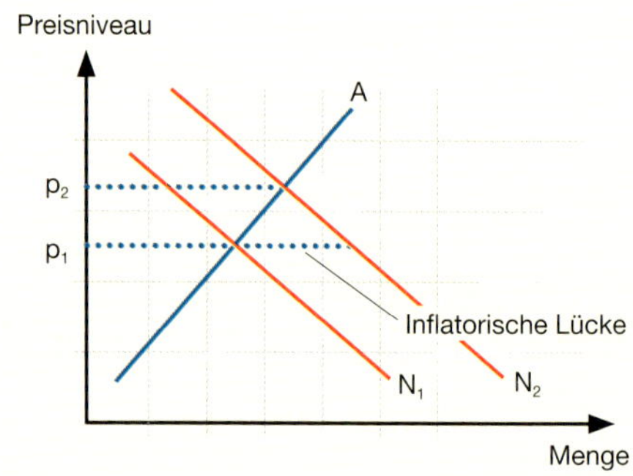

Die Wirkung einer Nachfrageerhöhung lässt sich anschaulich in einem Preis-Mengen-Diagramm darstellen. Aufgrund von Nachfrage (N_1) und Angebot (A) ergibt sich in einem Zeitpunkt t_1 ein Preisniveau von p_1. Die Nachfrage soll sich nun im Zeitpunkt t_2 auf N_2 erhöhen. Der Ausgleich von neuer Nachfrage und Angebot findet bei einem höheren Preisniveau p_2 statt. Der preisniveauerhöhende Effekt einer Nachfragesteigerung ist umso höher, je stärker die Kapazitäten der Volkswirtschaft ausgelastet sind. Der dabei entstehende Nachfrageüberhang wird auch als **„inflatorische Lücke" (Gap)**[1] bezeichnet.

Sind die Kapazitäten nicht ausgelastet (z.B. bei Arbeitslosigkeit) wird die Angebotsseite ihre Güterproduktion nach und nach der gestiegenen Nachfrage anpassen. Eine Erhöhung der Produktion ist jedoch nur mit einer zeitlichen Verzögerung möglich. Zunächst wird also auch im Falle der Unterbeschäftigung eine Nachfrageerhöhung zu steigenden Preisen führen; in den Folgeperioden wird dann in der Regel auch das Angebot steigen und die ursprüngliche Preisniveausteigerung wird in gewissem Umfang zurückgehen. Die Frage ist, wodurch es zu einer Erhöhung der Nachfrage – genauer: zu einer Erhöhung der nachfragewirksamen Geldmenge – kommen kann.

Die Preisentwicklung stand in der letzten Zeit weiterhin im Zeichen hausgemachter Teuerungsimpulse und dämpfender Einflüsse von außen. So waren die internationalen Rohstoffpreise, insbesondere die Ölpreise, zum Jahresende klar nach unten gerichtet, was für die deutschen Importeure noch durch die anhaltenden Wertverluste des US-Dollars verstärkt wurde. ... Dies hat dazu beigetragen, dass sich der Preisindex für die Lebenshaltung zum Jahresende saisonbereinigt nur leicht erhöhte und die Teuerungsrate wie im Vormonat 4,2 % betrug.

Monatsbericht der Deutschen Bundesbank

[1] Gap; engl. = Lücke

Die nachfragewirksame Geldmenge in einer Wirtschaftsperiode ergibt sich als Produkt aus Geldmenge und Umlaufgeschwindigkeit (G · U); sie entspricht der in Geldeinheiten ausgedrückten Höhe der gesamtwirtschaftlichen Nachfrage. Da die Umlaufgeschwindigkeit kurz- und mittelfristig in etwa konstant ist, kann die Erhöhung nur auf eine Vermehrung der Geldmenge zurückzuführen sein.[1] Die für Nachfragezwecke verwendete Geldmenge kann wachsen durch

- höhere Einkommen
- höhere Kreditaufnahme
- geringeres Sparen

Gesamtwirtschaftliche Inflation ergibt sich aus der Differenz zwischen dem Wachstum der nachfragewirksamen Geldmenge und dem Wachstum der realen Güterproduktion.[2]

Die gesamtwirtschaftliche Nachfrage setzt sich aus den Nachfragen der vier **Wirtschaftssektoren** zusammen:

- Konsumnachfrage der privaten Haushalte
- Investitionsnachfrage der Unternehmen
- Nachfrage des Staates
- Nachfrage des Auslands.

Haushalte	Binnennachfrage	Gesamtwirtschaftliche Nachfrage
Unternehmen		
Staat		
Ausland		

Geht der Nachfrageschub von den drei Binnensektoren aus, wird auch von **Binnennachfrageinflation** oder **hausgemachter Inflation** gesprochen. Bei einer noch weitergehenden Differenzierung nach dem verursachenden Sektor ergeben sich **Staatsnachfrageinflation (Fiskal-Inflation), Konsumnachfrageinflation** und **Investitionsnachfrageinflation.** Liegt die Ursache für die Erhöhung der gesamtwirtschaftlichen Nachfrage in einer Steigerung der Auslandsnachfrage nach Exportgütern, liegt eine **Auslandsnachfrageinflation** vor.

▶ Angebotsinduzierte Inflation

Eine Preisniveausteigerung wird als **angebotsinduzierte Inflation (Angebotsinflation)** bezeichnet, wenn der erste Impuls für die Preiserhöhungen von der Angebotsseite ausgeht. Erklärungsansätze für inflationäre Entwicklungen, die von der Angebotsseite ausgehen, haben vor allem in den sechziger und siebziger Jahren an Bedeutung gewonnen, als immer wieder beobachtet werden konnte, dass Preissteigerungen auch dann stattfanden, wenn kein Nachfrageüberhang bestand, und sogar auch dann, wenn ein Angebotsüberhang bestand und die wirtschaftliche Entwicklung stagnierte **(Stagflation** = Inflation bei wirtschaftlicher Stagnation).

Zu einer Preissteigerung über die Angebotsseite kommt es, wenn mindestens einer der im Preis enthaltenen Bestandteile steigt. Der Endpreis eines Gutes besteht – wie bereits im Zusammenhang der Preisbildung festgestellt werden konnte – aus drei Elementen:

---

[1] Zur Geldmenge und deren Schwankungen vgl. auch die Ausführungen zur Geldschöpfung und über die Geldpolitik der Europäischen Zentralbank (EZB)

[2] Zur Ermittlung der üblichen Inflationsrate und zur Messung des wirtschaftspolitischen Ziels „Stabilität des Preisniveaus" wird jedoch – wie bereits dargestellt wurde – nicht das gesamtwirtschaftliche Güterbündel, sondern lediglich ein repräsentativer Warenkorb der Lebenshaltung aller privaten Haushalte verwendet.

Kosten + Gewinn + indirekte Steuern.

Entsprechend lassen sich Kosteninflation, Gewinninflation und Steuerinflation unterscheiden.

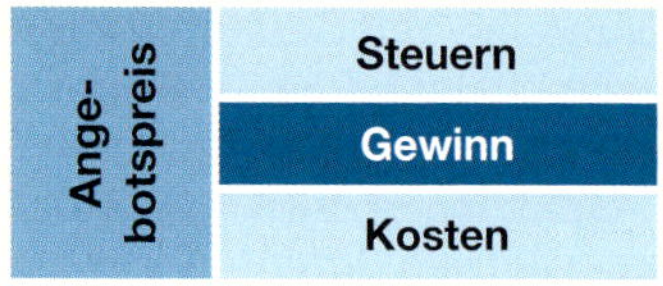

▶ Kosteninflation

Merkmal einer **Kosteninflation (Kostendruckinflation; cost-push-inflation)** sind steigende Preise aufgrund steigender Kosten. Steigende Kosten können sich ergeben durch

- Lohnerhöhungen (insbesondere, wenn der Lohnsatz stärker steigt als die Arbeitsproduktivität)
- Zinserhöhungen (insbesondere, wenn die Kapitalkosten stärker steigen als die Kapitalproduktivität)
- Erhöhung der Kostensteuern und der Lohnnebenkosten[1]
- Höhere Stückkosten bei geringerer Kapazitätsauslastung[2]
- Preissteigerungen bei importierten Rohstoffen und Vorprodukten[3]

▶ Gewinninflation

Merkmal einer **Gewinninflation** ist, dass die Unternehmen den im Marktpreis enthaltenen Gewinnanteil steigern können. Dies ist insbesondere dann möglich, wenn die Unternehmen über eine starke Marktmacht verfügen bzw. ihre Marktstellung stärken können. Eine wachsende Marktmacht der Anbieter hat vor allem zwei Gründe:

- Mangelnder Wettbewerb (Unvollkommenheiten von Märkten, Unternehmenskonzentrationen usw.)
- Rückgang der Preiselastizität der gesamtwirtschaftlichen Nachfrage (z. B. weil aufgrund von Veränderungen in der Konsumnachfrage und wachsenden Wohlstands immer mehr Güter aus dem Bereich der preiselastischen Luxusgüter in den Bereich der preisunelastischen Normalgüter hineinwachsen).

▶ Steuerinflation

Im Marktpreis der Produkte sind auch die indirekten Steuern enthalten (z. B. Umsatz- bzw. Mehrwertsteuer sowie zahlreiche Verbrauchssteuern wie Mineralölsteuer, Tabaksteuer, Kaffeesteuer, Biersteuer usw.). Eine Erhöhung dieser Steuern führt ebenfalls zu Preissteigerungen.

> Im Januar erhöhte sich die Preissteigerungsrate im Vorjahresvergleich sogar auf 4,4 %, unter anderem, weil der Normalsatz der Mehrwertsteuer angehoben wurde. Außerdem verteuerte sich zu Jahresbeginn durch administrative Maßnahmen eine Reihe von staatlichen Dienstleistungen.
>
> *Monatsbericht der Deutschen Bundesbank*

---

[1] **Kostensteuern** sind gewinnunabhängige, vom Betrieb zu tragende Steuern, die in die Kostenkalkulation eingehen (z. B. Gewerbe-, Vermögens- und Grundsteuer). **Lohnnebenkosten** sind die vom Betrieb zu tragenden gesetzlichen, tariflichen und betrieblichen Sozialleistungen (z. B. Arbeitgeberbeiträge zur Sozialversicherung, Lohnfortzahlung im Krankheitsfall, Urlaubsgeld, Weihnachtsgeld).

[2] Die Fixkosten eines Betriebes sind – in Grenzen – unabhängig von der Stückzahl. Sinkt die Stückzahl, verteilt sich die Fixkostensumme auf weniger Stücke; der Fixkostenanteil pro Stück steigt und erhöht die Stückkosten. Vgl. hierzu auch die Ausführungen zur Fixkostendegression in Kapitel 4

[3] Preissteigerungen inländischer Rohstoffe und Vorprodukte müssen nicht gesondert aufgeführt werden, da sie entweder auf Löhne, Zinsen oder Steuern zurückzuführen sind.

Inflationsursachen	
Nachfrageinduzierte Inflation	**Angebotsinduzierte Inflation**
▪ Binnennachfrageinflation ▪ Auslandsnachfrageinflation ▪ Exportüberschussinflation	▪ Kosteninflation ▪ Gewinninflation ▪ Steuerinflation ▪ Importpreisinflation

In der Realität sind inflationäre Entwicklungen zumeist nicht eindeutig einer bestimmten Ursache zuzuordnen. Zum einen treten oft mehrere Ursachen gemeinsam auf, zum anderen zieht eine Ursache in der Regel eine andere nach sich. Steigen die Preise, fordern die Arbeitnehmer entsprechend höhere Löhne; höhere Löhne bewirken höhere Kosten und damit Preise, die wiederum zu höheren Lohnforderungen führen usw. **(Lohn-Preis-Spirale).** In der Regel ist nicht eindeutig auszumachen, welches der ursprünglich auslösende Impuls war.

8.3.1.4 Inflationsfolgen

Worauf beruhen die Ängste der Menschen vor der Geldentwertung? ?

Die Angst vor Inflation ist in den meisten Menschen tief verwurzelt. Nur ein Teil dieser Angst ist aufgrund entsprechender Erfahrungen aus der Vergangenheit rational begründbar. Zu einem beträchtlichen Teil stellen die Inflationsängste ein psychisches Phänomen dar. Das zeigt sich schon daran, dass die Empfindungen von Land zu Land durchaus unterschiedlich sind. Während in Deutschland bereits Inflationsraten von 4 %–5 % als hoch angesehen werden, bereiten zweistellige Inflationsraten in anderen Ländern kaum Kopfzerbrechen.

Inflation bedeutet – so konnte festgestellt werden – zunächst einmal Geldentwertung. Für eine bestimmte Geldmenge können immer weniger Güter eingetauscht werden. Bleibt die verfügbare Geldmenge gleich oder steigt sie langsamer als die Preise, sind mit der Inflation reale Verluste verbunden. Steigt jedoch die für Nachfragezwecke verfügbare Geldmenge ebenso stark wie das Preisniveau, können genauso viele Güter eingetauscht werden wie vorher. Die Inflationsfolgen reduzieren sich darauf, dass mit ständig größer werdenden Geldbeträgen hantiert werden muss, was jedoch in erster Linie ein rechnerisches und kein ökonomisches Problem ist.

Inflationsfolgen	
Privates Geldvermögen in Deutschland 2017	**EUR 5.857.000.000.000**
Verlust bei einer Inflationsrate von 1%	
pro Jahr	58.570.000.000
pro Tag	160.465.753
pro Stunde	6.686.073
pro Minute	111.435
pro Sekunde	1.857
Durchschnittliches Geldvermögen je Haushalt	142.993
Durchschnittliches Geldvermögen je Einwohner	71.274

Für die realen Folgen inflationärer Entwicklungen kommt es also entscheidend darauf an, ob der Kaufkraftverlust pro Geldeinheit durch eine Erhöhung der verfügbaren Geldeinheiten ausgeglichen werden kann. Die Chancen für einen Inflationsausgleich sind bei den Wirtschaftssubjekten unterschiedlich. Neben den Folgen für einzelne Wirtschaftssubjekte bzw. Bevölkerungsgruppen ergeben sich auch Wirkungen für die Gesamtwirtschaft.

▶ Inflation und Einkommen

Einkommensbezieher sind, wenn sie Kaufkraftverluste vermeiden wollen, darauf angewiesen, inflationsbedingte Geldentwertungen durch Einkommenserhöhungen auszugleichen. Das kann insbesondere für Bezieher fester Einkommen zu einem Problem werden. Wie gut es gelingt, hängt nicht zuletzt von der Wirksamkeit der Interessenvertretung ab. Die Gewerkschaften können in der Regel in den Tarifverträgen zumindest einen Inflationsausgleich durchsetzen. Strittig ist dabei u. a. zwischen den Tarifparteien immer wieder die Frage, ob eine Lohnerhöhung eine zukünftige Preissteigerung vorwegnimmt und damit auf die zu erwartende Inflationsrate ausgerichtet werden muss, oder ob die Preissteigerung vorausgeht und durch die Lohnerhöhung nachträglich ausgeglichen wird.

Kaufkraftverluste durch Geldentwertung treffen die Einkommensbezieher unterschiedlich hart. Bezieher niedriger Einkommen, die nahezu ihr gesamtes Geld für Konsumzwecke ausgeben (müssen), sind von den steigenden Güterpreisen in vollem Umfang betroffen. Bezieher höherer Einkommen geben nur einen Teil ihres Geldes für Güterkäufe aus; einen nicht unbeträchtlichen Teil sparen sie. Die Ersparnisse können jedoch durch verzinsliche Anlage vor Kaufkraftverlusten geschützt werden. Liegen die Zinsen über der Inflationsrate, nimmt die Kaufkraft sogar zu.

▶ Inflation und Vermögen

Geldvermögen wachsen durch Zinsen. Liegt der Zinssatz unter der Inflationsrate, nehmen Geldvermögen real ab. Inflation beeinträchtigt also die Wertaufbewahrungsfunktion des Geldes. Da insbesondere einkommensschwache Bevölkerungskreise ihre Ersparnisse nur zu vergleichsweise geringen Zinssätzen anlegen (können), ergibt sich eine sozial bedenkliche Inflationsfolge. *Sachvermögen* wachsen durch Wertsteigerungen. In der Regel liegen die Steigerungsraten über der Inflationsrate, sodass Sachvermögensbesitzer durch die Inflation kaum benachteiligt werden. Bei hohen Inflationsraten findet daher oft eine „Flucht in Sachwerte“ statt, d. h., Geldvermögen wird in Sachvermögen umgewandelt („Betongold“).

▶ Inflation und Schulden

Für Schulden gilt das **Nominalwertprinzip.** 1.000 EUR Schulden bleiben auch bei hoher Inflation 1.000 EUR Schulden. Schuldner profitieren und Gläubiger verlieren also durch die Inflation, wenn kein Inflationsausgleich durch Zinsanpassungen stattfindet.

▶ Inflation und Staat

Der Staat wird oft als „Inflationsgewinner“ bezeichnet. Haupteinkommensquellen des Staates sind die einkommensabhängigen Steuern sowie die Mehrwertsteuer. Bei höheren Inflationsraten wachsen auch die Einkommen stärker. Höhere Einkommen werden darüber hinaus prozentual stärker besteuert als niedrigere Einkommen. Bei Einkommenssteigerungen wachsen also die Staatseinnahmen gleich zweifach. Die Mehrwertsteuer wird vom Nettoverkaufspreis der Güter erhoben. Werden die Güter teurer, erhöhen sich auch die Mehrwertsteuereinnahmen des Staates. In der Tat steigen also die Staatseinnahmen bei Inflation überproportional. Andererseits muss der Staat aber auch für seine Güterkäufe höhere Preise und für seine Beschäftigten höhere Löhne zahlen. Oftmals steigen gerade die Preise der vom Staat nachgefragten Güter besonders stark (Grundstückspreise usw.). Ob der Staat letztlich von der Inflation profitiert, hängt also vom Verhältnis der inflationsbedingten Mehreinnahmen zu den inflationsbedingten Mehrausgaben ab.

▶ Inflation und Beschäftigung

Die Zusammenhänge zwischen Inflation und Beschäftigung bzw. Wachstum sind nicht eindeutig. Die in der Realität oft zu beobachtende Gleichzeitigkeit von Inflation und Beschäftigungszunahme bedeutet noch keineswegs, dass es sich um ein Ursache-Wirkungs-Verhältnis handelt und dass der Staat lediglich die Inflation anheizen müsse, um die Beschäftigung zu fördern. Bei einer Erhöhung der nachfragewirksamen Geldmenge (z. B. durch staatliche Kreditaufnahme) wächst die gesamtwirtschaftliche Nachfrage. Inwieweit die Mehrnachfrage zu mehr Beschäftigung oder zu mehr Inflation führt, hängt insbesondere vom Grad der bestehenden Kapazitätsauslastung ab. Je höher die Auslastung, umso höher der Inflationseffekt; je geringer die Auslastung, umso höher der Beschäftigungseffekt. Aus dem Sowohl-als-auch ergibt sich für die Wirtschaftspolitik ein typischer Zielkonflikt. Der empirische Zusammenhang zwischen Beschäftigung und Inflation wird zumeist mithilfe der **PHILLIPS-Kurve** dargestellt.[1]

> „Mir sind 5 % Inflation lieber als 5 % Arbeitslose."
>
> *Helmut Schmidt, ehemaliger Bundeskanzler*

▶ Inflation und Außenwirtschaft

Außenwirtschaftliche Einflüsse auf die Geldwertstabilität treten vor allem bei festen Wechselkursen auf; bei flexiblen Wechselkursen finden Anpassungen durch Wechselkursänderungen statt. Die Beziehungen sind wechselseitig. Zum einen beeinflussen die außenwirtschaftlichen Beziehungen die Inflation, zum anderen hat die Inflationsrate Auswirkungen auf Exporte und Importe. Hat Land A eine höhere Inflationsrate als Land B, verteuern sich bei festen Kursen die Produkte von A auch in B und werden weniger nachgefragt; die Exporte von A sinken. Die Produkte von B steigen weniger stark und werden in A vermehrt nachgefragt; die Importe von A steigen.

Zusammenfassung Kapitel 8.3.1:
Inflation

- Als Inflation wird ein Prozess allgemeiner Preisniveausteigerungen bezeichnet.
- Nach der Erkennbarkeit werden offene und verdeckte Inflation, nach der Dauer temporäre und permanente Inflation und nach dem Ausmaß schleichende und galoppierende Inflation unterschieden.
- Geht der Inflationsimpuls von der Nachfrageseite aus, wird von nachfrageinduzierter Inflation gesprochen, geht der Inflationsimpuls von der Angebotsseite aus, wird von angebotsinduzierter Inflation gesprochen.
- Arten der nachfrageinduzierten Inflation sind Binnennachfrage-, Auslandsnachfrage- und Exportüberschussinflation.
- Arten der angebotsinduzierten Inflation sind Kosten-, Gewinn-, Steuer- und Importpreisinflation.
- Die Folgen der Inflation hängen vor allem davon ab, ob die Kaufkraftverluste pro Geldeinheit durch Zuwächse (z. B. Lohnerhöhungen, Zinsen) ausgeglichen werden können.

[1] Zum Zielkonflikt zwischen Vollbeschäftigung und Geldwertstabilität und zur PHILLIPS-Kurve vgl. auch Kapitel 7.

8.3.2 Deflation

? Ist eine ständige Steigerung des Geldwertes erstrebenswert?

Deflation ist ein Prozess allgemeiner Preissenkungen und damit Geldwertsteigerungen. Gemeint ist also nicht ein Rückgang der Inflationsrate **(Disinflation)**, sondern ein *absoluter* Rückgang des Preisniveaus, also das Gegenteil von Inflation. In der Realität sind deflationäre Prozesse in neuerer Zeit nicht aufgetreten.[1] Moderne Lehrbücher behandeln daher dieses Phänomen kaum noch.

Umgekehrt zum Erklärungsansatz der Inflation führt ein Überhang des gesamtwirtschaftlichen Güterangebots über die gesamtwirtschaftliche Geldnachfrage **(deflatorische Lücke)** zu ständigen Preisniveausenkungen.

Diese auf den ersten Blick vielleicht faszinierende Entwicklung weist jedoch fast nur Nachteile auf; sie hat auch sehr viel schwerwiegendere negative Folgen als die Inflation. Wegen des Angebotsüberhangs senken die Unternehmen die Produktion und die Beschäftigung, wodurch sich das Volkseinkommen vermindert. In Erwartung weiter sinkender Preise und steigenden Geldwerts horten die Nachfrager das Geld und reduzieren die Güternachfrage. Das hat verstärkte Produktionsrückgänge, noch mehr Arbeitslosigkeit und weitere Nachfrageverluste zur Folge usw. Deflation führt also zu einem ständigen Abschaukeln des Wirtschaftsprozesses und endet – wenn nicht nachfragefördernde Gegenmaßnahmen ergriffen werden – in Massenarbeitslosigkeit und volkswirtschaftlicher Verarmung.

Wegen der Kenntnis der schwerwiegenden Folgen einerseits und wirksamer Gegenmaßnahmen andererseits (z. B. Nachfrageförderung durch höhere, kreditfinanzierte Staatsausgaben) könnte deflationären Entwicklungen heute bereits in ihren Ansätzen wirtschaftspolitisch entgegengewirkt werden.

Zusammenfassung Kapitel 8.3.2:
Deflation

- Deflation ist ein Prozess allgemeiner Preissenkungen.
- Ursache deflationärer Entwicklung ist ein Überhang des gesamtwirtschaftlichen Güterangebots über die gesamtwirtschaftliche Geldnachfrage.
- Zu erwartende Folgen bei Deflation sind Verminderung der Produktion und steigende Arbeitslosigkeit.

8.4 Geldentstehung und Geldverkehr

Geld ähnelt in vielerlei Hinsicht den realen Wirtschaftsgütern. Es wird hergestellt und auf dem Geldmarkt nachgefragt und angeboten. Aus Angebot und Nachfrage ergibt sich sein Preis, der Zins.

[1] In Deutschland gab es in den Jahren 1930 bis 1932 eine deflationsähnliche Entwicklung. Der damalige Reichskanzler BRÜNING passte in der Weltwirtschaftskrise – mittels Notverordnungen – die Staatsausgaben ständig an den Schrumpfungsprozess der Wirtschaft an und verstärkte dadurch die Depression zusätzlich; bis 1932 stieg die Arbeitslosigkeit auf über 6 Millionen an.

8.4.1 Geldproduzenten

Wer darf Geld herstellen?

Beim Vorgang der Geldentstehung muss zwischen materiellem Geld (Münzen, Banknoten) und immateriellem Geld (Buchgeld) unterschieden werden.

Münzen und Banknoten werden zunächst in einem technischen Sinne produziert. Mit Prägung und Druck ist aber noch nicht Geld im wirtschaftlichen Sinne entstanden. Als Geld im eigentlichen Sinne wird nur der Teil des Geldes gezählt, der „im Umlauf" ist. Damit Bargeld in Umlauf kommt, bedarf es noch eines wirtschaftlichen Vorgangs, der Geld aus dem Bankensystem in die Hände von Nichtbanken (Haushalte, Unternehmen, Staat) gelangen lässt. Gelangt zusätzliches Geld in Umlauf, wird auch von **Geldschöpfung** gesprochen. Durch Geldschöpfung vergrößert sich die Geldmenge.

Buchgeld wird bereitgestellt. Es handelt sich dabei um Einlagen auf Konten. Neues Buchgeld entsteht, wenn Nichtbanken Verfügungsmöglichkeiten über *zusätzliche* Einlagen erwerben.

Geldvernichtung schließlich ist ein Vorgang, durch den dem Kreislauf Geld entzogen wird. Er ist nicht gleichbedeutend mit einer physischen Vernichtung von Münzen oder Banknoten. Im wirtschaftlichen Sinne wird Geld dann vernichtet, wenn es in den Bereich der Zentralbank gelangt.

Art. 105a [Ausgabe von Banknoten und Münzen]

(1) Die EZB hat das ausschließliche Recht, die Ausgabe von Banknoten innerhalb der Gemeinschaft zu genehmigen. Die EZB und die nationalen Zentralbanken sind zur Ausgabe von Banknoten berechtigt. Die von der EZB und den nationalen Zentralbanken ausgegebenen Banknoten sind die einzigen Banknoten, die in der Gemeinschaft als gesetzliches Zahlungsmittel gelten.

(2) Die Mitgliedstaaten haben das Recht zur Ausgabe von Münzen, wobei der Umfang dieser Ausgabe der Genehmigung durch die EZB bedarf.

EG-Vertrag

Das Recht, **Bargeld** zu produzieren liegt in unterschiedlichen Händen. Nach dem EG-Vertrag ist in der Europäischen Währungsunion die EZB für die Banknoten zuständig. Die Ausgabe der Banknoten erfolgt über die nationalen Zentralbanken. Die Ausgabe von Münzen liegt in der Zuständigkeit der einzelnen Länder; der Umfang bedarf jedoch der Genehmigung durch die EZB.

Buchgeld kann vom Zentralbankensystem und von den Geschäftsbanken geschaffen („geschöpft") werden.

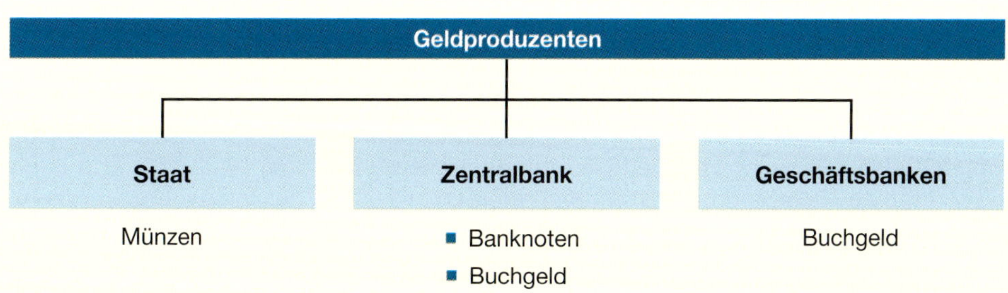

8.4.2 Geldschöpfung

Als **Geldschöpfung** werden Vorgänge bezeichnet, durch die neues Geld entsteht. In einem zweistufigen Bankensystem (Zentralbankensystem und Geschäftsbanken) entsteht neues Geld auf zweifache Weise:

- Das Zentralbankensystem schöpft Zentralbankgeld
- Das Geschäftsbankensystem schöpft Geschäftsbankengeld

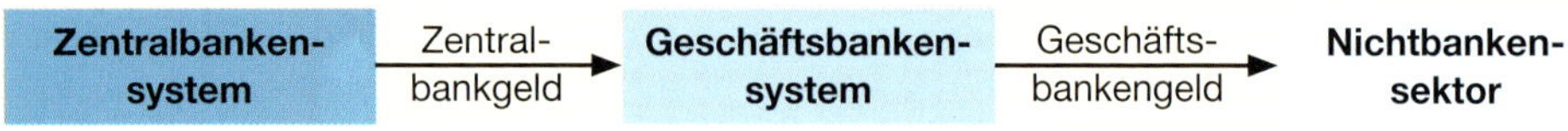

Zwischen **Geschäftsbankengeld** und **Zentralbankgeld** besteht ein enger Zusammenhang. Wenn die Geschäftsbanken Geld schöpfen, ist das stets mit einer Zunahme des Geldumlaufs und der bei der Zentralbank zu haltenden Mindestreserve verbunden. Die Geldschöpfung der Geschäftsbanken erfordert also Geld (Zentralbankgeld), das die Kreditinstitute nicht selbst schaffen können.

8.4.2.1 Geldschöpfung der Zentralbank

Wodurch entsteht Zentralbankgeld?

Es sei noch einmal daran erinnert, dass das Drucken von Banknoten noch keine Geldschöpfung darstellt. Notwendig ist eine wirtschaftliche Transaktion, die Geld (Bargeld oder Sichtguthaben) in den Geldkreislauf bringt.

Neues Zentralbankgeld entsteht, wenn die Zentralbank Aktiva erwirbt und diese mit Zentralbankgeld (Bargeld, Zentralbankguthaben) bezahlt.

Zentralbankgeld: umlaufendes Bargeld + Guthaben von Banken und Nichtbanken auf Konten bei der Zentralbank.

Zum Erwerb von Aktiva durch die Zentralbank gehören:

- Ankauf von Gold und Devisen
- Ankauf von Wertpapieren
- Vergabe von Krediten an Geschäftsbanken

Kredite an Geschäftsbanken dienen deren **Refinanzierung.** Benötigt eine Geschäftsbank Zentralbankgeld, kann sie sich dieses Geld bei der Zentralbank beschaffen. Einzelheiten hierzu werden bei den geldpolitischen Instrumenten der Zentralbank behandelt.

Tätigt die Zentralbank die Transaktion mit einer Nichtbank (z. B. einem öffentlichen Haushalt oder einem Unternehmen), wächst die Geldmenge unmittelbar; tätigt die Zentralbank die Transaktion mit einer Geschäftsbank, hat durch diesen Vorgang allein die Geldmenge noch nicht zugenommen, da die Geldbestände der Banken nicht zur Geldmenge zählen. Die Geschäftsbanken erwerben jedoch Liquidität, die sie in einem zweiten Schritt in Form von Krediten an Nichtbanken weitergeben können, was dann das Geldvolumen erhöht.

Geldvernichtung durch die Zentralbank findet statt, wenn sie Vermögensteile an andere Wirtschaftseinheiten verkauft und dadurch dem Kreislauf Geld entzieht oder wenn Kredite der Zentralbank zurückgezahlt bzw. von ihr zurückgenommen werden.

Die Geldschöpfungsaktivitäten der Zentralbank schlagen sich in deren Bilanz nieder:

Konsolidierter Wochenausweis des Eurosystems (vereinfacht)	
Aktiva	**Passiva**
Gold	Banknotenumlauf
Devisen, Währungsreserven	Verbindlichkeiten gegenüber dem Finanzsektor
Wertpapiere	Schuldverschreibungen
Forderungen an den Finanzsektor	Verbindlichkeiten gegenüber öffentlichen Haushalten
Forderungen an öffentliche Haushalte	

Beispiel

Die Zentralbank kauft Devisen gegen Bargeld.

Aktiva: Devisen, Währungsreserven	Passiva: Banknotenumlauf

Die Zentralbank kauft Wertpapiere von einer Geschäftsbank und räumt dafür Sichtguthaben ein.

Aktiva: Wertpapiere	Passiva: Verbindlichkeiten gegenüber dem Finanzsektor

Zusammenfassung Kapitel 8.4.2.1:
Geldschöpfung der Zentralbank

- Geld wird von der Zentralbank und den Geschäftsbanken geschöpft.
- Das Zentralbankgeld setzt sich aus dem gesamten Bestand an umlaufendem Bargeld und den Zentralbankguthaben der Banken und Nichtbanken zusammen.
- Neues Zentralbankgeld entsteht, wenn die Zentralbank Aktiva erwirbt und diese mit Zentralbankgeld (Bargeld, Zentralbankguthaben) bezahlt.
- Zum Erwerb von Aktiva durch die Zentralbank gehören:
  - Ankauf von Gold und Devisen
  - Ankauf von Wertpapieren
  - Vergabe von Krediten an Geschäftsbanken

8.4.2.2 Geldschöpfung der Geschäftsbanken

Durch welchen Vorgang können Geschäftsbanken Buchgeld schaffen? ?

Geschäftsbanken können nur Giralgeld (Buchgeld) schöpfen. Da aber Giralgeld in modernen Geldverkehrswirtschaften nicht nur richtiges Geld ist, sondern auch volumenmäßig die größte Geldart darstellt, mag es überraschend erscheinen, dass dieses Recht auch Privatunternehmen zugestanden wird.

Die Bezeichnungen **Geschäftsbanken** und **Kreditinstitute** sind gleichbedeutend. Es handelt sich um Unternehmen, die Bankgeschäfte betreiben. Bankgeschäfte sind u. a. Annahme fremder Gelder, Gewährung von Krediten, Ankauf von Wechseln und Schecks,

Anschaffung, Veräußerung und Verwaltung von Wertpapieren und Durchführung des bargeldlosen Zahlungsverkehrs.

§

Gesetz über das Kreditwesen (KWG)

§ 1 Begriffsbestimmungen

Kreditinstitute sind Unternehmen, die Bankgeschäfte gewerbsmäßig oder in einem Umfang betreiben, der einen in kaufmännischer Weise eingerichteten Geschäftsbetrieb erfordert.

In allgemeiner Form schöpfen Banken Giralgeld, indem sie Kunden Sichtguthaben einräumen. Die Rolle der Banken ist hierbei mal passiv, mal aktiv.

▶ Passive Giralgeldschöpfung

Eine einfache Form der Giralgeldschöpfung besteht darin, dass Kunden bei einer Bank Bargeld einzahlen und dafür eine Gutschrift auf einem Konto erhalten. Durch dieses Sichtguthaben ist neues Giralgeld entstanden. Da das Bargeld jetzt im Bestand der Bank ist, wird es nicht mehr als Geld gezählt.

Durch den Vorgang entsteht zwar zusätzliches Giralgeld, jedoch wird in gleichem Umfang Bargeld „vernichtet". Diese Form der Giralgeldschöpfung ist geldpolitisch unbedeutend, da sich das Geldvolumen nicht erhöht; lediglich seine Struktur verändert sich. Die Banken befinden sich bei diesem Vorgang in einer passiven Rolle; daher wird er auch **passive Giralgeldschöpfung** genannt.

Der umgekehrte Vorgang der Barauszahlung gegen Verminderung des Sichtguthabens wird **passive Giralgeldvernichtung** genannt.

Ein ähnlicher Prozess findet statt, wenn eine Geschäftsbank von einer Nichtbank Vermögensteile (Gold, Devisen, Wertpapiere) kauft. Der Gegenwert kann bar ausgezahlt oder als Sichtguthaben eingeräumt werden. Durch einen solchen Vorgang erhöht sich jedoch die umlaufende Geldmenge, da entweder Bargeld aus den Händen der Banken in die Hände von Nichtbanken gelangt oder Giralgeld geschöpft wird.

▶ Aktive Giralgeldschöpfung

Entsteht durch ein Sichtguthaben Giralgeld, dem vorher weder Bargeld noch Vermögensteile gegenüberstanden, liegt **aktive Giralgeldschöpfung** vor. Sie ist dann gegeben, wenn eine Geschäftsbank einer Nichtbank einen **Kredit** gewährt. Da eine Erhöhung des Geldvolumens durch Kreditgewährung erhebliche geldpolitische Bedeutung besitzt, wird sie im Folgenden ausführlich dargestellt.

„Die Kreditgewährung der Banken an Unternehmen und Privatpersonen hat den Geldschöpfungsprozess im Verlauf des November wieder kräftig gefördert. .... Insgesamt stiegen die Bankkredite an den privaten Sektor um 10,8 Mrd. EUR; ... in den letzten sechs Monaten wurde sie mit einer saisonbereinigten Jahresrate von gut 9 % ausgeweitet."

Monatsbericht der Deutschen Bundesbank

Beispiel

Zum besseren Verständnis der Giralgeldschöpfung durch Geschäftsbanken soll das Grundprinzip zunächst an einem einfachen Beispiel dargestellt werden. Eine Wirtschaftsgemeinschaft soll aus einer gerade gegründeten Bank A sowie den zwei Familien →

→ S und K bestehen. Herr S zahlt 40.000 EUR bei der Bank ein. Von dem Geld sollen während der nächsten 5 Jahre an den jüngeren Sohn monatlich 150 EUR als Taschengeld ausgezahlt und an die Tochter, die bereits studiert, jeden Monat 500 EUR überwiesen werden.

Nach einigen Tagen kommt Frau K zur Bank und fragt, ob sie ihr für einen Hausanbau Geld für zwei Jahre leihen könne. Die Bank errechnet, dass sie von den 40.000 EUR in den nächsten zwei Jahren 15.600 EUR an die Kinder von S zahlen muss. 24.400 EUR liegen während dieser Zeit ungenutzt bei ihr herum. Da Frau K vertrauenswürdig ist, stellt ihr die Bank die 24.400 EUR für zwei Jahre als Kredit zur Verfügung. Sie macht mit K einen Kreditvertrag und richtet ein Konto mit einer Sichteinlage von 24.400 EUR ein, über die Frau K nun verfügen kann.

Durch diesen Vorgang ist zusätzliches Geld entstanden. Herrn S gehören nach wie vor die 40.000 EUR (die stehen ja auf seinem Konto); Frau K kann über 24.400 EUR verfügen (die stehen auf ihrem Konto). In der Wirtschaftsgemeinschaft steht insgesamt ein Geldvolumen von 40.000 EUR + 24.400 EUR = 64.400 EUR zur Verfügung.

Für die Bank würden sich Schwierigkeiten ergeben, wenn die Familie S entgegen der Absprache in den nächsten zwei Jahren über mehr als 15.600 EUR verfügt. Wenn bis dahin noch keine neue Einlage von einem weiteren Kunden erfolgte, müsste sich die Bank die fehlende Liquidität durch Kredite bei anderen Banken oder bei der Zentralbank verschaffen.

Geldschöpfung der Geschäftsbanken findet durch Kreditvergabe an Kunden statt.

Weil eine Kreditvergabe Ausgangspunkt ist, wird die Geldschöpfung der Geschäftsbanken auch **Kreditschöpfung** genannt. Der Geldschöpfungsvorgang beruht auf folgenden Bedingungen:

1. Banken erhalten durch eine Einlage Geld.
2. Die Banken wissen, dass über Einlagen nur zum Teil und erst nach und nach verfügt wird und dass ein Teil der Einlagen für einen gewissen Zeitraum bei ihnen verbleibt.
3. Kunden müssen Kredite aufnehmen.

Voraussetzungen für die Giralgeldschöpfung der Geschäftsbanken

- Durch zahlreiche Vorgänge entstehen im Bankensystem ständig neue Einlagen (Sicht-, Termin- und Spareinlagen).
- Die Banken wissen, dass trotz der Abgänge (z. B. Auszahlungen) stets eine beträchtliche Geldmenge bei ihnen verbleibt.
- Es genügt, wenn die Banken so viel Geld in Reserve halten, dass die Aufträge der Kunden ausgeführt werden können.
- Die Banken können den über die Reservehaltung hinausgehenden Teil ihres Geldbestandes als Kredite vergeben, ohne dass die Einleger in ihren Verfügungsmöglichkeiten beeinträchtigt werden.
- Bei fehlender Liquidität können sich die Banken durch Geldmarktkredite bei anderen Banken und durch verschiedene Refinanzierungsmaßnahmen bei der Zentralbank Geld verschaffen und so ihre Liquidität sichern.

Reservehaltung der Geschäftsbanken

Die gesamte Reservehaltung der Geschäftsbanken besteht aus zwei Komponenten:

- der vorgeschriebenen **Mindestreserve** und
- einer freiwilligen Reserve **(Barreserve).**

Die Mindestreserve wird in ihrer Höhe durch den Mindestreservesatz bestimmt.

Die Barreserve setzt sich aus der Bargeldhaltung der Banken sowie deren Sichteinlagen bei der Zentralbank (soweit sie das Mindestreserve-Soll übersteigen) und bei anderen Geldinstituten zusammen. Sie dient vor allem der Liquiditätssicherung für die laufenden Geschäfte; ihre Höhe orientiert sich daher an den Liquiditätserfordernissen der Banken und ist u. a. abhängig von den Zahlungsgewohnheiten (barer – unbarer Zahlungsverkehr).

Mindestreserve[1]

Die Geschäftsbanken müssen von bestimmten Einlagen einen von der EZB festgelegten Prozentsatz **(Mindestreservesatz)** als Mindestreserve bei der Zentralbank hinterlegen. Mindestreservepflichtige Verbindlichkeiten sind:

- Täglich fällige Einlagen (Sichteinlagen)
- Einlagen mit vereinbarter Laufzeit von bis zu zwei Jahren
- Einlagen mit vereinbarter Kündigungsfrist von bis zu zwei Jahren
- Schuldverschreibungen mit vereinbarter Laufzeit von bis zu zwei Jahren
- Geldmarktpapiere

Um kleine Banken zu schonen, wird für die Mindestreservepflicht ein pauschaler Freibetrag von 100.000 EUR gewährt; d. h., erst eine über diesen Betrag hinausgehende Mindestreservepflicht muss erfüllt werden.

Die Mindestreserven werden mit dem Zinssatz, der für die Hauptrefinanzierungsgeschäfte gilt, verzinst.

Die Einlage einer Geschäftsbank auf dem Konto bei der Zentralbank wird als **Ist-Reserve** bezeichnet. Ist das Guthaben bei der Zentralbank höher als zur Erfüllung des Mindestreserve-Solls erforderlich, wird von **Überschussreserve** gesprochen. Der **Reserveüberschuss** hingegen gibt an, um wieviel die Einlagen bei einer Bank deren Reserve übersteigen; der Reserveüberschuss steht zur Kreditvergabe und damit zur Geldschöpfung durch die Geschäftsbanken zur Verfügung.

Reservebegriffe der Zentralbank	
Mindestreserve-Soll	Von den Banken bei Anwendung der Mindestreservesätze auf reservepflichtigen Einlagen (abzüglich des Freibetrages) zu haltende Reserve.
Ist-Reserve	Bei der Zentralbank unterhaltene Sichtguthaben.
Überschussreserve	Überschuss des Zentralbankguthabens über das Mindestreserve-Soll
Reserveüberschuss	Einlagen bei einer Bank minus Reservezuführung; steht zur Kreditvergabe zur Verfügung

Eine interessante und für geldpolitische Überlegungen entscheidende Frage ist nun, wie viel Geld das Bankensystem schöpfen kann. Die Antwort kann mithilfe von Konten oder durch eine tabellarische Darstellung gegeben werden.

Aus Gründen der Vereinfachung wird im folgenden Geldschöpfungsmodell angenommen, dass kein Zentralbankgeld verfügbar ist. Die Bankenliquidität ist somit auf Kundenein-

[1] Vgl. hierzu auch den Abschnitt 8.6.2.3 „Mindestreserve" im Kapitel 8.6 „Geldpolitik der EZB".

lagen beschränkt. Der Geldschöpfungsprozess speist sich allein aus dem Reserveüberschuss der Geschäftsbanken.

▶ Darstellung des Geldschöpfungsprozesses mithilfe von Konten

Beispiel

Ein Bankkunde legt bei einer Bank A eine Einlage in Höhe von 100.000 GE ein. Unterstellt wird, dass alle Banken eine Reserve (Barreserve + Mindestreserve) in Höhe von 10 % ihrer Einlagen halten und dass die Kunden über 30 % ihres Geldes bar verfügen.

Wie wirkt sich eine Einlage von 100.000 GE bei der Geschäftsbank A aus?

Aktiva	Bank A		Passiva
Reserve	10.000,00	Einlage	100.000,00
Reserveüberschuss	90.000,00		

In Höhe des Reserveüberschusses kann Bank A einen Kredit vergeben („schöpfen“).

Der Kredit wird von einem Bankkunden in voller Höhe in Anspruch genommen. 30 % des Betrages (= 27.000,00 GE) hebt der Kunde in bar ab; den Rest zahlt er auf ein Konto bei Bank B ein. Dort entsteht eine Einlage von 63.000,00 GE.

Aktiva	Bank B		Passiva
Reserve	6.300,00	Einlage	63.000,00
Reserveüberschuss	56.700,00		

Bei Bank B wiederholt sich der gleiche Vorgang wie bei Bank A. Nach Abzug der Bargeldhaltung wird der Rest in Höhe von 39.690,00 GE zu einer weiteren Einlage bei Bank C, die einen weiteren Kredit in Höhe von 35.721,00 GE vergibt.

Aktiva	Bank C		Passiva
Reserve	3.969,00	Einlage	39.690,00
Reserveüberschuss	35.721,00		

Bis einschließlich Bank C ist die Geldmenge bereits um 90.00,00 GE + 56.700,00 GE + 35.721,00 GE gewachsen und es wird erkennbar, dass das Bankensystem in seiner Gesamtheit ein Vielfaches des Ausgangsbetrages an zusätzlichem Geld schöpfen kann **(multiple Geldschöpfung).**

Die schöpfbare Geldmenge wird jedoch bei jedem Schritt kleiner, da jedes Mal ein Teil als Reserve einbehalten werden muss und ein Teil in Form von Bargeld aus dem Giralgeldsystem abfließt. Irgendwann – theoretisch nach unendlich vielen Schritten – kommt also der durch eine bestimmte Einlage in Gang gesetzte Geldschöpfungsprozess an sein Ende.

Der Geldschöpfungsprozess aus einer Einlage ist zu Ende, wenn

!

Reserveüberschuss = Summe Barabflüsse + Summe Reservezuführungen

Da jedoch bei den zahlreichen Banken in einer Volkswirtschaft Tag für Tag viele Geldschöpfungsvorgänge aufgrund von Einlagen neu beginnen, endet die Geldschöpfung gesamtwirtschaftlich gesehen nie.

▶ Tabellarische Darstellung des Geldschöpfungsprozesses

Der bisher mithilfe von Konten dargestellte Prozess der Geldschöpfung lässt sich auch durch eine tabellarische Übersicht wiedergeben.

Einlage	100.000,00
Reservesatz (%)	10
Bargeldhaltung (%)	30

Periode	Reserveüberschuss (Ü) (Kreditschöpfungs-möglichkeit)	Bargeldabfluss (BA) (30 %)	Einlage	Reserve (R) (10 %)
0			100.000,00	10.000,00
1	90.000,00	27.000,00	63.000,00	6.300,00
2	56.700,00	17.010,00	39.690,00	3.969,00
3	35.721,00	10.716,30	25.004.70	2.500,47
4	22.504,23	6.751,27	15.752,96	1.575,30
n	0,00	0,00	0,00	0,00
Summe	?			

Interessant ist nun vor allem die Frage, in welcher Höhe durch den Geldschöpfungsprozess zusätzliches Geld entstehen kann.

▶ Höhe der Geldschöpfungsmöglichkeit

Die bisherigen Überlegungen ließen bereits erkennen, dass die Höhe der Geldschöpfungsmöglichkeiten durch die Reservehaltung (Mindestreserve + Barreserve) und den Bargeldabfluss beeinflusst wird.

- Je höher die Reservehaltung, umso geringer die Geldschöpfungsmöglichkeiten der Geschäftsbanken.
- Je höher der Bargeldabfluss, umso geringer die Geldschöpfungsmöglichkeiten der Geschäftsbanken.

In jeder Periode des Geldschöpfungsprozesses tritt eine Verminderung des Reserveüberschusses (Ü) um den Bargeldabfluss (BA) und um die Reservehaltung (R) ein.

$$\ddot{U}_2 = \ddot{U}_1 - (BA_1 + R_1)$$

Aus einer Einlage bzw. dem daraus resultierenden Reserveüberschuss kann das Geschäftsbankensystem ein Vielfaches an neuem Geld schöpfen. Der Faktor, der die maximale Geldschöpfungsmöglichkeit bestimmt, ist der **Geldschöpfungsmultiplikator**[1]**:**

Geldschöpfungsmultiplikator: $\frac{1}{c + r\,(1 - c)}$

r = Reservesatz

c = Bargeldquote

[1] Zur Ableitung des Geldschöpfungsmultiplikators vgl. den folgenden Abschnitt.

Der Reservesatz r setzt sich zusammen aus dem vorgeschriebenen Mindestreservesatz (r_M) und dem erfahrungsbedingten Barreservesatz (r_B).

Bei gegebenem ursprünglichen Reserveüberschuss $Ü_1$, gegebener Bargeldquote c und gegebenem Reservesatz r ergibt sich als Formel für die maximale Kreditschöpfungsmöglichkeit des Bankensektors:

!

$$Kr = \frac{1}{c + r(1 - c)} \cdot Ü_1$$

Kr	$\frac{1}{c + r(1 - c)}$	$Ü_1$
Max. Kreditschöpfungsmöglichkeit	Geldschöpfungsmultiplikator	Reserveüberschuss

Rechenbeispiel:

Reserveüberschuss ($Ü_1$)	90.000 GE
Bargeldhaltung (c)	30 %
Reservehaltung (r)	10 %

$$Kr = \frac{1}{0{,}3 + 0{,}1\ (1 - 0{,}3)} \cdot 90.000$$

$$Kr = \frac{90.000}{0{,}37}$$

$$Kr = 243.243{,}24$$

Das Bankensystem kann bei einer Reservehaltung von 10 % und einer Bargeldquote von 30 % aus einem Reserveüberschuss von 90.000 GE maximal 243.243,24 GE Giralgeld schöpfen.

Durch die Rückzahlung von Krediten wird zuvor geschaffenes Giralgeld wieder „vernichtet". Im Bankensystem findet also ständig ein Prozess von **Geldschöpfung** und **Geldvernichtung** statt. Da jedoch mittel- und langfristig mehr Geld geschöpft als vernichtet wird, wächst das Geldvolumen der Wirtschaft ständig an. Wächst das Geldvolumen schneller als das Gütervolumen einer Volkswirtschaft, ergeben sich Gefahren für die Geldwertstabilität. Eine Kontrolle und Steuerung der Geldmengenausweitung im Interesse von Preisniveau- und Geldwertstabilität ist also unerlässlich. Diese Aufgabe obliegt der Zentralbank, die hierfür mit entsprechenden Instrumenten ausgestattet ist, die später noch ausführlich dargestellt werden.

8.4.2.3 Ableitung des Geldschöpfungsmultiplikators

Der Betrag der maximalen Geldschöpfungsmöglichkeiten der Geschäftsbanken lässt sich mithilfe des Geldschöpfungsmultiplikators ermitteln. Hierzu werden im Folgenden zwei Wege vorgestellt.

1. Möglichkeit

Ableitung des Geldschöpfungsmultiplikators		
$Ü_1 = BA + R$	Ausgangspunkt ist die Erkenntnis, dass die Geldschöpfungsmöglichkeiten dann beendet sind, wenn der gesamte ursprüngliche Reserveüberschuss durch die Bargeldabflüsse und die Reservezuführungen aufgezehrt ist.	
	$BA = c \cdot Kr$	Ein Bargeldabfluss (BA) findet statt, wenn der Kunde von dem Kredit einen Teil in bar abhebt; seine Höhe ergibt sich aus Kredithöhe (Kr) mal Bargeldquote (c).
	$R = r \cdot E$	Eine Reservehaltung (R) findet statt, wenn bei einer Bank eine Einlage entsteht und die Bank einen Teil der Einlage als Reserve zurückbehalten muss; ihre Höhe ergibt sich aus Einlage (E) mal Reservesatz (r).
	$E = Kr - BA$	Eine Einlage entsteht, wenn ein Kunde einen Kredit aufnimmt und den Betrag, den er nicht bar behält, bei einer anderen Bank einzahlt oder an eine andere Bank überweist; ihre Höhe ergibt sich aus Kredithöhe (Kr) minus Bargeldabfluss (BA).
	$E = Kr - c \cdot Kr$ $E = (1 - c) \cdot Kr$	
$Ü_1 = c \cdot Kr + r \cdot E$ $Ü_1 = c \cdot Kr + r \cdot (1 - c) \cdot Kr$ $Ü_1 = Kr \cdot (c + r(1 - c))$		Ergibt sich durch Einsetzen und Umformen
$Kr = \frac{1}{c + r(1 - c)} \cdot Ü_1$		

2. Möglichkeit

Die zweite Möglichkeit knüpft an die tabellarische Darstellung des Geldschöpfungsvorgangs an. Werden zur Ermittlung der gesamten Geldschöpfung die Inhalte der Spalte „Reserveüberschuss" summiert, ergibt sich folgendes Bild:

90.000,00	+	56.700,00	+	37.721,00	+	22.504,23	+	...
a	+	aq	+	aq^2	+	aq^3	+	aq^{n-1}

a steht für „Anfangsglied", d.h. für den ersten Reserveüberschuss;

q steht für einen Faktor, der die im Geldschöpfungsvorgang verbleibende Geldsumme nach Abzug der Reservehaltung und nach Abzug der Bargeldhaltung bestimmt.

Die Folge $a + aq + aq^2 + aq^3 + ... + aq^{n-1}$ stellt eine unendliche geometrische Reihe dar mit der Summe nach n Folgen:

!

$$s_n = \frac{a}{1 - q}$$

Für die erste Periode der Geldschöpfung im Beispiel bedeutet dies:

a = 90.000 GE. Dieser Reserveüberschuss vermindert sich um zwei Beträge:

- um die Reservehaltung $a \cdot r$; $a(1 - r)$ verbleiben im Bankensystem
- um die Bargeldhaltung $a \cdot c$; $a(1 - c)$ verbleiben im Bankensystem.

Daraus ergibt sich: $q = (1 - r)(1 - c)$

Im Beispiel ($r = 0{,}1$ und $c = 0{,}3$) ergibt sich demnach für das zweite Glied aq:
$90.000\,(1 - 0{,}1)\,(1 - 0{,}3) = 56.700$

Ableitung des Geldschöpfungsmultiplikators

$s_n = \frac{a}{1 - q}$	Ausgangspunkt ist die Summenformel für eine unendliche geometrische Reihe. s_n entspricht der Kreditschöpfungsmöglichkeit Kr
a	= Anfangsglied = erster Reserveüberschuss
q	$= (1 - r)(1 - c)$ $= 1 - c - r + cr$
$1 - q$	$= 1 - (1 - c - r + cr)$ $= c + r - cr$ $= c + r(1 - c)$
$s_n =$	$\frac{a}{c + r(1 - c)}$
	$s_n = Kr$ $a = Ü_1$
$Kr = \frac{1}{c + r(1 - c)} \cdot Ü_1$	

Zusammenfassung Kapitel 8.4.2.2:
Geldschöpfung der Geschäftsbanken

- Geschäftsbanken können nur Giralgeld (Buchgeld) schöpfen.
- Passive Giralgeldschöpfung findet statt, wenn Bargeld in Sichtguthaben umgewandelt wird. Das Geldvolumen erhöht sich dadurch nicht.
- Aktive Giralgeldschöpfung einer Geschäftsbank findet statt, wenn durch Kreditvergabe an eine Nichtbank neues Giralgeld geschaffen wird. Das Geldvolumen in der Volkswirtschaft erhöht sich.
- Voraussetzungen für die Geldschöpfungsmöglichkeiten der Geschäftsbanken sind, dass Einlagen entstehen und dass nur ein Teil der Einlagen als Reserve gehalten werden muss. Der über die Reservehaltung hinausgehende Teil der Einlagen, der Reserveüberschuss, kann als Kredit vergeben werden.
- Die Höhe der Kreditmöglichkeiten hängt von der Mindestreserve, von der Barreserve und vom Bargeldabfluss ab.
- Je höher Reservehaltung und Bargeldabfluss sind, umso geringer sind die Kreditschöpfungsmöglichkeiten des Geschäftsbankensystems.
- Die Höhe der Mindestreserve wird von der Zentralbank festgelegt; die Höhe des Bargeldabflusses hängt von der Bargeldquote und damit von den Zahlungsgewohnheiten in einer Volkswirtschaft ab.
- Die maximale Höhe der Geldschöpfungsmöglichkeiten kann mithilfe des Geldschöpfungsmultiplikators ermittelt werden.

8.4.3 Kreditmarkt, Geldmarkt, Kapitalmarkt

? Welche Aufgaben erfüllen die verschiedenen Märkte des Geldbereichs?

Als Oberbegriff für Märkte, auf denen finanzielle Transaktionen stattfinden, wird der Ausdruck **Kreditmarkt** verwendet.

Als Formen des Kreditmarkts werden der Geldmarkt und der Kapitalmarkt unterschieden.

Teilnehmer am **Geldmarkt** sind – wegen der hohen Beträge, die gehandelt werden – vor allem die Zentralbank, die Geschäftsbanken und große Wirtschaftsunternehmen. In neuerer Zeit können sich auch Anleger von geringeren Geldbeträgen über Geldmarktfonds am Geldmarkt beteiligen.

Gegenstand ist der Handel mit Zentralbankgeld (Bargeld, Sichtguthaben bei der Zentralbank); er dient im Wesentlichen der Sicherstellung von Liquidität. Dies geschieht durch Kreditgeschäfte sowie durch Ankauf und Verkauf von Wertpapieren. **Geldmarktkredite** werden bei überschüssiger Liquidität angeboten und bei fehlender Liquidität (z. B. bei unerwarteten Barabhebungen von Bankkunden) nachgefragt.

Kreditmarkt

Geldmarkt	Kapitalmarkt
Kurzfristig Handel mit Zentralbankgeld	Langfristig Handel mit Krediten und Kapitalanlagen
▪ Geldmarktkredite ▪ Geldmarktpapiere	▪ Aktien ▪ Rentenpapiere ▪ Bankkredite und Bankeinlagen ▪ Sonstige langfristige Kredite und Kapitalanlagen

Nach der Fristigkeit wird unterschieden zwischen **Tagesgeld, Monatsgeld, Dreimonatsgeld, Halbjahresgeld** usw. **Geldmarktpapiere** werden zwischen der Zentralbank und Geschäftsbanken gehandelt; sie dienen einerseits der Refinanzierung der Geschäftsbanken und andererseits der Geldmengensteuerung durch die Zentralbank.[1]

Am Kapitalmarkt werden langfristige Kredite und Kapitalanlagen gehandelt. Zum *organisierten Kapitalmarkt* gehören insbesondere der Aktienhandel an den Aktienbörsen und der Handel mit Industrie- und Staatsobligationen an den Wertpapierbörsen **(Rentenmarkt).**

Zum organisierten Kapitalmarkt zählen auch die Kredite der Geschäftsbanken an Nichtbanken (Kontokorrent, Darlehen, Hypotheken) sowie die Einlagen der Nichtbanken bei Geschäftsbanken (Termineinlagen, Spareinlagen). Der organisierte Kapitalmarkt wird von Staat und Zentralbank beaufsichtigt.

Zum *nicht organisierten Kapitalmarkt* zählen die Kreditbeziehungen zwischen Unternehmen, zwischen Privathaushalten sowie zwischen Unternehmen und Privathaushalten.

[1] Zur Geldmengensteuerung der Zentralbank vgl. ausführlicher den Abschnitt über die Geldpolitik der Europäischen Zentralbank (EZB).

8.4.4 Geldangebot und Geldnachfrage

Wer bietet Geld an, wer fragt Geld nach und wovon hängen Angebot und Nachfrage ab?

- Geldangebot ist das Angebot des Bankensystems an Nichtbanken.
- Geldnachfrage ist die Nachfrage der Nichtbanken bei den Banken.

Auf den ersten Blick scheinen auch umgekehrte Marktbeziehungen zu existieren: Kunden bieten den Banken Geld an (z. B. Spareinlagen oder Termineinlagen). Da in diesem Falle die Kunden ihre Geldhaltung (Bargeld oder Sichteinlagen) verringern, handelt es sich jedoch nicht um ein Angebot von Geld, sondern um eine abnehmende Nachfrage nach Geld.

Im Prinzip verhalten sich die Teilnehmer am Geldmarkt nicht anders als die Anbieter und Nachfrager von Gütern. Für Geld besteht ein Preis, der Zinssatz. Er ergibt sich einerseits aus dem Zusammenspiel von Nachfrage und Angebot und ist andererseits die bestimmende Größe für die Höhe von Nachfrage und Angebot.

▶ Geldangebot

Anbieter von Geld sind die Geschäftsbanken. Diese benötigen allerdings zur Refinanzierung die Zentralbank und unterliegen in ihrem Geschäftsverhalten auch der Aufsicht durch die Zentralbank und den Staat. Die Zentralbank versucht, mithilfe ihrer geldpolitischen Instrumente das **Geldangebot** der Geschäftsbanken zu steuern.

Bei den Überlegungen zur Geldschöpfung ging es um die maximale Geldschöpfungsmöglichkeit des Bankensystems. Diese ist nicht identisch mit der Höhe des Geldangebots, sondern bildet lediglich deren obere Grenze. Wie viel hiervon die Geschäftsbanken den Nichtbanken in Form von Krediten tatsächlich anbieten und zu welchen Konditionen sie dies tun, hängt in erster Linie von alternativen Ertragsüberlegungen ab.

Etwas vereinfacht, haben die Geschäftsbanken zwei Möglichkeiten ihren Reserveüberschuss zu verwenden: sie können dafür Geldmarktpapiere von der Zentralbank kaufen oder sie können ihn Nichtbanken als Kredit anbieten.

Für die Entscheidung der Banken spielen neben Ertragsaussichten auch die unterschiedlichen Risiken und Liquiditätsfolgen eine Rolle. Kredite können – z. B. bei Konkurs eines Unternehmens – ganz oder teilweise verloren gehen; der Kauf von Geldmarktpapieren bei der Zentralbank hingegen ist risikolos.

Wenn einmal die unterschiedlichen Risiken und mögliche Refinanzierungskosten außer Acht gelassen werden, hängt die Verwendung des Reserveüberschusses von den jeweiligen Ertragsaussichten ab. Wenn eine Bank für einen Kredit beispielsweise nur einen Zinssatz von 6 % realisieren kann, der Kauf von Geldmarktpapieren bei der Zentralbank jedoch einer Verzinsung von 7 % entspricht, wird die Bank ihre Mittel zum Ankauf von Geldmarktpapieren und nicht für Kredite verwenden. Hieran wird deutlich, dass die Zentralbank über die Konditionen für Geldmarktpapiere die Bereitschaft der Banken, Kredite zu vergeben, zumindest in Grenzen steuern kann.

Das Geld- bzw. Kreditangebot der Banken hängt also von der Zinsdifferenz zwischen Krediten einerseits und anderweitigen Verwendungsmöglichkeiten andererseits ab. Im Allgemeinen schwankt der Kreditzins stärker als die Verzinsung der Geldmarktpapiere. Steigt der Kreditzins, wächst die Zinsdifferenz zu Gunsten der Kredite und damit die Bereitschaft der Banken, Kredite zu vergeben: Das Geldangebot steigt. Allerdings kann das Geldangebot nur soweit steigen, wie die maximalen Geldschöpfungsmöglichkeiten reichen. Darüber hinaus können die Banken – auch wenn der Zins noch weiter steigt – ihr Geldangebot nicht mehr erhöhen. Mit sinkendem Kreditzins werden die Banken einen immer größer werdenden Teil ihrer Mittel für den Kauf von Geldmarktpapieren verwenden; das Geldangebot geht zurück. Unterhalb eines gewissen Zinssatzes werden die Banken gar keine Kredite mehr anbieten, sondern ihre gesamten freien Mittel für Käufe von Geldmarktpapieren einsetzen.

Aus diesen Überlegungen ergibt sich eine **Geldangebotskurve,** die drei charakteristische Abschnitte aufweist. Unterhalb eines gewissen Kreditzinssatzes (i_0) findet kein Geldangebot statt. Oberhalb von i_0 steigt das Geldangebot mit steigendem Kreditzins. Bei einer Zinshöhe von i_m bieten die Banken ihr maximales Geldschöpfungspotenzial als Kredite an. Eine weitere Ausdehnung des Geldangebots ist nicht mehr möglich.

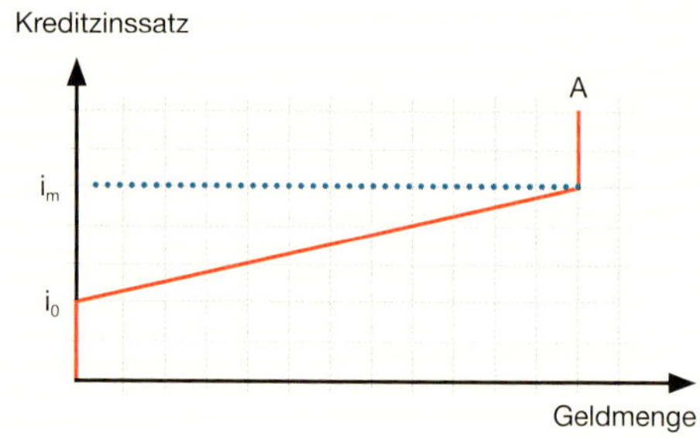

! Das Geldangebot des Geschäftsbankensystems hängt von der Zinshöhe ab. Mit steigendem Zins steigt das Angebot, mit sinkendem Zins sinkt es.

Geldangebot ist aber noch nicht gleich Geldmenge. Wie viel von den angebotenen Krediten auch tatsächlich zu Geld wird, hängt davon ab, wie viel Geld die Nichtbanken nachfragen.

▶ Geldnachfrage

Die **Geldnachfrage** entspricht der von Privathaushalten, Unternehmen und Staat gewünschten Kassenhaltung, also der Absicht, Vermögensteile in Form von Bargeld oder (unverzinslichen) Sichtguthaben zu halten. Sie ergibt sich aus den vorhandenen Beständen (Bargeld, Sichtguthaben) sowie den aktuellen Kreditwünschen.

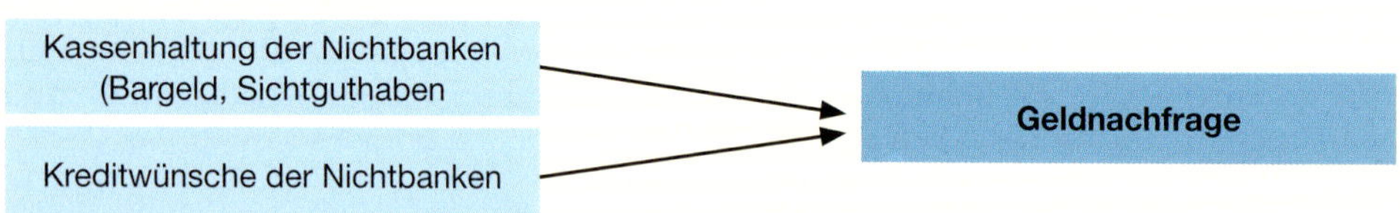

Nichtbanken fragen im Wesentlichen aus zwei Gründen Geld nach: um es als **Tauschmittel** oder als **Wertaufbewahrungsmittel** zu verwenden. Kassenhaltung bedeutet den Verzicht auf verzinsliche Verwendung. Hierfür sind insbesondere Liquiditätsüberlegungen ausschlaggebend.

Liquidität ist notwendig, um jederzeit Geld als Tauschmittel einsetzen zu können. Je höher die Kassenhaltung, umso mehr Güter können gekauft werden. Umgekehrt beeinflusst der Wunsch, Güter zu kaufen, auch die Höhe der Kassenhaltung.

Im Gegensatz dazu bedeutet die Bereitschaft, Geld nicht in Form von Bargeld oder Sichtguthaben, sondern in anderen Formen zu halten, **Liquiditätsverzicht,** d.h. Verzicht auf die

Möglichkeit, *jederzeit* Güter eintauschen zu können. Hierzu sind die Wirtschaftssubjekte nur bereit, wenn sie für ihren Liquiditätsverzicht einen Ausgleich durch Zinsen erhalten.

> **!** Zinsen sind der Lohn für Liquiditätsverzicht.

Es leuchtet ein, dass die Wirtschaftssubjekte umso eher bereit sind, auf Liquidität zu verzichten, je höher der Zins für Geldanlagen ist. Mit steigendem Zins sinkt also die Nachfrage nach Geld für Transaktionszwecke. Dieser Zusammenhang gilt auch für die Wertaufbewahrung. Je höher der Zins, umso eher die Bereitschaft, Geld in Form von Spareinlagen, Wertpapieren usw. anzulegen, anstatt es bar aufzubewahren.

Die Kreditwünsche sind ebenfalls zinsabhängig. Je höher der Kreditzinssatz ist, umso geringer die Nachfrage. In der Realität bestehen, je nach Kredithöhe und Kreditart, unterschiedliche Kreditzinssätze. Wenn einmal vereinfachend angenommen wird, dass nur ein Zinssatz besteht, ergibt sich eine **Geldnachfragefunktion,** die der Güternachfragefunktion entspricht.

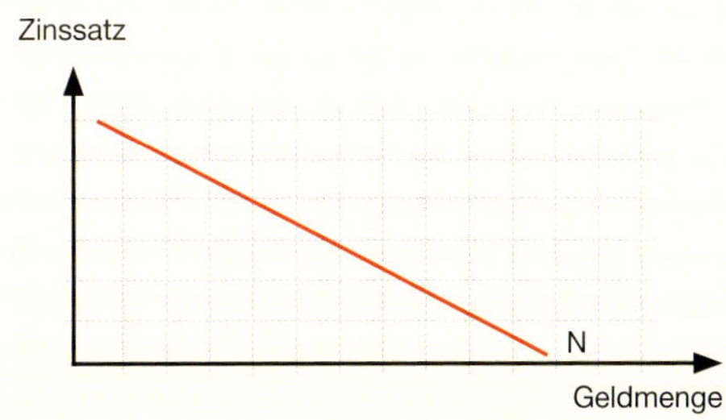

> **!** Die Geldnachfrage der Nichtbanken hängt von der Zinshöhe ab. Mit steigendem Zinssatz sinkt die Geldnachfrage, mit sinkendem Zinssatz steigt sie.

Wie bei der Güternachfrage bestehen auch bei der Geldnachfrage nicht nur Abhängigkeiten vom Preis bzw. Zins, sondern auch von anderen Faktoren (z. B. Einkommen und Vermögen), auf die hier aber nicht näher eingegangen werden soll.

▶ Ausgleich von Geldangebot und Geldnachfrage

Der Ausgleich von Angebot und Nachfrage kommt bei dem Gleichgewichtszinssatz i_G zu Stande; m_G ist die Geldmenge, die bei diesem Zinssatz gehalten wird, also in Umlauf ist. Anders ausgedrückt: Die Geldmenge ist vom Zinssatz abhängig. Da die Zentralbank vor allem über die Steuerung der Geldmenge die Preisniveau- und damit die Geldwertstabilität beeinflussen kann, wird später noch zu fragen sein, ob sie Mittel besitzt, den Zinssatz für Geld zu beeinflussen.[1]

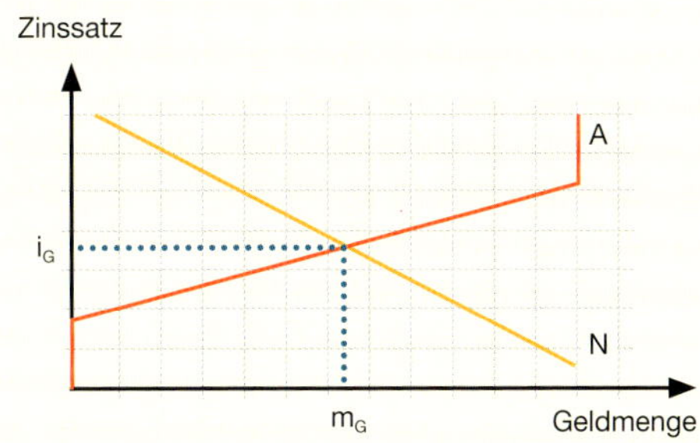

Zusammenfassung Kapitel 8.4.4:
Geldangebot und Geldnachfrage

- Geldanbieter sind die Geschäftsbanken, Geldnachfrager die Nichtbanken (Privathaushalte, Staat, Unternehmen [soweit sie nicht Banken sind]).
- Die Höhe von Geldangebot und -nachfrage hängt im Wesentlichen vom Zinssatz ab. Mit steigendem Zins steigt das Angebot und sinkt die Nachfrage, mit sinkendem Zins sinkt das Angebot und steigt die Nachfrage.

[1] Vgl. hierzu insbesondere die Darstellung über die geldpolitischen Instrumente der EZB.

8.5 Institutionen der Geldpolitik

Alle EU-Länder gehören dem **Europäischen System der Zentralbanken (ESZB)** an. Je nachdem, ob Länder den Euro eingeführt haben, sind jedoch weitere Unterscheidungen notwendig.

Diejenigen EU-Länder, die den Euro als gemeinsame Währung haben, nehmen an der **Europäischen Wirtschafts- und Währungsunion (EWWU)**[1] teil; sie werden zusammenfassend als **Eurosystem** bzw. als **Eurozone** bezeichnet. Für die Geldpolitik im Eurosystem ist die **Europäische Zentralbank (EZB),** in Zusammenarbeit mit den nationalen Zentralbanken, zuständig.

Die EU-Länder, die noch nicht an der EWWU teilnehmen, besitzen noch ihre nationalen Währungen. Sie sind nicht in die Durchführung der einheitlichen Geldpolitik einbezogen, sondern regeln ihre Geldpolitik nach innerstaatlichen Bestimmungen. Die Zuständigkeit für die Geldpolitik liegt in diesen Ländern bei der jeweiligen nationalen Zentralbank. Da jedoch auch diese Länder dem ESZB angehören, geschieht die nationale Geldpolitik in enger Abstimmung mit der EZB.

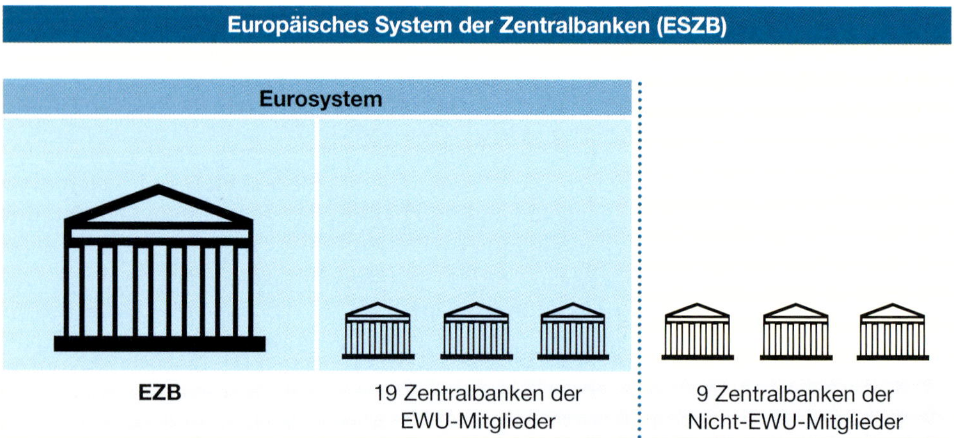

8.5.1 Europäisches System der Zentralbanken (ESZB) und Europäische Zentralbank (EZB)

? Welche Aufgaben haben ESZB und EZB und wie sind sie organisiert?

Die zentralen Einrichtungen für die Umsetzung der Währungspolitik in der EWWU sind das Europäische System der Zentralbanken (ESZB) und die Europäische Zentralbank (EZB).

▶ Europäisches System der Zentralbanken (ESZB)

Das Europäische System der Zentralbanken (ESZB) besteht aus der Europäischen Zentralbank (EZB) und den nationalen Zentralbanken aller EU-Mitgliedsländer.

Für die Erfüllung der Aufgaben des ESZB ist in erster Linie die EZB zuständig. Die Organe der EZB (EZB-Rat und das Direktorium) leiten das ESZB (Art. 106 EG-Vertrag).

[1] Vgl. hierzu Abschnitt 7.7 „Europäische Wirtschafts- und Währungsunion (EWWU)“.

Auszug aus dem EG-Vertrag

Art. 105 [Ziele und Aufgaben des ESZB]

(1) Das vorrangige Ziel des ESZB ist es, die Preisstabilität zu gewährleisten. Soweit dies ohne Beeinträchtigung des Zieles der Preisstabilität möglich ist, unterstützt das ESZB die allgemeine Wirtschaftspolitik in der Gemeinschaft, ...

(2) Die grundlegenden Aufgaben des ESZB bestehen darin,
- die Geldpolitik der Gemeinschaft festzulegen und auszuführen,
- Devisengeschäfte ... durchzuführen,
- die offiziellen Währungsreserven der Mitgliedstaaten zu halten und zu verwalten,
- das reibungslose Funktionieren der Zahlungssysteme zu fördern.

Beschlüsse des EZB-Rates gelten nur für die Mitgliedstaaten der Währungsunion. In den EU-Ländern die (noch) nicht Mitglied der Währungsunion sind, bestimmen die nationalen Zentralbanken die Geldpolitik nach innerstaatlichem Recht.

▶ Europäische Zentralbank (EZB)

Die EZB ist sozusagen die Schaltstelle des ESZB. Sie erfüllt – in Zusammenarbeit mit den nationalen Zentralbanken – die oben genannten Aufgaben des ESZB. Damit ist letztlich die EZB für die Geldpolitik in der Europäischen Währungsunion („Eurosystem") zuständig.

Die EZB hat das alleinige Recht, innerhalb der Gemeinschaft die Ausgabe von Banknoten zu genehmigen. Sie ist die **Notenbank** für die Länder der EWU. Die Ausgabe der Noten erfolgt entweder über die EZB selbst oder – im Regelfall – über die nationalen Zentralbanken.[1]

Die EZB hat ihren Sitz in Frankfurt am Main.

Bei der Wahrnehmung ihrer Aufgaben sind sowohl die EZB als auch die nationalen Zentralbanken von Weisungen der Regierungen und zentraler EU-Institutionen unabhängig **(„Zentralbankautonomie").**

Die **Organe** der EZB sind

- der EZB-Rat
- das Direktorium

Auszug aus der „Satzung des Europäischen Systems der Zentralbanken und der Europäischen Zentralbank"

Artikel 12 Aufgaben der Beschlussorgane

12.1 Der EZB-Rat erlässt die Leitlinien und Entscheidungen, die notwendig sind, um die Erfüllung der dem ESZB ... übertragenen Aufgaben zu gewährleisten. Der EZB-Rat legt die Geldpolitik der Gemeinschaft fest, gegebenenfalls einschließlich von Entscheidungen in Bezug auf geldpolitische Zwischenziele, Leitzinssätze und die Bereitstellung von Zentralbankgeld im ESZB, und erlässt die für ihre Ausführung notwendigen Leitlinien.

Das Direktorium führt die Geldpolitik gemäß den Leitlinien und Entscheidungen des EZB-Rates aus. Es erteilt hierzu den nationalen Zentralbanken die erforderlichen Weisungen.

[1] Die Münzen werden von den einzelnen Mitgliedstaaten ausgegeben; vgl. auch Abschnitt 8.4.1 „Geldproduzenten".

Organe der Europäischen Zentralbank (EZB)		
Organ	**Zusammensetzung**	**Zuständigkeit**
EZB-Rat	▪ Direktorium der EZB ▪ Zentralbankpräsidenten der EWU-Länder (Stimmrecht haben nach einem Rotationsverfahren jeweils 15 Zentralbankpräsidenten)	Oberstes Entscheidungsorgan des Eurosystems ▪ Festlegung der Geldpolitik ▪ Geldpolitische Entscheidungen
Direktorium	▪ Präsident und Vizepräsident der EZB ▪ vier weitere Mitglieder Ernennung durch Staats- und Regierungschefs der Mitgliedstaaten	Durchführung der Beschlüsse des EZB-Rats Führung der laufenden Geschäfte
Erweiterter EZB-Rat	▪ EZB-Rat ▪ Zentralbankpräsidenten der EU-Länder, die noch nicht der EWU angehören	

Die Geldpolitik der EZB wird im Zusammenwirken mit den nationalen Zentralbanken umgesetzt. Dabei ist die EZB gegenüber den nationalen Zentralbanken weisungsberechtigt.

Auszug aus der „Satzung des Europäischen Systems der Zentralbanken und der Europäischen Zentralbank“

Artikel 14: Nationale Zentralbanken

...

14.3 Die nationalen Zentralbanken sind integraler Bestandteil des ESZB und handeln gemäß den Leitlinien und Weisungen der EZB.

Die Stellung der nationalen Zentralbanken innerhalb des Europäischen Systems der Zentralbanken soll am Beispiel der Deutschen Bundesbank verdeutlicht werden.

8.5.2 Deutsche Bundesbank

? Welche Position nimmt die Deutsche Bundesbank im Europäischen System der Zentralbanken ein?

Mit Beginn der Europäischen Währungsunion am 1. Januar 1999 verlor die Deutsche Bundesbank ihre bisherige Selbstständigkeit; sie wurde Teil des Europäischen Systems der Zentralbanken (ESZB). Ihre Aufgaben bewegen sich im Rahmen der Aufgabenstellung für das ESZB. Bei der Erfüllung dieser Aufgaben handelt die Bundesbank im Rahmen der Leitlinien und Weisungen der Europäischen Zentralbank. Die Bundesbank führt die Geldpolitik des ESZB in Deutschland durch.

§

Auszug aus dem „Gesetz über die Deutsche Bundesbank"

§ 3 Aufgaben

Die Deutsche Bundesbank ist als Zentralbank der Bundesrepublik Deutschland integraler Bestandteil des Europäischen Systems der Zentralbanken. Sie wirkt an der Erfüllung seiner Aufgaben mit dem vorrangigen Ziel mit, die Preisstabilität zu gewährleisten, hält und verwaltet die Währungsreserven der Bundesrepublik Deutschland, sorgt für die bankmäßige Abwicklung des Zahlungsverkehrs im Inland und mit dem Ausland und trägt zur Stabilität der Zahlungs- und Verrechnungssysteme bei. Sie nimmt darüber hinaus die ihr nach diesem Gesetz oder anderen Rechtsvorschriften übertragenen Aufgaben wahr.

§ 7 Vorstand

(1) Organ der Deutschen Bundesbank ist der Vorstand. ...

(2) Der Vorstand besteht aus dem Präsidenten und dem Vizepräsidenten und vier weiteren Mitgliedern. ...

(3) Die Mitglieder des Vorstands werden vom Bundespräsidenten bestellt. Die Bestellung des Präsidenten und des Vizepräsidenten sowie eines weiteren Mitglieds erfolgt auf Vorschlag der Bundesregierung, die der übrigen drei Mitglieder auf Vorschlag des Bundesrates im Einvernehmen mit der Bundesregierung. ...

§ 12 Verhältnis der Bank zur Bundesregierung

Die Deutsche Bundesbank ist bei der Ausübung der Befugnisse, die ihr nach diesem Gesetz zustehen, von Weisungen der Bundesregierung unabhängig. Soweit dies unter Wahrung ihrer Aufgabe als Bestandteil des Europäischen Systems der Zentralbanken möglich ist, unterstützt sie die allgemeine Wirtschaftspolitik der Bundesregierung.

Einziges **Organ** der Deutschen Bundesbank ist der **Vorstand**. Dieser besteht aus dem Präsidenten und dem Vizepräsidenten und vier weiteren Mitgliedern.

Die wesentlichen **Aufgaben der Bundesbank** sind:

- Mitwirkung an der Erfüllung der Aufgaben des ESZB.
- Gewährleistung der Preisstabilität.
- Verwaltung der Währungsreserven der Bundesrepublik Deutschland.
- Bankmäßige Abwicklung des Zahlungsverkehrs im Inland und mit dem Ausland.

Die **Zentralbankautonomie** gilt auch für die Bundesbank; d.h., sie ist von Weisungen der Bundesregierung unabhängig.

Zusammenfassung Kapitel 8.5.1: Europäisches System der Zentralbanken (ESZB) und Europäische Zentralbank (EZB) und Kapitel 8.5.2: Deutsche Bundesbank

- Zentrale Einrichtungen für die Umsetzung der Währungspolitik in der EWU sind das Europäische System der Zentralbanken (ESZB) und die Europäische Zentralbank (EZB).
- Das Europäische System der Zentralbanken (ESZB) besteht aus der Europäischen Zentralbank (EZB) und den nationalen Zentralbanken aller EU-Mitgliedsländer.
- Vorrangiges Ziel des ESZB ist es, die Preisstabilität zu gewährleisten. Das ESZB soll die allgemeine Wirtschaftspolitik in der Gemeinschaft unterstützen, soweit dies ohne Beeinträchtigung des Zieles der Preisstabilität möglich ist.
- Für die Erfüllung der Aufgaben des ESZB ist in erster Linie die EZB zuständig.
- Die Organe der EZB sind der EZB-Rat und das Direktorium.
- Die Deutsche Bundesbank ist ebenso – wie die übrigen nationalen Zentralbanken – integraler Bestandteil des ESZB.

8.6 Geldpolitik der Europäischen Zentralbank (EZB)

Mit Beginn der EWU am 1. Januar 1999 ist die Zuständigkeit für die Geldpolitik innerhalb der EWU auf die EZB übergegangen.

8.6.1 Grundlagen der Geldpolitik

? Welche grundlegenden Merkmale kennzeichnen die Geldpolitik der EZB?

Das vorrangige Ziel des ESZB ist es, die Preisstabilität zu gewährleisten. Für die Erreichung des Zieles ist vor allem die Geldpolitik der EZB zuständig. Ihren Niederschlag findet diese Politik in der **Geldpolitischen Strategie der EZB.**

Kernpunkte der geldpolitischen Strategie, die dem EZB-Rat vorausschauende geldpolitische Beschlüsse zur Gewährleistung der Preisstabilität ermöglichen sollen, sind:

1. Eine quantitative Definition von Preisstabilität
2. Analyse der Risiken für die Preisstabilität **(„Zwei-Säulen-Konzept")**

▶ Quantitative Definition von Preisstabilität

In mehreren Beschlüssen hat der EZB-Rat festgelegt, was er unter „Preisstabilität" versteht:

! „Preisstabilität wird definiert als Anstieg des Harmonisierten Verbraucherpreisindex (HVPI) für das Euro-Währungsgebiet von unter, aber nahe 2 % gegenüber dem Vorjahr. Preisstabilität muss mittelfristig gewährleistet werden."

Durch die Festlegung „unter, aber nahe 2 %" sollen zum einen **Inflationsrisiken** (bei einer Preissteigerungsrate über 2 %) zum anderen **Deflationsrisiken** (bei einer Preissteigerungsrate deutlich unter 2 %) ausgeschaltet werden. Die Vorgabe „mittelfristig" berücksichtigt die Erkenntnis, dass die Geldpolitik die Preis- oder Inflationsentwicklung nicht kurzfristig innerhalb von nur wenigen Wochen oder Monaten feinsteuern kann. Zeitlich begrenzte Über- oder Unterschreitungen des Stabilitätsziels sind somit möglich, ohne dass die EZB jeweils hektisch mithilfe der Geldpolitik intervenieren müsste.

▶ Analyse der Risiken für die Preisstabilität („Zwei-Säulen-Konzept")

Zur Gewährleistung von Preisstabilität ist es für die EZB unerlässlich, die wirtschaftlichen Entwicklungen gründlich zu analysieren. Diese Analyse beruht auf zwei einander ergänzenden Ansätzen zur Bestimmung der Preisentwicklung:[1]

- Wirtschaftliche Analyse (Erste Säule)
- Monetäre Analyse (Zweite Säule)

Wirtschaftliche Analyse (Erste Säule)

Die wirtschaftliche Analyse bezieht sich auf realwirtschaftliche Entwicklungen von Angebot und Nachfrage auf den Waren-, Dienstleistungs- und Faktormärkten und deren **kurz- und mittelfristigen Risiken** für die Preisstabilität. Im Mittelpunkt steht die Beurteilung der aktuellen konjunkturellen und finanziellen Entwicklung mithilfe eines umfangreichen Bündels von Indikatoren. Als Indikatoren zieht die EZB u. a. heran:

[1] Zunächst galt das Hauptaugenmerk der monetären Analyse. Seit Mai 2003 misst die EZB der wirtschaftlichen Analyse die größere Bedeutung bei.

- Preis- und Kostenentwicklungen
- Produktions- und Nachfrageentwicklungen
- Arbeitsmarktentwicklungen
- Finanzpolitische Entwicklungen
- Zahlungsbilanzstatistiken
- Finanzmarktentwicklungen

Monetäre Analyse (Zweite Säule)

Im Mittelpunkt der monetären Analyse steht der **langfristige** Zusammenhang zwischen Geldmenge und Preisentwicklung. Hierdurch wird der Erkenntnis Rechnung getragen, dass Geldmengenwachstum und Inflation auf mittel- bis langfristige Sicht in enger Beziehung zueinander stehen.

Referenzwert

Aus der intensiven Beobachtung wirtschaftlicher und monetärer Entwicklungen und der Auswertung umfangreicher und detaillierter Statistiken zu diesen Bereichen versucht die EZB möglichst genau Aufschlüsse für eine am Stabilitätsziel orientierte Geldpolitik zu gewinnen.

Um eine Orientierungsgröße für die Beurteilung der monetären Entwicklung bereitzustellen, gibt die EZB einen **Referenzwert** für das weit gefasste Geldmengenaggregat M3 bekannt. Dieser Referenzwert ist eine Richtgröße und bezieht sich auf die Wachstumsrate von M3. Ein Referenzwert von beispielsweise 4,5 % bedeutet, dass die EZB ein jährliches Wachstum der Geldmenge M3 in Höhe von 4,5 % als mit Preisstabilität auf mittlere Sicht vereinbar ansieht.

Die Ableitung des Referenzwertes stützt sich auf den Zusammenhang zwischen Geldmengenwachstum (ωωM), realem potenziellem BIP-Wachstum (ΔY_R), Inflation (ΔP) und Veränderung der Umlaufgeschwindigkeit des Geldes (ΔV). Aus diesen Faktoren ergibt sich die **„Quantitätsgleichung“:**

$$\Delta M = \Delta Y_R + \Delta P - \Delta V$$

Die zunächst jährlich erfolgende Überprüfung des Referenzwertes ergab keine maßgebliche Veränderung der zu Grunde liegenden Annahmen. Dadurch bleibt der bisherige Referenzwert von 4,5 % so lange unverändert, bis sich deutliche Veränderungen bei den Annahmen ergeben.

Ableitung des Referenzwertes für das Wachstum der Geldmenge M3		
Anstieg des HVPI		2,0 %
Wachstum des Produktionspotenzials	+	2,0 – 2,5 %
Veränderung der Umlaufgeschwindigkeit	–	(–) 0,5 – 1,0 %
Referenzwert		**4,5 %**

Produktionspotenzial

Produktionsergebnis, das bei Vollbeschäftigung aller volkswirtschaftlichen Produktionsfaktoren erzielt werden kann. Das tatsächliche Produktionsergebnis (reales Bruttoinlandsprodukt) weicht vom Produktionspotenzial ab, wenn die Produktionsmöglichkeiten nicht ausgelastet sind (z. B. bei Konjunkturschwankungen). Langfristig entspricht das Bruttoinlandsprodukt dem Produktionspotenzial.

▶ Zum Zusammenhang von gesamtwirtschaftlicher Entwicklung, Geldmenge und Preisstabilität

Die Preisstabilität ist vor allem dann gefährdet, wenn die gesamtwirtschaftliche Nachfrage größer ist als das gesamtwirtschaftliche Angebot. Die gesamtwirtschaftliche Nachfrage wird bestimmt durch die nachfragewirksame Geldmenge; diese ergibt sich aus Geldmenge (G) · Umlaufgeschwindigkeit des Geldes (U). Das gesamtwirtschaftliche Angebot entspricht wertmäßig – vereinfacht – dem Bruttoinlandsprodukt (BIP) · Preisniveau (P).

Der Zusammenhang lässt sich mithilfe der **Fisher'schen Verkehrsgleichung** verdeutlichen (anstelle von H = Handelsvolumen wird BIP = Bruttoinlandsprodukt verwendet)[1]. Es zeigt sich, dass das Preisniveau (P) steigt, wenn die nachfragewirksame Geldmenge (G · U) schneller wächst als das BIP.

Von den für das Preisniveau relevanten Größen sind das Bruttoinlandsprodukt (BIP) und die Umlaufgeschwindigkeit des Geldes (U) kaum gezielt steuerbar. Das BIP ist Ergebnis der konjunkturellen Situation und hängt von zahlreichen Faktoren ab. U ergibt sich aus den Zahlungsgewohnheiten in der Volkswirtschaft; sie ändert sich nur geringfügig im Zeitablauf. Für das Preisniveau (P) ist daher vor allem die Entwicklung der Geldmenge (G) von entscheidender Bedeutung.

!

$$G \cdot U = P \cdot BIP \qquad\qquad P = \frac{G \cdot U}{BIP}$$

Der theoretisch begründbare Zusammenhang zwischen Geldmengenentwicklung und Preisentwicklung ist in vielfacher Weise empirisch bestätigt.

▶ Geldmengensteuerung und Refinanzierung

Die Geldmenge wächst vor allem durch die Geldschöpfung der Geschäftsbanken. Geschäftsbanken schöpfen Geld, indem sie Kredite an Nichtbanken vergeben[2]. Damit die Zentralbank Einfluss auf die Kreditvergabe der Geschäftsbanken nehmen kann, muss es Beziehungen zwischen Zentralbank und Geschäftsbanken geben, die der Zentralbank eine Durchsetzung ihrer geldpolitischen Vorstellungen ermöglichen.

Diese Beziehungen bestehen. Um Kredite vergeben zu können, benötigen Geschäftsbanken zunächst einmal selber Geld. Reicht das vorhandene Geld (z. B. aus Kundeneinlagen) nicht aus, müssen sich die Geschäftsbanken weitere Liquidität beschaffen. Dieser Vorgang wird **Refinanzierung** genannt.

Eine Möglichkeit der Refinanzierung ist, sich auf dem Geldmarkt bei anderen Banken oder Großunternehmen Geld zu leihen. Wichtigste Refinanzierungsquelle der Geschäftsbanken ist jedoch die Zentralbank. An dieser Refinanzierung setzt die Geldmengensteuerung der Zentralbank an.

! Refinanzierung: Beschaffung von Zentralbankgeld (Zentralbankkredite) durch die Geschäftsbanken.

[1] Vgl. zur Fisher'schen Verkehrsgleichung auch den Abschnitt 8.2.1 „Kaufkraft des Geldes“.

[2] Vgl. den Abschnitt 8.4.2.2 „Geldschöpfung der Geschäftsbanken“.

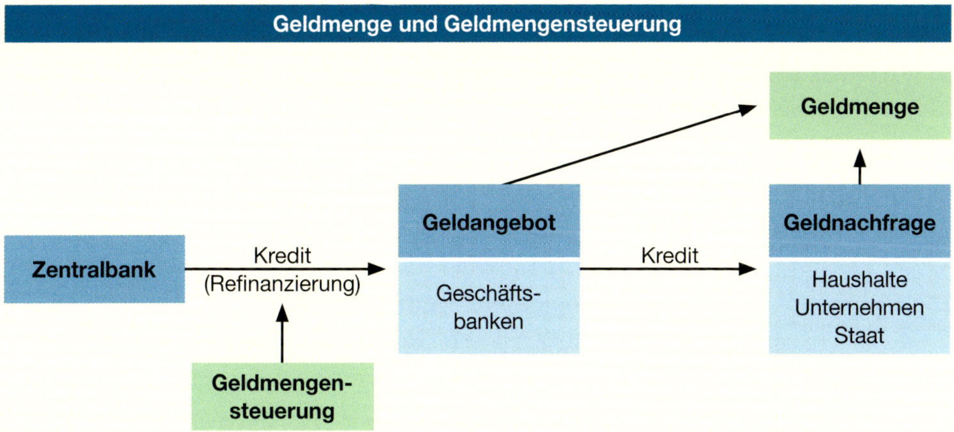

Um die Entwicklung der Geldmenge steuern zu können, benötigt die Zentralbank Instrumente, mit deren Hilfe das Kreditvolumen in der Wirtschaft beeinflusst werden kann. Diese Instrumente werden im Folgenden beschrieben.

Zusammenfassung Kapitel 8.6.1:
Grundlagen der Geldpolitik

- Um ihr Ziel Preisstabilität zu erreichen, hat die EZB eine Geldpolitische Strategie entwickelt. Kernpunkte dieser Strategie sind:
  1. Quantitative Definition von Preisstabilität
  2. Analyse der Risiken für die Preisstabilität
- Quantitative Definition von Preisstabilität: Preisstabilität liegt laut EZB-Definition vor, wenn der Anstieg des Harmonisierten Verbraucherpreisindex (HVPI) unter, aber nahe 2 % gegenüber dem Vorjahr beträgt.
- Die Risiken für die Preisstabilität analysiert die EZB durch zwei Ansätze („Zwei-Säulen-Konzept"):
  - Wirtschaftliche Analyse (Erste Säule)
  - Monetäre Analyse (Zweite Säule)
- Die wirtschaftliche Analyse ist kurz- und mittelfristig angelegt und bezieht sich auf ein Bündel realwirtschaftlicher Kennziffern.
- Die monetäre Analyse ist langfristig angelegt und beobachtet vor allem die Entwicklung der Geldmenge M3.
- Die EZB gibt einen Referenzwert vor, der angibt, um wie viel Prozent die Geldmenge M3 wachsen soll, um einerseits die Liquidität der Wirtschaft zu sichern und andererseits die Preisstabilität nicht zu gefährden.
- Die EZB kann die Geldmenge steuern, indem sie Einfluss auf die Kreditschöpfung der Geschäftsbanken nimmt.
- Um Kredite vergeben zu können, benötigen die Geschäftsbanken Zentralbankgeld.
- Die EZB kann die Liquidität der Geschäftsbanken beeinflussen, wenn sich diese im Wege der Refinanzierung Zentralbankgeld beschaffen.

8.6.2 Geldpolitische Instrumente der EZB

Das Wachstum der Geldmenge muss im Interesse der Preisstabilität kontrolliert und gesteuert werden können. Wichtig ist dabei vor allem die Beeinflussung der Buchgeldschöpfung durch die Geschäftsbanken.

▶ Anforderungen an geldpolitische Instrumente

Buchgeldschöpfung durch Geschäftsbanken findet – wie bereits festgestellt wurde – durch Kreditvergabe an Nichtbanken statt. Hierfür ist zweierlei notwendig:

- Die Nichtbanken müssen bereit sein, Kredite aufzunehmen,
- die Geschäftsbanken müssen in der Lage sein, Kredite vergeben zu können.

Die Bereitschaft der Nichtbanken, Kredite aufzunehmen, hängt vor allem von der Zinshöhe ab; die Fähigkeit der Geschäftsbanken, Kredite zu vergeben, hängt vor allem von deren Liquidität ab.

Geldschöpfung	
Voraussetzung	**Bestimmungsgröße**
Kreditnachfrage Bereitschaft von Nichtbanken, Kredite aufzunehmen	Zinshöhe
Kreditangebot Fähigkeit von Geschäftsbanken, Kredite zu vergeben	Liquidität

Die Instrumente zur Geldmengensteuerung müssen somit

- sowohl auf die **Kreditnachfrage** der Nichtbanken und damit auf die **Zinshöhe**
- als auch auf das **Kreditangebot** der Geschäftsbanken und damit auf deren **Liquidität** wirken.

▶ Wirkungen geldpolitischer Instrumente

> „Die Europäische Zentralbank (EZB) bzw. die nationalen Zentralbanken, die die Geldpolitik weitestgehend dezentral ausführen, verfügen über eine Reihe zins- und liquiditätsbeeinflussender geldpolitischer Instrumente, um das Ziel der Preisstabilität erreichen zu können."
>
> *Deutsche Bundesbank*

Beeinflussung des Zinses

Der Zins ist der Preis für Kredite. Für die Wirkungen von Zinsänderungen auf die Kreditnachfrage bestehen daher im Wesentlichen die gleichen Bedingungen wie für das Verhalten auf Gütermärkten

Bei normalen Marktreaktionen gelten folgende Beziehungen:

!

Zinsen sinken	⟶	Kreditnachfrage steigt	⟶	Kreditvolumen steigt
Zinsen steigen	⟶	Kreditnachfrage sinkt	⟶	Kreditvolumen sinkt

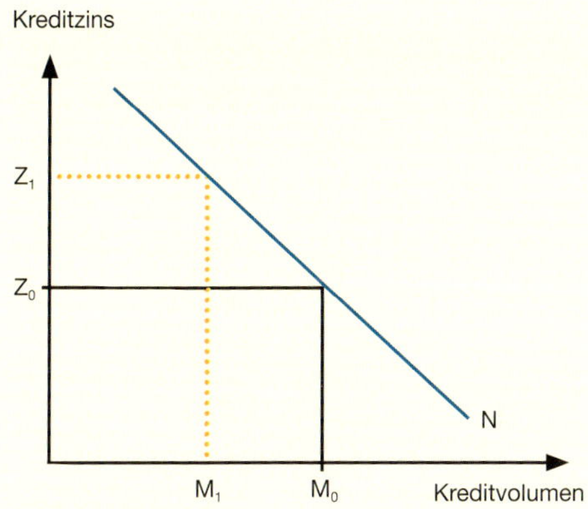

Wirkung einer Zinserhöhung auf die Kreditnachfrage: Kreditnachfrage sinkt

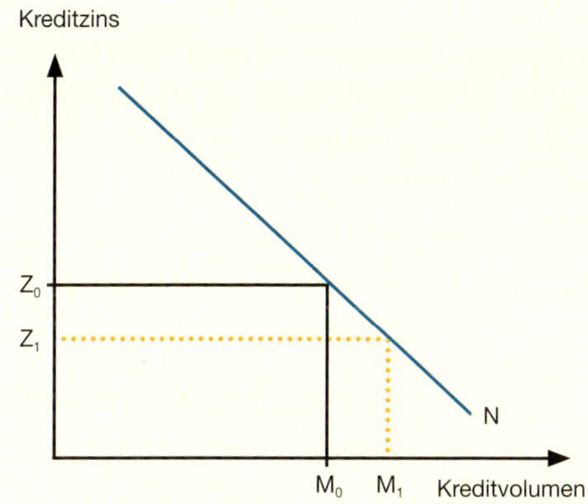

Wirkung einer Zinssenkung auf die Kreditnachfrage: Kreditnachfrage steigt

Beeinflussung der Liquidität

Liquiditätsmaßnahmen wirken sich auf die Angebotsfähigkeit der Geschäftsbanken aus. Bei normalen Marktreaktionen gelten folgende Beziehungen:

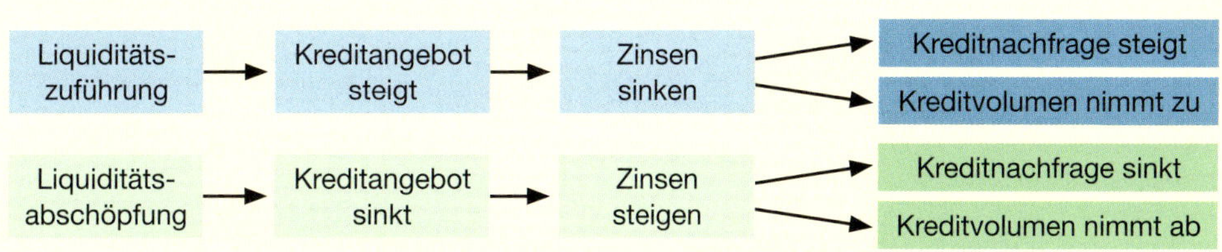

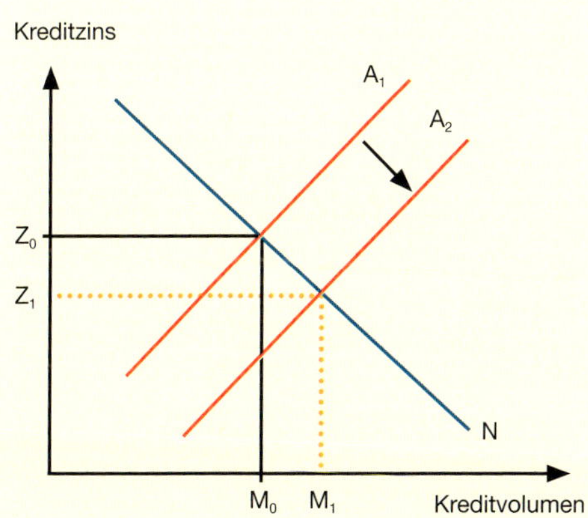

Wirkung einer Liquiditätszuführung: Zins sinkt, Kreditnachfrage steigt

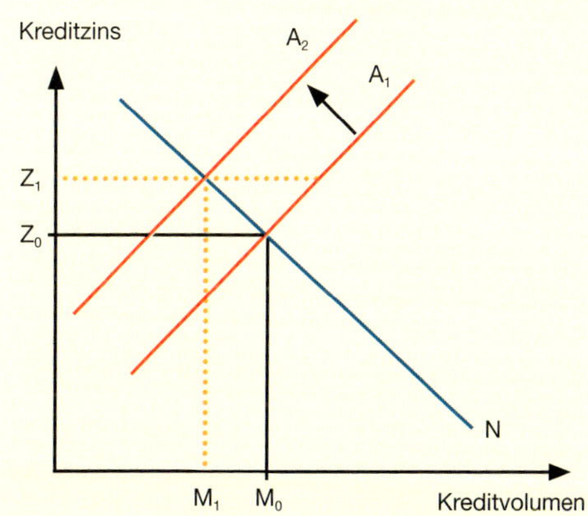

Wirkung einer Liquiditätsabschöpfung: Zins steigt, Kreditnachfrage sinkt

Im Überblick ergeben sich folgende geldpolitischen Instrumente der EZB:

Geldpolitische Instrumente der Europäischen Zentralbank (EZB)		
Offenmarktgeschäfte	**Ständige Fazilitäten**	**Mindestreserve**
▪ Hauptrefinanzierungsgeschäfte (Haupttender) ▪ Längerfristige Refinanzierungsgeschäfte (Basistender) ▪ Feinsteuerungsoperationen ▪ Strukturelle Operationen	▪ Spitzenrefinanzierungsfazilität (Kreditfazilität) ▪ Einlagefazilität	Pflichtguthaben der Geschäftsbanken beim Zentralbankensystem

8.6.2.1 Offenmarktgeschäfte

? Wie kann die EZB über Geschäfte am offenen Markt das Kreditvolumen steuern?

Die EZB führt am offenen Markt definitive und befristete Transaktionen durch.

Definitive Transaktionen: Normaler Kauf oder Verkauf von Wertpapieren ohne irgendwelche zeitlichen Bedingungen.

Befristete Transaktionen: Kauf oder Verkauf von Wertpapieren mit im Vorhinein festgelegten, begrenzten Laufzeiten (z. B. zwei Wochen oder drei Monate).

Das weitaus größte Volumen der Offenmarktgeschäfte entfällt auf die **befristeten Transaktionen.**

„Im Zentrum dieser geldpolitischen Instrumente stehen die so genannten Offenmarktgeschäfte. Dabei wird zwischen Hauptrefinanzierungsgeschäften, längerfristigen Refinanzierungsgeschäften (Basistendern), Feinsteuerungsoperationen und strukturellen Operationen unterschieden."

Deutsche Bundesbank

Offenmarktgeschäfte

Kauf oder Verkauf von Wertpapieren durch die Zentralbank für eigene Rechnung auf dem Geldmarkt oder Kapitalmarkt (= offener Markt).

Geschäftspartner der EZB

Sogenannte „Geschäftspartner" der EZB sind alle mindestreservepflichtigen Institutionen, d.h. alle im Euro-Währungsraum zugelassenen Kreditinstitute.

Über die Zinssätze für die Offenmarktgeschäfte berät der EZB-Rat regelmäßig. Bei Bedarf werden die Zinssätze der Geldmarktsituation angepasst.

Auf der heutigen Sitzung hat der EZB-Rat die folgenden geldpolitischen Beschlüsse gefasst:

1. Der Zinssatz für die Hauptrefinanzierungsgeschäfte des Eurosystems wird unverändert bei 0,05 % belassen.
2. Der Zinssatz für die Spitzenrefinanzierungsfazilität wird unverändert bei 0,30 % belassen.
3. Der Zinssatz für die Einlagefazilität wird unverändert bei –0,20 % belassen.

Pressemitteilung der EZB

Offenmarktgeschäfte werden überwiegend im Versteigerungsverfahren **(Tenderverfahren)** durchgeführt. Diese sind allen Geschäftspartnern zugänglich. Daneben tätigt die EZB auch Direktgeschäfte mit einzelnen Geschäftspartnern **(bilaterale Geschäfte).**

Art. 18.1 der ESZB/EZB-Satzung verlangt, dass für alle Kreditgeschäfte (d. h. liquiditätszuführenden Geschäfte) des ESZB ausreichende Sicherheiten zu stellen sind.

Refinanzierungsfähige Sicherheiten

Zwei Gruppen von zentralbankfähigen Sicherheiten werden unterschieden:

„Kategorie-1-Sicherheiten sind marktfähige Schuldtitel, die von der EZB festgelegte einheitliche und im gesamten Euro-Währungsraum geltende Zulassungskriterien erfüllen.

Kategorie-2-Sicherheiten sind zusätzliche marktfähige und nicht marktfähige Sicherheiten, die für die nationalen Finanzmärkte und Bankensysteme von besonderer Bedeutung sind."

EZB

▶ Hauptrefinanzierungsgeschäfte (Haupttender)

„Als **Hauptrefinanzierungsgeschäfte** dienen regelmäßig stattfindende liquiditätszuführende befristete Transaktionen in wöchentlichem Abstand und mit einer Laufzeit von einer Woche. ... Diesen Hauptrefinanzierungsoperationen kommt bei der Verfolgung der Ziele der Offenmarktgeschäfte des ESZB eine Schlüsselrolle zu; über sie wird dem Finanzsektor der größte Teil des Refinanzierungsvolumens zur Verfügung gestellt."

EZB

Der Name „Hauptrefinanzierungsgeschäfte" deutet schon an, dass über dieses Instrument der weitaus größte Teil der Refinanzierung der Geschäftsbanken abgewickelt wird. **Hauptrefinanzierungsgeschäfte** werden als sogenannte **Wertpapierpensionsgeschäfte** abgewickelt. Die Zentralbank kauft hierbei Wertpapiere nur auf Zeit; nach Ablauf dieser Frist müssen die Geschäftsbanken die Papiere zurückkaufen **(Offenmarktgeschäfte mit Rückkaufsvereinbarung).** Der Name rührt daher, dass die Papiere gewissermaßen für eine begrenzte Zeit beim Käufer „in Pension" gehen.

Merkmale der Hauptrefinanzierungsgeschäfte

- Es sind liquiditätszuführende Transaktionen.
- Sie werden regelmäßig jede Woche durchgeführt.
- Sie haben in der Regel eine Laufzeit von einer Woche.
- Sie werden dezentral von den nationalen Zentralbanken durchgeführt.
- Sie werden über Standardtender durchgeführt.
- Alle Geschäftspartner können Gebote abgeben.
- Sowohl Kategorie-1- als auch Kategorie-2-Sicherheiten sind zugelassen.

Die Konstruktion der Hauptrefinanzierungsgeschäfte bietet für die Geldmengensteuerung erhebliche **Vorteile:**

- In wöchentlichem Rhythmus kann die EZB
  - über die Höhe des Zuteilungsvolumens die **Liquidität** des Bankensystems
  - über die Höhe des Zuteilungssatzes das **Zinsniveau**

  beeinflussen.
- Jede Liquiditätszuführung ist nach einer Woche wieder beendet.

Hierdurch kann die EZB sehr kurzfristig und fein dosiert auf die Geldmengenentwicklung reagieren.

Beispielhafter Ablauf von Hauptrefinanzierungsgeschäften

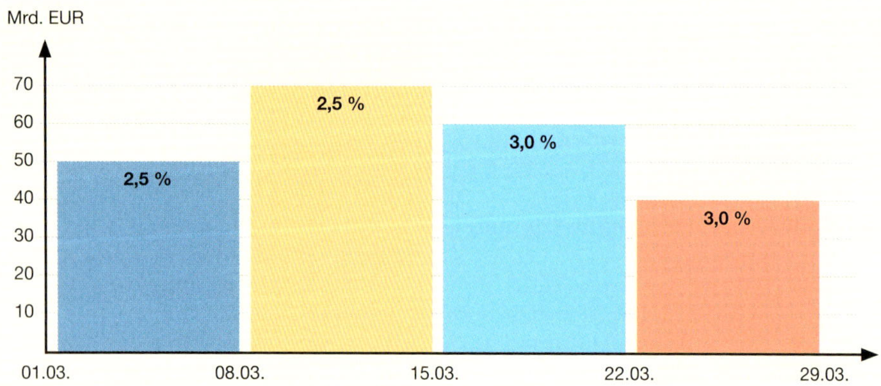

▶ Durchführung der Hauptrefinanzierungsgeschäfte

Die EZB führt die Hauptrefinanzierungsgeschäfte in der Regel als **Mengentender** durch.

Die Höhe des Zinssatzes für die Hauptrefinanzierungsgeschäfte wird vom EZB-Rat beschlossen. Bei einem Mengentender ist dies ein fester Zinssatz (z. B. 3,5 %); bei einem Zins-

Geldpolitische Geschäfte des Eurosystems (Tenderverfahren)								
Hauptrefinanzierungsgeschäfte								
Gutschrift-Tag		Gebote Betrag	Zuteilung Betrag	Mengentender	Zinstender			
				Festsatz	Mindestbietungssatz	Marginaler Satz	Gewichteter Durchschnittssatz	Laufzeit
		Mio. EUR			% p.a.			Tage
2018	20.06.	1.544	1.544	0,00	–	–	–	7
	27.06.	2.738	2.738	0,00	–	–	–	7
	04.07.	2.283	2.283	0,00	–	–	–	7
	11.07.	1.910	1.910	0,00	–	–	–	7
	18.07.	1.958	1.958	0,00				7

Quelle: Deutsche Bundesbank: Monatsberichte

tender gibt die EZB in der Regel einen **Mindestbietungssatz** (z. B. mindestens 3,5 %) vor. Der Zinssatz bzw. Mindestbietungssatz gilt in der Regel für längere Zeit und wird nur verändert, wenn geldpolitische Ziele, insbesondere die Preisstabilität, gefährdet erscheinen. Die Höhe des Zinssatzes bzw. Mindestbietungssatzes und seine Änderung ist ein wichtiges geldpolitisches Signal; er wird daher als **erster Leitzins** bezeichnet.

Der Zinssatz bzw. der Mindestbietungssatz für die Hauptrefinanzierungsgeschäfte wird als **erster Leitzins** bezeichnet. Er markiert die zinspolitische Grundlinie der EZB.

▶ Längerfristige Refinanzierungsgeschäfte (Basistender)

„Die **längerfristigen Refinanzierungsgeschäfte** sind liquiditätszuführende befristete Transaktionen in monatlichem Abstand und mit einer Laufzeit von drei Monaten. Über diese Geschäfte sollen den Geschäftspartnern zusätzliche längerfristige Refinanzierungsmittel zur Verfügung gestellt werden."

EZB

Die **längerfristigen Refinanzierungsgeschäfte** sollen die Basisversorgung der Kreditinstitute mit Liquidität abdecken. Mit diesem Instrument will die EZB dem Markt keine zins- oder liquiditätspolitischen Signale geben.

Merkmale der längerfristigen Refinanzierungsgeschäfte

- Es sind liquiditätszuführende Transaktionen.
- Sie werden regelmäßig jeden Monat durchgeführt.
- Sie haben in der Regel eine Laufzeit von drei Monaten.
- Sie werden dezentral von den nationalen Zentralbanken durchgeführt.
- Sie werden über Standardtender durchgeführt.
- Alle Geschäftspartner können Gebote abgeben.
- Sowohl Kategorie-1- als auch Kategorie-2-Sicherheiten sind zugelassen.

Tenderverfahren

Offenmarktgeschäfte werden von der Zentralbank im Wege der **Tender-Technik** begeben. Die Zentralbank schreibt das Pensionsgeschäft aus und die Banken, die einen Kredit aufnehmen wollen, müssen ein schriftliches Angebot vorlegen. Das Volumen des Pensionsgeschäfts wird von der Zentralbank festgelegt.

Für die Hauptrefinanzirungsgeschäfte müssen Gebote einen Mindestbetrag von 1.000.000 EUR enthalten. Darüber hinaus kann in Schritten von 100.000 EUR geboten werden.

Bei längerfristigen Refinanzierungsgeschäften setzt jede nationale Zentralbank einen Mindestbietungsbetrag in der Spanne von 10.000 EUR bis 1.000.000 EUR fest. Darüber hinaus kann in Schritten von 10.000 EUR geboten werden.

Hinsichtlich der Zinskonditionen werden zwei Verfahren unterschieden: Mengentender und Zinstender.

Mengentender

Beim Mengentender gibt die EZB neben dem Kreditvolumen auch den Zinssatz vor. Die Geschäftsbanken geben Gebote über den Betrag ab, über den sie bei dem gegebenen Zinssatz Geschäfte abschließen wollen. Übersteigt das Bietungsaufkommen den angestrebten Zuteilungsbetrag, so werden die Gebote anteilig im Verhältnis des vorgesehenen Zuteilungsbetrages zum Gesamtbietungsaufkommen zugeteilt (= repartiert).

Zinstender

Beim Zinstender wird von der EZB kein fester Zinssatz vorgegeben; sie kann jedoch einen Mindestbietungssatz festlegen. Die Geschäftsbanken geben Gebote über die Beträge und Zinssätze ab, zu denen sie Geschäfte abschließen wollen.

- Banken können für bis zu zehn verschiedene Zinssätze Gebote abgeben. Bei jedem Gebot geben sie den Betrag und den entsprechenden Zinssatz an.
- Gebote, die unter dem Mindesbietungssatz liegen, werden nicht berücksichtigt.
- Für die Zuteilung werden die Gebote vom höchsten bis zum niedrigsten Zinssatz aufgelistet.
- Die Gebote mit den höchsten Zinssätzen werden zuerst berücksichtigt; die Gebote mit den darauf folgenden niedrigeren Zinssätzen werden so lange bedient, bis die gesamte vorgesehene Liquiditätsmenge ausgeschöpft ist.
- Wenn beim niedrigsten berücksichtigten Zinssatz (d. h. beim marginalen Zinssatz) der Gesamtbetrag der Gebote über dem noch zuzuteilenden Betrag liegt, wird dieser anteilig unter den Geboten aufgeteilt.

Der **marginale Zinssatz** ist der niedrigste Zinssatz, bei dem noch eine Zuteilung stattfindet.

Bei der Zuteilung werden zwei Verfahren unterschieden:

- Beim **holländischen Verfahren** gilt für alle zugeteilten Kredite ein einheitlicher Zinssatz, der marginale Zinssatz, der von der Zentralbank aufgrund der eingegangenen Angebote ermittelt wird. die Bankgebote über dem marginalen Zinssatz werden voll berücksichtigt, die Gebote beim marginalen Zinssatz werden anteilig zugeteilt.
- Beim **amerikanischen Verfahren** erfolgt die Zuteilung nicht zu einem einheitlichen Zinssatz, sondern zu den individuellen Bietungssätzen der Kreditinstitute. Die Bankgebote über dem marginalen Zinssatz werden voll berücksichtigt, die Gebote beim marginalen Zinssatz werden anteilig zugeteilt.

Unterschieden werden weiterhin Standardtender und Schnelltender.

- **Standardtender:** Abwicklung (Ankündigung, Gebote, Zuteilung) innerhalb von 24 Stunden. Zugänglich für alle Geschäftspartner. Einsatz bei Hauptrefinanzierungsgeschäften, längerfristigen Refinanzierungsgeschäften und überwiegend bei strukturellen Operationen.
- **Schnelltender:** Abwicklung innerhalb einer Stunde und nur mit einer begrenzten Zahl von Geschäftspartnern. Einsatz überwiegend bei Feinsteuerungsoperationen.

Beispiel für einen Mengentender:

Zuteilungsvolumen: 105 Mio. EUR Zinssatz: 3,0 %.

Abwicklung des Mengentenders:

Geschäftspartner	Gebot (Mio. EUR)	Zuteilung (Mio. EUR)
Bank 1	30	22,5
Bank 2	40	30,0
Bank 3	70	52,5
Insgesamt	**140**	**105,0**

Das Zuteilungsvolumen beträgt 75 % der Gesamtgebote; jede Bank erhält also 75 % ihres Gebotes.

Beispiel für einen Zinstender:

Zuteilungsvolumen: 94 Mio. EUR Mindestbietungssatz: 3,0 %.

	Gebot der Banken				
Zinssatz	**Bank 1**	**Bank 2**	**Bank 3**	**Gebote je Zinssatz**	**Kumulative Gebote**
%	Mio. EUR				
3,10		5	5	10	10
3,09		5	5	10	20
3,08		5	5	10	30
3,07	5	5	10	20	50
3,06	5	10	15	30	80
3,05	**10**	**10**	**15**	**35**	**115**
3,04	5	5	5	15	130
3,03	5	5	10	15	145
Insgesamt	**30**	**45**	**70**	**145**	

Bei einer Zuteilung von 94 Mio. EUR ergibt sich ein marginaler Zinssatz von 3,05 %.

Alle Gebote über 3,05 % werden voll zugeteilt; damit sind 80 Mio. EUR vergeben. Beim marginalen Zinssatz von 3,05 % liegen Gebote von 35 Mio. EUR vor; es sind jedoch nur noch 14 Mio. EUR zuteilbar (= 40 % der Gebote).

Die noch zuteilbaren 14 Mio. EUR werden anteilig auf die bei 3,05 % vorliegenden Gebote zugeteilt; d. h., die Gebote werden mit je 40 % bedient: Bank 1 erhält noch 4 Mio. EUR, Bank 2 erhält ebenfalls 4 Mio. EUR und Bank 3 erhält 6 Mio. EUR.

Ergebnis des Zuteilungsverfahrens:

	Bank 1	Bank 2	Bank 3	Bank 4
	Mio. EUR			
Gebote insgesamt	30	45	70	145
Zuteilung insgesamt	14	34	46	94

Wenn die Zuteilung nach dem **holländischen Verfahren** erfolgt, beträgt der Zinssatz für die zugeteilten Beträge einheitlich 3,05 %.

Erfolgt die Zuteilung nach dem **amerikanischen Verfahren**, wird kein einheitlicher Zinssatz angewandt: Bank 1 erhält z. B. 5 Mio. EUR zu 3,07 %, 5 Mio. EUR zu 3,06 % und 4 Mio. EUR zu 3,05 %.

Geldpolitische Geschäfte des Eurosystems (Tenderverfahren)								
Längerfristige Refinanzierungsgeschäfte								
Gutschrift-Tag		Gebote Betrag	Zuteilung Betrag	Mengentender	Zinstender			
				Festsatz	Mindestbietungssatz	Marginaler Satz	Gewichteter Durchschnittssatz	Laufzeit
		Mio. EUR			% p.a.			Tage
2018	29.03	2.359	2.359	0,00	–	–	–	91
	26.04.	2.281	2.281	0,00	–	–	–	91
	31.05.	2.887	2.887	0,00	–	–	–	91
	28.06.	2.266	2.266	0,00	–	–	–	91

Quelle: Deutsche Bundesbank: Monatsberichte

▶ Feinsteuerungsoperationen und strukturelle Operationen

„**Feinsteuerungsoperationen** werden von Fall zu Fall zur Steuerung der Marktliquidität und der Zinssätze durchgeführt, und zwar insbesondere, um die Auswirkungen unerwarteter marktmäßiger Liquiditätsschwankungen auf die Zinssätze auszugleichen. Die Feinsteuerung erfolgt in erster Linie über befristete Transaktionen, u. U. aber auch in Form von definitiven Käufen bzw. Verkäufen, Devisenswapgeschäften und der Hereinnahme von Termineinlagen. .... Feinsteuerungsoperationen werden üblicherweise von den nationalen Zentralbanken über Schnelltender oder bilaterale Geschäfte durchgeführt. Darüber hinaus kann das ESZB **strukturelle Operationen** über die Emission von Schuldverschreibungen, befristete Transaktionen und definitive Käufe bzw. Verkäufe durchführen. Diese Operationen werden genutzt, wenn die EZB die strukturelle Liquiditätsposition des Finanzsektors gegenüber dem ESZB (in regelmäßigen oder unregelmäßigen Abständen) anpassen will."

EZB

Neben den regelmäßigen Operationen hat die EZB auch die Möglichkeit, Offenmarktgeschäfte von Fall zu Fall, d. h. bei besonderem Bedarf, durchzuführen. Diese sogenannten **Feinsteuerungsoperationen** können sowohl als befristete Transaktionen als auch in Form definitiver Käufe ober Verkäufe von Wertpapieren durchgeführt werden. Feinsteuerungsoperationen werden üblicherweise von den nationalen Zentralbanken über Schnelltender oder bilaterale Geschäfte durchgeführt.

Zur Steuerung der strukturellen Liquidität des Bankensystems kann die EZB weiterhin sogenannte **strukturelle Operationen** (z. B. durch Emission von Schuldverschreibungen, durch befristete Transaktionen oder definitive Käufe und Verkäufe) einsetzen. Als befristete Transaktionen werden die Geschäfte über Standardtender, als definitive Käufe oder Verkäufe werden sie im Wege bilateraler Geschäfte durchgeführt.

Feinsteuerungsoperationen und strukturelle Operationen setzt die EZB nur äußerst selten ein.

8.6.2.2 Ständige Fazilitäten[1]

Was sind „ständige Fazilitäten“ und wie kann durch sie Einfluss auf Liquidität und Zinshöhe genommen werden?

„Die **ständigen Fazilitäten** dienen dazu, Übernachtliquidität bereitzustellen oder zu absorbieren. Sie setzen Signale bezüglich des allgemeinen Kurses der Geldpolitik und stecken Ober- und Untergrenze der Geldmarktsätze für Tagesgelder ab.

Über die **Spitzenrefinanzierungsfazilität** können sich die Geschäftsbanken Übernachtliquidität zu einem vorgegebenen Zinssatz gegen refinanzierungsfähige Sicherheiten beschaffen.

Über die **Einlagefazilität** können die Geschäftsbanken Guthaben bis zum nächsten Tag anlegen.“

EZB

Die Fazilitäten werden von der EZB nicht ausgeschrieben, sondern stehen ständig zur Verfügung; die Initiative zur Inanspruchnahme liegt bei den Geschäftsbanken. Mit ihrer Hilfe können die Banken **„Übernachtgeschäfte“** (Laufzeit von einem Geschäftstag) tätigen.

Zwei Fazilitäten werden unterschieden:

- Spitzenrefinanzierungsfazilität
- Einlagefazilität

▶ Spitzenrefinanzierungsfazilität (Kreditfazilität)

„Die Geschäftspartner können die **Spitzenrefinanzierungsfazilität** in Anspruch nehmen, um sich von nationalen Zentralbanken Übernachtliquidität zu einem vorgegebenen Zinssatz gegen refinanzierungsfähige Sicherheiten zu beschaffen. Diese Kreditlinie ist zur Deckung eines vorübergehenden Liquiditätsbedarfs der Geschäftspartner bestimmt. Der Zinssatz dieser Fazilität bildet im Allgemeinen die Obergrenze des Tagesgeldsatzes.“

EZB

Anträge auf Inanspruchnahme der Spitzenrefinanzierungsfazilität müssen vor 18:00 Uhr EZB-Zeit (MEZ) bei der nationalen Zentralbank eingehen. In dem Antrag sind der Kreditbetrag und – falls die erforderlichen Sicherheiten nicht bereits bei der Zentralbank hinterlegt sind – die für die Transaktion zu liefernden Wertpapiere anzugeben. Die Rückzahlung erfolgt am nächsten Geschäftstag bei Öffnung des nationalen Zahlungsverkehrssystems.

▶ Einlagefazilität

„Die Geschäftspartner können die **Einlagefazilität** in Anspruch nehmen, um Übernachtliquidität bei den nationalen Zentralbanken anzulegen. Die Einlagen werden zu einem im voraus festgelegten Zinssatz verzinst. Der Zinssatz für die Einlagefazilität bildet im Allgemeinen die Untergrenze des Tagesgeldsatzes.“

EZB

[1] Fazilität = Möglichkeit. Kreditfazilität: Möglichkeit, Kredite aufzunehmen; Einlagefazilität: Möglichkeit, Einlagen vorzunehmen.

Anträge auf Inanspruchnahme der Einlagefazilität müssen vor 18:00 Uhr EZB-Zeit (MEZ) bei der nationalen Zentralbank eingehen. In dem Antrag ist die Höhe der Einlage anzugeben. Einlagen im Rahmen dieser Fazilität sind bis zum nächsten Geschäftstag befristet. Die Rückzahlung erfolgt am nächsten Geschäftstag bei Öffnung des nationalen Zahlungsverkehrssystems.

▶ Wirkungen der ständigen Fazilitäten

Die Fazilitäten beeinflussen sowohl die Liquidität der Geschäftsbanken als auch das Zinsniveau.

- **Liquidität:** Die Fazilitäten dienen einerseits der kurzfristigen Liquiditätsbeschaffung und andererseits der kurzfristigen Anlage von überschüssiger Liquidität.
- **Zinsen:** Die Zinsen für die Fazilitäten stecken Ober- und Untergrenze der Geldmarktzinsen für Tagesgelder ab.
  - Der Zinssatz für die **Spitzenrefinanzierungsfazilität (Kreditfazilität)** bildet die Obergrenze des Tagesgeldsatzes.

    Begründung: Wenn die Kreditinstitute bei der EZB Tagesgelder für z. B. 4,5 % bekommen, werden sie nicht bereit sein, irgendwo anders mehr als diesen Zinssatz zu zahlen; d. h., höhere Zinsen als die EZB-Zinsen können sich am Markt nicht durchsetzen.
  - Der Zinssatz für die **Einlagefazilität** bildet die Untergrenze des Tagesgeldsatzes.

    Begründung: Wenn die Kreditinstitute überschüssige Liquidität bei der EZB zu einem Zinssatz von z. B. 2,5 % anlegen können, werden sie nicht bereit sein, diese Liquidität irgendjemandem anderen zu einem geringeren Zinssatz zur Verfügung zu stellen; d. h., niedrigere Zinsen als die EZB-Zinsen können sich am Markt nicht durchsetzen.

Die Zinssätze für die Fazilitäten bilden einen so genannten **Zinskanal** für Tagesgelder. Die Geldmarktsätze bewegen sich innerhalb dieses Kanals.

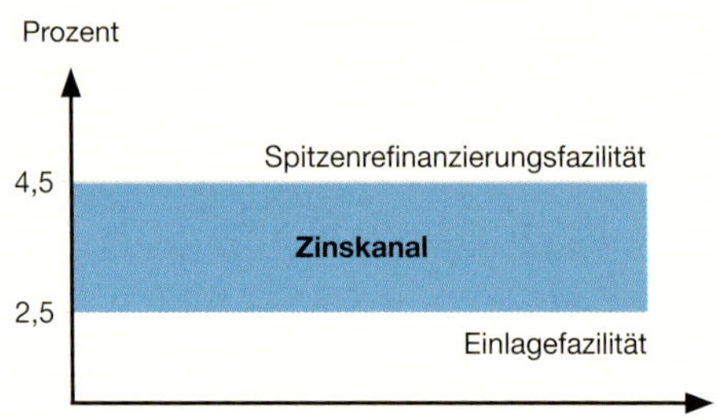

Leitzinsen (Schlüsselzinssätze)

Die für die Geldpolitik der EZB besonders wichtigen Zinssätze werden als Leitzinsen bzw. als EZB-Schlüsselzinssätze bezeichnet. Diese Zinssätze sind:

- Zinssatz für Hauptrefinanzierungsgeschäfte
  (Festsatz bei einem Mengentender, Mindestbietungssatz bei einem Zinstender)
- Zinssätze für die ständigen Fazilitäten
  - Zinsatz für die Spitzenrefinanzierungsfazilität (Kreditfazilität)
  - Zinsatz für die Einlagefazilität

8.6.2.3 Mindestreserve

Was sind „Mindestreserven" und wie kann durch sie Einfluss auf Liquidität und Zinshöhe genommen werden?

„Die (bisher) genannten Instrumente werden durch das **Mindestreserveinstrument** ergänzt. Danach müssen die Banken bei den nationalen Zentralbanken Guthaben unterhalten, deren Höhe sich nach bestimmten Verbindlichkeiten richtet. Das zu diesem Zweck bei der Bundesbank zu unterhaltende Guthaben wird zum Satz für die ESZB-Hauptrefinanzierungsgeschäfte verzinst."

Deutsche Bundesbank

Die Geschäftsbanken müssen von bestimmten Einlagen einen von der EZB festgelegten Prozentsatz **(Mindestreservesatz)** als Mindestreserve bei der Zentralbank hinterlegen.[1]

Mindestreservesätze der EZB	
01.01.1999	2 %
18.01.2012	1 %

Mindestreservepflichtige Verbindlichkeiten

- Täglich fällige Einlagen (Sichteinlagen)
- Einlagen mit vereinbarter Laufzeit von bis zu zwei Jahren
- Einlagen mit vereinbarter Kündigungsfrist von bis zu zwei Jahren
- Schuldverschreibungen mit vereinbarter Laufzeit von bis zu zwei Jahren
- Geldmarktpapiere.

Einlagen mit vereinbarter Laufzeit bzw. Kündigungsfrist von über zwei Jahren und Schuldverschreibungen mit vereinbarter Laufzeit von über zwei Jahren sowie Repogeschäfte werden zwar auch in die Mindestreservebasis einbezogen, für sie gilt jedoch ein Mindestreservesatz von 0 %.

Um kleine Banken zu schonen, wird für die Mindestreservepflicht ein pauschaler Freibetrag von 100.000 EUR gewährt; d. h., erst eine über diesen Betrag hinausgehende Mindestreservepflicht muss erfüllt werden.

Die Mindestreserveguthaben der Kreditinstitute werden mit dem Zinssatz, der für die Hauptrefinanzierungsgeschäfte gilt, verzinst.

Die Mindestreserve ist ein liquiditätsorientiertes Instrument.

- Eine **Erhöhung des Mindestreservesatzes verringert** die Kreditmöglichkeiten bzw. die Geldschöpfungsmöglichkeiten des Bankensystems. Im Normalfall wächst die Geldmenge langsamer.
- Eine **Senkung des Mindestreservesatzes vergrößert** die Kreditmöglichkeiten bzw. Geldschöpfungsmöglichkeiten des Bankensystems. Im Normalfall wächst die Geldmenge schneller.

Beispiel

Bei der Analyse des Geldschöpfungsprozesses wurde festgestellt, dass die Kreditmöglichkeiten des Geschäftsbankensystems von drei Größen bestimmt werden: →

[1] Zur Bedeutung der Mindestreserve für die Geldmengenentwicklung vgl. auch Abschnitt 8.4.2.2 „Geldschöpfung der Geschäftsbanken".

→

- Bestand an Zentralbankgeld
- Bargeldquote
- Reservehaltung

Es wurde erkannt, dass die Kreditmöglichkeiten wachsen, wenn die Reservehaltung sinkt, und umgekehrt die Kreditmöglichkeiten sinken, wenn die Reservehaltung steigt. Die Reservehaltung setzt sich zusammen aus einer (freiwilligen) Barreserve, die die Abwicklung der täglichen Geschäfte sicherstellen soll, und der obligatorischen Mindestreserve, die bei der Zentralbank zu hinterlegen ist.

Annahmen:

Bestand an Zentralbankgeld bzw. Überschussreserve		90.000 EUR
Bargeldquote (c)		30 %
Reservehaltung (r)		10 %
Barreserve (r_B)	8 %	
Mindestreserve (r_M)	2 %	

Die maximale Kreditschöpfungsmöglichkeit (Kr) lässt sich mithilfe des Geldschöpfungsmultiplikators errechnen.

$$Kr = \frac{1}{c + r\,(1 - c)} \cdot Ü_1 \qquad Kr = \frac{90.000}{0{,}3 + 0{,}1\,(1 - 0{,}3)}$$

$Kr = 243.243{,}24$ EUR

Nun erhöht die Zentralbank den Mindestreservesatz auf 4 %; alle andere Größen bleiben unverändert. Die maximale Kreditschöpfungsmöglichkeit verringert sich.

$Kr = 234.375$ EUR

Zusammenfassung Kapitel 8.6.2:
Geldpolitische Instrumente der EZB

- Um das Kreditvolumen in der Wirtschaft beeinflussen zu können, benötigt die Zentralbank geldpolitische Instrumente, die
  - sowohl die Kreditnachfrage der Nichtbanken und damit die Zinshöhe
  - als auch das Kreditangebot der Geschäftsbanken und damit deren Liquidität

  beeinflussen.
- Bei normalen Marktreaktionen gelten folgende Beziehungen:
  - Zinsen sinken → Kreditnachfrage steigt → Kreditvolumen steigt
  - Zinsen steigen → Kreditnachfrage sinkt → Kreditvolumen sinkt
  - Liquiditätszuführung → Kreditangebot steigt → Zinsen sinken und Kreditvolumen nimmt zu
  - Liquiditätsabschöpfung → Kreditangebot sinkt → Zinsen steigen und das Kreditvolumen nimmt ab.
- Der EZB stehen drei geldpolitische Instrumente zur Verfügung
  - Offenmarktgeschäfte
  - Ständige Fazilitäten
  - Mindestreserve

- Das bedeutsamste geldpolitische Instrument der EZB sind die Offenmarktgeschäfte.
- Innerhalb ihrer Offenmarktpolitik kann die EZB sowohl definitive als auch zeitlich befristete Transaktionen durchführen. Im Vordergrund stehen die befristeten Transaktionen.
- Bei den Offenmarktgeschäften wird zwischen
  - Hauptrefinanzierungsgeschäften
  - längerfristigen Refinanzierungsgeschäften
  - Feinsteuerungsoperationen und
  - strukturellen Operationen

  unterschieden.
- Hauptrefinanzierungsgeschäfte (Wertpapierpensionsgeschäfte) werden wöchentlich mit einer Laufzeit von zwei Wochen angeboten; über sie läuft der weitaus größte Teil der Refinanzierung der Geschäftsbanken.
- Längerfristige Refinanzierungsgeschäfte werden monatlich mit einer Laufzeit von drei Monaten angeboten; durch sie soll die Basisliquidität der Geschäftsbanken gesichert werden.
- Feinsteuerungsoperationen und strukturelle Operationen setzt die EZB nur äußerst selten ein.
- Offenmarktgeschäfte werden überwiegend im Tenderverfahren (Versteigerungsverfahren) durchgeführt. Unterschieden werden Mengentender und Zinstender.
  - Beim Mengentender gibt die Zentralbank das Kreditvolumen und einen festen Zinssatz vor.
  - Beim Zinstender gibt die Zentralbank einen Mindestbietungssatz vor. Die Zuteilung erfolgt nach dem holländischen oder dem amerikanischen Verfahren.
- Die ständigen Fazilitäten werden nicht ausgeschrieben, sondern bestehen ständig. Sie dienen dazu, sehr kurzfristig, d. h. für einen Tag, Liquidität bereitzustellen bzw. abzuschöpfen („Übernachtliquidität“).
- Bei den ständigen Fazilitäten werden zwei Arten unterschieden:
  - Spitzenrefinanzierungsfazilität
  - Einlagefazilität
- Über die Spitzenrefinanzierungsfazilität können sich die Geschäftsbanken zur Deckung eines kurzfristigen Liquiditätsbedarfs zu einem vorgegebenen Zinssatz gegen refinanzierungsfähige Sicherheiten Übernachtliquidität beschaffen.
- Über die Einlagefazilität können die Geschäftsbanken über Nacht überschüssige Liquidität bei der EZB „parken“; die Einlagen werden zu einem vorgegebenen Zinssatz verzinst.
- Der Zinssatz für die Spitzenrefinanzierungsfazilität bildet die Obergrenze, der Zinssatz für die Einlagefazilität die Untergrenze des Tagesgeldsatzes.
- Die Geschäftsbanken müssen von bestimmten Einlagen (mindestreservepflichtige Verbindlichkeiten) einen von der EZB festgelegten Prozentsatz (Mindestreservesatz) bei der Zentralbank hinterlegen; die Guthaben werden mit dem Zinssatz, der für die Hauptrefinanzierungsgeschäfte gilt, verzinst.
  - Eine Erhöhung des Mindestreservesatzes verringert die Kreditmöglichkeiten des Bankensystems.
  - Eine Senkung des Mindestreservesatzes vergrößert die Kreditmöglichkeiten des Bankensystems.

8.7 Exkurs: Die EZB und die Euro-Schuldenkrise

Die Staatsschuldenkrise in etlichen Euro-Ländern berührt auch die EZB. In der Vergangenheit wurde die Aufgabe der Zentralbank als „Hüterin der Währung“ fast ausschließlich in der Sicherung der Geldwert- bzw. Preisstabilität gesehen.

Vertrag über die Arbeitsweise der Europäischen Union (AEUV)

Art. 127 [Ziele und Aufgaben des ESZB]

(1) Das vorrangige Ziel des Europäischen Systems der Zentralbanken (...) ist es, die Preisstabilität zu gewährleisten. Soweit dies ohne Beeinträchtigung des Zieles der Preisstabilität möglich ist, unterstützt das ESZB die allgemeine Wirtschaftspolitik in der Gemeinschaft, ...

Nachdem sich die Staatsschuldenkrise sehr bald auch zu einer Euro-Krise entwickelte[1], die die gemeinsame Währung ernsthaft in Bedrängnis brachte, bekam das Attribut „Hüterin der Währung“ eine viel grundlegendere Bedeutung: Die Währung wurde nicht nur durch mangelnde Preisstabilität bedroht, sondern geriet existenziell in Gefahr.

Auch das nachrangige Ziel der EZB, die allgemeine Wirtschaftspolitik in der Gemeinschaft zu unterstützen – soweit das Ziel der Preisstabilität nicht beeinträchtigt wird –, gewinnt eine stärkere Bewertung.

Die **Staatsschuldenkrise** im Euro-Raum und die Auswirkungen auf die gemeinsame Währung haben die EZB zu außergewöhnlichen Maßnahmen greifen lassen:

- Um besonders hoch verschuldete Länder zu unterstützen und um die Kapitalmärkte zu stabilisieren, hat die EZB im Rahmen ihres **„Securities Markets Programme“** (SMP) seit Mai 2010 in großem Stil **Staatsanleihen** von europäischen Krisenländern aufgekauft. Nach einer längeren Unterbrechung kündigte die EZB im September 2012 erneut an, Staatsanleihen notleidender Euroländer in unbegrenzter Höhe aufzukaufen. Voraussetzung: Die Staaten nehmen gleichzeitig den Euro-Rettungsfonds (ESM) in Anspruch.

  Am 22. Januar 2015 kündigte die EZB an, sie wolle zwischen März 2015 und September 2016 Staatsanleihen und Anleihen von privaten Schuldnern in Höhe von über 1,1 Billionen Euro aufkaufen. Eine derartige gezielte Ausweitung der Geldbasis wird als **Quantitative Easing (Quantitative Lockerung, monetäre Lockerung)** bezeichnet.
- Die EZB senkte die **Leitzinsen** auf einen historischen Tiefpunkt. Im September 2014 wurde der Zinssatz für die Hauptrefinanzierungsgeschäfte auf 0,05 %, der Zinssatz für die Spitzenrefinanzierungsfazilität auf 0,30 % und der Zinssatz für die Einlagefazilität auf –0,20 % gesenkt. Der Mindestreservesatz wurde im Januar 2012 von 2 % auf 1 % halbiert.

Die Finanzmärkte gewähren den Euro-Schuldenländern wegen ihrer geringen Bonität nur noch zu hohen Zinsen Kredite. Das treibt die Zinslasten für diese Länder hoch. Durch den Ankauf von **Staatsanleihen** der Schuldnerländer durch die EZB wird es für diese Länder leichter und kostengünstiger, sich mit neuen Krediten zu versorgen.

Die Absenkung der **Leitzinsen** und des **Mindestreservesatzes** senkt für öffentliche und private Kreditnehmer die Zinsen. Gleichzeitig können die Geschäftsbanken ihre Kreditvergabe ausweiten. Das erleichtert und verbilligt Kredite und beflügelt die konjunkturelle Entwicklung, die insbesondere in den Schuldnerländern zum Teil massiv eingebrochen ist.

Allerdings gibt es auch erhebliche Bedenken gegen die Beschlüsse der EZB, die vor allem aus Deutschland und einigen weiteren nordeuropäischen Ländern kommen. Die Kritik verweist dabei auf ökonomische Folgen der Maßnahmen und bezweifelt, ob die „neue Politik“ der EZB mit den EU-Verträgen vereinbart ist.

[1] Vgl. hierzu auch die Abschnitte 7.7 „Europäische Wirtschafts- und Währungsunion (EWWU)“ sowie 7.8 „Die Euro-Schuldenkrise“.

Ökonomisch wird befürchtet, dass die enorme Ausweitung der Geldmenge die **Preisstabilität** mittelfristig erheblich gefährdet und dass diese Form von Unterstützung der Wirtschaftspolitik nicht mit dem vorrangigen Ziel der Geldwertstabilität vereinbar ist. Durch den Kauf von **Staatsanleihen** beteiligt sich die EZB an der Finanzierung europäischer Krisenstaaten und vollzieht damit die Abkehr von ihrer bisherigen Politik. Kritiker nennen die Anleihekäufe eine „Todsünde einer Zentralbank". Befürworter, vor allem aus den Krisenländern, aber auch aus den USA, empfehlen hingegen massive Staatsanleihenkäufe durch die EZB als Maßnahme gegen die derzeitige Krise.

Bedenken gegen die neue EZB-Politik richten sich auch auf die Frage, ob die Maßnahmen mit den EU-Verträgen vereinbar sind.

Vertrag über die Arbeitsweise der Europäischen Union (AEUV)

Art. 123

(1) Überziehungs- oder andere Kreditfazilitäten bei der Europäischen Zentralbank oder den Zentralbanken der Mitgliedstaaten ... für Organe ... der Union, Zentralregierungen, ... und Gebietskörperschaften ... sind ebenso verboten wie der unmittelbare Erwerb von Schuldtiteln von diesen durch die Europäische Zentralbank oder die nationalen Zentralbanken.

Art. 125

(1) Die Union haftet nicht für die Verbindlichkeiten der Zentralregierungen, der ... Gebietskörperschaften ... und tritt nicht für derartige Verbindlichkeiten ein; ...

Art. 123 AEUV verbietet der EZB ausdrücklich die Gewährung öffentlicher Kredite und den „unmittelbaren" Erwerb von staatlichen Schuldtiteln („Staatsfinanzierung durch die Notenpresse"). Diese Regelung soll vor allem der Haushaltsdisziplin der EU-Länder dienen. Der Kauf von **Staatsanleihen** durch die EZB geschieht zwar nicht unmittelbar, sondern auf dem sogenannten **Sekundärmarkt;** d. h., die EZB kauft die Staatsanleihen nicht direkt von den Schuldnerstaaten, sondern von Banken und sonstigen Investoren, die zuvor diese Staatsanleihen erworben haben. Für viele Kritiker ist dieser „Umweg" nicht mit dem Sinn der EU-Vorschrift vereinbar.

Die Regelung in Art. 125, nach der die EU nicht für die Verbindlichkeiten eines Mitgliedslandes haftet, wird als **„No-bail-out-Klausel"**[1] **(„Nichtbeistandsklausel")** bezeichnet. Da die EZB durch die Anleihekäufe einerseits Verbindlichkeiten übernimmt und andererseits alle Euroländer für die Verbindlichkeiten der EZB haften, besteht durchaus ein gemeinschaftliches Haftungsrisiko. Ein noch höheres Haftungsrisiko würde bestehen, wenn der Vorschlag einer generellen Vergemeinschaftung der Schulden umgesetzt würde.

„Die **Europäische Zentralbank (EZB)** ist nicht mehr die Notenbank, als die sie gegründet wurde. Das Vorbild war einst die **Deutsche Bundesbank** mit ihrer politischen **Unabhängigkeit** und ihrer unbedingten **Stabilitätskultur.** Heute dient als Vorbild die amerikanische Federal Reserve Bank (FED), die per Gesetzesauftrag dazu verpflichtet ist, die Regierung zu unterstützen. Das tut die EZB heute auch, indem sie die Finanzmärkte mit **Billionen von Euro** flutet, denen kein realer Gegenwert gegenübersteht." Das Handelsblatt spricht in diesem Zusammenhang „von einer Wesensveränderung, die sich im Innersten unseres Währungssystems ereignet hat."

Handelsblatt-MorningBriefing vom 13.01.2012

[1] Bailout = aus der Klemme helfen

Aufgaben zum Üben und Vertiefen

Kapitel 8 Geldtheorie und Geldpolitik

1 Nennen und erläutern Sie
a) die Funktionen, die Geld zu erfüllen hat
b) die Eigenschaften, die Geld besitzen muss, um diese Funktionen erfüllen zu können.

2 Nennen Sie die gegenwärtigen Erscheinungsformen von Geld und beurteilen Sie, welche Bedeutung sie heute im Wirtschaftsleben haben.

3 Geben Sie an, welche Teilmengen des Geldes jeweils in den Geldmengenbegriffen M1, M2 und M3 enthalten sind.

4 Welche Vor- und Nachteile sehen Sie für eine gebundene Währung im Vergleich zu einer ungebundenen (freien) Währung?

5 Beantworten Sie unter Berücksichtigung des nachstehenden Zeitungsausschnittes folgende Fragen:
a) Welcher Index liegt der Inflationsmessung zugrunde und was beinhaltet er?
b) Welcher Unterschied besteht zwischen den beiden Angaben: 4,2 % und 116,5?
c) Was bedeutet „Richtwert von 100 für das Basisjahr"?
d) Wie hoch war der „Richtwert" im Mai des Jahres?
e) Beschreiben Sie, wie das Statistische Bundesamt Preisniveauänderungen ermittelt.

Teuerungsrate jetzt bei 4,2 Prozent

WIESBADEN (...) Die Inflationsrate hat sich im Juni etwas abgeschwächt. Nachdem die Jahresteuerungsrate im Mai noch 4,4 % betragen hatte, belief sie sich im Juni auf 4,2 %. Dies teilte das Statistische Bundesamt am Donnerstag mit. Der Verbraucherpreisindex stieg der Mitteilung zufolge von Mitte Mai bis Mitte Juni um 0,3 % auf 116,5. Es gilt der Richtwert von 100 für das Basisjahr.

6 Die Entwicklung der Geldwertstabilität wird durch den Verbraucherpreisindex gemessen. Für drei aufeinanderfolgende Jahre ergeben sich folgende Werte:

Jahr 1	115,6
Jahr 2	118,4
Jahr 3	120,8
Jahr 4	124,3

a) Erklären Sie, wie der Verbraucherpreisindex ermittelt wird und was er aussagt.
b) Welche Probleme ergeben sich bei der Ermittlung des Indexes und wie wird versucht, diese Probleme zu lösen?
c) Warum kann der oben dargestellte Anstieg der Verbraucherpreise keinen Aufschluss über die gesamte Preisentwicklung geben?
d) In den Massenmedien wird der Anstieg der Verbraucherpreise üblicherweise in Prozentwerten angegeben. Wie hoch sind die entsprechenden Prozentwerte für die Jahre 2, 3 und 4?

7 Der Verbraucherpreisindex betrug in einem bestimmten Jahr 121,3. Das Statistische Bundesamt ermittelte, dass im Folgejahr das Preisniveau um 2,7 % stieg. Ermitteln Sie den Preisindex für das Folgejahr.

8 Angenommen, der Verbraucherpreisindex sei 140. Bei konstanten übrigen Preisen steigen die Mieten um 10 %. Berechnen Sie den neuen Indexstand, wenn die Gewichtung der Mieten am Warenkorb 15 % beträgt.

9 Die Quantitätstheorie macht Aussagen über den Geldwert.

a) Wie lautet die Verkehrsgleichung des Geldes nach Irving FISHER? Erklären Sie die verwendeten Symbole.

b) Nehmen Sie zur Aussagefähigkeit der Verkehrsgleichung kritisch Stellung.

10 Nennen Sie drei Kriterien, nach denen Inflationsarten unterschieden werden können, und erläutern Sie für jedes Kriterium zwei Ausprägungen.

11 Was bedeutet „hausgemachte Inflation"?

12 Nennen Sie Ursachen für eine kosteninduzierte Inflation und erläutern Sie die Auswirkungen auf die Gesamtangebotskurve mithilfe einer Grafik.

13 Beschreiben Sie die verschiedenen Formen von Inflationswirkungen, die durch außenwirtschaftliche Beziehungen hervorgerufen werden können.

14 Prüfen Sie, ob der Staat zu Recht als „Inflationsgewinner" bezeichnet wird.

15 Nennen und erläutern Sie die Grundformen der Geldschöpfungsmöglichkeiten durch die Zentralbank.

16 Was ist der Harmonisierte Verbraucherpreisindex (HVPI)?

17 Warum sind die Geschäftsbanken an einer Ausweitung des bargeldlosen Zahlungsverkehrs interessiert?

18 Erläutern Sie folgenden Hinweis aus den Monatsberichten der Deutschen Bundesbank: „Haupttriebkraft des Geldschöpfungsprozesses blieb im Februar die *Kreditgewährung* der Banken an *Unternehmen und Privatpersonen.*"

19 Durch die Einführung von Bargeldautomaten haben die Bankkunden die Möglichkeit, sich jederzeit mit Bargeld zu versorgen. Eine höhere Bargeldhaltung mindert aber die Kreditschöpfungsmöglichkeiten des Bankensystems. Handeln die Banken durch die Aufstellung von Bargeldautomaten gegen ihre eigenen Interessen?

20 Das Bankensystem besitzt Reserveüberschüsse in Höhe von 2 Mrd. GE. Der Teil des geschöpften Giralgeldes, der nicht wieder in den Bankensektor zurückfließt, beträgt 35 %, die Reservehaltung beträgt 12 %.

a) Wie hoch ist der Kreditschöpfungsspielraum des Bankensystems?

b) Welche Annahme über die Kreditnachfrage liegt dieser Berechnung zugrunde?

c) Erläutern Sie am Beispiel, wie sich eine Zunahme des bargeldlosen Zahlungsverkehrs auf den Kreditschöpfungsspielraum der Banken auswirkt.

21 In einer Volkswirtschaft existieren mehrere Geschäftsbanken und eine Zentralbank. Die Zentralbank verlangt eine Mindestreserve von 5 % auf alle Sichteinlagen. Die Banken halten eine freiwillige Barreserve von 10 %. Geschäftsbank A verfügt zurzeit über Sichteinlagen in Höhe von 500 Mio. GE.

a) Die Bank gewährt einem Kunden einen Kredit von 1 Mio. GE. Zeigen Sie die Bankbilanz nach Abwicklung des Kreditgeschäfts.

b) Wie wirkt die Kreditgewährung auf die Geldmenge? Begründung!

c) Bis zu welcher Höhe kann das Bankensystem maximal Geld schöpfen, wenn eine Bargeldquote von 30 % angenommen wird?

22 Interpretieren Sie die nachstehende Zeitungsnotiz und beantworten Sie dazu die nachfolgenden Fragen:

a) Was bedeutet „Referenzwert"?

b) Was erfasst die Geldmenge M3?

c) Welche Ziele sollen durch ein angemessenes Wachstum der Geldmenge erreicht werden?

d) Welche Größen sind für die Ableitung des Referenzwertes bedeutsam?

EZB legt Referenzwert fest

Frankfurt am Main (...) – Der EZB-Rat hat in seiner Sitzung am 5. Dezember eine Erhöhung des Referenzwertes für das Geldmengenwachstum um 0,5 Prozentpunkte beschlossen. Damit soll die Geldmenge M3 im kommenden Jahr um 4 % wachsen.

23 Die unten stehende Zeitungsmeldung enthält Aussagen über Aufgaben und Selbstverständnis der EZB. Analysieren und interpretieren Sie die Meldung unter folgenden Gesichtspunkten:

a) Welcher Zins ist gemeint?

b) Welcher Zusammenhang besteht zwischen Zinspolitik der EZB und Konjunkturentwicklung sowie Arbeitslosigkeit?

c) Warum „verstehen" sich die Zentralbanker nicht als Konjunkturpolitiker?

d) Was ist mit „stark wachsender Geldmenge" gemeint und welcher Zusammenhang besteht zur Inflation?

e) Was ist unter der „Zwei-Säulen-Strategie" der EZB zu verstehen?

Vorerst keine Zinssenkungen

Frankfurt am Main (...) – Bei der EZB rechnet man vorerst nicht mit einer Senkung des Leitzinses – trotz flauer Konjunktur und nach wie vor hoher Arbeitslosigkeit. Für die Zentralbanker, die sich ohnehin nicht als Konjunkturpolitiker verstehen, sind die stark wachsende Geldmenge und die nur allmählich zurückgehende Inflation die entscheidenden Gründe für die Zurückhaltung.

24 Welche Anforderungen sind an geldpolitische Instrumente der Zentralbank zu stellen? Begründen Sie Ihre Meinung.

25 Stellen Sie die voraussichtliche Wirkung folgender Maßnahmen grafisch dar. Begründen Sie Ihre Darstellung.

a) Die EZB erhöht die Zinsen.

b) Die EZB führt den Geschäftsbanken Liquidität zu.

26 Nennen Sie im Überblick die geldpolitischen Instrumente der EZB.

27 Offenmarktgeschäfte werden von der EZB im Tenderverfahren begeben. Erläutern Sie kurz die verschiedenen Tenderarten.

28 a) Nennen Sie mindestens drei Merkmale von Hauptrefinanzierungsgeschäften.

b) Warum wird der Zinssatz für Hauptrefinanzierungsgeschäfte als „Leitzins" bezeichnet?

c) Erläutern Sie die Einflussmöglichkeiten, die die EZB mithilfe des Hauptrefinanzierungsinstruments auf die Geldmengenentwicklung ausüben kann.

29 a) Nennen Sie mindestens drei Merkmale von längerfristigen Refinanzierungsgeschäften.

b) Welche geldpolitische Funktion erfüllen diese Geschäfte?

c) Was bedeutet es, dass die Zentralbank bei diesen Geschäften als „Preisnehmer" auftritt?

30 a) Erläutern Sie Gegenstand und Formen der ständigen Fazilitäten.

b) Warum bilden die Zinssätze für die ständigen Fazilitäten die Ober- und Untergrenze des Tagesgeldsatzes?

31 a) Was sind „Mindestreserven"?

b) Wie wirken sich Veränderungen des Mindestreservesatzes auf die Geldmengenentwicklung aus?

32 Das Geschäftsbankensystem verfügt über Reserveüberschüsse in Höhe von 100.000 GE. Die gesamte Reservehaltung (Barreserve plus Mindestreserve) beträgt 11 %. Die Zentralbank erhöht den Mindestreservesatz um einen Prozentpunkt. Alle anderen Größen bleiben unverändert.

a) Wie wirkt sich die Maßnahme auf die Geldschöpfungsmöglichkeiten der Geschäftsbanken aus?

b) Ermitteln Sie die Veränderung in der maximalen Geldschöpfungsmöglichkeit mithilfe des Geldschöpfungsmultiplikators. Die Bargeldquote beträgt 30 %.

33 Begründen Sie, warum im Allgemeinen der Einsatz der geldpolitischen Instrumente bei restriktiver Geldpolitik eine stärkere Wirkung hat als bei expansiver Geldpolitik.

9 Außenwirtschaft

Seit etwa 10.000 v. Chr. kann Fernhandel durch archäologische Funde belegt werden. Entdeckungen und Erschließungen von Regionen und Kontinenten hatten ihre Ursache vor allem im Wunsch der Menschen, Rohstoffe und Waren zu erhalten und Verkehrswege aufzubauen. Als am 17.4.1492 das spanische Königspaar Isabella und Ferdinand II. einen Vertrag mit Christoph Kolumbus unterzeichnete, lautete sein Auftrag, einen Seeweg nach Indien zu entdecken, der den langen und gefährlichen Handelsweg über Land ersetzen könne. Entdeckt wurde von Kolumbus allerdings nicht ein Seeweg nach Indien, sondern ein neuer Kontinent: Amerika.

1978 wurde in Hochdorf bei Stuttgart das unversehrte Grab eines Keltenfürsten entdeckt, der um 530 v. Chr. begraben wurde. In dem Grab wurden u. a. folgende Beigaben gefunden:

- eine 3 Meter lange bronzene Liege aus dem Südostalpenraum
- ein großer Bronzekessel, der in der Mitte des 6. Jh. v. Chr. in Griechenland angefertigt wurde
- Seidenstickereien aus echter chinesischer Rohseide
- griechische Münzen

Während die ersten Tauschbeziehungen im Wege des **Naturaltausches,** also Ware gegen Ware, stattfanden, machte die Ausdehnung des Handels schon sehr früh die Verwendung spezieller **Tauschmittel** notwendig. Das universelle Tauschmittel „Geld" wurde bereits vor Beginn des 2. Jahrtausends im Vorderen Orient, in Mesopotamien und in Ägypten, eingeführt. Heute bestimmen das Geld und die mit seinem Einsatz im internationalen Handel verbundenen Wirkungen auf Volkseinkommen, Preisniveau, Zinssatz usw. die Bedingungen des Außenhandels so nachhaltig, dass sich eine umfangreiche **monetäre Außenwirtschaftstheorie** als Teilgebiet der Außenwirtschaftslehre herausgebildet hat.

Die **reale Außenwirtschaftstheorie** (auch als **güterwirtschaftliche Außenwirtschaftstheorie** oder **reine Außenwirtschaftstheorie** bezeichnet) beschäftigt sich mit güterwirtschaftlichen Aspekten und untersucht Ursachen, Vorteile und Nachteile für die Handelspartner. Die **Außenwirtschaftspolitik** schließlich beschäftigt sich mit den Möglichkeiten staatlicher Beeinflussung des internationalen Güteraustausches. So ist „außenwirtschaftliches Gleichgewicht" als wirtschaftspolitische Zielsetzung im Stabilitätsgesetz genannt.[1]

9.1 Bedeutung des Außenhandels

Die Bedeutung des Außenhandels ergibt sich zum einen aus seinem Umfang und zum anderen aus seinen Wirkungen. Der grenzüberschreitende Warenverkehr hat vor allem seit der zweiten Hälfte des 20. Jh. stark zugenommen und besitzt heute in vielen Volkswirtschaften einen erheblichen Anteil am Wirtschaftsgeschehen.

Die Wirkungen des Außenhandels liegen vor allem darin, dass bei Güterproduktion in **internationaler Arbeitsteilung** und anschließendem Güteraustausch letztlich für alle Beteiligten die Vorteile überwiegen. Außenhandel kann aber auch wirtschaftliche und unter Umständen politische Abhängigkeiten mit sich bringen. Nicht zuletzt trägt internationaler Warenaustausch auch zur Völkerverständigung bei.

9.1.1 Umfang und Struktur des Außenhandels

?

Welche Anteile besitzt der internationale Güteraustausch an der Wirtschaftsleistung, welche Güter werden vornehmlich getauscht und wer sind die wichtigsten Handelspartner?

Die Bedeutung des Außenhandels zeigt sich nicht zuletzt an seinem Umfang. Am deutschen Bruttoinlandsprodukt (BIP), dem Wert aller im Inland hergestellten Güter, erreichen die **Exporte** nahezu einen Anteil von 40 % **(Exportquote).** Etwas vereinfacht lässt sich also sagen, dass in Deutschland nahezu jeder zweite Arbeitsplatz vom Export abhängig ist.

Außenverflechtung des deutschen Bruttoinlandsprodukts							
Jahr	BIP	Ausfuhr	Einfuhr	Außenbeitrag	Exportquote	Importquote	Importabhängigkeitsquote
	Mrd. EUR, in jeweiligen Preisen				%		
2000	2.114	597	538	59	28	25	26
2005	2.298	78	628	158	34	27	29
2010	2.580	952	797	155	37	31	33
2015	3.033	1.196	948	248	39	31	34
2017	3.263	1.279	1.035	244	39	32	34

[1] Zu den wirtschaftspolitischen Zielen vgl. Abschnitt 7.3 „Ziele der Wirtschaftspolitik".

Den Exporten stehen **Importe** in beträchtlicher Höhe gegenüber; das Verhältnis der Importe zum Bruttoinlandsprodukt wird als **Importquote** bezeichnet. Der Saldo zwischen Exporten und Importen ist der **Außenbeitrag.** Die **Importabhängigkeitsquote** stellt das Verhältnis der Importe zu dem um den Außenbeitrag bereinigten Bruttoinlandsprodukt dar; sie gibt an, welcher Anteil der Inlandsfrage durch Importe gedeckt wird. Die Bedeutung des internationalen Handels für ein Land wird durch den **Offenheitsgrad** ausgedrückt; er ergibt sich aus der Summe der Exporte und Importe als Anteil am Bruttoinlandsprodukt.

Deutsche Exporte und Importe
(Waren, Mrd. EUR)

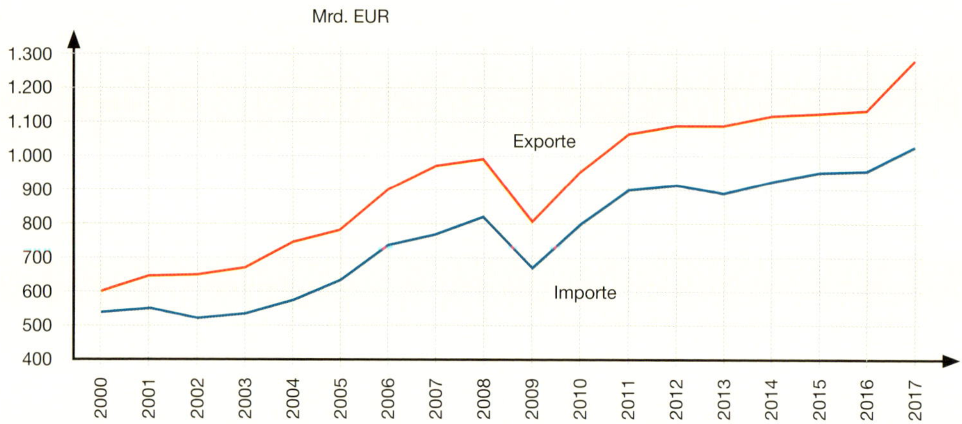

Länder mit den höchsten Exporten und Importen			
Land	**Warenexporte**	**Warenimporte**	**Außenhandelsbilanz**
	2017 (Mrd. USD)		
China	2.263	1.842	421
USA	1.547	2.409	–862
Deutschland	1.448	1.167	281
Japan	698	672	26
Frankreich	535	625	–90
Großbritannien	445	644	–199

Ausfuhr	Export
Einfuhr	Import
Außenbeitrag	Saldo zwischen Ausfuhr und Einfuhr
Exportquote	Verhältnis der Ausfuhren zum Bruttoinlandsprodukt
Importquote	Verhältnis der Einfuhren zum Bruttoinlandsprodukt
Importabhängigkeitsquote	Anteil der Inlandsfrage, der durch Importe gedeckt wird. Einfuhr/(BIP – Ausfuhr + Einfuhr).
Offenheitsgrad	Anteil der Summe der Exporte und Importe am Bruttoinlandsprodukt; Maßstab für die Bedeutung des internationalen Handels für ein Land.

Deutschland ist ein **exportorientiertes Land.** Das bedeutet, dass seine Exporte einen verhältnismäßig hohen Anteil am Bruttoinlandsprodukt ausmachen (= Exportquote). Zusammen mit den USA, China und Japan gehört Deutschland zu den größten Exporteuren der Welt. Die Höhe der Exporte ist ein Zeichen für die internationale Wettbewerbsfähigkeit der deutschen Wirtschaft.[1]

Allerdings werden die exportierten Produkte nicht vollständig in Deutschland hergestellt. Unternehmen importieren **Vorleistungen** aus dem Ausland und fügen sie in ihre Endprodukte ein. Der Anteil der Importe an den deutschen Warenexporten hat in den vergangenen Jahrzehnten kontinuierlich zugenommen **(„exportinduzierter Import").** Wichtiger Grund hierfür ist, dass insbesondere arbeitsintensive Produktteile im Ausland häufig deutlich billiger hergestellt werden können. Für den Vorgang, dass importierte Waren in inländische Produkte integriert und anschließend mit diesen exportiert werden, wird auch der Ausdruck **„Basarökonomie"** verwendet.

Ein Blick auf die Hauptausfuhr- und Haupteinfuhrgüter bestätigt, dass Exporte und Importe strukturell sehr ähnlich sind.

Deutscher Außenhandel nach Waren

Exporte	Mrd. EUR 2016	Importe	Mrd. EUR 2016
Kraftwagen	228	Kraftwagen	105
Maschinen	169	Datenverarbeitungsgeräte	103
Chemische Erzeugnisse	107	Maschinen	75
Datenverarbeitungsgeräte	100	Chemische Erzeugnisse	73
Elektrische Ausrüstungen	76	Elektrische Ausrüstungen	55
Pharmazeutische Erzeugnisse	71	Metalle	50
Nahrungs- und Futtermittel	51	Pharmazeutische Erzeugnisse	49
Metalle	48	Erdöl und Erdgas	46
Gummi- und Kunststoffwaren	43	Nahrungs- und Futtermittel	44

Hauptausfuhrgüter der deutschen Wirtschaft sind Autos, Maschinen, chemische und elektrotechnische Erzeugnisse. Die wertmäßig größten Einfuhrgüter sind Kraftfahrzeuge, elektrotechnische und chemische Erzeugnisse und Maschinen. Das heißt, dass Deutschland – und Ähnliches gilt für vergleichbare andere Volkswirtschaften auch – gerade in den Güterbereichen viel importiert, in denen es auch viel exportiert. Das erscheint zunächst paradox. Denn wenn von einer bestimmten Güterart viel exportiert wird, wird davon doch offensichtlich auch viel hergestellt. Wieso entsteht dann noch ein hoher Importbedarf? Mit der gängigen Vorstellung, dass Volkswirtschaften in erster Linie jene Güter einführen, die sie nicht selbst herstellen bzw. herstellen können, ist das Phänomen nicht zu erklären. Die Ursache liegt u.a. in der weiter unten behandelten Präferenzenvielfalt und einer darauf aufbauenden Produktdifferenzierung.

Der Trend, dass Ähnlichkeit der wirtschaftlichen Struktur den Warenaustausch fördert, zeigt sich auch bei einer Betrachtung der wichtigsten Außenhandelspartner. Deutschland unterhält sowohl bei der Einfuhr als auch bei der Ausfuhr seine intensivsten Handelsbeziehungen zu westeuropäischen Ländern, insbesondere zu den Mitgliedstaaten der EU. Das liegt – neben der räumlichen Nähe – auch und vor allem daran, dass diese Länder eine ähnliche Wirtschaftsstruktur und damit auch eine ähnliche Angebots- und Nachfragepalette aufweisen. Die in Deutschland bestehenden Nachfragewünsche können sehr viel leichter durch ein Land mit ähnlicher Wirtschaftsstruktur als beispielsweise durch ein Entwick-

[1] Vgl. zur internationalen Wettbewerbsfähigkeit auch Abschnitt 13.3 „Globalisierung und Internationaler Wettbewerb".

lungsland mit ganz anderer Wirtschaftsstruktur befriedigt werden.

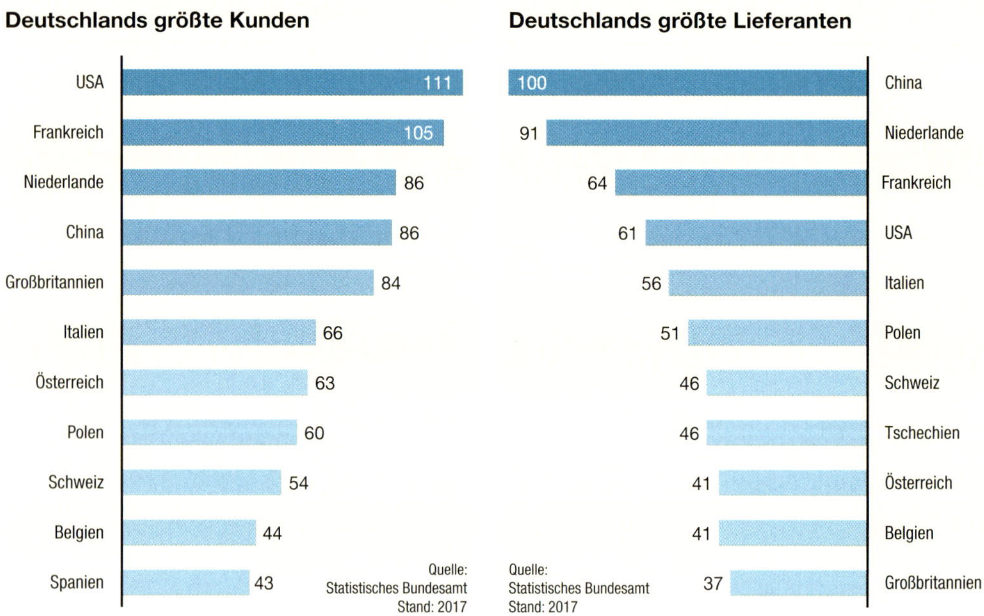

Zusammenfassung Kapitel 9.1.1: Umfang und Struktur des Außenhandels

- Für Deutschland haben die Aus- und Einfuhren große wirtschaftliche Bedeutung. Jährlich werden Waren im Werte zwischen 30 % und 40 % des Bruttoinlandsprodukts aus- und eingeführt.
- Die Aus- und Einfuhrgüter sind ähnlich. Nach Warengruppen entfällt der größte Teil auf Fertigwaren und nach Warenarten auf Straßenfahrzeuge, Maschinen, chemische und elektrotechnische Erzeugnisse.
- Die wichtigsten Handelspartner sind Länder mit ähnlicher Wirtschaftsstruktur, insbesondere die EU-Länder.

9.1.2 Beweggründe für den Außenhandel

? Warum findet Außenhandel statt?

Die Frage nach dem „Warum" des internationalen Güteraustausches ist Gegenstand der güterwirtschaftlichen Außenhandelslehre. Sie gehört zu den ältesten Fragestellungen der Volkswirtschaftslehre.[1] Der „Schleier", der durch das Geld und durch die Wechselkurse über die Tauschvorgänge gebreitet wird, entfällt dabei; die güterwirtschaftliche Theorie

[1] Bedeutsame Ausführungen finden sich bereits bei den klassischen Nationalökonomen wie Adam SMITH (1723–1790), David RICARDO (1772–1823) und John Stuart MILL (1806–1873).

wird deshalb auch „reine" oder „reale" Außenhandelstheorie genannt. In allgemeiner Form lässt sich die Ausgangsfrage so beantworten: Inländer kaufen dann Auslandsgüter, wenn diese nicht oder nur zu einem höheren Preis oder nicht in der gewünschten Art und Qualität aus inländischer Produktion verfügbar sind. Die Beweggründe für Außenhandel lassen sich also in drei Punkten zusammenfassen:

- Mangelnde Liefermöglichkeiten im Inland
- Preis- bzw. Kostenunterschiede zwischen In- und Ausland
- Präferenzenvielfalt und Produktdifferenzierung

Gründe für Außenhandel

Mangelnde Liefermöglichkeiten im Inland
- Dauerhafte Nichtverfügbarkeit
- Mittelfristige Nichtverfügbarkeit
- Kurzfristige Nichtverfügbarkeit

Kostenunterschiede zwischen Inland und Ausland
- Absolute Kostenvorteile
- Komparative Kostenvorteile

Präferenzenvielfalt und Produktdifferenzierung
- Differenzierte Vorstellungen auf der Nachfrageseite
- Differenzierte Produkte auf der Angebotsseite

9.1.2.1 Mangelnde Liefermöglichkeiten im Inland

Warum sind manche Güter im Inland nicht vorhanden? ?

Der historisch wohl früheste und auch ein heute noch bedeutsamer Grund für Außenhandel ist die **Nichtverfügbarkeit von Gütern.** Die Verteilung der Rohstoffe, unterschiedliche klimatische und geologische Produktionsbedingungen u. a. führen dazu, dass in vielen Ländern zahlreiche Güter nicht oder zumindest nicht in ausreichenden Mengen hergestellt werden können. Der potenziellen inländischen Nachfrage steht kein genügend großes inländisches Angebot gegenüber. Hierbei sind drei Stufen zu unterscheiden:

- Dauerhafte Nichtverfügbarkeit. Sie kann auftreten bei Bodenschätzen, bestimmten landwirtschaftlichen Produkten, aber auch bei touristischen Reisezielen, da z. B. ein Binnenland seinen Bewohnern keine Ferien am Meer bieten kann usw.;
- Mittelfristige Nichtverfügbarkeit. Sie kann auftreten z. B. bei technischen Produkten, zu deren Herstellung ein bestimmtes Land derzeit noch nicht in der Lage ist;
- Kurzfristige Nichtverfügbarkeit. Sie kann sich ergeben, wenn das inländische Angebot grundsätzlich zur Deckung der inländischen Nachfrage ausreicht, eine Bedarfsdeckung jedoch durch vorübergehende Ereignisse (z. B. Missernten, Naturkatastrophen, Streiks, unvorhergesehene Nachfrageschübe usw.) gestört ist.

9.1.2.2 Kostenunterschiede zwischen In- und Ausland

? Wodurch entstehen bei vergleichbaren Gütern Preisunterschiede zwischen Inland und Ausland?

„Was aber vernünftig im Verhalten einer einzelnen Familie ist, kann für ein mächtiges Königreich kaum töricht sein. Kann uns also ein Land eine Ware liefern, die wir selbst nicht billiger herzustellen imstande sind, dann ist es für uns einfach vorteilhafter, sie mit einem Teil unserer Erzeugnisse zu kaufen, die wir wiederum günstiger als das Ausland herstellen können."

Smith, Adam: An Inquiry into the Nature and Causes of the Wealth of Nations (1776); zit. nach: Der Wohlstand der Nationen; nach der 5. Aufl. (1789) übersetzt von H. C. Recktenwald. – München 1974, S. 371

Viele importierte Güter können oder könnten auch im Inland hergestellt werden. Ihr Import beruht darauf, dass diese Güter im Ausland billiger sind. Wenn Wechselkurse, Transportkosten u. Ä. zunächst unberücksichtigt bleiben, sind Preisunterschiede zwischen In- und Ausland im Wesentlichen auf unterschiedliche Herstellkosten zurückzuführen. Für die Betrachtung der Wirkung von Kostenunterschieden auf den Außenhandel sollen einige vereinfachende Annahmen gemacht werden. Untersucht wird der Warenaustausch zwischen zwei Ländern, bzw. das Ausland wird als ein Land aufgefasst (Zwei-Länder-Modell). In den beiden Ländern werden jeweils zwei homogene (gleichartige) Güter hergestellt (Zwei-Länder-zwei-Güter-Modell).

Beispiel

Im Land I (= Inland) kostet die Produktion von 1 kg Stahl 10 GE und von 1 kg Weizen 40 GE. Im Land A (= Ausland) entstehen für 1 kg Stahl Kosten von 20 GE, für 1 kg Weizen von 30 GE.

	Kosten für 1 kg Stahl	Kosten für 1 kg Weizen
Inland	10	40
Ausland	20	30

Jedes der beiden Ländern hat bei einem Gut gegenüber dem anderen Land **absolute Kostenvorteile.**

I kann Stahl und A kann Weizen kostengünstiger herstellen. Es ist ohne weiteres einsichtig, dass es sich für beide Länder lohnt, auf die Produktion des jeweils kostenungünstigeren Produkts ganz oder teilweise zu verzichten, die dadurch frei werdenden Produktionsfaktoren für eine vermehrte Produktion des kostengünstigeren Gutes einzusetzen und die Güter auszutauschen.

Das Prinzip der **internationalen Arbeitsteilung** beruht darauf, dass die Länder sich auf die Herstellung jener Güter konzentrieren, die sie besonders kostengünstig herstellen können. Durch den Güteraustausch erhält auch das Inland Weizen, der mit Kosten von 30 GE, und das Ausland Stahl, der mit Kosten von 10 GE hergestellt wurde.

Güteraustausch ist aber nicht nur dann für beide Seiten vorteilhaft, wenn absolute Kostenvorteile bestehen. Die **Theorie der komparativen Kosten**[1] erklärt, dass diese Vorteile auch dann vorhanden sind, wenn ein Land beide Güter kostengünstiger als das andere herstellen kann, sofern **relative Kostenunterschiede** bestehen.

[1] Komparativ = vergleichend. Die Theorie der komparativen Kosten wurde 1817 von dem Engländer David RICARDO (1772–1823) entwickelt.

Beispiel

Wenn das vorhergehende Beispiel so abgeändert wird, dass im Inland für die Produktion von 1 kg Stahl 10 GE, für 1 kg Weizen aber nur 20 GE entstehen und das Ausland für 1 kg Stahl 30 GE und für 1 kg Weizen 40 GE aufwenden muss, hat das Inland sowohl bei Stahl als auch bei Weizen einen absoluten Kostenvorteil. Die relativen Kosten sind jedoch unterschiedlich.

	Absolute Kosten		Relative (komparative) Kosten	
	Kosten für 1 kg Stahl	Kosten für 1 kg Weizen	Kostenverhältnis Stahl/Weizen	Kostenverhältnis Weizen/Stahl
Inland	10	20	0,50	2,00
Ausland	30	40	0,75	1,33

Für das Inland gilt:

- 1 kg Stahl kostet so viel wie 0,5 kg Weizen
- 1 kg Weizen kostet so viel wie 2 kg Stahl

Für das Ausland gilt:

- 1 kg Stahl kostet so viel wie 0,75 kg Weizen
- 1 kg Weizen kostet so viel wie 1,33 kg Stahl

Nach der Theorie der komparativen Kosten ist in diesem Fall ein Warenaustausch für beide Länder vorteilhaft, da relative Kostenunterschiede bestehen. Das Ausland hat einen relativen Kostenvorteil bei Weizen (1,33 gegenüber 2); es kann Weizen vergleichsweise („komparativ") günstiger herstellen als das Inland. Das Inland hat einen relativen Kostenvorteil bei Stahl (0,50 gegenüber 0,75); es kann Stahl vergleichsweise günstiger herstellen als das Ausland. Es müsste sich also lohnen, Weizen vom Ausland ins Inland und Stahl vom Inland ins Ausland zu tauschen. Dass das tatsächlich so ist, zeigen die entsprechenden Vorgänge.

Tausch von Stahl vom Inland ins Ausland

- Das Inland produziert 1 kg Stahl mehr und muss dafür auf die Produktion von 0,5 kg Weizen verzichten.
- Der Stahl wird ins Nachbarland transportiert und gegen Weizen getauscht. Dort entspricht 1 kg Stahl 0,75 kg Weizen.
- Der Tauschgewinn für das Inland beträgt 0,25 kg Weizen (ohne Transportkosten).

Tausch von Weizen vom Ausland ins Inland

- Das Ausland produziert 1 kg Weizen mehr und muss dafür auf die Produktion von 1,33 kg Stahl verzichten.
- Der Weizen wird ins Nachbarland transportiert und gegen Stahl getauscht. Dort entspricht 1 kg Weizen 2 kg Stahl.
- Der Tauschgewinn für das Ausland beträgt 0,67 kg Stahl (ohne Transportkosten).

Auch wenn ein Land bei beiden Gütern absolute Kostenvorteile hat, lohnt es sich also tatsächlich für beide Länder, sich auf die Herstellung des Gutes zu konzentrieren, das jeweils relativ kostengünstiger hergestellt werden kann, und die Güter auszutauschen. Voraussetzung ist, dass jedes der beiden Länder bei einem Gut relative Kostenvorteile besitzt.

Kostenunterschiede zwischen In- und Ausland entstehen durch die Produktionsfaktoren. Während für landwirtschaftliche Produkte die Unterschiede beim Produktionsfaktor Boden im Vordergrund stehen, werden bei industriellen Produkten Kostenunterschiede in erster Linie durch die unterschiedliche Ausstattung mit dem Produktionsfaktor Arbeit bestimmt. Die Kostenunterschiede ergeben sich vor allem aus der Einsatzmenge und den Einsatzkosten. Wird für die Erzeugung einer bestimmten Produktmenge eine geringere Faktormenge benötigt (z. B. weil der Boden gut ist oder die Arbeitskräfte qualifiziert sind) oder sind die Faktorkosten geringer (z. B. weil die Löhne niedriger sind), so wirkt sich dies auf die Produktionskosten entsprechend aus.

Internationale Arbeitskosten			
Land	**2016 EUR je Stunde**	**Land**	**2016 EUR je Stunde**
Schweiz	53,51	Japan	25,78
Norwegen	48,54	Portugal	11,27
Deutschland	39,98	Polen	7,67
Frankreich	38,05	China	6,32
USA	35,60	Bulgarien	3,73
Großbritannien	26,89	Ukraine	1,88

9.1.2.3 Präferenzenvielfalt und Produktdifferenzierung

? Warum findet Außenhandel auch bei Gütern statt, die im Inland in ausreichender Menge und zu gleichen Preisen wie im Ausland hergestellt werden?

Die Übersicht über die wichtigsten Export- und Importgüter ließ bereits erkennen, dass diese sehr ähnlich sind. Deutschland exportiert beispielsweise Jahr für Jahr mehrere hunderttausend Autos und importiert ebenfalls Jahr für Jahr mehrere hunderttausend Autos. Auf mangelnde Liefermöglichkeiten kann der Austausch offenbar nicht zurückgeführt werden.

Es werden Autos zu Preisen von 10.000 EUR, 15.000 EUR oder 20.000 EUR sowohl exportiert als auch importiert. Dem Inländer, der für ein Mittelklasseauto z. B. 15.000 EUR ausgeben will, steht ein entsprechendes Inlandsangebot zur Verfügung. Warum kauft er trotzdem ein ausländisches Mittelklasseauto für 15.000 EUR? Auch Preisunterschiede vermögen also den Warenaustausch nicht vollständig zu erklären; es wird noch ein weiterer Beweggrund benötigt.

Der Nachfragewunsch lautet allerdings auch nicht einfach: „ein Mittelklasseauto für 15.000 EUR“, sondern umfasst detaillierte Wünsche hinsichtlich Aussehen, Komfort, Ausstattung, Motor, Antriebsart usw. Die Nachfrager haben also ganz unterschiedliche Vorlieben (Präferenzen). Das gewünschte Auto findet sich möglicherweise nicht im inländischen Angebot und der Kaufwunsch kann nur durch Rückgriff auf eine größere, internationale Angebotspalette mit entsprechend differenzierten Produkten befriedigt werden.

Die **Präferenzenvielfalt** auf der Nachfrageseite und die **Produktdifferenzierung** auf der Angebotsseite führen oft dazu, dass eine **Entsprechung der Tauschwünsche** nur im internationalen Rahmen realisierbar ist. Die Präferenzen der Nachfrager können sich aus tatsächlichen oder vermeintlichen Qualitätsunterschieden oder aus Unterschieden bei bestimmten Eigenschaften ergeben. So genießen oft Produkte eines bestimmten Landes ein gewisses internationales Ansehen (z. B. Schweizer Uhren, italienische Weine, englische Stoffe usw.).

Häufig kommt einer bestimmten Präferenz sogar ein größeres Gewicht zu als dem Preis, sodass auch ein höherer Preis akzeptiert wird, wenn nur die gewünschte Präferenz erfüllt ist. Besonders deutlich wird dies, wenn sich die Nachfragepräferenz auf einen bestimmten Markennamen richtet. Wer – aus welchen Gründen auch immer – eine bestimmte Automarke fahren oder eine Handtasche mit einem bestimmten Emblem tragen will, ist zwangsläufig auf Importe angewiesen und ist oft auch bereit, einen Preisaufschlag zu zahlen, der nicht unbedingt durch Qualitätsmerkmale begründbar ist.

In gewisser Weise führt die Präferenzenvielfalt der Nachfrager zu einer besonderen Variante mangelnder Liefermöglichkeiten des Inlands. Das Produkt ist in der gewünschten spezifischen Art nicht im Inland vorhanden. Der Handel zwischen Industrieländern erklärt sich zum größten Teil aus dieser Präferenzenvielfalt der Nachfrager.

Zusammenfassung Kapitel 9.1.2:
Beweggründe für den Außenhandel

- Beweggründe für Außenhandel sind:
  - Mangelnde Liefermöglichkeiten im Inland
  - Preisunterschiede zwischen In- und Ausland
  - Präferenzenvielfalt und Produktdifferenzierung
- Mangelnde Liefermöglichkeiten im Inland liegen vor, wenn ein Gut nicht oder nicht in nachfragedeckender Menge verfügbar ist; die Nichtverfügbarkeit kann dauerhaft, mittelfristig oder kurzfristig sein.
- Preisunterschiede basieren in der Regel auf Kostenunterschieden; Kostenunterschiede können sich aus absoluten oder komparativen Kostenvorteilen ergeben.
- Die Wünsche der Nachfrager an ein bestimmtes Produkt sind oft so vielfältig, dass nur eine Produktdifferenzierung im internationalen Rahmen diesen Präferenzen gerecht werden

9.1.3 Vor- und Nachteile außenwirtschaftlicher Beziehungen

Welche Vor- und Nachteile können sich durch außenwirtschaftliche Beziehungen ergeben? ?

Außenwirtschaftliche Beziehungen bringen sowohl Vor- als auch Nachteile mit sich. Der große Umfang des weltweiten Handels lässt jedoch erkennen, dass insgesamt die Vorteile überwiegen.

▶ Vorteile außenwirtschaftlicher Beziehungen

Die Vorteile außenwirtschaftlicher Beziehungen leiten sich aus den Beweggründen ab. Der Außenhandel ermöglicht die Befriedigung der Nachfrage, die nicht durch inländische Produktion gedeckt werden kann. Wenn wir uns einmal vor Augen halten, wie viele Güter unserer täglichen Ernährung und unseres täglichen Gebrauchs aus dem Ausland stammen, wird deutlich, welche „Verarmung" unseres Warenkorbes mit dem Wegfall des Außenhandels verbunden wäre. Des Weiteren werden die Güter durch Außenhandel tendenziell billiger. Zum einen können absolute und relative Kostenvorteile realisiert werden, zum anderen führen die größeren Absatzmärkte über größere Produktionsmengen zu Stückkostenreduktionen. Schließlich ist auch insgesamt der Wettbewerb intensiver, da die Zahl der Anbieter größer ist.

Außenhandel	
Vorteile	**Nachteile**
▪ Größeres Produktsortiment ▪ Bessere Güterversorgung ▪ Durch Realisierung absoluter und relativer Kostenvorteile niedrigere Preise ▪ Stückkostenreduktion durch Massenproduktion ▪ Größerer Wettbewerb durch größere Zahl von Anbietern ▪ Schaffung von Arbeitsplätzen und Einkommen ▪ Beitrag zur Völkerverständigung	▪ Wirtschaftliche Abhängigkeit von Liefer- und Abnehmerländern ▪ Auswirkungen auf Volkseinkommen und Geldwertstabilität ▪ Gefährdung inländischer Betriebe und Wirtschaftszweige ▪ Wirtschaftliche Monostrukturen ▪ Politische Abhängigkeiten

Durch die Produktion der Exportgüter werden im Inland Arbeitsplätze und Einkommen geschaffen. Die in diesem Zusammenhang – vor allem im Hinblick auf Entwicklungsländer – gelegentlich geäußerte Kritik, dass dadurch gleichzeitig den Einfuhrländern in entsprechendem Umfang Arbeitsplätze und Einkommen vorenthalten würden, stimmt in dieser pauschalen Form nicht. Es wird dabei übersehen, dass Außenhandel einen zweiseitigen Güterverkehr darstellt und dass auf Dauer nur so viel importiert werden kann wie auch exportiert wird. Des Weiteren gilt das Argument bestenfalls für solche Güter, die in beiden Ländern hergestellt werden (können). Diese Situation ist aber nicht typisch für den Außenhandel zwischen beispielsweise Industrieländern und Entwicklungsländern. Können aber die Güter auch in Entwicklungsländern hergestellt werden, dann führt gerade die internationale Arbeitsteilung oft dazu, dass Industrieländer „ihre" Produkte – wegen der Kostenvorteile, insbesondere bei Löhnen – in Entwicklungsländern herstellen lassen. Insgesamt führt Außenhandel, da durch ihn die Weltgütermenge wächst, weltweit auch zu mehr Beschäftigung und mehr Einkommen.

Nicht zuletzt führt internationaler Güteraustausch auch zu mehr internationaler Kommunikation, zu größerem wechselseitigem Verständnis und dient daher der Völkerverständigung.

▶ Nachteile außenwirtschaftlicher Beziehungen

Außenhandel bietet aber auch Nachteile. Einerseits ist die inländische Wirtschaft darauf eingestellt, dass bestimmte Güter importiert werden. Sie verzichtet darauf, hierfür selber Produktionsmöglichkeiten bereitzustellen. Andererseits ist sie darauf eingestellt, dass bestimmte Güter und Gütermengen exportiert werden, und baut entsprechende inländische Produktionskapazitäten auf. Dadurch entstehen wirtschaftliche Abhängigkeiten sowohl

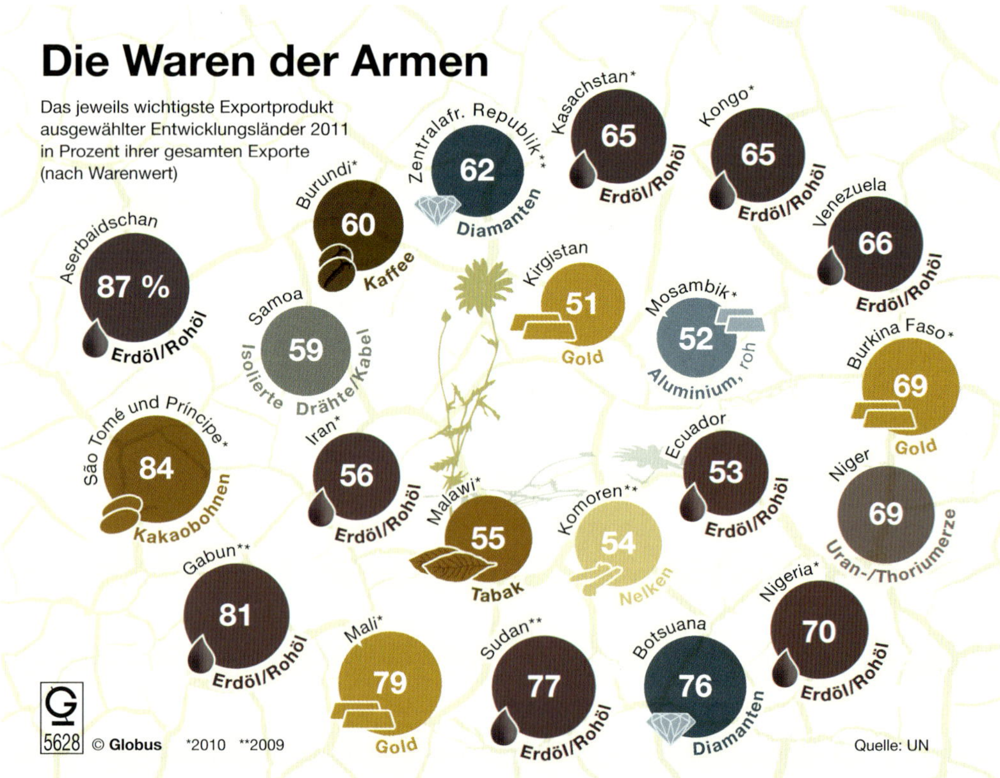

bei Lieferländern als auch bei Abnehmerländern. Bleiben Lieferungen des Auslands (z. B. Rohstoffe, wichtige Vorprodukte) ganz oder teilweise aus, führt das zu Schwierigkeiten im Inland.

Andererseits wirken sich auch Nachfragerückgänge des Auslands, z. B. aus politischen Gründen oder wegen Konjunktureinbrüchen im Ausland, auf die Beschäftigungslage im Inland aus. Insbesondere wenn Ausfuhren und Einfuhren im Ungleichgewicht sind, hat der Außenhandel auch Auswirkungen auf die Geldwertstabilität im Inland. Mit den Einfuhrgütern werden unter bestimmten Bedingungen auch deren Preise und Preissteigerungen importiert („importierte Inflation").

Außenhandel kann nicht nur Konkurrenz, sondern auch Gefährdungen für die inländische Wirtschaft bringen. Wenn die inländische Produktion qualitätsmäßig, preismäßig oder sonstwie unterlegen ist, kann Außenhandel zum Verlust von Betriebsstätten und unter Umständen ganzer Wirtschaftszweige einschließlich der entsprechenden Arbeitsplätze führen. Etliche außenwirtschaftspolitische Instrumente (Zölle, Einfuhrbeschränkungen usw.) dienen denn auch dem Schutz der inländischen Wirtschaft.

Die im Prinzip richtige Konzentration der Volkswirtschaften auf die Güter, die besonders günstig hergestellt werden können, kann auch zu Einseitigkeiten und zu wirtschaftlichen Monostrukturen führen, die das jeweilige Land stark von der Weltmarktlage einiger weniger Produkte abhängig macht. So hängt beispielsweise die Wirtschaft etlicher Staaten vom Ölexport oder vom Export weniger landwirtschaftlicher Produkte ab. Nicht zuletzt kann wirtschaftliche Abhängigkeit auch zu politischer Abhängigkeit führen. Häufig wird versucht, wirtschaftliche Macht zur Durchsetzung politischer Ziele einzusetzen. Ölembargos und Wirtschaftsboykotte sind nur einige Beispiele.

Zusammenfassung Kapitel 9.1.3:
Vor- und Nachteile außenwirtschaftlicher Beziehungen

- Außenhandel bringt Vor- und Nachteile. Der beträchtliche und noch zunehmende Umfang internationaler Handelsbeziehungen ist jedoch ein Beleg dafür, dass die Vorteile überwiegen.
- Hauptvorteil des Außenhandels ist, dass auch jene Nachfragewünsche befriedigt werden können, für die mengenmäßig, preislich oder von den Produkteigenschaften her kein entsprechendes inländisches Angebot zur Verfügung steht.
- Hauptnachteil des Außenhandels ist, dass verschiedene wirtschaftliche Abhängigkeiten entstehen, die auch zu politischer Abhängigkeit führen können.

9.2 Wechselkurs und Wechselkursrechnung

Die bisher erörterten güterwirtschaftlichen Tauschvorgänge werden in der Realität unter Einschaltung von Geld abgewickelt. Durch das Geld tritt an die Stelle der vielen Tauschrelationen von einer Ware gegen eine andere Ware nunmehr das Tauschverhältnis einer Währung gegen eine andere Währung. Die Bedingungen, unter denen Geld im Außenhandel eingesetzt wird, und die Einflüsse, die mit seinem Einsatz verbunden sind, sind Gegenstände der **monetären Außenwirtschaftstheorie.** Während der Tausch von Währungen früher in erster Linie im Zusammenhang mit geschäftlichen Transaktionen eine Rolle spielte, ist er heute durch die zahlreichen Urlaubs- und sonstigen Reisen auch zu einem selbstverständlichen Gegenstand des privaten Lebens geworden.

9.2.1 Wechselkurs

? Was drückt der Wechselkurs einer Währung aus?

Beispiel

Eine deutsche Familie hat für die Ferien ein Haus in der Schweiz und ein Haus im Schwarzwald in die engere Wahl gezogen. Das Haus in der Schweiz kostet wöchentlich 800 Schweizer Franken, das Haus im Schwarzwald 450 EUR. Da alle anderen Faktoren als gleichwertig eingeschätzt werden, will die Familie das billigste Haus nehmen.

Welches Haus preisgünstiger ist, lässt sich erst sagen, wenn beide Preise auf einen gemeinsamen Nenner gebracht werden. Das wird möglich, wenn ein Tauschverhältnis zwischen beiden Währungen besteht und beide Preise in einer Währung, z. B. in Euro, ausgedrückt werden können. Wenn 1 EUR 1,60 Schweizer Franken entspricht, kostet das Haus in der Schweiz 500 EUR. Da das Haus im Schwarzwald billiger ist, wird sich die Familie für dieses Haus entscheiden

! Der **Wechselkurs** ist das Tauschverhältnis zwischen zwei Währungen.

Wechselkurse werden als Mengen- oder Preisnotierung angegeben:

Mengennotierung

Gibt an, welche Menge an Auslandswährung man für eine Einheit der eigenen Währung erhält.

Beispiel: 1 EUR = 1,40 US-Dollar

Preisnotierung

Gibt an, wie viel eine Einheit der Fremdwährung kostet.

Beispiel: 1 US-Dollar = 0,71 EUR

Die Preisnotierung wird u. a. in der Schweiz verwendet (galt früher auch für die DM).

Die Preisnotierung ist der Kehrwert der Mengennotierung.

Zur vollständigen Wechselkursangabe gehört auch die Angabe der Bezugswährung, da der Wechselkurs zu jeder Währung ein anderer ist.

Beispiel

Eurokurs (in US-Dollar):	1 EUR = 1,40 USD
Eurokurs (in Japanischen Yen):	1 EUR = 102,80 JPY

Durch den Wechselkurs werden Preise international vergleichbar; gleichzeitig drückt er den **Außenwert einer Währung** aus. Steigt der Kurs des EUR von 1,40 USD auf 1,45 USD, so erhält man für 1 EUR jetzt 1,45 USD statt 1,40 USD. Der Wert des EUR ist gegenüber dem USD gestiegen.

! Im Wechselkurs drückt sich der **Außenwert einer Währung** aus.

- Steigt der Wechselkurs einer Währung, nimmt der Außenwert dieser Währung zu.
- Sinkt der Wechselkurs einer Währung, nimmt der Außenwert dieser Währung ab.

Für den Euro gibt es kein offizielles **Fixing** (Festlegung des Wechselkurses) durch die EZB. Die EZB ermittelt aber täglich für eine Reihe von Fremdwährungen so genannte **Referenzwechselkurse**[1] **(EuroFX).**

Referenzwechselkurse

Referenzkurse sind eigentlich nur empfohlene Kurse, die EZB-Referenzkurse haben jedoch so gut wie offiziellen Charakter.

Die Referenzkurse werden auf Grundlage der täglichen Abstimmung zwischen den Zentralbanken, die normalerweise um 14.15 Uhr stattfindet, ermittelt und kurz danach veröffentlicht. Dabei wird nur ein Referenzkurs je Währung, d. h. der Mittelkurs, in der Mengennotiz (1 Euro = x Fremdwährungseinheiten) veröffentlicht.

Bei den Kursen sind noch einige weitere Unterschiede zu beachten. Im Alltagssprachgebrauch wird ausländisches Geld vereinfachend als Devisen bezeichnet. In der Bankensprache wird jedoch zwischen Sorten (= Bargeld) und Devisen unterschieden.

Wechselkurse

Währung	EZB Referenzkurs	Devisen		Bargeld	
		Ankauf*	Verkauf*	Ankauf*	Verkauf*
	1 EUR =				
US-Dollar	1,1690	1,1682	1,1742	1,13	1,21
Brit. Pfund	0,8886	0,8898	0,8938	0,86	0,92
Jap. Yen	129,8000	129,8000	130,2800	125,18	134,17
Schweiz. Franken	1,1598	1,1606	1,1646	1,12	1,20

* An- und Verkauf von EUR durch die Banken

Sorten sind ausländische Münzen und Banknoten.[2] **Devisen** sind Ansprüche auf Zahlungen in fremder Währung. Dazu zählen vor allem Guthaben bei ausländischen Banken sowie auf ausländische Währung lautende und im Ausland zahlbare Zahlungsmittel wie Schecks und Wechsel. Wenn sich jemand vor seiner Urlaubsreise ausländisches Bargeld besorgt, holt er sich also Sorten und entsprechend muss er sich auf der Kurstafel an den Sorten- bzw. Notenkursen orientieren.[3]

Auf Kurstafeln der Banken und in Kursangaben beispielsweise in Tageszeitungen finden sich auch die Bezeichnungen **„Ankauf“, „Verkauf“, „Geld“** und **„Brief“.** „Ankauf“ und „Verkauf“ gelten für Sorten bzw. Noten. „Geld“ ist der Ankaufkurs, „Brief“ der Verkaufskurs für Devisen. Der Verkaufskurs ist in der Regel höher als der Ankaufkurs.

„Ankauf“ und **„Verkauf“** erfolgen aus der **Sicht der Banken** und beziehen sich auf Euro. Die Kursangaben gelten für Ankauf und Verkauf von **1 Euro.**

[1] Referenz: Von einer Vertrauensperson gegebene Auskunft, die als Empfehlung dient.

[2] Ausländische Münzen werden normalerweise am Bankschalter nicht gehandelt, sodass sich die Sortenkurse auf Banknoten beziehen.

[3] Vgl. hierzu auch den folgenden Abschnitt über „Wechselkursrechnung“.

Kurs	Gegenstand
Ankauf	Kurs, zu dem die Bank Euro ankauft und Sorten bzw. Noten abgibt.
Verkauf	Kurs, zu dem die Bank Euro verkauft und Sorten bzw. Noten annimmt.
Geld	Kurs, zu dem die Bank Euro ankauft und Devisen abgibt.
Brief	Kurs, zu dem die Bank Euro verkauft und Devisen annimmt.

Zusammenfassung Kapitel 9.2.1:
Wechselkurs

- Der Wechselkurs ist das Tauschverhältnis zwischen zwei Währungen.
- Der Wechselkurs gibt die Menge ausländischer Währungseinheiten an, die einer inländischen Währungseinheit entsprechen.
- Der Eurokurs einer Währung gibt an, wie viele Einheiten der Fremdwährung man für einen Euro erhält bzw. wie viele Fremdwährungseinheiten man für einen Euro bezahlen muss (1 Euro = x Fremdwährungseinheiten).
- Der Dollarkurs gibt an, wie viele Euro man für einen Dollar erhält bzw. bezahlen muss.
- Im Wechselkurs drückt sich der Außenwert einer Währung aus.
  - Steigt der Wechselkurs einer Währung, nimmt der Außenwert dieser Währung zu.
  - Sinkt der Wechselkurs einer Währung, nimmt der Außenwert dieser Währung ab.
- Im engeren Sinne werden ausländische Münzen und Banknoten als Sorten bezeichnet; Devisen sind Guthaben bei ausländischen Banken und auf ausländische Währung lautende Zahlungsmittel wie Schecks und Wechsel.

9.2.2 Wechselkursrechnung

? Wie wird ein Geldbetrag in eine andere Währung umgerechnet?

Bei der **Wechselkursrechnung** müssen zwei Vorgänge unterschieden werden: **Ankauf** und **Verkauf.** Die Bezeichnungen „Ankauf" und „Verkauf" gelten für die **Sicht der Banken** und beziehen sich auf **Euro.** Die Kursangaben gelten für Ankauf und Verkauf von **1 Euro.**

Ankauf: Die Bank kauft Euro an und gibt fremde Währung ab.

Verkauf: Die Bank verkauft Euro und nimmt fremde Währung an.

Beispiel

Kurstafel einer Bank:	Ankauf	Verkauf
US-Dollar	1,24	1,33

▶ **Tausch von Inlandswährung in Auslandswährung (= Ankauf)**

Ein Kunde will ausländische Währung erwerben; die Bank kauft Euro an.

! Betrag Auslandswährung = Betrag · Ankaufkurs

▶ Tausch von Auslandswährung in Inlandswährung (= Verkauf)

Ein Kunde will ausländische Währung abgeben; die Bank verkauft Euro.

$$\text{Betrag Inlandswährung} = \frac{\text{Betrag Auslandswährung}}{\text{Verkaufskurs}}$$

Beispiel

Vor Antritt der Urlaubsreise in die USA möchte Familie Neumann bei ihrer Bank 1.000 EUR in US-Dollar tauschen. Die Bank kauft aus ihrer Sicht Euro an und gibt Dollar ab. Es gilt der **Ankaufskurs.** Die Bank zahlt für jeden angekauften Euro 1,24 USD.

Familie Neumann erhält 1.240 US-Dollar.

Während des Urlaubs hat Familie Neumann in den USA mit Kreditkarte gezahlt und US-Dollar an Geldautomaten gezogen. Nach dem Urlaub tauscht sie die gesamten 1.240 US-Dollar bei ihrer Bank in Euro zurück. Die Bank verkauft aus ihrer Sicht Euro und nimmt Dollar an. Es gilt der **Verkaufskurs.** Die Bank verkauft 1 EUR für 1,33 USD.

Familie Neumann erhält 932,33 EUR.

Durch die Differenz zwischen Ankaufkurs und Verkaufkurs hat Familie Neumann 67,67 EUR „verloren".

**Zusammenfassung Kapitel 9.2.2:
Wechselkursrechnung**

- Bei der Wechselkursrechnung müssen Ankauf und Verkauf unterschieden werden. „Ankauf" und „Verkauf" gelten aus Sicht der Banken.
- Ankauf: Die Bank kauft Euro an und gibt fremde Währung ab.
- Verkauf: Die Bank verkauft Euro und nimmt fremde Währung an.
- Die Kursangaben gelten für Ankauf bzw. Verkauf von 1 Euro.

9.2.3 Wechselkurse und Außenhandel

Wie wirken sich Wechselkurse und deren Veränderungen auf den Außenhandel aus?

Beispiel

Ein deutscher Automobilhersteller verkauft Autos in die USA. Wie hoch der Preis eines Autos in US-Dollar ist, hängt zum einen vom Preis des Autos und zum anderen vom Umrechnungskurs in US-Dollar ab.

Wenn das Auto 20.000 EUR kostet und der Eurokurs 1,30 beträgt, entspricht das einem Preis von 26.000 US-Dollar.

Der Preis in US-Dollar ändert sich, wenn sich der Güterpreis und/oder der Wechselkurs ändert.

Bei internationalem Güteraustausch werden die Güterpreise durch Wechselkurse umgerechnet. Ändern sich die Wechselkurse, ändert sich auch c.p. der in Auslandswährung ausgedrückte Preis der Güter.

Zwischen Wechselkursen und Außenhandel bestehen wechselseitige Beziehungen:

- Wechselkurse beeinflussen Exporte und Importe und
- das Verhältnis von Exporten zu Importen beeinflusst die Wechselkurse.

Die Wirkungen werden im Folgenden am Beispiel Euro/US-Dollar veranschaulicht.

▶ Wirkungen von Wechselkursen auf Exporte und Importe

Beispiel: Importe

Ein deutscher Computergroßhändler kauft zu unterschiedlichen Zeitpunkten Computer in den USA. Er muss pro Computer 1.000 USD zahlen.

Zeitpunkt	Eurokurs (1 EUR = x USD)	Dollarkurs (1 USD = x EUR)	Kaufpreis in EUR
t_1	1,30	0,77	770
t_2	1,40	0,71	710
t_3	1,20	0,83	830

Mit steigendem Eurokurs werden die Importgüter billiger; im Regelfall wird die Importmenge zunehmen.

Mit sinkendem Eurokurs werden die Importgüter teuer; im Regelfall wird die Importmenge zurückgehen.

! Eurokurs steigt ⟶ Dollar billiger ⟶ Dollargüter billiger ⟶ Importmenge größer
Eurokurs sinkt ⟶ Dollar teurer ⟶ Dollargüter teurer ⟶ Importmenge geringer

Beispiel: Exporte

Ein deutscher Automobilhersteller verkauft zu unterschiedlichen Zeitpunkten Autos in die USA. Er möchte jeweils pro Auto 20.000 EUR erzielen. Er konkurriert auf dem US-Markt mit einem japanischen Produkt, das für 26.000 US-Dollar angeboten wird.

Zeitpunkt	Eurokurs (1 EUR = x USD)	Dollarkurs (1 USD = x EUR)	Kaufpreis in USD
t_1	1,30	0,77	26.000
t_2	1,40	0,71	28.000
t_3	1,20	0,83	24.000

Mit steigendem Eurokurs werden die Exportgüter teurer; im Regelfall wird die Exportmenge zurückgehen.

Mit sinkendem Eurokurs werden die Exportgüter billiger; im Regelfall wird die Exportmenge zunehmen.

! Eurokurs steigt ⟶ Euro teurer ⟶ Eurogüter teurer ⟶ Exportmenge geringer
Eurokurs sinkt ⟶ Euro billiger ⟶ Eurogüter billiger ⟶ Exportmenge größer

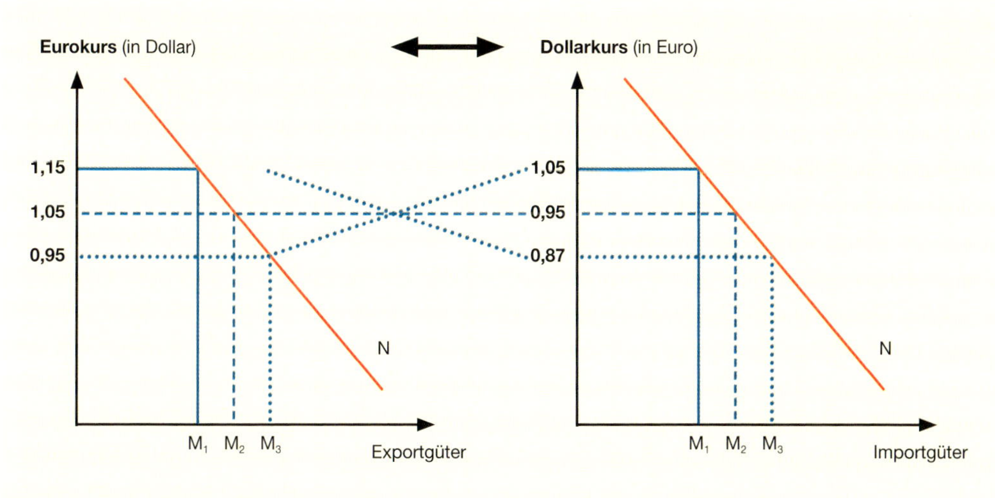

Wechselkurse und Außenhandel		
Wechselkurs	**Exporte**	**Importe**
Eurokurs steigt (Dollarkurs fällt)	Exportgüter teurer Exportmenge geringer	Importgüter billiger Importmenge größer
Eurokurs sinkt (Dollarkurs steigt)	Exportgüter billiger Exportmenge größer	Importgüter teurer Importmenge geringer

▶ Wirkungen von Außenhandelsungleichgewichten auf Wechselkurse

Außenhandelsungleichgewichte bestehen, wenn der Wert der importierten Güter ungleich dem Wert der exportierten Güter ist (Exporte > Importe oder Importe > Exporte).

Werden z. B. mehr Güter in Dollar exportiert als importiert, ist das Angebot an Dollar größer als die Nachfrage nach Dollar und der Dollarkurs wird sinken. Sind hingegen die Importe in Dollar größer als die Exporte, so ist die Nachfrage nach Dollar größer als das Angebot an Dollar und der Dollarkurs wird steigen.

Exporte > Importe
- Dollarangebot steigt → Dollarkurs sinkt
- Euronachfrage steigt → Eurokurs steigt

Importe > Exporte
- Dollarnachfrage steigt → Dollarkurs steigt
- Euroangebot steigt → Eurokurs sinkt

▶ Wechselkursmechanismus

Werden nun die Erkenntnisse über die wechselseitige Abhängigkeit von Wechselkurs und Außenhandel zusammengefasst, ergibt sich in flexiblen Wechselkurssystemen eine Tendenz zum Ausgleich, d. h., Ungleichgewichte zwischen Exporten und Importen werden wieder ins Gleichgewicht gebracht. Ein ursprünglicher Importüberschuss wird durch einen Rückgang der Importe und eine Zunahme der Exporte, ein ursprünglicher Exportüberschuss über eine Zunahme der Importe und einen Rückgang der Exporte abgebaut. Diese Ausgleichstendenz bei flexiblen Wechselkursen wird **Wechselkursmechanismus** genannt. Er entspricht dem Preismechanismus auf Gütermärkten.

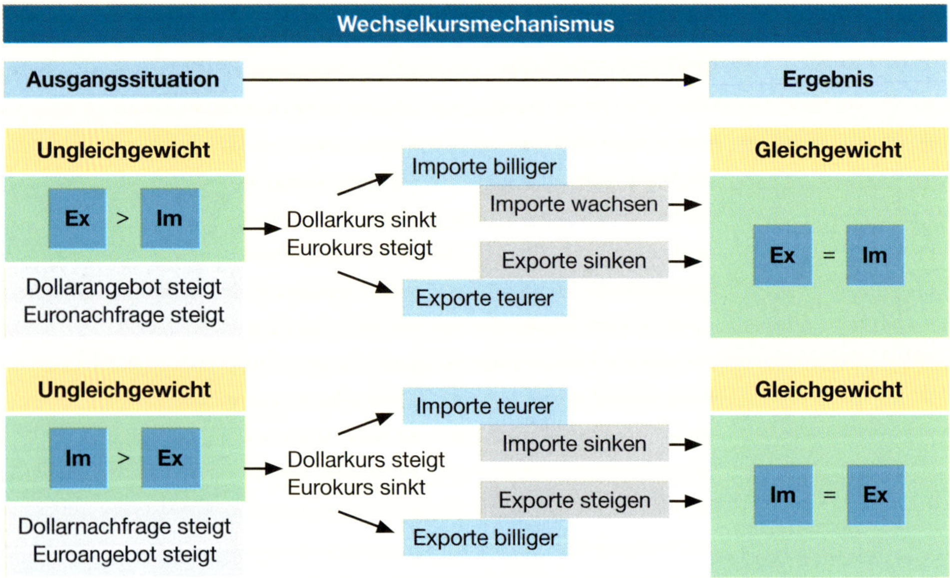

Zusammenfassung Kapitel 9.2.3:
Wechselkurse und Außenhandel

- Wechselkurse und deren Veränderungen haben Auswirkungen auf das Volumen von Exporten und Importen.
- Steigender Kurs der Inlandswährung (= sinkender Kurs der Auslandswährung) verbilligt Importe und verteuert Exporte; Importe nehmen im Normalfall zu und Exporte ab.
- Sinkender Kurs der Inlandswährung (= steigender Kurs der Auslandswährung) verteuert Importe und verbilligt Exporte; Importe nehmen im Normalfall ab und Exporte zu.

9.3 Wechselkurssysteme

Zeitungen drucken Wechselkurse ab und berichten über deren Schwankungen. Der Tourist erhält für 100 Euro 130 US-Dollar, aber nur 120 Schweizer Franken. Wie kommen Wechselkurse zustande?

Ebenso wie der internationale Warenaustausch bedarf auch der internationale Geldverkehr einer gewissen Ordnung. Unter anderem müssen Vereinbarungen getroffen werden, wie der Austausch der Währungen vonstatten gehen soll. Die Gesamtheit aller Regelungen des zwischenstaatlichen Zahlungs- und Kreditverkehrs wird als **Weltwährungsordnung** oder **Weltwährungssystem** bezeichnet. Im Einzelnen sind die Regelungen recht unterschiedlich und hängen nicht zuletzt von politischen Gegebenheiten ab. Grundsätzlich muss zunächst für eine Volkswirtschaft entschieden werden, ob ihre Währung konvertibel sein oder der Devisenbewirtschaftung unterliegen soll.

Konvertierbarkeit der Währungen bedeutet, dass die Währung eines Landes mehr oder weniger unbeschränkt in andere Währungen umgetauscht und an Devisenmärkten gehandelt werden kann.

Bei einer **Devisenbewirtschaftung** besteht für Devisen einerseits Ablieferungspflicht an den Staat und andererseits mengenmäßige Zuteilung durch den Staat. Ein solches System findet bzw. fand sich in Zentralverwaltungswirtschaften; mit deren Übergang zu marktwirtschaftlichen Ordnungen wurden auch die Währungen konvertibel.

Der Austausch von Währungen setzt voraus, dass es Wechselkurse gibt, die das Austauschverhältnis bestimmen. Für das Zustandekommen von Wechselkursen bestehen unterschiedliche Wechselkurssysteme, die sich jedoch auf die beiden Grundtypen „System flexibler Wechselkurse" und „System fester Wechselkurse" zurückführen lassen.

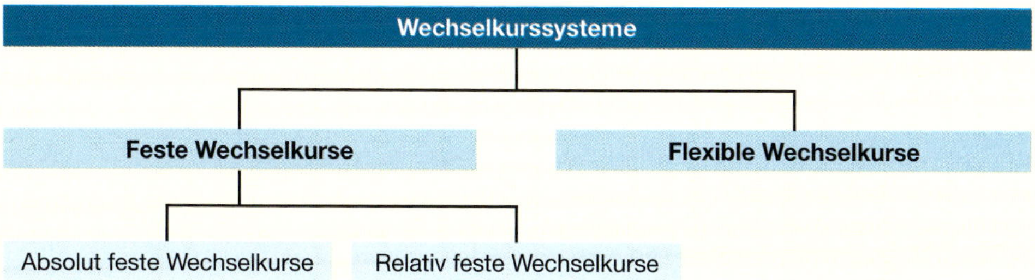

9.3.1 System fester Wechselkurse

Wie kommen Wechselkurse in einem System fester Wechselkurse zustande? ?

Feste Wechselkurse werden durch Staaten festgesetzt. Eine solche Festsetzung kann von einem Land einseitig für seine Währung vorgenommen werden, sie kann zwischen zwei Ländern bilateral vereinbart werden oder innerhalb eines Währungsverbundes zwischen mehreren Ländern erfolgen.

Bei Systemen mit festen Wechselkursen sind zwei Varianten zu unterscheiden: absolut feste Wechselkurse und relativ feste Wechselkurse.

▶ System mit absolut festen Wechselkursen

In einem System mit absolut festen Wechselkursen gilt für die beteiligten Währungen ein bestimmter Kurs. Da für die Währungen immer und überall der gleiche Preis besteht, findet ein Handel nicht statt; Devisenmärkte sind überflüssig. Ein solches System bestand in Form der **Goldwährung** bis etwa zum 1. Weltkrieg. Der Wert der beteiligten Währungen wurde in Gold ausgedrückt **(Goldparität).**

▶ System mit relativ festen Wechselkursen

In einem System mit relativ festen Wechselkursen vereinbaren die beteiligten Länder einen **Devisenleitkurs (Parität)** für den Austausch ihrer Währungen. Die Währungen werden im Devisenhandel an Devisenbörsen gehandelt. Dadurch bildet sich ein zweiter Kurs, der **Devisenmarktkurs.** Um ein zu weites Auseinanderdriften von Leitkurs und Marktkurs zu vermeiden, wird gleichzeitig mit dem Leitkurs eine Vereinbarung getroffen, wie weit der Marktkurs vom Leitkurs höchstens abweichen soll. Diese **Schwankungsbreite** wird in der Regel als Prozentsatz vom Leitkurs angegeben. Ist z. B. zwischen zwei Währungen ein Leitkurs von 100 vereinbart und gleichzeitig festgelegt worden, dass der Marktkurs nicht mehr als 2,25 % nach oben und unten abweichen soll, so soll sich der Marktkurs nur in der **Bandbreite** von 4,5 % zwischen 97,75 und 102,25 bewegen.

Nun unterliegen allerdings die Kursentwicklungen an den Devisenbörsen nicht staatlichen Vorgaben. Durch das Zusammenspiel von Devisenangebot und Devisennachfrage kann der Marktkurs durchaus die vereinbarten Schwankungen unter- oder überschreiten. Um dies zu vermeiden, müssen die Zentralbanken der beteiligten Länder am Devisenmarkt eingreifen. Die Vereinbarungen von Schwankungsbreiten sind also Selbstverpflichtungen der Staaten bzw. Notenbanken und keine bindenden Vorgaben für die Devisenmärkte.

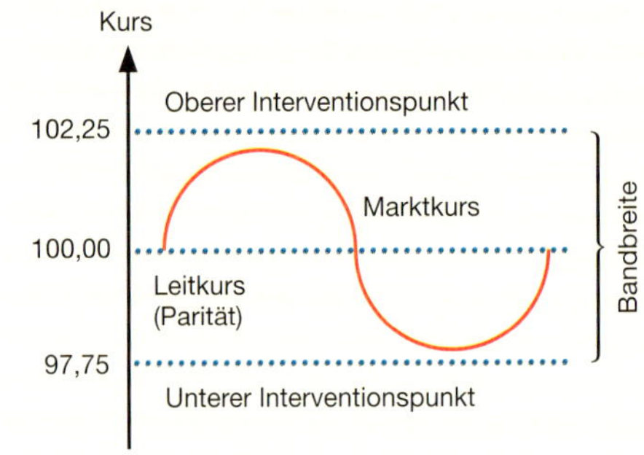

Eine **Interventionspflicht** der Zentralbanken ist daher notwendiger Bestandteil jedes Systems relativ fester Wechselkurse. Die obere Grenze der zugelassenen Marktschwankungen wird als **oberer Interventionspunkt** und entsprechend die untere Grenze als **unterer Interventionspunkt** bezeichnet. Die Interventionspflicht der Zentralbanken beinhaltet sowohl Ankauf als auch Verkauf von Devisen.

! Die Zentralbank der starken Währung kauft die schwache Währung, erhöht dadurch deren Nachfrage und im Regelfalle auch deren Kurs.

Die Zentralbank der schwachen Währung verkauft die starke Währung, erhöht dadurch das Angebot und senkt so deren Kurs.

Tendieren Währungen auf Dauer dazu, aus den vorgesehenen Abweichungsgrenzen auszubrechen, ist eine Kurskorrektur unausweichlich. Für die stärkere Währung bedeutet das eine **Aufwertung,** für die schwächere Währung eine **Abwertung.**

! Auf- und Abwertungen in Systemen mit relativ festen Wechselkursen sind von den Staaten beschlossene Änderungen der Leitkurse.

Systeme mit relativ festen Wechselkursen werden eingerichtet, um die Wechselkursschwankungen in engen Grenzen zu halten. Da Auf- und Abwertungen jedoch Kursschwankungen darstellen, sollten sie möglichst selten notwendig werden. Wenn ein solches System auf Dauer funktionieren soll, setzt das voraus, dass die wirtschaftliche Entwicklung in den beteiligten Ländern in etwa gleich verläuft und die nationalen Wirtschaftspolitiken sich angleichen.

Das frühere **Europäische Währungssystem (EWS)** war ein System relativ fester Wechselkurse. Der derzeitige **Wechselkursmechanismus II (WKM II)** zwischen dem Euro und den Währungen der EU-Länder, die den Euro noch nicht eingeführt haben, entspricht ebenfalls diesem System.

Zusammenfassung Kapitel 9.3.1:
System fester Wechselkurse

- Zwei Grundtypen von Wechselkurssystemen werden unterschieden:
  - System fester Wechselkurse
  - System flexibler Wechselkurse
- Im System fester Wechselkurse werden absolut feste Wechselkurse und relativ feste Wechselkurse unterschieden.

- Absolut feste Wechselkurse werden von den beteiligten Ländern gemeinsam oder von einem Land einseitig festgelegt.
- In einem System mit relativ festen Wechselkursen vereinbaren die beteiligten Länder einen Devisenleitkurs (Parität) sowie eine Bandbreite, innerhalb derer der Marktkurs vom Leitkurs abweichen darf.
- Überschreitet der Marktkurs die Bandbreite, sind die Notenbanken zu Interventionen (An- und Verkäufe von Devisen) gezwungen.
- Auf- und Abwertungen in Systemen mit relativ festen Wechselkursen sind von den Staaten beschlossene Änderungen der Leitkurse.

9.3.2 System flexibler Wechselkurse

Die weitaus überwiegende Mehrzahl der Währungen befindet sich untereinander in einem System flexibler Wechselkurse.

9.3.2.1 Devisenmarkt

Wo bilden sich Wechselkurse in einem System flexibler Wechselkurse?

In einem System flexibler oder freier Wechselkurse bilden sich die Wechselkurse am **Devisenmarkt.**

Der Devisenmarkt ist weltweit eng miteinander verflochten. Das führt dazu, dass die Preise für Devisen, also die Wechselkurse, weltweit weitgehend identisch sind.[1] Es ist daher nicht falsch, die weltweiten Devisenmärkte als einen Devisenmarkt zu begreifen; in der Praxis wird denn auch oft von dem **internationalen Devisenmarkt** gesprochen.

Devisen werden am Devisenmarkt gehandelt.

Devisen sind aus der Sicht des Inlandes die ausländischen Währungen.

Teilnehmer am Devisenmarkt sind vor allem Kreditinstitute, große Unternehmen und private Devisenhändler. Am Devisenmarkt gelten die üblichen Gesetze von Angebot und Nachfrage. Einerseits bestimmen Devisenangebot und Devisennachfrage den Kurs, andererseits beeinflusst der Kurs Devisenangebot und Devisennachfrage. Durch das Zusammenspiel von Angebot und Nachfrage ergibt sich ein **Gleichgewichtswechselkurs** (W_G), bei dem sich angebotene und nachgefragte Menge einer bestimmten Währung ausgleichen **(Gleichgewichtsmenge** M_G).

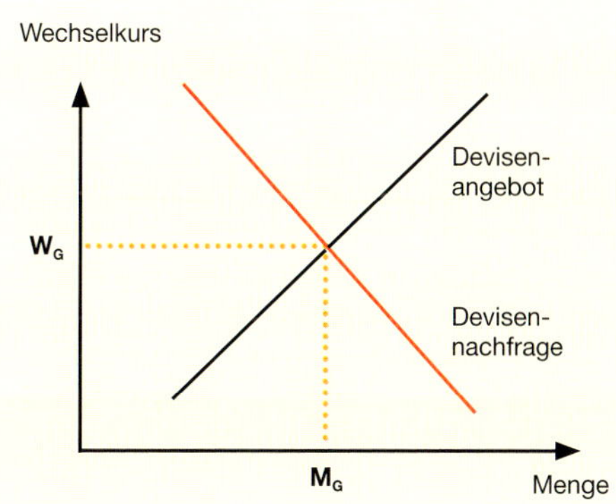

[1] Regionale Unterschiede bei Wechselkursen bestehen zumeist nur aufgrund der Zeitverschiebung: Die Börsen beispielsweise in New York, Tokio und Frankfurt sind zu unterschiedlichen Zeiten geöffnet. Dadurch können kurzfristig Unterschiede bei Wechsel-, Aktien- und sonstigen Kursen auftreten. Geschäfte, die sich diese (gleichzeitigen) Preisunterschiede zu Nutze machen, werden **Arbitrage** genannt. Im Gegensatz dazu werden Geschäfte, die auf zeitliche Bewegungen bei den Kursen setzen, als **Spekulation** bezeichnet

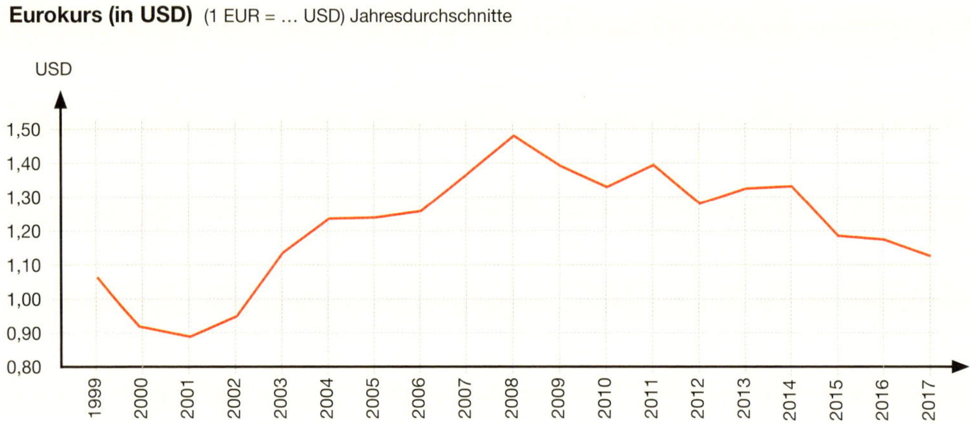

9.3.2.2 Wechselkursbildung

? Wie bilden sich Wechselkurse in einem System flexibler Wechselkurse?

! Wechselkurse bilden sich am Devisenmarkt aufgrund von Devisenangebot und Devisennachfrage.

Die bereits vom Gütermarkt her bekannten „Preisgesetze" gelten auch auf dem Devisenmarkt:

- Der Kurs einer Währung steigt, wenn die Nachfrage größer ist als das Angebot.
- Der Kurs einer Währung sinkt, wenn das Angebot größer ist als die Nachfrage.

An einem Devisengeschäft sind stets zwei Währungen beteiligt; eine Währung wird gegen eine andere „getauscht".

Beispiel

Wenn jemand Euro in Dollar umtauscht,
- bietet er Euro an und
- fragt Dollar nach

! Jede Devisennachfrage ist mit einem Devisenangebot verbunden.

Die Vorgänge der Wechselkursbildung werden im Folgenden in erster Linie anhand der beiden Währungen Euro (Inlandswährung) und US-Dollar (Auslandswährung) verdeutlicht.

Die Gründe für Devisennachfrage und Devisenangebot können sowohl in Güter- als auch in Finanztransaktionen (Kredite, Geldanlagen, Spekulation usw.) liegen.

▶ **Devisennachfrage und Devisenangebot (US-Dollar werden nachgefragt, Euro werden angeboten)**

Devisennachfrage kann u. a. herrühren von

- Importen von Gütern und Dienstleistungen, wenn diese in Fremdwährung (z. B. Dollar) bezahlt werden müssen.
- Kauf von Forderungen in Fremdwährung (z. B. Kauf von Dollar oder von Wertpapieren, die auf Dollar lauten).

Beispiel

1. Ein deutscher Importeur bezieht ein Ladung Rohöl aus Saudi-Arabien. Die Rechnung lautet auf 5 Mio. USD. Um die Rechnung bezahlen zu können, muss der Importeur über die entsprechende Menge an Dollar verfügen. Besitzt er sie nicht, muss er sie am Devisenmarkt kaufen. Er bietet Euro gegen Dollar an.
2. Ein deutscher Exporteur liefert Telekommunikationsanlagen nach China. Die Rechnung lautet auf 5 Mio. USD. Der deutsche Exporteur kann aber mit Dollar nicht viel anfangen (es sei denn, er muss selber gerade Rechnungen in Dollar bezahlen); er bietet am Devisenmarkt die Dollar an und fragt Euro nach.
3. Eine Bank spekuliert auf einen steigenden Dollarkurs. Sie kauft Dollar an und bezahlt mit Euro.
4. Ein US-Amerikaner möchte einen Teil seines Vermögens in deutschen Wertpapieren anlegen. Um die Wertpapiere kaufen zu können, muss er Dollar verkaufen und Euro kaufen.

Importeure und sonstige Käufer von Devisen fragen Devisen nach und bieten Inlandswährung an.

Exporteure und sonstige Verkäufer von Devisen bieten Devisen an und fragen Inlandswährung nach.

Eine höhere Devisennachfrage führt c.p. zu einem steigenden Wechselkurs der nachgefragten Währung. Eine sinkende Devisennachfrage führt zu seinem sinkenden Wechselkurs der Währung.

Gleichzeitig mit der höheren Nachfrage nach einer Währung, wird eine andere Währung vermehrt angeboten. Das größere Angebot führt zu einem sinkenden Kurs der angebotenen Währung. Ein sinkendes Angebot führt zu einem steigenden Wechselkurs.

In der grafischen Darstellung ergibt sich eine Rechtsverschiebung der Nachfrage- und Angebotskurve. Es stellt sich ein neuer Gleichgewichtswechselkurs (W_{G2}) sowie eine neue Gleichgewichtsmenge (M_{G2}) ein.

Steigende Nachfrage am Devisenmarkt

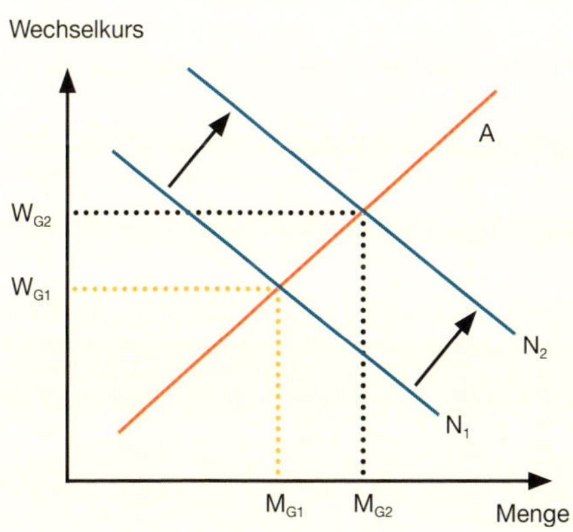

Steigendes Angebot am Devisenmarkt

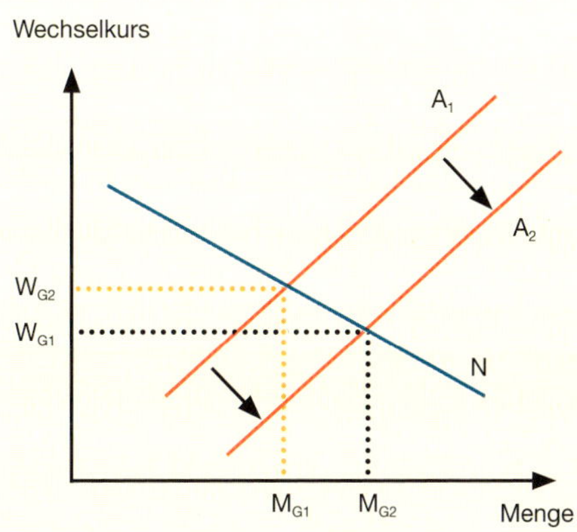

Bei der Betrachtung nur zweier Währungen ergibt sich ein umgekehrt proportionales Verhältnis der Kurse zueinander.

Beispiel

Eurokurs 1,05 ⟷ Dollarkurs 0,95
Eurokurs 1,15 ⟷ Dollarkurs 0,87
Eurokurs 0,95 ⟷ Dollarkurs 1,05

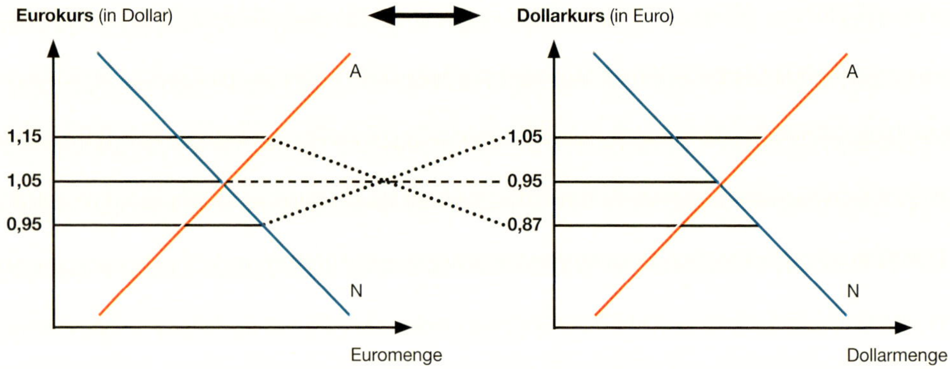

Wenn der Kurs der Inlandswährung steigt, sinkt der Kurs der Auslandswährung.
Wenn der Kurs der Inlandswährung sinkt, steigt der Kurs der Auslandswährung.

Wechselkursbildung

Wenn Euro in Dollar getauscht werden,

- steigt die Nachfrage nach Dollar
- steigt das Angebot an Euro

Wenn die Dollarnachfrage steigt, steigt der Dollarkurs

Wenn das Euroangebot steigt, sinkt der Eurokurs

Wenn der Dollarkurs steigt, sinkt der Eurokurs

Wenn der Dollarkurs steigt,

- sinkt die Nachfrage nach Dollar
- steigt das Angebot von Dollar

Wenn der Eurokurs sinkt,

- steigt die Nachfrage nach Euro
- sinkt das Angebot von Euro

Zusammenfassung Kapitel 9.3.2:
System flexibler Wechselkurse

- In einem System flexibler Wechselkurse bilden sich die Wechselkurse am Devisenmarkt aufgrund von Devisennachfrage und Devisenangebot.
- Importeure und sonstige Käufer von Devisen fragen Devisen nach.
- Exporteure und sonstige Verkäufer von Devisen bieten Devisen an.
- Nachfrage nach Auslandswährung bedeutet gleichzeitig Angebot von Inlandswährung; Angebot von Auslandswährung bedeutet gleichzeitig Nachfrage nach Inlandswährung.
- Wenn der Kurs der Inlandswährung steigt, sinkt der Kurs der Auslandswährung.
- Wenn der Kurs der Inlandswährung sinkt, steigt der Kurs der Auslandswährung.

9.3.3 Vor- und Nachteile fester und flexibler Wechselkurse

Was spricht für feste und was spricht für flexible Wechselkurse?

Die Frage, ob nun flexible oder feste Wechselkurse vorteilhafter sind, lässt sich nicht eindeutig beantworten. Jedes System hat seine Vor- und Nachteile und es kommt auf deren Gewichtung an, ob dem einen oder dem anderen System der Vorzug gegeben wird. Wirtschaftswissenschaftliche Überlegungen befürworten zumeist flexible Wechselkurse, während wirtschaftspolitische Gesichtspunkte offenbar mehr für feste Wechselkurse sprechen. So basierten alle bisherigen internationalen Währungsordnungen auf vereinbarten Tauschrelationen.

Da die Vorzüge flexibler Wechselkurse gleichzeitig die Nachteile fester Wechselkurse sind und umgekehrt, reicht es im vorliegenden Zusammenhang aus, lediglich Vorteile beider Wechselkurssysteme zu benennen.

▶ Vorteile flexibler Wechselkurse

Einer der Hauptvorzüge flexibler Wechselkurse ist die Tendenz zum **Zahlungsbilanzausgleich.** Flexible Wechselkurse bilden bei Ungleichgewichtslagen von Exporten und Importen einen Korrekturfaktor, der sozusagen automatisch den Ausgleich wieder herstellt.[1] Bei festen Wechselkursen führen solche Ungleichgewichtslagen zu Zahlungsbilanzungleichgewichten, die zunächst finanziert und irgendwann auch korrigiert werden müssen.

Bei flexiblen Wechselkursen besteht auch eine geringere Gefahr für **importierte Inflation** als bei festen Wechselkursen. Wenn sich in einem Partnerland die Preise z. B. um 10 % erhöhen, pflanzt sich bei festen Wechselkursen diese Preissteigerung in das importierende Land fort. Bei flexiblen Wechselkursen wird dagegen über kurz oder lang durch steigende bzw. sinkende Wechselkurse ein Ausgleich der Kaufkräfte stattfinden **(Kaufkraftparitätentheorie).**

Die **Geldwertstabilität** wird noch auf einem anderen Wege gefährdet. Hat ein Land Exportüberschüsse, ist das Devisenangebot höher als die Nachfrage. Um bei festen Wechselkursen zu vermeiden, dass der Kurs unter die vorgesehene Grenze fällt, muss die Zentralbank Devisen aufkaufen. Im Gegenzug bringt sie in entsprechender Menge vermehrt inländisches Geld in Umlauf, was zu einer Erhöhung des inländisches Preisniveaus führen kann.

▶ Vorteile fester Wechselkurse

Für feste Wechselkurse spricht vor allem, dass (stark) schwankende Wechselkurse eine unsichere Kalkulationsgrundlage für grenzüberschreitende Geschäfte bilden. Insbesondere bei Geschäften mit längerer Laufzeit ist zum Zeitpunkt des Vertragsabschlusses nicht absehbar, welcher Wechselkurs zum Zahlungszeitpunkt besteht und wie viel Geld letztlich aufgebracht werden muss bzw. erlöst wird.

Bei festen Wechselkursen ist der grenzüberschreitende Warenverkehr kontinuierlicher und wirkt sich stabilisierend auf die Exportindustrien aus. Bei (stark) schwankenden Wechselkursen können sich hingegen Preisvorteile ständig ändern, was zu starken Nachfrage- und damit auch zu Beschäftigungsschwankungen in exportorientierten Industriezweigen führen kann.

Feste Wechselkurse bewirken einen Zwang zur Koordination nationaler Wirtschaftspolitiken, da ansonsten schwankende Wechselkurse ständig das Außenhandelsgefüge verzer-

[1] Vgl. hierzu auch die Ausführungen zum „Wechselkursmechanismus".

ren. Diese integrationsfördernde Wirkung wurde z. B. bei der Gründung des Europäischen Währungssystems **(EWS)** ausdrücklich hervorgehoben, da ein wichtiges Ziel der **EU** darin besteht, das wirtschaftliche Gefälle zwischen den Mitgliedstaaten auszugleichen.

Wechselkurssysteme	
System	**Vorteile**
Flexible Wechselkurse	▪ Automatischer Zahlungsbilanzausgleich ▪ Kaum Auswirkungen auf inländisches Preisniveau; Inflation wird nicht importiert
Feste Wechselkurse	▪ Sichere Kalkulationsgrundlage für Importeure und Exporteure ▪ Stabilisierende Wirkung auf Exportindustrien ▪ Zwang zur Koordination nationaler Wirtschaftspolitiken

!

Kaufkraftstandards (KKS)

Bei internationalen Vergleichen werden Länder mit zum Teil sehr unterschiedlichen Preisniveaus miteinander verglichen; außerdem sind die Preise in unterschiedlichen Währungen ausgedrückt, deren Wechselkurse schwanken. **Kaufkraftstandards (KKS)** sind Umrechnungsfaktoren, mit deren Hilfe Preisniveauunterschiede und Wechselkursschwankungen bei internationalen Vergleichen ausgeschaltet werden. Die **Kaufkraftparitäten** ergeben sich aus dem Verhältnis zwischen den in Landeswährung ausgedrückten Beträgen, die erforderlich sind, um in den verschiedenen Ländern einen Korb vergleichbarer und repräsentativer Waren zu erwerben.

9.4 Das reale Austauschverhältnis: Terms of Trade

?

Welche ausländische Gütermenge kann gegen eine bestimmte inländische Gütermenge getauscht werden?

Im Prinzip wird der Güterimport durch den Güterexport finanziert. Wenn der Erlös aus den exportierten Gütern genauso hoch ist wie der Wert der importierten Güter, ist der Außenhandel eines Landes ausgeglichen. Ein Ungleichgewicht zwischen Exporterlösen und Importzahlungen führt zu einer Auslandsverschuldung des schwächeren Partners.

Die in Geld ausgedrückten Exporterlöse eines Landes werden von zahlreichen Faktoren beeinflusst: Art der exportierten Güter, Menge der exportierten Güter, Wechselkursentwicklung usw. Gleiches gilt für die Importzahlungen. Um diese Einflüsse auszuschalten, werden die **realen Austauschverhältnisse** der Außenhandelsgüter gemessen. Das Ergebnis drückt sich in den **Terms of Trade** (ToT)[1] aus.

Geschäfte

BERLIN (...) Russland und Polen haben ein Handelsabkommen vereinbart, das einen Tausch von Lebensmitteln gegen Erdgas vorsieht. Russland will 1,5 Milliarden Kubikmeter Erdgas nach Polen liefern. Dafür erhält es 600.000 Tonnen Kartoffeln sowie mehrere tausend Tonnen Äpfel und Zwiebeln aus Polen.

[1] Terms of Trade (engl.): Handelsbedingungen, Austauschbedingungen

Beispiel

In einem Zwei-Länder-zwei-Güter-Modell exportiert ein Land Äpfel und importiert Apfelsinen.

Im vergangenen Jahr wurden 100 Kisten Äpfel zum Preis von 10 EUR je Kiste exportiert. Im Gegenzug wurden 100 Kisten Apfelsinen zum Preis von 10 EUR je Kiste importiert. Das Austauschverhältnis Äpfel : Apfelsinen betrug 100 : 100 Kisten.

In diesem Jahr wurden erneut 100 Kisten Äpfel exportiert. Es gelang jedoch, im Ausland einen Preis von 11 EUR je Kiste zu erzielen. Da es dem Ausland nicht gelang, einen höheren Preis für die Apfelsinen durchzusetzen, konnten im Gegenzug 110 Kisten Apfelsinen zum Preis von 10 EUR importiert werden.

Das Austauschverhältnis Äpfel : Apfelsinen betrug jetzt 100 : 110 Kisten.

Das Austauschverhältnis der Äpfel hat sich gegenüber den Apfelsinen verbessert. Für eine gleich bleibende Apfelmenge konnten mehr Apfelsinen eingetauscht werden. Ursache war eine Verbesserung des Preisverhältnisses Exportgut zu Importgut von 10 : 10 (= 1,0) auf 11 : 10 (= 1,1).

Die Austauschrelation („Terms of Trade") hat sich für das Apfelland verbessert.

Im Zwei-Güter-Fall des Beispiels wird die Austauschrelation durch das Verhältnis zwischen dem Preis des exportierten und dem Preis des importierten Gutes angegeben. Die Kennziffer (z. B. 1,1) gibt an, wie viele Mengeneinheiten des Importgutes für eine Einheit des Exportgutes getauscht werden können **(reales Austauschverhältnis).**

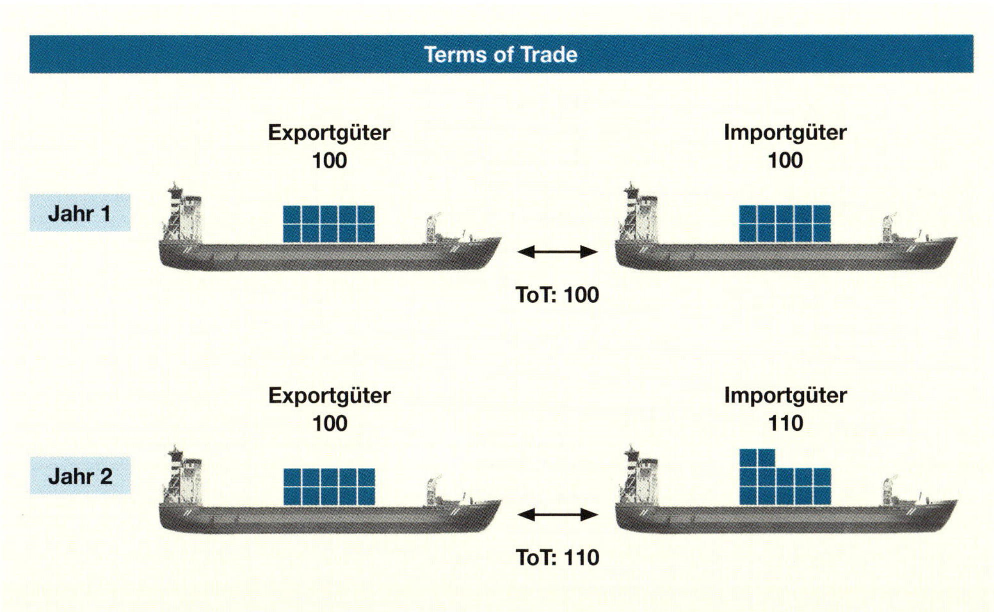

Terms of Trade (ToT): Maßzahl für die Austauschrelation zwischen Exportgütern und Importgütern eines Landes.

Die ToT geben an, wie sich die Kaufkraft einer Exporteinheit, gemessen in Importeinheiten, im Vergleich zum Basisjahr verändert hat.

In der Realität wird eine Vielzahl von Gütern exportiert und importiert. Die Ermittlung des realen Austauschverhältnisses geschieht mithilfe von Export- und Importpreisindizes. Hierzu werden die Durchschnittswerte eines repräsentativen Exportgüterbündels („Warenkorb“) und die Durchschnittswerte eines repräsentativen Importgüterbündels ermittelt und einander gegenübergestellt.

$$\text{Terms of Trade (ToT)} = \frac{\text{Index Ausfuhrpreise } (P_{Ex})}{\text{Index Einfuhrpreise } (P_{Im})} \cdot 100$$

Beispiel

	Basisjahr		t_1		t_2	
	EUR	ToT	EUR	ToT	EUR	ToT
Index Ausfuhrpreise (P_{Ex})	5.000	100	5.100	98,1	5.150	101,0
Index Einfuhrpreise (P_{Im})	5.000		5.200		5.100	

ToT steigen:

- Importgüter sind im Verhältnis zu den Exportgütern billiger geworden.
- Für eine bestimmte Menge Exportgüter können mehr Importgüter eingetauscht werden.
- Außenhandelsposition des Inlands hat sich verbessert.

ToT sinken:

- Importgüter sind im Verhältnis zu den Exportgütern teurer geworden.
- Für eine bestimmte Menge Exportgüter können weniger Importgüter eingetauscht werden.
- Außenhandelsposition des Inlands hat sich verschlechtert.

Deutsche Terms of Trade

Jahr	Ausfuhr	Einfuhr	Terms of Trade
	(Index der Durchschnittswerte)		
2012	106,6	109,6	97,3
2013	106,0	107,5	98,6
2014	106,6	106,1	100,5
2015	109,0	107,4	101,5
2016	109,2	107,0	102,1

2010 = 100 Quelle: Statistisches Bundesamt

Zusammenfassung Kapitel 9.4:
Das reale Austauschverhältnis: Terms of Trade

- Die Terms of Trade sind eine Maßzahl für die Austauschrelationen zwischen Exportgütern und Importgütern eines Landes.
- Wenn die Terms of Trade steigen, verbessert sich die Außenhandelsposition eines Landes.
- Wenn die Terms of Trade sinken, verschlechtert sich die Außenhandelsposition eines Landes.

9.5 Zahlungsbilanz und Zahlungsbilanzungleichgewichte

Die Zahlungsbilanz ist neben der volkswirtschaftlichen Gesamtrechnung das zweite große nationale Rechenwerk. In der Zahlungsbilanz werden alle wirtschaftlichen Vorgänge aufgezeichnet, die in einer bestimmten Periode (in der Regel ein Jahr) zwischen Inländern und Ausländern stattfinden. Wirtschaftliche Vorgänge sind Übertragungen von Waren, Dienstleistungen und Vermögenstiteln. Als Inländer zählen – wie auch bei der Volkswirtschaftlichen Gesamtrechnung – Personen, Institutionen und öffentliche Einrichtungen, die ihren Wohnsitz bzw. Sitz im Inland haben, unabhängig von Staatsangehörigkeit oder Besitzverhältnissen. Als Ausländer zählen alle Wirtschaftssubjekte mit Sitz im Ausland. Gastarbeiter und in ausländischem Besitz sich befindende Inlandsbetriebe zählen somit als Inländer, Touristen aus einem anderen Land als Ausländer.

Die **Zahlungsbilanz** gibt Auskunft über alle wirtschaftlichen Transaktionen zwischen einer Volkswirtschaft und der übrigen Welt in einem bestimmten Zeitraum. Die Zahlungsbilanz setzt sich aus mehreren Teilbilanzen zusammen: der Leistungsbilanz, der Vermögensänderungsbilanz, der Kapitalbilanz und dem Saldo der statistisch nicht aufgliederbaren Transaktionen. Die Zahlungsbilanz wird nach dem Prinzip der doppelten Buchführung geführt und ist formal immer ausgeglichen. Wenn von einer „unausgeglichenen" Zahlungsbilanz gesprochen wird, ist meist der Saldo einer bestimmten Teilbilanz – in der Regel der Leistungsbilanz – gemeint.

Deutsche Bundesbank

Die **Leistungsbilanz** umfasst alle Waren- und Dienstleistungsumsätze, Primäreinkommen und Sekundäreinkommen.

Die **Kapitalbilanz** umfasst sämtliche internationalen Käufe und Verkäufe von Vermögenswerten.

9.5.1 Struktur der Zahlungsbilanz

Wie ist die Zahlungsbilanz aufgebaut und was wird in den verschiedenen Teilbilanzen aufgezeichnet?

Die Zahlungsbilanz ist eine wichtige Datenbasis für die Wirtschaftspolitik, insbesondere für die Geld- und Währungspolitik. Der Aufbau der deutschen Zahlungsbilanz folgt weitgehend international vereinbarten Konzepten. Maßgebend für die Gliederung ist das „Zahlungsbilanz-Manual" des Internationalen Währungsfonds. Durch die international einheitlichen Erfassungskriterien, Abgrenzungen und Strukturen sind die außenwirtschaftlichen Daten der verschiedenen Volkswirtschaften miteinander vergleichbar.

Die Zahlungsbilanz besteht aus den beiden großen Teilbilanzen Leistungsbilanz und Kapitalbilanz. In einer weiteren Teilbilanz sind die Vermögensänderungen zusammengefasst.

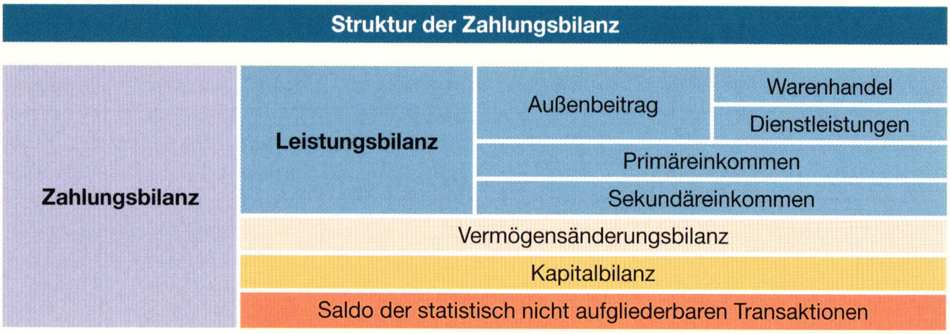

Leistungsbilanz: Umfasst Güterströme sowie Übertragungen zwischen In- und Ausland. Sie ist untergliedert in:

- Warenverkehr (Handelsbilanz, Außenhandel)
- Dienstleistungsverkehr (Dienstleistungsbilanz)
- Primäreinkommen
- Sekundäreinkommen

…

Die Salden aus Warenhandel und Dienstleistungen ergeben den **Außenbeitrag.**

Der Saldo der Leistungsbilanz stellt eine wichtige Größe zur Bewertung der Leistungsfähigkeit einer Volkswirtschaft dar.

Vermögensänderungen: Umfassen diejenigen unentgeltlichen Leistungen, die nicht direkt das Einkommen oder den Verbrauch der beteiligten Länder verändern (z. B. Schuldenerlass, Erbschaften, Schenkungen usw.).

Kapitalbilanz: Enthält alle Transaktionen, bei denen sich grenzüberschreitende Finanzpositionen ändern. Sie ist untergliedert in:

- Direktinvestitionen
- Wertpapiere
- übriger Kapitalverkehr
- Veränderung der Währungsreserven der Deutschen Bundesbank.

Saldo der statistisch nicht aufgliederbaren Transaktionen: In dieser Position schlagen sich alle Erfassungslücken sowie Ungenauigkeiten bei der periodengerechten Zuordnung nieder.

Die Zahlungsbilanz ist – wie jedes Buchungssystem, das auf dem Prinzip der doppelten Buchführung beruht – formell immer ausgeglichen. Voraussetzung ist, dass alle Vorgänge des Leistungs- und Kapitalverkehrs vollständig erfasst sind. In der Realität ist das jedoch so gut wie nie der Fall. Auch bei größter Genauigkeit der Buchführung werden etliche Transaktionen nicht erfasst bzw. sind sie nicht eindeutig zuzuordnen. Da sie zum Ausgleich der Zahlungsbilanz fehlen, sind sie in ihrer Höhe bekannt; allerdings weiß man nicht, um welche Arten von Transaktionen es sich dabei handelte. Sie können daher nicht einzelnen Unterbilanzen zugeordnet werden, sondern werden als **Statistisch nicht aufgliederbare Transaktionen (Restposten, Ungeklärte Beträge)** in einer Summe festgehalten. Somit wird der Ausgleich der Zahlungsbilanz letztlich erst über diesen Posten hergestellt.

Überwiegen in der Gesamtbilanz die empfangenen Zahlungen die geleisteten Zahlungen, so wird von einer **aktiven Zahlungsbilanz** oder – weil der Saldo positiv ist – von einer **positiven Zahlungsbilanz** gesprochen; im anderen Falle von einer **passiven** oder **negativen Zahlungsbilanz.** Analoges gilt für die Teil- und Unterbilanzen.

Für den rechnerischen Zusammenhang zwischen den vier Teilen der Zahlungsbilanz gilt folgende Gleichung:

Saldo der Leistungsbilanz + Saldo der Vermögensänderungsbilanz	=	Saldo der Kapitalbilanz + Saldo der statistisch nicht aufgliederbaren Transaktionen

Unterbilanzen und Gegenstände der Zahlungsbilanz	
Unterbilanz	**Gegenstände**
Warenhandel (Handelsbilanz)	Warenexporte – Warenimporte
Dienstleistungen (Dienstleistungsbilanz)	Verkäufe (Exporte) von Dienstleistungen – Käufe (Importe) von Dienstleistungen (u. a. Lohnveredelung, Transithandel, Auslandsreiseverkehr; Ausgaben deutscher Touristen für Auslandsreisen werden als Importe von Dienstleistungen gezählt)
Primäreinkommen	Fremde Leistungen – Eigene Leistungen (Erwerbs- und Vermögenseinkommen, Produktions- und Importabgaben, Subventionen, Miet- und Pachteinkommen)
Sekundäreinkommen	Fremde Leistungen – Eigene Leistungen (Unentgeltliche Leistungen, „Schenkungen"; u. a. Nettozahlungen an internationale Organisationen, Heimatüberweisungen der Gastarbeiter)
Vermögensänderungsbilanz	Fremde Leistungen – Eigene Leistungen (u. a. Schuldenerlasse, Erbschaften, Schenkungen)
Kapitalbilanz	Kapitalimport – Kapitalexport (Direktinvestitionen, Wertpapieranlagen, Finanzderivate, übriger Kapitalverkehr, Veränderung der Währungsreserven des Eurosystems [Zunahme: –])
Statistisch nicht aufgliederbare Transaktionen	Ungeklärte Beträge. Statistischer Restposten, der die Differenz zwischen dem Saldo der Kapitalbilanz auf der einen Seite und den Salden der Leistungs- sowie Vermögensänderungsbilanz auf der anderen Seite abbildet.

Zusammenfassung Kapitel 9.5.1:
Struktur der Zahlungsbilanz

- Die Zahlungsbilanz erfasst alle wirtschaftlichen Vorgänge zwischen Inländern und Ausländern in einem bestimmten Zeitabschnitt.
- Wichtigste Teilbilanzen der Zahlungsbilanz sind „Leistungsbilanz" und „Kapitalbilanz".
- In der Leistungsbilanz werden alle Vorgänge aufgezeichnet, die auf dem Verkehr von Waren, Dienstleistungen, Arbeit, Vermögen und auf unentgeltlichen Leistungen beruhen.
- In der Kapitalbilanz werden alle finanziellen Vorgänge aufgezeichnet, die zu Forderungen und Verbindlichkeiten bei privaten Wirtschaftseinheiten und öffentlichen Haushalten führen, sowie die Veränderungen von Verbindlichkeiten und Forderungen der Zentralbank.
- Nicht erfasste Transaktionen werden in einer Summe als Saldo der statistisch nicht aufgliederbaren Restposten festgehalten.

9.5.2 Die Zahlungsbilanz Deutschlands

? Wie sieht die Situation der deutschen Zahlungsbilanz aus?

Die deutsche Zahlungsbilanz weist – trotz gewisser Schwankungen – regelmäßig bestimmte Merkmale auf:

- Die **Warenbilanz** weist in der Regel einen hohen Überschuss auf.
- Die **Dienstleistungsbilanz** ist traditionell negativ. Dies ergibt sich vor allem aus dem hohen Defizit im Reiseverkehr. Deutsche geben für Reisen ins Ausland erheblich mehr Geld aus, als ausländische Touristen nach Deutschland bringen.
- Wegen des hohen Überschusses in der Handelsbilanz ist der deutsche **Außenbeitrag** zumeist positiv.
- Der Saldo der **Primäreinkommen** weist in der Regel einen Überschuss auf. Es fließen mehr Erwerbs- und Vermögenseinkommen aus dem Ausland nach Deutschland als umgekehrt.
- Der Saldo der **Sekundäreinkommen** ist in der Regel negativ. Es fließen mehr Beträge von Deutschland ins Ausland als umgekehrt. Hier schlagen sich u. a. deutsche Beiträge an internationale Organisationen (EU, UNO, IWF usw.), Überweisungen der Gastarbeiter in ihre Heimatländer und Entwicklungshilfezahlungen nieder.
- Die **Leistungsbilanz** weist in der Regel einen erheblichen Überschuss auf.
- Die **Kapitalbilanz** weist in der Regel eine erhebliche Zunahme des deutschen Nettoauslaufsvermögens auf. Insbesondere Direktinvestitionen und Wertpapieranlagen führen zu höheren Anlagen im Ausland als umgekehrt zu ausländischen Anlagen in Deutschland.

Wichtige Posten der deutschen Zahlungsbilanz (in Mio. EUR)

Position		2014	2015	2016	2017
I	Leistungsbilanz				
	1. Warenhandel				
	Ausfuhr	1.114.783	1.177.245	1.190.213	1.271.318
	Einfuhr	888.284	917.624	924.059	1.004.702
	Saldo	226.499	259.621	266.154	266.616
	2. Dienstleistungen				
	Einnahmen	219.722	238.558	258.390	272.816
	Ausgaben	255.075	269.788	278.337	288.975
	Saldo	−35.353	−31.230	−19.947	−16.159
	darunter Reiseverkehr				
	Einnahmen	32.609	33.229	33.838	35.251
	Ausgaben	70.261	69.861	72.084	74.083
	Saldo	−37.652	−36.632	−38.246	−38.832
	3. Primäreinkommen (Saldo)	62.387	63.739	60.639	67.357
	4. Sekundäreinkommen (Saldo)	−40.653	−39.550	−39.879	−54.120
	Saldo der Leistungsbilanz	212.880	252.580	266.967	263.694
II	Vermögensänderungsbilanz (Saldo)	1.138	−159	3.468	−254
III	Kapitalbilanz				
	Zunahme an Nettoauslandsvermögen: + Abnahme an Nettoauslandsvermögen: −				
	1. Direktinvestitionen	79.418	56.438	31.169	42.249
	Deutsche Direktinvestitionen im Ausland	85.658	98.017	82.985	111.797
	Ausländische Direktinvestitionen in Deutschland	6.240	41.579	51.816	69.548
	2. Wertpapieranlagen	137.440	199.137	206.707	200.202
	Deutsche Anlagen im Ausland	149.023	124.134	98.236	105.157
	Ausländische Anlagen in Deutschland	11.583	−75.003	−108.471	−95.045
	3. Finanzderivate	31.769	25.796	32.535	8.937
	4. Übriger Kapitalverkehr	−1.618	−53.606	−14.404	29.847
	5. Veränderung der Währungsreserven	−2.564	−2.213	1.686	−1.269
	Saldo der Kapitalbilanz	244.445	225.552	257.693	279.966
IV	Saldo der statistisch nicht aufgliederbaren Transaktionen (Restposten)	30.426	−26.870	−14.586	17.747

Quelle: Deutsche Bundesbank

Direktinvestitionen gelten als wichtiges Merkmal für die **internationale Wettbewerbsfähigkeit** eines Landes. Länder, die in größerem Umfang ausländische Direktinvestitionen anziehen, gelten als attraktive Unternehmensstandorte.

Direktinvestitionen sind Auslandsinvestitionen (in der Regel von Unternehmen) mit dem Ziel,

- ausländische Immobilien zu erwerben,
- Betriebsstätten oder Tochterunternehmen im Ausland zu errichten,
- ausländische Unternehmen zu erwerben oder
- sich an ausländischen Unternehmen zu beteiligen.

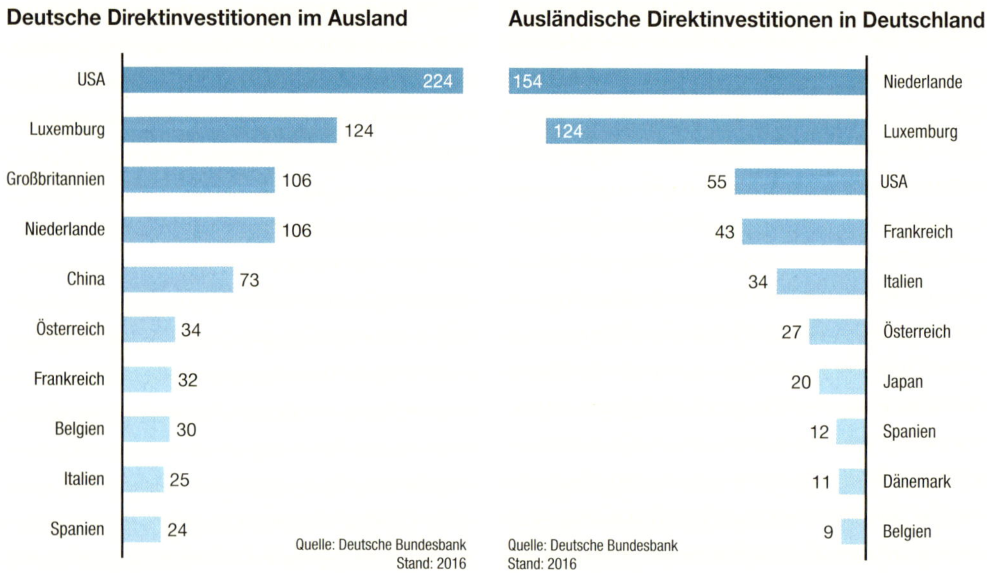

Zusammenfassung Kapitel 9.5.2: Die Zahlungsbilanz Deutschlands

- Die deutsche Zahlungsbilanz weist traditionell Überschüsse in der Handelsbilanz und bei den Primäreinkommen und Defizite in der Dienstleistungsbilanz und bei den Sekundäreinkommen auf. Da die Überschüsse aus Warenverkehr und Primäreinkommen in der Regel höher sind als die Defizite aus Dienstleistungen und Sekundäreinkommen, verfügt Deutschland zumeist über eine positive Leistungsbilanz.

9.5.3 Zahlungsbilanzungleichgewichte

? Wann ist die Leistungsbilanz im Ungleichgewicht, welche Folgen hat das und was kann dagegen getan werden?

Eine Zahlungsbilanz ist – wie bereits mehrfach erwähnt – formell immer ausgeglichen. Wird die gesamte Zahlungsbilanz betrachtet, sind sowohl Leistungs- als auch Kapitalbewegungen eingeschlossen. Kapitalbewegungen unterliegen jedoch oftmals Bedingungen, die mit der wirtschaftlichen Situation eines Landes nicht viel zu tun haben. So ergeben sich beispielsweise schnell beträchtliche Kapitalbewegungen, wenn zwischen zwei Ländern ein größeres Zinsgefälle besteht. Daher beziehen sich Aussagen zu Ungleichgewichten in aller Regel auf den Leistungsverkehr.

▶ Ursachen von Leistungsbilanzungleichgewichten

Ein **Leistungsbilanzungleichgewicht** kann aus einem Leistungsbilanzüberschuss oder einem Leistungsbilanzdefizit bestehen.

Ein **Leistungsbilanzüberschuss** entsteht, wenn in einer Wirtschaftsperiode die **Einnahmen** aus dem Verkauf inländischer Waren und Dienstleistungen sowie aus dem Empfang von Einkommen und Übertragen **größer** sind als die entsprechenden **Ausgaben.**

Ein **Leistungsbilanzdefizit** entsteht, wenn in einer Wirtschaftsperiode die entsprechenden **Einnahmen geringer** sind als die **Ausgaben.** Etwas vereinfacht bedeutet ein Leistungsbilanzdefizit, dass eine Volkswirtschaft mehr importiert als exportiert und dass sie aus ihren Exporten nicht genug Geld erwirtschaftet, um ihre Importe damit bezahlen zu können. Dauerhafte Leistungsbilanzdefizite sind in der Regel ein Hinweis auf eine mangelnde Wettbewerbsfähigkeit einer Volkswirtschaft bzw. darauf, dass eine Volkswirtschaft „über ihre Verhältnisse" lebt.

▶ Folgen von Leistungsbilanzungleichgewichten

Ein Leistungsbilanzungleichgewicht besteht sowohl bei einem Leistungsbilanzüberschuss als auch bei einem Leistungsbilanzdefizit.

Ein dauerhafter **Leistungsbilanzüberschuss** besitzt ökonomisch durchaus nachteilige Folgen. Die Überschüsse führen zu einem steigenden Devisenangebot und zu einer steigenden Geldmenge im Inland. Dies kann die Geldwertstabilität gefährden.

Ein dauerhaftes **Leistungsbilanzdefizit** besitzt ökonomisch jedoch weitaus gravierendere Folgen. Daher werden Leistungsbilanzdefizite im Folgenden eingehender behandelt.

Internationale Leistungsbilanzsalden

Land	2008	2010	2015
	Mrd. US-Dollar		
Deutschland	244	188	281
Niederlande	43	61	84
Italien	−78	−68	39
Frankreich	−64	−54	−27
Spanien	−156	−63	13
Großbritannien	−40	−56	−152
Griechenland	−51	−32	−5
Portugal	−29	−23	1
China	426	297	277
Japan	157	196	36
USA	−706	−470	−390

Quelle: Statistisches Bundesamt

▶ Folgen von Leistungsbilanzdefiziten

Bei den Folgen von Leistungsbilanzdefiziten ist zu unterscheiden zwischen Ländern, deren Währungen durch Wechselkurse miteinander verbunden sind, und – wie die Erfahrungen mit der Europäischen Währungsunion zeigen – zwischen Ländern, die eine gemeinsame Währung haben.

▶ Leistungsbilanzdefizite bei Wechselkursen

Bei **festen Wechselkursen** – die heute aber kaum noch bestehen – muss sich ein Land die fehlenden Devisen für die Finanzierung der Importüberschüsse beschaffen. Diese Devisen muss es entweder mit eigenem Geld bezahlen oder – was zumeist unumgänglich ist – auf internationalen Finanzmärkten aufnehmen. Die internationale Verschuldung wächst.

Bei **flexiblen Wechselkursen** führt eine steigende Devisennachfrage im Regelfall zu steigenden Wechselkursen; d. h., die Währung des Defizitlandes wird abgewertet. Dadurch werden Importe teurer und Exporte billiger. Es besteht eine systemimmanente Tendenz zum Ausgleich der Leistungsbilanz.

▶ Leistungsbilanzdefizite bei Ländern mit gemeinsamer Währung

Ein Beispiel für Länder mit einer gemeinsamen Währung ist die **„Europäische Währungsunion" („Euro-Zone").** Zwischen den Teilnehmerländern bestehen keine Wechselkurse. Den weitaus größten Teil ihres Außenhandels wickeln diese Länder innerhalb der Währungsunion ab. Allerdings weisen die Länder eine deutlich unterschiedliche wirtschaftliche Leistungskraft auf. Die Unterschiede schlagen sich nicht zuletzt in den Leistungsbilanzsalden nieder.[1]

Neben den allgemeinen Finanzmarktkrediten trug die notwendige Finanzierung der Leistungsbilanzdefizite wesentlich zu der hohen Staatsverschuldung der Krisenländer bei.[2] Ein Vergleich zwischen Staatsverschuldung und Leistungsbilanzdefizit macht den bestehenden Zusammenhang deutlich. Auf dem Höhepunkt der Euro-Schuldenkrise ergab sich für die Hauptkrisenländer die nebenstehende Situation:

Staatsschuldenquote und Leistungsbilanzdefizit 2011

Land	Staatsschuldenquote	Leistungsbilanzdefizit
	in Prozent des BIP	
Griechenland	165	–9,6
Italien	120	–3,3
Portugal	108	–6,3
Spanien	69	–3,5
Zum Vergleich:		
Deutschland	81	5,7

▶ Maßnahmen gegen Leistungsbilanzdefizite

Bei flexiblen Wechselkursen kann darauf gehofft werden, dass Marktmechanismen über Wechselkursanpassungen zu einem Abbau der Defizite führen.

Bei festen Wechselkursen kann versucht werden, durch formelle Auf- bzw. Abwertungen von Währungen einen Abbau der Defizite zu unterstützen. Darüber hinaus gelten ähnliche Maßnahmen wie bei einer gemeinsamen Währung.

G20 bekennen sich zu freien Wechselkursen

MOSKAU (...) – Die Finanzminister und Notenbankchefs der G20 sprachen sich am Samstag nach einem zweitägigen Treffen in Moskau einhellig gegen einen Abwertungswettlauf und künstlich niedrig gehaltene Wechselkurse aus. ... In ihrem Kommuniqué erteilen die G20 Bestrebungen eine Absage, mit künstlich niedrig gehaltenen Währungen wirtschaftlich konkurrenzfähig zu bleiben: „Wir werden einen Abwertungswettlauf unterlassen. Wir werden unsere Wechselkurse nicht zu Wettbewerbszwecken vorabbestimmen."

Bei einer gemeinsamen Währung lassen sich anhaltende Leistungsbilanzdefizite letztlich nur über strukturelle Reformen in den Defizitländern abbauen:

- **Exporte erhöhen, Importe senken**

  Die vordergründig einfachste Möglichkeit wäre, die Exporte zu erhöhen und die Importe zu senken. In der Realität ist das jedoch keineswegs so einfach. Die Zunahme von Exporten setzt voraus, dass ein Land auch über entsprechende weltmarktfähige Produk-

[1] Vgl. die Tabelle über „Internationale Leistungsbilanzsalden" auf der vorherigen Seite.

[2] Vgl. zur Staatsverschuldung auch Abschnitt 7.5.5 „Staatsverschuldung" und zur Euro-Schuldenkrise auch Abschnitt 7.8 „Exkurs: Die Euro-Schuldenkrise".

te verfügt und deren Export mengenmäßig auch steigern kann. In vielen Fällen können oder wollen Länder auch nicht auf Importe verzichten. Dies gilt vor allem für Güter, die im eigenen Land nicht oder nicht ausreichend zur Verfügung stehen. Beispielhaft wird dies im Bereich der Energieimporte. Trotz steigender Preise für Erdöl und Erdgas sind viele Länder auf eine kontinuierliche Versorgung durch Importe angewiesen.

- **Haushaltssanierung**

  Eine Begrenzung der **Staatsschulden** senkt die Zinsbelastungen und die Abhängigkeit von den Finanzmärkten und deren Entwicklungen. Die unproduktiven Aufwendungen für Zinsen können stattdessen für öffentliche Investitionen verwendet werden. Zu einer Haushaltssanierung gehört ggf. auch eine Umstrukturierung der öffentlichen Haushalte hin zu mehr investiven und weniger konsumtiven Ausgaben.

- **Wachstumsimpulse**

  Durch die Stärkung der öffentlichen Investitionen beispielsweise in Bildung, Forschung und Infrastruktur, durch Investitionen zur Beschleunigung des Strukturwandels, durch Aufbau und Förderung zukunftsträchtiger Produkte und Produktionen u. a. m., kann die wirtschaftliche Basis eines Landes nachhaltig verbessert und zukunftsfähiger gemacht werden. Kapitalimporte (Kredite u. Ä.) sollten stärker für investive Zwecke und weniger für konsumtive Zwecke eingesetzt werden.

- **Stärkung der internationalen Wettbewerbsfähigkeit**

  Reformen der Wirtschaftsstruktur, des Arbeitsmarktes, Entbürokratisierung und Kostensenkungen machen ein Land international wettbewerbsfähiger und verbessern seine außenwirtschaftliche Position.

Zusammenfassung Kapitel 9.5.3: Zahlungsbilanzungleichgewichte

- Zahlungsbilanzungleichgewichte äußern sich vor allem in Leistungsbilanzungleichgewichten.
- Ein Leistungsbilanzungleichgewicht kann aus einem Leistungsbilanzüberschuss oder einem Leistungsbilanzdefizit bestehen.
- Ein Leistungsbilanzüberschuss entsteht, wenn in einer Wirtschaftsperiode die Einnahmen aus dem Verkauf inländischer Waren und Dienstleistungen sowie aus dem Empfang von Einkommen und Übertragen größer sind als die entsprechenden Ausgaben. Ein Leistungsbilanzdefizit entsteht, wenn die entsprechenden Einnahmen geringer sind als die Ausgaben.
- Bei festen Wechselkursen muss sich ein Land die fehlenden Devisen beschaffen. Das führt in der Regel zu einer höheren Staatsverschuldung.
- Bei flexiblen Wechselkursen findet in der Regel eine Anpassung der Wechselkurse mit einer Tendenz zum Ausgleich statt.
- Bei Ländern mit einer gemeinsamen Währung fehlen die Ausgleichsmechanismen durch Wechselkurse. Die Gefahr einer wachsenden Staatsverschuldung ist besonders hoch.
- Maßnahmen gegen Leistungsbilanzdefizite sind:
  - Export erhöhen, Importe senken
  - Haushaltssanierung
  - Wachstumsimpulse
  - Stärkung der internationalen Wettbewerbsfähigkeit

9.6 Internationale Organisationen

? Welches sind die wichtigsten internationalen Organisationen zur Regelung außenwirtschaftlicher Beziehungen?

Zur Regelung internationaler Wirtschaftsbeziehungen besteht eine Vielzahl von Organisationen und Abkommen. „Weltwirtschaftsordnung" und „Weltwährungsordnung" bilden keine geschlossenen Systeme, sondern bezeichnen die Gesamtheit aller internationalen Vereinbarungen zur Regelung von Wirtschaft und Währung. Die wichtigsten internationalen Organisationen, denen Deutschland angehört, sind: IWF, WTO und OECD.

9.6.1 Internationaler Währungsfonds (IWF)

? Wie ist der IWF entstanden, welche Ziele strebt er an und wie ist er organisiert?

▶ Entstehung des IWF

Der **Internationale Währungsfonds (IWF)**[1] wurde auf der „Internationalen Währungs- und Finanzkonferenz der Vereinten und Assoziierten Nationen" im Juli 1944 von 44 Staaten in **Bretton Woods** (USA) gegründet; er trat am 27.12.1945 in Kraft. Sitz ist Washington D.C. in den USA. Nach ihrem Gründungsort wird die damals vereinbarte Weltwährungsordnung auch als **„Bretton-Woods-System"** bezeichnet. Seit 1947 ist der IWF Sonderorganisation der UN. Die Bundesrepublik Deutschland trat 1952 bei. Zurzeit hat der IWF rund 190 Mitglieder. Er ist die größte internationale Währungsgemeinschaft und von seiner Konstruktion her ein Musterbeispiel für derartige Abkommen.

> „Der Internationale Währungsfonds (IWF) ist eine internationale Organisation, deren Mitgliedstaaten sich vertraglich zur Einhaltung vereinbarter Regeln und zu enger Zusammenarbeit in Fragen der internationalen Währungspolitik und des zwischenstaatlichen Zahlungsverkehrs verpflichtet haben (Verhaltenskodex) und sich gegenseitig finanzielle Hilfe zur Überwindung von Zahlungsbilanzdefiziten leisten."
>
> *Internationale Organisationen und Abkommen im Bereich von Währung und Wirtschaft. Sonderdrucke der Deutschen Bundesbank, Nr. 3, [4]1992, S. 1*

In seiner ursprünglichen Form umfasste der IWF auch ein System fester Wechselkurse. Leitwährung war der US-Dollar. Für jede Mitgliedswährung bestand ein fester Wechselkurs zum Dollar; damit bestanden auch zwischen den Mitgliedswährungen feste Paritäten. Die Kurse auf den Devisenmärkten durften nur gering (zunächst ± 1 %, später ± 2,25 %) von den vereinbarten Kursen abweichen. Während dieses Wechselkurssystem faktisch seit 1973 nicht mehr besteht, sind andere Elemente des IWF erhalten geblieben.

▶ Ziele des IWF

Hauptziele des IWF sind:

- Förderung der internationalen währungspolitischen Zusammenarbeit
- Gewährung von Hilfen bei der Finanzierung und Behebung von Zahlungsbilanzdefiziten
- Förderung der Währungsbeziehungen und der Währungsstabilität der Mitgliedsländer

[1] Engl.: International Monetary Fund (IMF)

▶ Organisation des IWF

Das oberste Leitungsgremium des IWF ist der **Gouverneursrat,** in den jedes Mitgliedsland einen Gouverneur entsendet. In der Regel ist dies der für die Währungspolitik zuständige Minister oder der Zentralbankpräsident. Deutschland wird durch den jeweiligen Präsidenten der Deutschen Bundesbank vertreten. Jährlich einmal treten die Gouverneure zu einer Jahresversammlung zusammen.

Die laufenden Geschäfte des IWF werden vom **Exekutivdirektorium** geführt. Es besteht derzeit aus 22 Direktoren. Vorsitzender des Exekutivdirektoriums und oberster Dienstherr der Mitarbeiter des IWF ist der **Geschäftsführende Direktor;** er wird von den Exekutivdirektoren für fünf Jahre gewählt.

▶ Arbeitsweise des IWF

Der IWF gibt Mitgliedern, die Schwierigkeiten haben, ihren finanziellen Verpflichtungen gegenüber anderen Staaten nachzukommen, Kredite. Mit der Kreditvergabe sind i. d. R. Auflagen zur Beseitigung der Schwierigkeiten verbunden. Wichtigstes Instrument des IWF ist daher die Gewährung bzw. „Ziehung" von Krediten zur Gewährleistung internationaler Zahlungsverpflichtungen. Damit der IWF Kredite gewähren kann, benötigt er zunächst Mittel. Mittelaufbringung und Kreditgewährung stehen in einem engen Zusammenhang. Die wichtigsten Finanzierungsinstrumente sind **Quoten** und **Sonderziehungsrechte** (SZR). Sie werden unten noch erläutert. Weitere Möglichkeiten sind Kredite im Rahmen der **„Allgemeinen Kreditvereinbarungen" (AKV)** und verschiedene **Kreditfazilitäten.**

Quoten und Stimmrechte im IWF		
	Quoten	Stimmrechte
Land	in Prozent	
USA	17,46	16,52
Japan	6,48	6,15
China	6,41	6,09
Deutschland	5,60	5,32
Großbritannien	4,24	4,03
Frankreich	4,24	4,03
Übrige Länder	55,57	57,86
Summe	100	100

Stand: 2018
(Quoten und Stimmrechte weichen voneinander ab, da jedes Mitglied 750 Grundstimmen und eine weitere Stimme für je 100.000 SZR hat.)

Die Mittelaufbringung des IWF geschieht über **Quoten.** Quoten sind Anteile der Mitgliedsländer am Grundkapital des IWF. Die Höhe der Quote eines Mitgliedslandes bemisst sich nach seiner Wirtschaftskraft (Bruttoinlandsprodukt, Währungsreserven, außenwirtschaftliche Transaktionen). Von der Quote hängen die Einzahlungsverpflichtungen, die Ziehungsrechte und das Stimmrecht des Mitgliedslandes ab. Die Quote wird in Sonderziehungsrechten (SZR) ausgedrückt. Die Stimmrechtsanteile entsprechen in etwa dem Quotenanteil. Um die Mittelausstattung des IWF zu verbessern, können die Quoten erhöht werden. Außerdem werden alle fünf Jahre die Quoten und das Quotengefüge überprüft, um Veränderungen des wirtschaftlichen Gewichts der Mitgliedsländer Rechnung tragen zu können.

Jedes Mitgliedsland muss in Höhe seiner Quote eine Einzahlung leisten. Ein Viertel der Einzahlungsverpflichtung muss in SZR (früher in Gold), der Rest in Landeswährung erfüllt werden; der IWF kann jedoch auch für das erste Viertel statt der Zahlung in SZR Erfüllung in eigener oder fremder Währung zulassen.

Die Einzahlungen eines Landes, soweit sie nicht in eigener Währung erfolgt sind, bilden die so genannte **Reservetranche** („echte" Finanzierungsleistungen). Hierbei handelt es sich gewissermaßen um Währungsreserven eines Landes, die beim IWF hinterlegt sind. In Höhe der Reservetranche besitzt das Mitgliedsland ein automatisches Ziehungsrecht. Ihre Inanspruchnahme stellt somit keine Kreditgewährung durch das IWF dar; Ziehungen in der Reservetranche sind gebührenfrei.

Sonderziehungsrechte (SZR) sind eine künstliche internationale Währung. Angesichts der Zunahme des internationalen Warenverkehrs wuchs in den sechziger Jahren die Sorge, dass die traditionellen Reservearten (vor allem Gold und Dollar) nicht mehr ausreichen würden. Daher wurde 1969 mit den SZR ein neues Reservemedium geschaffen. Bei den SZR handelt es sich um eine Korbwährung; d. h., der Wert eines SZR wird mithilfe eines Währungskorbes ermittelt. In dem „Korb"sind die fünf wichtigsten Währungsländer vertreten: USA, Deutschland, Japan, Großbritannien, Frankreich.

Über die Höhe der vorhandenen SZR beschließt der IWF alle fünf Jahre. Die Gesamtsumme wird auf die Mitgliedsländer entsprechend ihren Quoten verteilt **(zugeteilte SZR).** Die Mitgliedsländer sind verpflichtet, SZR untereinander zu akzeptieren. Allerdings gelten sie nur im Zahlungsverkehr zwischen Zentralbanken; Privatpersonen können SZR weder erwerben noch verwenden.

Beispiel

Der Einsatz von SZR soll an einem Beispiel erläutert werden: Land A muss als Folge eines Zahlungsbilanzungleichgewichts am Devisenmarkt intervenieren. Hierzu kann es grundsätzlich SZR verwenden, die es im Wege der Zuteilung oder durch Kredite vom IWF erhalten hat. Allerdings kann es nicht mit den SZR direkt an den Devisenmarkt gehen. Es muss sie zunächst über den IWF gegen interventionsfähige Währungen anderer Länder, z. B. gegen EUR, eintauschen. Hierdurch erwirbt die Europäische Zentralbank SZR **(erworbene SZR),** die sie bei Bedarf wieder gegen andere Währungen, z. B. US-Dollar, umtauschen kann. Um zu vermeiden, dass Länder mit starken Währungen über Gebühr SZR erwerben müssen, besteht eine Annahmegrenze beim Dreifachen der zugeteilten SZR. Wenn also beispielsweise Deutschland aufgrund seiner Quote SZR im Werte von 3 Mrd. EUR zugeteilt werden, braucht es nur maximal 9 Mrd. EUR gegen SZR anderer Länder zu tauschen.

Ein Blick auf die Währungsreserven der Deutschen Bundesbank[1] lässt die Einbettung des IWF in die Reservehaltung erkennen. Zu den IWF-Reservemedien gehören die Reservetranche, die zugeteilten und die erworbenen SZR sowie die Kredite an die **Weltbank.**[2]

Die Kreditvergaben des IWF an Defizitländer geschehen zum Teil unter strengen Auflagen. Da Zahlungsbilanzdefizite nicht auf Dauer finanzierbar sind, sondern behoben werden müssen, knüpft das IWF die Gewährung von Krediten oft an einschneidende wirtschafts- und währungspolitische Maßnahmen des Empfängerlandes zur Behebung der Ursachen. Die in der Regel verlangten restriktiven Maßnahmen stoßen dabei nicht selten auf harten

[1] Vgl. den Abschnitt über die Zahlungsbilanz Deutschlands.

[2] Die Weltbank ist eine mit dem IWF eng verknüpfte Institution, deren Aufgabe vor allem die Hilfe für Entwicklungsländer, insbesondere die Finanzierung von Entwicklungsprojekten, ist.

Widerstand des Empfängerlandes, da sie zumeist eine Eindämmung der Staatsausgaben verlangen, zu sinkender Beschäftigung führen usw.

**Zusammenfassung Kapitel 9.6.1:
Internationaler Währungsfonds (IWF)**

- Der IWF ist ein internationales Währungssystem, das im Allgemeinen die währungspolitische Zusammenarbeit der Mitgliedsländer fördern und im Besonderen den Mitgliedsländern bei der Bewältigung von Zahlungsbilanzdefiziten helfen soll.
- Organe des IWF sind der Gouverneursrat, das Exekutivdirektorium und der Geschäftsführende Direktor.
- Die Mittelaufbringung des IWF geschieht im Wesentlichen über die Quoten, die die Mitgliedsländer beim IWF nach ihrer wirtschaftlichen Stärke einzahlen müssen.
- Wichtigste Finanzierungsinstrumente sind die quotenabhängigen Ziehungsrechte aus der Reservetranche sowie die Sonderziehungsrechte (SZR).

9.6.2 Welthandelsorganisation (WTO)

Wie ist die WTO entstanden, welche Ziele strebt sie an und wie ist sie organisiert? ?

▶ Entwicklung der WTO

Die **Welthandelsorganisation (WTO)**[1] ist aus dem **Allgemeinen Zoll- und Handelsabkommen (GATT)**[2] hervorgegangen. Das GATT wurde im Oktober 1947 in Genf unterzeichnet und trat am 01.01.1948 in Kraft; die Bundesrepublik Deutschland gehört ihm seit 1951 an. Bereits 1948 war in der sogenannten „Havanna-Charta" die Gründung einer Internationalen Handelsorganisation (ITO) als Unterorganisation der Vereinten Nationen (ähnlich wie IWF und Weltbank) vorgesehen. Da diese Organisation nicht zustande kam, entwickelte sich das nur als Vorstufe gedachte Allgemeine Zoll- und Handelsabkommen (GATT) zu einer Dauereinrichtung mit eigener Organisationsstruktur. Nach mehr als siebenjährigen Verhandlungen („Uruguay-Runde") trat am 01.01.1995 an die Stelle des bloßen Abkommens GATT die internationale Organisation WTO. Bei Gründung gehörten der WTO 125 Mitgliedsländer an, von denen etwa zwei Drittel Entwicklungsländer sind.

▶ Ziele der WTO

Ziele der WTO sind:

- Förderung des Welthandels durch freien Güteraustausch
- Abbau von Zöllen und sonstigen Handelshemmnissen
- Förderung des Lebensstandards und der Beschäftigung

Neu im Aufgabenkatalog der WTO ist der Schutz geistiger Eigentumsrechte einschließlich des Handels mit Nachahmungen und Fälschungen. Im entsprechenden Abkommen ist ein zeitlicher Mindestschutz für Urheberrechte von 50 Jahren vereinbart. Computerprogramme und Datenbankkonzeptionen werden in ihrer Schutzwürdigkeit Literaturwerken gleichgestellt. Auch Handelsmarken und Patente unterliegen diesem Schutz.

[1] Engl. WTO: World Trade Organization

[2] Engl. GATT: General Agreement on Tariffs and Trade

Vor allem aufgrund von Erfahrungen mit dem GATT ist die Streitschlichtung ausgebaut und formalisiert worden. Für Verfahren zur Beilegung handelspolitischer Konflikte steht eine besondere Schlichtungsstelle zur Verfügung; anhängige Verfahren sollen spätestens nach neun Monaten abgeschlossen sein.

▶ Organisation der WTO

Sitz der WTO ist Genf. Die WTO besteht aus drei Teilorganisationen: dem bisherigen GATT, zuständig für den Warenhandel, dem GATS[1], zuständig für den Handel mit Dienstleistungen (Banken, Versicherungen usw.), und dem TRIPS[2], zuständig für den Schutz geistiger Eigentumsrechte.

Oberstes Organ der WTO ist die **Ministerkonferenz,** die mindestens alle zwei Jahre zusammentritt und in der jedes Mitglied eine Stimme besitzt. Die laufenden Geschäfte führt der **Allgemeine Rat**, an dessen Spitze ein von der Ministerkonferenz gewählter **Generalsekretär** steht. Entscheidungen werden in der Regel mit einfacher Mehrheit getroffen. Die Beilegung handelspolitischer Konflikte obliegt dem **Streitschlichtungsausschuss.**

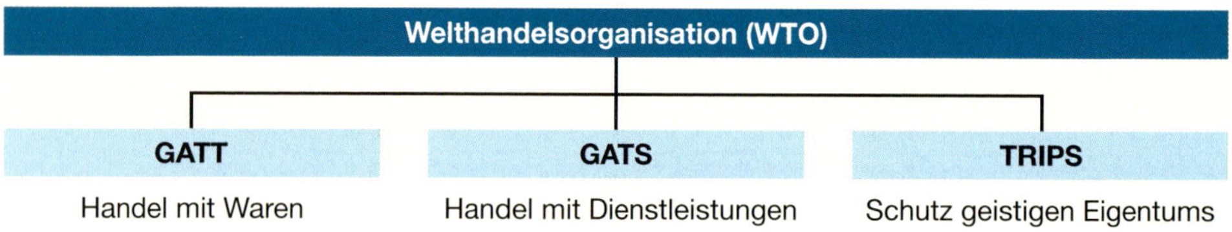

Zusammenfassung Kapitel 9.6.2: Welthandelsorganisation (WTO)

- Die WTO ist – ähnlich wie IWF und Weltbank – eine Unterorganisation der UNO.
- Durch Erleichterung und Ausweitung des internationalen Handels und durch Schutzregelungen und Streitschlichtung will die WTO die Wohlfahrt der Mitgliedsländer fördern.

9.6.3 Organisation für wirtschaftliche Zusammenarbeit und Entwicklung (OECD)

? Wie ist die OECD entstanden, welche Ziele strebt sie an und wie ist sie organisiert?

▶ Entstehung der OECD

Die OECD (Organization for Economic Cooperation and Development) ist 1961 aus der Organisation für Europäische Wirtschaftliche Zusammenarbeit (OEEC) hervorgegangen. Sitz der OECD ist Paris. Zur Zeit gehören ihr 24 Mitgliedstaaten an (19 europäische Staaten sowie USA, Kanada, Japan, Australien und Neuseeland).

▶ Ziele der OECD

Die wichtigsten Ziele der OECD sind:

- Abstimmung der Wirtschaftspolitik der Mitgliedstaaten

[1] Engl. GATS: General Agreement on Trade in Services

[2] Engl. TRIPS: Agreement on Trade-Related Aspects of Intellectual Property Rights

- Förderung des Wirtschaftswachstums der Mitgliedstaaten und Ausweitung des Welthandels
- Koordinierung der Entwicklungshilfe der Mitgliedstaaten
- Strukturpolitische und technische Zusammenarbeit (z. B. Umweltschutz, Technologie, Forschung, Arbeitsmarkt)

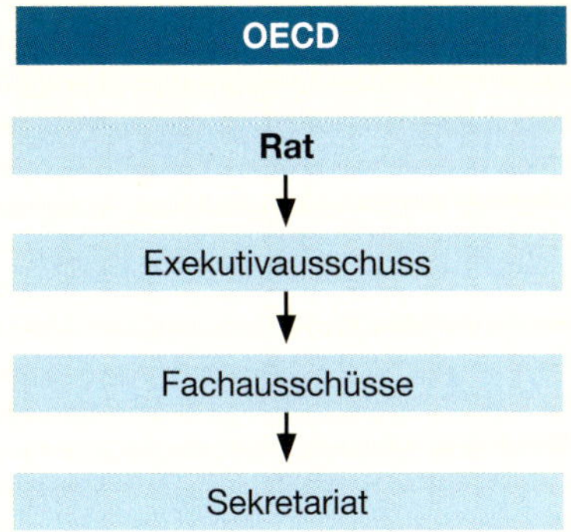

▶ Organisation der OECD

Leitungsgremium der OECD ist der **Rat.** In ihm sind alle Mitgliedsländer durch die Leiter von Ständigen Delegationen (Botschafter) vertreten. Einmal jährlich tagt der Rat auf Ministerebene. Beschlüsse müssen einstimmig gefasst werden. Beschlüsse stellen für die Mitgliedstaaten Empfehlungen dar. Der **Exekutivausschuss** bereitet die Sitzungen des Rates vor. Der größte Teil der praktischen Arbeit wird in den **Fachausschüssen** (z. B. Wirtschaftspolitik, Energiepolitik, Handel, Umweltschutz) geleistet. Die laufenden Geschäfte werden vom **Sekretariat** geführt, an dessen Spitze der Generalsekretär steht.

Zusammenfassung Kapitel 9.6.3:
Organisation für wirtschaftliche Zusammenarbeit und Entwicklung (OECD)

- Die OECD ist eine internationale Organisation, die die wirtschaftliche Entwicklung und die Zusammenarbeit der Mitgliedstaaten fördern soll.
- Organe der OECD sind der Rat, der Exekutivausschuss, die Fachausschüsse und das Sekretariat.
- Hauptziel der OECD ist ihrer Bezeichnung entsprechend die Förderung der wirtschaftlichen Entwicklung und der wirtschaftlichen Zusammenarbeit.

Aufgaben zum Üben und Vertiefen ▼

Kapitel 9 Außenwirtschaft

❶ Stellen Sie fest, mit welchen Ländern Deutschland einen positiven und mit welchen Ländern einen negativen Außenhandelssaldo erzielt. Versuchen Sie, die Ergebnisse zu erklären.

❷ Bei den deutschen Aus- und Einfuhren dominieren nicht jeweils unterschiedliche Güter, sondern ähnliche Güter. Auch die größten Handelspartner sind Länder, die eine ähnliche Wirtschaftsstruktur aufweisen. Wie lässt sich das erklären?

❸ Welche Kernaussage enthält die Theorie der komparativen Kosten?

❹ Zwischen den Ländern 1 und 2 besteht bei zwei Gütern folgende Kostensituation:

	Kosten für 1 Mengeneinheit	
	Gut A	**Gut B**
Land 1	20	40
Land 2	30	70

a) Lohnt sich für die Länder ein Warenaustausch? Begründen Sie Ihre Antwort!

b) Beschreiben Sie allgemein die Situation, in der sich ein Warenaustausch nicht lohnt!

5 Worin unterscheiden sich Binnenwert und Außenwert des Geldes?

6 In einem System relativ fester Wechselkurse zeigt sich auf dem Devisenmarkt die nebenstehende Situation.

a) Wie werden K_0, K_1, K_2, K_3, bezeichnet?

b) Muss die Zentralbank eingreifen? Begründen Sie Ihre Antwort!

c) Welche geld- und währungspolitischen Folgen ergeben sich, wenn die Situation von Dauer ist? Begründen Sie Ihre Antwort!

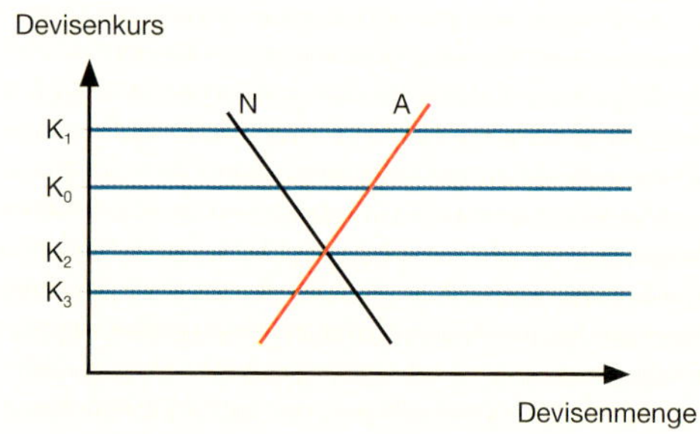

7 Beschreiben Sie, wie bei flexiblen Wechselkursen die Zahlungsbilanz zum Ausgleich tendiert („Wechselkursmechanismus"). Gehen Sie von einem bestehenden Exportüberschuss aus.

8 Wie wirkt sich die nebenstehende Situation am Devisenmarkt auf die Exporte und Importe des Inlands aus?

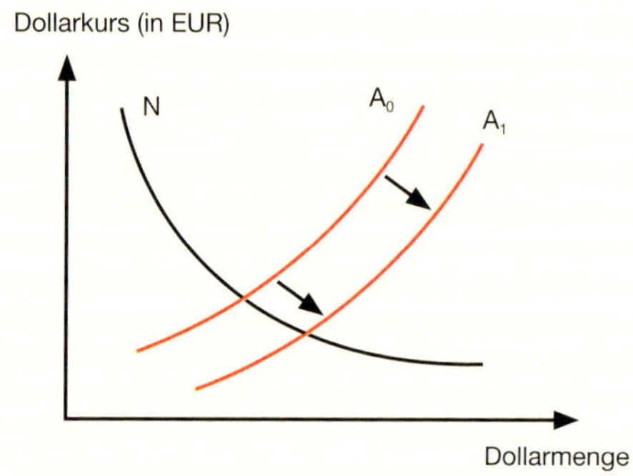

9 Interpretieren Sie die nachstehende Zeitungsmeldung und stellen Sie den Zusammenhang zwischen den Einfuhrpreisen und der Inflation im Inland dar!

Importpreise stark gesunken

Wiesbaden (rtr) – Der Außenhandel wirkt beruhigend auf die deutsche Inflation. Die Preise für Einfuhren in das Bundesgebiet sanken im August gegenüber Juli um 1,1 Prozent und lagen um 4,7 Prozent unter dem Vorjahresniveau.

10 Was drücken die „Terms of Trade" aus?

11 Auszug aus einem Monatsbericht der Deutschen Bundesbank:

„Die Verschlechterung der Terms of Trade durch die höheren Energie- und Rohstoffpreise im Verlaufe des Jahres hat dazu geführt, dass der Überschuss im deutschen Außenhandel, trotz der deutlichen Belebung der Exporttätigkeit, etwas niedriger als im Vorjahr ausgefallen ist."

a) Inwiefern führen höhere Energie- und Rohstoffpreise zu einer Verschlechterung der Terms of Trade?

b) Warum führt eine Verschlechterung der Terms of Trade zu einem Rückgang des Außenhandelsüberschusses?

12 Zwischen Land A und Land B bestehen intensive Handelsbeziehungen.

a) Land A weist eine Inflationsrate von 3 % und Land B von 8 % auf. Die Preissteigerungen gelten auch für die jeweiligen Exportgüter und können im Ausland durchgesetzt werden. Die Wechselkurse bleiben unverändert. Wie werden sich die Terms of Trade verändern?

b) Erörtern Sie allgemein die Chancen, Preissteigerungen im eigenen Land auch im Ausland durchzusetzen!

13 Erläutern Sie die nachstehende Zeitungsnotiz unter folgenden Gesichtspunkten:

a) Welche Beziehungen bestehen bei gleich bleibenden Wechselkursen zwischen den Inlandspreisen und den Auslandspreisen von Exportgütern?

b) Warum konnten Importe aus Deutschland in Spanien und Portugal als Inflationsbremse wirken?

„Da die Preise der Ausfuhrgüter weniger gestiegen sind als die Inlandspreise der meisten EU-Länder, haben sich deutsche Produkte in den EU-Ländern relativ verbilligt. In den EU-Ländern Spanien und Portugal sind die Importe aus der Bundesrepublik mit 19 % und 30 % besonders stark gewachsen; dort wirkten die deutschen Exporte zweifellos als Inflationsbremse."

14 Ein deutsches Maschinenbau-Unternehmen schließt mit einem südkoreanischen Unternehmen einen Vertrag über die Lieferung von zwei Spritzgussmaschinen ab. Verkaufspreis je Maschine: 100.000 EUR

Der Vertrag lautet auf Dollar; Eurokurs (in Dollar) bei Vertragsschluss: 1,10

Die Lieferungen sollen in Abständen von 6 Monaten erfolgen.

Zahlung erfolgt bei Lieferung.

Kurs bei Lieferung der ersten Maschine: 1,15

Kurs bei Lieferung der zweiten Maschine: 1,05

a) Über welchen Preis lautet der Vertrag?

b) Wie viele Euro erhält das deutsche Unternehmen jeweils für die Maschinen?

c) Für wie viele Dollar hätte das Unternehmen die Maschinen anbieten können, wenn der Erlös dem Verkaufspreis in Euro entsprechen soll?

d) Welche allgemeinen Erkenntnisse über die Auswirkungen von Wechselkursänderungen auf Exporte lassen sich aus dem Beispiel ziehen?

15 Eine deutsche Hochschule kauft bei einem amerikanischen Unternehmen einen Computer. Preis des Computers: 100.000 USD. Zahlung erfolgt bei Lieferung in Dollar. Bei Vertragsabschluss beträgt der Eurokurskurs (in Dollar) 1,10.

Zum Zeitpunkt der vorgesehenen Lieferung beträgt der Eurokurs (in Dollar) 1,15. Wegen Terminschwierigkeiten wird das Gerät jedoch erst einen Monat später geliefert; zu diesem Zeitpunkt beträgt der Eurokurs (in Dollar) 1,05.

a) Von wie viel Euro muss die Hochschule bei Vertragsabschluss ausgehen?

b) Wie viel Euro hätte sie bei termingerechter Lieferung zahlen müssen?

c) Wie viel Euro muss sie tatsächlich zahlen?

d) Welche allgemeinen Erkenntnisse über die Auswirkungen von Wechselkursänderungen auf Importe lassen sich aus dem Beispiel ziehen?

16 Nennen und erläutern Sie die Teilbilanzen der Zahlungsbilanz!

17 Warum wird der Leistungsbilanz besondere Aussagefähigkeit im Hinblick auf die außenwirtschaftliche Lage eines Landes beigemessen?

18 Interpretieren Sie folgende Überschrift eines Zeitungsartikels.

Zahlungsbilanz der Bundesrepublik seit Jahren erstmals im Minus

19 Wann wird

a) von aktiver Leistungsbilanz

b) von passiver Leistungsbilanz

gesprochen?

20 Beantworten Sie unter Verwendung des nebenstehenden Auszugs aus einem Jahresgutachten des Sachverständigenrates zur Begutachtung der gesamtwirtschaftlichen Entwicklung folgende Fragen:

> „Die Handelsbilanz hat sich in diesem Jahr weiter aktiviert. Während die Exportpreise leicht anzogen, sind die Importpreise in diesem Jahr deutlich gefallen."

a) Was bedeutet die Aussage, dass sich die Handelsbilanz weiter aktiviert hat?

b) Wie haben sich die Terms of Trade entwickelt?

21 Erstellen Sie aus folgenden Angaben eine Zahlungsbilanz:

	Mrd. EUR
Veränderung der Währungsreserven	17,8
Warenimporte	643,3
Empfangene Sekundäreinkommen	35,3
Dienstleistungsexporte	112,6
Direktinvestitionen	–37,1
Warenexporte	719,6
Finanzderivate	55,8
Geleistete Vermögensübertragungen	3,3
Wertpapiere	41,8
Dienstleistungsimporte	162,9
Geleistete Sekundäreinkommen	93,2
Sonstige Kapitalanlagen	–4,3
Empfangene Vermögensübertragungen	2,4
Saldo Primäreinkommen	–2,0

22 Welche Rückschlüsse lassen sich aus dem Zahlungsbilanzposten „Veränderungen der Währungsreserven" auf die außenwirtschaftliche Situation eines Landes ziehen?

23 „Die Deutsche Bundesbank ... unterstützt die allgemeine Wirtschaftspolitik der Bundesregierung" (§ 12 Bundesbankgesetz). Als notwendige Voraussetzung für eine konjunkturgerechte Geldpolitik nennt die Bundesbank eine ausgeglichene Leistungsbilanz. Erläutern Sie diesen Standpunkt.

24 Nehmen Sie zu folgenden Aussagen Stellung:

a) „Bei einer passiven Handelsbilanz lebt ein Volk auf Kosten anderer Völker."

b) „Bei einer aktiven Handelsbilanz werden Arbeitsplätze im Inland auf Kosten anderer Länder geschaffen bzw. gesichert."

25 Welche beiden Ziele streben internationale Währungsabkommen vorrangig an?

26 Erläutern sie die Rolle von Quoten und Sonderziehungsrechten (SZR) im IWF!

10 Beschäftigung, Konjunktur und Wachstum

Mit den Themen „Beschäftigung", „Konjunktur" und „Wachstum" werden in diesem Kapitel Aspekte aufgegriffen, die auch teilweise schon in anderen Zusammenhängen angesprochen wurden. Die drei Größen stehen zum einen untereinander in einem engen Zusammenhang und repräsentieren zum anderen Kernbereiche der Wirtschaftswissenschaft und Wirtschaftspolitik.

10.1 Beschäftigung

Wegen ihrer Bedeutung für die Menschen wird Fragen der Beschäftigung in der Volkswirtschaftslehre ein besonderes Gewicht beigemessen. Eine inhaltliche Auseinandersetzung mit dem Problembereich setzt zunächst die Klärung grundlegender Begriffe, Erfassungsmöglichkeiten und Zusammenhänge voraus.

10.1.1 Grundlagen der Beschäftigungstheorie und Beschäftigungspolitik

10.1.1.1 Begriff und Messung von „Beschäftigung"

? Was wird unter „Beschäftigung" verstanden und wie wird sie gemessen?

Beschäftigung bezeichnet allgemein die Auslastung der Produktionsfaktoren. Von besonderer Bedeutung ist die Auslastung der Faktoren „Arbeit" und „Kapital", wobei mit Kapital die technischen Produktionsanlagen einer Volkswirtschaft gemeint sind. Das Produktionspotenzial einer Volkswirtschaft wird sowohl durch die Menge als auch durch die Qualität der vorhandenen Produktionsfaktoren bestimmt.

Im Folgenden wird in erster Linie die Auslastung des Produktionsfaktors Arbeit betrachtet. Zwischen der Auslastung der Faktoren Arbeit und Kapital bestehen jedoch gewisse Beziehungen. Sind beispielsweise die technischen Produktionsanlagen nicht voll genutzt, so sind in der Regel auch die Arbeitskräfte nicht voll beschäftigt.

Zur Beschreibung der Beschäftigungslage in einer Volkswirtschaft dienen

- Personengruppen, die für den Arbeitsmarkt bedeutsam sind
- Kennziffern, die den Umfang der Beschäftigung ausdrücken.

▶ Beschäftigungsgruppen

Das gesamte Beschäftigungspotenzial einer Volkswirtschaft besteht zunächst einmal aus der **Wohnbevölkerung.** Von der Wohnbevölkerung befindet sich allerdings nur ein Teil im erwerbsfähigen Alter. Als erwerbsfähiges Alter versteht die amtliche Statistik das Lebensalter von 15 bis unter 65 Jahren; dieser Teil der Wohnbevölkerung wird als **Erwerbsbevölkerung** bezeichnet.

Wohnbevölkerung		
Bis 15 Jahre	15–64 Jahre	65 Jahre und älter
	Erwerbsbevölkerung	

Von der Erwerbsbevölkerung ist nur ein Teil tatsächlich in den Erwerbsprozess eingeschaltet. Die in den Erwerbsprozess eingeschalteten Personen werden als **Erwerbspersonen** bezeichnet. Zu ihnen gehören die **Erwerbstätigen** (Selbstständige, Arbeitnehmer, mithelfende Familienangehörige) sowie die **Erwerbslosen** bzw. **Arbeitslosen.**[1] Bei den Arbeitnehmern wird zwischen Arbeitern, Angestellten und Beamten unterschieden.

Erwerbspersonen			
Arbeitnehmer	Selbstständige	Mithelfende Familienangehörige	Erwerbslose
	Erwerbstätige		

[1] Mithelfende Familienangehörige sind Familienmitglieder, die im Betrieb mitarbeiten. Sie sind vor allem in landwirtschaftlichen Betrieben, im Gaststättengewerbe, bei Selbstständigen mit kleineren Betrieben (z. B. Handwerkern) und Freiberuflern (Ärzte, Rechtsanwälte usw.) zu finden.

Erwerbslose sind Personen ohne Arbeitsverhältnis, die sich jedoch um eine Arbeitsstelle bemühen, unabhängig davon, ob sie beim Arbeitsamt als Arbeitslose gemeldet sind. Als Arbeitslose zählen Personen ohne Arbeitsverhältnis, die sich als Arbeitssuchende beim Arbeitsamt gemeldet haben. Der Begriff der Erwerbslosen ist also umfassender als der Begriff der Arbeitslosen.

Erwerbsgruppen	
Personengruppe	**Beschreibung**
Wohnbevölkerung	Alle Personen mit Wohnsitz im Inland (Inländer)
Erwerbsbevölkerung	Wohnbevölkerung im erwerbsfähigen Alter (15–64 J.)
Erwerbspersonen	Grundsätzlich an einer Beschäftigung interessierter Teil der Erwerbsbevölkerung (Erwerbstätige + Erwerbslose)
Erwerbstätige Inländer*	Beschäftigte mit Wohnsitz im Inland **(Wohnortkonzept)**
Erwerbstätige im Inland*	Im Inland beschäftigte Personen **(Arbeitsortkonzept)**
Arbeitslose	Personen, die bei den Arbeitsagenturen als Arbeitssuchende gemeldet sind
Erwerbslose	Personen, die sich in den letzten vier Wochen aktiv um eine Arbeitsstelle bemüht haben und sofort für die Aufnahme einer Tätigkeit zur Verfügung stehen

* „Erwerbstätige Inländer" und „Erwerbstätige im Inland" unterscheiden sich durch den **Pendlersaldo.**

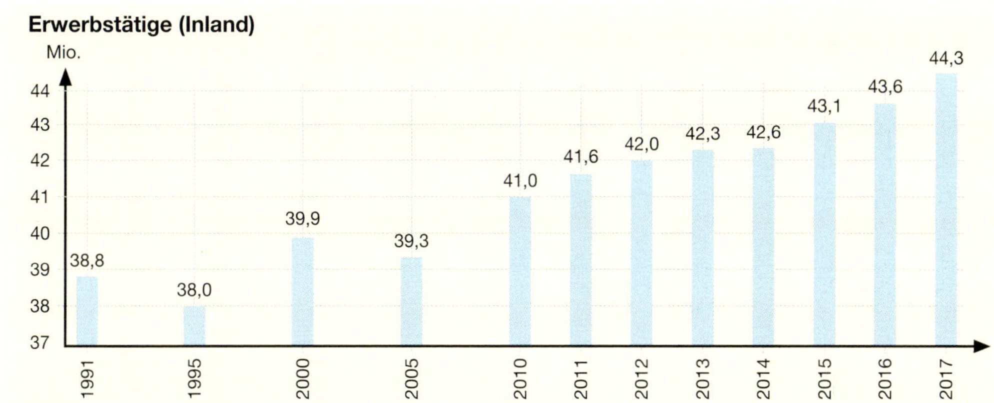

▶ Beschäftigungskennziffern

Für die Beschäftigungsmessung stehen verschiedene Indizes zur Verfügung; die wichtigsten sind: **Erwerbsquote, Erwerbsintensität** und **Beschäftigungsniveau.**

Für das Gegenteil von Beschäftigung, die Arbeitslosigkeit, werden ebenfalls mehrere Kennziffern verwendet; die wichtigsten sind **Arbeitslosenquote** und **Erwerbslosenquote.** Die beiden Quoten basieren auf unterschiedlichen Erhebungsmethoden und unterschiedlichen Bezugsgrößen.

Die **Arbeitslosenquote** wird von der **Bundesagentur für Arbeit (BA)** ermittelt als Anteil der Arbeitslosen an der Zahl der (zivilen) Erwerbspersonen.[1] Als Arbeitsloser wird gezählt, wer bei den Agenturen für Arbeit als arbeitslos registriert ist. Diese Zahl gibt kein völlig zuverlässiges Bild der tatsächlich Arbeitslosen, da einerseits etliche Arbeitsuchende sich nicht bei den Arbeitsämtern melden **(versteckte Arbeitslosigkeit)** und andererseits etliche gemeldete Arbeitslose – aus unterschiedlichen Gründen – nicht an einer Wiederbeschäftigung interessiert sind.

Die **Erwerbslosenquote** wird vom Statistischen Bundesamt nach den Kriterien der **International Labour Organization (ILO)** ermittelt als Anteil der Erwerbslosen an der Zahl der (zivilen) Erwerbspersonen.

[1] Die BA ermittelt auch noch die Arbeitslosenquote bezogen auf alle abhängigen Erwerbspersonen. Die Bezugsgröße „alle (zivilen) Erwerbspersonen" wird jedoch immer gebräuchlicher; „zivil" bedeutet: ohne Soldaten.

	Arbeitslosenquote (BA)	Erwerbslosenquote
Grundlage	Sozialgesetzbuch (SGB III)	Standards der ILO
Erhebung	Unterlagen der Arbeitsagenturen	Monatliche Telefonbefragung von 30.000 repräsentativen Teilnehmern
Bezugsgrößen (Berechnung)	Zahl der registrierten Arbeitslosen / Zahl der (zivilen) Erwerbspersonen	Erwerbslose / Zahl der (zivilen) Erwerbspersonen
Kriterien	**Arbeitslose** ▪ Weniger als 15 Stunden pro Woche gearbeitet. ▪ Bei der Arbeitsagentur arbeitslos gemeldet. ▪ Steht der Arbeitsvermittlung zur Verfügung.	**Erwerbslose** ▪ Weniger als 1 Stunde pro Woche gearbeitet. ▪ Aktive Arbeitssuche (in den vergangenen vier Wochen). ▪ Sofort verfügbar (innerhalb von zwei Wochen).
	15–64 Jahre	

Beschäftigungsentwicklung					
Jahr	**Erwerbspersonen**	**Erwerbstätige Inländer (Wohnort in Deutschland)**	**Erwerbstätige im Inland (Arbeitsort in Deutschland)**	**Arbeitslose**	**Arbeitslosenquote[1]**
	1.000				**v. H.**
1991	40.932	38.851	38.790	2.602	7,3
1995	40.957	37.885	37.958	3.612	9,4
2000	42.394	39.792	39.917	3.890	9,6
2005	43.441	39.220	39.326	4.861	11,7
2010	43.804	40.983	41.020	3.239	7,7
2015	44.938	42.988	43.056	2.795	6,4
2016	45.284	43.513	42.638	2.898	6,1
2017	45.870	44.700	43.595	2.691	5,7

[1] Arbeitslose in Prozent der (zivilen) Erwerbspersonen

Erwerbstätigkeit und Arbeitslosigkeit

Erkennbar entwickeln sich Erwerbstätigkeit (Inland) und Arbeitslosigkeit nicht spiegelbildlich. Die Zahl der Erwerbstätigen steigt seit etlichen Jahren deutlich stärker an als die Zahl der Arbeitslosen abnimmt.

Für diese Diskrepanz sind vor allem zwei Ursachen verantwortlich:

1. Erwerbsbeteiligung: Ein immer größerer Teil der Bevölkerung im erwerbsfähigen Alter will arbeiten, vor allem Ältere und Frauen.

2. Zuwanderung: Jahr für Jahr wandern in Deutschland viele Menschen zu. Weil viele Zuwanderer auf den Arbeitsmarkt drängen, können die neu entstandenen Arbeitsplätze besetzt werden, ohne die Arbeitslosigkeit deutlich zu senken.

Beschäftigungskennziffern	
Kennziffer	**Formel**
Erwerbsquote	$\frac{\text{Erwerbspersonen}}{\text{Wohnbevölkerung}} \cdot 100$
Erwerbsintensität	$\frac{\text{Erwerbspersonen}}{\text{Erwerbsbevölkerung}} \cdot 100$
Beschäftigungsniveau	$\frac{\text{Erwerbstätige}}{\text{Erwerbsbevölkerung}} \cdot 100$
Arbeitslosenquote	$\frac{\text{Zahl der registrierten Arbeitslosen}}{\text{Zahl der (zivilen) Erwerbspersonen}} \cdot 100$
Erwerbslosenquote	$\frac{\text{Erwerbslose}}{\text{Zahl der (zivilen) Erwerbspersonen}} \cdot 100$

Zusammenfassung Kapitel 10.1.1.1:
Begriff und Messung von „Beschäftigung"

- Mit Beschäftigung wird im Allgemeinen die Auslastung der Produktionsfaktoren einer Volkswirtschaft ausgedrückt; im engeren Sinne bezieht sich Beschäftigung auf den Produktionsfaktor Arbeit.
- Zur Messung der Beschäftigung werden unterschiedliche Indizes verwendet. Die wichtigsten sind Erwerbsquote und Arbeitslosenquote. Die Erwerbsquote gibt das Verhältnis der Erwerbspersonen zur Wohnbevölkerung an. Die Arbeitslosenquote gibt den Anteil der (registrierten) Arbeitslosen an der Zahl der abhängigen Erwerbspersonen an.

10.1.1.2 Angebot und Nachfrage auf dem Arbeitsmarkt

Wovon hängt die Höhe von Arbeitsangebot und Arbeitsnachfrage ab? ?

Nachfrager nach dem Produktionsfaktor Arbeit sind Unternehmen, Anbieter von Arbeit sind die privaten Haushalte.[1] Nachfrage und Angebot treffen auf dem **Arbeitsmarkt** zusammen. Die Höhe sowohl der Arbeitsnachfrage als auch des Arbeitsangebots hängen – neben anderen Faktoren – vor allem vom Preis für Arbeit, also von der Lohnhöhe, ab. Entscheidend ist dabei der **Reallohn,** da er den Tauschwert der Arbeit bzw. des Lohnes widerspiegelt.

Am Arbeitsmarkt gelten im Prinzip die gleichen Mechanismen wie am Gütermarkt:

- Bei hohen bzw. steigenden Löhnen
  - steigt das Angebot an Arbeit, da jetzt mehr Personen bereit sind zu arbeiten, weil Arbeit sich mehr lohnt,
  - sinkt die Nachfrage nach Arbeit, da es für die Unternehmen kostengünstiger ist, bestimmte Arbeiten nicht von Menschen, sondern von Maschinen durchführen zu lassen oder Arbeitsplätze in kostengünstigere Länder zu verlegen.
- Bei niedrigen bzw. sinkenden Löhnen
  - sinkt das Angebot an Arbeit, da sich für viele Menschen das Arbeiten nicht mehr lohnt,
  - steigt die Nachfrage nach Arbeit, da es für die Unternehmen kostengünstiger ist, bestimmte Arbeiten nicht von Maschinen, sondern von Menschen durchführen zu lassen.

[1] Im Vergleich zu Gütermärkten bedeutet das eine Umkehrung der beiden Marktseiten. Um diese Umkehrung zu vermeiden, wird in manchen Lehrbüchern daher von „Nachfrage nach Arbeitsplätzen" und „Angebot von Arbeitsplätzen" gesprochen.

Das Arbeitsmarktmodell entspricht dem allgemeinen Marktmodell. **Vollbeschäftigung** liegt vor, wenn Arbeitsnachfrage (N_{Arb}) und Arbeitsangebot (A_{Arb}) gleich groß sind. Einerseits haben dann die Unternehmen so viele Arbeitskräfte, wie sie für ihre Produktion benötigen, und andererseits hat jeder, der arbeiten will, auch einen Arbeitsplatz. In der Bevölkerung gibt es keine Arbeitslosigkeit und in den Betrieben keine offenen Stellen.

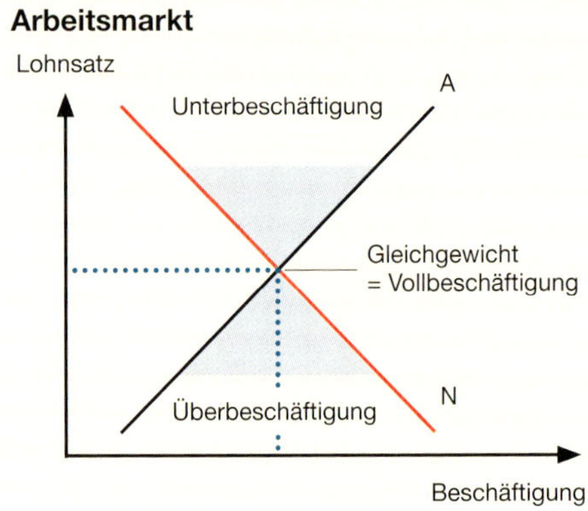

$$N_{Arb} = A_{Arb}$$

Überbeschäftigung liegt vor, wenn die Arbeitsnachfrage größer ist als das Arbeitsangebot. Die Betriebe können nicht alle Arbeitsplätze besetzen und müssen Produktionseinbußen hinnehmen.

$$N_{Arb} > A_{Arb}$$

Unterbeschäftigung liegt vor, wenn das Arbeitsangebot größer ist als die Arbeitsnachfrage. Nicht alle, die arbeiten wollen, haben auch einen Arbeitsplatz. Ein Teil der Bevölkerung ist arbeitslos.

$$A_{Arb} > N_{Arb}$$

Einschränkungen dieses Arbeitsmarktmodells sind u. a.:

- Aufgrund tarifvertraglicher u. a. Regelungen sind die Löhne nach unten weitgehend starr.
- Für Einzelpersonen kann sich bei sinkendem Reallohn die Notwendigkeit ergeben, mehr zu arbeiten, um die Familie ernähren zu können. Das würde bei sinkendem Lohn nicht zu einer Einschränkung, sondern zu einer Ausweitung des Arbeitsangebots führen. Für das hier betrachtete gesamtwirtschaftliche Arbeitsangebot gilt ein solches Verhalten jedoch nicht.
- Wenn der Reallohn aufgrund von Preissteigerungen sinkt, wird dies kaum wahrgenommen und führt daher auch nicht zu entsprechenden Reaktionen der Anbieter.

Theoretische Überlegungen zum Arbeitsmarkt beziehen sich auf den „normalen“, regulären Arbeitsmarkt. Neben diesem **Ersten Arbeitsmarkt** findet jedoch auch Beschäftigung auf weiteren Arbeitsmärkten statt. Besonderheiten der weiteren Arbeitsmärkte werden hier nicht im Detail behandelt.

Erster Arbeitsmarkt: Regulärer Arbeitsmarkt. Beschäftigungsverhältnisse werden zwischen Arbeitnehmern und Arbeitgebern vereinbart. Staatliche Arbeitsmarktpolitik und staatliche Leistungen sind nicht unmittelbar beteiligt.

Zweiter Arbeitsmarkt: In erster Linie werden hiermit staatlich subventionierte Arbeitsplätze bezeichnet; im weiteren Sinne zählen auch Bürgerarbeit, ehrenamtliche Tätigkeit und Freiwilligenarbeit dazu. Zu den staatlich geförderten Arbeitsverhältnissen zählen beispielsweise **Arbeitsbeschaffungsmaßnahmen** (ABM) und **Strukturanpassungsmaßnahmen** (SAM). Ziel des zweiten Arbeitsmarktes ist vor allem, Beschäftigte in reguläre Arbeitsverhältnisse des ersten Arbeitsmarktes zu integrieren.

Dritter Arbeitsmarkt: Staatlich geförderte Beschäftigungsverhältnisse für Personen, die weder auf dem ersten noch auf dem zweiten Arbeitsmarkt eine Chance haben. Über gezielte Maßnahmen soll insbesondere Langzeitarbeitslosen eine Perspektive vermittelt werden.

Abseits aller Arbeitsmärkte findet auch noch Arbeit statt: **Schwarzarbeit.**[1]

Zusammenfassung Kapitel 10.1.1.2:
Angebot und Nachfrage auf dem Arbeitsmarkt

- Arbeitsangebot und Arbeitsnachfrage treffen sich auf dem Arbeitsmarkt. Anbieter sind die privaten Haushalte, Nachfrager die Unternehmen.
- Am Arbeitsmarkt gelten im Prinzip die gleichen Mechanismen wie am Gütermarkt.
- Vollbeschäftigung liegt vor, wenn sich Arbeitsnachfrage und Arbeitsangebot ausgleichen. Überbeschäftigung liegt vor, wenn die Arbeitsnachfrage größer ist als das Arbeitsangebot. Unterbeschäftigung liegt vor, wenn das Arbeitsangebot größer ist als die Arbeitsnachfrage.

10.1.1.3 Formen von Arbeitslosigkeit

Wodurch entsteht Arbeitslosigkeit? ?

In der amtlichen Statistik zählen die Personen als arbeitslos, die bei den Arbeitsämtern als Arbeitslose registriert sind. Gründe für die Registrierung sind zum einen die Hoffnung auf Vermittlung eines Arbeitsplatzes durch das Arbeitsamt und zum anderen der Anspruch auf Transferleistungen (Arbeitslosengeld, Arbeitslosenhilfe).

Aus den beiden Registrierungsgründen ergeben sich gewisse Einschränkungen in der Aussagefähigkeit der amtlichen Arbeitslosenstatistik. Unter den registrierten Arbeitslosen befindet sich eine – in ihrer Größe nicht bekannte – Gruppe, die lediglich finanzielle Transferleistungen in Anspruch nehmen will, an der Vermittlung eines Arbeitsplatzes aber nicht (mehr) interessiert ist. Diese sogenannten **„unechten Arbeitslosen"** führen zu einer Überschätzung der tatsächlich Arbeitssuchenden.

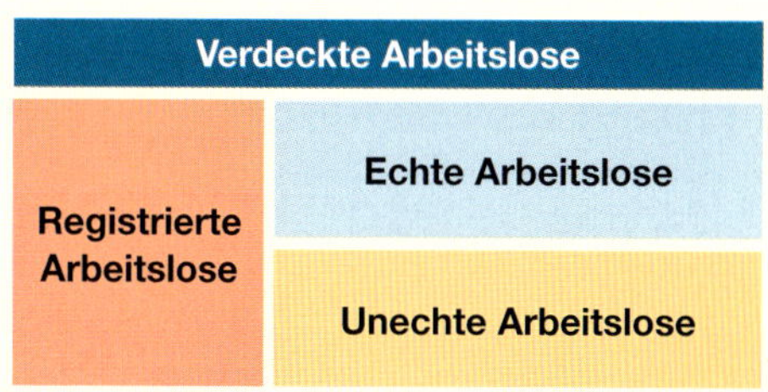

Andererseits haben Personen den Wunsch nach Arbeit oder würden unter bestimmten Bedingungen arbeiten, lassen sich aber beim Arbeitsamt nicht registrieren. Weiterhin ist eine nicht unbeträchtliche Anzahl von Personen zwar dem Arbeitsamt als arbeitssuchend bekannt, wird aber vom Arbeitsamt nicht als arbeitslos geführt, weil sie sich in Arbeitsförderungs- oder Umschulungsmaßnahmen des Arbeitsamtes befinden. Diese sogenannten **„verdeckten Arbeitslosen"** führen zu einer Unterschätzung der tatsächlichen Arbeitslosigkeit. Diejenigen Personen, die zu bestehenden Bedingungen (Löhnen, Arbeitszeiten usw.) nicht bereit sind zu arbeiten, jedoch bei besseren Bedingungen einen Arbeitsplatz suchen würden, werden auch als **„freiwillige Arbeitslose"** bezeichnet.

Formen von Arbeitslosigkeit werden in erster Linie nach den Ursachen der Arbeitslosigkeit unterschieden. In der Wirtschaftstheorie wird – in Anlehnung an das oben dargestellte Arbeitsmarktmodell – vor allem von zwei Formen der Arbeitslosigkeit gesprochen, die allerdings in der Realität nicht ohne weiteres auseinander gehalten werden können:

[1] Vgl. zur Schwarzarbeit Abschnitt 10.1.1.4 „Schwarzarbeit".

- **Klassische Arbeitslosigkeit** liegt vor, wenn der Reallohn höher ist als der Vollbeschäftigungs- oder Gleichgewichtslohn. Das Arbeitsangebot ist in diesem Fall höher als die Arbeitsnachfrage. Gleichzeitig ist das Güterangebot geringer als die Güternachfrage, da es sich wegen der hohen (Lohn-)Kosten für die Unternehmer nicht lohnt, so viel Güter zu produzieren, wie für eine Vollbeschäftigung notwendig wären. Ursache für klassische Arbeitslosigkeit ist also eine mangelnde Gewinnaussicht bei den Unternehmern.

- **Keynesianische Arbeitslosigkeit** geht zunächst von der gleichen Situation aus: Das Arbeitsangebot ist höher als die Arbeitsnachfrage. Am Gütermarkt besteht jedoch die umgekehrte Situation wie bei klassischer Arbeitslosigkeit: Das Güterangebot übersteigt die Güternachfrage bzw. Güterangebot und Güternachfrage sind gleich groß („Gleichgewicht bei Unterbeschäftigung"). Für die Unternehmer lohnt es sich in dieser Situation nicht, die Güterproduktion zu erhöhen, sodass der Überhang beim Arbeitsangebot nicht abgebaut wird. Ursache für keynesianische Arbeitslosigkeit ist also eine zu geringe Güternachfrage, zu gering, um Vollbeschäftigung zu erreichen.

In der Arbeitsmarktpolitik werden vor allem vier Formen von Arbeitslosigkeit unterschieden:

- **Konjunkturelle Arbeitslosigkeit** tritt als Folge konjunktureller Schwankungen auf. Wie unten bei der Erörterung von „Konjunktur" noch im Einzelnen zu zeigen sein wird, ist die wirtschaftliche Entwicklung durch ein typisches Auf und Ab, die sogenannten „Konjunkturzyklen", gekennzeichnet. Konjunkturelle Arbeitslosigkeit erfasst mehr oder weniger alle Bereiche der Volkswirtschaft. Allgemeine Ursache ist, dass als Folge des vorausgegangenen konjunkturellen Aufschwungs das Güterangebot die Güternachfrage übersteigt und die Unternehmen die Produktion drosseln und dabei die Beschäftigung reduzieren.

- **Strukturelle Arbeitslosigkeit** wird in unterschiedlichen Bedeutungen verwendet:

  - Von struktureller Arbeitslosigkeit wird gesprochen, wenn die Arbeitslosigkeit Beschäftigte bestimmter Branchen trifft. Hierbei handelt es sich in erster Linie um Wirtschaftsbereiche, die an Bedeutung verlieren (z.B. Bergbau, Werften, Stahlproduktion) oder in denen neue, arbeitssparende Technologien eingeführt werden **(„Strukturwandel").** Durch Einführung neuer Technologien hervorgerufene Arbeitslosigkeit wird gelegentlich auch als **„technologische Arbeitslosigkeit"** bezeichnet.

  - Von struktureller Arbeitslosigkeit wird auch gesprochen, wenn sich Arbeitsangebot und Arbeitsnachfrage in ihren „Strukturen" unterscheiden, d.h. wenn Nachfrage und Angebot bezüglich bestimmter Merkmale nicht zusammenpassen: Qualifikation, Region, Alter usw. **(„Mismatch-Arbeitslosigkeit"[1]).** Die mangelnde Passung erklärt, warum gleichzeitig **Arbeitslosigkeit** und **offene Stellen** auftreten.

- **Saisonale Arbeitslosigkeit** ergibt sich vor allem in Branchen, deren Güterproduktion stärkeren jahreszeitlichen Schwankungen unterliegt. Hierzu zählen vor allem Landwirtschaft, Gaststättengewerbe, Touristikindustrie und Baugewerbe.

- **Friktionelle Arbeitslosigkeit** hat individuelle Gründe. Kündigung und Suche eines neuen Arbeitsplatzes, Wohnungswechsel usw. führen oft zu Arbeitslosigkeit, die zumeist aber nur kurzfristig ist. Friktionelle Arbeitslosigkeit trifft häufig den Lebenspartner.

[1] Mismatch (engl.) = Fehlanpassung, Diskrepanz

Formen von Arbeitslosigkeit	
Form	**Erläuterung**
Konjunkturelle Arbeitslosigkeit	Tritt als Folge konjunktureller Schwankungen auf. Erfasst alle Wirtschaftsbereiche.
Strukturelle Arbeitslosigkeit	Tritt in Branchen auf, die an wirtschaftlicher Bedeutung verlieren oder in denen neue, arbeitssparende Technologien eingeführt werden. Arbeitsangebot und Arbeitsnachfrage passen in ihren „Strukturen" (Region, Alter, Qualifikation usw.) nicht zusammen.
Saisonale Arbeitslosigkeit	Tritt in Branchen auf, in denen die Nachfrage stärkeren jahreszeitlichen Schwankungen unterliegt.
Friktionelle Arbeitslosigkeit	Tritt als Folge individueller Veränderungen auf (Arbeitsplatzwechsel, Wohnungswechsel usw.)

Warum eigentlich gibt es so viele verschiedene Arbeitslosenquoten für Deutschland?

Zahlen und Statistiken erleichtern im Allgemeinen das Verständnis ökonomischer Zusammenhänge. Doch manchmal verwirren sie auch. Das gilt besonders für die Arbeitslosenquote ...

... stellt fest, dass es nicht eine, sondern eine ganze Reihe von Arbeitslosenquoten für Deutschland gibt. Allein die BA veröffentlicht jeden Monat mehrere Ergebnisse, abhängig von Bezugsgröße und Saisonbereinigung. Auch das Statistische Bundesamt (Destatis) ermittelt eigene Werte nach einer völlig anderen Methode. Die internationale Arbeitsorganisation (ILO), das Europäische Statistikamt Eurostat und die OECD präsentieren auf Basis dieser Daten wieder andere - eigene - Zahlen.

2007 etwa ermittelte die BA für Deutschland eine Arbeitslosenquote von ... 9,0 Prozent. Bei Eurostat waren es nur 8,4 Prozent. In der Datenbank der ILO findet sich dagegen (unter anderem) ein Wert von 8,3 Prozent.

Wirtschaftswoche, 12.1.2009, S. 35

Zusammenfassung Kapitel 10.1.1.3:
Formen von Arbeitslosigkeit

- Die Zahl der „registrierten" Arbeitslosen vermittelt kein exaktes Bild der Arbeitslosigkeit in einer Volkswirtschaft.
- Formen von Arbeitslosigkeit werden in erster Linie nach den Ursachen der Arbeitslosigkeit unterschieden.
- Formen von Arbeitslosigkeit sind:
  - Konjunkturelle Arbeitslosigkeit
  - Strukturelle Arbeitslosigkeit
  - Saisonale Arbeitslosigkeit
  - Friktionelle Arbeitslosigkeit

10.1.1.4 Schwarzarbeit

? Warum gibt es in beträchtlicher Höhe Arbeit außerhalb des regulären Arbeitsmarktes?

Arbeit gibt es nicht nur auf dem legalen Arbeitsmarkt. In beträchtlichem Umfang findet auch illegale, sogenannte **Schwarzarbeit** statt. Gleiche oder ähnlich verwendete Begriffe sind: **Schattenwirtschaft, Untergrundwirtschaft** und **informelle Wirtschaft.**

§ **Gesetz zur Bekämpfung der Schwarzarbeit und illegalen Beschäftigung (23.07.2004)**

Nach § 1, Abs. 2 des Schwarzarbeitsgesetzes leistet Schwarzarbeit, wer Dienst- oder Werkleistungen erbringt oder ausführen lässt und dabei

- gegen das Steuerrecht verstößt,
- gegen das Sozialversicherungsrecht verstößt,
- die Mitteilungspflicht gegenüber der Bundesagentur für Arbeit, den Trägern der Grundsicherung und den Sozialämtern umgeht,
- ein Gewerbe ohne Anmeldung bzw. ohne Eintragung in die Handwerksrolle ausübt.

Bestandteil der Schwarzarbeit ist auch die sogenannte **illegale Beschäftigung.** Dazu zählen insbesondere

- illegale Ausländerbeschäftigung (Beschäftigung von Ausländern ohne Arbeitserlaubnis),
- illegale Arbeitnehmerüberlassung (Überlassung von Arbeitnehmern und Leiharbeitern an Dritte ohne Erlaubnis der Bundesagentur für Arbeit),
- Verstöße gegen das Arbeitnehmer-Entsendegesetz (wenn Arbeitnehmer im Ausland ansässiger Unternehmen vorübergehend in Deutschland tätig sind, gelten grundsätzlich die arbeitsrechtlichen Bedingungen des Heimatlandes).

Eine besondere Erscheinungsform der Schwarzarbeit ist die sogenannte **Scheinselbstständigkeit.** Hierbei wird ein de facto abhängiges Beschäftigungsverhältnis nur pro forma als selbstständig deklariert, um sich der Zahlung von Sozialversicherungsabgaben zu entziehen.

Keine Schwarzarbeit sind Hilfeleistungen durch Angehörige oder Lebenspartner, Gefälligkeiten, **Nachbarschaftshilfe** sowie Tätigkeiten, die nicht nachhaltig auf Gewinnerzielung gerichtet sind (Schwarzarbeitsgesetz, § 1 Abs. 3).

Schwarzarbeit in Deutschland
(in Prozent des BIP)

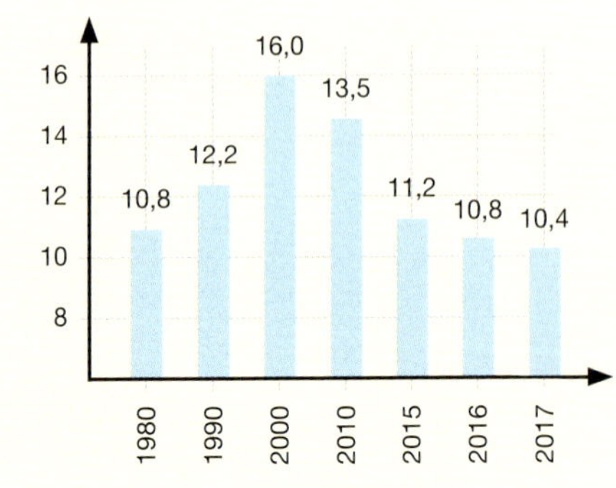

Schwarzarbeit international
(in Prozent des BIP)

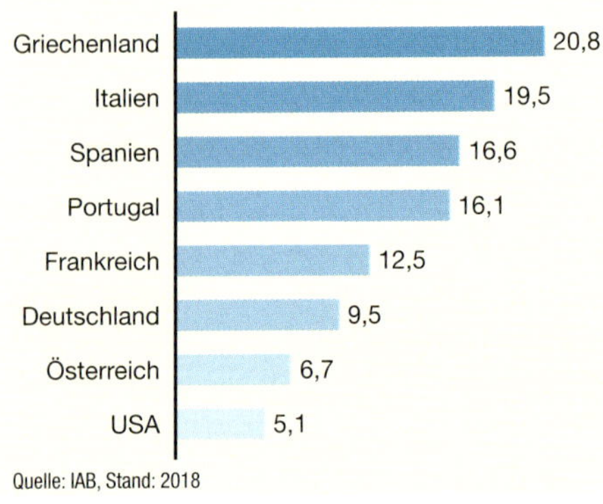

Quelle: IAB, Stand: 2018

Der Umfang der Schwarzarbeit, bezogen auf das BIP, liegt in Deutschland deutlich im zweistelligen Bereich; in etlichen Ländern ist der Umfang noch erheblich höher.

Wichtiger Grund für Schwarzarbeit ist die Absicht, Steuern und Sozialversicherungsbeiträge zu sparen.

Zusammenfassung Kapitel 10.1.1.4:
Schwarzarbeit

- Schwarzarbeit verstößt gegen das Steuerrecht, das Sozialversicherungsrecht und gegen Mitteilungs- und Anmeldepflichten.
- Zur Schwarzarbeit gehören auch illegale Beschäftigung und Scheinselbstständigkeit.
- Keine Schwarzarbeit sind Hilfeleistungen durch Angehörige, Gefälligkeiten und Nachbarschaftshilfe.
- Der Umfang der Schwarzarbeit ist von Land zu Land unterschiedlich, insgesamt aber beträchtlich.
- Hauptgrund für Schwarzarbeit ist die Absicht, Steuern und Sozialversicherungsbeiträge zu sparen.

10.1.2 Bestimmungsgrößen der Beschäftigung

Angesichts der indviduellen, sozialen und letztlich auch politischen Bedeutung von Arbeitslosigkeit nimmt es nicht wunder, dass Fragen der Beschäftigung in der Ökonomie einen breiten Raum einnehmen. Anliegen der Wirtschaftstheorie ist es, die Ursachen von Beschäftigungshöhe und Beschäftigungsschwankungen zu ergründen. Aufgabe der Wirtschaftspolitik ist es, auf der Grundlage der theoretischen Erkenntnisse die Beschäftigungslage so zu steuern, dass diejenigen Menschen, die eine Beschäftigung suchen, auch eine angemessene Beschäftigung finden.

In der theoretischen Auseinandersetzung mit Fragen der Beschäftigung lassen sich vor allem zwei Ansätze unterscheiden: das „klassische" Modell und das keynesianische Modell.

Die **klassische Nationalökonomie** ging davon aus, dass sich auf Märkten automatisch ein Gleichgewicht einstellt. Da die Summe aller Einkommen in einer Volkswirtschaft dem Wert der hergestellten Güter entspricht, sind Gesamtnachfrage und Gesamtangebot gleich groß. Jede Produktion schafft sich über die durch sie erzielten Löhne ihre eigene Nachfrage **(SAYsches Theorem).**[1] Ungleichgewichtslagen auf dem Arbeitsmarkt stellen lediglich kurzzeitige Abweichungen vom Normalfall der Vollbeschäftigung dar. Anpassungsprozesse laufen über die Flexibilität des Arbeitslohnes und die Ausgleichsfunktion des Zinses.

- Ist das Arbeitsangebot beispielsweise größer als die Arbeitsnachfrage, sinken die Löhne. Das Arbeitsangebot nimmt ab, die Nachfrage zu und ein neues Gleichgewicht stellt sich ein.
- Geht die Konsumgüternachfrage der Haushalte zurück, erhöht sich entsprechend das Sparkapital. Das führt zu einer Zinssenkung, die ihrerseits die Unternehmer zu vermehrten Investitionen anreizt. Der Rückgang bei der Konsumgüternachfrage wird durch einen Zuwachs bei der Investitionsgüternachfrage ausgeglichen.

[1] Jean Baptiste SAY (1767–1832), französischer Ökonom, Vertreter der klassischen Nationalökonomie

Vor allem unter dem Eindruck der andauernden Massenarbeitslosigkeit während der Weltwirtschaftskrise Ende der Zwanziger- und Anfang der Dreißigerjahre entwickelte **KEYNES**[1] eine umfassende Theorie der Beschäftigung, die – anders als die klassische Theorie – auch Stabilität, d. h. Dauerhaftigkeit von Ungleichgewichtslagen einschloss („Gleichgewicht bei Unterbeschäftigung"). Die heutigen – und im Folgenden dargestellten – Erklärungsansätze basieren überwiegend auf den Arbeiten von KEYNES.

10.1.2.1 Zusammenhang von Nachfrage, Produktion, Beschäftigung und Volkseinkommen

? Welche Wechselwirkungen bestehen zwischen Nachfrage, Produktion, Beschäftigung und Volkseinkommen?

Ausgangspunkt der Überlegungen ist die Erkenntnis, dass die Höhe der Beschäftigung ganz wesentlich von der gesamtwirtschaftlichen Nachfrage abhängt.

Die **gesamtwirtschaftliche Nachfrage** besteht aus der Nachfrage der privaten Haushalte (H), der Unternehmen (U), des Staates (St) und des Auslands in Höhe des Außenbeitrags (Ex-Im)[2].

Haushalte	Unternehmen	Staat	Ausland (Ex–Im)
Gesamtwirtschaftliche Nachfrage			

Das Nachfrageverhalten der Wirtschaftssektoren unterliegt jeweils spezifischen Bedingungen, die hier jedoch nicht im Einzelnen abgehandelt werden. Die Bestimmungsgrößen der Haushaltsnachfrage drücken sich in der **Konsumfunktion** und in der **Sparfunktion**[3], die Bestimmungsgrößen der Unternehmensnachfrage in der **Investitionsfunktion,** die der Staatsnachfrage in der **Staatsausgabenfunktion** aus. Die **Auslandsnachfrage** wird zunächst in Höhe der Exporte wirksam. Von den Nachfragen der Haushalte, der Unternehmen und des Staates richtet sich jedoch ein Teil auf Auslandsgüter, die Importe. In diesem Umfang geht die Nachfrage für die inländischen Betriebe verloren. Durch den Saldo Ex–Im **(Außenbeitrag)** wird genau die Nachfrage berücksichtigt, die für inländische Produktionsstätten Bedeutung hat.

Die Höhe der **Produktion** ist eine abhängige Variable der Nachfrage:

- Werden mehr Güter nachgefragt, so werden c. p. mehr Güter produziert.
- Werden weniger Güter nachgefragt, so werden c. p. weniger Güter produziert.

Die Höhe der **Beschäftigung** ist eine abhängige Variable der Produktionshöhe. Werden mehr Güter produziert, steigt c. p. die Beschäftigung und umgekehrt.

Die Höhe des **Volkseinkommens** ist wiederum in erster Linie abhängig von der Höhe der Beschäftigung. Mit steigender (sinkender) Beschäftigung steigt (sinkt) das **Volkseinkommen.** Das Volkseinkommen ist die Summe aller den Inländern in einer Periode zugeflossenen Erwerbs- und Vermögenseinkommen.[4]

Das Einkommen wird zu einem gewissen Teil zum **Sparen,** zum weitaus größten Teil jedoch für Nachfragezwecke verwendet. Damit bestimmt die Höhe des Einkommens wesentlich die Nachfrage.

---

[1] John Maynard KEYNES (1883–1946), engl. Politiker und Nationalökonom. Hauptwerk u. a. „General Theory of Employment, Interest and Money" (1936); dt.: Allgemeine Theorie der Beschäftigung, des Zinses und des Geldes, 1952

[2] Vgl. zur gesamtwirtschaftlichen Nachfrage auch Abschnitt 3.1 „Nachfrager am Gütermarkt".

[3] Vgl. hierzu ausführlicher den „Exkurs: Die gesamtwirtschaftliche Konsum- und Sparfunktion" in Abschnitt 3.2.2 „Nachfrage der privaten Haushalte".

[4] Vgl. zum Einkommen auch Abschnitt 2.2.5 „Nationaleinkommen und Volkseinkommen".

Damit schließt sich der Kreis. Es ergibt sich ein zirkulärer Zusammenhang für Nachfrage, Produktion, Beschäftigung und Volkseinkommen:[1]

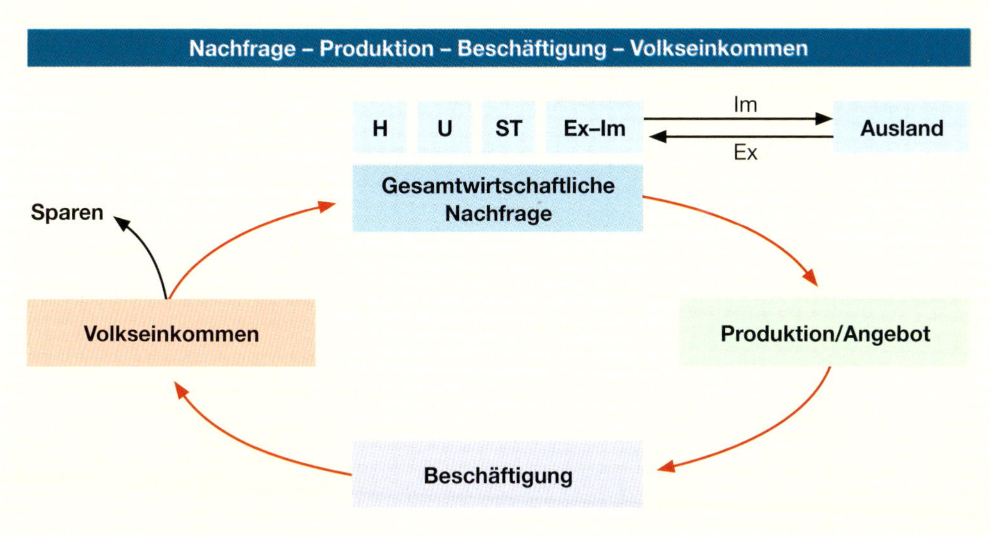

Neben einer wachsenden Beschäftigung führen auch Lohnsteigerungen zu höheren Einkommen. Die Frage, ob und inwieweit Lohnsteigerungen die gesamtwirtschaftliche Nachfrage ankurbeln und wie sich das auf die Beschäftigung auswirkt, wird immer wieder und immer kontrovers diskutiert – insbesondere in Tarifverhandlungen zwischen Arbeitnehmern und Gewerkschaften.

Exkurs: Kaufkrafttheorie der Löhne

Kern der Kaufkrafttheorie von Löhnen – genauer: von Lohnerhöhungen – ist die Annahme, dass bei Unterauslastung der Produktionsfaktoren durch die Erhöhung von Löhnen die Nachfrage nach Konsumgütern wächst und dadurch die Beschäftigung zunimmt.

Die Kaufkrafttheorie ist in den Wirtschaftswissenschaften umstritten. Zum einen wird darauf hingewiesen, dass es für den Zusammenhang von Beschäftigung und Nachfrage nicht nur auf die private Nachfrage, sondern auf die gesamtwirtschaftliche Nachfrage ankommt. Zum anderen wird darauf hingewiesen, dass Lohnerhöhungen auch Kostensteigerungen bedeuten und steigende Güterpreise c.p. zu einer sinkenden Nachfrage und zu einer sinkenden Beschäftigung führen. Insbesondere für exportorientierte Länder verschlechtern Kostensteigerungen die außenwirtschaftliche Situation einer Volkswirtschaft. Es wird auch darauf hingewiesen, dass mangelnde Beschäftigung nicht nur – wie in der keynesianischen Nachfragetheorie unterstellt – durch zu geringe Nachfrage entsteht, sondern dass Arbeitslosigkeit auch das Ergebnis zu hoher Lohnkosten sein kann.

Die Kaufkrafttheorie hat auch eine arbeitsmarkt- und lohnpolitische Dimension. Sie ist häufig Argumentationsbasis bei lohnpolitischen Auseinandersetzungen zwischen Gewerkschaften und Arbeitgebern.

Die Gewerkschaften beziehen sich bei der Rechtfertigung von Lohnerhöhungen auf die Nachfragewirkungen steigender Einkommen, vor allem bei Einkommenssteigerun- →

[1] Vgl. auch die Erweiterung der Grafik in Abschnitt 10.4 „Wachstum und Beschäftigung".

→ gen in unteren Einkommensschichten, bei denen Einkommenssteigerungen nahezu ausschließlich zu einer höheren Konsumnachfrage verwendet werden.

Die Arbeitgeber betonen ihrerseits verstärkt den Kostenaspekt von Lohnsteigerungen und begegnen dem Kaufkraftargument gern mit der geringen Wirkung von Lohnerhöhungen auf die effektive Nachfrage. Das versuchen sie mit einem Zahlenbeispiel zu verdeutlichen:

Kaufkraft einer Lohnerhöhung		
Beispiel: Lohnerhöhung von 100 Euro		**EUR**
Unternehmenskosten		**120,00**
–	AG-Anteil Sozialbeiträge	20,00
Bruttolohnerhöhung		**100,00**
–	Steuerabzüge	21,30
–	AN-Anteil Sozialbeiträge	20,20
Nettolohnerhöhung		**58,50**
–	Ersparnis	5,80
–	Konsum von Importwaren	21,10
=	**Nachfrageplus nach inländischen Konsumgütern**	**32,10**
Modellrechnung für AN, verh., 2 Kinder; angelehnt an iwd Nr. 6/2015		

Nach dieser Modellrechnung entstehen aus einer Bruttolohnerhöhung von 100 EUR dem Unternehmen zwar 120 EUR Kosten, die Wirkung auf die Nachfrage nach inländischen Konsumgütern ist mit lediglich 34 EUR jedoch relativ gering.

10.1.2.2 Multiplikator

? Wie verändern sich Beschäftigung und Volkseinkommen, wenn sich die gesamtwirtschaftliche Nachfrage ändert?

Was passiert in dem Gefüge von Nachfrage, Produktion, Beschäftigung und Volkseinkommen, wenn bei einer der Größen sich etwas ändert? Was kann – etwa bei Unterbeschäftigung – getan werden, um die Beschäftigung zu erhöhen?

Aufgrund des zirkulären Zusammenhangs von Nachfrage, Produktion, Beschäftigung und Volkseinkommen müsste der gewünschte Effekt eintreten, wenn eine der beteiligten Größen gezielt verändert wird. Da Produktionshöhe und Volkseinkommenshöhe nicht einfach durch Beschlüsse erhöht werden können, richtet sich das Augenmerk auf die gesamtwirtschaftliche Nachfrage. Eine gezielte Erhöhung der Nachfrage zur Stimulierung der Beschäftigung ist denn auch Bestandteil der Keynes'schen Theorie.

Für die Wirkung ist es gleich, von welchem Nachfragesektor ein zusätzlicher Impuls ausgeht. Da jedoch die private Nachfrage, die Investitionsnachfrage der Unternehmen und die Nachfrage des Auslands bestenfalls indirekt beeinflusst werden können, richtet sich das Hauptaugenmerk auf die **Staatsnachfrage.** Durch eine Erhöhung der Staatsausgaben steigt die gesamtwirtschaftliche Nachfrage; dieser Impuls pflanzt sich dann als Erhöhung auch der übrigen Größen fort. Dieser Mechanismus wird beispielsweise immer dann in Gang gesetzt, wenn ein Staat ein **Konjunkturpaket** zur Ankurbelung der Konjunktur beschließt.

Die internationale **Finanzkrise** in den Jahren 2007/2008 führt weltweit zu einer schweren wirtschaftlichen Rezession. Um die Auswirkungen der Finanzkrise auf die Realwirtschaft abzumildern, wurden von zahlreichen Staaten umfangreiche **Konjunkturpakete** angeschnürt. Zu ihrer Finanzierung mussten die Staaten beträchtliche Schulden aufnehmen. →

→ In der schwersten **Wirtschaftskrise** seit Kriegsende in Deutschland kämpfte der Staat gleich mit zwei riesigen Konjunkturpaketen gegen die Rezession an. Nach einem ersten Konjunkturpaket 2008 im Umfang von 30 Milliarden EUR schnürte die Bundesregierung 2009 ein zweites Konjunkturpaket in Höhe von rund 50 Milliarden EUR. Dadurch wurde die Neuverschuldung des Bundes auf einen Rekordwert von 50 Milliarden EUR hochgetrieben. Für Bund, Länder und Gemeinden zusammen erhöhte sich die staatliche Neuverschuldung in einem Jahr von null auf 75 Milliarden EUR geradezu explosionsartig.

Die gewünschte Wirkung tritt aber nur ein, wenn die Erhöhung der Staatsausgaben durch Kredite finanziert wird. Bei einem steuerfinanzierten Konjunkturpaket würde der Staat zwar auch seine Ausgaben erhöhen, er würde sich die Mittel dafür aber über Steuererhöhungen bei Haushalten und Unternehmen holen. Die Nachfragen von Haushalten und Unternehmen würden in entsprechendem Umfang zurückgehen. Die gesamtwirtschaftliche Nachfrage bliebe weitgehend unverändert; es würde im Wesentlichen nur eine Umverteilung von privater Nachfrage auf staatliche Nachfrage stattfinden.

Die Kehrseite einer kreditfinanzierten Erhöhung staatlicher Ausgaben sind allerdings eine wachsende **Staatsverschuldung**[1] und zusätzliche Inflationsgefahren.

Eine Nachfrageerhöhung führt zu folgender „Kettenreaktion“:

Höhere Nachfrage → höhere Produktion → höhere Beschäftigung → höheres Einkommen

Von dem höheren Einkommen wird ein gewisser Prozentsatz gespart **(Sparquote),** der weitaus größte Teil fließt jedoch zusätzlich in den Konsum **(Konsumquote).** Dadurch steigt in der folgenden Periode die Nachfrage erneut an. Dieser Prozess setzt sich über eine Vielzahl von Perioden fort. Eine einmalige Erhöhung der Nachfrage führt also zu einem um ein Vielfaches höheren Einkommenszuwachs. Dieser Effekt wird **Multiplikator** bzw. **Multiplikatoreffekt** genannt.

Multiplikatoreffekt: Eine Erhöhung der Nachfrage führt zu einer Erhöhung des Volkseinkommens um ein Mehrfaches.

Wie stark der Multiplikatoreffekt ausfällt, hängt von der Sparquote ab. In Höhe des Sparens wandern Einkommensteile aus dem Kreislauf hinaus und stehen in der nächsten Periode nicht für Konsumzwecke zur Verfügung.

Eine tabellarische Darstellung zeigt folgende Entwicklung:

Multiplikatoreffekt				
Periode	**Volkseinkommen**	**Nachfrage-erhöhung**	**Sparquote**	**Konsumquote**
			10 %	**90 %**
0	100.000,00	100,00	10,00	90,00
1	100.090,00	90,00	9,00	81,00
2	100.171,00	81,00	8,10	72,90
3	100.243,90	72,90	7,29	65,61
4	100.309,51	65,61	6,56	59,05
5	100.368,56	59,05	5,90	53,14
…	…		…	…
n Δ =	1.000,00	900,00	100,00	900,00

[1] Vgl. hierzu auch die Ausführungen zur „Wirtschaftskrise“ und zur „Staatsschuldenkrise“ in Abschnitt 7.8 „Die Euro-Schuldenkrise“.

In Periode 0 beträgt das Volkseinkommen 100.000,00. Die Nachfrage wird um 100 erhöht. Davon fließen 10 (10 %) ins Sparen, 90 (90 %) fließen in die Nachfrage und erhöhen das Volkseinkommen der 1. Periode. Das um 90 erhöhte Volkseinkommen fließt erneut in die Nachfrage. Von ihm werden 9 (10 %) gespart und 81 (90 %) wieder ausgegeben; entsprechend erhöht sich das Volkseinkommen um 81 für Periode 2.

Der Multiplikatorprozess setzt sich theoretisch über unendliche viele Perioden fort, bis ein neues Gleichgewicht erreicht wird. Der Prozess kommt an sein Ende, wenn der ursprüngliche Impuls von 100 durch das Sparen dem Kreislauf wieder vollständig entzogen ist.[1] Am Ende des Prozesses, nach n Perioden, hat sich ein Einkommenszuwachs ergeben, der ein Mehrfaches des ursprünglichen Nachfrageimpulses ausmacht (Δ).

Das in der Tabelle enthaltene Ergebnis, dass der Einkommenszuwachs 1.000,00 beträgt, kann aus der Tabelle nicht ohne Weiteres entnommen werden. Es muss errechnet werden.

Die Sparquote beträgt im gewählten Beispiel 0,10. In jeder Periode werden also dem Kreislauf 10 % des Einkommenszuwachses entzogen. Der Multiplikator läuft so lange, bis der Nachfrageimpuls von 100 vollständig durch die Ersparniszuwächse aufgesogen ist. Der Einkommenszuwachs (ΔY) ergibt sich somit aus dem Kehrwert der Sparquote (1/s) und dem Nachfrageimpuls (ΔN).

!

$$\Delta Y = \frac{1}{s} \cdot \Delta N$$

↑	↑	↑
Einkommenszuwachs	Multiplikator	Nachfrageimpuls

!

Multiplikator: Faktor, um den sich das Volkseinkommen aufgrund eines Nachfrageimpulses erhöht. In seiner Höhe entspricht der Multiplikator dem Kehrwert der Sparquote.

Zusammenfassung Kapitel 10.1.2
Bestimmungsgrößen der Beschäftigung

- Nachfrage, Produktion, Beschäftigung und Volkseinkommen stehen in einem zirkulären Zusammenhang. Wenn eine der beteiligten Größen geändert wird, ändern sich auch die anderen Größen.
- Eine Beeinflussung des Systems ist in erster Linie über die Nachfrage, und hier über die Staatsnachfrage, gezielt möglich.
- Der gewünschte Effekt tritt nur ein, wenn die Erhöhung der Staatsausgaben durch Kredite finanziert wird.
- Wegen des zirkulären Zusammenhangs führt eine Erhöhung der Nachfrage zu einer Erhöhung des Volkseinkommens. Da sich der Prozess über viele Perioden fortsetzt, ergibt sich eine Erhöhung des Volkseinkommens um ein Mehrfaches des ursprünglichen Nachfrageimpulses.
- Die Erhöhung des Volkseinkommens über die Perioden hinweg wird als Multiplikatoreffekt bezeichnet; seine Höhe hängt von der Höhe der Sparquote ab.
- Der Faktor, um den sich das Volkseinkommen erhöht, wird als Multiplikator bezeichnet; in seiner Höhe entspricht er dem Kehrwert der Sparquote.

[1] Eine vergleichbare Entwicklung ergab sich auch beim Geldschöpfungsmultiplikator; bei ihm ist es die Reservehaltung, die den Multiplikatorprozess an sein Ende führt; vgl. Abschnitt 8.4.2.2 „Geldschöpfung der Geschäftsbanken“.

10.2 Konjunktur

10.2.1 Begriff und Messung von „Konjunktur“

Was wird mit „Konjunktur“ bezeichnet und wie wird sie gemessen? ?

Messgröße für die Wirtschaftsentwicklung ist das reale Bruttoinlandsprodukt. Ein Blick auf seine Entwicklung in Deutschland lässt zwei Verlaufseigenschaften erkennen:

- In der weitaus überwiegenden Mehrzahl der Jahre liegt ein Zuwachs vor.
- Die Wirtschaftsentwicklung verläuft nicht gleichmäßig. Um den langfristigen Wachstumstrend herum treten mit einer auffallenden Regelmäßigkeit Schwankungen auf.

Wirtschaftswachstum in Deutschland
(reale Veränderung des BIP gegenüber Vorjahr, bis 1990 Westdeutschland)

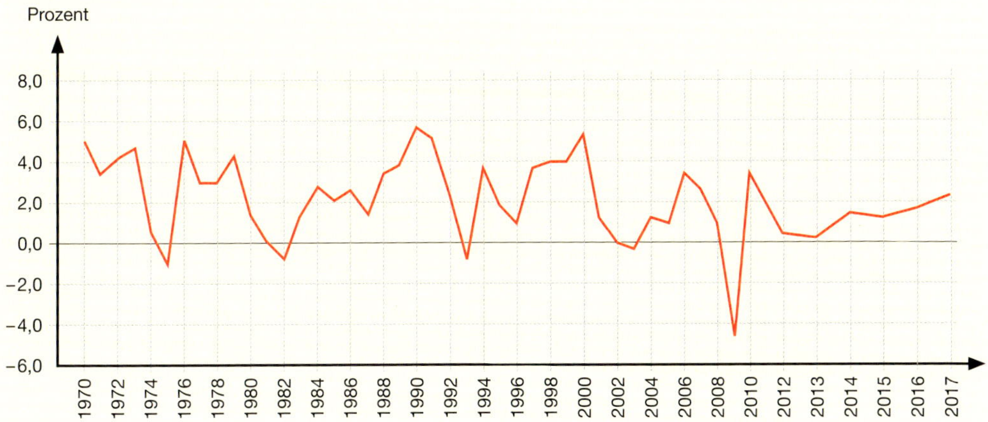

Die zyklischen Verlaufsschwankungen in der wirtschaftlichen Entwicklung sind weder ein zeitlich noch regional begrenztes Phänomen, sondern sind eine ständige Begleiterscheinung wirtschaftlicher Abläufe. Sie werden als **Konjunktur** bezeichnet. Die wiederkehrenden Abschnitte der Verlaufskurve werden **Konjunkturzyklus** genannt. Obwohl der Rhythmus nicht völlig gleichmäßig verläuft, lässt sich doch ein typisches Grundmuster feststellen. Die Zeitdauer eines Konjunkturzyklus beträgt etwa 4–6 Jahre.[1] Der fachliche Sprachgebrauch unterscheidet sich hier etwas von der Alltagssprache. Umgangssprachlich wird mit „Konjunktur“ die allgemeine Wirtschaftslage bezeichnet („gute Konjunktur“, „schlechte Konjunktur“).

> Pharao sagte zu Joseph: Mir träumte, ich stände am Ufer bei dem Wasser; und sahe aus dem Wasser steigen sieben schöne fette Kühe, und gingen an der Weide im Grase. Und nach ihnen sahe ich andere sieben dürre, sehr häßliche und magere Kühe heraus steigen. …
>
> Das ist nun, was ich gesagt habe zu Pharao, …
>
> Siehe, sieben reiche Jahre werden kommen in ganz Ägyptenland. Und nach denselben werden sieben Jahre teure Zeit kommen, daß man vergessen wird aller solcher Fülle in Ägyptenlande; und die teure Zeit wird das Land verzehren.
>
> *Die Bibel. Altes Testament*

[1] Nach Alois SCHUMPETER (1883–1950), österr. Nationalökonom, werden nach der zeitlichen Dauer drei Arten von Konjunkturzyklen unterschieden, die nach ihren jeweiligen „Entdeckern“ benannt sind: **Kitchinwellen** von etwa 4 bis 6 Jahren Dauer, **Juglarwellen** von etwa 10 Jahren Dauer und **Kondratieffwellen** von etwa 50 Jahren Dauer.

Zusammenfassung Kapitel 10.2.1:
Begriff und Messung von „Konjunktur"

- „Konjunktur" ist im allgemeinen Sprachgebrauch eine Bezeichnung für die gesamtwirtschaftliche Lage.
- In der Fachsprache sind mit „Konjunktur" die zyklischen kurzfristigen Schwankungen um den langfristigen Trend der wirtschaftlichen Entwicklung gemeint.
- Kurzfristige Schwankungen haben in der Regel einen Zyklus von 4 bis 6 Jahren.

10.2.2 Ursachen konjunktureller Schwankungen

? Worauf sind die zyklischen Konjunkturschwankungen zurückzuführen?

Von besonderem Interesse ist die Frage nach den Ursachen der rhythmischen Schwankungen. Während man in früheren Zeiten auch externe Anlässe zur Erklärung heranzog (so wurde unter anderem versucht, die Schwankungen durch die Veränderungen der Sonnenflecken zu erklären), sind die Ursachen heute besser bekannt. Schwankungen in der wirtschaftlichen Entwicklung sind Ausdruck von Störungen des **gesamtwirtschaftlichen Gleichgewichts.** Marktungleichgewichte bestehen, wenn gesamtwirtschaftliche Nachfrage und gesamtwirtschaftliches Angebot nicht übereinstimmen.

In der Realität ist ein völliges Gleichgewicht bestenfalls eine ganz kurzfristige Erscheinung, die sich eher zufällig auf dem Weg zwischen oberem und unterem Ausschlag einer konjunkturellen Phase ergibt. Verantwortlich für die nichtparallele Entwicklung von Nachfrage und Angebot ist u. a. die zeitliche Verzögerung, mit der die eine Seite auf Veränderungen der anderen Seite reagiert. Auch die zumeist nachträgliche Anpassung der Einkommensentwicklung an die Wirtschaftsentwicklung **(Lohn-lag)** und die Erwartungen der Wirtschaftssubjekte hinsichtlich der zukünftigen wirtschaftlichen Entwicklung führen zu zeitlich versetzten Anpassungen und verstärken somit die Schwankungen.

Zusammenfassung Kapitel 10.2.2:
Ursachen konjunktureller Schwankungen

- Konjunkturschwankungen haben ihre Ursachen in Ungleichgewichten zwischen gesamtwirtschaftlicher Nachfrage und gesamtwirtschaftlichem Angebot.
- Die Ungleichgewichtslagen entstehen bzw. werden verstärkt durch zeitliche Anpassungsverzögerungen.

10.2.3 Konjunkturphasen

? Welche Eigenschaften weisen die einzelnen Phasen eines Konjunkturzyklus auf?

Der Konjunkturzyklus lässt vier Phasen erkennen. Nach einem Tiefpunkt beginnt zunächst der **Aufschwung,** der nach Durchgang durch den Wendepunkt in den **Boom** übergeht. Nach dem Umkippen der Wirtschaftsentwicklung setzt ab dem oberen Scheitelpunkt der **Abschwung** ein, der nach dem Wendepunkt in die **Rezession** mündet. Mit dem Wirksamwerden der Auftriebskräfte am unteren Scheitelpunkt beginnt ein neuer Aufschwung.

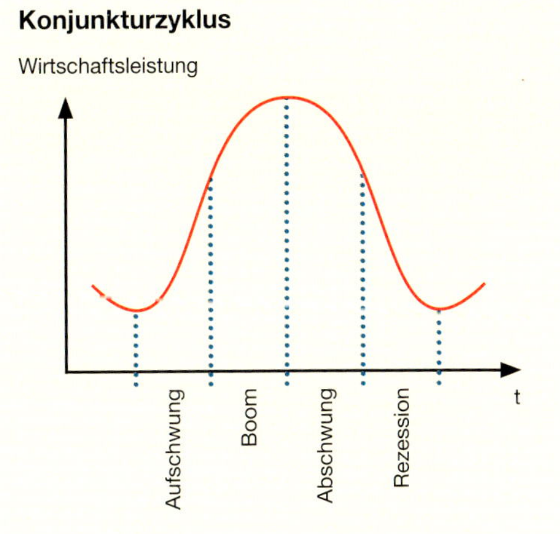

Von besonderem Interesse sind die Tief- und Hochpunkte des Konjunkturzyklus. An diesen Stellen kehrt sich die Wirtschaftsentwicklung um. Wodurch wird die Umkehr hervorgerufen?

Im Zuge der Rezession passt sich die Angebotsseite der zurückgehenden Nachfrage an und baut Produktionskapazitäten ab. Unterstützt durch Selbstverstärker, erreicht dieser Abbau – zumindest in Teilbereichen der Wirtschaft – ein Niveau, bei dem das Angebot unterhalb der Nachfrage liegt.

Dies ist das Signal, den Abbau zu stoppen und die Angebotsmöglichkeiten wieder auszuweiten. Gefördert wird diese Entwicklung in der Regel durch niedrige Zinsen und stabile Preise zu diesem Zeitpunkt. Der Aufschwung beginnt.

In der Boomphase sind Preise und Zinsen hoch. Die Konsumnachfrage stagniert und geht evtl. zurück.

Die vorhandenen Produktionskapazitäten sind zu hoch und ihr Abbau beginnt; der Abschwung wird eingeleitet.

Von einer (technischen) **Rezession** wird gesprochen, wenn die Wirtschaftsleistung in zwei aufeinanderfolgenden Quartalen schrumpft. Eine **Depression** liegt bei einem außerordentlich starken Rückgang der Wirtschaft vor (z.B. Weltwirtschaftskrise Anfang der 30er-Jahre des 20. Jh.).

Konjunkturphasen	
Phase	**Merkmale**
Aufschwung	▪ Nachfrage ist größer als Angebot ▪ Produktion, Kapazitätsauslastung und Investitionen nehmen zu ▪ Nachfrage und Beschäftigung steigen ▪ Einkommen und Gewinne wachsen ▪ Preise und Zinsen steigen teilweise an ▪ Optimistische Zukunftserwartungen
Boom	▪ Nachfrage ist größer als Produktionspotenzial ▪ Hohe Produktion, hohe Investitionen, erste Engpässe; Kapazitätsauslastung erreicht ihre Grenze ▪ Hoher Beschäftigungsstand ▪ Preise und Zinsen steigen deutlich ▪ Zu Beginn noch optimistische, gegen Ende vermehrt pessimistische Zukunftserwartungen
Abschwung	▪ Nachfrage ist geringer als Produktionspotenzial ▪ Nachfrage, Produktion, Kapzitätsauslastung und Investitionen nehmen ab ▪ Beschäftigung, Einkommen und Gewinne gehen zurück ▪ Preis- und Zinssteigerungen gehen zurück ▪ Pessimistische Zukunftserwartungen

Konjunkturphasen	
Phase	**Merkmale**
Rezession	▪ Nachfrage ist geringer als Angebot ▪ Nachfrage, Produktion, Kapzitätsauslastung und Investitionen nehmen weiter ab ▪ Beschäftigung, Einkommen und Gewinne sinken ▪ Zinsen sinken deutlich, Preise sinken bzw. beruhigen sich ▪ Erste Anzeichen optimistischer Zukunftserwartungen

Zusammenfassung Kapitel 10.2.3:
Konjunkturphasen

- Ein Konjunkturzyklus weist die vier Phasen Aufschwung, Boom, Abschwung und Rezession auf.
- Die Umkehr der wirtschaftlichen Entwicklung setzt ein, wenn die Anpassungsprozesse so weit fortgeschritten sind, dass aus einer Übernachfrage eine Unternachfrage bzw. aus einer Unternachfrage eine Übernachfrage geworden ist.

10.2.4 Konjunkturindikatoren

? Welche Größen können Auskunft über den Verlauf der wirtschaftlichen Entwicklung geben?

Zur Beschreibung der Konjunkturphasen wurden bereits bestimmte Merkmale wie Produktion, Investitionen, Beschäftigung und Preise sowie deren Veränderungen zu Hilfe genommen. Solche Größen, die den Zustand einer Volkswirtschaft beschreiben und anzeigen, werden **Konjunkturindikatoren** genannt. Konjunkturforscher nutzen Zeitreihen dieser Indikatoren und versuchen, aus deren Verlauf Aussagen über die konjunkturelle Entwicklung zu gewinnen. Die Aussagen beinhalten Daten zum gegenwärtigen Status der Wirtschaft **(Präsenzindikatoren),** Prognosen für den zukünftigen Verlauf **(Frühindikatoren)** und Folgen vorausgegangener Entwicklungen **(Spätindikatoren).**

Frühindikatoren signalisieren im Voraus den zukünftigen Wirtschaftsverlauf. Sie sind daher in besonderer Weise Grundlage von Konjunkturprognosen. Etliche wirtschaftliche Größen stehen in einem Abhängigkeitsverhältnis zueinander und die Veränderung einer Größe bewirkt – oft mit zeitlicher Verzögerung – die Veränderung einer anderen Größe.

Wichtige Frühindikatoren sind Auftragseingänge, Investitionen (insbesondere Veränderungen der Lagerhaltung) und die Zukunftserwartungen der Unternehmer.

Eine andere Form von Frühindikatoren sind die sogenannten Indizes. Die in Deutschland bekanntesten sind:

Ifo-Geschäftsklimaindex. Wird monatlich vom Münchner *Institut für Wirtschaftsforschung* (ifo) aufgrund einer Befragung von Unternehmen erstellt. Ermittelt werden Geschäftsklima, Geschäftsbeurteilung und Geschäftserwartungen.

ZEW-Index. Wird vom Mannheimer *Zentrum für Europäische Wirtschaftsforschung* (ZEW) monatlich ermittelt. Befragt werden rund 350 Finanzmarktexperten. Erfragt werden die mittelfristigen Erwartungen bezüglich der Konjunktur- und Kapitalmarktentwicklung.

→

→

Konsumklimaindex. Wird von der Nürnberger *Gesellschaft für Konsumforschung* monatlich ermittelt. Befragt werden 2.000 repräsentativ ausgewählte Verbraucher. Erfragt werden die mittelfristigen Einkommens- und Konsumerwartungen, die Anschaffungsneigung sowie die Erwartungen an die gesamtwirtschaftliche Situation.

Präsenzindikatoren geben den derzeitigen Stand der wirtschaftlichen Entwicklung an. Da der Konjunkturverlauf durch das reale Bruttoinlandsprodukt und dessen Veränderung gemessen wird, ist das reale Bruttoinlandsprodukt auch der bedeutsamste Präsenzindikator.

Daneben werden aber auch andere Indikatoren wie Kapazitätsauslastung und Produktivität zur Kennzeichnung der gegenwärtigen Situation verwendet.

Spätindikatoren sind Folgeerscheinungen vorausgegangener Veränderungen. So reagiert beispielsweise der Arbeitsmarkt mit deutlicher zeitlicher Verzögerung auf Veränderungen des realen Bruttoinlandsprodukts.

Auch die Preisentwicklung passt sich in der Regel erst nach einer gewissen Zeit den Veränderungen im Angebots-Nachfrage-Verhältnis an.

Konjunkturindikatoren

Art	Merkmal	Größen
Frühindikatoren	Besitzen zeitlichen Vorlauf zur Wirtschaftsentwicklung.	▪ Auftragseingänge ▪ Investitionen einschließlich Lagerhaltung ▪ Geschäftserwartungen
Präsenzindikatoren	Geben den gegenwärtigen Zustand an.	▪ Reales Bruttoinlandsprodukt ▪ Kapazitätsauslastung ▪ Produktivität
Spätindikatoren	Zeigen Folgeerscheinungen wirtschaftlicher Schwankungen an.	▪ Beschäftigung ▪ Preise

Der **Sachverständigenrat zur Begutachtung der gesamtwirtschaftlichen Entwicklung („Fünf Weise")** hat für Beschreibung und Prognose der Wirtschaftsentwicklung einen Gesamtindikator entwickelt, der aus insgesamt 12 Zeitreihen besteht (mehrere Zeitreihen über Auftragseingänge, Fertigwarenlager, industrielle Nettoproduktion, Geldvolumen, kurzfristige Kreditgewährung, Lohnniveau, Lohnsumme je geleistete Arbeiterstunde, Zahl der Arbeitslosen).

Zusammenfassung Kapitel 10.2.4: Konjunkturindikatoren

- Konjunkturindikatoren beschreiben die wirtschaftliche Situation und erlauben, in Grenzen die zukünftige Entwicklung zu prognostizieren.
- Unterschieden werden Präsenz-, Früh- und Spätindikatoren.
- Frühindikatoren signalisieren im Voraus den Wirtschaftsverlauf; Präsenzindikatoren geben den gegenwärtigen Zustand an und weisen auf Schwankungen hin; Spätindikatoren stellen sich als Folgen vorausgegangener Entwicklungen ein.

10.2.5 Konjunkturpolitik

Konjunkturpolitik ist Teil der Wirtschaftspolitik. Sie ist in erster Linie Aufgabe des Staates. Da der Staat Konjunkturpolitik vor allem über die Steuerung seiner Einnahmen und Ausgaben betreibt, wird sie auch als **Fiskalpolitik**[1] bezeichnet. Die Deutsche Bundesbank ist nach § 12 des Bundesbankgesetzes verpflichtet, unter Wahrung ihrer Aufgaben im ESZB die allgemeine Wirtschaftspolitik der Bundesregierung zu unterstützen. Die Sozialpartner (Arbeitgeber und Gewerkschaften) nehmen über die Gestaltung von Tarifverträgen ebenfalls Einfluss auf die Konjunktur. So beeinflussen beispielsweise die Lohnabschlüsse die Höhe des Volkseinkommens.

10.2.5.1 Aufgaben und Möglichkeiten staatlicher Konjunkturpolitik

? Welche Aufgabe hat staatliche Konjunkturpolitik und welche Möglichkeiten hat der Staat zur Erfüllung dieser Aufgabe?

In Anlehnung an das Stabilitätsgesetz kann das allgemeine Ziel der Konjunkturpolitik formuliert werden als möglichst hoher Beschäftigungsstand bei Geldwertstabilität und außenwirtschaftlichem Gleichgewicht. **Konjunkturpolitik** ist also in erster Linie **Beschäftigungspolitik.**

Der Staat besitzt vergleichsweise geringe Möglichkeiten, aktive Beschäftigungspolitik zu betreiben. Unmittelbaren Einfluss auf die Beschäftigungslage hat er nur in seinem eigenen Bereich, dem sogenannten „öffentlichen Dienst". Auf die Beschäftigung in den Betrieben hat er keinen direkten Zugriff. Über Einstellungen und Entlassungen entscheiden die Betriebe selbst. Wesentliche Bedingungen für die Beschäftigung (Lohnhöhe, Arbeitszeiten, Arbeitsbedingungen usw.) werden von den **Sozialpartnern** ausgehandelt, die dabei strikt auf ihre **Tarifautonomie** achten.

Der Staat kann gesamtwirtschaftlich nur mittelbar Einfluss auf die Beschäftigungslage nehmen, indem er durch eine entsprechende Wirtschaftspolitik „beschäftigungsfreundliche" Rahmenbedingungen schafft. Hier liegt die zentrale Aufgabe der Konjunkturpolitik.

Zum besseren Verständnis der staatlichen Möglichkeiten, durch Konjunktursteuerung Beschäftigungspolitik zu betreiben, ist ein Rückgriff auf den bereits behandelten Zusammenhang zwischen Nachfrage, Angebot/Produktion, Beschäftigung und Volkseinkommen zweckmäßig.[2] Unmittelbarer Faktor für die Höhe der Beschäftigung ist die Höhe der Produktion. Nimmt die Produktion zu, steigt prinzipiell die Beschäftigung. Eine Zunahme der Produktion bedeutet Wirtschaftswachstum. Beschäftigungspolitik ist also eng verknüpft mit Wachstumspolitik.

! Konjunkturpolitik ist Wachstumspolitik. Wachstumspolitik ist Beschäftigungspolitik.

Die Höhe der Produktion ist abhängig von der Höhe der gesamtwirtschaftlichen Nachfrage. Diese wiederum hängt in beträchtlichem Maße von der Höhe des Volkseinkommens ab, die ihrerseits durch die Höhe der Beschäftigung bestimmt wird.

Gegenstand staatlicher Konjunkturpolitik ist es, diese zirkuläre Beziehung so zu steuern, dass eine möglichst hohe Beschäftigung erreicht wird. Theoretisch können Wachstumsimpulse über alle vier Größen in das System eingehen. Als realistische Eingänge für Wachstumsimpulse bestehen jedoch nur noch die Pforten „Gesamtwirtschaftliche Nachfrage" und „Angebot/Produktion".

---

[1] Vgl. zur Fiskalpolitik ausführlich Abschnitt 7.5 „Fiskalpolitik".

[2] Vgl. Abschnitt 10.1.2.1 „Zusammenhang von Nachfrage, Produktion, Beschäftigung und Volkseinkommen".

Die Pforte „Gesamtwirtschaftliche Nachfrage“ verfügt gewissermaßen über vier „Klappen“: Haushalte, Unternehmen, Staat und Exporte. Die Nachfrage des Auslands, der Haushalte und der Unternehmen kann vom Staat nur indirekt beeinflusst werden, da die Entscheidungen bei anderen Wirtschaftssubjekten liegen. Eine gezielte Beeinflussung der gesamtwirtschaftlichen Nachfrage ist also insbesondere über die Staatsnachfrage möglich.

Insgesamt verfügt der Staat also gesamtwirtschaftlich über folgende Möglichkeiten zur Konjunktursteuerung:

- Direkte Steuerung der staatlichen Nachfrage.
- Indirekte Steuerung des Konsums der Haushalte, der Investitionen der Unternehmen und der Exportnachfrage des Auslands.
- Schaffung günstiger Angebots- und Produktionsbedingungen für die Unternehmen.

Für die Umsetzung dieser Möglichkeiten stehen dem Staat bestimmte Instrumente zur Verfügung.

Zusammenfassung Kapitel 10.2.5.1:
Aufgaben und Möglichkeiten staatlicher Konjunkturpolitik

- Aufgabe der Konjunkturpolitik ist es, die Wirtschaft so zu steuern, dass hohe Beschäftigung bei stabilen Preisen erreicht wird.
- Die Schwierigkeit staatlicher Konjunkturpolitik besteht vor allem darin, dass zwischen den Größen Nachfrage, Angebot/Produktion, Beschäftigung und Volkseinkommen eine zirkuläre Abhängigkeit besteht und die einzelnen Größen durch den Staat nur indirekt beeinflusst werden können.

10.2.5.2 Instrumente staatlicher Konjunkturpolitik

Welche Mittel besitzt der Staat zur Beeinflussung der Konjunktur? ?

Für den Einsatz staatlicher Instrumente zur Konjunktursteuerung stellen sich stets die Fragen, welche Instrumente eingesetzt werden sollen und wann sie eingesetzt werden sollen. Die Antworten auf beide Fragen hängen davon ab, welche konjunkturellen Wirkungen in der aktuellen Situation angestrebt werden.

▶ Prozyklische und antizyklische Konjunkturpolitik

Anliegen staatlicher Konjunkturpolitik ist, dass sich die Wirtschaft in einem angemessenen und stetigen Aufwärtstrend entwickelt und dass die zwangsläufig auftretenden konjunkturellen Schwankungen möglichst gering sind, um ein hektisches Auf und Ab bei Arbeitsplätzen, Preisen usw. zu vermeiden.

Befindet sich die Wirtschaft am Beginn eines Aufschwungs, wird der Staat seine Mittel so einsetzen, dass der Aufschwung sich verstärkt und festigt. Er fördert mit seinen Instrumenten den internen Trend **(Parallelpolitik, prozyklische Konjunkturpolitik)**. Befindet sich die Wirtschaft in einem Boom und besteht die Gefahr der Überhitzung der Konjunktur, wird der Staat ebenso wie im Abschwung und in der Rezession versuchen, dem „natürlichen“ Zyklus der Wirtschaftsentwicklung entgegenzusteuern **(antizyklische Konjunkturpolitik).**

Die staatlichen Möglichkeiten zur Beeinflussung der gesamtwirtschaftlichen Nachfrage- und Angebotsströme bestehen vor allem in einer Steuerung der Staatseinnahmen und -ausgaben **(Fiskalpolitik).** Die ebenfalls wichtige **Zinspolitik** liegt für Deutschland in den Händen der EZB. Setzt der Staat seine Mittel zur Dämpfung des Wachstums ein, wird von

kontraktiver Fiskalpolitik gesprochen, setzt er sie zur Förderung des Wachstums ein, wird von **expansiver Fiskalpolitik** gesprochen.

▶ Kontraktive Fiskalpolitik

Ansatzpunkt zu einer Dämpfung der Konjunktur ist die Verringerung der gesamtwirtschaftlichen Nachfrage. Erhöht der Staat die Steuern, sinken das verfügbare Einkommen der privaten Haushalte und die Gewinne der Unternehmen. Im Regelfall sinken dadurch auch der private Konsum und die Investitionen. Gibt jedoch der Staat die Steuermehreinnahmen wieder aus, verändert sich die gesamtwirtschaftliche Nachfrage nicht; es findet lediglich eine Nachfrageverschiebung vom privaten auf den öffentlichen Sektor statt. Die gewünschten Entzugseffekte treten also nur auf, wenn der Staat die Mehreinnahmen stilllegt. Dies ist z. B. bei der **Konjunkturausgleichsrücklage** (§ 5 Stabilitätsgesetz) vorgesehen.

Ebenfalls kontraktiv wirken Abschreibungserschwernisse bzw. die Rücknahme von Abschreibungserleichterungen, weil dadurch im Regelfall die Gewinne der Unternehmen sinken, wodurch sich deren Investitionsfähigkeit verringert.

Der Staat muss aber nicht nur der Verlockung widerstehen, die Mehreinnahmen wieder auszugeben, er sollte sogar seine Ausgaben senken. Das kann durch Reduktion der Nachfrage nach Gütern und Dienstleistungen und/oder durch geringere Zahlungen von Transfers an private Haushalte und Subventionen an Unternehmen (z. B. Subventionsabbau) geschehen.

Angesichts dieser Maßnahmen ist einsichtig, dass der Staat bei Einsatz kontraktiver Instrumente mit erheblichen politischen Widerständen rechnen muss. Weiterhin ist für die Wirksamkeit notwendig, dass der private Sektor seine Nachfrage tatsächlich einschränkt und nicht durch Rückgriffe auf Ersparnisse oder durch vermehrte Kreditaufnahme die Absichten des Staates unterläuft. Hier zeigt sich, wie wichtig eine Koordination der Instrumente von Staat und Zentralbank sein kann. Verknappt die Zentralbank die Geldmenge, steigen in der Regel die Zinsen; bei höheren Zinsen sinkt aber die Kreditneigung. Denkbar ist auch, dass der Staat seine fiskalischen Instrumente um Mittel der **psychologischen Beeinflussung** ergänzt, indem er versucht, die Bürger durch Appelle an die wirtschaftliche Vernunft zu einem konjunkturgerechten Verhalten zu bewegen. Die Wirkungen von Maßhalteappellen müssen jedoch als gering eingeschätzt werden.

▶ Expansive Fiskalpolitik

Will der Staat einen Wirtschaftsabschwung vermeiden, greift er zu Mitteln der **expansiven Fiskalpolitik.** Steuersenkungen verbessern die Nachfragemöglichkeiten der Haushalte und Unternehmen. Sofern die Haushalte nicht den Einnahmezuwachs den Ersparnissen zuführen, steigt die gesamtwirtschaftliche Nachfrage an. Der Staat kann aber letztlich nur Anreize geben, eine Gewähr für konjunkturgerechtes Verhalten gibt es nicht.

Expansiv wirken auch Abschreibungserleichterungen, weil sich dadurch die Gewinnsituation und die Investitionsfähigkeit der Unternehmen verbessern.

Parallel zu den Einnahmesenkungen sollte der Staat zur Erzielung expansiver Impulse die Ausgaben erhöhen, d. h. vermehrt Güter und Dienstleistungen nachfragen und/oder die Zahlungen von Transfers an Haushalte und von Subventionen an Unternehmen (z. B. Investitionsprämien) erhöhen. Eine solche Politik fördert allerdings die **Staatsverschuldung,** da die Finanzierung höherer Ausgaben bei sinkenden Steuereinnahmen letztlich nur über Kredite möglich ist **(deficit spending).** Sofern der Staat in Zeiten guter Wirtschaftsentwicklungen Reserven angesammelt und stillgelegt hat, kann er auch auf diese Rücklagen zurückgreifen.

Konjunkturpolitik	Fiskalpolitische Instrumente	
	Einnahmen	Ausgaben
Kontraktiv	▪ Steuererhöhungen ▪ Abschreibungserschwernisse	Senkung der Staatsausgaben
Expansiv	▪ Steuersenkungen ▪ Abschreibungserleichterungen	Erhöhung der Staatsausgaben

▶ Instrumente des Stabilitätsgesetzes

Der Staat muss in der Lage sein, die als notwendig oder zweckmäßig erkannten Maßnahmen auch tatsächlich durchzuführen. Das **Gesetz zur Förderung der Stabilität und des Wachstums der Wirtschaft (Stabilitätsgesetz)** von 1967 enthält etliche Instrumente, die dem Staat eine Erreichung der in § 1 niedergelegten Ziele (Preisniveaustabilität, hoher Beschäftigungsstand, stetiges und angemessenes Wirtschaftswachstum, außenwirtschaftliches Gleichgewicht) ermöglichen soll.

Entsprechend den allgemeinen konjunkturpolitischen Maßnahmen mit kontraktiver oder expansiver Wirkung beziehen sich die Instrumente des Stabilitätsgesetzes im Wesentlichen auf Steuern, Abschreibungen und Investitionen sowie auf die Staatsausgaben.

Darüber hinaus sollen zur Dämpfung einer – gemessen am Produktionspotenzial – zu großen Nachfrage staatliche Mittel zur zusätzlichen Tilgung von Schulden verwendet oder einer Konjunkturausgleichsrücklage zugeführt werden. Schwächt sich die allgemeine Wirtschaftsentwicklung ab, soll zusätzliche Nachfrage zunächst durch Entnahme aus der Konjunkturausgleichsrücklage finanziert werden.

Neben diesen direkten Instrumenten sieht das Stabilitätsgesetz auch indirekte Mittel vor. Hierzu gehören der jährlich im Januar von der Bundesregierung vorzulegende **Jahreswirtschaftsbericht** (§ 2) und insbesondere der fünfjährige Finanzplan (§ 9). Dieser Finanzplan ist Kernstück der **mittelfristigen Finanzplanung („Mifrifi").** In ihm sollen für die Haushaltswirtschaft des Bundes für einen fünfjährigen Zeitraum Umfang und Zusammensetzung der voraussichtlichen Ausgaben und deren Deckungsmöglichkeiten dargelegt werden. Dieser Finanzplan ist jährlich der Entwicklung anzupassen und fortzuschreiben.

Gesetz zur Förderung der Stabilität und des Wachstums der Wirtschaft (Stabilitätsgesetz) vom 8. Juni 1967

§ 5 Bundeshaushalt, Konjunkturausgleichsrücklage ... (2) Bei einer die volkswirtschaftliche Leistungsfähigkeit übersteigenden Nachfrageausweitung sollen Mittel zur zusätzlichen Tilgung von Schulden bei der Deutschen Bundesbank oder zur Zuführung an eine Konjunkturausgleichsrücklage veranschlagt werden. ...

§ 6 Einwilligungsverfahren bei Nachfrageüberhitzung. (1) Bei der Ausführung des Bundeshaushaltsplans kann im Falle einer die volkswirtschaftliche Leistungsfähigkeit übersteigenden Nachfrageausweitung die Bundesregierung den Bundesminister der Finanzen ermächtigen, die Verfügung über bestimmte Ausgabemittel, den Beginn von Baumaßnahmen und das Eingehen von Verpflichtungen zulasten künftiger Rechnungsjahre von dessen Einwilligung abhängig zu machen. ...

(2) Die Bundesregierung kann bestimmen, daß bei einer ... Abschwächung der allgemeinen Wirtschaftstätigkeit zusätzliche Ausgaben geleistet werden; ...

(3) Das Bundesministerium der Finanzen wird ermächtigt, zu dem in Absatz 2 bezeichneten Zweck Kredite über die im Haushaltsgesetz erteilten Kreditermächtigungen hinaus bis zur Höhe von fünf Milliarden Deutsche Mark, ..., aufzunehmen. →

→

§ 19 Beschränkung von Kreditermächtigungen. Zur Abwehr einer Störung des gesamtwirtschaftlichen Gleichgewichts kann die Bundesregierung ... anordnen, daß die Beschaffung von Geldmitteln im Wege des Kredits ... (für die öffentlichen Haushalte) beschränkt wird.

Fiskalpolitische Instrumente des Stabilitätsgesetzes

Instrument	Wirkung	
	kontraktiv	**expansiv**
Steuern	▪ Heraufsetzung der Einkommen- und Körperschaftssteuer um bis zu 10 % ▪ Anpassung der Steuervorauszahlungen nach oben	▪ Ermäßigung der Einkommen- und Körperschaftssteuer um bis zu 10 % ▪ Anpassung der Steuervorauszahlungen nach unten
Abschreibungen/ Investitionen	▪ Aussetzung der degressiven Abschreibung ▪ Wegfall von Sonderabschreibungen	Gewährung einer Investitionsprämie von bis zu 7,5 % der Anschaffungskosten
Staatsausgaben	▪ Verzögerung der Ausgaben ▪ Einschränkung von Kreditaufnahmen	Zusätzliche Ausgaben, die durch Entnahme aus der Konjunkturausgleichsrücklage oder durch zusätzliche Kredite finanziert werden

Schließlich sieht § 18 des Stabilitätsgesetzes vor, dass bei der Bundesregierung ein **Konjunkturrat** für die öffentliche Hand gebildet wird. Ihm gehören die Bundesminister für Wirtschaft und für Finanzen, je ein Vertreter jedes Bundeslandes sowie vier Vertreter der Gemeinden und Gemeindeverbände an. Der Konjunkturrat berät über alle erforderlichen konjunkturpolitischen Maßnahmen und über den Kreditbedarf der öffentlichen Haushalte. Ein weiteres Koordinationsgremium ist die so genannte **Konzertierte Aktion** (§ 3). Sie bezeichnet ein aufeinander abgestimmtes Verhalten von Gebietskörperschaften, Gewerkschaften und Unternehmensverbänden. Insbesondere soll das preis- und lohnpolitische Verhalten aufeinander abgestimmt werden. Seit 1977 wird die Konzertierte Aktion von den Gewerkschaften wegen der Verfassungsklage der Arbeitgeber gegen das Mitbestimmungsgesetz boykottiert.

Zusammenfassung Kapitel 10.2.5.2:
Instrumente staatlicher Konjunkturpolitik

- Zur aktiven Gestaltung der Wirtschaft benötigt der Staat ein angemessenes konjunkturpolitisches Instrumentarium.
- Die Instrumente zur Dämpfung der Konjunktur (kontraktive Konjunkturpolitik) dienen der Senkung der Nachfrage; die wichtigsten sind Steuererhöhungen, Abschreibungserschwernisse und Senkung der Staatsausgaben.
- Die Instrumente zur Ankurbelung der Konjunktur (expansive Konjunkturpolitik) dienen der Ausweitung der Nachfrage; die wichtigsten sind Steuersenkungen, Abschreibungserleichterungen und Erhöhung der Staatsausgaben.
- Für die Bundesrepublik Deutschland sind die Instrumente staatlicher Konjunkturpolitik vor allem im Stabilitätsgesetz niedergelegt.

10.2.5.3 Grenzen staatlicher Konjunkturpolitik

Die Möglichkeiten staatlicher Konjunkturpolitik stoßen bei ihrer Realisierung auf eine Reihe von Schwierigkeiten, von denen die wichtigsten kurz angedeutet werden sollen:

- Expansive Maßnahmen fördern zwar die Beschäftigung, gefährden jedoch die Preisstabilität. Insbesondere bei bereits bestehender hoher Inflation ergibt sich ein **Zielkonflikt.** Umgekehrt fördern kontraktive Maßnahmen die Geldwertstabilität, mindern jedoch die Beschäftigung; bei bestehender Arbeitslosigkeit ergibt sich ebenfalls ein Zielkonflikt.
- Belastungen bzw. Rücknahmen von Erleichterungen sind politisch nur schwer durchzusetzen.
- Etliche staatliche Maßnahmen sind lediglich Anreize und wirken nur, wenn sie auch zu entsprechenden Verhaltensänderungen führen.
- Staatliche Maßnahmen wirken oft erst mit einer zeitlichen Verzögerung. Steuersenkungen oder -erhöhungen wirken sich zumeist erst in Folgeperioden aus. Unter Umständen hat sich die Wirtschaftsentwicklung dann aber bereits umgekehrt und die staatlichen Maßnahmen wirken kontraproduktiv.
- Möglicherweise bewirken die staatlichen Maßnahmen einen **Verdrängungseffekt (Crowding-out-Effekt).** Der Zuwachs staatlicher Ausgaben ist dann mit einem Rückgang privater Ausgaben verbunden. Dies kann z.B. der Fall sein, wenn die höhere Kreditnachfrage des Staates zu einem Zinsanstieg führt und die privaten Wirtschaftssubjekte daraufhin ihre Kreditnachfrage reduzieren.

Zusammenfassung Kapitel 10.2.5.3:
Grenzen staatlicher Konjunkturpolitik

- Staatlichen Maßnahmen zur Konjunktursteuerung stehen etliche Probleme gegenüber (Zielkonflikte, politische Durchsetzbarkeit, zeitliche Verzögerung, Verdrängung privater Aktivitäten usw.).

10.2.5.4 Grundkonzepte der Konjunkturpolitik

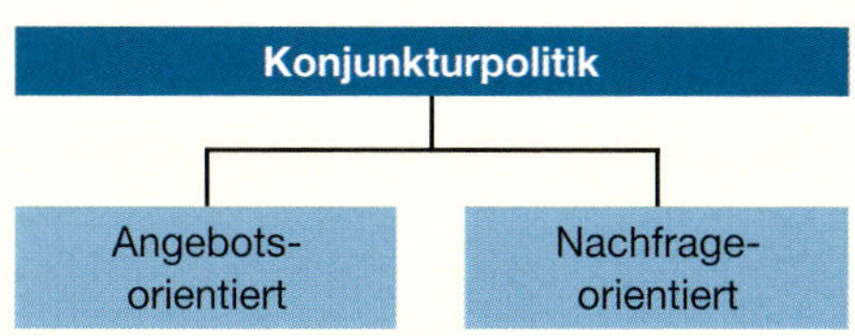

Es besteht kein Zweifel, dass in einer **Sozialen Marktwirtschaft** der Staat zu einer aktiven Gestaltung der Wirtschaft aufgerufen ist und dass er hierfür ein angemessenes Instrumentarium benötigt. Wie der Staat seinen Einfluss ausübt, hängt entscheidend davon ab, welches Konzept seiner Politik zugrunde liegt. Für die Konjunkturpolitik lassen sich im Wesentlichen zwei Grundpositionen unterscheiden: die **nachfrageorientierte** und die **angebotsorientierte Konjunkturpolitik.** Trotz deutlicher Unterschiede zwischen beiden Ansätzen ist es für die Wirtschaftstheorie nicht möglich, einem der Konzepte eindeutig den Vorrang einzuräumen.

Die entscheidenden Unterschiede zwischen nachfrage- und angebotsorientiertem Ansatz liegen darin, welcher Marktseite die größere Bedeutung für die wirtschaftliche Entwicklung beigemessen wird, und in der Auffassung darüber, welche Rolle der Staat spielen soll. Wird die Nachfrageseite als ausschlaggebend für die Wirtschaftsentwicklung betrachtet, wird von **nachfrageorientierter Konjunkturpolitik** gesprochen. Liegt jedoch die Annahme zugrunde, dass die wirtschaftliche Entwicklung vor allem von der Angebotsseite bestimmt wird, wird von **angebotsorientierter Konjunkturpolitik** gesprochen.

Angebots- oder Nachfragepolitik: Hat Keynes noch Chancen?

Wissenschaftler diskutieren über Strategien für die achtziger Jahre

Köln, 11. Juni. Kaum ein anderer Nationalökonom hat das wirtschaftspolitische Denken und Handeln dieses Jahrhunderts so nachhaltig beeinflußt wie John Maynard Keynes. Seine Theorie der Nachfragesteuerung hat nicht nur eine ganze Schule übernommen, die vor allem in Großbritannien und den Vereinigten Staaten die Lehren in die wirtschaftspolitische Praxis umzusetzen versuchte, sie hat auch immer wieder zu heftigen Auseinandersetzungen Anlaß gegeben. Zwar haben die negativen Auswirkungen der Nachfragesteuerung in Gestalt von wachsenden Staatsdefiziten und hohen Inflationsraten das Lager der Keynesianer dezimiert, doch tot sind die Gedanken des britischen Lords nicht. In der Bundesrepublik fordern Gewerkschaften und Sozialdemokraten unverdrossen neue staatliche Milliardenprogramme. Ihnen steht allerdings die breite Schar der Angebotspolitiker gegenüber, die auf der Basis einer restriktiven Notenbankpolitik und maßvoller Lohnsteigerungen die Produktion rentabel machen wollen.

Frankfurter Allgemeine Zeitung vom 12. Juni 1982, S. 12

10.2.5.4.1 Nachfrageorientierte Konjunkturpolitik

? Welche Merkmale und Probleme weist eine nachfrageorientierte Konjunkturpolitik auf?

Nachfrageorientierte Konjunkturpolitik hat ihren Namen von der Bevorzugung der Nachfrageseite, d.h. von der Überzeugung, dass vor allem eine ausreichend hohe Nachfrage notwendig ist, um jenes Wachstum zu sichern bzw. zu erreichen, das Vollbeschäftigung beschert.

Der nachfrageorientierte Ansatz geht in seinen Grundzügen vor allem auf Arbeiten von John Maynard KEYNES in den Dreißigerjahren zurück. Daher wird diese Position auch **Keynesianismus** oder **Post-Keynesianismus** und werden seine Verfechter auch **Keynesianer** oder auch **Post-Keynesianer** genannt. Von der bis dahin vorherrschenden Lehre der Klassiker unterschied sich KEYNES' Auffassung u.a. in drei wichtigen Punkten:[1]

1. Eine sich selbst überlassene Volkswirtschaft tendiert keineswegs automatisch zu einem Gleichgewicht bei Vollbeschäftigung. Der Markt ist zwar zur Selbstregulierung fähig, das Gleichgewicht kann sich jedoch auch bei Unterbeschäftigung einpendeln.
2. Unterbeschäftigung ist in erster Linie auf eine nicht ausreichende gesamtwirtschaftliche Nachfrage zurückzuführen **(keynesianische Arbeitslosigkeit).**
3. Ursachen für die konjunkturellen Schwankungen liegen in Instabilitäten des privaten Sektors, insbesondere in Ungleichgewichten zwischen den Investitionsplänen der Unternehmen und den Sparplänen der privaten Haushalte.

Aus diesen Erkenntnissen ergeben sich folgende Schlussfolgerungen:

1. Da der Markt nicht von sich aus zu den gewünschten Ergebnissen führt, bedarf die Wirtschaft der Steuerung.

[1] Vgl. hierzu auch die Ausführungen in Abschnitt 10.1.1 „Grundlagen der Beschäftigungstheorie und Beschäftigungspolitik".

2. Da Vollbeschäftigung nur bei genügend hoher Nachfrage erreicht werden kann, muss die Nachfrage beeinflusst werden.

3. Da gezielt und relativ schnell vor allem die Nachfrage des Staates verändert werden kann, kommt dem Staat in erster Linie die Aufgabe zu, die Wirtschaft „anzukurbeln". Reicht die normale Nachfrage nicht aus, hat der Staat die Pflicht, in die Bresche zu springen und durch zusätzliche eigene Nachfrage die Lücke zu schließen.

4. Reichen die vorhandenen Einnahmen oder Rücklagen zur Finanzierung der zusätzlichen Nachfrage nicht aus, soll sich der Staat verschulden **(deficit-spending).**

„Der Staat wird einen leitenden Einfluss auf den Hang zum Verbrauch teilweise durch sein System der Besteuerung, teilweise durch die Festlegung des Zinsfußes und teilweise vielleicht durch andere Wege ausüben müssen. Ich denke mir daher, dass eine ziemlich umfassende Verstaatlichung der Investitionen sich als das einzige Mittel zur Erreichung einer Annäherung an Vollbeschäftigung erweisen wird."

Keynes, J. M.: Allgemeine Theorie der Beschäftigung, des Zinses und des Geldes. – Berlin, 3. Aufl. 1966, S. 318

Es wird erkennbar, dass in diesem Konzept dem Staat eine wichtige Rolle bei der Steuerung der Wirtschaft zugewiesen wird. In gewisser Weise rangiert staatliche Steuerung vor dem Markt. Eindeutig wird auch der Finanzpolitik der Vorrang vor der Geldpolitik eingeräumt. Geldpolitische Maßnahmen werden als wenig effizient angesehen, da sie die Nachfrage nicht direkt beeinflussen können. Aufgabe der Geldpolitik ist es, genügend Liquidität für Kreditaufnahmen zur Verfügung zu stellen und im Übrigen durch Beeinflussung von Geldmenge und Geldkosten die finanzpolitischen Maßnahmen zu flankieren.

Wegen der Bevorzugung finanzpolitischer Maßnahmen des Staates wird die nachfrageorientierte Position auch **Fiskalismus** genannt und ihre Anhänger als **Fiskalisten** bezeichnet.

Die wichtigsten Instrumente zur Behebung einer bestehenden Unterbeschäftigung sind:

- Steuersenkungen, da dadurch die Nachfrage der privaten Haushalte erhöht wird.
- Zinssenkungen, da dadurch die Investitions- und Konsumnachfrage erhöht wird.
- Erhöhung der staatlichen Investitionen. Diese sind nicht im gleichen Maße wie private Investitionen von Renditeüberlegungen abhängig. Ein höherer Staatsanteil an den Investitionen führt zu einer Verstetigung der Konjunktur.
- Ausgleich privaten Nachfrageausfalls durch höhere Staatsnachfrage.

Liegt Überbeschäftigung vor, sollen die Instrumente zur Dämpfung der Konjunktur mit umgekehrten Wirkungen eingesetzt werden. Letztlich ist es das Ziel, die finanzpolitischen Maßnahmen so zu dosieren, dass ein dauerhafter Zustand der Vollbeschäftigung erreicht wird.

Werden die Instrumente der nachfrageorientierten Konjunkturpolitik mit den Instrumenten des Stabilitätsgesetzes verglichen, zeigt sich eine weitgehende Übereinstimmung. Das 1967 verabschiedete **Stabilitätsgesetz** ist insofern ein typisches Kind jener Epoche, in der in Deutschland die nachfrageorientierte Wirtschaftspolitik dominierte.

Die vor allem in den sechziger und siebziger Jahren in Deutschland praktizierte nachfrageorientierte Konjunkturpolitik hat nicht zu den erhofften Wirkungen geführt. Nicht zuletzt die wachsenden Staatsausgaben führten zu einer für deutsche Verhältnisse hohen Inflationsrate. Das Hauptziel, die Sicherung der Vollbeschäftigung, wurde nicht erreicht. Im Gegenteil: Die Arbeitslosigkeit nahm in der ersten Hälfte der Siebzigerjahre drastisch zu. Die konjunkturellen Schwankungen wurden weder beseitigt noch gedämpft. Die ge-

Nachfrageorientierte Konjunkturpolitik		
Prämissen	**Folgerungen**	**Instrumente**
■ Marktgleichgewicht nicht nur bei Vollbeschäftigung, sondern auch bei Unterbeschäftigung. ■ Unterbeschäftigung ist auf eine nicht ausreichende Nachfrage zurückzuführen. ■ Die Instabilitäten kommen in erster Linie aus dem privaten Sektor.	■ Der Markt kann nicht sich selbst überlassen werden; er bedarf im Interesse der Vollbeschäftigung der Steuerung. ■ Die Nachfrage muss so reguliert werden, dass sie hoch genug ist, um Vollbeschäftigung zu sichern. ■ Die gesamtwirtschaftliche Nachfrage ist in erster Linie über die Staatsnachfrage zu regulieren. ■ Damit die Staatsnachfrage hoch genug wird, muss sich der Staat gegebenenfalls verschulden.	■ Steuersenkungen und -anhebungen zur Beeinflussung der Konsumnachfrage. ■ Variation des Zinssatzes zur Beeinflussung der Konsum- und Investitionsnachfrage. ■ Erhöhung und Verstetigung der staatlichen Investitionen. ■ Kompensation privater Nachfrage durch Staatsnachfrage.

samtwirtschaftliche Entwicklung stagnierte. Das gleichzeitige Auftreten von Stagnation und Inflation führte zu der neuen Wortschöpfung **Stagflation.**

Aus diesen realen Erfahrungen, aber auch aus grundsätzlichen Beurteilungen speist sich die **Kritik** am nachfrageorientierten Ansatz. Die wichtigsten Kritikpunkte sind:

- Durch die staatliche Steuerung wird die Wirkung von Marktmechanismen herabgesetzt und sogar gefährdet; Ansätze zu einer Verplanung der Wirtschaft.
- Antizyklische Fiskalpolitik trägt nicht zur Verstetigung bei, sondern bewirkt durch zeitliche Verzögerungen und ihre Hektik **(„stop-and-go-policy")** eher das Gegenteil.
- Das ständige Vor und Zurück verunsichert die Unternehmen und mindert deren Investitionsbereitschaft.
- Gefahr einer zu hohen Staatsverschuldung.
- Durch hohen Kreditbedarf des Staates werden inflationäre Wirkungen hervorgerufen.
- Durch größeren Staatseinfluss wächst die Bürokratie.
- Durch eine höhere Staatsquote breitet sich eine Versorgungsmentalität aus und die individuelle Leistungsbereitschaft wird gemindert.

Zusammenfassung Kapitel 10.2.5.4.1:
Nachfrageorientierte Konjunkturpolitik

- Nachfrageorientierte Konjunkturpolitik sieht in der gesamtwirtschaftlichen Nachfrage die bestimmende Wachstumskomponente; Vollbeschäftigung kann nur bei einer ausreichend großen Nachfrage erreicht werden.
- Da die marktgegebene Nachfrage in der Regel nicht zur Vollbeschäftigung führt, muss der Staat die Nachfrage, insbesondere über die staatliche Nachfrage, steuern.
- Zur Erreichung seiner Ziele soll der Staat vor allem finanzpolitische Instrumente einsetzen.
- Die Kritik bezieht sich zum einen auf mangelnde Effizienz und zum anderen auf Gefährdungen, die durch eine entsprechende Politik verstärkt oder gar hervorgerufen werden.

10.2.5.4.2 Angebotsorientierte Konjunkturpolitik

Welche Merkmale und Probleme weist eine angebotsorientierte Konjunkturpolitik auf?

?

Aus der Kritik am nachfrageorientierten Ansatz und aus den Erfahrungen mit seiner Anwendung entwickelte sich gewissermaßen das Gegenstück. Genau genommen müssen dabei zwei Varianten bzw. Stufen unterschieden werden. Die Bezeichnungen sind nicht einheitlich. Zum Teil wird der Vorschlag von TOBIN[1] aufgegriffen, der die beiden Stufen Monetarismus vom Typ I und Monetarismus vom Typ II genannt hat. Gelegentlich werden beide Varianten auch unter dem Oberbegriff **„Neue Klassische Makroökonomik (NKM)"** zusammengefasst. Im Folgenden wird dem Sprachgebrauch gefolgt, nach dem das Gesamtkonzept als **angebotsorientierte Konjunkturpolitik** bezeichnet wird. Der Ansatz greift in weiten Teilen auf Grundlagen der klassischen Nationalökonomie zurück; daher wird er auch **Neoklassizismus** genannt und seine Vertreter als **Neoklassiker** bezeichnet.

Aus der klassischen Nationalökonomie stammt insbesondere der Grundsatz: möglichst wenig Staat und möglichst viel Markt. Damit ist eine Absage an die weitgehende Steuerung der nachfrageorientierten Politik verbunden. Für die dennoch notwendige Steuerung soll nicht die (Staats-)Nachfrage, sondern die **Geldmenge** die zentrale Steuerungsgröße sein. Die Bevorzugung der Geldmenge hat dem Konzept auch den Namen **Monetarismus** eingetragen. Da es sich gleichzeitig um eine Weiterentwicklung der Quantitätstheorie des Geldes handelt, wird die Position auch als **Neoquantitätstheorie** bezeichnet.

Die Grundzüge dieser Position wurden in den Fünfzigerjahren entwickelt und gehen vor allem auf Arbeiten von FRIEDMAN[2] zurück. In den Sechziger- und Siebzigerjahren wurde die Position von immer mehr Wirtschaftswissenschaftlern aufgegriffen, verfeinert und erweitert.

„Der einzige Weg, um das Verhalten der Politiker zu ändern, ist, ihnen das Geld wegzunehmen".

Milton Friedman (1912–2006), amerik. Ökonom

In der Bundesrepublik hat nicht zuletzt der **Sachverständigenrat zur Begutachtung der gesamtwirtschaftlichen Entwicklung** zur Verbreitung angebotsorientierten Gedankengutes beigetragen; in seinem Jahresgutachten 1976 hat er die Grundposition umrissen und seither auf die praktische Wirtschaftspolitik angewandt.

Die angebotsorientierte Konjunkturpolitik knüpft vor allem an drei Prämissen an:

1. Wachstumsschwäche hat ihre Ursache in Störungen der Angebotsseite.
2. Unterbeschäftigung ist vor allem auf unzureichende Investitionen zurückzuführen.
3. Die Veränderung des realen Volkseinkommens und damit die Nachfrageentwicklung hängt in erster Linie von der Veränderung der Geldmenge ab.
4. Die Instabilitäten kommen nicht vom privaten Sektor, sondern rühren von den staatlichen Eingriffen her.

Aus diesen Erkenntnissen ergeben sich Schlussfolgerungen:

1. Zur Beseitigung von Wachstumsschwäche und damit Unterbeschäftigung müssen die Bedingungen des Angebotssektors verbessert werden. Produktion schafft Einkommen, Einkommen schafft Nachfrage.

[1] James TOBIN (1918–2002), amerikanischer Nationalökonom, Nobelpreis für Wirtschaftswissenschaften 1981

[2] Milton FRIEDMAN (1912–2006), amerikanischer Nationalökonom; Hauptvertreter der „Chicagoer Schule"; Nobelpreis für Wirtschaftswissenschaften 1976

2. Investitionshemmnisse müssen beseitigt werden; Produktion und Investitionen müssen rentabel sein. „Investitionen müssen sich lohnen." Da hierfür insbesondere das Preis-Kosten-Verhältnis verantwortlich ist und die Preise unter Wettbewerbsbedingungen für den Anbieter marktgegeben sind, müssen die Kosten, z.B. die Lohnkosten, in einem angemessenen Verhältnis stehen.

3. Steuerungen sollten über die Geldpolitik und nicht über die staatliche Fiskalpolitik erfolgen. Um einerseits eine ausreichende Liquidität und andererseits Geldwertstabilität sicherzustellen, hat sich die Geldmengenpolitik am Wachtumspotenzial der Wirtschaft zu orientieren. In enger Beziehung zur Forderung nach einer Geldmengenkontrolle steht die Forderung nach flexiblen Wechselkursen, da durch sie die Gefahr importierter Inflation geringer wird.

„Die Fiskalpolitik ist sehr wichtig – nur nicht für die Steuerung der Konjunktur".

Friedman, M.: Kapitalismus und Freiheit. – Stuttgart 1971, S. 11

Die Betonung von Individualismus und Leistungsprinzip berührt auch die Gestaltung des sozialen Netzes. Angebotsorientierte Konjunkturpolitik wendet sich gegen eine zu weit gehende Einkommensumverteilung durch den Staat **(Sekundärverteilung)**[1], da hierdurch Leistungsanreize verschüttet werden.

Sofern die Geldpolitik einer unabhängigen Zentralbank übertragen wird, werden dem Staat vor allem folgende Aufgaben zugewiesen:

- Beseitigung von Investitionshemmnissen.
- Förderung privater Investitionsfähigkeit und -bereitschaft.
- Stärkung der Antriebskräfte des Marktes durch Verzicht auf Interventionen sowie durch Abbau von Subventionen und leistungshemmenden Steuern.
- Konsolidierung der Staatsfinanzen durch Abbau der Staatsverschuldung und die Bevorzugung investiver statt konsumtiver Ausgaben.

Angebotsorientierte Konjunkturpolitik		
Prämissen	**Folgerungen**	**Instrumente**
▪ Wachstumsschwäche und Unterbeschäftigung sind auf Störungen der Angebotsseite, insbesondere auf unzureichende Investitionen zurückzuführen. ▪ Reales Volkseinkommen und damit die Nachfrage hängen in ihrer Höhe in erster Linie von der Geldmenge ab. ▪ Instabilitäten rühren vor allem von staatlichen Eingriffen her.	▪ Möglichst wenig Eingriffe des Staates. ▪ Soweit Steuerungen notwendig sind, müssen sie über die Geldpolitik und nicht über die Fiskalpolitik erfolgen. ▪ Zur Beseitigung von Unterbeschäftigung müssen die Wachstums- und Ertragsbedingungen der Produktion verbessert werden. ▪ Hierzu müssen in erster Linie die Investitionsbedingungen verbessert werden.	▪ Förderung privater Investitionen. ▪ Stärkung der Antriebskräfte des Marktes. ▪ Konsolidierung der Staatsfinanzen.

Der nicht zuletzt aus der Kritik am nachfrageorientierten Ansatz entstandene angebotsorientierte Ansatz ist seinerseits nicht ohne Kritik geblieben. Die wichtigsten Kritikpunkte sind:

[1] Zur Einkommensverteilung vgl. Kapitel 11.

- Eine Verbesserung der Gewinnsituation der Unternehmen erhöht zwar deren Investitions*fähigkeit,* nicht jedoch zwangsläufig deren Investitions*bereitschaft.* Investitionen werden nur bei genügend guten Ertragserwartungen vorgenommen.
- Entscheidend für den Ertrag von Investitionen ist das Preis-Kosten-Verhältnis. Die angebotsorientierte Wirtschaftspolitik betont bei der Investitionsbereitschaft einseitig die Kosten der Investitionen. Ein angemessener Preis für das Produkt ist aber nur zu erzielen, wenn eine entsprechend große Nachfrage vorhanden ist. Investitionen lohnen sich nur, wenn auch Absatzchancen für die Produkte vorhanden sind.
- Bei mangelnder Kapazitätsauslastung bzw. zu geringer Nachfrage ist die Neigung, Erweiterungsinvestitionen vorzunehmen, gering. Investitionsförderungen führen in dieser Situation dazu, dass die Unternehmen Rationalisierungs- statt Erweiterungsinvestitionen durchführen und dadurch die Arbeitsplätze nicht vermehren, sondern vermindern.
- Löhne sind nicht nur ein Kostenfaktor, sondern auch ein Nachfragefaktor. Steigende Löhne bewirken nicht nur steigende Kosten, sondern auch steigende Nachfrage.
- Bei vorhandener Unterbeschäftigung führt eine Reduzierung der Staatsausgaben nicht zu sinkender, sondern zu steigender Arbeitslosigkeit.
- Angebotspolitik gefährdet die zum Teil hart erkämpften sozial- und wohlfahrtsstaatlichen Strukturen und führt u. a. zu einer Umverteilung der Einkommen zugunsten der Besitzer von Produktivvermögen.
- In einer angebotsorientierten Wirtschaftspolitik kommen Belange der Umwelt und des Umweltschutzes (umweltverträgliche Produkte und Produktionsverfahren) zu kurz.

▶ Integration von nachfrage- und angebotsorientierter Politik

Werden die beiden konjunkturpolitischen Konzepte miteinander verglichen, ist insbesondere den beiden Kernthesen ihre Plausibilität nicht abzusprechen. Einerseits leuchtet ein, dass private Investitionen vor allem dann vorgenommen werden, wenn mit ihnen – gemessen am Marktzins für alternative Geldanlagen – eine angemessene Rendite verbunden ist; andererseits ist nachzuempfinden, dass bei unausgelasteten Kapazitäten, also bei zu geringer Nachfrage, wenig Neigung besteht, die Produktionsanlagen auszuweiten. Insofern kann keines der beiden Argumente für sich allein den konjunkturellen Wachstumspfad vollständig begründen. Notwendig sind sowohl ausreichende Absatzperspektiven als auch hinreichend hohe Gewinnerwartungen, wobei zwischen beiden Aspekten Abhängigkeiten bestehen: Gute Gewinnaussichten ergeben sich in der Regel dann, wenn gute Absatzbedingungen bestehen. Für die praktische Wirtschaftspolitik ergibt sich daraus die – nicht leichte – Aufgabe, beide Ansätze zu einem optimalen Ganzen zu verbinden **(policy-mix).**

„... geht es um die Frage, welcher instrumentelle Ansatz der Problemlage angemessen sei: eine Politik der steuernden Eingriffe in den laufenden Wirtschaftsprozess, vor allem die Beeinflussung der gesamtwirtschaftlichen Nachfrage ..., oder die Gestaltung der institutionellen Rahmenordnung. Generell gilt, dass beide Politikansätze nicht notwendig im Gegensatz zueinander stehen; sie sollten einander vielmehr ergänzen.

Wenn wichtige gesamtwirtschaftliche Ziele über lange Zeit anhaltend und in erheblichem Ausmaß verfehlt werden, lässt sich dies nicht durch einfaches Gegensteuern einer auf Verstetigung gerichteten Nachfragepolitik beheben. Vielmehr deutet ... alles auf Funktionsmängel der marktwirtschaftlichen Anpassung hin, denen mit strukturellen Reformen zu begegnen ist. Das ist mit Angebotspolitik gemeint.

Sachverständigenrat zur Begutachtung der gesamtwirtschaftlichen Entwicklung: Jahresgutachten 1999/2000, S. 132 f. (Nr. 232)

Zusammenfassung Kapitel 10.2.5.4.2: Angebotsorientierte Konjunkturpolitik

- Angebotsorientierte Konjunkturpolitik sieht in der Angebotsseite die bestimmende Wachstumskomponente; Vollbeschäftigung kann nur bei einer ausreichend hohen Produktion erreicht werden.
- Damit die Produktion hinreichend hoch ist, müssen vor allem die private Investitionsfähigkeit und -bereitschaft gefördert werden.
- Der staatliche Einfluss auf die Konjunkturentwicklung soll gering gehalten werden; notwendige Steuerungen sollen über die Geldpolitik erfolgen.
- Die Kritik bezieht sich insbesondere auf die einseitige Bevorzugung des Angebotssektors und die möglichen Nachteile, die sich dadurch für Einkommensverteilung, Umwelt, soziales Netz usw. ergeben.

10.3 Wachstum

Unmittelbare Bestimmungsgröße für die Höhe der Beschäftigung ist die Höhe der Produktion. Gesamtwirtschaftlich äußert sich eine Zunahme der Produktion in einem entsprechenden Wirtschaftswachstum. Staatliche Beschäftigungspolitik ist in erster Linie Wachstumspolitik. Dieser Zusammenhang lenkt das Augenmerk auf die Kennzeichen und die Bedingungen von Wirtschaftswachstum.[1]

10.3.1 Begriff und Messung von „Wirtschaftswachstum"

? Was ist „Wirtschaftswachstum" und wie wird es gemessen?

Mit **Wirtschaftswachstum** wird im ökonomischen Sprachgebrauch sowohl die Entwicklung der Produktionsmöglichkeiten einer Volkswirtschaft, also ihres **Produktionspotenzials,** als auch die Entwicklung des Produktionsvolumens bezeichnet. Über längere Sicht entwickeln sich Produktionspotenzial und tatsächliche Produktion gleich, da wechselseitige Anpassungsprozesse stattfinden. Die tatsächliche Produktion entspricht dem realen **Bruttoinlandsprodukt.**

Die Entwicklung des realen Bruttoinlandsprodukts wird in Deutschland als Messgröße für das Wirtschaftswachstum verwendet.[2] Die jährlich ermittelte Veränderungsrate des Bruttoinlandsprodukts enthält auch die konjunkturellen Schwankungen. Werden diese Schwankungen um die kurzfristigen Wirkfaktoren bereinigt, ergibt sich der mittel- bis langfristige Trend.

Der Trend spiegelt die Entwicklung des Produktionspotenzials wider. Die konjunkturbedingten Ausschläge um diesen Trend stellen unterschiedliche Auslastungsgrade des vorhandenen Produktionspotenzials dar. Die Abweichung des realen Bruttoinlandsprodukts vom Produktionspotenzial wird als **Produktionslücke** bezeichnet.

Bei der Veränderungsrate des Bruttoinlandsprodukts (im Vergleich zum Vorjahr) werden unterschieden:

---

[1] Vgl. zu Fragen des Wirtschaftswachstums auch Kapitel 7; dort vor allem die Ausführungen über das wirtschaftspolitische Ziel „Stetiges und angemessenes Wirtschaftswachstum".

[2] Zu den verschiedenen Inlandsprodukten und Nationaleinkommen, ihrer Messung und ihrer Aussagefähigkeit vgl. ausführlich auch Kapitel 2 „Kreislauf und Volkswirtschaftliche Gesamtrechnung".

- Nominales Wachstum: Zunahme des Bruttoinlandsprodukts, bewertet in jeweiligen Preisen (Marktpreise)
- Reales Wachstum: Zunahme des realen, preisbereinigten Bruttoinlandsprodukts
- Nullwachstum: Keine Veränderung des realen Bruttoinlandsprodukts
- Negativwachstum: Verringerung des realen Bruttoinlandsprodukts

Zusammenfassung Kapitel 10.3.1:
Begriff und Messung von „Wirtschaftswachstum"

- Unter Wirtschaftswachstum wird sowohl die langfristige Entwicklung des Produktionspotenzials als auch die Entwicklung des tatsächlichen Produktionsvolumens einer Volkswirtschaft verstanden.
- Das Wirtschaftswachstum wird durch die Entwicklung des realen Bruttoinlandsprodukts gemessen.

10.3.2 Bedeutung von Wirtschaftswachstum

Ist wirtschaftliches Wachstum wichtig? ?

Wachstum ist kein Zweck an sich, was bereits bei der Behandlung der entsprechenden wirtschaftspolitischen Zielsetzung festgestellt wurde. Wirtschaftliches Wachstum wird als notwendig angesehen, damit andere Ziele und Vorstellungen leichter und besser verwirklicht werden können.

Die wichtigsten Argumente zur Begründung von Wachstum sind:

- Erhöhung des Volkseinkommens und damit des Wohlstands der Bevölkerung.
- Höheres Güterangebot und damit bessere Güterversorgung der Bevölkerung.
- Sicherung bzw. Schaffung von Arbeitsplätzen.
- Erleichterung der Umverteilung von Einkommen und Vermögen.
- Erhöhung der Staatseinnahmen und dadurch bessere Finanzierungsmöglichkeit für öffentliche Aufgaben.

Die beiden erstgenannten Aspekte sind ohne weiteres einleuchtend; in gewisser Weise stellen sie nur eine andere Formulierung für den Sachverhalt „Wirtschaftswachstum" dar. Die übrigen Gründe bedürfen – auch wegen ihrer Bedeutung – einer Erläuterung.

Wirtschaftswachstum wird vor allem damit begründet, dass es für die **Beschäftigung** von ausschlaggebender Bedeutung ist. Aus diesem Grunde bedarf der Zusammenhang zwischen Wachstum und Beschäftigung einer ausführlicheren Analyse; er wird daher weiter unten in einem besonderen Kapitel behandelt.

Eine Korrektur der marktgegebenen **Einkommensverteilung** durch den Staat **(Einkommensumverteilung)** ist bei Wachstum weniger konfliktträchtig. Wenn der Zuwachs so verteilt wird, dass die bisher benachteiligten Gruppen stärker profitieren als andere, ergeben sich im Laufe der Zeit Angleichungen, ohne dass dies mit Einbußen für die bisher bevorteilten Gruppen verbunden ist. Bleibt jedoch das Nationaleinkommen konstant, können Zuwächse bei bestimmten Gruppen nur durch entsprechende Abstriche bei anderen Gruppen realisiert werden.

Der Staat ist an der Güterproduktion und an den Einkommen in vielerlei Weise über Steuern und Sozialbeiträge beteiligt. Wachsen Güterproduktion, Beschäftigung und Einkommen, so steigen auch die Einnahmen des Staates, und seine Fähigkeit zur Erfüllung öffentlicher Aufgaben verbessert sich. Ein Mehrangebot an öffentlichen Gütern durch den Staat erhöht den Wohlstand der Bevölkerung insbesondere im sozialen Bereich.

Zusammenfassung Kapitel 10.3.2:
Bedeutung von Wirtschaftswachstum

- Wirtschaftliches Wachstum ist notwendig, damit andere Ziele und Vorstellungen leichter und besser verwirklicht werden können.
- Die wichtigsten Argumente zur Begründung von Wachstum sind:
  - Erhöhung des Volkseinkommens und damit des Wohlstands der Bevölkerung.
  - Höheres Güterangebot und damit bessere Güterversorgung der Bevölkerung.
  - Sicherung bzw. Schaffung von Arbeitsplätzen.
  - Erleichterung der Umverteilung von Einkommen und Vermögen.
  - Erhöhung der Staatseinnahmen und dadurch bessere Finanzierungsmöglichkeit für öffentliche Aufgaben.

10.3.3 Bestimmungsfaktoren wirtschaftlichen Wachstums

? Welche Größen bewirken längerfristig die Veränderung des Inlandsprodukts?

Die Produktionsmöglichkeiten einer Volkswirtschaft (Y^a) hängen zunächst einmal von der Menge und der Qualität der **Produktionsfaktoren** Boden (B), Arbeit (A) und Kapital (K) ab. Wird das vorhandene technische und ökonomische Wissen (W) nicht als Teil des Produktionsfaktors Arbeit, sondern als eigenständiger Bestimmungsfaktor verstanden, ergibt sich als **Wachstumsfunktion:**

!

$$Y^a = f(B,A,K,W)$$

Die Produktionshöhe hängt also ab von den Faktoreinsätzen. Der Bestand an Boden und natürlichen Ressourcen verändert sich in der Regel auch längerfristig nicht, sodass er eine konstante Größe darstellt.[1] Die Menge des Faktors Arbeit kann sich durch Bevölkerungswachstum oder -minderung verändern. Da aber letztlich das Inlandsprodukt pro Kopf die ausschlaggebende Größe für echtes Wachstum ist, verbleiben der Bestand an Produktionsgütern (Kapitalstock) und das technische und ökonomische Wissen als entscheidende Bestimmungsfaktoren für wirtschaftliches Wachstum.

Der **Kapitalstock** einer Volkswirtschaft stellt den Bestand an Produktionsgütern dar; er verändert sich also durch Investitionen. Mit einem höheren Kapitalbestand können – unter sonst gleichen Bedingungen – mehr Güter hergestellt werden.

Das **technische und ökonomische Wissen** wird vor allem durch Bildung (Allgemeinbildung, berufliche Aus- und Weiterbildung) geschaffen und vermehrt. Seine Auswirkungen zeigen sich insbesondere in der Fähigkeit, komplexe Güter herzustellen und neuartige Güter zu entwickeln **(Produktinnovation),** und darin, komplexe Produktionsverfahren anzuwenden und neuartige Verfahren zu entwickeln **(Prozessinnovation).**

[1] Ertragszuwächse beim Boden, die durch Düngemittel bewirkt werden, sind nicht dem Produktionsfaktor „Boden", sondern dem Produktionsfaktor „Kapital" zuzurechnen.

Einfluss auf die langfristige Entwicklung einer Volkswirtschaft haben ohne Zweifel auch das **Sozialsystem** (S) und dessen Wandlungen. Wirtschafts- und Rechtsordnung eines Staates, soziale Schichtung, gesellschaftliche Einstellungen zu Arbeit und Leistung, Mentalität der Bevölkerung usw. können fördernd, aber auch hemmend wirken.

Die quantitative Ausweitung der Produktion und der Produktionsmöglichkeiten ist jedoch nicht grenzenlos möglich. Wie im folgenden Abschnitt noch ausgeführt wird, ergeben sich insbesondere durch die Inanspruchnahme der **Umwelt** (U) Grenzen des Wachstums.

Werden alle Bestimmungsfaktoren zusammengefasst, ergibt sich als vollständige **Wachstumsfunktion:**

$$Y^a = f(B,A,K,W,S,U)$$

!

Zusammenfassung Kapitel 10.3.3:
Bestimmungsfaktoren wirtschaftlichen Wachstums

- Bestimmungsfaktoren des wirtschaftlichen Wachstums sind Menge und Qualität der Produktionsfaktoren Boden (B), Arbeit (A) und Kapital (K), das technische und ökonomische Wissen (W) und das Sozialsystem (S).
- Grenzen für wirtschaftliches Wachstum ergeben sich aus den Belastungsmöglichkeiten der Umwelt (U).
- Die Wachstumsfunktion lautet: $Y^a = f(B,A,K,W,S,U)$.

10.3.4 Probleme quantitativen Wachstums[1]

Welche Gefahren ergeben sich aus einem andauernden quantitativen Wachstum?

?

Wirtschaftliche Betrachtungen neigen dazu, die Umwelt in erster Linie in ihrer wirtschaftlichen Bedeutung zu sehen, und vernachlässigen dabei, dass sie Lebensgrundlage der Menschen ist und als solche nicht nur irgendwie, sondern so erhalten bleiben muss, dass sie ein möglichst hohes Maß an Lebensqualität zu gewähren vermag. Diese umfassende Bedeutung der Umwelt gewinnt spätestens seit den sechziger Jahren auch in wirtschaftlichen Überlegungen ein zunehmendes Gewicht.

Das Verhältnis zwischen Wirtschaftssystem und Umweltsystem lässt sich vor allem durch drei Beziehungen charakterisieren:

- Die Umwelt stellt wichtige Güter wie Wasser, Luft, Wald, Erholung usw. zur Verfügung.
- Die Umwelt liefert Rohstoffe und Energie, durch die im Produktionsprozess Konsum- und Investitionsgüter hergestellt werden.
- Die Umwelt nimmt die aus Güterproduktion und Güterverwendung entstehenden Abfallstoffe auf.

Aus allen Beziehungen ergeben sich gravierende Gefährdungen der Umwelt:

- Verlust und Beeinträchtigung von Landschaft.

[1] Zu den Problemen wirtschaftlichen Wachstums vgl. auch die Ausführungen zu dem wirtschaftspolitischen Ziel „Stetiges und angemessenes Wirtschaftswachstum“, Kapitel 7, und Kapitel 12 „Ökonomie und Ökologie“.

- Gefährdung der Tier- und Pflanzenwelt.
- Ausbeutung von Rohstoffen und Bodenschätzen.
- Verunreinigung von Luft, Wasser und Boden.

Diese Folgen haben die Lebensqualität auf der Erde bereits so nachhaltig beeinträchtigt, dass eine dauerhafte Fortsetzung der bisherigen Entwicklung nicht möglich ist. Durch ökologische Katastrophen im wirtschaftlichen und im militärischen Bereich sind heute bereits große Landstriche verseucht und für Generationen unbewohnbar.

Die zweifellos vorhandenen Ansätze zu einem umweltverträglichen Wirtschaftswachstum müssen angesichts der Bevölkerungsexplosion und der zunehmenden Industrialisierung von immer mehr Ländern ohne Zweifel noch erheblich verstärkt werden. Derzeit scheinen die weltweiten Bedürfnisse nach Erhalt bzw. Erhöhung des materiellen Lebensstandards auf der einen Seite und die Bedürfnisse nach Erhalt einer lebenswerten Umwelt auf der anderen Seite noch unvereinbar zu sein. Notwendig sind insbesondere Investitionen und Wachstumsverlagerungen in Bereiche, die – wie große Teile des Dienstleistungssektors – umweltneutral sind oder die geeignet sind, Umweltbelastungen zu verringern **(qualitatives Wachstum).**

Hierzu gehören Produkte und Produktionsverfahren, die den Verbrauch an Rohstoffen und Energien reduzieren, die weniger Schadstoffe an die Umwelt abgeben, das Recycling von Rohstoffen usw.

Zusammenfassung Kapitel 10.3.4:
Probleme quantitativen Wachstums

- Die Umwelt ist sowohl ein bedeutender Wirtschaftsfaktor als auch Lebensgrundlage der Menschen.
- Ein andauerndes quantitatives Wachstum kann die Umwelt nicht verkraften.
- Die wirtschaftlichen Bedürfnisse und die Umweltbedürfnisse lassen sich – wenn überhaupt – nur durch vermehrtes qualitatives Wachstum in Einklang bringen.

10.4 Zum Zusammenhang von Wachstum und Beschäftigung

Die Abhängigkeit der Beschäftigung von der Entwicklung des realen Bruttoinlandsprodukts (BIP), und damit vom Wirtschaftswachstum, wurde bereits mehrfach festgestellt. Zusätzliche Arbeitsplätze entstehen in der Regel nur, wenn auch die Produktion wächst. Eine Gegenüberstellung beider Verläufe macht nachhaltig deutlich, dass dieser Zusammenhang in der Realität auch tatsächlich besteht.

Bei einem Vergleich der Entwicklungen fällt zweierlei auf:

- Der Zuwachs bei den Beschäftigten fällt geringer aus als die Wachstumsrate. Liegt das Wirtschaftswachstum unterhalb einer bestimmten Zuwachsrate, werden Arbeitsplätze abgebaut.
- Die Entwicklung bei den Arbeitsplätzen hinkt der Entwicklung beim Bruttoinlandsprodukt zeitlich nach.

Die Erklärung für beide Phänomene liegt in der **Produktivität.**[1]

[1] Vgl. hierzu auch die Ausführungen zu den Erfolgskennziffern in Kapitel 1.

Gesamtwirtschaftlich bezeichnet die Produktivität die Wirtschaftsleistung je Erwerbstätigen.

$$\text{Produktivität} = \frac{\text{Bruttoinlandsprodukt}}{\text{Zahl der Erwerbstätigen (Inland)}}$$

Zusammenhang zwischen Wachstum und Beschäftigung in Deutschland

(Bis 1990 Westdeutschland)

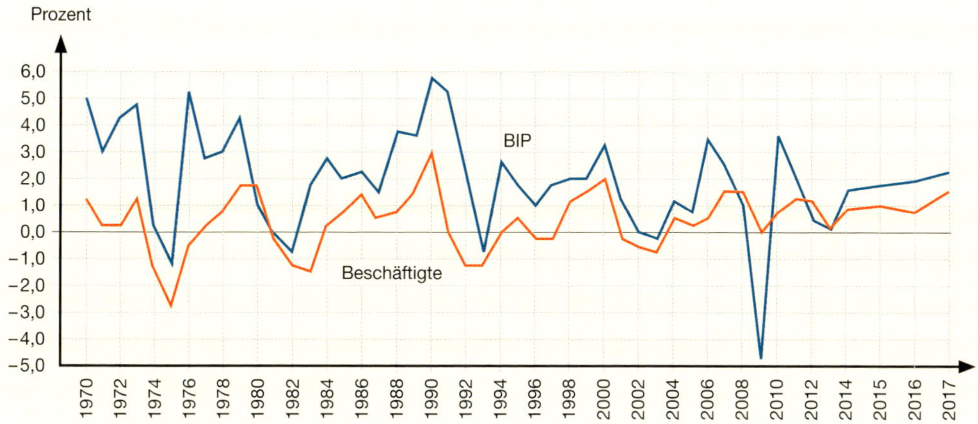

BIP: Jährliche prozentuale Veränderungsrate

Beschäftigte: Jährliche prozentuale Veränderungsrate der Erwerbstätigen im Inland

Die **Produktivität** wächst ständig. Ursachsen hierfür sind vor allem technischer Fortschritt und Rationalisierungen. Durch den **Produktivitätszuwachs** steigt die durchschnittliche Arbeitsleistung jedes Beschäftigten von Jahr zu Jahr an.

Produktivitätsentwicklung in Deutschland

Jahr	Entwicklung			Für den gleichen Produktionswert wurden so viele Erwerbstätige benötigt
	BIP, preisbereinigt	Erwerbstätige	Produktivität	
1991	100	100	100	100
1995	105,2	97,9	107,5	93,0
2000	115,6	102,9	112,3	89,0
2005	118,9	101,4	117,3	85,2
2010	126,4	105,7	119,6	83,6
2015	136,4	111,0	122,9	81,4

Bleiben andere Einflussgrößen auf die Beschäftigtenzahl (Arbeitszeiten usw.) unberücksichtigt, werden für eine gleich bleibende Produktion von Jahr zu Jahr weniger Beschäftigte benötigt. Soll die Beschäftigung erhalten bleiben, muss die Wirtschaft im Umfang des Produktivitätszuwachses wachsen; soll die Beschäftigung steigen, muss das Wirtschaftswachstum größer sein als der Produktivitätszuwachs.

Ein Teil des Wirtschaftswachstums wird also durch den **Produktivitätszuwachs** „aufgefressen“. Wachstum ist daher nicht nur notwendig für die Schaffung zusätzlicher Arbeitsplätze, sondern auch für den Erhalt der bestehenden Arbeitsplätze. Die Wirkung des Produktivitätszuwachses erweist sich im Zusammenhang von Nachfrage, Produktion, Beschäftigung und Volkseinkommen als eine Verlustquelle, die bei der Umsetzung von Produktionszuwächsen in Beschäftigungszuwächse auftritt.

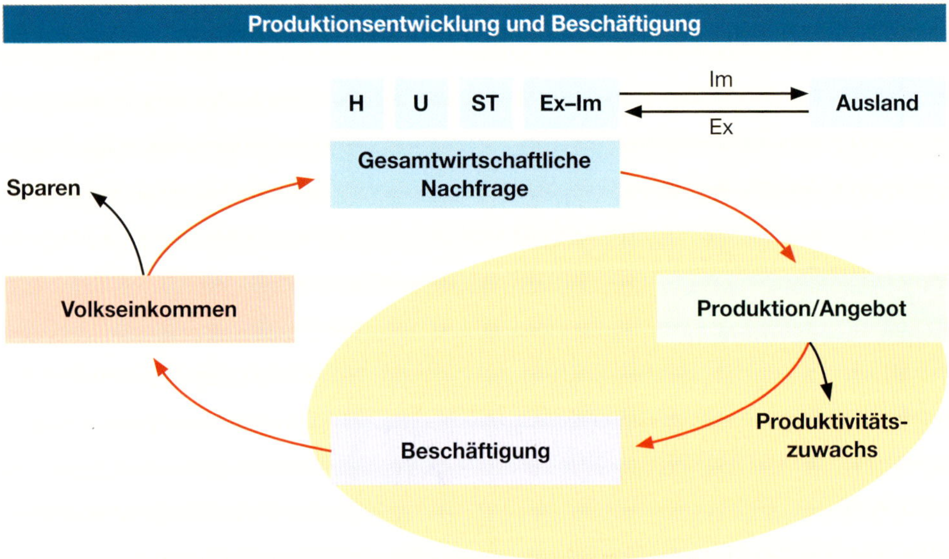

! Beschäftigungsentwicklung = Wirtschaftswachstum – Produktivitätszuwachs

Die Wachstumsrate, die benötigt wird, um die bestehende Beschäftigung zu erhalten, wird **Beschäftigungsschwelle** genannt, in Deutschland liegt sie bei knapp 1,0 %. Erst ein Wirtschaftswachstum oberhalb der Beschäftigungsschwelle schafft neue Arbeitsplätze. Ein Wachstum unterhalb der Beschäftigungsschwelle setzt Arbeitskräfte frei. Das Verhältnis zwischen Wirtschaftswachstum und Beschäftigungsentwicklung oberhalb der Beschäftigungsschwelle wird **Beschäftigungsintensität** genannt. Die Beschäftigungsintensität drückt aus, um wie viel Prozent die Beschäftigung zunimmt, wenn die Wirtschaft um ein Prozent wächst. Die Beschäftigungsintensität liegt in Deutschland relativ konstant bei 0,5 %; d.h., dass 1 % Wirtschaftswachstum eine Zunahme der Beschäftigung um 0,5 % bewirkte.

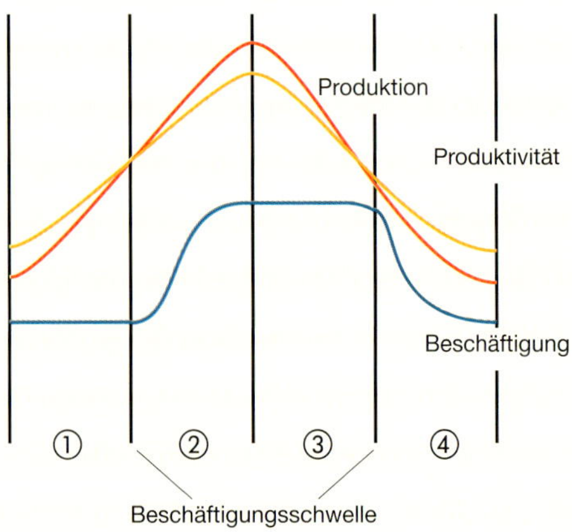

Beschäftigungsschwelle: Gibt an, bei welchem Wirtschaftswachstum die Beschäftigung aufgrund der Produktionsentwicklung unverändert bleibt.

Liegt das Wachstum unter (über) der Beschäftigungsschwelle, sinkt (steigt) die Beschäftigung.

Beschäftigungsintensität: Gibt an, um wie viel Prozent sich die Beschäftigung verändert, wenn die Wirtschaft um ein Prozent wächst.

Das zeitliche Nachhinken der Beschäftigungsentwicklung hinter dem Wirtschaftswachstum lässt sich am besten durch die Entwicklung von Produktion, Produktivität und Beschäftigung innerhalb eines Konjunkturzyklus verdeutlichen. Gesamtwirtschaftlich entspricht die Produktion dem realen Bruttoinlandsprodukt.

Phase 1: Nach dem Tiefpunkt beginnt der Aufschwung. Die Kapazitäten sind nicht voll ausgelastet. Die höhere Produktion kann durch höhere Auslastung der Kapazitäten bewältigt werden. Durch die höhere Auslastung der Kapazitäten steigt die Produktivität. Eine Ausweitung der Arbeitsplätze ist nicht erforderlich; die Beschäftigung stagniert.

Phase 2: Die Produktion steigt weiter. Die Kapazitäten sind ausgelastet. Der Produktivitätszuwachs ist nur noch gering und liegt unter dem Produktionszuwachs. Zur Bewältigung der Produktion müssen jetzt neue Arbeitskräfte eingestellt werden. Die Beschäftigungsschwelle wird überschritten, die Beschäftigung nimmt zu.

Phase 3: Die Produktion geht zurück. Die Produktivität geht zurück, da die Beschäftigtenzahl zunächst noch gehalten wird (Unsicherheit über zukünftige Entwicklung, Kündigungsfristen).

Phase 4: Die Produktion sinkt weiter. Die Rezession ist offenkundig. Die Beschäftigungsschwelle wird unterschritten. Die Unternehmen reduzieren die Beschäftigtenzahl.

Zusammenfassung Kapitel 10.4:
Zum Zusammenhang von Wachstum und Beschäftigung

- Zwischen Wirtschaftswachstum und Beschäftigungsentwicklung besteht ein enger Zusammenhang.
- Die Arbeitsleistung pro Erwerbstätigen nimmt von Jahr zu Jahr zu (Produktivitätszuwachs).
- Ceteris paribus nimmt die Beschäftigtenzahl im Umfang des Wirtschaftswachstums zu und gleichzeitig im Umfang des Produktivitätszuwachses ab:

  Beschäftigungsentwicklung = Wirtschaftswachstum – Produktivitätszuwachs
- Die Wachstumsrate, die benötigt wird, um die bestehende Beschäftigung zu erhalten, wird Beschäftigungsschwelle genannt.
- Die Beschäftigungsintensität drückt aus, um wie viel Prozent die Beschäftigung zunimmt, wenn die Wirtschaft um ein Prozent wächst.
- Die Beschäftigungsentwicklung hinkt dem Wirtschaftswachstum zeitlich hinterher.

Aufgaben zum Üben und Vertiefen

Kapitel 10 Beschäftigung, Konjunktur und Wachstum

1 Geben Sie an, welcher Teil der Wohnbevölkerung jeweils unter die folgenden Größen fällt:

- Erwerbsbevölkerung
- Erwerbspersonen
- Erwerbslose
- Erwerbstätige
- Arbeitslose

2 Geben Sie an, wie die nachstehenden Beschäftigungskennziffern gemessen werden:

- Erwerbsquote
- Erwerbsintensität
- Beschäftigungsniveau
- Arbeitslosenquote
- Anspannungsindex

3 Das Statistische Amt eines Landes gibt folgende Zahlen (in Tausend) für ein bestimmtes Jahr bekannt:

Bevölkerung	Erwerbspersonen	Erwerbsbevölkerung	Erwerbstätige		Registrierte Arbeitslose	Offene Stellen
				davon abhängig		
40.000	15.000	30.000	14.000	12.000	900	100

Ermitteln Sie: Erwerbsquote, Erwerbsintensität, Beschäftigungsniveau, Arbeitslosenquote und Anspannungsindex.

4 Erläutern Sie die Situationen:

- Vollbeschäftigung
- Überbeschäftigung
- Unterbeschäftigung

und stellen Sie die Situationen in einem Arbeitsmarktmodell grafisch dar.

5 Diskutieren Sie die Aussagefähigkeit der Messgröße „Registrierte Arbeitslose“!

6 Nennen und erläutern Sie die vier wichtigsten Formen von Arbeitslosigkeit!

7 Stellen Sie den Zusammenhang von Nachfrage, Produktion, Beschäftigung und Volkseinkommen grafisch dar und erläutern Sie die Beziehungen zwischen diesen Größen!

8 Interpretieren Sie den nachstehenden Ausschnitt aus einem Monatsbericht der Deutschen Bundesbank unter folgenden Gesichtspunkten:

a) Was wird über die Zusammensetzung der gesamtwirtschaftlichen Nachfrage ausgesagt?

b) Welcher Zusammenhang wird zwischen gesamtwirtschaftlicher Nachfrage und gesamtwirtschaftlicher Produktion hergestellt?

c) Welche Folgen für die Beschäftigungslage sind in der beschriebenen Situation zu erwarten?

> Gegenüber dem entsprechenden Vorjahreszeitraum hat die gesamtwirtschaftliche Produktion um 2,5% zugenommen. Ausschlaggebend hierfür war eine zügig steigende Nachfrage aus dem In- und Ausland, wobei jedoch die Abschwächung der privaten Verbrauchsnachfrage dämpfend wirkte.

9 a) Beschreiben Sie in allgemeiner Form den Multiplikatoreffekt!

b) In einer Volkswirtschaft findet eine Erhöhung der Nachfrage (ΔN) um 15 statt. Die Sparquote beträgt 0,20. Wie hoch ist der Einkommenszuwachs?

10 Nennen Sie die Phasen eines Konjunkturzyklus und geben Sie für jede Phase mindestens zwei typische Merkmale an.

11 Der nachstehende Ausschnitt aus einem Monatsbericht der Deutschen Bundesbank macht Aussagen über die Konjunkturlage in Deutschland.

> Die deutsche Wirtschaft befindet sich seit dem Jahresbeginn in einem kräftigen Aufschwung. Das Wachstum betrug im ersten Halbjahr 2,2 % gegenüber der entsprechenden Vorjahreszeit.

a) Durch welche Größe wird die Wachstumsrate gemessen?

b) Was drückt diese Größe genau aus?

c) Zeichnen Sie einen typischen Konjunkturzyklus und geben Sie an, wo sich die deutsche Wirtschaft nach dieser Aussage zur Zeit etwa befindet!

12 Beschreiben Sie die Situationen, die am Tiefpunkt und am Hochpunkt eines Konjunkturzyklus jeweils zu einer Umkehr der konjunkturellen Entwicklung führen!

13 Zur genaueren Beschreibung der konjunkturellen Situation werden Konjunkturindikatoren verwendet. Nennen Sie die drei Arten der Konjunkturindikatoren und geben Sie für jede Art mindestens zwei Beispiele an!

14 Nennen und beschreiben Sie die wichtigsten Instrumente des Staates

a) zur Förderung

b) zur Dämpfung

der konjunkturellen Entwicklung!

15 Erläutern Sie die Begriffe „antizyklische Konjunkturpolitik" und „deficit spending"!

16 Die Möglichkeiten des Staates für eine aktive Beschäftigungspolitik werden oft überschätzt.

Beschreiben Sie in allgemeiner Form Möglichkeiten und Grenzen staatlicher Beschäftigungspolitik!

17 Beschreiben Sie die Grundzüge

a) nachfrageorientierter

b) angebotsorientierter

Konjunkturpolitik!

18 a) Welche Größe wird in Deutschland für die Messung des Wirtschaftswachstums verwendet?

b) Erläutern Sie die folgenden Begriffe im Zusammenhang mit Wirtschaftswachstum:

- Nominelles Wachstum
- Nullwachstum

- Reales Wachstum
- Negativwachstum

19 Nennen und erläutern Sie die Faktoren, von denen Wirtschaftswachstum langfristig abhängt!

20 Im Zusammenhang mit zunehmenden Umweltzerstörungen und Umweltbelastungen wird quantitatives Wirtschaftswachstum heute recht kritisch gesehen.

a) Nennen Sie mindestens vier Gründe, die für quantitatives Wirtschaftswachstum sprechen!

b) Erläutern Sie, was unter qualitativem Wirtschaftswachstum verstanden wird!

21 Bei einer Gegenüberstellung von Wirtschaftswachstum und Beschäftigung zeigt sich eine weitgehende Übereinstimmung der Entwicklungen. Es fällt jedoch auf, dass in der Regel

a) die Zuwachsrate bei den Beschäftigten geringer ausfällt als die Wachstumsrate des Bruttoinlandsprodukts

b) die Entwicklung bei den Arbeitsplätzen der Entwicklung des Bruttoinlandsprodukts zeitlich nachhinkt.

Erklären Sie diese Abweichungen!

22 Interpretieren Sie den nachstehenden Zeitungsausschnitt unter folgenden Aspekten:

a) Wie ist es zu erklären, dass eine Verbesserung auf dem Arbeitsmarkt erst einige Zeit nach einer Verbesserung der Konjunkturlage zu erwarten ist?

b) Erläutern Sie den Begriff „Beschäftigungsschwelle"!

c) Stellen Sie für einen Konjunkturzyklus den typischen Verlauf von gesamtwirtschaftlicher Produktion, Produktivität und Beschäftigung grafisch dar!

d) Beschreiben Sie die Verläufe für die einzelnen Konjunkturphasen!

Konjunktur zieht an

Bonn (...) – Der Wirtschaftsminister äußerte sich optimistisch über den Konjunkturverlauf. Für das laufende Jahr geht er von einem Wachstum des realen Bruttoinlandsprodukts von 2,8 Prozent aus. Eine spürbare Besserung auf dem Arbeitsmarkt ist nach seiner Einschätzung jedoch erst ab Mitte des nächsten Jahres zu erwarten.

11 Einkommensverteilung

Überlegungen zur Einkommensverteilung knüpfen von der Fachsystematik her an die Aussagen zur Verteilungsrechnung innerhalb der Volkswirtschaftlichen Gesamtrechnung an.

Aufgabe der Volkswirtschaftlichen Gesamtrechnung ist es, ein zahlenmäßiges Gesamtbild der wirtschaftlichen Aktivitäten aller Wirtschaftseinheiten einer Volkswirtschaft zu geben. Gegenstand der Verteilungsrechnung ist die Verteilung des Volkseinkommens.

Fragen der Einkommensverteilung berühren sowohl die Wirtschaftstheorie als auch die Wirtschaftspolitik.

Aufgabe der Wirtschaftstheorie ist es, Größen zur Messung der Einkommensverteilung zu entwickeln und eine bestehende Verteilung möglichst exakt zu messen.

Auftrag für die Wirtschaftspolitik ist es, Kriterien für eine möglichst gerechte Einkommensverteilung zu entwickeln und die Verteilung entsprechend zu steuern. „Verteilungsgerechtigkeit" wurde als eines der wirtschaftspolitischen Ziele erkannt und dargestellt.[1]

Auseinandersetzungen über eine angemessene Verteilung von Einkommen sind keineswegs neu. Zu allen Zeiten hat dieses Problem sowohl individuell als auch gesamtwirtschaftlich eine bedeutsame Rolle gespielt. Verteilungsprobleme sind auch kein typisches Problem armer Volkswirtschaften. Im Gegenteil: Die Verteilungskämpfe sind in reichen Volkswirtschaften viel ausgeprägter. Offenbar nimmt die Verteilungsproblematik mit der Größe des zu verteilenden „Kuchens" zu.

[1] Zum wirtschaftspolitischen Ziel „Verteilungsgerechtigkeit" vgl. Kapitel 7.

11.1 Grundbegriffe der Einkommensverteilung

11.1.1 Einkommensentstehung

? Wie entsteht das zu verteilende Einkommen?

Bevor Einkommen verteilt werden können, müssen sie erst einmal entstehen. Die Einkommen in einer Volkswirtschaft entstehen im und durch den **Produktionsprozess.**

Im Produktionsprozess werden durch die Kombination von **Produktionsfaktoren** Sachgüter und Dienstleistungen hergestellt.

Besitzer der Produktionsfaktoren sind vor allem die **privaten Haushalte,** die den Unternehmen diese Produktionsfaktoren zur Verfügung stellen und dadurch Ansprüche auf die entstehenden Einkommen erwerben.

Für den Produktionsfaktor Boden entstehen Bodeneinkommen **(Bodenrente),** für den Produktionsfaktor Kapital entstehen Kapitaleinkommen **(Zinsen, Gewinne)** und für den Produktionsfaktor Arbeit entstehen Arbeitseinkommen **(Löhne, Gehälter).**

Aus Gründen der Vereinfachung werden im Zusammenhang mit Überlegungen zur Einkommensverteilung die Produktionsfaktoren Boden und Kapital zumeist gebündelt.

Auf dieser Betrachtungsebene sind nur Haushalte und Unternehmen am Wirtschaftsprozess beteiligt.

Staat und Ausland bleiben unberücksichtigt. Dies entspricht einer geschlossenen Wirtschaft ohne staatliche Aktivität.

Die Nutzung der Produktionsfaktoren ist nicht unentgeltlich. Die Einkommen der Faktorbesitzer (Haushalte) sind gleichzeitig die Kosten für die Faktornutzer (Unternehmen); andere Kosten als Faktorkosten entstehen nicht.

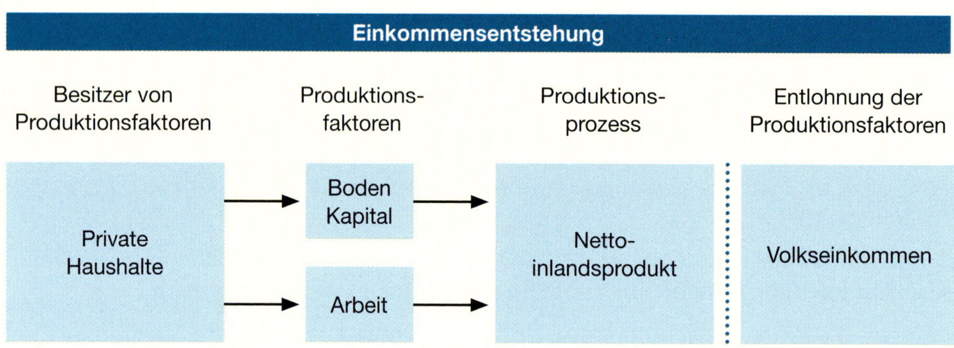

Zusammenfassung Kapitel 11.1.1: Einkommensentstehung

- Einkommen entstehen durch Produktion. Im Produktionsprozess werden Produktionsfaktoren eingesetzt und miteinander kombiniert.
- Einkommen sind die Entgelte, die die Besitzer der Produktionsfaktoren für den Faktoreinsatz erzielen.

11.1.2 Formen der Einkommensverteilung

Eine Betrachtung der Einkommensverteilung ist unter zwei Gesichtspunkten möglich:

- Nach dem Zeitpunkt, zu dem die Verteilung betrachtet wird, werden **Primärverteilung** und **Sekundärverteilung** unterschieden.
- Nach den bei der Primärverteilung beteiligten Größen werden weiterhin **Funktionelle Einkommensverteilung** und **Personelle Einkommensverteilung** unterschieden.

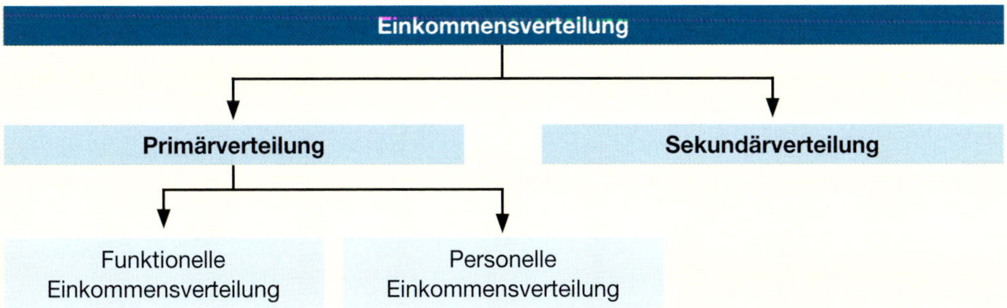

11.1.2.1 Primärverteilung

Einkommen entstehen dadurch, dass für den Einsatz von Produktionsfaktoren an deren Besitzer Entgelte gezahlt werden. Gegenstand der Einkommensverteilung ist das **Volkseinkommen.** Die Verteilung, die sich als Ergebnis der gezahlten Faktorentgelte ergibt, wird **Primärverteilung** oder **Primäre Einkommensverteilung** genannt.

Je nachdem, ob bei der Frage, wer Einkommen bezogen hat, die Produktionsfaktoren oder die Besitzer der Produktionsfaktoren betrachtet werden, ergeben sich zwei unterschiedliche Verteilungsgesichtspunkte:

- Die Verteilung des Einkommens nach Produktionsfaktoren, für deren Einsatz Einkommen bezogen wurden, wird als **funktionelle Einkommensverteilung** bezeichnet.
- Die Verteilung des Einkommens nach den Besitzern der Produktionsfaktoren, also nach den Personen, die Einkommen bezogen haben, wird als **personelle Einkommensverteilung** bezeichnet.

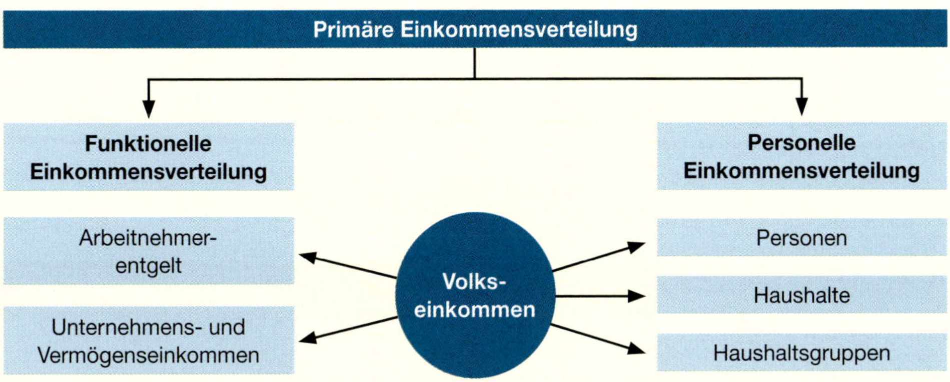

11.1.2.1.1 Funktionelle Einkommensverteilung

? Wie verteilt sich das Volkseinkommen auf die Produktionsfaktoren?

Für die im Produktionsprozess eingesetzten Produktionsfaktoren wird Faktoreinkommen gezahlt. Die Produktionsfaktoren sind Arbeit, Boden und Kapital. Die Höhe des Faktoreinkommens ergibt sich als Produkt aus abgegebener Faktormenge und Faktorpreis. Für den Produktionsfaktor Arbeit ergibt sich die Entlohnung z. B. aus Arbeitsstunden mal Stundenlohn. Der Faktorpreis hängt von der Knappheit des Faktors ab, beim Arbeitslohn auch von den Tarifvereinbarungen zwischen Arbeitgebern und Gewerkschaften.

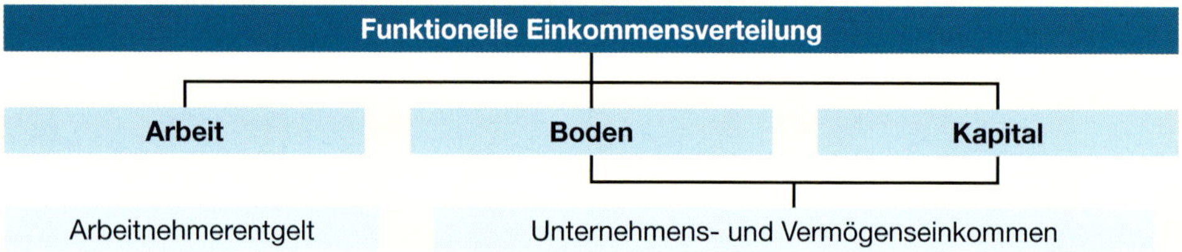

Die **funktionelle Einkommensverteilung** betrachtet die Aufteilung des Volkseinkommens auf die Produktionsfaktoren Kapital (einschl. Boden) und Arbeit. Eine genaue Aufteilung des Volkseinkommens auf die Produktionsfaktoren ist statistisch außerordentlich schwierig. Daher werden bei den Faktoreinkommen nur zwei Einkunftsarten unterschieden:

- Arbeitnehmerentgelt (Produktionsfaktor Arbeit)
- Unternehmens- und Vermögenseinkommen (Produktionsfaktoren Boden und Kapital).

! Arbeitnehmerentgelt (Einkommen aus unselbstständiger Tätigkeit)
\+ Unternehmens- und Vermögenseinkommen
= Volkseinkommen

Das **Arbeitnehmerentgelt** umfasst alle Beträge, die die Unternehmen für die Beschäftigten aufwenden. Neben den Bruttoeinkünften der Erwerbstätigen also auch die Arbeitgeberbeiträge zur Sozialversicherung und evtl. weitere Aufwendungen der Arbeitgeber, z. B. für die betriebliche Altersversorgung.

Das **Unternehmens- und Vermögenseinkommen** ist ein Sammelbecken für unterschiedliche Einkommen. Es enthält:

- die Einkommen aus selbstständiger Tätigkeit (Landwirte, Handwerker, Freiberufler)
- sämtliche Vermögenseinkommen (Zinsen, Pachten, Mieten, einschl. unterstellter Miete für eigengenutzte Wohnungen)
- die ausgeschütteten Gewinne
- einen kalkulatorischen Unternehmerlohn[1]

Besitzer der Produktionsfaktoren und damit Empfänger der Faktoreinkommen sind in erster Linie die Haushalte. In geringem Umfang beziehen auch der Staat und die Unternehmen Faktoreinkommen. Faktoreinkommen des Staates sind die **staatlichen Vermögenseinkommen,** die die Unternehmen, z. B. in Form von Dividenden, an den Staat zahlen. Faktorein-

[1] Beim **kalkulatorischen Unternehmerlohn** handelt es sich um ein (unterstelltes) Entgelt für Arbeitsleistungen, die der Unternehmer im Unternehmen erbringt. Gewinn wird im vorliegenden Zusammenhang als eine Restgröße verstanden **(Residualeinkommen),** die sich am Ende einer Periode als Differenz zwischen Umsatzerlösen und Kosten (einschl. kalkulatorischen Unternehmerlohns) ergibt. Dieser Gewinn stellt ein Entgelt dar für das ins Unternehmen eingebrachte Kapital (Eigenkapitalverzinsung) und für das unternehmerische Risiko.

kommen der Unternehmen sind die **unverteilten Gewinne** der Unternehmen; also Gewinne, die die Unternehmen nicht an Haushalte oder Staat ausschütten, sondern selbst behalten. Unternehmereinkommen entstehen bei den freiberuflich tätigen Selbstständigen, in Einzelunternehmungen, Personengesellschaften und Kapitalgesellschaften. Grundsätzlich können in allen vier Gruppen unverteilte Gewinne auftreten. Da aber bei Freiberuflern, Einzelunternehmen und Personengesellschaften wegen der engen Verflechtung von Betrieb und Inhabern eine Trennung zwischen Unternehmenseinkommen und Haushaltseinkommen statistisch kaum möglich ist, erfasst das Statistische Bundesamt nur die unverteilten Gewinne der **Unternehmen mit eigener Rechtspersönlichkeit,** also der **Kapitalgesellschaften.**

Unverteilte Gewinne und staatliche Vermögenseinkommen müssen vom Volkseinkommen abgezogen werden, um das auf die privaten Haushalte entfallende Faktoreinkommen zu ermitteln. Im Zusammenhang mit der Einkommensverteilung werden die kleinen Anteile von Staat und Unternehmen in der Regel vernachlässigt und Volkseinkommen und Faktoreinkommen der privaten Haushalte gleichgesetzt.

	Volkseinkommen
–	Unverteilte Gewinne
–	Staatliche Vermögenseinkommen
=	Faktoreinkommen der privaten Haushalte

11.1.2.1.2 Personelle Einkommensverteilung

Wie verteilt sich das Volkseinkommen auf die Personen in einer Volkswirtschaft?

In der Realität bezieht eine bestimmte Person oder ein bestimmter Haushalt zumeist Einkünfte aus mehreren Quellen. Ein durchschnittlicher Arbeitnehmerhaushalt beispielsweise erzielt sowohl Arbeitseinkommen als auch Vermögenseinkünfte aus Geldanlagen. Die Verteilung des Volkseinkommens auf Personen, auf Haushalte oder auf Haushaltsgruppen (Rentnerhaushalte, Arbeitnehmerhaushalte, Unternehmerhaushalte) unabhängig davon, aus welchen Produktionsfaktoren die Einkommen stammen, wird als **personelle Einkommensverteilung** bezeichnet. Eine Aussage aus der personellen Einkommensverteilung wäre beispielsweise, wie viel Prozent des Volkseinkommens auf Rentnerhaushalte entfallen.

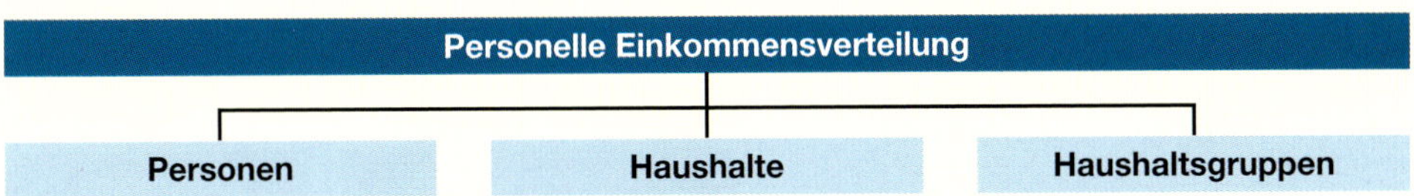

Zusammenfassung Kapitel 11.1.2.1:
Primärverteilung

- Als primäre Einkommensverteilung wird die Aufteilung des Volkseinkommens bezeichnet, die sich aufgrund der Beteiligung am Produktionsprozess ergibt. Unterschieden werden dabei funktionelle und personelle Einkommensverteilung.
- Die funktionelle Einkommensverteilung betrachtet die Aufteilung des Volkseinkommens auf die Produktionsfaktoren Arbeit, Kapital und Boden.
- Die personelle Einkommensverteilung betrachtet die Aufteilung des Volkseinkommens auf Personen, Haushalte oder Haushaltsgruppen.

11.1.2.2 Sekundärverteilung

? Durch wen findet eine zweite Verteilung der Einkommen statt und welche Absichten werden damit verfolgt?

Die **primäre Einkommensverteilung** ergibt sich als unmittelbares Ergebnis des Produktionsprozesses. Die Einkommenshöhe hängt wesentlich von der Knappheit der Faktoren und beim Arbeitseinkommen von den Vereinbarungen der Tarifparteien ab. Für den Produktionsfaktor Arbeit ist das Bruttoeinkommen ein Ergebnis der Primärverteilung.

Nun weiß aber zumindest jeder Steuerzahler, dass das verdiente Geld nicht identisch ist mit dem Geld, das man ausgeben kann. Der Staat schaltet sich ein. Unter anderem erhebt er Steuern und Sozialbeiträge von den Haushalten. Auf der anderen Seite zahlt der Staat Transferleistungen an die Haushalte (z.B. Renten). Wird das Faktoreinkommen der privaten Haushalte um diese Zu- und Abflüsse ergänzt, ergibt sich das **verfügbare Einkommen** der privaten Haushalte, das für Konsum- und Sparzwecke zur Verfügung steht.

!
Faktoreinkommen der privaten Haushalte
\+ Empfangene Transferzahlungen
– Direkte Steuern
– Sozialbeiträge
= Verfügbares Einkommen der privaten Haushalte

Die Erhebung von Steuern dient der Finanzierung der Staatsausgaben. Ein Teil dieser Staatsausgaben besteht aus Transferleistungen an die privaten Haushalte (Kindergeld, Wohngeld, Sozialhilfe usw.). Der Staat nimmt also Geld von den Haushalten, gibt aber einen Teil davon direkt wieder zurück.

Mit diesem „Verschiebebahnhof" verfolgt der Staat bestimmte Absichten: Er will die Einkommensverteilung, die sich im Wege der Primärverteilung ergeben hat, korrigieren. Von denen, die bei der Primärverteilung viel mitbekommen haben, nimmt er überproportional und gibt denen überproportional, die bei der Marktverteilung schlechter weggekommen sind. Für den Bezieher von Lohneinkommen äußert sich die Umverteilung in der Differenz zwischen Bruttolohn und Nettolohn zuzüglich staatlicher Leistungen. Die im Anschluss an die Primärverteilung stattfindende **staatliche Einkommensumverteilung** zugunsten der sozial Schwächeren wird **Sekundärverteilung** genannt.

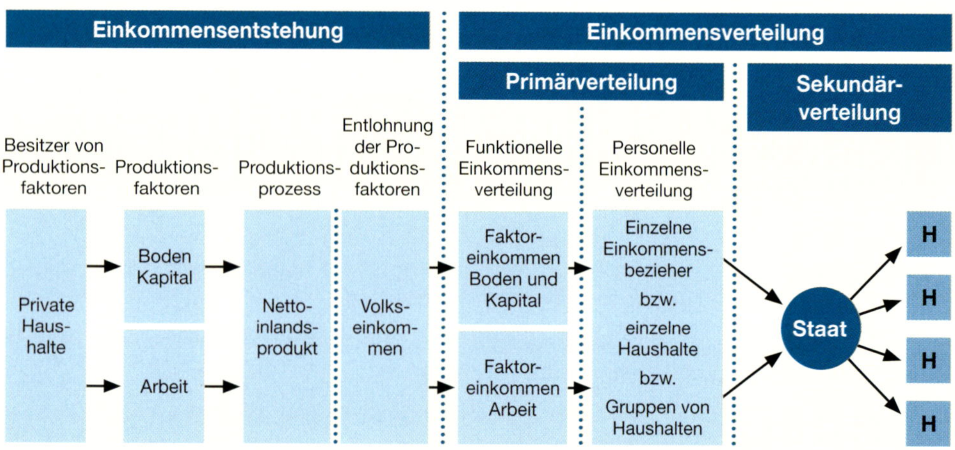

Zusammenfassung Kapitel 11.1.2.2:
Sekundärverteilung

- Als sekundäre Einkommensverteilung wird die staatliche Umverteilung von Teilen der Primäreinkommen bezeichnet. Absicht der Umverteilung ist eine „gerechtere“ Verteilung der Einkommen.

11.2 Messung der Primärverteilung und ihre Beschaffenheit in Deutschland

Für die in der **Primärverteilung** enthaltene funktionelle und personelle Einkommensverteilung bestehen unterschiedliche Messinstrumente:

- Funktionelle Einkommensverteilung: Lohnquote und Arbeitseinkommensquote
- Personelle Einkommensverteilung: Pro-Kopf-Einkommen, Lorenz-Kurve und Gini-Koeffizient.

11.2.1 Lohnquote und Arbeitseinkommensquote als Maßstäbe der funktionellen Einkommensverteilung

Wie werden Lohnquote und Arbeitseinkommensquote ermittelt und welche Aussagefähigkeit besitzen sie?

Bei der funktionellen Einkommensverteilung werden die beiden Einkommensarten „Arbeitnehmerentgelt“ sowie „Unternehmens- und Vermögenseinkommen“ unterschieden.

Der Anteil des Arbeitnehmerentgelts am Volkseinkommen wird als **Lohnquote** bezeichnet. Der Anteil der Unternehmens- und Vermögenseinkommen wird als **Gewinnquote** bezeichnet.

$$\text{Lohnquote} = \frac{\text{Arbeitnehmerentgelt}}{\text{Volkseinkommen}} \cdot 100$$

$$\text{Gewinnquote} = \frac{\text{Unternehmens- und Vermögenseinkommen}}{\text{Volkseinkommen}} \cdot 100$$

Ein Blick auf die Entwicklung der Lohnquote im Zeitablauf zeigt, dass sie Schwankungen unterliegt. Nach einem annähernd kontinuierlichen Anstieg in den fünfziger und sechziger Jahren, ergab sich in der zweiten Hälfte der Siebzigerjahre nach einem leichten Rückgang ein erneuter Anstieg, der für das Jahr 1982 zu dem bisherigen Höchststand von 76,9 % führte.

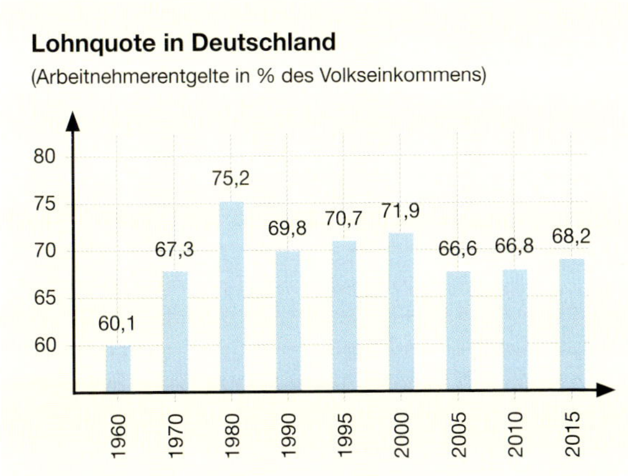

Die Aussagefähigkeit der Lohnquote, vor allem im Hinblick auf das Abschneiden von Arbeitnehmern und Unternehmern im Verteilungskampf, ist jedoch begrenzt. Die wichtigsten Einwände gegen eine undifferenzierte verteilungspolitische Argumentation sind:

- Auch Arbeitnehmer haben Vermögenseinkommen.
- Die Abgrenzung zwischen Arbeitnehmer und Unternehmer ist teilweise unbefriedigend. So zählen beispielsweise Gehälter der Vorstandsmitglieder von Großunternehmen, da sie in der Regel angestellt sind, zu den Arbeitseinkommen, die Einkommen der Besitzerin einer kleinen Boutique, da sie selbstständige Freiberuflerin ist, aber als Unternehmereinkommen.
- Die Anteile von Arbeitnehmern bzw. Unternehmern an der Gesamtheit der Erwerbstätigen verändern sich. Wenn beispielsweise in einem bestimmten Zeitraum der Anteil der Arbeitnehmer von 65 % auf 70 % zunimmt, so würde eine entsprechende Erhöhung des Anteils der Arbeitseinkommen am Volkseinkommen auf eine unveränderte Verteilung, nicht aber auf eine Umverteilung zugunsten der Arbeitnehmer hindeuten.
- Auch Unternehmer, z. B. die Boutiquenbesitzerin, erbringen Arbeitsleistungen im Unternehmen. Ihr Einkommen wird jedoch nicht als Arbeitseinkommen, sondern als Unternehmereinkommen gezählt.

Während das Abgrenzungsproblem kaum lösbar ist, sind für die Korrektur der beiden anderen Schwächen besondere Indizes entwickelt worden.

▶ Anteile von Arbeitnehmern und Unternehmern werden konstant gehalten

Um Veränderungen bei den Anteilen von Arbeitnehmern und Unternehmern bei der Berechnung der Lohnquote zu berücksichtigen, wird die **bereinigte Lohnquote** ermittelt. Hierbei wird die Verteilung von Arbeitnehmern und Unternehmern eines bestimmten Jahres (Basisjahr) für einen längeren Zeitraum festgeschrieben und für die Folgejahre als gleich bleibend unterstellt. Wird auf diese Weise beispielsweise der Anteil der Arbeitnehmer an den Erwerbstätigen im Jahre 1991 konstant gehalten, zeigt sich, dass die so bereinigte Lohnquote zumeist höher ist als die unbereinigte Lohnquote.

Deutsche Lohnquoten		
Jahr	**unbereinigt**	**bereinigt**
1960	60,1	69,7
1970	67,3	72,3
1980	75,2	76,4
1990	69,8	69,9
2000	71,9	72,6
2010	66,8	68,1
2015	68,2	68,7
2017	68,6	69,0

Basis für bereinigte Lohnquote: 1991

Bereinigte Lohnquote international	
Land	**Lohnquote 2010**
Großbritannien	73,0
Japan	65,0
Frankreich	67,3
Deutschland	63,6
Italien	63,1
USA	63,7
Spanien	61,1

Basis für bereinigte Lohnquote: 1990

▶ Berücksichtigung der Arbeitsleistung von Unternehmern

Um die Arbeitsleistung des Unternehmers in seinem Unternehmen als „Arbeitslohn" berücksichtigen zu können, wird mit der **Arbeitseinkommensquote** gearbeitet. Hierbei wird der **kalkulatorische Unternehmerlohn,** der definitionsgemäß zu den Unternehmens- und Vermögenseinkommen zählt, mit dem Arbeitnehmerentgelt zum sogenannten **Arbeitseinkommen** zusammengefasst. Die so ermittelte Größe „Arbeitseinkommen" enthält sämtliche arbeitsbezogenen Einkommen. Für die Berechnung des kalkulatorischen Unternehmerlohns wird unterstellt, dass jeder Selbstständige und mithelfende Familienangehörige das durchschnittliche Bruttoeinkommen eines beschäftigten Arbeitnehmers erhält.

Die Arbeitseinkommensquote

Unter der Arbeitseinkommensquote wird das Verhältnis aus gesamtwirtschaftlichem Arbeitseinkommen und Volkseinkommen verstanden. Das gesamtwirtschaftliche Arbeitseinkommen ist die Summe aus dem Arbeitnehmerentgelt (Inländerkonzept) und dem kalkulatorischen Arbeitseinkommen der selbstständigen Erwerbstätigen einschließlich der mithelfenden Familienangehörigen.

Bei der Berechnung des kalkulatorischen Unternehmerlohns wird angenommen, dass der zu veranschlagende Durchschnittslohn eines Selbstständigen in gleicher Höhe anzusetzen ist wie das Bruttoeinkommen aus unselbstständiger Arbeit je Beschäftigten.

Die Arbeitseinkommensquote dient dem Sachverständigenrat zur Analyse der funktionalen Einkommensverteilung.

Auszug aus dem Jahresgutachten 1991/92 des Sachverständigenrates zur Begutachtung der gesamtwirtschaftlichen Entwicklung, S. 270, 92.

!

Arbeitnehmerentgelt
\+ kalkulatorischer Unternehmerlohn
= Arbeitseinkommen

!

$$\text{Arbeitseinkommensquote} = \frac{\text{Arbeitseinkommen}}{\text{Volkseinkommen}} \cdot 100$$

11.2.2 Pro-Kopf-Einkommen, Lorenz-Kurve und Gini-Koeffizient als Maßstäbe der personellen Einkommensverteilung

Wie lässt sich die Verteilung der Einkommen auf bestimmte Personen oder Personengruppen messen? ?

Gegenstand der personellen Einkommensverteilung ist die Verteilung der Einkommen unabhängig von ihrer Entstehungsart. Das statistisch einfachste Verteilungsmaß ist das **Pro-Kopf-Einkommen.** Hierzu wird das Volkseinkommen durch die Anzahl der Personen in der Volkswirtschaft dividiert:

!

$$\text{Pro-Kopf-Einkommen} = \frac{\text{Volkseinkommen}}{\text{Einwohnerzahl}}$$

Das Pro-Kopf-Einkommen wird des Öfteren als Ausdruck des Wohlstandes eines Volkes verwendet. Zu Vergleichszwecken werden häufig auch die Pro-Kopf-Einkommen in verschiedenen Staaten miteinander verglichen. Für solche Aussagen ist der Ausdruck jedoch ein viel zu grobes Maß, da er als statistischer Mittelwert nichts über die tatsächliche Verteilung aussagt. Ein hohes durchschnittliches Pro-Kopf-Einkommen schließt nicht aus, dass ein beträchtlicher Teil der Bevölkerung in Armut lebt.

Pro-Kopf-Einkommen in Deutschland

Jahr	EUR
1950	856
1960	2.226
1970	4.471
1980	9.897
1990	16.092
1995	17.437
2000	18.749
2005	20.781
2010	23.213
2015	27.714

Volkseinkommen je Einwohner; bis 1990 Westdeutschland

Aussagefähiger als eine Querschnittsbetrachtung über mehrere Länder hinweg ist eine Längsschnittbetrachtung. Dabei wird die Entwicklung des Pro-Kopf-Einkommens über einen längeren Zeitraum innerhalb einer

Volkswirtschaft betrachtet. Steigt das Pro-Kopf-Einkommen im Zeitablauf an, so kann zumindest gesagt werden, dass das Volkseinkommen schneller gestiegen ist als die Bevölkerung und somit günstige Bedingungen für eine allgemeine Verbesserung des Lebensstandards bestehen.

Die **Lorenz-Kurve**[1] stellt ein häufig verwendetes Verfahren zur Darstellung der personellen Einkommensverteilung dar. Dabei werden die Haushalte einer Volkswirtschaft nach ihrer Einkommenshöhe, beginnend mit den niedrigsten Einkommen, geordnet. Auf der y-Achse werden die kumulierten Einkommen, auf der x-Achse die kumulierten Einkommensbezieher abgetragen. Wird diese Aufstellung mit dem Volkseinkommen verglichen, ergibt sich ein Maß für die Einkommenskonzentration.

Als Hilfslinie wird die 45°-Linie verwendet. Sie stellt die Kurve der Gleichverteilung dar. Auf ihr entsprechen sich stets die Anteile der Haushalte und des Volkseinkommens. 25 % des Volkseinkommens entfallen auf 25 % der Haushalte, 50 % des Volkseinkommens auf 50 % der Haushalte, 75 % des Volkseinkommens auf 75 % der Haushalte usw.

Aus der Lorenz-Kurve lässt sich ablesen, wie viel Prozent des Volkseinkommens auf wie viel Prozent der Einwohner entfallen. In dem hier gewählten Beispiel einer fiktiven Einkommensverteilung entfallen auf die ärmeren 50 % der Bevölkerung lediglich 25 % desVolkseinkommens. Am oberen Ende der Einkommensskala können die reichsten 10% der Bevölkerung ebenfalls 25 % des Volkseinkommens auf sich ziehen. Entsprechend müssen sich im unteren Einkommensbereich 75 % der Bevölkerung die eine Hälfte des Volkseinkommens teilen, während die andere Hälfte des Einkommens den restlichen 25 % der Bevölkerung zur Verfügung steht.

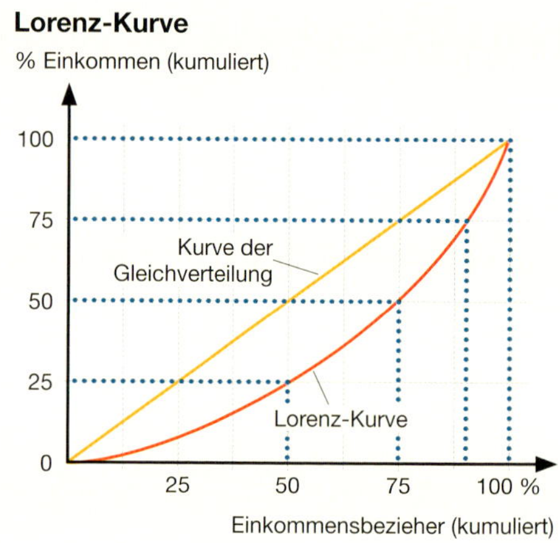

Die Abweichung der Lorenz-Kurve von der Kurve der Gleichverteilung zeigt somit den Grad der Ungleichheit der Einkommensverteilung an. Je weiter sich in einer Volkswirtschaft die Lorenz-Kurve der Gleichverteilung anschmiegt, umso gleichmäßiger ist das Volkseinkommen verteilt; je bauchiger die Kurve ausfällt, umso ungleichmäßiger ist das Einkommen verteilt.

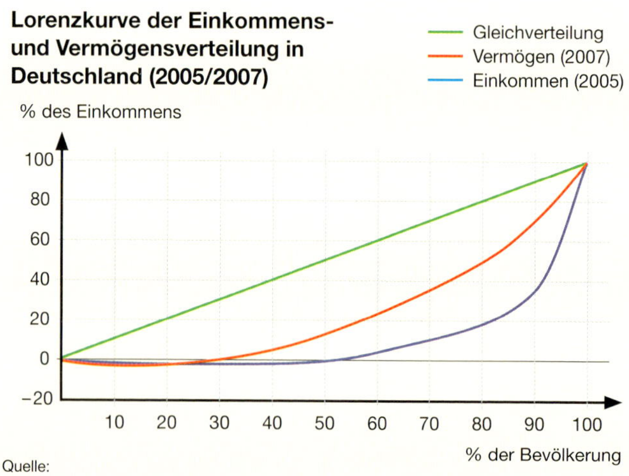

Quelle:
http://de.wikipedia.org/w/index.php?title= Datei:Lorenzkurve_Deutschland.jpg&filetimestamp=20110924193006 bzw. http://upload.wikimedia.org/wikipedia/commons/7/7d/Lorenzkurve_Deutschland.jpg

[1] LORENZ, M. O., amerikanischer Statistiker, stellte erstmals 1905 die Einkommensschichtung mit der später nach ihm benannten Methode dar.

Der **Gini-Koeffizient** ist ein Konzentrationsmaß, mit dessen Hilfe die Abweichung der tatsächlichen Verteilung von der Gleichverteilung in einer Kennziffer ausgedrückt werden kann. Hierzu wird die Fläche zwischen Gleichverteilungskurve und Lorenz-Kurve (Fläche A) ins Verhältnis gesetzt zur gesamten Dreiecksfläche unterhalb der Gleichverteilungskurve (Fläche B):

$$\text{Gini-Koeffizient} = \frac{\text{Fläche A}}{\text{Fläche B}}$$

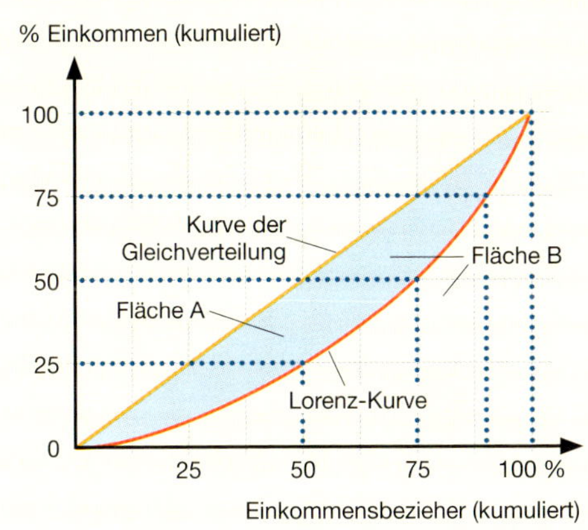

Beispiel

Beträgt die Fläche A 45 und die Fläche B 150, so ergibt sich ein Gini-Koeffizient von 0,3.

Je größer der Gini-Koeffizient ist, umso größer ist die Ungleichverteilung bzw. die Konzentration der Einkommen in wenigen Händen. Der Gini-Koeffizient gibt allerdings nur ein Gesamtmaß der Ungleichverteilung an. Er sagt nichts über die Beschaffenheit der Fläche, z. B. darüber aus, ob die Lorenz-Kurve in ihrem unteren Teil oder ihrem oberen Teil bauchiger ist. Der Gini-Koeffizient für die Bundesrepublik Deutschland beträgt in den meisten Jahren knapp über 0,3 und liegt damit international im Mittelfeld.

Gini-Koeffizient

Land	Koeffizient
Norwegen	0,257
Deutschland	**0,289**
Frankreich	0,297
Schweiz	0,297
Italien	0,326
Spanien	0,344
Großbritannien	0,360
USA	0,390
Mexiko	0,459

Je höher der Wert, umso ungleicher die Einkommen

Quelle: OECD Stand: 2015

11.2.3 Einkommens- und Vermögensverteilung in Deutschland

Wie sind Einkommen und Vermögen in Deutschland verteilt? ?

Einkommen und Vermögen sind ungleich verteilt. Das wissen wir auch aus unserer Alltagserfahrung.

Zur Darstellung der **Einkommensverteilung** werden üblicherweise Einkommensklassen gebildet und angegeben, wie hoch die jeweiligen Anteile der betrachteten Bevölkerungsgruppe in diesen Klassen sind.

Lautet beispielsweise die Einkommensklasse „7.500 EUR und mehr" und sind hierzu 3,4 % angegeben, bedeutet das, dass 3,4 % Haushalte über ein monatliches Nettoeinkommen von 7.500 EUR und mehr verfügen. Lautet die Einkommensklasse „unter 1.100 EUR" und sind hierzu 14,1 % angegeben, bedeutet das, dass 14,1 % der Haushalte mit einem monatlichen Nettoeinkommen unter 1.100 EUR auskommen müssen.

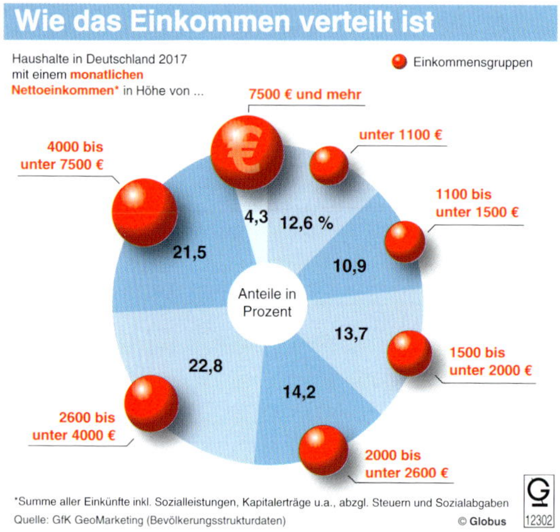

Zur Darstellung der **Vermögensverteilung** wird zumeist die Gesamtbevölkerung in 10 Zehntel (Dezile) eingeteilt. Das 1. Zehntel repräsentiert die ärmsten 10 Prozent der Bevölkerung, das 2. Zehntel die zweitärmsten 10 Prozent der Bevölkerung usw. Entsprechend repräsentiert das 10. Zehntel die reichsten 10 Prozent der Bevölkerung.

In Deutschland besitzen die reichsten 10 Prozent der privaten Haushalte über mehr als 60 % des gesamten Vermögens; 50 Prozent der Haushalte sind praktisch vermögenslos. Der Trend zu einer größeren Vermögenskonzentration in immer weniger Händen hat sich in den vergangenen Jahren noch verstärkt.

11.2.4 Armut – Begriff, Messung und Umfang

? Wann liegt Armut vor, wie wird sie gemessen und wie stark ist sie verbreitet?

Auf Beschluss des Bundestages vom 27.01.2000 hat der Bundesminister für Arbeit und Sozialordnung alle vier Jahre, und zwar jeweils in der Mitte der Legislaturperiode, einen Bericht zur wirtschaftlichen und sozialen Lage der Bürger in Deutschland vorzulegen: **Lebenslagen in Deutschland – Armuts- und Reichtumsbericht der Bundesregierung;** da darin in besonderer Weise auf die Armut in Deutschland abgehoben wird, wird er oft auch kurz als **Armutsbericht** bezeichnet.

▶ Begriff von Armut

Wissenschaftliche Definitionen sind ebenso wie allgemeine Vorstellungen von Armut uneinheitlich. Weitgehende Übereinstimmung besteht jedoch in einigen Aspekten:

- Armut ist nicht nur materiell bestimmt, sondern schließt auch kulturelle und soziale Verarmung ein;
- Armut ist keine absolute Größe, sondern auf das jeweilige Lebensumfeld bezogen;
- Armutsvorstellungen sind kulturell, oft von Land zu Land, verschieden.

„Als **arm** sind jene Einzelpersonen, Familien und Personengruppen anzusehen, die über so geringe (materielle, kulturelle und soziale) Mittel verfügen, dass sie von der Lebensweise ausgeschlossen sind, die in dem Mitgliedstaat, indem sie leben, als Minimum hinnehmbar ist.

Eine Person ist **armutsgefährdet,** wenn sie nach Einbeziehung staatlicher Transferleistungen ein Einkommen von weniger als 60 % des mittleren Einkommens der Gesamtbevölkerung des Landes, in dem sie lebt, zur Verfügung hat."

Armutsdefinition der EU (1984)

„Armut ist gleichbedeutend mit einem Mangel an Verwirklichungschancen."

Bundesministerium für Arbeit und Soziales

▶ Messung von Armut

Nicht nur eine umfassende Definition von Armut ist schwierig, sondern auch ihre Messung. Nach EU-Standard ist eine Person arm bzw. armutsgefährdet, wenn sie weniger als 60 % des mittleren Einkommens (einschl. staatlicher Transferleistungen) der Gesamtbevölkerung des jeweiligen Landes zur Verfügung hat.

Armutsgefährdungsquote: Die Armutsgefährdungsquote (relative Einkommensarmut) ist (nach EU-Standard) definiert als Anteil der Personen, deren bedarfsgewichtetes Nettoäquivalenzeinkommen weniger als 60 % des Mittelwerts (Median) der Gesamtbevölkerung eines Landes beträgt **(Armutsrisikoquote, Armutsgefährdungsschwelle).**

Für die Ermittlung der Armutsgefährdungsquote wird ein vergleichweise aufwendiges Konstrukt verwendet:

■ Äquivalenzeinkommen[1]

„Das Äquivalenzeinkommen ist ein personenbezogenes Nettoeinkommen, das der besseren Vergleichbarkeit von Einkommen in Haushalten unterschiedlicher Größe und Zusammensetzung dient."

Statistisches Bundesamt

Basis der Ermittlung des Äquivalenzeinkommens ist das Haushaltsnettoeinkommen. Unterstellt wird, dass zum einen durch gemeinsames Wirtschaften von mehreren Personen in einem Haushalt Einspareffekte stattfinden und dass Kinder einen geringeren Bedarf haben. Den Personen in einem Haushalt werden sogenannte **Äquivalenzgewichte** zugeordnet.

Äquivalenzgewichte für Haushaltsmitglieder	
Person	**Gewicht (nach EU)**
Erste erwachsene Person	1
Kinder unter 14 Jahren	0,3
Jede weitere Person ab 14 Jahren	0,5

Nach EU-Skala hat somit ein Ein-Personen-Haushalt ein Äquivalenzgewicht von 1 und ein Haushalt aus zwei Erwachsenen und zwei jüngeren Kindern ein Äquivalenzgewicht von 2,1. Benötigt beispielsweise ein Vierpersonenhaushalt zu Deckung seines Bedarfs monatlich 2.100 EUR netto, so entspricht das einem Äquivalenzeinkommen für den Bedarf einer alleinstehenden Person von monatlich 1.000 EUR. So ergibt sich das **„bedarfsgewichtete Nettoäquivalenzeinkommen pro Kopf".**

[1] Äquivalenz = Gleichwertigkeit

- **Median**

  Der Median ist der mittlere Wert einer aufsteigend sortierten Zahlenfolge; die Hälfte der Werte ist größer und die Hälfte ist kleiner als der Median. Der Median darf nicht mit dem Mittelwert im Sinne des arithmetischen Mittels (Durchschnittswert) verwechselt werden.

- **Armutsgefährdungsquote**

  Werden nun die bedarfsgewichteten Nettoäquivalenzeinkommen der Gesamtbevölkerung der Größe nach geordnet, so ist der Median der Wert, der an der mittleren Stelle der Einkommensskala steht. Personen, deren Einkommen weniger als 60 % dieses mittleren Wertes beträgt, gelten als armutsgefährdet.

▶ Umfang von Armut

Armutsgefährdung 2015

Land	Medianäquivalenz-einkommen	Armutsgefährdungsgrenze (60 %)	Armutsgefährdungsquote
	EUR		%
Schweiz	39.586	23.752	15,6
Frankreich	21.415	12.849	13,6
Deutschland	**20.668**	**12.401**	**16,7**
Großbritannien	20.945	12.567	16,7
Italien	15.846	9.508	19,9
Spanien	13.352	8.011	22,1
Bulgarien	3.332	1.999	22,0

Quelle: Statistisches Bundesamt

Die Armutsgefährdung hat in den vergangenen Jahren zugenommen, wobei die verschiedenen Bevölkerungsgruppen unterschiedlich betroffen sind. Alleinerziehende, Arbeitslose, Alte und Migranten sind überproportional von Armutsgefährdung betroffen.

„Reicher Mann und armer Mann
standen da und sah'n sich an,
und der Arme sagte bleich:
Wär ich nicht arm, wärst Du nicht reich."

Bertolt Brecht

Zusammenfassung Kapitel 11.2:
Messung der Primärverteilung und ihre Beschaffenheit in Deutschland

- Die Lohnquote gibt an, welcher Anteil des Volkseinkommens auf Einkommen aus unselbstständiger Tätigkeit entfällt.
- Die Aussagefähigkeit der Lohnquote im Hinblick auf die Einkommensverteilung ist begrenzt.
- Die bereinigte Lohnquote hält den Anteil der Arbeitnehmer an den Erwerbstätigen auf der Basis eines bestimmten Jahres konstant.
- Die Arbeitseinkommensquote berücksichtigt den kalkulatorischen Unternehmerlohn bei den arbeitsbezogenen Einkommen.
- Das Pro-Kopf-Einkommen gibt an, welcher Anteil des Volkseinkommens auf einen Einwohner im Durchschnitt entfällt.

- Die Lorenz-Kurve zeigt an, wie sich die tatsächliche Verteilung der Einkommen von der Gleichverteilung unterscheidet.
- Der Gini-Koeffizient ist ein allgemeines Konzentrationsmaß für den Umfang der Ungleichverteilung.
- Einkommen und Vermögen sind in Deutschland ungleich verteilt. Die Konzentration hat sich in den vergangenen Jahren noch verstärkt.
- Als armutsgefährdet gilt, wer weniger als 60 % des mittleren Einkommens zur Verfügung hat.
- Die Armutsgefährdung hat in den vergangenen Jahren zugenommen. Sie trifft Alleinerziehende, Arbeitslose, Alte und Migranten überproportional.

11.3 Ursachen ungleicher Einkommensverteilung

Warum gibt es reiche und warum arme Personen?

?

Analysen zu den Ursachen ungleicher Einkommen basieren auf der personellen Einkommensverteilung. Betrachtet wird also die Gesamtheit der Einkommen eines Haushalts oder einer Person, egal ob das Einkommen durch den Faktor Kapital oder den Faktor Arbeit entstanden ist. Entscheidend ist also nicht die Quelle, sondern die Höhe der Einkommen.

Einkommen entstehen dadurch, dass die Haushalte Produktionsfaktoren für den Produktionsprozess zur Verfügung stellen. Das Entgelt für einen Produktionsfaktor ergibt sich aus dem Produkt von Faktormenge und Faktorpreis. Die durch Messung feststellbare Ungleichverteilung ist letztlich darauf zurückzuführen, dass die von den einzelnen Haushalten bzw. Personen angebotenen Produktionsfaktoren in **Menge** und **Preis** unterschiedlich sind.

Für eine Betrachtung möglicher Ursachen von Einkommensunterschieden ist es hilfreich, nach den verschiedenen Einkommensarten „Arbeitnehmerentgelt", „Einkommen aus Unternehmertätigkeit" und „Einkommen aus Vermögen" zu differenzieren.

▶ Arbeitnehmerentgelt

Das Arbeitnehmerentgelt ist Entgelt für den Produktionsfaktor Arbeit. Auch wenn die täglichen, wöchentlichen oder monatlichen Arbeitszeiten der Erwerbstätigen nicht völlig gleich sind, ist die Faktor*menge* pro Person dennoch nicht sonderlich unterschiedlich. Die Ursachen für die zum Teil beträchtlichen Einkommensunterschiede müssen also im *Preis* für den Produktionsfaktor Arbeit liegen. In der Tat liegt das Entgelt, das beispielsweise der Vorstandsvorsitzende eines Großunternehmens umgerechnet pro geleistete Arbeitsstunde erzielt, erheblich über dem Stundenlohn beispielsweise eines Facharbeiters. Unter Marktgesichtspunkten sind entsprechende Managerqualitäten offenbar knapper als Facharbeiterqualitäten, was zu dem höheren Preis führt. Wenn man akzeptiert, dass höhere Qualifikationen knapper sind als geringere Qualifikationen, dann ist es beim Produktionsfaktor Arbeit vor allem die *Qualität,* die zu Einkommensunterschieden führt.[1] Wenn weiterhin akzeptiert wird, dass unterschiedliche **Qualifikationen** auch zu unterschiedlichen Leistungen befähigen, dann ergeben sich **Leistungsunterschiede** als wesentliche Ursache der Einkommensunterschiede. Diese Grundaussage wird nicht dadurch falsch, dass Qualifikation

[1] Eine solche Aussage mag gesellschaftlich problematisch erscheinen. Ihre Gültigkeit ergibt sich daraus, dass höhere Qualifikationen in der Regel auch geringere Qualifikationen einschließen, dies aber nicht umgekehrt gilt. So kann beispielsweise ein hoch qualifizierter Ingenieur zur Not auch die Werkstatt ausfegen, die Reinigungskraft jedoch kaum die Stelle des Ingenieurs einnehmen. Volkswirtschaftlich gesehen sind also geringere Qualifikationen sehr viel zahlreicher vorhanden als höhere.

nur bedingt objektiv messbar ist und dass sich Qualifikationshöhe und Einkommenshöhe nicht unbedingt proportional zueinander verhalten. Qualifikations- und Leistungsunterschiede sind u. a. auf Begabung, Ausbildung und Leistungsbereitschaft zurückzuführen.

▶ Einkommen aus Unternehmertätigkeit

Für das Einkommen aus Unternehmertätigkeit gilt Ähnliches wie für die Arbeitseinkommen. Der nach Marktgesichtspunkten tüchtigere, qualifiziertere Unternehmer oder Selbstständige wird auf Dauer ein höheres Einkommen erzielen als der weniger tüchtige. Bestehende Unterschiede müssen, damit sie wirksam werden, auch durchgesetzt werden können. Insofern spielen auch **Machtstrukturen** und **Marktstrukturen** eine Rolle für die tatsächliche Einkommensverteilung. Marktmacht wirkt sich insbesondere bei fehlendem oder unzureichendem Wettbewerb aus.

▶ Einkommen aus Vermögen

Beim Einkommen aus Vermögen ist die Situation jedoch anders. Wenn einmal davon abgesehen wird, dass das Geld in unterschiedlich ertragreichen Formen angelegt werden kann (was in gewisser Weise auch ein Ausdruck von Tüchtigkeit ist), sind die Zinssätze für alle Faktorbesitzer prinzipiell gleich. Einkommensunterschiede aus Vermögen ergeben sich somit vor allem aus der **Menge des vorhandenen Vermögens.**

Zusammenfassung Kapitel 11.3:
Ursachen ungleicher Einkommensverteilung

- Einkommensunterschiede ergeben sich aufgrund unterschiedlicher Faktorpreise und Faktormengen.
- Unterschiede beim Arbeitseinkommen und bei Einkommen aus Unternehmertätigkeit sind vor allem auf unterschiedliche Qualifikationen und Leistungen zurückzuführen.
- Unterschiede beim Vermögenseinkommen ergeben sich vor allem aus der Menge des Vermögens.

11.4 Zum Problem „Verteilungsgerechtigkeit"

? Wann ist die Einkommensverteilung gerecht?

Die bestehende Verteilung der Einkommen ist ungleich. Dieser objektiven Erkenntnis schließt sich zwangsläufig die Frage an, ob die Verteilung so, wie sie ist, auch „richtig", d. h. gerecht ist. Das Problem der „Verteilungsgerechtigkeit" ist sicher so alt wie die Menschheit selbst. Es spielt sowohl in allgemeinen Überlegungen als auch im speziellen Zusammenhang mit der Einkommensverteilung ein wichtige Rolle.

Die Frage, wie die Einkommensverteilung beschaffen sein sollte bzw. wie Einkommen verteilt werden müssen, damit sie gerecht verteilt sind, lässt sich letztlich nicht wissenschaftlich, sondern nur normativ, d. h. unter Einbezug bestimmter Wertvorstellungen, beantworten.

Das Problem der **Verteilungsgerechtigkeit** ist umfassend und nicht nur auf die Verteilung von Einkommen beschränkt. Zur allgemeinen Wohlfahrt gehören zahlreiche weitere Faktoren, die weder in Geld noch in anderen quantitativen Kategorien darstellbar sind (Arbeitsplatzsicherheit, Arbeitszeit bzw. Freizeit, Wohngegend und Wohnraum, Gesundheit,

Das Gleichnis von den Arbeitern im Weinberg

Denn mit dem Himmelreich ist es wie mit einem Gutsbesitzer, der früh am Morgen sein Haus verließ, um Arbeiter für seinen Weinberg anzuwerben. Er einigte sich mit den Arbeitern auf einen Denar für den Tag und schickte sie in seinen Weinberg. Um die dritte Stunde ging er wieder auf den Markt und sah andere dastehen, die keine Arbeit hatten. Er sagte zu ihnen: Geht auch ihr in meinen Weinberg! Ich werde euch geben, was recht ist. Und sie gingen. Um die sechste und um die neunte Stunde ging der Gutsherr wieder auf den Markt und machte es ebenso. Als er um die elfte Stunde noch einmal hinging, traf er wieder einige, die dort herumstanden. Er sagte zu ihnen: Was steht ihr hier den ganzen Tag untätig herum? Sie antworteten: Niemand hat uns angeworben. Da sagte er zu ihnen: Geht auch ihr in meinen Weinberg! Als es nun Abend geworden war, sagte der Besitzer des Weinbergs zu seinem Verwalter: Ruf die Arbeiter, und zahl ihnen den Lohn aus, angefangen bei den letzten, bis hin zu den ersten. Da kamen die Männer, die er um die elfte Stunde angeworben hatte, und jeder erhielt einen Denar. Als dann die ersten an der Reihe waren, glaubten sie, mehr zu bekommen. Aber auch sie erhielten nur einen Denar. Da begannen sie, über den Gutsherrn zu murren, und sagten: Diese letzten haben nur eine Stunde gearbeitet, und du hast sie uns gleichgestellt; wir aber haben den ganzen Tag über die Last der Arbeit und die Hitze ertragen. Da erwiderte er einem von ihnen: Mein Freund, dir geschieht kein Unrecht. Hast du nicht einen Denar mit mir vereinbart? Nimm dein Geld und geh! Ich will dem letzten ebensoviel geben wie dir. Darf ich mit dem, was mir gehört, nicht tun, was ich will? Oder bist du neidisch, weil ich zu anderen gütig bin?

Die Bibel, Matthäus 20, 1–15

soziale Sicherheit usw.). Im Interesse umfassender Gerechtigkeit müssten Arbeit, Lebensraum usw. „verteilt" werden. Verteilungsgerechtigkeit wäre – vielleicht – dann erreicht, wenn am Ende jedes Individuum über das gleiche Maß an Lebensqualität verfügt.

Auch die **Vermögensverteilung** ist unmittelbar und mittelbar als Quelle zukünftiger Einkommen von Bedeutung. Während über die bestehende Verteilung der Einkommen vergleichsweise zuverlässige Zahlen vorliegen, ist die tatsächliche Verteilung der Vermögen nur ungenau bekannt. Das liegt zum einen daran, dass die Vermögen statistisch, z. B. steuerlich, nicht so exakt erfasst werden (können) wie die Einkommen und zum anderen liegt es daran, dass für viele Vermögensteile (z. B. Schmuck, Antiquitäten, Kunstgegenstände, Grundstücke) nur sehr schwer der jeweilige Geldwert anzugeben ist. Soweit Erhebungen zur Vermögensverteilung vorliegen, zeigen sie, dass bei den Vermögenswerten die Konzentration erheblich größer ist als bei den Einkommen.[1]

Vor allem die Diskussion um eine lebenswerte Umwelt hat auch den Blick dafür geschärft, dass zu einer umfassenden Verteilungsgerechtigkeit zum einen zahlreiche „Güter" gehören und zum anderen das Problem nicht auf die Verteilung innerhalb einer Generation begrenzt werden kann. Durch Abbau von Ressourcen, langfristig wirkende Belastungen der Umwelt usw. beeinflussen heutige Generationen auch die Lebensbedingungen zukünftiger Generationen. Die bisher im Vordergrund stehende **„Intragenerative Gerechtigkeit"**, die auf

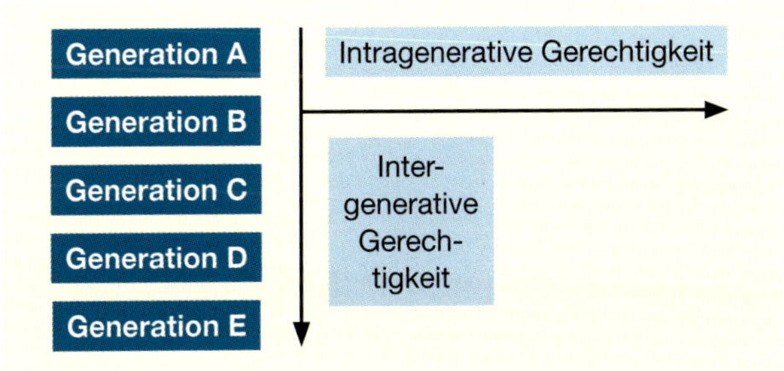

[1] Vgl. hierzu die Übersichten zur Einkommensverteilung und Vermögensverteilung in Abschnitt 11.2.3 „Einkommens- und Vermögensverteilung in Deutschland".

Verteilungsgerechtigkeit *innerhalb* einer Generation gerichtet ist, muss daher ergänzt werden um eine **„Intergenerative Gerechtigkeit“**, die eine Verteilungsgerechtigkeit *zwischen* mehreren Generationen anstrebt.

Im Interesse einer umfassenden Verteilungsgerechtigkeit muss ohne Zweifel den Aspekten einer intergenerativen Gerechtigkeit in Zukunft ein weitaus größeres Augenmerk gewidmet werden als bisher. Im engeren Bereich der Einkommensverteilung ist jedoch die intragenerative Sichtweise vorherrschend.

Zuschussrente unter Beschuss

(BERLIN ...) Die Bundesarbeitsministerin plant eine Zuschussrente für Geringverdiener. Dieses Modell sieht vor, dass sie bei Vorliegen bestimmter Bedingungen eine Mindestrente erhalten, die oberhalb des Grundsicherungsbetrags liegt. Das Vorhaben stößt auf erhebliche Kritik. Der Bundesvorsitzende der Jungen Union warnte davor, dass eine „massive Generationenungerechtigkeit“ drohe. Er kritisierte, dass das Problem des demografischen Wandels über Jahrzehnte vernachlässigt worden sei. „Nun soll die junge Generation die Zeche dafür zahlen.“

11.5 Verteilungskriterien

Wenn eine bestehende Verteilung verändert werden soll, müssen Vorstellungen darüber existieren, wie die neue Verteilung aussehen soll, d. h., es müssen Kriterien für eine Umverteilung entwickelt werden. Anerkannter Grundsatz für eine Verteilung bzw. Umverteilung ist „Gerechtigkeit“. Mit diesem Konsens enden aber auch schon die Gemeinsamkeiten. Darüber, wann eine Verteilung gerecht ist, gehen die Auffassungen weit auseinander.

Als Anhaltspunkte für eine möglichst gerechte Verteilung der Einkommen dienen die sog. **Verteilungskriterien.** Die in gewisser Weise einfachste Verteilung wäre, allen Personen den gleichen Anteil am Volkseinkommen zukommen zu lassen. Begründen ließe sich ein solches Vorgehen damit, dass alle Menschen gleich sind. In der Realität ist dieses **Gleichheitsprinzip (Egalitätsprinzip)** in reiner Form nie ernsthaft verfochten worden. Ansätze finden sich im Kommunismus und im Sozialismus. Die Zahl möglicher Befürworter dürfte durch den Niedergang des realen Sozialismus in den Ländern Osteuropas und in der ehemaligen Sowjetunion eher noch geringer geworden sein. Hauptargument gegen eine vollständige oder weitgehende Nivellierung der Einkommen ist der fehlende Anreiz zur Leistungserbringung. Ein Mindestmaß an Leistung stellt aber sowohl individuell als auch gesellschaftlich eine Überlebensbedingung dar.

Somit bleiben als diskussionswürdige Prinzipien der Einkommensverteilung das Leistungs- und das Bedarfsprinzip.

11.5.1 Leistungsprinzip

? Was ist „Leistung“ und wie kann eine Einkommensverteilung nach Leistung aussehen?

Verteilungsobjekt ist das Volkseinkommen. Der Gedanke liegt nahe, das Volkseinkommen nach dem Beitrag zu verteilen, den der Einzelne zur Entstehung des Volkseinkommens geleistet hat **(Leistungsprinzip).**

Dabei wird gleich ein erstes Problem erkennbar: Wer keinen Beitrag zur Entstehung des Volkseinkommens leistet (z. B. Kinder, Kranke, Arbeitslose usw.), bekommt auch nichts.

Einen weiteren Problemkreis stellt die Leistungsmessung dar. Wenn das Einkommen der Leistung entsprechen soll, muss die Leistung gemessen werden. Das setzt voraus, dass klar ist, was „Leistung" ist und wie „Leistung" gemessen werden kann.

„Ich kann euch gar nicht sagen, wie mich diese antiken Automaten ankotzen, wo man oben immer erst etwas einstecken muß, damit unten was herauskommt!"

Entnommen aus: DER SPIEGEL 1980, H. 9, S. 204

▶ Was soll als Leistung gemessen werden?

Im Volkseinkommen schlagen sich nur die Tätigkeiten nieder, die an der Herstellung von Marktgütern beteiligt sind. Zahlreiche andere Tätigkeiten, die gesellschaftlich ebenfalls wertvoll sind, aber nicht über den Markt abgewickelt werden (z.B. Arbeit in Haus, Haushalt, Garten, Vereinen usw.), werden bei der Erfassung des Volkseinkommens nicht berücksichtigt und sind somit auch nicht in Verteilungsüberlegungen einbezogen. Ähnliches gilt für den nicht unbedeutenden Bereich der sog. **Schattenwirtschaft** (vor allem **Schwarzarbeit).** Bei ihr werden weder die Leistungen erfasst noch die damit erzielten Einkommen. Darüber hinaus verursachen zahlreiche Tätigkeiten, die das Volkseinkommen steigern, Umweltschäden, die jedoch nicht von der Leistung bzw. vom Einkommen abgezogen werden.

▶ Wie kann Leistung gemessen werden?

Eine Orientierung der Leistungsmessung am Marktpreis der erbrachten Leistung ist problematisch, wie bereits die Überlegungen zu den Ursachen der Ungleichverteilung deutlich gemacht haben. Es ist auch kaum möglich, den Beitrag einzelner Personen zum Produktionsergebnis einigermaßen exakt festzustellen. Produktionsergebnis ist beispielsweise ein Auto, das einen Marktpreis von 20.000,00 EUR erzielt. Wie soll objektiv ermittelt werden, welchen Anteil daran der Vorstandsvorsitzende hat, ein Entwicklungsingenieur, ein Buchhalter, ein Montagearbeiter oder sonst einer von den vielen Beschäftigten, die direkt und indirekt zum Produktionsergebnis beigetragen haben?

Mess- und Zurechnungsprobleme stellen sich bereits bei rein **manueller Tätigkeit.** Ungleich schwieriger ist aber noch die Messung **geistiger Arbeit,** die in modernen Produktionsprozessen und im Dienstleistungsbereich einen immer größeren Anteil am gesamten Arbeitsvolumen ausmacht.

Schließlich konkurrieren auch eine **subjektive** und eine **objektive** Sichtweise von Leistung miteinander. Wenn zwei Personen A und B jeweils ihre bestmögliche Leistung geben, so erbringen sie subjektiv die gleiche Leistung **(Input-Gleichheit).** Wenn beide Personen das gleiche Arbeitsergebnis haben, erbringen sie objektiv die gleiche Leistung **(Output-Gleichheit).** Was soll aber der Leistungsbewertung zugrunde gelegt werden, wenn bei gleicher Input-Leistung unterschiedliche Output-Leistungen – z.B. aufgrund unterschiedlicher körperlicher oder geistiger Leistungsfähigkeit – zustande kommen?

Es stellt sich also die Frage, inwieweit bei der erbrachten Leistung auch die persönliche Leistungsfähigkeit berücksichtigt werden soll. In der Realität geschieht dies unter anderem dadurch, dass Leistungen mit höheren Qualifikationsanforderungen in der Regel besser bezahlt werden. Da Leistungen zur Bewältigung höherer Qualifikationsanforderungen zumeist auch eine höhere und längere Ausbildung verlangen, werden in gewisser Weise die zu einem früheren Zeitpunkt erbrachten Ausbildungsleistungen den erbrachten Arbeitsleistungen hinzugerechnet.

Einerseits zeigt sich, dass eine strikte Anwendung des Leistungsprinzips zur Erreichung einer „gerechten" Einkommensverteilung kaum lösbare Schwierigkeiten aufweist. Andererseits erscheint eine leistungsorientierte Einkommensgestaltung sowohl individuell als auch gesellschaftlich unumgänglich zu sein. Dabei geht es nicht nur darum, bereits erbrachte Leistungen möglichst leistungsgemäß zu entlohnen, sondern – was noch wichtiger ist – durch die Aussicht auf höhere Entlohnung Anreize zu höheren Leistungen zu bieten.

11.5.2 Bedarfsprinzip

? Was ist „Bedarf" und wie kann eine Einkommensverteilung nach Bedarf aussehen?

Dem **Bedarfsprinzip** liegt die Vorstellung zugrunde, dass jeder so viel Einkommen erhält, wie er zur Deckung seiner „berechtigten" Bedürfnisse benötigt.

Auf den ersten Blick erscheint eine am Bedarf orientierte Einkommensverteilung durchaus einleuchtend zu sein. Wenn jeder das bekommt, was er braucht, scheint die Gerechtigkeit ein Stück näher gerückt zu sein. Bei genauerem Hinsehen zeigen sich jedoch zahlreiche Probleme.

Ein am Bedarf orientiertes Einkommen ist in seiner Höhe nicht mehr individuell bestimmbar, sondern müsste nach irgendwelchen Bedarfsgesichtspunkten zugewiesen werden. Dazu bedürfte es einer „Verteilungsinstanz". Ein erstes Problem wäre bereits, wie eine solche Instanz zusammengesetzt sein soll und nach welchen Kriterien sie entscheiden soll.

Die „Verteilungsinstanz" müsste nicht nur über eine allgemeine Höhe des „berechtigten" Bedarfs, sondern auch über seine Struktur entscheiden. Zwar ließe sich sicher noch relativ leicht Einigkeit darüber erzielen, dass ein Vier-Personen-Haushalt im Hinblick auf Nahrung, Wohnung usw. einen größeren Bedarf hat als ein Ein-Personen-Haushalt. Ein Vier-Personen-Haushalt mit vier Erwachsenen hat jedoch bereits eine andere Bedürfnisstruktur als ein Vier-Personen-Haushalt mit zwei Erwachsenen und zwei Kindern. Auch bei gleicher Personenstruktur ergeben sich aufgrund individueller Besonderheiten weitere Unterschiede bei den Bedürfnissen. Eine Familie mit musikbegabten Kindern hat beispielsweise höhere Ausgaben für die Ausbildung der Kinder als eine andere Familie. Soweit die Verteilung nicht in Sachgütern, sondern in Geld vorgenommen wird, müssten die Bedarfsunterschiede nicht nur festgelegt, sondern auch in Heller und Pfennig ausgedrückt werden. Weiterhin müsste sichergestellt werden, dass die Empfänger das Geld auch tatsächlich entsprechend dem festgestellten Bedarf verwenden usw.

Für eine Realisierung des Bedarfsprinzips wäre es also notwendig, die berechtigten Bedürfnisse jedes Menschen objektiv festzustellen. Bedürfnisse sind jedoch ihrem Wesen nach subjektiv und entziehen sich dadurch einer irgendwie gearteten objektiven Festlegung durch eine fremde Instanz. Wie soll es sich in einer bedarfsgerechten Einkommensverteilung etwa niederschlagen, dass der eine gutes Essen schätzt, der andere lieber Reisen unternimmt? Es wäre überhaupt grundsätzlich zu fragen, warum Personen unterschiedliche Bedürfnisse zugebilligt werden sollen. Nach welchen Gesichtspunkten soll beispielsweise dem einen eine lange und teure Ausbildung zugebilligt werden, einem anderen aber nicht?

Bedingungsloses Grundeinkommen

Eine Variante des Bedarfsprinzips ist das von verschiedenen gesellschaftlichen Gruppen verfochtene bedingungslose Grundeinkommen. Das Modell sieht im Grundsatz eine staatliche Transferzahlung vor, die jeder Bürger in gleicher Höhe ohne direkte →

→ Gegenleistung erhält. Im Gegenzug entfallen alle steuer- und abgabenfinanzierten Sozialleistungen. Eine Bedürftigkeitsprüfung ist nicht vorgesehen. Eine Bereitschaft zur Erwerbstätigkeit wird nicht vorausgesetzt.

Das Grundeinkommen soll der Existenzsicherung dienen und in seiner Höhe etwa der Grundsicherung entsprechen. Zusätzliches Einkommen durch Arbeit ist möglich und soll nicht auf das Grundeinkommen angerechnet werden.

Begründet wird ein bedingungsloses Grundeinkommen überwiegend mit den Rechten auf Selbstbestimmung, auf eigenbestimmte Entfaltung der Persönlichkeit und Wahrnehmung subjektiver Interessen. Diese Rechte schließen auch die persönliche Entscheidung ein, ob man einer Erwerbstätigkeit nachgeht oder darauf verzichtet.

Angaben zur Finanzierung eines bedingungslosen Grundeinkommens sind unterschiedlich und zumeist nur allgemein gehalten. Würde beispielsweise jeder der ca. 80 Millionen Menschen in Deutschland monatlich je 800 EUR erhalten, müsste der Staat dafür jährlich 768 Milliarden EUR aufbringen (zum Vergleich: Der Bundeshaushalt 2018 hat ein Ausgabevolumen von 341 Milliarden EUR).

Aus dem Postulat von der Gleichheit aller Menschen folgt, dass alle auch das gleiche Recht auf Wohlfahrt haben. Zwar haben nicht alle Menschen die gleichen Bedürfnisse, jedoch steht jedem prinzipiell das gleiche Recht auf die Befriedigung seiner Bedürfnisse zu. In letzter Konsequenz läuft das Bedarfsprinzip somit auf das **Egalitätsprinzip** zu. Es wäre nur zu realisieren, wenn jeder vom Volkseinkommen den gleichen Anteil erhielte und diesen Anteil nach seinen individuellen Bedürfnissen verwenden würde.

Verteilungskriterien

Kriterium	Gegenstand	Pro	Kontra
Leistung	„Jedem nach seiner Leistung“	▪ Belohnt erbrachte Leistungen. ▪ Spornt zu höheren Leistungen an.	▪ Lässt Personen unberücksichtigt, die keine Leistung erbringen können. ▪ Unklar, was als Leistung gemessen werden soll. ▪ Unklar, wie Leistung „gerecht“ gemessen werden soll.
Bedarf	„Jedem nach seinen Bedürfnissen“	Berücksichtigt unterschiedliche Bedarfsstrukturen.	▪ Unklar, welche Bedürfnisse und Bedürfnisbefriedigungen einzelnen Individuen zuzubilligen sind. ▪ Läuft auf Gleichverteilung hinaus und vernachlässigt Leistungsanreize.

Den vom allgemeinen Menschenbild abgeleiteten Argumenten für eine gleichmäßige Verteilung der Einkommen steht jedoch entgegen, dass damit die notwendigen Anreize entfallen würden für die individuelle Entwicklung, für Leistungserbringung, für den Erhalt gesellschaftlicher Einrichtungen und für gesellschaftlichen Fortschritt.

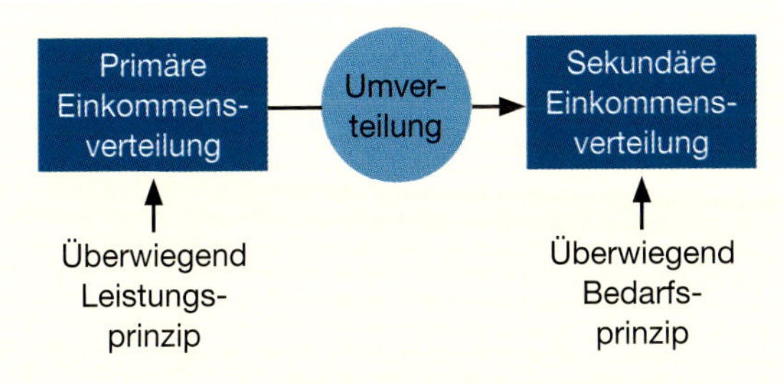

Zusammenfassend kann festgehalten werden, dass eine allen Vorstellungen entsprechende „Gerechtigkeit“ bei der Einkommensverteilung nicht zu erreichen ist. Letztlich muss man sich damit begnügen, entstandene Ungleichheiten im Wege der **Einkommensumverteilung** zu verringern, ohne jedoch die Ungleichheiten völlig einzuebnen. Erreichbar wird dies durch eine Verknüpfung von Leistungs- und Bedarfsprinzip. In der Realität geschieht denn auch die **primäre Einkommensverteilung** vorwiegend nach dem **Leistungsprinzip** und die **sekundäre Einkommensverteilung** vorwiegend nach dem **Bedarfsprinzip.**

Zusammenfassung Kapitel 11.5:
Verteilungskriterien

- Allgemeiner Maßstab für die Verteilung des Volkseinkommens ist die gerechte Verteilung.
- Als Kriterien für eine „gerechte“ Verteilung existieren das Leistungs- und das Bedarfsprinzip.
- Dem Leistungsprinzip liegt der Gedanke zugrunde, die Einkommen entsprechend der erbrachten Leistung zu verteilen. Hierbei entstehen jedoch unüberwindliche Probleme, die sich vor allem daraus ergeben, was als Leistung und wie die Leistung gemessen werden soll.
- Dem Bedarfsprinzip liegt der Gedanke zugrunde, die Einkommen entsprechend den „berechtigten“ Bedürfnissen zu verteilen. Hierbei entstehen Probleme insbesondere durch die Frage, welche Bedürfnisse bzw. welche Bedürfnisbefriedigungen den Personen zugebilligt werden sollen. Letztlich läuft das Bedarfsprinzip auf das Egalitätsprinzip hinaus, nach dem die Einkommen gleichmäßig verteilt werden.
- Angesichts der Probleme einer gerechten Einkommensverteilung muss sich die Einkommensumverteilung darauf beschränken, bestehende Einkommensunterschiede zu verringern, ohne sie aber einzuebnen.

11.6 Maßnahmen zur Beeinflussung der Einkommensverteilung

Die Tatsache, dass gezielte Maßnahmen zur Beeinflussung der Einkommensverteilung ergriffen werden, deutet darauf hin, dass eine sich selbst bzw. dem Markt überlassene Verteilung nicht zu einem sozial erwünschten Ergebnis führt. Maßnahmen zur Beeinflussung der Einkommensverteilung finden auf zwei Stufen statt:

- Auf der Stufe der Primärverteilung kämpfen Arbeitnehmer und Arbeitgeber um ihre Anteile am Volkseinkommen.
- Durch die Sekundärverteilung versucht der Staat, durch Umverteilung der Primäreinkommen eine gerechtere Verteilung der verfügbaren Einkommen zu erreichen.

11.6.1 Maßnahmen der Tarifpartner zur Beeinflussung der Primärverteilung

? Welche Möglichkeiten bestehen, die Anteile von Arbeitnehmereinkommen und Unternehmereinkommen am Volkseinkommen zu beeinflussen?

Die Gestaltung der **Primärverteilung** ist vor allem Aufgabe der **Tarifparteien (Sozialpartner).** Tarifparteien sind Arbeitnehmer und Arbeitgeber. Die Tarifauseinandersetzungen führen sie über ihre Verbände, die **Gewerkschaften** und die **Arbeitgeberverbände.** Aus ihren Verteilungskämpfen hält sich der Staat weitgehend heraus. Die **Tarifpartner** sind nach Artikel 9 des Grundgesetzes von staatlichen Weisungen unabhängig **(Tarifau-**

tonomie); bereits Mahnungen oder Hinweise von staatlicher Seite werden als unzulässige Einmischung angesehen.

Allgemeine Aufgabe der Tarifpartner ist die **Tarifpolitik.** Ihr Hauptgegenstand ist die Einkommensverteilung. Daneben umfasst sie auch die Gestaltung der Arbeitszeiten und der Arbeitsbedingungen.

Wesentlicher Inhalt der Tarifauseinandersetzungen ist die Suche nach einem Kompromiss zwischen den Anliegen der Arbeitnehmer und der Arbeitgeber. Die Arbeitnehmer wünschen einen möglichst großen Anteil des Volkseinkommens für die Einkommen aus unselbstständiger Tätigkeit. Da diese Einkommen für die Unternehmen zum einen Kosten darstellen und zum anderen den Anteil der Einkommen aus Unternehmertätigkeit schmälern, möchten die Arbeitgeber sie geringer halten. Die Ergebnisse der Tarifauseinandersetzungen werden im **Tarifvertrag** niedergelegt. Ausdruck der erreichten Verteilung ist vor allem die **Lohnquote,** die den Anteil der Arbeitnehmerentgelte am gesamten Volkseinkommen angibt. Ein Blick auf die Entwicklung der Lohnquote[1] zeigt, dass die beiden Tarifpartner in der Vergangenheit ihre Anliegen mit wechselndem Erfolg vertreten haben.

Instrumente der Tarifpolitik sind Tarifverhandlungen, Schlichtung, Streik und Aussperrung.

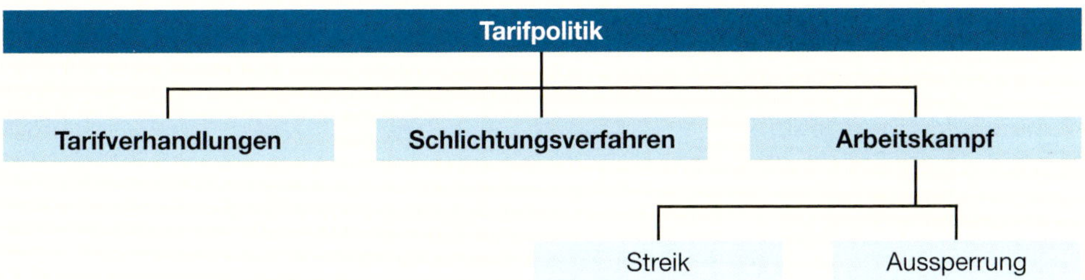

Tarifverhandlungen sind Gesprächsrunden zwischen Gewerkschaften und Arbeitgebervertretern, in denen zunächst Forderungen der Gewerkschaften erhoben und Angebote der Arbeitgeber unterbreitet werden. Wird auf dem Verhandlungswege keine Einigung über die beiderseitigen Vorstellungen erzielt, ergreifen die Tarifparteien weitere Maßnahmen.

Das **Schlichtungsverfahren** ist ein Versuch, doch noch zu einer Einigung ohne härtere Arbeitskämpfe zu gelangen. Für das Schlichtungsverfahren bestimmen Gewerkschaften und Arbeitgeberverbände eine jeweils gleiche Zahl von Beratern und benennen einen unparteiischen Schlichter. Der Schlichter unterbreitet in der Regel einen Kompromissvorschlag, der beiden Tarifparteien vorgelegt wird. Wird er von einer Tarifpartei nicht akzeptiert, werden die Tarifverhandlungen als gescheitert erklärt. Zur Durchsetzung von Forderungen stehen jetzt noch Kampfmaßnahmen zur Verfügung.

Mittel des **Arbeitskampfes** sind der Streik auf der Arbeitnehmerseite und Aussperrung auf der Arbeitgeberseite. Dem **Streik** muss eine Urabstimmung in den Betrieben vorausgehen, in der sich mindestens 75 % der gewerkschaftlich organisierten Arbeitnehmer des Tarifgebietes für einen Arbeitskampf aussprechen. Streikende haben keinen Anspruch auf Arbeitslosenunterstützung; die Gewerkschaftsmitglieder erhalten jedoch aus der Streikkasse der Gewerkschaften Streikgelder.

[1] Vgl. hierzu Abschnitt 11.2.1 „Lohnquote und Arbeitseinkommensquote als Maßstäbe der funktionellen Einkommensverteilung".

Auf Streiks reagieren die Unternehmen zum Teil mit **Aussperrung.** Dadurch werden Arbeitnehmer zeitweilig von der Arbeit – und natürlich auch vom Lohn – ausgeschlossen.

Ziel der wechselseitigen Arbeitskampfmaßnahmen ist, die jeweils andere Seite mürbe zu machen und zu Zugeständnissen zu zwingen, die dann zu erneuten Verhandlungen und gegebenenfalls zu einem neuen Tarifvertrag führen.

Während die Rechtmäßigkeit des Streiks als Waffe der Arbeitnehmer unbestritten ist, gehen die Meinungen über die Rechtmäßigkeit der Aussperrung auseinander. Die Arbeitgeber beanspruchen im Interesse der „Waffengleichheit" das Recht auf Aussperrung. Die Gewerkschaften bestreiten jedoch dieses Anrecht mit dem Argument, die Arbeitgeberseite sei ohnehin in einer stärkeren Position; durch das Streikrecht ergäbe sich Waffengleichheit, die jedoch durch das Aussperrungsrecht wieder beseitigt werde. Das Bundesarbeitsgericht hat in mehreren Entscheidungen das Recht auf Aussperrung grundsätzlich bejaht; die hessische Landesverfassung beispielsweise schließt Aussperrungen jedoch aus.

11.6.2 Maßnahmen des Staates zur Einkommensumverteilung (Sekundärverteilung)

? Welche Möglichkeiten besitzt der Staat, die primäre Verteilung der Einkommen durch Umverteilung zu korrigieren?

Die staatliche Umverteilung stützt sich auf drei Säulen:

- Erhebung von Steuern
- Zahlung von Transfers
- Angebot an öffentlichen Gütern

Bei den Steuern dient insbesondere die **Einkommensteuer** der Einkommensumverteilung. Der **Steuertarif,** der die Höhe der Einkommensteuer bestimmt, folgt dem Grundsatz, dass von höheren Einkommen auch höhere Steuern bezahlt werden können. Durch einen entsprechenden Aufbau des Steuertarifs wird angestrebt, einerseits geringe Einkommen gar nicht oder nur gering steuerlich zu belasten, andererseits höhere Einkommen nicht nur absolut, sondern auch prozentual höher zu besteuern.[1]

Eine Betrachtung der **Einkommensteuerverteilung** in Deutschland zeigt, dass das Anliegen einer Besteuerung nach Leistungsfähigkeit weitgehend umgesetzt ist. Die untersten 20 % der Steuerpflichtigen mit den geringsten Einkommen zahlen dank der Freibeträge praktisch keine Einkommensteuer. Die unteren 50 % der Steuerpflichtigen mit geringerem Einkommen steuern lediglich 5,4 % zum gesamten Einkommensteueraufkommen bei, die oberen 50 % mit höherem Einkommen hingegen 94,6 %. Die 10 % der Steuerpflichtigen mit dem höchsten Einkommen bringen alleine ca. 55 % des gesamten Einkommensteueraufkommens auf.

Eine Gegenüberstellung der Einkommensteuerverteilung mit der **Vermögensverteilung** in Deutschland[2] ist nicht ohne Weiteres möglich, da es sich um unterschiedliche Sachverhalte handelt (Einkommensschichtung und Vermögensschichtung). Es kann jedoch mit gewisser Berechtigung angenommen werden, dass sich die Personengruppen mit den höchsten Einkommen und den größten Vermögen in nicht unbeträchtlichem Umfang überschneiden. Wenn mit diesem Vorbehalt und dieser Annahme die Grafiken zur Einkommensteuer- und der Vermögensverteilung in Deutschland gegenübergestellt werden, zeigt sich eine prinzipielle Übereinstimmung der Schichtungen.

---

[1] Vgl. ausführlich zu Steuern und Steuertarif Abschnitt 7.5.2.1 „Steuern".

[2] Vgl. die Grafik zur Vermögensverteilung in Abschnitt 11.2.3 „Einkommens- und Vermögensverteilung in Deutschland".

Einkommensteuerverteilung in Deutschland
(Steuerpflichtige nach Einkommen)

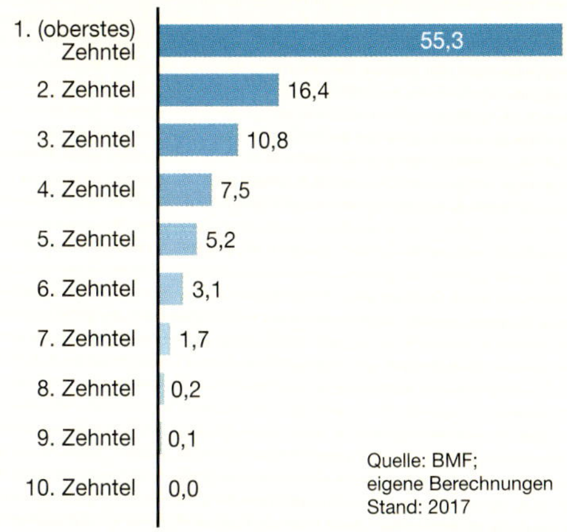

Vermögensverteilung in Deutschland
(Bevölkerung nach Zehnteln)

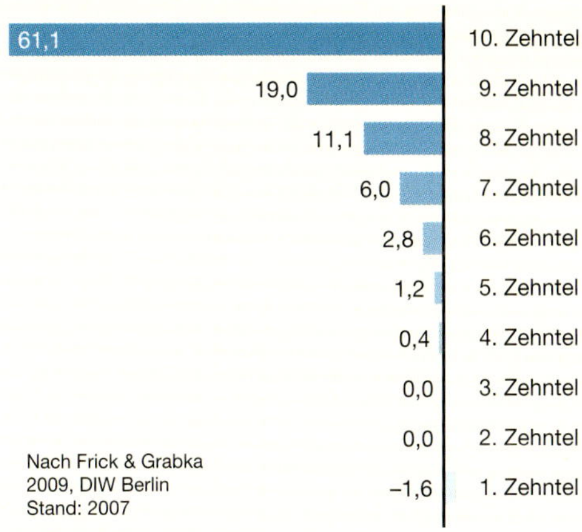

Die Wirkungen der staatlichen Umverteilung durch **Steuern** und **Transferzahlungen** sollen an einem Beispiel erläutert werden:

Beispiel

Arbeitnehmer A ist verheiratet und kinderlos. Er bezieht ein jährliches Bruttoeinkommen von 50.000 EUR. Arbeitnehmer B ist verheiratet und hat zwei Kinder; er bezieht ein jährliches Bruttoeinkommen von 30.000 EUR. Zunächst beträgt das Einkommen von B 60 % des Einkommens von A. Nach der Umverteilung durch Steuern beträgt es 63 % des Einkommens von A.

	Arbeitnehmer A verheiratet, kinderlos	Arbeitnehmer B verheiratet, zwei Kinder	Einkommen von B in % von A
Bruttoeinkommen	50.000 EUR	30.000 EUR	60
Steuern	11.000 EUR	5.350 EUR	
Nettoeinkommen*	39.000 EUR	24.650 EUR	63
Steuersatz	22 %	18 %	

* Beiträge zur Sozialversicherung bleiben im Beispiel unberücksichtigt.

Der Staat leistet auch ein Vielzahl von **Transferzahlungen** (u. a. Kindergeld, Ausbildungsbeihilfen, Wohngeld, Sozialhilfe). Von diesen Transferzahlungen profitieren bestimmte Bevölkerungsgruppen, z. B. Familien mit Kindern, einkommensschwache Personen usw., stärker als andere Bevölkerungsgruppen.

	Arbeitnehmer A verheiratet, kinderlos	Arbeitnehmer B verheiratet, zwei Kinder	Einkommen von B in % von A
Bruttoeinkommen	50.000 EUR	30.000 EUR	60
Steuern	11.000 EUR	5.350 EUR	
Nettoeinkommen*	39.000 EUR	24.650 EUR	63
Transferzahlungen	0 EUR	4.500 EUR	
Verfügbares Einkommen	39.000 EUR	29.150 EUR	75

* Beiträge zur Sozialversicherung bleiben im Beispiel unberücksichtigt.

Schließlich stehen einkommensschwächeren Personen (Rentnern, Kindern usw.) auch zahlreiche **öffentliche Güter** billiger zur Verfügung als anderen Personen (z. B. Verkehrsmittel, Eintritt in öffentliche Einrichtungen usw.). Diese sogenannten **Realtransfers** verbessern noch einmal – wenn auch oft nur geringfügig – die finanzielle Situation einkommensschwächerer Bevölkerungsgruppen. Der Umverteilungseffekt durch Realtransfers ist jedoch äußerst schwer zu messen; verlässliche Zahlen über seine Wirkung liegen nicht vor.

Zusammenfassung Kapitel 11.6:
Maßnahmen zur Beeinflussung der Einkommensverteilung

- Einkommensverteilungsmaßnahmen finden auf der Stufe der Primärverteilung vor allem durch Tarifauseinandersetzungen der Sozialpartner statt.
- Instrumente der Tarifpolitik sind Tarifverhandlungen, Schlichtung, Streik und Aussperrung. Das Ergebnis des Verteilungskampfes ist u. a. an der Lohnquote ablesbar.
- Durch Umverteilung versucht der Staat, eine gerechtere Verteilung der verfügbaren Einkommen zu erreichen (Sekundärverteilung).
- Umverteilungsinstrumente des Staates sind die direkten Steuern, die Transferzahlungen und – in geringerem Umfang – die öffentlichen Güter.
- Grundsätzlich gilt, dass einkommensstärkere Personen höhere Steuern zahlen müssen und weniger Transferzahlungen erhalten. Dadurch wird eine teilweise Angleichung der verfügbaren Einkommen bewirkt.

Aufgaben zum Üben und Vertiefen

Kapitel 11 Einkommensverteilung

1. Nennen und erläutern Sie die Gesichtspunkte, nach denen die Verteilung der Einkommen betrachtet werden kann, und nennen Sie die dazugehörigen Formen der Einkommensverteilung!

2. Nennen und beschreiben Sie die Einkommensgrößen, die der funktionellen Einkommensverteilung zugrunde liegen!

3. Das Statistische Bundesamt hat für Haushalte mit unterschiedlichen Einkommen folgende monatliche Durchschnittswerte (in M) ermittelt:

	Haushalt 1	Haushalt 2
Pflichtbeiträge zur Sozialversicherung	437	300
Bruttoeinkommen aus unselbstständiger Arbeit	2.579	4.086
Einnahmen aus staatlichen Übertragungen	135	85
Einkommen- und Vermögenssteuern	281	664
Einnahmen aus Untervermietung	122	200
Bruttoeinkommen aus selbstständiger Arbeit und Einnahmen aus Vermögen	321	505

a) Welche Größen gehören zur Primärverteilung und welche zur Sekundärverteilung?

b) Ermitteln Sie das verfügbare Haushaltseinkommen für beide Durchschnittshaushalte!

c) Um wie viel (EUR und Prozent) weicht jeweils das Haushaltseinkommen nach der Sekundärverteilung von dem der Primärverteilung ab?

d) Interpretieren Sie Ihre Ergebnisse!

4 Erläutern Sie folgende Verteilungsgrößen:

- Unbereinigte Lohnquote
- Bereinigte Lohnquote
- Gewinnquote
- Arbeitseinkommensquote

5 Nennen Sie mindestens zwei Gründe, die die Aussagefähigkeit der unbereinigten Lohnquote einschränken!

6 Einer Tageszeitung sind folgende Angaben über Pro-Kopf-Einkommen in verschiedenen Ländern zu entnehmen (Angaben in EUR):

Großbritannien	14.042
Vereinigte Arabische Emirate	11.366
Katar	11.342
Spanien	10.410
Portugal	5.030

Interpretieren Sie die Zahlen und berücksichtigen Sie dabei – soweit Ihre Landeskenntnisse ausreichen – den Lebensstandard der Bevölkerung in den dargestellten Ländern!

7 Beschreiben Sie, was

a) die Lorenz-Kurve

b) der Gini-Koeffizient

aussagt!

8 Der nachstehende Zeitungsausschnitt enthält Aussagen über die Einkommensverteilung in Deutschland.

Ungleich = ungerecht?

WIESBADEN (...) – Das verfügbare Einkommen ist in Deutschland ungleich verteilt. Im vergangenen Jahr entfielen auf das obere Drittel der Haushalte 57 Prozent vom Einkommenskuchen und auf das mittlere Drittel 27 Prozent, während sich das untere Drittel der Haushalte mit 16 Prozent begnügen musste.

a) Stellen Sie die Zahlenangaben in einer Lorenz-Kurve dar!

b) Setzen Sie sich mit der in der Überschrift angedeuteten Problematik auseinander!

9 Erläutern Sie Ursachen ungleicher Einkommensverteilung für

a) Einkommen aus unselbstständiger Tätigkeit

b) Einkommen aus Unternehmertätigkeit

c) Einkommen aus Vermögen

10 Erläutern Sie die Begriffe „intragenerative Gerechtigkeit“ und „intergenerative Gerechtigkeit“!

11 Einkommen können nach dem Leistungsprinzip verteilt werden.

a) Was bedeutet eine Einkommensverteilung nach Leistung?

b) Welche Probleme ergeben sich bei einer Anwendung des Leistungsprinzips?

c) Erläutern Sie die Begriffe „Input-Gleichheit“ und „Output-Gleichheit“!

12 Einkommen können nach dem Bedarfsprinzip verteilt werden.

a) Was bedeutet eine Einkommensverteilung nach Bedarf bzw. Bedürfnissen?

b) Welche Probleme ergeben sich bei einer Anwendung des Bedarfsprinzips?

13 Wird in der Realität bei der Einkommensverteilung vorwiegend nach dem Leistungsprinzip oder vorwiegend nach dem Bedarfsprinzip verfahren?

14 Beschreiben Sie, durch welche Maßnahmen der Staat eine Umverteilung der Primäreinkommen vornimmt!

12 Ökonomie und Ökologie

Wirtschaftliches Handeln ist in der Regel nicht umweltneutral. Herstellung und Nutzung von Gütern greifen in die Umwelt ein und schädigen sie häufig. In der jüngeren Vergangenheit haben diese Schäden ein bedrohliches Ausmaß angenommen.

Parallel zu dieser Entwicklung hat sich in den letzten Jahren und Jahrzehnten in breiten Bevölkerungskreisen ein verschärftes Umweltbewusstsein herausgebildet. Das Verständnis für ökologische Zusammenhänge ist gewachsen und hat zu entsprechenden Einsichten in die prinzipielle Notwendigkeit umweltgerechten Verhaltens geführt. Dieses Bewusstsein hat sich zwar zum Teil, jedoch noch nicht in vollem Umfange, in tatsächliches Verhalten umgesetzt. Einerseits sortieren und entsorgen wir fleißig Abfälle, andererseits handeln wir in vielen anderen alltäglichen Situationen entgegen unserer Einsicht und nehmen – oftmals unnötige – Umweltschädigungen in Kauf.

„Jeder will zurück zur Natur, aber niemand will dabei zu Fuß gehen."

Umweltprobleme sind ein weltweites Phänomen. In ihren Grundstrukturen (schädigende Einflüsse auf Menschen, Tiere und Pflanzen, auf Luft, Klima, Boden usw.) weisen sie weitgehende Ähnlichkeiten auf. Daneben bestehen auch regionale Besonderheiten (z. B. Abholzung des Regenwaldes). Umweltprobleme in industrialisierten Ländern und in Entwicklungsländern entspringen zum Teil gegensätzlichen Ursachen. In den industrialisierten Ländern ist der überwiegende Teil der Umweltprobleme eine Folge des Wohlstands und der Art und Weise, wie dieser Wohlstand produziert und verwendet wird. In Entwicklungsländern sind Umweltprobleme dagegen oft eine Folge von Armut.

Die Analyse des **Verhältnisses von Ökonomie und Ökologie** wird zeigen, dass zum einen ein grundlegendes Spannungsverhältnis besteht und dass zum anderen konkrete Ursachen für eine Verschärfung des Problems verantwortlich sind. Da das grundlegende Spannungsverhältnis nicht beseitigt werden kann, müssen Überlegungen zu einer Minderung des Problems vor allem bei den konkreten Ursachen ansetzen.[1]

[1] Vgl. zum Verhältnis von Wirtschaft und Umwelt auch die Ausführungen zum wirtschaftspolitischen Ziel „Umweltschutz" und zur Problematik des Ziels „Wirtschaftswachstum" in Kapitel 7.

12.1 Das Spannungsverhältnis zwischen Ökonomie und Ökologie

? Warum stehen ökonomisches Handeln und ökologische Erfordernisse so oft im Widerspruch zueinander?

! **Ökonomie:** Gesamtheit aller Einrichtungen und Aktivitäten, die durch Herstellung und Nutzung von Gütern der Befriedigung menschlicher Bedürfnisse dienen.

Ökologie: Wechselbeziehungen zwischen Lebewesen und ihrer Umwelt.

Ökosystem: Aus Lebensgemeinschaften und Lebensraum bestehende Einheit.

Ökonomie und Ökologie sind zwei unverzichtbare Bestandteile menschlicher Existenz. Beide brauchen wir zum Leben und zum Überleben.

Das „Spannungsverhältnis zwischen Ökonomie und Ökologie" drückt sich darin aus, dass wirtschaftliches Handeln und ökologische Belange oft in einem Gegensatz zueinander stehen. Wir befinden uns häufig in dem Dilemma, dass ein bestimmtes Verhalten für das eine Anliegen zweckmäßig und vorteilhaft ist, aber gleichzeitig dem anderen Anliegen schadet. Wirtschaftliche Interessen und Umweltinteressen sind häufig unvereinbar. Es ist auch nicht möglich, im Konfliktfalle auf einen Interessenbereich zu verzichten und nur den anderen gelten zu lassen. Wir sind darauf angewiesen, beide Gesichtspunkte in einer verträglichen Weise miteinander zu verknüpfen und sowohl die berechtigten Belange der Ökonomie als auch die berechtigten Belange der Ökologie zu berücksichtigen. Zur „Aussöhnung von Ökonomie und Ökologie" gibt es keine Alternative.

Das Spannungsverhältnis zwischen Ökonomie und Ökologie lässt sich vor allem auf drei Unvereinbarkeiten zurückführen.

▶ Ökonomisches Eigennutzprinzip und ökologisches Gemeinnutzprinzip

Die ökonomische Verhaltenstheorie geht davon aus, dass wirtschaftliches Verhalten in erster Linie durch das Streben nach eigenem Nutzen, nach Vorteilen, nach Gewinn usw. bestimmt wird **(Eigennutzaxiom).** Die Aussicht auf eigenen Nutzenzuwachs ist Motor wirtschaftlichen Handelns und Triebfeder individueller Leistungsbereitschaft.

Dem **Eigennutzprinzip** steht das **Gemeinnutzprinzip** gegenüber. Es verlangt einerseits Leistungsbereitschaft im Interesse des Gemeinwohls und andererseits den Verzicht auf Eigennutz, wenn die Belange anderer dadurch unangemessen betroffen sind. Das Gemeinnutzprinzip ist also geprägt durch die Rücksichtnahme auf andere Menschen und auf die Umwelt (Tiere, Pflanzen, Luft, Wasser, Boden).

Jeder Einzelne ist stets darauf bedacht, die vorteilhafteste Anlage für das Kapital, über das er zu gebieten hat, ausfindig zu machen. Er hat allerdings nur seinen eigenen Vorteil im Auge; aber gerade die Bedachtnahme auf den eigenen Vorteil führt ganz von selbst dazu, dass er diejenige Anlage bevorzugt, welche zugleich für die Gesellschaft die vorteilhafteste ist. ...

Nicht von dem Wohlwollen des Fleischers, Brauers oder Bäckers erwarten wir unsere Mahlzeit, sondern von ihrer Bedachtnahme auf ihr eigenes Interesse. Wir wenden uns nicht an ihre Humanität, sondern an ihren Egoismus und sprechen ihnen nie von unseren Bedürfnissen, sondern von ihren Vorteilen.

Adam Smith: Untersuchung über das Wesen und die Ursachen des Volkswohlstandes (1776). Berlin 1905, Bd. II, S. 227 ff.

Für die Wirtschaftsklassiker bestand zwischen Eigennutz und Gemeinnutz kein Widerspruch. Sie gingen davon aus, dass der Nutzen für die Allgemeinheit dann am größten sei, wenn jeder einzelne bestrebt sei, einen möglichst großen eigenen Nutzen zu erzielen. Der Bäcker, der sich bemüht, möglichst gute Brötchen zu backen, tut dies zunächst aus Eigennutzinteresse. Er möchte möglichst viele Brötchen verkaufen und seinen Gewinn mehren. In Form höherer Güterqualität kommt dieses Verhalten aber auch der Allgemeinheit zugute. Der Nutzen für die Allgemeinheit wurde wie ein Gesamtnutzen als Summe der Einzelnutzen verstanden.

Diese Auffassung findet heute keine ungeteilte Zustimmung mehr. Vor allem die immer deutlicher sichtbar werdenden Folgen zunehmender Umweltzerstörung und -schädigung durch eigennutzbestimmtes Handeln haben zu einer neuen Sichtweise geführt. Ökologisches Verhalten verlangt eben nicht Betonung des Eigennutzes, sondern vielmehr Rücksichtnahme und damit häufig Verzicht auf Eigennutz und auf wirtschaftliche Vorteile.

Das Streben nach Eigennutz ist einerseits Voraussetzung für individuelle Leistungsbereitschaft und für wirtschaftlich-technischen Fortschritt, aber andererseits auch Quelle für ein Gewinnstreben, welches die notwendige Rücksichtnahme auf andere Menschen und auf die Umwelt außer Acht lässt.

Eine extreme Form eigennutzbestimmten Verhaltens sind die **Umweltstraftaten.** In dem Bemühen, Kosten zu sparen, werden z. B. umweltgefährdende Stoffe unzulässig abgelagert

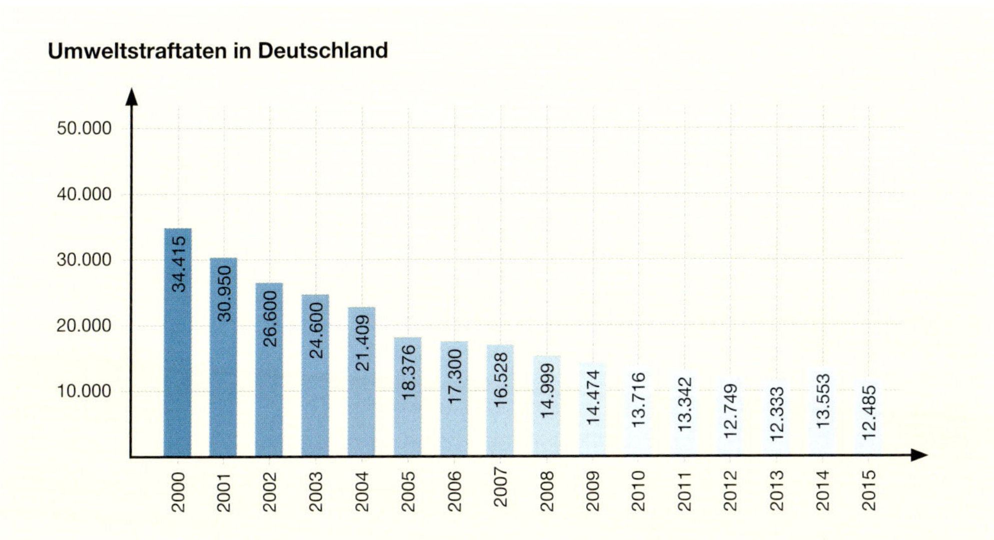

statt vorschriftsmäßig entsorgt, wird Müll wild abgelagert, werden Gewässer, Boden und Luft verunreinigt usw. Die Zahl derartiger Umweltdelikte ist in den vergangenen Jahren ständig gestiegen; sie stellen kein „normales" wirtschaftliches Verhalten dar, sondern sind eindeutig kriminelle Handlungen.

▶ Konflikte zwischen ökonomischen und ökologischen Zielen

Nicht immer ist individueller Eigennutz die Ursache von Konflikten zwischen ökonomischen und ökologischen Interessen. Oftmals stehen prinzipiell als gut und wichtig einzustufende wirtschaftliche Ziele und ökologische Anliegen in einem Gegensatz zueinander. Auf Dauer scheinen Wirtschaftswachstum und Wohlstandsmehrung auf der einen Seite und Umwelterhaltung auf der anderen Seite nicht miteinander vereinbar zu sein.

Es darf gebaggert werden

© Tobias Arhelger – Fotolia.com

Das Bundesverfassungsgericht hat den Abbau von Braunkohle im Gebiet Garzweiler II in Nordrhein-Westfalen genehmigt. RWE will in Garzweiler II bis 2045 jährlich bis zu 45 Millionen Tonnen Braunkohle fördern. 13 Dörfer müssen weichen; 7.800 Menschen müssen ihre Häuser verlassen.

Der Abbau der Kohle ist nicht nur aus sozialen Gesichtspunkten höchst umstritten. Die zunehmende Verfeuerung von Kohle trägt auch dazu bei, dass das Klima durch den Kohlendioxidausstoß belastet wird.

Konflikte dieser Art bestehen in vielen Bereichen: Energieversorgung, Ansiedlung von Betrieben, Bau von Verkehrswegen, Gentechnik und vieles andere mehr. Die wirtschaftliche Zielsetzung der Versorgung der Menschen mit Gütern und der Bereitstellung von Arbeitsplätzen kollidiert mit ökologischen Anliegen wie Luft-, Klima-, Boden- und Lärmschutz. In diesen Fällen ist eine einfache Entscheidung aufgrund von Vor- und Nachteilen nicht möglich. Es müssen Bewertungen, Folgenabschätzungen und Abwägungen vorgenommen werden. Da hierbei immer auch Überzeugungen mitspielen, ist das Ergebnis von Person zu Person und von Gruppe zu Gruppe oft unterschiedlich.

Vor allem in wirtschaftlich schwierigen Zeiten besteht die Gefahr, dass ökologische Anliegen gegenüber ökonomischen Zielen wie mehr Beschäftigung, Wirtschaftswachstum usw. zurückstehen müssen. Das trägt der Umweltpolitik gelegentlich den Vorwurf ein, eine Schönwetter-Politik bzw. eine Feiertags-Politik zu sein.

▶ Die Umwelt ist gleichzeitig Produktionsfaktor und Lebensgrundlage

Die Menschen haben eine Vielzahl und Vielfalt von Bedürfnissen. Ein Teil dieser Bedürfnisse richtet sich auf Güter, die im Subsystem „Wirtschaft" hergestellt werden. Wir brauchen die Wirtschaft, um leben und überleben zu können.

Ein anderer Teil der menschlichen Bedürfnisse richtet sich auf die Umwelt. Die Umwelt ist als natürliche Lebensgrundlage für die menschliche Existenz ebenfalls unverzichtbar und darüber hinaus wesentliche Quelle unseres Wohlbefindens.

> „Das Recht der Menschen auf Stille, auf saubere Luft und reines Wasser, auf Wiesen und Wälder und auf nicht verunreinigte Lebensmittel gehört in die Verfassung aller Staaten."
>
> *Yehudi Menuhin (1916–1999), Geigenvirtuose und Dirigent*

Das Dilemma besteht darin, dass das die Menschen mit Gütern versorgende Subsystem Wirtschaft eben für diesen Vorgang die Umwelt als Produktionsfaktor benötigt. Durch die Herstellung der Güter wird die Umwelt abgebaut (z. B. Rohstoffe), bebaut (Straßen, Häuser usw.) und geschädigt (Boden, Wasser, Luft).[1] Die Güter werden von den Menschen genutzt. Auch der Vorgang der Güternutzung ist oft nicht umweltneutral (Autofahren usw.).

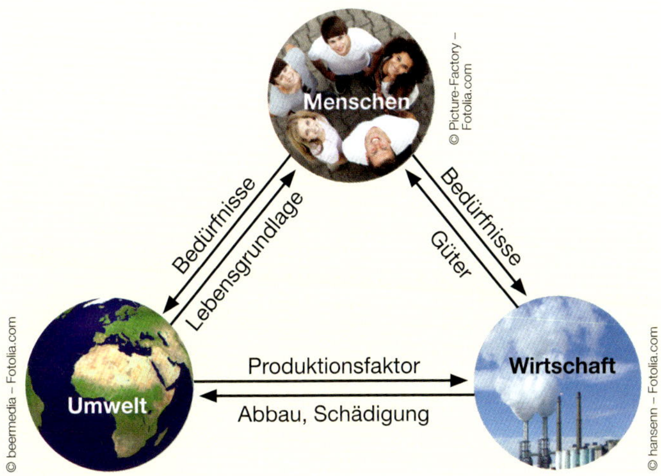

Herstellung und Nutzung von Gütern (= wirtschaften) greifen also in die Umwelt ein; die Umwelt wird abgebaut, zerstört und geschädigt. Als natürliche Lebensgrundlage der Menschen ist jedoch ein Erhalt auf quantitativ und qualitativ hohem Niveau notwendig und wünschenswert. Aus dieser wechselseitigen und konflikthaften Beziehung ergibt sich das **Ökonomie-Ökologie-Dilemma:** Durch im Prinzip notwendiges wirtschaftliches Handeln zerstören bzw. schmälern wir die ebenso notwendigen Lebensgrundlagen für uns und für die kommenden Generationen.

Zusammenfassung Kapitel 12.1:
Das Spannungsverhältnis zwischen Ökonomie und Ökologie

- Ökonomie und Ökologie sind zwei unverzichtbare Bestandteile menschlicher Existenz.
- Durch wirtschaftliches Handeln greifen die Menschen in vielfältiger Weise in die Umwelt ein. Wirtschaft und Ökologie stehen in einem Spannungsverhältnis zueinander.
- Wirtschaftliches Handeln ist durch Eigennutz geprägt, ökologische Anliegen erfordern gemeinnütziges Denken.
- Ökonomische Zielsetzungen stehen oft im Widerspruch zu ökologischen Zielen.
- Die Umwelt ist einerseits Produktionsfaktor für die Wirtschaft und andererseits natürliche Lebensgrundlage für die Menschen.
- Durch den Produktionsvorgang wird die Umwelt abgebaut, zerstört und geschädigt; als Lebensgrundlage ist jedoch ihr Erhalt auf quantitativ und qualitativ hohem Niveau notwendig.

[1] Vgl. hierzu auch die Ausführungen zu den Produktionsfaktoren in Kapitel 1, insbesondere zum Produktionsfaktor Boden/Natur.

12.2 Das Problem: Ökonomie und Umwelt

? Worin äußert sich das Umweltproblem und wie wird es erfasst?

Durch wirtschaftliches Handeln greifen die Menschen in vielfältiger Weise in die Umwelt ein. Die Liste der so genannten „Umweltsünden" ist lang. Pro Tag

- sterben etwa 50 Tierarten aus
- werden 55 Hektar Tropenwald abgeholzt
- werden rund 100 Millionen Tonnen Treibhausgase in die Luft geblasen
- werden 86 Millionen Tonnen Erdreich abgeschwemmt

> Wenn ihr den letzten Fluß verschmutzt, wenn ihr den letzten Baum gefällt und den letzten Fisch getötet habt, sagt mir: „Werdet ihr all das Geld auf euren Banken essen können?"
>
> *Sioux-Häuptling Kleiner Wolf 1881 an den Senat der USA*

Die Umwelt wird abgebaut, zerstört und geschädigt. Leidtragende sind sowohl Lebewesen als auch materielle Umweltgüter.

Umwelteingriffe	
Formen	**Betroffene**
Umweltabbau	Menschen
Umweltzerstörung	Tiere, Pflanzen
Umweltschädigung	Boden, Wasser, Luft, Landschaft
	Kulturgüter, sonstige Sachgüter

Umweltabbau und -zerstörung finden in vielfältigen Formen statt. Ein wachsender Bedarf an Rohstoffen, an Wohn- und Verkehrsflächen, steigende Grundwasserentnahmen, Abholzung von Tropen- und Regenwäldern usw. führen zu riesigen Verlusten an Naturflächen und natürlichen Werten. Die Landschaft wird zunehmend zersiedelt und zubetoniert, zumindest aber in ihrem natürlichen Zustand nachhaltig verändert. Damit geht nicht nur ein Qualitätsverlust einher; durch die Eingriffe werden auch sensible weltweite Ökosysteme (Klima, Wassersysteme usw.) in ihrem Gleichgewicht gestört.

Sowohl bei der Produktion als auch der Verwendung von Gütern werden **Emissionen**[1] an die Umwelt abgegeben (Abgase, Abwässer, Abwärme, Abfälle, Strahlungen, Stäube, Erschütterungen usw.). Etliche dieser Emissionen verbinden sich in Luft, Wasser und Boden zu neuen, teilweise gefährlichen Schadstoffen („Saurer Regen"). Die zahlreichen Schadstoffemissionen verschlechtern die Luft-, Boden- und Wasserqualität und richten an Gebäuden und anderen Gütern riesige und kaum reparable Schäden an. Waldsterben, Ozonloch, drohende Klimakatastrophe und Schäden an Baudenkmälern sind besonders markante Beispiele hierfür.

	Siedlungs- und Verkehrsfläche (km^2)	Anteil an der Gesamtfläche (%)
1965	22.651	9,2
1975	24.745	10,0
1985	28.849	11,6
1995	42.052	11,8
2005	46.050	12,9
2015	49.066	13,7

Quelle: Statistisches Bundesamt; bis 1985: früheres Bundesgebiet

Die rasch wachsende Bevölkerung macht darüber hinaus eine immer intensivere Nutzung der Böden not-

[1] Emission: Abgabe von Schadstoffen
Immission: Aufnahme von Schadstoffen; Einwirkung von Schadstoffen auf Menschen, Tiere, Pflanzen, Bauten usw.

wendig. Düngung, übermäßige Bewässerung, Rodung, maschinelle Anbaumethoden usw. führen dazu, dass die Böden auslaugen, veröden und schließlich unfruchtbar werden. Nach einschlägigen Schätzungen geht auf diese Weise jährlich weltweit mehr Anbaufläche verloren als durch Kultivierungsmaßnahmen hinzugewonnen werden kann.

Vernichtete Waldflächen global

	Waldfläche Mio. Hektar	Vernichtung Mio. Hektar	Anteil
1980–1990	4.170	16,3	0,4
1990–2000	4.090	75,0	1,8
2000–2010	4.030	47,0	1,2

Grunddaten: FAO; eigene Berechnungen

Eine Umweltbeeinträchtigung, die vor allem Menschen und Tiere trifft, stellt die **Lärmbelastung** dar. Verkehr, Industrieanlagen, Freizeiteinrichtungen usw. emittieren Lärm, der oftmals die Grenzen einfacher Belästigung überschreitet und – vor allem in Ballungsgebieten und in besonderen Lagen – eine Gesundheitsgefährdung darstellt.

Von je 100 Menschen in Westdeutschland fühlen sich stark belästigt durch

Autolärm und -abgase	57
Luftverschmutzung	44
Wasserverschmutzung	37
Kernkraftwerke	26
Fluglärm	19

Quelle: Umweltbundesamt

Als Folge der Herstellung und Verwendung von Gütern entstehen **Abfälle.** Problematisch für die Umwelt sind zum einen die Mengen des Abfalls und zum anderen die Gefährlichkeit bestimmter Abfälle. Vor allem in den wohlhabenden Industriestaaten fallen riesige Abfallmengen an („Wohlstandmüll"). Ein wachsender Anteil des Abfalls wird wiederverwertet **(„Recycling");** nicht verwertbare Abfälle müssen so entsorgt werden, dass von ihnen weder jetzt noch in Zukunft schädliche Wirkungen auf die Umwelt ausgehen. Hierfür müssen Deponien bereitgestellt und unterhalten oder sonstige Entsorgungsmöglichkeiten geschaffen werden (z.B. Verbrennung). Ein besonderes Problem stellen die zum Teil hochgiftigen Gefahrstoffe dar. Für sie sind sowohl beim Transport als auch bei der Lagerung und/oder Vernichtung aufwendige Maßnahmen erforderlich.

Jährliches Abfallaufkommen
(kg je Einwohner)

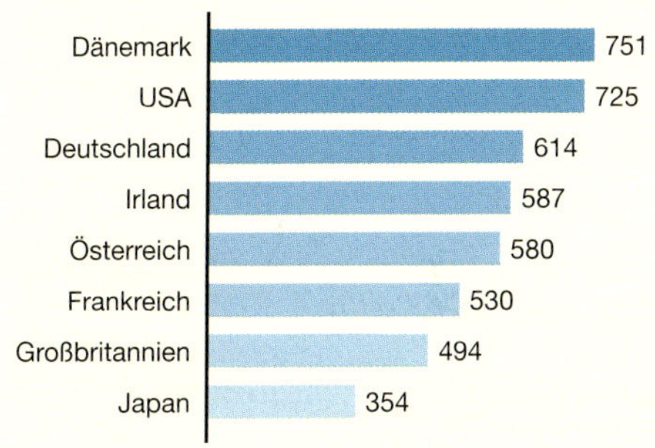

Quelle: OECD, Stand: 2013

▶ Erfassung von Umweltschäden

Über das Ausmaß der Umweltschäden liegt eine Vielzahl von Einzeldaten vor. Einer systematischen, exakten und möglichst vollständigen Erfassung stehen jedoch zahlreiche Schwierigkeiten entgegen:

- Viele Schäden treten erst nach längerer Zeit auf.
- Bisherige Erfassungsversuche betreffen zumeist nur Entwicklungen innerhalb eines Landes; zahlreiche Umweltwirkungen sind jedoch grenzüberschreitend (z.B. Luft- und Wasserverschmutzung, klimatische Veränderungen usw.).

- Sowohl Ursachen bestimmter Umweltschädigungen als auch Folgen bestimmter Vorgänge sind oft in ihren Zusammenhängen noch nicht vollständig bekannt.
- Für statistische Erfassungen müssen Umweltschäden in Zahlen ausgedrückt werden. Um sie zusammenfassen oder bewerten zu können, müssten die Verluste und Schäden in einem Geldwert ausgedrückt werden. Das ist für viele Umweltschäden kaum möglich.

Umweltschäden

„Der Begriff Umweltschaden umfasst sowohl Schäden an Gesundheit und Eigentum (traditioneller Umweltschaden im juristischen Sprachgebrauch) als auch den erweiterten Umweltschaden (ökologischer Schaden, z. B. Schäden an der Artenvielfalt). Die Beantwortung der Frage, ob – und wenn ja in welchem Ausmaß – ein Umweltschaden vorliegt, muss sich sowohl auf naturwissenschaftliche Erkenntnisse als auch auf gesellschaftliche Wertungen stützen. Der ökonomischen Bewertung des Schadens ist daher die Feststellung über Art und Ausmaß des Schadens – im Sinne einer gesellschaftlichen Wertung – vorgelagert. …

Ökonomische Bewertungen zielen darauf, die Kosten der Umweltnutzung und die Umweltschäden in Geldeinheiten zu beziffern.

Neben diesen direkten Nutzungskosten sind aber auch indirekte Kosten zu berücksichtigen, etwa soweit sich eine verschlechterte Umweltqualität – direkt oder über verschiedene Wirkungspfade – negativ auf die Gesundheit der Menschen auswirkt."

Umweltbundesamt: Ökonomische Bewertung von Umweltschäden, Berlin 2007, S. 7 ff.

Ein Ziel umweltökonomischer Berechnungen ist die Ermittlung des sogenannten **Ökoinlandsprodukts.** Das Bruttoinlandsprodukt gilt als die wichtigste Kennziffer für Leistung und Leistungsfähigkeit und das Bruttonationaleinkommen als wichtigste Kennziffer für den Wohlstand einer Volkswirtschaft. Schwächen bei der Erfassung und Mängel in der Aussagefähigkeit solcher Indikatoren sind bereits dargestellt worden.[1] Der Versuch, Umweltentwicklungen in das volkswirtschaftliche Rechnungswesen einzubinden, hat zu verschiedenen Bemühungen geführt.

	Bruttoinlandsprodukt
–	Umweltabschreibungen
–	Behebung von Umweltschäden
=	**Ökoinlandsprodukt**

Mit dem Konzept eines Ökoinlandsprodukts wird versucht, zumindest einem Teil dieser Schwächen zu begegnen. Das auf traditionelle Weise ermittelte Bruttoinlandsprodukt wird dabei vermindert um die sogenannten **Umweltabschreibungen.** Das sind Minderungen des Wertes der Umwelt durch Abbau, Zerstörung und Schädigung, die durch die Herstellung eben dieses Inlandsprodukts entstanden sind. Weitergehende Konzepte sehen vor, auch jene Ausgaben abzuziehen, die lediglich eine Beseitigung und Reparatur von Umweltschäden darstellen (**„Defensivausgaben")** und sich im traditionellen Bruttoinlandsprodukt als positive Leistung niederschlagen. Nach einschlägigen Schätzungen entfallen rund 20 Prozent des Wirtschaftswachstums auf die Behebung von Umweltschäden.

Die Absicht, durch entsprechende Ergänzungen das Inlandsprodukt in seiner Gesamtheit in ein Ökoinlandsprodukt überzuführen, erweist sich methodisch als überaus schwierig. Daher dominiert seit einigen Jahren der Ansatz, die bestehenden Volkswirtschaftlichen Gesamtrechnungen durch den Aufbau umweltbezogener Konten zu ergänzen **(„Satellitenkonten", „Satellitenrechnungen").** 1993 hat die UNO ein Konzept für eine entsprechende Umwelt-Satellitenrechnung („System for Integrated Environmental and Economic Accounting") vorgeschlagen. Auch die Europäische Kommission hat in ihren Leitlinien für die

[1] Vgl. hierzu die Ausführungen über die „Aussagefähigkeit von Inlandsprodukt und Nationaleinkommen" in Abschnitt 2.3.

Schaffung eines europäischen Rahmens für die Umweltökonomischen Gesamtrechnungen den Aufbau von Satellitenkonten empfohlen.

Das Statistische Bundesamt bietet auf der Grundlage des „Gesetzes über Umweltstatistiken" von 1980 seit einigen Jahren neben der Volkswirtschaftlichen Gesamtrechnung auch **„Umweltstatistiken"** und eine **„Umweltökonomische Gesamtrechnung (UGR)"** an. Anliegen der UGR ist es, in einer volkswirtschaftlichen **Ökobilanz** die Wechselwirkungen zwischen Wirtschaft und Umwelt zu erfassen und in einem Gesamtsystem übersichtlich darzustellen. Im Kern geht es darum, zu quantifizieren, wie viel Natur bei der Herstellung und Verwendung von Gütern eingesetzt und verbraucht wird. Insbesondere soll Auskunft darüber gegeben werden, welche Umweltbelastungen durch menschliche Aktivitäten entstehen, wie sich der Zustand der Umwelt verändert und welche Maßnahmen zum Schutz der Umwelt ergriffen werden.

Umwelt
Umweltstatistiken
Abfallwirtschaft
Klimawirkstoffe
Umweltökonomie
Wasserwirtschaft
Umweltökonomische Gesamtrechnungen
Energie, Rohstoffe, Emission
Flächennutzung
Umweltindikatoren
Umweltschutzmaßnahmen

Systematik des Statistischen Bundesamtes für Erhebungen im Bereich „Umwelt"

▶ Versöhnung von Ökonomie und Ökologie?

Ökonomische und ökologische Interessen schließen sich nicht immer aus. Als Beispiel wird oft die Entwicklung der sogenannten **„Umweltindustrie"** angeführt. Damit werden Herstellung und Betrieb von Gütern bezeichnet, die dem Schutz der Umwelt dienen. Dieser zu den sogenannten Zukunftsindustrien zählende Wirtschaftszweig weist seit Jahren be-

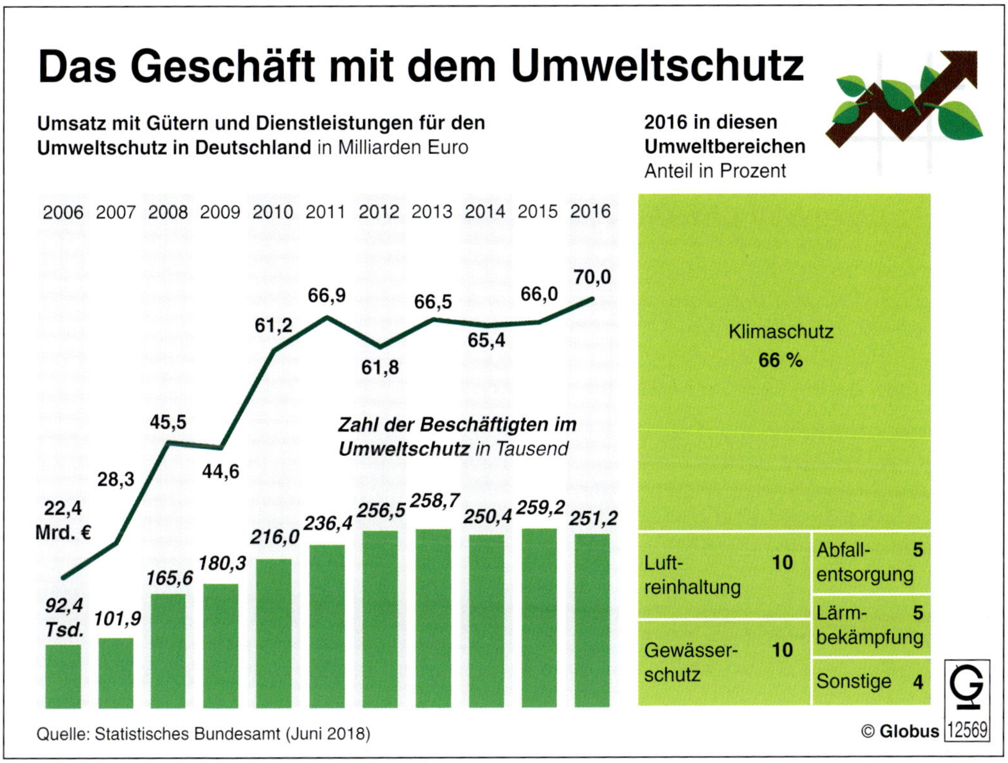

trächtliche Wachstumsraten auf und stellt inzwischen eine große Zahl von Arbeitsplätzen zur Verfügung.

Bei einer Würdigung dieser Effekte muss jedoch berücksichtigt werden, dass nur ein Teil der Leistungen dem vorbeugenden Umweltschutz zugute kommt und damit Umweltschäden erst gar nicht entstehen lässt (z.B. Filteranlagen). Ein beträchtlicher Teil der Leistungen dient jedoch der Reparatur von Umweltschäden. Diese Leistungen entstehen nur, weil vorher Umweltschäden eingetreten sind; wenn sie wachsen, bedeutet dies, dass auch die Umweltschäden zugenommen haben.

Zusammenfassung Kapitel 12.2:
Das Problem: Ökonomie und Umwelt

- Durch wirtschaftliches Handeln wird die Umwelt in vielfältiger Weise abgebaut, zerstört und geschädigt.
- Schadstoffemissionen verschlechtern die Luft-, Boden- und Wasserqualität und zerstören Gebäude und andere Güter.
- Durch immer intensivere Nutzung der landwirtschaftlichen Flächen werden Böden ausgelaugt, veröden und werden unfruchtbar.
- Lärm und Abfälle beeinträchtigen Menschen, Tiere und Umwelt.
- Die exakte Erfassung von Umweltschäden, vor allem die Ermittlung eines Ökoinlandsprodukts, ist schwierig und steckt noch in den Anfängen.
- In der Volkswirtschaftlichen Gesamtrechnung wird versucht, Umweltschäden über zusätzliche, ergänzende Konten („Satellitenkonten") zu erfassen. Das Ergebnis sind Umweltstatistiken und eine Umweltökonomische Gesamtrechnung.
- In Teilbereichen kann es zu einer „Versöhnung von Ökonomie und Ökologie" kommen; dies gilt vor allem für die Umweltindustrie, die einerseits Wachstum und Arbeitsplätze schafft und deren Produkte andererseits dem Umweltschutz dienen.

12.3 Ursachen des Umweltproblems

Umweltzerstörung und -schädigung sind nicht nur ein Phänomen des Industriezeitalters. Entsprechende Entwicklungen reichen bis ins Altertum zurück. Für den Bau früher Tempel, für die sich entwickelnde Schifffahrt, vor allem im Mittelalter, wurden die Wälder rund um das Mittelmeer in weiten Teilen abgeholzt. Von den Folgen wie Verkarstung, Bodenerosion usw. haben sich die Mittelmeerregionen bis heute nicht erholt.

Umweltprobleme sind auch nicht begrenzt auf bestimmte Wirtschaftssysteme. Die Situation auch und gerade in den Zentralverwaltungswirtschaften der früheren Ostblockstaaten macht deutlich, dass Umweltversagen nicht vorrangig ein Problem kapitalistischer bzw. marktwirtschaftlicher Systeme ist. Ökologisches Fehlverhalten ist offensichtlich nicht nur eine Folge privatwirtschaftlichen Gewinnstrebens.

> „Kein Industrieland dieser Erde hat seine Ressourcen und seine Menschen so hemmungslos ausgebeutet wie die ehemalige Sowjetunion. Weite Teile Russlands sind heute ökologische Notstandsgebiete. Die Luft ist verpestet, das Land vergiftet, Wälder sind kahlgeschlagen."
>
> *STERN Nr. 4/1993, S. 3*

Während in früheren Zeiten häufig Unkenntnis zumindest über die langfristigen umweltschädlichen Folgen wirtschaftlichen Handelns bestand, kann sich die heutige Generation hierauf nicht mehr berufen. Die Ursachen des Umweltproblems liegen zum Teil in globalen Entwicklungen, zum Teil darin, dass umweltfreundliches Verhalten oft mit ökonomischen Nachteilen, zumindest aber mit dem Verzicht auf ökonomische Vorteile verbunden ist. Oftmals führen auch Bequemlichkeit und Gleichgültigkeit zu umweltschädlichem Verhalten.

12.3.1 Bevölkerungswachstum und Industrialisierung

Tragen Bevölkerungswachstum und Industrialisierung zur Umweltbelastung bei? ?

Während die Zahl der Menschen in den ersten 1500 Jahren unserer Zeitrechnung kaum zugenommen hat, ist sie vor allem in den letzten 150 Jahren explosionsartig gewachsen. Diese Entwicklung wird auch in absehbarer Zeit noch nicht zum Stillstand kommen.

Länder der Erde		
	Einwohner (Mio.)	
Land	**1995**	**2050***
China	1.200	1.606
Indien	936	1.640
USA	263	349
Indonesien	198	319
Brasilien	162	264
Pakistan	140	381
Bangladesch	120	239
Nigeria	112	339

* Schätzung der UNO

Entwicklung der Weltbevölkerung	
Jahr	**Mrd.**
–5000	0,02
–750	0,10
0	0,30
1000	0,30
1500	0,50
1750	0,80
1800	1,00
1850	1,20
1900	1,60
1950	2,50
1970	3,7
1980	4,4
1990	5,3
2000	6,2
2010	7,0
2020	7,9
2030	8,7
2040	9,3
2050	9,6
2100	10,9

Die dramatische Entwicklung der **Weltbevölkerung** wird vor allem in einer grafischen Darstellung anschaulich.

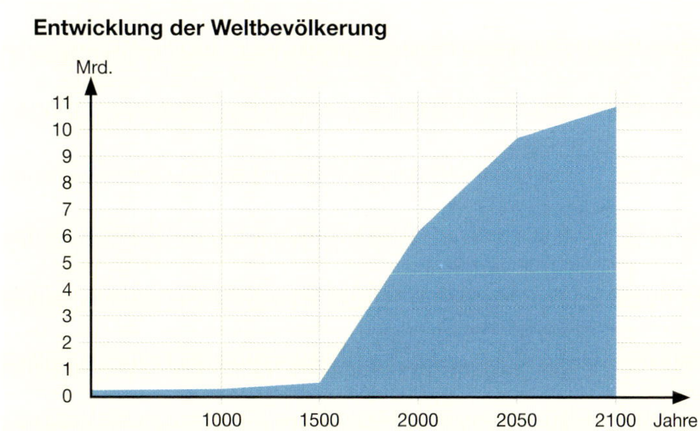

Die wachsende Zahl der Menschen auf dem „Planeten Erde" benötigt Lebensraum, Arbeitsraum, Rohstoffe, Energie, Verkehrswege usw. Als Folge werden Bodenschätze und Wälder immer schneller abgebaut und die natürlichen Lebensgrundlagen immer stärker geschädigt.

Diese Entwicklung ist schon dann absehbar, wenn die derzeitige wirtschaftliche Situation in den Ländern dieser Erde beibehalten wird. Das zukünftige **Bevölkerungswachstum** findet jedoch vor allem in Asien, Afrika und Südamerika statt. In Regionen also, die heute zumindest zum Teil noch als wirtschaftlich unterentwickelt gelten. Noch immer wächst in einem Teil dieser Länder – vor allem in Afrika – die Bevölkerung schneller als die Nahrungsmittelproduktion; das bedeutet, dass trotz aller Anstrengungen die existenzielle Versorgung der Bevölkerung von Jahr zu Jahr schlechter wird. Findet in diesen Ländern neben dem Bevölkerungswachstum auch ein entsprechendes wirtschaftliches Wachstum statt, lässt sich leicht vorstellen, welche Belastungen für die Umwelt (Ernährung, Industrialisierung, Verkehr usw.) damit verbunden sind.

Die bisher industriell weniger entwickelten Länder haben zur Aufholjagd angesetzt. Sie streben – verständlicherweise – einen Lebensstandard an, der dem der hochentwickelten Industrieländer gleicht. Damit verbunden sind Ansprüche auf entsprechende Anteile an Rohstoffen, Wasser usw. Wenn aber schon unter gegenwärtigen Lebens- und Produktionsbedingungen und bei gut 6 Milliarden Menschen der Naturverbrauch entschieden zu hoch ist, ist er für 10 Milliarden Menschen vollends nicht mehr verkraftbar.

„Die Industrieländer plündern die Welt mit der Mentalität von Bankräubern: Die Regenwälder werden abgeholzt, die Meere leergefischt, der Himmel mit Treibhausgasen vollgepumpt, die Energievorräte verbrannt."

ZEIT-Punkte 6/1995, S. 41

Die sich aus **Bevölkerungswachstum,** zunehmender **Industrialisierung** und wachsendem **Lebensstandard** für die Umwelt ergebenden Probleme zwingen auch die alten Industrieländer, mehr als bisher über Lebens- und Produktionsformen und über eine angemessene weltweite Verteilung der natürlichen Ressourcen nachzudenken.

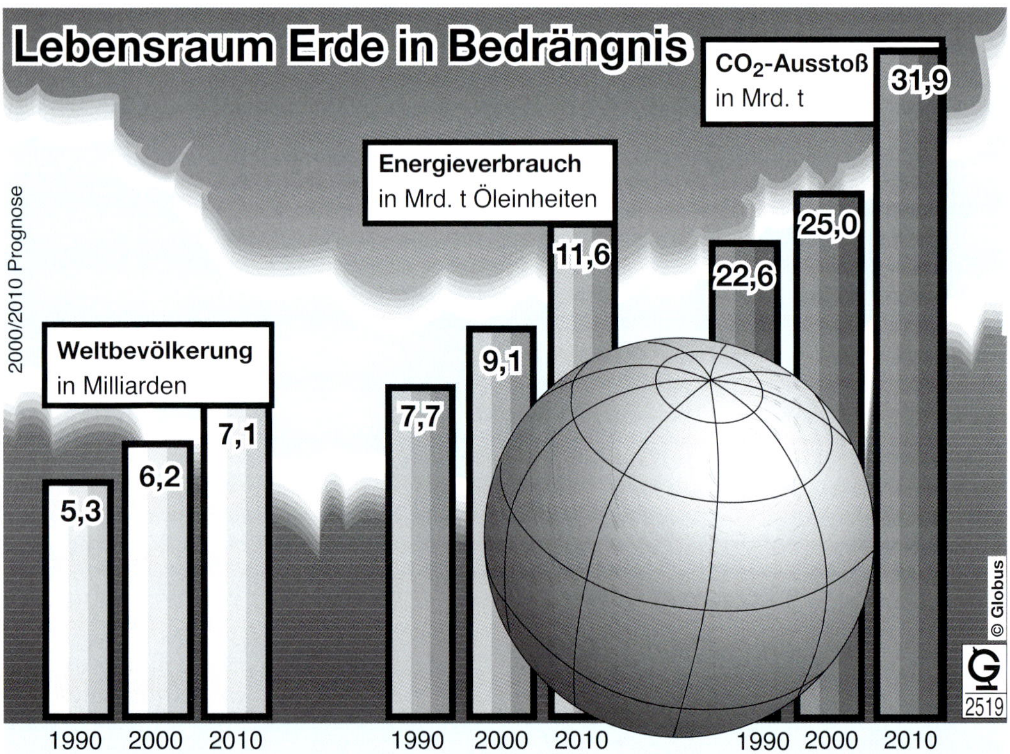

12.3.2 Externe Kosten: Umwelt zum Nulltarif?

Was sind externe Kosten und welche Wirkungen haben sie auf die Umwelt?

Ökonomische Aktivitäten können positive und negative Wirkungen haben. Im Normalfall ist das handelnde Wirtschaftssubjekt auch Träger der Wirkungen. Angestrebte positive Wirkungen (Nutzen, Gewinn usw.) sind in der Regel der Auslöser für das Handeln. Bei zahlreichen Aktivitäten treten aber Wirkungen nicht nur beim Handelnden, sondern auch bei anderen Wirtschaftssubjekten oder der Umwelt auf.

Beispiel 1: In einem Industrieunternehmen ist die Güterproduktion mit hohen Lärmemissionen verbunden.
Handelnder: Unternehmen   Betroffene: Menschen in der Nachbarschaft

Beispiel 2: Durch Autofahren werden Abgase in die Luft abgegeben.
Handelnder: Menschen   Betroffene: Menschen und Umwelt

Beispiel 3: Ein Braunkohleunternehmen wandelt einen ehemaligen Tagebau in ein Naherholungsgebiet um.
Handelnder: Unternehmen   Nutznießer: Menschen und Umwelt

Fallen Handelnde und Betroffene auseinander, wird von sogenannten **externen Effekten** gesprochen. Externe Effekte können für andere Vorteile oder Nachteile darstellen. Externe Vorteile werden auch **externe Nutzen** und externe Nachteile werden **externe Kosten** genannt. Träger externer Kosten können andere Personen oder andere Wirtschaftssubjekte **(private Kosten)**, die Allgemeinheit oder die Umwelt sein **(soziale Kosten).**

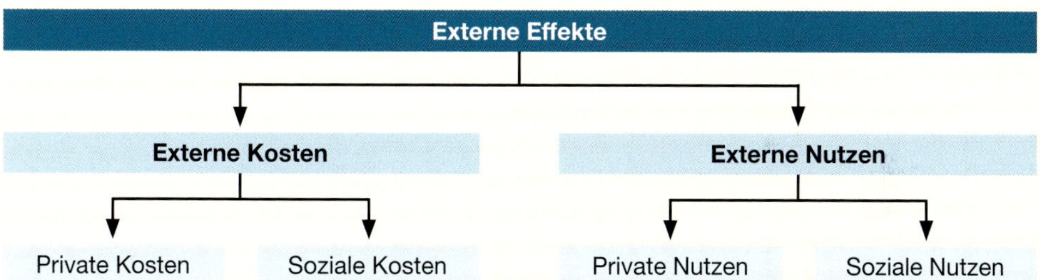

Externe Kosten: Kosten der Produktion und Verwendung von Gütern, die von anderen getragen werden müssen.

Externe private Kosten: Kosten der Produktion und Verwendung von Gütern, die von anderen Personen oder Wirtschaftssubjekten getragen werden müssen.

Externe soziale Kosten: Kosten der Produktion und Verwendung von Gütern, die zulasten der Allgemeinheit oder der Umwelt gehen.

Durch Herstellung und Verwendung von Gütern entstehen unterschiedliche Kosten. Der Produzent erfasst alle bei der Herstellung im Betrieb anfallenden Kosten in der Kostenrechnung; sie gehen in den Preis des Gutes ein und müssen vom Käufer getragen werden. Bei der Verwendung von Gütern anfallende Kosten für Energie, Reparaturen usw. müssen als laufende Kosten vom Benutzer getragen werden.

Neben Herstellkosten und laufenden Kosten fallen jedoch häufig auch Umweltkosten an. **Umweltkosten** entstehen durch die Inanspruchnahme der Natur. Eine Nutzung der Natur gilt nicht nur im Sinne betrieblicher Kostenrechnungen, sondern auch in einem weit verbreiteten allgemeinen Verständnis nicht als Kostenfaktor. Selbst wenn dabei die Umwelt zerstört und geschädigt wird, wenn Lärm entsteht usw., werden solche Folgen in der Regel weder bei der Herstellung noch bei der Verwendung von Gütern als Kosten erfasst; sie müssen weder vom Hersteller noch vom Verbraucher direkt getragen werden.

Auch ein externer Effekt

Umweltkosten sind also in aller Regel soziale Kosten. Sie gehen zu Lasten der Allgemeinheit; entweder in Form von weniger Umwelt oder verminderter Umweltqualität oder in einer durch Steuern finanzierten Beseitigung der Schäden.[1]

Da Umweltkosten nicht in Form höherer Güterpreise oder Umweltabgaben vom Verursacher getragen werden müssen, erscheint für ihn die Umweltnutzung weitgehend kostenlos. Durch die Verfügbarkeit über die Natur zum **„Nulltarif"** besteht jedoch kaum ein Anreiz zur Vermeidung von Umweltnutzungen und Umweltbelastungen und zum sparsamen Umgang mit dem knappen Gut „Umwelt". Die Vorstellung von Umwelt bzw. Natur als sogenanntes „freies Gut", das in beliebiger Menge und ohne direkte Kosten zur Verfügung steht, ist eine der Hauptursachen für das Umweltproblem.

12.3.3 Wettbewerb und Wettbewerbsfähigkeit[2]

? Kann Wettbewerb zur Umweltbelastung beitragen?

In marktwirtschaftlichen Systemen stehen Betriebe in der Regel unter Wettbewerbsdruck. Ein wichtiger Wettbewerbsfaktor sind die Kosten. Zur Stärkung ihrer Wettbewerbsposition streben Unternehmen daher möglichst geringe Kosten an.

Eine umweltfreundliche Produktion ist für Betriebe häufig mit höheren Kosten verbunden als eine umweltunfreundliche Produktion. Die Verwendung umweltverträglicher Materialien, der Einbau von Anlagen zur Reduzierung von Emissionen usw. verlangen in der Regel zusätzlichen Aufwand. Dieser Mehraufwand führt c.p. zu höheren Güterpreisen. Umweltfreundlich produzierende Unternehmen laufen daher Gefahr, gegenüber umweltunfreundlich produzierenden Betrieben kostenmäßig in Wettbewerbsnachteil zu geraten. Aus betrieblicher Sicht besteht also zunächst wenig eigenes Interesse an einer umweltfreundlichen Produktion.

[1] Zu den Schwierigkeiten einer zahlenmäßigen Erfassung externer Kosten vgl. den Abschnitt über das Verursacherprinzip in diesem Kapitel.

[2] Vgl. hierzu Kapitel 13 „Wettbewerb, Wettbewerbspolitik und Globalisierung".

Industrie warnt vor zu viel Umweltschutz

BONN (...) – Der Chef des Bundesverbandes der deutschen Industrie warnte davor, durch eine zu anspruchsvolle Umweltpolitik die Wirtschaft zu überfordern. Bei der Ökologie dürften sich die Fehler der Sozialpolitik nicht wiederholen: „Die Auszehrung der deutschen Wirtschaft durch überzogene Sozialleistungen darf in ökologischer Hinsicht keine Parallele finden."

Anstöße zu einer umweltverträglicheren Produktion müssen daher in erster Linie von außen kommen. Zwar können auch Verbraucher ihren Beitrag dazu leisten, indem sie die Anbieter umweltfreundlicher und umweltfreundlich hergestellter Güter mit entsprechender Nachfrage honorieren. In erster Linie ist jedoch der Staat gefordert, durch Subventionen, **Umweltschutzauflagen** usw. die Betriebe zu einer umweltverträglicheren Produktion anzuregen. Da insbesondere Umweltschutzauflagen für alle Betriebe gelten, führen sie innerhalb einer Volkswirtschaft auch nicht zu Wettbewerbsnachteilen einzelner Betriebe.

Nicht selten sind kostensenkende betriebliche Maßnahmen mit größeren Umweltbelastungen verbunden. So führt die produktionssynchrone Lieferung nach dem **„Just-in-Time"**-Verfahren zwar zu sinkenden Lagerkosten, erhöht aber den umweltbelastenden Gütertransport auf der Straße.

Just-in-Time (JIT)

Form der Logistik, bei der die Anlieferung von Material fertigungssynchron erfolgt, d. h., Produktionsfaktoren, meist nur Werkstoffe, sollen erst zum Zeitpunkt des Produktionseinsatzes angeliefert werden. Abweichend von der Vorratspolitik durch Lagerhaltung sollen durch eine wechselseitige Anpassung der Lieferanten Lagerkosten eingespart werden. Eine geringere Kapitalbindung ist die Folge. ... Volkswirtschaftlich und ökologisch ist JIT höchst umstritten.

Lexikon der Betriebswirtschaft. Verlag C.H. Beck

Oft werden weit entfernte, aber preisgünstigere Lieferanten oder besonders kostengünstige Produktionsstätten gewählt. Das mindert zwar die betrieblichen Kosten, führt aber wegen des höheren Transportaufwandes auch zu mehr Straßenverkehr, stärkerer Abnutzung der Straßen, höheren Schadstoffemissionen, mehr Lärm usw.

Krabben-Tourismus ist gut für die marokkanische Wirtschaft

HAMBURG (...) Weil das Pulen hierzulande zu teuer ist, schicken große Anbieter von Nordseekrabben ihre Fänge zum Pulen nach Marokko. Marokkanische Krabbenpuler kommen auf einen Tageslohn von etwa 6 EUR. Nach einem Transport von 2.500 Kilometern landen die Krabben dann wieder irgendwo zwischen Sylt und Krummhörn auf dem Teller.

Neben den Lohnkosten-Unterschieden sind die günstigen Transportkosten der Grund dafür, dass sich dieser Krabben-Tourismus rechnet.

Krabbenpulen wieder zu Hause statt in Marokko?

CUXHAVEN (...) Europas erstes maschinelles Krabbenschälzentrum entsteht zurzeit in Cuxhaven. Künftig sollen 24 Maschinen rund 2,7 Tonnen Krabben täglich schälen. Krabben werden bislang vor allem in den Billiglohnländern Polen und Marokko per Hand gepult. Durch die dort gestiegenen Löhne und die hohen Spritpreise lohne sich inzwischen eine solche Fabrik in Deutschland, meint der Geschäftsführer. Der Verkehrsclub Deutschland (VCD) begrüßt den Wegfall von Lkw-Transporten.

Gelegentlich führt das Bestreben, Kosten zu sparen, auch zu Handlungen, die nicht mehr betriebswirtschaftlich zu rechtfertigen sind. So besteht ein beträchtlicher Teil der **Umweltstraftaten** in der illegalen – und weitgehend kostenlosen – Entsorgung von Abfällen.

Die Aussage, Umweltschutz sei zwangsläufig mit höheren Kosten und Wettbewerbsnachteilen für Betriebe verbunden, muss aus zweierlei Gründen relativiert werden:

- Zum einen gilt der Zusammenhang oft nur bei einer kurzfristigen Betrachtungsweise. Langfristig kann es sich durchaus positiv auf die Wettbewerbsposition sowohl eines einzelnen Betriebes als auch ganzer Volkswirtschaften auswirken, wenn es gelingt ressourcensparende und umweltverträglichere Produkte und Produktionsverfahren zu entwickeln.
- Zum anderen unterscheiden sich einzelwirtschaftliche und gesamtwirtschaftliche Sichtweise oft erheblich voneinander. In betrieblicher Perspektive zählen nur die Kosten, die vom Unternehmen zu tragen sind. In gesamtwirtschaftlicher Sicht müssen jedoch auch die ökonomischen und ökologischen Wirkungen auf andere und die Umwelt in Betracht gezogen werden. Dann zeigt sich oft, dass die betriebliche Kostenrechnung nur deswegen so günstig aussieht, weil ein mehr oder weniger großer Teil der externen Kosten sozialisiert wird, d. h. von der Allgemeinheit oder der Umwelt getragen werden muss.

Nicht nur Betriebe innerhalb einer Volkswirtschaft stehen untereinander im Wettbewerb. Im Zeitalter der **Globalisierung** konkurrieren Betriebe und auch ganze Volkswirtschaften weltweit miteinander. So wird beispielsweise immer wieder die Frage nach der Wettbewerbsfähigkeit des Wirtschaftsstandortes Deutschland gestellt. Der **internationale Wettbewerb** um Arbeitsplätze, Industrieansiedlungen usw. wird mit verschiedenen Mitteln geführt: Arbeitskosten, Unternehmenssteuern, Infrastruktur, Subventionen usw. Da **Umweltschutzauflagen** auch einen Kostenfaktor darstellen und unter Umständen die Standortentscheidung eines Unternehmens beeinflussen können, besteht die Gefahr, dass Umweltschutzauflagen auch zu einem Mittel des internationalen Wettbewerbs werden. Um dies zu vermeiden und umweltschutzbedingte Wettbewerbsverzerrungen nicht aufkommen zu lassen, ist die Vereinbarung **internationaler Umweltstandards** unerlässlich.

Umweltschutzauflagen beeinflussen nicht nur die Kosten an einem bestimmten Produktionsstandort. Sie entscheiden manchmal auch darüber, ob überhaupt eine bestimmte Produktion stattfinden kann. Beispielsweise haben die international unterschiedlichen Regelungen hinsichtlich gentechnischer Forschung und gentechnischer Produktion dazu geführt, dass diese Bereiche vornehmlich in jene Länder wandern, in denen großzügige Regelungen bestehen.

Zusammenfassung Kapitel 12.3:
Ursachen des Umweltproblems

- Umweltzerstörungen und Umweltschädigungen durch wirtschaftliches Handeln hat es zu allen Zeiten und in allen Wirtschaftssystemen gegeben.
- In der Neuzeit haben die Umwelteingriffe jedoch ein die Menschheit bedrohendes Ausmaß angenommen.
- Hauptursachen für die heutigen Umweltprobleme sind:
  - Die rasche Bevölkerungsentwicklung und die zunehmende Industrialisierung.
  - Die Verfügbarkeit der Natur zum „Nulltarif" bzw. ohne nutzungsgerechte Kosten.
  - Der durch nationalen und internationalen Wettbewerb entstehende Kostendruck.

12.4 Umweltprinzipien

Anliegen aller umweltschützenden Bemühungen ist es, Umweltschäden möglichst gar nicht erst auftreten zu lassen bzw. sie in vertretbaren Grenzen zu halten. Hierfür ist zweierlei notwendig.

- Zum einen müssen weltweit geltende Standards entwickelt werden, die näher bestimmen, was „vertretbar" ist und es müssen allgemeine Handlungsmuster geschaffen werden, die sicherstellen, dass sich die Umwelteingriffe in den so bestimmten Grenzen halten. Für beide Anliegen sind **Umweltprinzipien** bzw. **Umweltkonzepte** entwickelt worden.
- Zum anderen müssen die Staaten mit konkreten **Umweltinstrumenten** ausgestattet werden, die es ihnen erlauben, die Konzepte so umzusetzen, dass sowohl die ökonomischen als auch die ökologischen Belange ausreichend gesichert sind.
- Da Umweltprobleme grenzüberschreitend und oft sogar global sind, ist ein breiter internationaler Konsens zur Einhaltung der **Umweltstandards** notwendig. Die zahlreichen **Weltklimagipfel** und **Umweltschutzkonferenzen** sind einerseits ein Beleg für ein prinzipiell vorhandenes Verständnis für die Notwendigkeit, zeigen andererseits aber auch, wie schwierig es ist, sich auf internationale Standards zu verständigen.

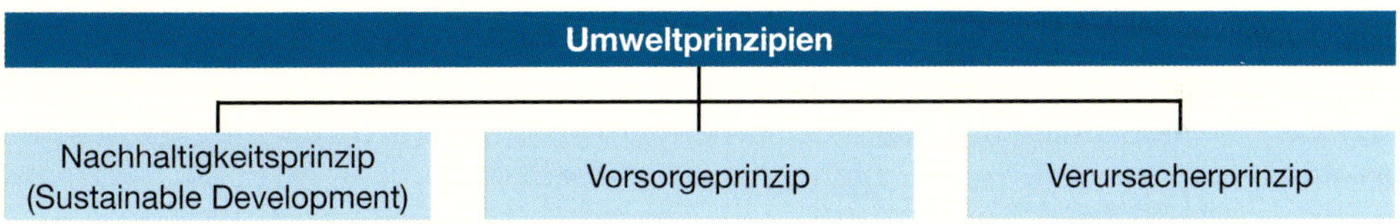

12.4.1 Nachhaltigkeitsprinzip („Sustainable Development")

Was bedeutet „nachhaltige Entwicklung" und wie ist sie zu erreichen? ?

Ein erfolgreicher und dauerhafter Umweltschutz benötigt einen Maßstab, der deutlich macht, welche Umwelteingriffe von der Natur verkraftet werden können. Darüber hinaus ist es erstrebenswert, dass die Nutzung des Naturvermögens zwischen den Menschen, die zur gleichen Zeit auf der Erde leben, gerecht verteilt ist **(intragenerative Verteilungsgerechtigkeit).** Wegen der zum Teil sehr langfristigen Wirkungen von Umwelteingriffen kann aber nicht nur an die gegenwärtig lebenden Menschen gedacht werden. Die Nutzung des Naturvermögens muss auch zwischen den Generationen gerecht verteilt werden, d. h. dass auch für zukünftige Generationen eine ausreichende natürliche Lebensgrundlage und eine angemessene Nutzung des Naturvermögens gesichert sein muss **(intergenerative Verteilungsgerechtigkeit).**

Ein diesem Anliegen dienendes Konzept ist das **Nachhaltigkeitsprinzip.** Mit „Nachhaltigkeit" bzw. **„nachhaltiger Entwicklung" („Sustainable Development")** wird ein Prinzip bezeichnet, bei dem die wirtschaftliche Entwicklung im Einklang mit der Natur erfolgt.

Bei Naturvölkern war und ist ein nachhaltiges Wirtschaften eine Selbstverständlichkeit. In industrialisierten Ländern wurde und wird vor allem in der Forstwirtschaft eine diesem Prinzip entsprechende Art des Wirtschaftens angewandt. Im Zusammenhang mit globalen Umweltproblemen wurde das Prinzip erstmals 1987 im Abschlussbericht der Weltkommission für Umwelt und Entwicklung auf die Umweltnutzung allgemein ausgedehnt und als Leitvorstellung für eine umweltverträgliche wirtschaftliche Entwicklung formuliert.

Nachhaltige Entwicklung (Sustainable Development)

Nachhaltigkeit im wirtschaftlichen Sinne bedeutet allgemein, dass innerhalb einer Periode die Abgänge an Vermögensgütern nicht größer sind als die Zugänge; dass der Vermögensbestand also erhalten bleibt. „Sustainable Development bezeichnet eine Entwicklung, die die Bedürfnisse der Gegenwart befriedigt, ohne zu riskieren, dass künftige Generationen ihre eigenen Bedürfnisse nicht befriedigen können."

(Weltkommission für Umwelt und Entwicklung („Brundtland-Bericht"), 1987).

Agenda 21

Auf dem Weltumweltgipfel 1992 in Rio de Janeiro wurde ein weltweites Entwicklungs- und Aktionsprogramm für das 21. Jahrhundert verabschiedet: Agenda 21. Darin ist das Leitbild einer nachhaltigen bzw. naturverträglichen Entwicklung („Sustainable Development") konkretisiert worden. Die Länder werden verpflichtet, ihre Energie-, Verkehrs-, Wirtschafts-, Agrar- und Handelspolitik so auszurichten, dass die natürlichen Lebensgrundlagen nicht zerstört werden und auch künftigen Generationen ungeschmälert zur Verfügung stehen.

Grundanliegen einer nachhaltigen Entwicklung ist es, zukünftige Generationen bei der Versorgung mit natürlichen Ressourcen, vor allem bei der Umweltqualität, nicht schlechter zu stellen als die gegenwärtige Generation. Im ökonomischen Sprachgebrauch bedeutet dies, dass der **„natürliche Kapitalstock"** erhalten bleibt. Der Verwirklichung dieses Anliegens sollen insbesondere vier Verhaltensregeln dienen:

!

- Erneuerbare Ressourcen dürfen nur im Umfang ihrer Regenerationsfähigkeit genutzt werden; d.h., es darf nur soviel abgebaut werden, wie wieder nachwächst.
- Die Nutzung nicht erneuerbarer Ressourcen soll möglichst sparsam sein. Ihr Abbau ist nur erlaubt, wenn erkennbar ist, dass späteren Generationen Alternativen zur Verfügung stehen.
- Neue Techniken für alternative Energien, Rohstoffe usw. sowie für eine stärkere Nutzung erneuerbarer Ressourcen müssen entwickelt werden.
- Die Emissionen in Luft, Wasser und Boden sowie die Deponierung von Abfällen dürfen die Aufnahmefähigkeit der Natur nicht überschreiten.

12.4.2 Vorsorgeprinzip

? Warum ist Vorsorge besser als Nachsorge?

Die Beseitigung von Umweltschäden ist eine wichtige und ohne Zweifel auch in Zukunft unverzichtbare Aufgabe. Wie in vielen anderen Bereichen gilt jedoch auch hier, dass es weitaus besser ist, wenn Schäden erst gar nicht entstehen. Daher wird in umweltpolitischen Konzepten verstärkt an die Stelle der Schadensbeseitigung die Schadensvermeidung gesetzt. Das **Vorsorgeprinzip** rangiert vor dem **Nachsorgeprinzip:** Vorbeugen statt Reparieren.

Für das Vorsorgeprinzip spricht – außer der allgemeinen Plausibilität – auch, dass die Beseitigung von Umweltschäden oft mit sehr hohen, zumeist von der Allgemeinheit zu tragenden Kosten verbunden ist und dass es nicht immer möglich ist, den ursprünglichen Zustand wieder herzustellen.

Zahlreiche Umweltschädigungen sind auch – wenn überhaupt – nur in langen Zeiträumen wieder rückgängig zu machen. Während dieses Zeitraums müssen Menschen, Tiere und Pflanzen die Schäden ertragen. Ein Beispiel hierfür ist das sogenannte **Ozonloch.**

Ozonloch

Vor allem durch die als Treibgase verwendeten Fluor-Chlor-Kohlenwasserstoffe (FCKW) wird die Ozonschicht der Erde reduziert. Über den Polgebieten haben sich bereits Ozonlöcher gebildet. Die 20 bis 50 km hoch gelegene Ozonschicht bildet einen natürlichen Schutzschild gegen die gefährliche Ultraviolettstrahlung. In Gebieten mit geringerer Ozonkonzentration steigt beispielsweise die Hautkrebsrate bei Menschen deutlich an. Weltweit gibt es inzwischen Bemühungen, die Emissionen von FCKW zu reduzieren. Selbst wenn ab sofort vollständig auf den Einsatz von FCKW verzichtet würde, würde es Jahrzehnte dauern, bis der Ozonschild wieder vollständig aufgebaut ist.

Die später noch darzustellenden staatlichen Umweltschutzmaßnahmen orientieren sich überwiegend am Vorsorgeprinzip. Durch entsprechende gesetzliche Regelungen, durch Gebote und Verbote, sollen Umweltschäden möglichst von vornherein vermieden, zumindest aber in engen Grenzen gehalten werden.

Vorsorgeprinzip: Umweltschutz ist zunächst *Gefahrenabwehr.* Der Staat muss schützend eingreifen, wenn menschliche Eingriffe erkennbar geeignet sind, Schäden für Mensch und Umwelt herbeizuführen. Die Verhütung von diesbezüglichen Umweltbelastungen ist seit jeher unverzichtbarer Bestandteil der Umweltpolitik.

Verantwortliche Umweltpolitik beschränkt sich jedoch nicht auf die Abwehr von Gefahren; sie handelt vielmehr bereits im Vorfeld der Gefahren. Sie muss die Risiken für Mensch und Umwelt entsprechend dem Fortschreiten wissenschaftlicher Erkenntnisse und technischer Entwicklungen so gering wie möglich halten. Eine so verstandene Risikovorsorge verlangt umweltpolitische Entscheidungen vielfach auch schon da, wo noch keine Gefahr, sondern nur ein begründeter Gefahrenverdacht besteht.

Umweltprogramm der Bundesregierung

12.4.3 Verursacherprinzip

Wer soll für Umweltschäden aufkommen?

Durch die Inanspruchnahme der Umwelt entstehen Kosten:

- Unmittelbare Schäden, die in der Wertminderung der geschädigten Güter bestehen (z. B. Wald durch das Waldsterben)
- Kosten der Beseitigung von Umweltschäden
- Verluste nicht materieller Art (Gesundheitsschäden oder weniger Umwelt- und Lebensqualität durch Lärm, durch Luft-, Wasser- und Bodenverschmutzung usw.).

Ein Kernproblem der Umweltpolitik besteht in der Frage, wer diese Kosten tragen soll. Bei der Betrachtung der **externen Kosten** wurde festgestellt, dass ein beträchtlicher Teil der Umweltkosten von der Allgemeinheit zu tragen ist: entweder in Form verminderter Umweltqualität oder in Form steuerfinanzierter Beseitigung von Umweltschäden.[1]

Gehen Umweltnutzung und Umweltschädigung zu Lasten der Allgemeinheit, wird vom **Gemeinlastprinzip** gesprochen. Die Tatsache, dass derjenige, der die Umwelt nutzt oder

[1] Vgl. zu externen Kosten und ihren Zusammenhang mit Umweltproblemen den Abschnitt über „Externe Kosten".

schädigt, hierfür nicht die Kosten tragen muss, wurde als eine wichtige Ursache für einen oftmals leichtfertigen Umgang mit dem Naturvermögen erkannt. Im Gegenzug ist anzunehmen, dass eine Inanspruchnahme der Umwelt sorgfältiger überlegt wird und das Ausmaß von Umweltnutzungen und Umweltschädigungen zurückgehen wird, wenn der Nutzer bzw. Schädiger dafür bezahlen muss.

Entsprechend geht das **Verursacherprinzip** davon aus, dass Umweltkosten von demjenigen zu tragen sind, der sie verursacht hat. Wer Schaden anrichtet, muss ihn auch beseitigen bzw. für die Kosten der Beseitigung aufkommen. Das Verursacherprinzip ist also ein Kostenzuweisungsprinzip. Verursacher kann ein Produkt oder eine Wirtschaftseinheit (Unternehmen, Haushalt, staatliche Stelle) sein.

„Jeder, der die Umwelt belastet oder sie schädigt, soll für die Kosten dieser Belastung oder Schädigung aufkommen."

Umweltprogramm der Bundesregierung

Die Auffassungen darüber, was „Kosten" in diesem Sinne sind, gehen auseinander. In einem weiten Verständnis umfasst das Verursacherprinzip jegliche Form der Umweltnutzung. Wer in irgendeiner Weise die Natur in Anspruch nimmt, soll dafür eine Nutzungsabgabe bezahlen. In einem engeren – und vorherrschenden – Verständnis bezieht sich das Verursacherprinzip auf Umweltbelastungen und Umweltschädigungen. Wer die Umwelt belastet oder schädigt, soll für die dadurch entstehenden materiellen und immateriellen Schäden aufkommen.

Verursacherprinzip: Das Verursacherprinzip im Umweltschutz ist Kostenzurechnungsprinzip und ökonomisches Effizienzkriterium: Derjenige muss die Kosten der Vermeidung oder Beseitigung einer Umweltbelastung tragen, der für ihr Entstehen verantwortlich ist.

Das Verursacherprinzip entspricht dem Grundgedanken der Sozialen Marktwirtschaft. Denn in einer marktwirtschaftlichen Ordnung sollen grundsätzlich alle betrieblichen und außerbetrieblichen Kosten den Produkten oder den Leistungen zugerechnet werden, die diese einzelnen Kosten verursachen. Diese Kosten schlagen sich letztlich in den Preisen nieder.

Eine volkswirtschaftlich effiziente und schonende Nutzung der Naturgüter wird am ehesten erreicht, wenn die Kosten zur Vermeidung, zur Beseitigung oder zum Ausgleich von Umweltbelastungen möglichst vollständig dem Verursacher zugerechnet werden.

Umweltprogramm der Bundesregierung

Nach dem Verursacherprinzip sind alle Umweltbelastungen, die mit der Herstellung und Entsorgung eines Produktes verbunden sind, vom Hersteller aufzubringen. Auf diese Weise gehen neben den betrieblichen auch die außerbetrieblichen Kosten (externe Kosten) in die Kalkulation des Herstellers ein und erhöhen prinzipiell den Preis des Produktes. Der Preis des Produktes wird umso höher, je höher die mit ihm verbunden Umweltkosten sind.

Auch die mit der Nutzung eines Produkts verbundenen Umweltbelastungen sind verursachungsgerecht zuzuweisen. Die Umweltkosten, die beispielsweise aus der Verbrennung des Kraftstoffes beim Autofahren entstehen, müssten in den Kraftstoffpreis eingehen und diesen entsprechend erhöhen.

§

Auszug aus dem Umwelthaftungsgesetz

§ 1 Wird durch eine Umwelteinwirkung ... jemand getötet, sein Körper oder seine Gesundheit verletzt oder eine Sache beschädigt, so ist der Inhaber der Anlage verpflichtet, dem Geschädigten den daraus entstehenden Schaden zu ersetzen.

§ 3 (1) Ein Schaden entsteht durch eine Umwelteinwirkung, wenn er durch Stoffe, Erschütterungen, Geräusche, Druck, Strahlen, Gase, Dämpfe, Wärme oder sonstige Erscheinungen verursacht wird, die sich in Boden, Luft oder Wasser ausgebreitet haben.

§ 6 (1) Ist eine Anlage nach den Gegebenheiten des Einzelfalles geeignet, den entstandenen Schaden zu verursachen, so wird vermutet, daß der Schaden durch diese Anlage verursacht ist

!

Durch das **Verursacherprinzip**

- werden externe Kosten zu internen Kosten
- wird ein Produkt umso teurer, je mehr es die Umwelt belastet

Das Verursacherprinzip erfreut sich hoher Plausibilität und großer Zustimmung in breiten Bevölkerungskreisen. Kaum jemand wird der Forderung widersprechen, dass derjenige für die Kosten aufkommen muss, der die Schäden verursacht hat. Bei der praktischen Umsetzung des Verursacherprinzips ergeben sich jedoch im Detail zahlreiche Probleme.

Voraussetzung für die Realisierung des Verursacherprinzips ist zunächst, dass die mit der Herstellung und Verwendung von Gütern verbundenen externen Kosten zahlenmäßig erfasst werden. Am ehesten lassen sich noch die unmittelbaren Kosten einer Beseitigung von Umweltschäden ermitteln. Ist beispielsweise Erdreich verseucht worden, können die Kosten für Aushub und sachgerechte Entsorgung genau festgestellt werden. Wurde zusätzlich auch Grundwasser geschädigt, wird die Kostenermittlung schon erheblich schwieriger. Nahezu unmöglich ist es, z.B. Kosten langfristiger Gesundheitsschädigungen zu ermitteln oder kostenmäßige Größen für Lärmbelästigung, Schädigungen des Ozonschildes, des Weltklimas usw. festzulegen. Auch der mit Umweltschädigungen verbundene Verlust von Lebensqualität ist kaum zu beziffern.

Pestizide im Trinkwasser

FRANKFURT/MAIN (...) Ein Drittel des Grundwassers in der Bundesrepublik ist mit Pestiziden und deren Abbauprodukten verschmutzt. Diese Aussage entnimmt der WWF dem gemeinsamen Pflanzenschutzbericht der Bundesländer. Der WWF fordert eine Beteiligung der Pestizidhersteller und der Landwirtschaft an der Sanierung der belasteten Gewässer. Die Reinigung des Trinkwassers von Pflanzenschutzmitteln koste jährlich 150 Millionen EUR. Bisher zahlten dafür allein die Verbraucher.

Auch eine eindeutige Identifizierung des Verursachers von Umweltkosten bereitet in der Realität häufig Schwierigkeiten:

- Bei zahlreichen Umweltschädigungen lässt der derzeitige wissenschaftliche Erkenntnisstand noch keine eindeutige Zuordnung von Ursachen zu.
- An zahlreichen, vor allem den großen Umweltschäden, sind verschiedene Ursachen, verschiedene Produkte und unterschiedliche Wirtschaftssubjekte beteiligt. Die Anteile, die auf eine bestimmte Ursache zurückzuführen sind, die auf ein bestimmtes Produkt entfallen oder einem einzelnen Wirtschaftssubjekt anlastbar sind, lassen sich kaum

exakt ermitteln. So sind z. B. am Waldsterben Kraftwerke, Autofahrer, Hausheizungen, Industrieanlagen usw. beteiligt.

- Umweltschäden treten oft erst nach langer Zeit auf oder werden erst spät erkannt. Bei diesen sogenannten „Altlasten", d. h. den vor längerer Zeit verursachten Umweltschäden, lässt sich der Verursacher oft nicht mehr ermitteln oder ist nicht mehr greifbar.
- Bei vielen Umweltschädigungen muss sofort gehandelt werden (z. B. bei einer drohenden Verseuchung des Grundwassers). Dann müssen zunächst staatliche Stellen für die Beseitigungskosten aufkommen und die Suche nach dem Verursacher muss auf später verschoben werden.

Die ohne Zweifel vorhandenen Schwierigkeiten, das **Verursacherprinzip** umzusetzen, sollten nicht davon abhalten, es im Rahmen des Möglichen anzuwenden. Wie kaum ein anderes Instrument ist es geeignet, Umweltnutzungen und Umweltschädigungen über den Markt und damit über den Preis abzuwickeln. Nach allen Erfahrungen wirken Maßnahmen, die ans Portemonnaie gehen, mehr als noch so eindringlich ausgesprochene Appelle. Nicht zuletzt aufgrund dieser Einsicht hat die Bundesregierung das Verursacherprinzip zu einem ihrer wichtigsten wirtschaftspolitischen Handlungsgrundsätze gemacht.

Zusammenfassung Kapitel 12.4:
Umweltprinzipien

- Umweltprinzipien sind allgemeine Leitlinien, die das umweltpolitisches Handeln steuern sollen.
- Die wichtigsten Umweltprinzipien sind das Nachhaltigkeitsprinzip, das Vorsorgeprinzip und das Verursacherprinzip.
- Das Nachhaltigkeitsprinzip („Sustainable Development") strebt eine wirtschaftliche Entwicklung an, die im Einklang mit der Natur erfolgt. Grundanliegen ist es, zukünftige Generationen bei der Versorgung mit Naturgütern nicht schlechter zu stellen als die gegenwärtige Generation (intergenerative Verteilungsgerechtigkeit).
- Das Vorsorgeprinzip soll mithilfe geeigneter und rechtzeitiger Maßnahmen dafür sorgen, dass Umweltschädigungen möglichst erst gar nicht eintreten.
- Das Verursacherprinzip strebt an, dass jeder, der die Umwelt belastet oder schädigt, für die Kosten dieser Belastung oder Schädigung aufzukommen hat.
- Durch das Verursacherprinzip gehen Umweltkosten in die Produktkosten und damit in den Preis ein.
- Bei einer Anwendung des Verursacherprinzips ergeben sich Schwierigkeiten bei der genauen Ermittlung von Umweltkosten und bei der eindeutigen Identifizierung des Verursachers.

12.5 Grundlagen und Instrumente staatlicher Umweltpolitik

? Was kann der Staat zum Schutze der Umwelt tun?

▶ Grundlagen staatlicher Umweltpolitik

Die Umweltproblematik ist ein Hinweis auf ein **Marktversagen.** Von Marktversagen wird dann gesprochen, wenn der Markt von sich aus nicht zu einem optimalen Ergebnis, d.h.

insbesondere, zu einem optimalen Einsatz von Ressourcen und zu einer optimalen Verteilung der Güter führt. Ein solcher Fall tritt vor allem dann auf, wenn der **Preismechanismus** versagt.[1]

Im Zusammenhang mit der Umwelt besteht das Marktversagen in einem nicht ausreichenden Schutz der Umwelt vor Abbau, Zerstörung und Schädigung. Der wichtigste Grund hierfür wurde schon genannt: Umweltkosten gehen nicht in die Herstell- und Verwendungskosten und damit in die Preise der Güter ein. Damit ist der Preis als wichtigster Regelmechanismus einer Marktwirtschaft ausgeschaltet.

Marktversagen deutet stets auf die Notwendigkeit staatlicher Eingriffe hin. Aufgrund des ökologischen Marktversagens ist der Staat zu einer entsprechenden **Umweltpolitik** aufgerufen. Menschen können bei widerstreitenden Interessen ihre Belange selbst einbringen und vertreten. Dennoch bedürfen zahlreiche Gruppen (Verbraucher, Mieter, Arbeitnehmer, Kinder, Jugendliche usw.) des besonderen Schutzes und der Unterstützung durch den Staat **(Schutzfunktion).** Noch stärker gilt die staatliche Schutzverpflichtung für die Umwelt. Sie kann sich nicht selbst schützen. Umweltschutz gehört daher im heutigen Staatsverständnis zu den wichtigsten Aufgaben der Politik.

Mit **Umweltpolitik** wird die Gesamtheit aller staatlichen Maßnahmen bezeichnet, die dem Ziel dienen, die Umwelt zu schützen. Gegenstand des Umweltschutzes ist die Erhaltung der natürlichen Lebensgrundlagen, auch für die zukünftigen Generationen. Wichtiger Ansatzpunkt marktwirtschaftlicher Umweltpolitik ist es, die bei der Herstellung und Verwendung von Gütern auftretendenden Umweltbelastungen und -schädigungen nicht als externe Kosten auf die Allgemeinheit umzulegen, sondern durch entsprechende staatliche Auflagen in die Güterpreise zu integrieren und damit dem Verursacher anzulasten **(Verursacherprinzip).**

„Umweltpolitik ist die Gesamtheit aller Maßnahmen, die notwendig sind, um dem Menschen eine Umwelt zu sichern, wie er sie für seine Gesundheit und für ein menschenwürdiges Dasein braucht, um Boden, Luft, Wasser, Pflanzen- und Tierwelt vor nachteiligen Wirkungen menschlicher Eingriffe zu schützen und um Schäden oder Nachteile aus menschlichen Eingriffen zu beseitigen."

Umweltprogramm der Bundesregierung

Umweltschutz ist weniger als andere Ziele national zu verwirklichen. Nicht erst die Atomkatastrophe von Tschernobyl hat den buchstäblich grenzüberschreitenden Charakter von Umweltschädigungen deutlich gemacht. Wirksame Umweltschutzpolitik ist daher auf internationale Kooperation angewiesen.

Ein wichtiger Meilenstein auf dem Wege zu einer globalen Umweltpolitik war die **Konferenz der Vereinten Nationen für Umwelt und Entwicklung (UNCED)** im Jahre 1992 in Rio de Janeiro. In einer gemeinsamen Resolution haben dort 178 Staaten auf den dringenden Handlungsbedarf zur Rettung der Erde hingewiesen und grundlegende Vereinbarungen über die Förderung einer nachhaltigen Entwicklung und eine weltweite Zusammenarbeit in der Umwelt- und Entwicklungspolitik getroffen.

§

Grundgesetz für die Bundesrepublik Deutschland

Artikel 20a

Der Staat schützt auch in Verantwortung für die künftigen Generationen die natürlichen Lebensgrundlagen im Rahmen der verfassungsmäßigen Ordnung durch die Gesetzgebung und nach Maßgabe von Gesetz und Recht durch die vollziehende Gewalt und die Rechtsprechung.

[1] Vgl. hierzu auch die Ausführungen zum Preismechanismus in Kapitel 5 „Markt und Preisbildung".

Neben allgemeinen Einsichten in die Notwendigkeit staatlichen Handelns ergibt sich die Verpflichtung zu staatlichem Umweltschutz auch aus einer Reihe von Gesetzen. Die grundlegende Verpflichtung ist seit 1995 im Grundgesetz für die Bundesrepublik Deutschland verankert. Weitere Bestimmungen finden sich in speziellen gesetzlichen Regelungen.

▶ Instrumente staatlicher Umweltpolitik

Der Staat benötigt zur Wahrnehmung seiner umweltpolitischen Aufgabe und zur Umsetzung seiner Zielvorstellungen angemessene Instrumente. Die Vielzahl umweltpolitischer Instrumente lässt sich einteilen in Ordnungsrecht, ökonomische Instrumente, staatliche Ausgaben, planerische Instrumente und Umwelterziehung.

Umweltpolitische Instrumente

Ordnungsrecht	Ökonomische Instrumente	Staatliche Ausgaben	Planerische Instrumente	Umwelterziehung
Gebote	Umweltauflagen	Umweltsanierung	Luftreinhaltung	Information
Verbote	Ökosteuern	Umweltschutzinvestitionen	Gewässerschutz	Beratung
Umweltauflagen	Umweltlizenzen		Abfallentsorgung	Bildung
Technische Anleitungen	Umweltsubventionen		Landschaftsplanung	

Das **Ordnungsrecht** setzt in Form von Geboten und Verboten einen verbindlichen Rahmen für Produzenten und Konsumenten. Wesentliche Elemente des Ordnungsrechts sind Umweltauflagen und Technische Anleitungen. **Umweltauflagen** gehören in Deutschland zu den bevorzugten Umweltinstrumenten; sie enthalten umweltbezogene Verhaltensvorschriften in Form von Umweltgeboten und Umweltverboten (z. B. Emissionsauflagen, Produktionsauflagen, Transportauflagen, Lagerungsauflagen, Entsorgungsauflagen). **Technische Anleitungen** enthalten detaillierte Vorschriften für bestimmte Bereiche. Es existieren u.a. die Technische Anleitung zum Schutz gegen Lärm (TA Lärm), die Technische Anleitung zur Reinhaltung der Luft (TA Luft), die Technische Anleitung zur Lagerung, chemisch/physikalischen, biologischen Behandlung, Verbrennung und Ablagerung von besonders überwachungsbedürftigen Abfällen (TA Abfall).

Das Ordnungsrecht enthält u. a. zahlreiche Regelungen zur Begrenzung des Schadstoffausstoßes. Unternehmen werden u. a. verpflichtet, die Herstellverfahren, z. B. durch den Einbau von Filteranlagen, umweltverträglicher zu gestalten. Verstöße gegen ordnungsrechtliche Vorschriften werden mit Sanktionen geahndet, die von Bußgeldern bis zu Betriebsstilllegungen reichen können.

! Wichtige Umweltschutzgesetze und -verordnungen

- Bundes-Immissionsschutzgesetz
- Kreislaufwirtschaftsgesetz
- Bundesnaturschutzgesetz
- Umwelthaftungsgesetz
- Umweltverträglichkeitsprüfungsgesetz
- Abwasserabgabegesetz
- Gesetz über die Umweltverträglichkeit von Wasch- und Reinigungsmitteln
- Verordnung für Großfeuerungsanlagen
- Verordnung über Kleinfeuerungsanlagen
- Abfallverbrennungs-Verordnung
- Verpackungsverordnung

Ökonomische Instrumente stellen Anreize dar, mit deren Hilfe gewünschtes Umweltverhalten herbeigeführt werden soll. Über zumeist finanzielle Begünstigungen umweltfreundlichen Verhaltens und finanzielle Belastungen umweltunfreundlichen Verhaltens sollen Eigeninteresse und Eigenverantwortlichkeit der Umweltnutzer gestärkt werden. Eingesetzt werden hierzu Umweltabgaben (Steuern, Gebühren, Beiträge) und Subventionen.

§

Bundes-Immissionsschutzgesetz (Auszug)

§ 1 Zweck des Gesetzes

Zweck dieses Gesetzes ist es, Menschen, Tiere und Pflanzen, den Boden, das Wasser, die Atmosphäre sowie Kultur- und sonstige Sachgüter vor schädlichen Umwelteinwirkungen ... zu schützen und dem Entstehen schädlicher Umwelteinwirkungen vorzubeugen.

§ 3 Begriffbestimmungen

(1) Schädliche Umwelteinwirkungen im Sinne dieses Gesetzes sind Immissionen, die nach Art, Ausmaß oder Dauer geeignet sind, Gefahren, erhebliche Nachteile oder erhebliche Belästigungen für die Allgemeinheit oder die Nachbarschaft herbeizuführen.

(2) Immissionen im Sinne dieses Gesetzes sind auf Menschen, Tiere und Pflanzen, den Boden, das Wasser, die Atmosphäre sowie Kultur- und sonstige Sachgüter einwirkende Luftverunreinigungen, Geräusche, Erschütterungen, Licht, Wärme, Strahlen und ähnliche Umwelteinwirkungen.

Durch **Umweltabgaben** werden jene zu Zahlungen verpflichtet, die durch Inanspruchnahme der Umwelt, durch Schadstoffemissionen usw. die Umwelt belasten. Der Umweltnutzer wird im Einzelfall abwägen, ob es für ihn kostengünstiger ist, die Umweltabgabe zu zahlen oder durch angemessene Aufwendungen die Emissionen zu verringern. Eine solche Umweltabgabe ist die seit 1978 in Deutschland erhobene Abwasserabgabe. Diskutiert wird die Einführung von Luftschadstoffabgabe, Abfallabgabe und Naturschutzabgabe.

Nach intensiven Diskussionen über die Einführung von **Ökosteuern (Umweltsteuern)** wurden in Deutschland 1999 das „Gesetz zum Einstieg in die ökologische Steuerreform" und das „Gesetz zur Fortführung der ökologischen Steuerreform" verabschiedet. Als eine Verbrauchssteuer wurde die **Stromsteuer** eingeführt. Die **Mineralölsteuer** (heute: **Energiesteuer)** wurde nach ökologischen Kriterien umgestaltet.

Pigou-Steuer

Schon der englische Volkswirtschaftler A.C. Pigou (1877–1959) hat darauf hingewiesen, dass die üblichen Gewinn- und Nutzenüberlegungen verzerrt sind. Da die externen Kosten nicht in die Kalkulation des Produktes eingehen, ergibt sich ein zu geringer Preis. Dadurch werden von dem Gut größere Mengen erzeugt, als aus gesamtwirtschaftlicher Sicht wünschenswert ist. Nach Pigou lässt sich dieser Mangel beheben, indem das Gut mit einer Steuer belastet wird, die in ihrer Höhe genau den externen Kosten entspricht.

Als umweltbezogene Steuern und Abgaben gelten

- Energiesteuer
- Kraftfahrzeugsteuer
- Stromsteuer
- Abwassergebühren
- Abfallgebühren

Umweltbezogene Steuern in Deutschland

	2005	2010	2015
	Mrd. EUR		
Umweltbezogene Steuern	**55,7**	**55,2**	**58,6**
Energiesteuer (Mineralölsteuer)	40,1	39,8	39,6
Stromsteuer	6,5	6,2	6,6
Emissionsberechtigungen	–	0,4	0,9
Kernbrennstoffsteuer	–	–	1,4
Beitrag Erdölbevorratungsverband	0,4	0,3	0,3
Kraftfahrzeugsteuer	8,7	8,5	8,8
Luftverkehrsteuer	–	–	1,0

Quelle: Statistisches Bundesamt

Umweltlizenzen sind handelbare Emissionsrechte. Grundvorstellung ist, dass für eine bestimmte Region das Ausmaß der zulässigen Gesamtverschmutzung mit einem bestimmten Schadstoff festgelegt wird. Die Gesamtmenge wird in Anteile zerlegt, die von Unternehmen erworben werden können und ihnen erlauben, im „gekauften" Umfang die Umwelt zu verschmutzen **(Emissionszertifikate).** Die Lizenzen werden an einer Art Börse gehandelt. Unternehmen, die umweltschützende Investitionen vorgenommen oder auf sonstige Weise ihren Schadstoffausstoß verringert haben, können Zertifikate verkaufen und haben einen finanziellen Vorteil. Unternehmen, die ihr Kontingent überschreiten oder ihren Schadstoffausstoß vergrößern, müssen zusätzliche Zertifikate kaufen. Vorteile eines solchen Verfahrens sind, dass sich die Emissionen im Rahmen der zulässigen Höchstgrenze bewegen und umweltschützende Investitionen belohnt, Umweltverschmutzungen hingegen bestraft werden. Nachteile liegen zum einen in der Schwierigkeit, eine ökologisch vertretbare Verschmutzungsobergrenze festzulegen, und zum anderen in den kaum durchführbaren Kontrollen der betrieblichen Emissionen. In Deutschland werden Umweltlizenzen bisher nur diskutiert; in den USA dürfen Umweltzertifikate bereits gehandelt werden.

Mit **Umweltsubventionen** werden in Form von Zuschüssen oder Steuererleichterungen Haushalte und Unternehmen gefördert, die umweltschützende Maßnahmen ergreifen (z.B. Wärmeschutzdämmung bei Gebäuden).

Der Staat versucht nicht nur, das Verhalten anderer Wirtschaftseinheiten zu beeinflussen, er tätigt auch direkt **staatliche Ausgaben** im Interesse des Umweltschutzes. Im Wege der **Umweltsanierung** werden öffentliche Gelder eingesetzt um eingetretene Umweltschäden zu verringern oder zu beseitigen oder um Ökosysteme wieder funktionsfähig zu machen (z.B. Renaturierung von Flusslandschaften). **Umweltschutzinvestitionen** dienen in erster

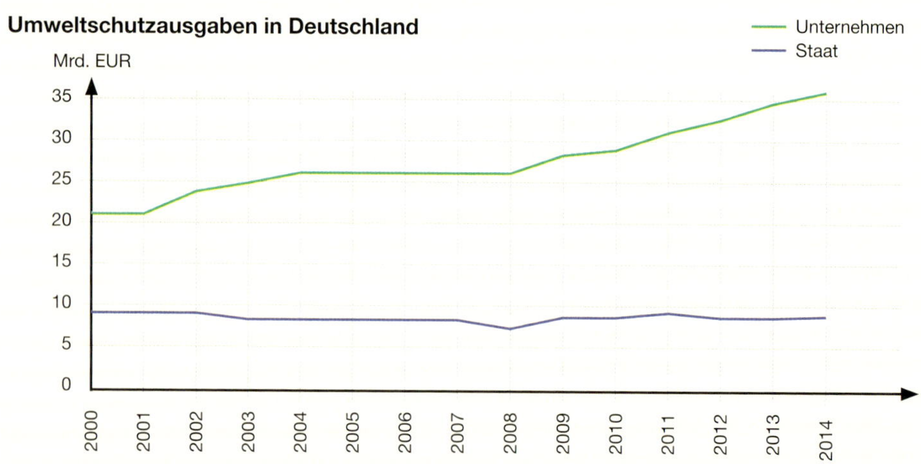

Quelle: Statistisches Bundesamt

Linie der Vorsorge und sollen Schäden oder Belästigungen vermeiden (z.B. Bau von umweltsicheren Abfalldeponien und Recyclinganlagen, Verwendung von „Flüsterasphalt" und Bau von Lärmschutzwänden beim Straßenbau usw.).

Planerische Instrumente dienen durch vorsorgende Umweltmaßnahmen dem langfristigen Schutz knapper Ressourcen und der Bewahrung einer lebenswerten Umwelt. Luftreinhalteplanung, Gewässerschutzplanung, Abfallentsorgungsplanung und Landschaftsplanung (z.B. Einrichtung von Naturschutzgebieten, Verkehrswegeplanung usw.) dienen der Verwirklichung dieser Ziele.

Der Staat ist aufgefordert, für den Aufbau einer **Ökosozialen Marktwirtschaft** alles in seiner Macht Stehende zu tun, um die Umwelt zu schützen. Der Staat kann aber oft nur die Ziele vorgeben und die dafür erforderlichen Rahmenbedingungen schaffen. Erfüllt werden muss der Umweltschutz letztlich durch die Menschen. Ein umfassender Schutz der Umwelt ist nur möglich, wenn alle Menschen über entsprechende Einsichten verfügen und – was besonders wichtig ist – bereit sind, sich auch entsprechend diesen Einsichten zu verhalten. Daher gewinnt die **Umwelterziehung** zunehmend an Bedeutung. Durch Information und Beratung in Umweltfragen und durch Einbezug des Umweltschutzes in Bildungsprozesse sollen Einsicht, Verantwortung, Eigeninitiative und schließlich umweltbewusstes Verhalten der Bürger gestärkt werden.

Zusammenfassung Kapitel 12.5:
Grundlagen und Instrumente staatlicher Umweltpolitik

- Aus dem Marktversagen im Umweltbereich ergibt sich die Notwendigkeit umweltpolitischer Eingriffe des Staates.
- Staatliche Eingriffe zum Umweltschutz entsprechen dem Verständnis von der Rolle des Staates in der Sozialen Marktwirtschaft (Schutzfunktion).
- Mit Umweltpolitik wird die Gesamtheit aller staatlichen Maßnahmen bezeichnet, die dem Ziel dienen, die Umwelt zu schützen.
- Instrumente staatlicher Umweltpolitik sind das Ordnungsrecht, ökonomische Instrumente, staatliche Ausgaben, planerische Instrumente und Umwelterziehung.
- Das Ordnungsrecht setzt verbindliche Gebote und Verbote zur Einhaltung von Umweltauflagen.
- Ökonomische Instrumente geben Anreize, mit deren Hilfe gewünschtes Umweltverhalten herbeigeführt werden soll. Solche Instrumente sind: Umweltabgaben, Ökosteuern, Umweltlizenzen und Umweltsubventionen.
- Staatliche Ausgaben dienen dem Umweltschutz durch Umweltsanierung und Umweltschutzinvestitionen.
- Planerische Instrumente dienen durch vorsorgende Planung dem Umweltschutz (z.B. Gewässerschutzplanung, Landschaftsplanung).
- Umwelterziehung versucht, durch Informationen, Beratung und Bildung bei den Bürgern Einsicht, Verantwortung, Eigeninitiative und umweltgerechtes Verhalten hervorzurufen.

Aufgaben zum Üben und Vertiefen

Kapitel 12 Ökonomie und Ökologie

1 Eigennutzprinzip und Gemeinnutzprinzip konkurrieren oft miteinander.

a) Setzen Sie sich kritisch mit der Auffassung auseinander, menschliches Verhalten sei in erster Linie durch Eigennutzstreben geprägt.

b) Prüfen Sie die Auffassung, Eigennutzstreben sei für die Allgemeinheit vorteilhaft.

2 Nennen Sie aus Ihrem Erfahrungsbereich Beispiele, in denen ein Konflikt zwischen wirtschaftlichen Anliegen und Umweltschutz besteht. Stellen Sie gegenüber, was aus wirtschaftlicher Sicht für und was aus ökologischer Sicht gegen die jeweilige Maßnahme spricht.

3 Aus einem Zeitungskommentar:

„Die Umweltpolitik hat es schwer. Vor dem Hintergrund hoher Arbeitslosigkeit und leerer Staatskassen gerät die Forderung nach einem ökologischen Umbau der Industriegesellschaft noch stärker unter Rechtfertigungsdruck als in Zeiten konjunkturellen Wohlbefindens."

Nehmen Sie zu dieser Äußerung unter Berücksichtigung umweltpolitischer und wettbewerbspolitischer Belange Stellung!

4

Das falsche Maß

Das Inlandsprodukt ist eine Messlatte, die nur Zahlungen registriert, egal welchem Zweck sie dienen. So kommt eine ökonomisch widersinnige Rechnung zustande:

- Das Inlandsprodukt registriert nicht, wenn durch Umweltverschmutzung Gebäude beschädigt werden, Menschen häufiger krank werden, der Wald stirbt, Gewässer verschmutzt werden. Nach ökonomischer Logik müsste der Schaden abgeschrieben werden, das Inlandsprodukt müsste sinken – tut es aber nicht, denn Umweltgüter haben keinen Preis.
- Wenn aber die Gebäude repariert werden, wenn die Kranken zum Arzt gehen, wenn im Wald Kalk gestreut wird und wenn in Kläranlagen das Wasser gesäubert wird, steigt das Inlandsprodukt. Verkehrte Welt: Je mehr ausgegeben wird, um den früheren, besseren Zustand wiederherzustellen oder gegen die weitere Verschlechterung anzukämpfen, umso stärker wächst das Inlandsprodukt.

ZEIT-Punkte

a) Setzen Sie sich kritisch mit der Aussagefähigkeit des Bruttoinlandsprodukts als Leistungsmaßstab auseinander. Gehen Sie dabei besonders auf die Berücksichtigung von Umweltschäden und von Leistungen zur Beseitigung von Umweltschäden ein.

b) Erläutern Sie den Begriff „Defensivausgaben" anhand des Textes.

5 Seit längerer Zeit bemühen sich die Statistischen Ämter um den Aufbau einer umweltökonomischen Gesamtrechnung (UGR).

a) Beschreiben Sie Anliegen und Schwierigkeiten einer UGR.

b) Nennen Sie einige Gegenstände der UGR des Statistischen Bundesamtes.

6 Die Landfläche der Erde beträgt (ohne Antarktis) 134,7 Mio. km^2.

a) Errechnen Sie in der Tabelle über die Entwicklung der Weltbevölkerung (Abschn. 12.3.1) jeweils für die verschiedenen Jahre die durchschnittliche Bevölkerungsdichte pro km^2.

b) Interpretieren Sie Ihre Ergebnisse.

7 **Familienplanung notwendig**

RIO DE JANEIRO (...) – Auf der Tagesordnung der Uno-Gipfelkonferenz für Umwelt und Entwicklung (Unced) fehlt nach Auffassung von Ex-Bundeskanzler Helmut Schmidt ein wesentliches Thema: die Bevölkerungsexplosion. Schmidt erklärte am Montag in der brasilianischen Hafenstadt, eine Zunahme der Weltbevölkerung von rund 100 Millionen Menschen jährlich führe in die Katastrophe. Wenn der Familienplanung nicht höchste Priorität eingeräumt werde, werde jede Übereinkunft über Umweltschutz auf der Rio-Konferenz von der sich abzeichnenden Bevölkerungsexplosion erdrückt.

Erläutern Sie anhand vorstehender Zeitungsnotiz den Zusammenhang zwischen Bevölkerungsentwicklung, Industrialisierung und Lebensstandard auf der einen Seite und Umweltentwicklung auf der anderen Seite.

8 Im Zusammenhang mit Umweltproblemen wird oft der Begriff „externe Kosten" verwendet.

a) Erklären Sie den Begriff und erläutern Sie, was er im Rahmen der Umweltproblematik bedeutet.

b) Nennen Sie für Ihren eigenen Bereich der privaten Güterverwendung mindestens zwei Beispiele, in denen Sie externe Kosten verursachen.

9 **Ein Joghurt kommt in Fahrt**

„Rechnet man das (Anmerkung: alle mit der Produktion zusammenhängenden Fahrstrecken) anteilig auf einen einzigen 150-Gramm-Erdbeerjoghurt um, lautet das Ergebnis: Pro Becher fährt ein Lkw 14,2 Meter. ... Dabei sind 0,006 Liter Diesel verbrannt worden – und allein für den Jahrestransport der Zutaten werden 500 Kilo Stickoxide, 35 Kilo Ruß und 32,5 Kilo Schwefeldioxid in die Luft geblasen. Betriebswirtschaftlich, also aus der Sicht des Unternehmens, rollen die Lastwagen nicht einen Meter zuviel. ... Gesamtwirtschaftlich und ökologisch nimmt sich der Verkehrsstrom in deutschen Landen ganz anders aus."

R. Hoppe: Ein Joghurt kommt in Fahrt. In: Zeit-Magazin Nr. 5

Nehmen Sie zu der vorstehenden Aussage Stellung:

a) aus der Sicht eines Betriebes,

b) aus gesamtwirtschaftlicher und ökologischer Sicht.

10 Stellen Sie an einem selbstgewählten Beispiel dar, dass sich vor allem im Spannungsfeld von Ökonomie und Ökologie die betriebliche Sichtweise von der gesamtwirtschaftlichen Sichtweise unterscheiden kann.

11 Im Rahmen von Umweltschutz-Kompensationen investieren westliche Industrieländer in Umweltschutz-Vorhaben in der Dritten Welt. Ausgangspunkt hierfür ist die Überzeugung, dass es sinnvoller ist, Geld für Umweltschutz in den Regionen einzusetzen, in denen die Gefahr für Boden, Wasser und Luft besonders groß ist. Begründen Sie ein solches Vorgehen mithilfe von Grenznutzen-Überlegungen!

12 Auszug aus einem Umweltbericht der Bundesregierung:

„Ziel der Umweltvorsorge ist es, die natürlichen Lebensgrundlagen zu schützen und zu entwickeln und im Sinne eines ökologischen Generationenvertrages zu sichern beziehungsweise neu zu schaffen."

a) Erläutern Sie das Prinzip der Umweltvorsorge.

b) Erläutern Sie, was mit „ökologischem Generationenvertrag" gemeint ist.

13 Laut Umweltschutzprogramm folgt die Umweltschutzpolitik dem Prinzip der Umweltvorsorge und dem Verursacherprinzip.

a) Erläutern Sie beide Prinzipien.

b) Begründen Sie, warum sich die Bundesregierung für diese Prinzipien entschieden hat.

14 Aus einem Umweltbericht der Bundesregierung:

„Umweltnutzung muss sich zunehmend in den Marktpreisen niederschlagen. Nur so erhalten die Unternehmen und privaten Haushalte die umweltpolitisch richtigen Preissignale als Grundlage für ihre Entscheidungen."

Interpretieren Sie diese Aussage

a) unter Berücksichtigung ökologischer Aspekte,

b) im Hinblick auf die Funktionen von Marktpreisen.

15 Nach dem Wasserhaushaltsgesetz können die Bundesländer zur Sicherung des Grundwassers Wasserschutzgebiete ausweisen. In diesen Gebieten ist die zulässige Düngung durch die Landwirte stark eingeschränkt. Die betroffenen Landwirte erhalten für die geringeren Ernteerträge einen Ausgleich. Die finanziellen Mittel hierfür werden durch eine Gebühr, den so genannten **„Wasserpfennig"**, von den Wasserverbrauchern erhoben.

Entspricht diese Regelung dem Verursacherprinzip? Begründung.

16 In ihrem Umweltprogramm betont die Bundesregierung, dass das Verursacherprinzip dem Grundgedanken der Sozialen Marktwirtschaft entspreche und dass bei Anwendung dieses Prinzips eine volkswirtschaftlich effiziente und schonende Nutzung der Naturgüter am ehesten erreicht werde.

Begründen Sie den von der Bundesregierung hergestellten Zusammenhang zur Sozialen Marktwirtschaft und zum Umgang mit Naturgütern.

17 Nennen Sie mindestens drei Aspekte, die eine Anwendung des Verursacherprinzips erschweren.

18 Kennzeichnen Sie Anliegen und Gegenstand der Umweltpolitik.

19 Nennen und erläutern Sie kurz die umweltpolitischen Instrumente.

20

> „Die Idee ist einfach: Gelänge es, die Energiepreise zu erhöhen und mit diesen Einnahmen die Arbeitskosten zu senken, könnte man zwei Fliegen mit einer Klappe schlagen: die Umweltbelastung verringern und neue Arbeitsplätze schaffen. Das Rezept, das Ökonomen und Ökologen verordnen, um die beiden gravierendsten Probleme der Industriegesellschaft – Arbeitslosigkeit und Umweltzerstörung – zu lösen, heißt ökologische Steuerreform."
>
> *ZEIT-Punkte*

Interpretieren Sie den vorstehenden Textauszug unter folgenden Gesichtspunkten:

a) Erläutern Sie Anliegen und Grundzüge einer ökologischen Steuerreform.

b) Begründen Sie, warum eine ökologische Steuerreform zu einer höheren Beschäftigung führen kann.

21 Erläutern Sie, was Umweltlizenzen sind und nennen Sie Vor- und Nachteile.

22 Durch Beschluss vom 17.10.1980 hat die Kultusministerkonferenz die Umwelterziehung zu einem Unterrichtsprinzip deklariert. Das bedeutet, dass in allen Unterrichtsfächern der Umweltschutzgedanke gefördert und bei geeigneten Fachinhalten der Bezug zum Umweltschutz hergestellt werden soll.

Nennen Sie Argumente, die den KMK-Beschluss unterstützen.

13 Wettbewerb, Wettbewerbspolitik und Globalisierung

13.1 Wettbewerb

13.1.1 Begriff von Wettbewerb

Wettbewerb findet auf vielen Gebieten statt. Wettbewerb im wirtschaftlichen Sinne bedeutet, dass sich Marktteilnehmer untereinander Konkurrenz machen. Für eine funktionierende Marktwirtschaft ist vor allem Konkurrenzverhalten auf der Anbieterseite, also bei den Unternehmen, wichtig.

Wettbewerb auf Märkten bezeichnet eine Situation, in der mehrere Anbieter eines Produktes um die Gunst der Nachfrager und um Marktvorteile gegenüber der **Konkurrenz** kämpfen.

Funktionsfähiger Wettbewerb (workable competition, wirksamer Wettbewerb):

Zentraler Begriff eines Ansatzes zur Wettbewerbstheorie, der dem Wettbewerbsprozess die Wahrnehmung bestimmter Wettbewerbsfunktionen zuweist und jene Bedingungen zu bestimmen versucht, unter denen eine befriedigende Erfüllung dieser gesamtwirtschaftlichen (ökonomischen) und gesellschaftspolitischen (außerökonomischen) Wettbewerbsfunktionen zu erwarten ist.

Vahlens Großes Wirtschaftslexikon

Dynamischer Wettbewerb

Dynamischer Wettbewerb ist ein Such- und Entdeckungsverfahren. Es basiert auf der Erfahrung, dass die Gesellschaft ingesamt Vorteile davon hat, wenn sich Einzelne vorwagen, weil sie findiger und risikofreudiger als andere sind. Es leuchtet auch unmittelbar ein, dass die Suche nach Neuem besser gelingt, wenn nicht alle dasselbe tun, und dass ein vielfältiges Vorgehen, bei dem jeder seine individuellen Fähigkeiten ausspielt, einen reichen Sucherfolg erwarten lässt. ...

Der wirtschaftliche Lohn der erfolgreichen Suchanstrengung wird während der Phase des Wettbewerbsvorsprungs eingebracht. Vorsprungsgewinne treiben die innovatorischen Wettbewerber an. Aber sie rufen auch die nachziehenden Wettbewerber auf den Plan, und deren Erfolg ebnet mit dem Wettbewerbsvorsprung auch die Vorsprungsgewinne wieder ein.

Sachverständigenrat zur Begutachtung der gesamtwirtschaftlichen Entwicklung: Jahresgutachten 1985/86, S. 152 f.

13.1.2 Bedeutung von Wettbewerb

? Was ist Wettbewerb und welche Bedeutung hat er in einer Marktwirtschaft?

Wettbewerb ist für Marktwirtschaften unverzichtbar. Ohne Wettbewerb können Märkte nicht funktionieren. Wettbewerb bedeutet für die Nachfrager, dass sie unter mehreren Angeboten wählen können. Dies wiederum zwingt die Anbieter, das zu produzieren, was die Konsumenten kaufen wollen **(„Konsumentensouveränität“),** und die Güter möglichst günstig anzubieten.

Wettbewerb verlangt, dass sich Marktteilnehmer untereinander **Konkurrenz** machen. Die Konkurrenz ist umso größer, je mehr Anbieter das gleiche oder ein ähnliches Produkt anbieten. Wettbewerb hängt eng mit Leistung zusammen. Nur wer bereit und in der Lage ist, ständig Leistung zu erbringen, kann im Konkurrenzkampf bestehen.

„Die Klage über die Schärfe des Wettbewerbs ist in Wirklichkeit nur eine Klage über den Mangel an Einfällen.“

Walter Rathenau (1867–1922), deutscher Industrieller und Politiker

Bereits für die Vertreter der **„Klassischen Nationalökonomie“**[1] galt Wettbewerb als wichtigste Voraussetzung für eine funktionsfähige Steuerung von Märkten. Auch für die Väter der nach dem Zweiten Weltkrieg in Deutschland etablierten **„Sozialen Marktwirtschaft“** war funktionsfähiger Wettbewerb ein tragendes und unverzichtbares Element

[1] Klassische Nationalökonomie: von etwa 1750–1850. Hauptvertreter: Adam SMITH, David RICARDO, Jean-Baptiste SAY, Thomas MALTHUS und John Stuart MILL

der neuen Wirtschaftsordnung.[1] Freier Wettbewerb zwischen unabhängigen und möglichst zahlreichen Marktteilnehmern galt und gilt als notwendige Bedingung für das Funktionieren von Märkten, im engeren Sinne für die Erfüllung der Marktfunktionen. Für Ludwig Erhard war das erklärte Ziel der Sozialen Marktwirtschaft, Wohlstand für alle zu schaffen, nur über Wettbewerb auf den Märkten zu erreichen.

„Das erfolgversprechendste Mittel zur Erreichung und Sicherung jeden Wohlstandes ist der Wettbewerb. Er allein führt dazu, den wirtschaftlichen Fortschritt allen Menschen, im besonderen in ihrer Funktion als Verbraucher, zugute kommen zu lassen ...

Auf dem Wege über den Wettbewerb wird – im besten Sinne des Wortes – eine Sozialisierung des Fortschritts und des Gewinns bewirkt und dazu noch das persönliche Leistungsstreben wach gehalten. ...

„Wohlstand für alle" und ‚Wohlstand durch Wettbewerb" gehören untrennbar zusammen; das erste Postulat kennzeichnet das Ziel, das zweite den Weg, der zu diesem Ziel führt."

Ludwig Erhard: Wohlstand für alle. – Düsseldorf u.a. ^{4}1990, S. 7

▶ Vorteile von Wettbewerb

Die Vorteile von Wettbewerb drücken sich in den sogenannten **Wettbewerbsfunktionen** aus:

Funktionen des Wettbewerbs	
Funktion	**Erläuterung**
Optimale Marktversorgung	Ziel des Wettbewerbs ist die bestmögliche Versorgung des Marktes mit Gütern (bestmöglich: ausreichende Menge, hohe Qualität, niedriger Preis).
Lenkung der Produktionsfaktoren	Die in einer Volkswirtschaft verfügbaren Mengen an Produktionsfaktoren sind grundsätzlich knapp. Daher ist es wichtig, dass sie in den von den Bedürfnissen der Nachfrager bestimmten Produktionsbereichen eingesetzt werden (Allokation) und dass sie möglichst sparsam, d. h. mit einem hohen Wirkungsgrad, eingesetzt werden (Ökonomisches Prinzip).
Auslese von Betrieben und Produkten	Unwirtschaftlich bzw. unrentabel arbeitende Betriebe werden vom Markt verdrängt. Produkte, die hinsichtlich Art, Qualität, Preis usw. nicht den Vorstellungen der Nachfrager entsprechen, verschwinden vom Markt.
Förderung von Produkt- und Prozessinnovationen	Wettbewerb unter den Anbietern fördert die Entwicklung neuer und besserer Güter (Produktinnovation) und die Einführung besserer und kostengünstigerer Herstellverfahren (Prozessinnovation).

▶ Wettbewerbsmittel

Unternehmen setzen verschiedene Mittel im Konkurrenzkampf ein. Das wichtigste Instrument sind die Preise **(Preiswettbewerb).** Je günstiger der Preis, umso besser sind die Absatzchancen. Aber auch über eine bessere Produktqualität **(Qualitätswettbewerb),** über guten **Service,** über günstige **Lieferbedingungen** und über die Einhaltung von **Lieferfristen** versuchen Betriebe, Kunden zu gewinnen bzw. zu halten.

[1] Vgl. hierzu auch Kapitel 6 „Wirtschaftsordnungen".

Eine wichtige Rolle im Wettbewerb spielt auch die **Werbung.** Durch die Werbung sollen die Kunden zum Kauf eines bestimmten Produktes angeregt werden. Werbung ist ein typisches Kind der Marktwirtschaft; sie gehört aber auch zu den besonders umstrittenen Begleiterscheinungen von Markt und Wettbewerb. Für Werbung geben Unternehmen Jahr für Jahr viel Geld aus.

Für die Umsetzung der Werbebotschaft dienen **Werbemittel.** Die wichtigsten Werbemittel sind: Gespräche, Briefe, Anzeigen, Filme, Leuchtschriften, Tragetaschen usw. **Werbeträger** sind alle Personen oder Dinge, die die Werbebotschaft an die Zielgruppe herantragen: Zeitungen, Zeitschriften, Handzettel, Fernsehen, Funk, Video, Film, Plakatanschlag, Verkehrsmittel und Sportstättenwerbung, elektronische Werbung, Werbegeschenke usw.

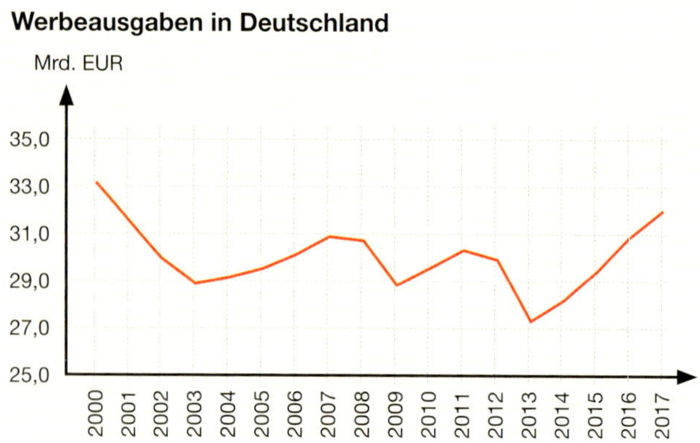

Werbeeinnahmen in Deutschland 2017

	Einnahmen Mrd. EUR
Fernsehen	15,3
Zeitungen	4,9
Zeitschriften	3,4
Internet	3,0
Plakate	2,1
Radio	1,9
Mobile	0,7
Fachzeitschriften	0,4
Sonstige	0,2

Der **Werbeerfolg,** also die Wirkung auf Absatz und Umsatz, lässt sich nicht exakt ermitteln. So ist zum einen nur schwer zu sagen, wie lange nach einer Werbeaktion der Erfolg gemessen werden sollte. Zum anderen wirken neben der Werbung sich stets auch andere Einflussgrößen auf Absatz und Umsatz aus. Eine Zurechnung von Veränderungen auf eine bestimmte Ursache ist nicht möglich. Insofern schwingt bei den Werbemaßnahmen der Unternehmen immer auch ein bisschen das Prinzip Hoffnung mit.

„Fünfzig Prozent bei der Werbung sind immer rausgeworfen. Man weiß aber nicht, welche Hälfte das ist."

Allerdings gilt auch:

„Wer nicht wirbt, stirbt!"

Henry Ford (1863–1947) amerikanischer Autobauer

Während sich früher der Wettbewerb weitgehend innerhalb eines Landes abspielte, besteht heute ein weltweiter Wettbewerb zwischen Unternehmen. Es gibt auch nicht mehr nur Wettbewerb zwischen Unternehmen, sondern auch zwischen Staaten. Es geht um die Wettbewerbsfähigkeit von Wirtschaftsstandorten.[1]

„Die traditionelle Sichtweise vom Wettbewerb einzelner Anbieter untereinander wird heute zunehmend ergänzt durch eine globale Sichtweise, in der ganze Volkswirtschaften miteinander in Wettbewerb treten. So wird beispielsweise von der ‚Wettbewerbsfähigkeit des Wirtschaftsstandortes Deutschland' gesprochen."

Hans-Jürgen Albers: Soziale Marktwirtschaft. Köln: Omnia, 1997, S. 28

[1] Vgl. hierzu ausführlich Abschnitt 13.3 „Globalisierung und internationaler Wettbewerb".

**Zusammenfassung Kapitel 13.1.2:
Bedeutung von Wettbewerb**

- Wettbewerb im wirtschaftlichen Sinne bedeutet, dass sich Marktteilnehmer untereinander Konkurrenz machen.
- Wettbewerb ist für Marktwirtschaften unverzichtbar. Ohne Wettbewerb können Märkte nicht funktionieren.
- Die Vorteile von Wettbewerb drücken sich in den sogenannten Wettbewerbsfunktionen aus:
  - Optimale Marktversorgung
  - Lenkung der Produktionsfaktoren
  - Auslese von Betrieben und Produkten
  - Förderung von Produkt- und Prozessinnovationen
- Das wichtigste Wettbewerbsmittel ist der Preis. Weitere Wettbewerbsmittel sind: Produktqualität, Service, Lieferbedingungen, Einhaltung von Lieferfristen

13.1.3 Einschränkungen von Wettbewerb[1]

Warum und in welcher Weise werden häufig Versuche unternommen, Wettbewerb einzuschränken? ?

„Anbieter und Nachfrager suchen stets – wo immer es möglich ist – Konkurrenz zu vermeiden und monopolistische Stellungen zu erwerben oder zu behaupten. Ein tiefer Trieb zur Beseitigung von Konkurrenz und zur Erwerbung von Monopolstellungen ist überall und zu allen Zeiten lebendig. ... Universal besteht der Hang zur Monopolbildung – ein Faktum, mit dem alle Wirtschaftspolitik zu rechnen hat."

Walter Eucken: Grundsätze der Wirtschaftspolitik. – Tübingen 1952, S. 37

Gefährdungen des Wettbewerbs ergeben sich

- aus der Marktsituation; vor allem, wenn nur wenige Anbieter oder Nachfrager auf dem Markt sind,
- durch wettbewerbsbeschränkende Vereinbarungen (Kartelle),
- wenn die Anbieter ihr Verhalten untereinander abstimmen,
- durch Verminderung der Zahl der Anbieter durch Verdrängung; Kooperation und Konzentration,
- durch marktbeherrschende Unternehmen,
- durch Preisbindung.

[1] In diesem Abschnitt werden zunächst nur die Sachverhalte beschrieben, die zu Einschränkungen von Wettbewerb führen können. Zu den Maßnahmen des Staates zur Vermeidung dieser Einschränkungen vgl. Abschnitt 13.2.2 „Kartellverbot, Fusionskontrolle, Missbrauchsaufsicht".

Wettbewerbsbeschränkungen

- Marktsituation
- Kartelle
- Absprachen, abgestimmte Verhaltensweisen
- Verdrängung, Kooperation, Konzentration
- Marktbeherrschung
- Preisbindung

13.1.3.1 Wettbewerb und Marktsituation

Die Stärke des Wettbewerbs auf einem Markt hängt in erster Linie von der Anzahl der Marktteilnehmer (Anbieter und Nachfrager) ab. Zwar spielt jeweils auch die Zahl der Nachfrager eine Rolle, die Wettbewerbstheorie hebt jedoch vor allem auf die Zahl der Anbieter am Markt ab. Im Modell wird unterstellt, dass sich auf der Nachfrageseite stets viele Marktteilnehmer befinden.

Bei der Betrachtung der Marktformen[1] ergeben sich drei Grundformen:

Viele Anbieter	=	**Polypol**
Wenige Anbieter	=	**Oligopol**
Ein Anbieter	=	**Monopol**

Im **Polypol** stehen sich viele Anbieter und viele Nachfrager gegenüber; es herrscht starker Wettbewerb. Ein einzelner Anbieter verfügt nur über wenig Macht, da auf ihn nur ein kleiner Anteil des Marktes entfällt. Der Preis für das Produkt bildet sich durch das Verhältnis von Gesamtangebot und Gesamtnachfrage am Markt. Der einzelne Anbieter muss diesen Preis übernehmen; er kann sich nur mit seiner Produktionsmenge an die Marktsituation anpassen **(Mengenanpasser).**

Im **Oligopol** stehen sich wenige Anbieter und viele Nachfrager gegenüber; es herrscht eingeschränkter Wettbewerb. Wenn es für ein Produkt nur wenige Anbieter gibt, ist der Markt überschaubar und die Käufer haben zumeist eine gute Übersicht über den Markt. Typisch für ein Oligopol ist daher die wechselseitige Abhängigkeit der Anbieter. Wegen dieser wechselseitigen Abhängigkeit der Anbieter haben sich auf oligopolistischen Märkten drei typische Verhaltensweisen herausgebildet:

- Preisruhe
- Preisabsprachen
- Preisführerschaft

Bei einem **Monopol** stehen sich ein Anbieter und viele Nachfrager gegenüber; es besteht kein Wettbewerb.

13.1.3.2 Kartelle

Kartell: Vereinbarungen zwischen Unternehmen, wenn diese zu einer Einschränkung des Wettbewerbs führen.

Kartelle sind in Deutschland grundsätzlich verboten.

[1] Vgl. Abschnitt 5.1.5 „Marktformen".

Bei einem Kartell bleiben die beteiligten Unternehmen weiterhin rechtlich selbstständig. Je nach dem Gegenstand der Vereinbarung ergeben sich unterschiedliche Kartelle:

Kartellarten (Beispiele)	
Bezeichnung	**Gegenstand**
Preiskartell	Absprachen über Preise
Gebietskartell	Aufteilung von Absatzgebieten
Quotenkartell	Absprachen über Produktionsmengen
Rabattkartell	Absprache über einheitliche Rabatte
Konditionenkartell	Vereinbarung über einheitliche Lieferungs-, Zahlungs- und Geschäftsbedingungen

13.1.3.3 Absprachen, abgestimmte Verhaltensweisen

In der Wirtschaftsrealität treten an die Stelle von Kartellen oft formlose Absprache über Preise, Mengen usw. Die beteiligen Anbieter treffen sich „zufällig" bei einem unverfänglichem Anlass (z.B. bei einem Frühstück; daher werden solche Absprachen auch **„Frühstückskartelle"** genannt). Dabei stimmen die beteiligten Unternehmen ihr Verhalten untereinander ab. Häufig werden auch keine ausdrücklichen Absprachen getroffen. Die Unternehmen handeln jedoch in der gleichen Art und Weise.

Preisabsprachen: Buße für Papierverarbeiter

BONN (...) Das Bundeskartellamt hat gegen mehrere Unternehmen sowie einzelne Manager der Papierverarbeitungsbranche wegen Preisabsprachen Bußgelder von 1,4 Mio. EUR verhängt.

13.1.3.4 Verdrängung, Kooperation, Konzentration

Von **Unternehmenskonzentration** bzw. von Konzentration in der Wirtschaft wird gesprochen, wenn ein Produkt oder eine Produktgruppe nur von einer geringen Anzahl von Unternehmen angeboten wird, wenn Konkurrenten sich gegenseitig verdrängen **(Verdrängung)**, wenn Unternehmen auf bestimmten Gebieten zusammenarbeiten **(Kooperation)** oder wenn sich zwei oder mehrere Unternehmen zusammenschließen **(Konzentration, Fusion)**. Die Zahl der Anbieter wird kleiner und der Wettbewerb entsprechend geringer. Fusionen geschehen durch Übernahme anderer Unternehmen oder durch Beteiligungen an anderen Unternehmen.

Konzentration in der Wirtschaft Anteil der jeweils sechs größten Unternehmen am Branchenumsatz in Deutschland	
Branche	**Anteil (%)**
Zucker	99
Tabakindustrie	93
Luft- und Raumfahrzeuge	91
Bergbau	90
Mineralöl	87
Energie	76
Zement	76
Büromaschinen	74
Kraftwagen	64

Quelle: Monopolkommission

Verdrängung bzw. **Verdrängungswettbewerb:** Ein Unternehmen verhindert für andere Unternehmen den Zutritt zum Markt oder verdrängt (z.B. durch aggressive Preispolitik) Konkurrenten vom Markt.

Kooperation: Zusammenarbeit zwischen selbstständig bleibenden Unternehmen.

Konzentration bzw. **Fusion:** Zusammenschluss von zwei oder mehreren Unternehmen. Selbstständigkeit geht ganz oder teilweise verloren.

Gründe für Unternehmenskonzentrationen können sein:

- Stärkung der wirtschaftlichen Macht
- Erreichen einer optimalen Unternehmensgröße
- Verbesserung der Einkaufs- und Absatzbedingungen
- Ausschalten von Konkurrenz
- Verbreiterung der Angebotspalette (Diversifikation)

Kooperation und Konzentration	
Vorteile	**Nachteile**
■ Kostenersparnisse ■ Verbesserung der Wettbewerbsfähigkeit ■ Verbesserung der Produktions-, Forschungs- und Entwicklungsmöglichkeiten ■ Geringere Krisenanfälligkeit ■ Sicherung von Arbeitsplätzen	■ Konzentration von Marktmacht ■ Verringerung des Wettbewerbs ■ Schlechtere Marktversorgung ■ Verlust von Arbeitsplätzen

In der Wirtschaftspraxis haben sich vielfältige Formen der Kooperation und Konzentration entwickelt. Die Abgrenzung zwischen den verschiedenen Ausprägungen ist nicht immer ganz eindeutig. Am häufigsten findet sich die Einteilung nach der Richtung bzw. nach den beteiligten Wirtschaftsstufen:

Konzentrationsarten	
Horizontale Zusammenschlüsse	Unternehmen der gleichen Produktions- oder Handelsstufe (z. B. mehrere Automobilhersteller)
Vertikale Zusammenschlüsse	Unternehmen aufeinanderfolgender Produktions- oder Handelsstufen (z. B. Reifenhersteller und Automobilhersteller)
Diagonale (anorganische) Zusammenschlüsse	Unternehmen aus unterschiedlichen Branchen

Für die Beobachtung der Unternehmenskonzentration wurde durch das Gesetz gegen Wettbewerbsbeschränkungen (§§ 44 ff.) eine so genannte **Monopolkommission** eingerichtet.

Monopolkommission

Sie besteht aus fünf Mitgliedern, die auf Vorschlag der Bundesregierung durch den Bundespräsidenten auf die Dauer von vier Jahren berufen werden.

Gesetzlicher Auftrag der Monopolkommission ist die Beurteilung des jeweiligen branchenspezifischen Standes der Unternehmenskonzentration in der Bundesrepublik Deutschland sowie deren absehbarer Entwicklung unter wirtschafts- und wettbewerbspolitischen Gesichtspunkten.

Zu diesem Zweck erstellt die Monopolkommission alle zwei Jahre zum 30. Juni ein Gutachten („Hauptgutachten“ oder „Zweijahresgutachten“) und in unregelmäßigen Abständen Sondergutachten.

13.1.3.5 Marktbeherrschung

Ein Unternehmen kann auf zweierlei Weise eine marktbeherrschende Stellung erringen:

- **Externes Wachstum:** Durch Zukauf oder durch Zusammenschluss wird ein Unternehmen so groß, dass es den Markt beherrscht. Der Zuwachs kommt von außerhalb des bisherigen Unternehmens.

  Durch die **vorbeugende Fusionskontrolle** können die Kartellbehörden weitgehend vermeiden, dass ein Unternehmen durch externes Wachstum marktbeherrschend wird, da genau in diesem Fall der Zusammenschluss zu untersagen ist.

§

Gesetz gegen Wettbewerbsbeschränkungen

§ 18 Marktbeherrschung

(1) Ein Unternehmen ist marktbeherrschend, soweit es als Anbieter oder Nachfrager einer bestimmten Art von Waren oder gewerblichen Leistungen auf dem sachlich und räumlich relevanten Markt
1. ohne Wettbewerber ist
2. keinem wesentlichen Wettbewerb ausgesetzt ist oder
2. eine im Verhältnis zu seinen Wettbewerbern überragende Marktstellung hat.

(3) Bei der Bewertung der Marktstellung eines Unternehmens im Verhältnis zu seinen Wettbewerbern ist insbesondere Folgendes zu berücksichtigen:
1. sein Marktanteil,
2. seine Finanzkraft,
3. sein Zugang zu den Beschaffungs- oder Absatzmärkten,
4. Verflechtungen mit anderen Unternehmen,

…

(4) Es wird vermutet, dass ein Unternehmen marktbeherrschend ist, wenn es einen Marktanteil von mindestens 40 Prozent hat.

(6) Eine Gesamtheit von Unternehmen gilt als marktbeherrschend, wenn sie
1. aus drei oder weniger Unternehmen besteht, die zusammen einen Marktanteil von 50 Prozent erreichen, oder
2. aus fünf oder weniger Unternehmen besteht, die zusammen einen Marktanteil von zwei Dritteln erreichen.

§ 19 Verbotenes Verhalten von marktbeherrschenden Unternehmen

(1) Die missbräuchliche Ausnutzung einer marktbeherrschenden Stellung durch ein oder mehrere Unternehmen ist verboten.

- **Internes Wachstum:** Ein Unternehmen wächst aus sich selbst heraus. Gründe hierfür können Erfindungen, Entwicklungen, Patente usw. sein. Ein Unternehmen kann aber auch dadurch marktbeherrschend werden, dass es erfolgreicher ist als andere und immer größere Marktanteile erobert.

  Marktbeherrschung aufgrund internen Wachstums kann von den Kartellbehörden nicht unterbunden werden. Daher ist es in diesen Fällen besonders wichtig, dass das Verhalten des Unternehmens beobachtet und ein möglicher Missbrauch seiner Marktmacht kontrolliert wird.

Ein **Missbrauch** liegt insbesondere vor, wenn ein marktbeherrschendes Unternehmen

- die Wettbewerbsmöglichkeiten anderer Unternehmen in erheblicher Weise ohne sachlich gerechtfertigten Grund beeinträchtigt;
- überhöhte Entgelte oder sonstige Geschäftsbedingungen fordert;
- sich weigert, einem anderen Unternehmen gegen angemessenes Entgelt Zugang zu den eigenen Netzen oder anderen Infrastruktureinrichtungen zu gewähren.

Zusammenschluss untersagt

BONN (...) – Das Bundeskartellamt hat der Tengelmann Warenhandelsgesellschaft, Mülheim/Ruhr, den beabsichtigten Erwerb sämtlicher Anteile an der Gottlieb Handelsgesellschaft mbH, Freiburg, untersagt. Durch den Zusammenschluss hätten die beiden Unternehmen in einigen Regionen Marktanteile zwischen 29 % und 39 % erreicht und dadurch eine überragende Marktstellung gegenüber anderen Wettbewerbern gewonnen.

13.1.3.6 Preisbindung

Preisbindung liegt vor, wenn ein Verkäufer vom Hersteller verpflichtet wird, die Ware zu einem bestimmten Preis zu verkaufen **(Preisbindung der zweiten Hand; vertikale Preisbindung).** Preisbindungen sind in Deutschland grundsätzlich verboten. Eine Ausnahme gilt für Zeitungen, Zeitschriften und vergleichbare Erzeugnisse **(„Buchpreisbindung").**

§

Gesetz gegen Wettbewerbsbeschränkungen

§ 30 Presse

(1) § 1 gilt nicht für vertikale Preisbindungen, durch die ein Unternehmen, das Zeitungen oder Zeitschriften herstellt, die Abnehmer dieser Erzeugnisse rechtlich oder wirtschaftlich bindet, bei der Weiterveräußerung bestimmte Preise zu vereinbaren oder ihren Abnehmern die gleiche Bindung bis zur Weiterveräußerung an den letzten Verbraucher aufzuerlegen.

Gesetz über die Preisbindung für Bücher

§ 5 Preisfestsetzung

(1) Wer Bücher ... verlegt oder importiert, ist verpflichtet, einen Preis einschließlich Umsatzsteuer (Endpreis) für die Ausgabe eines Buches für den Verkauf an Letztabnehmer festzusetzen und in geeigneter Weise zu veröffentlichen. Entsprechendes gilt für Änderungen des Endpreises.

Die Buchpreisbindung „hat einen kulturpolitischen Hintergrund: Der Gesetzgeber hat erkannt, dass feste Ladenpreise zum Erhalt einer intakten Buchhandelslandschaft beitragen – und damit dem Leser zugute kommen."

Börsenverein des Deutschen Buchhandels

Zusammenfassung Kapitel 13.1.3:
Einschränkungen von Wettbewerb

- Gefährdungen des Wettbewerbs ergeben sich
  - aus der Marktsituation; vor allem, wenn nur wenige Anbieter oder Nachfrager auf dem Markt sind;
  - durch wettbewerbsbeschränkende Vereinbarungen (Kartelle);
  - wenn die Anbieter ihr Verhalten untereinander abstimmen;
  - durch Verminderung der Zahl der Anbieter durch Verdrängung; Kooperation und Konzentration;
  - durch marktbeherrschende Unternehmen;
  - durch Preisbindung.

13.2 Wettbewerbspolitik

Die Gefahr einer Beeinträchtigung des Wettbewerbs droht sozusagen ständig und von den verschiedensten Seiten her. Es ist darum eine der wichtigsten Aufgaben des auf einer freiheitlichen Gesellschaftsordnung beruhenden Staates, die Erhaltung des freien Wettbewerbs sicherzustellen. Es bedeutet wirklich keine Übertreibung, wenn ich behaupte, daß ein auf Verbot gegründetes Kartellgesetz als das unentbehrliche „wirtschaftliche Grundgesetz" zu gelten hat. Versagt der Staat auf diesem Felde, dann ist es auch bald um die „Soziale Marktwirtschaft" geschehen. ...

Ludwig Erhard: Wohlstand für alle. – Düsseldorf u. a. [4]1990, S. 7

Weil Wettbewerb für das Funktionieren von Märkten eine überragende Bedeutung hat und weil sich selbst überlassene Märkte die Tendenz haben, den Wettbewerb zu verringen, ist es eine der wichtigsten ordnungspolitischen Aufgaben eines Staates in Marktwirtschaften, für Herstellung und Aufrechterhaltung von Wettbewerb zu sorgen.

!

„Aufgabe der **Wettbewerbspolitik** ist es, im Interesse der Verbraucher sowie aller Unternehmen ... funktionsfähigen, möglichst unbeschränkten Wettbewerb zu gewährleisten und nachhaltig zu sichern."

Bundesministerium für Wirtschaft und Technologie

13.2.1 Grundlagen der Wettbewerbspolitik in Deutschland

?

Welches sind die Anliegen und die Instrumente der Wettbewerbspolitik in Deutschland?

Staatliche Maßnahmen zur Sicherung des Wettbewerbs verlangen zum einen entsprechende Gesetze und zum anderen Institutionen, die die Einhaltung der Gesetze überwachen und Missbrauch der Marktfreiheiten nicht zulassen.

Staatliche Maßnahmen zur Förderung des Wettbewerbs

- Gesetzliche Regelungen, die einerseits möglichst weitgehenden Wettbewerb ermöglichen und andererseits Wettbewerbsbeschränkungen unterbinden.
- Förderung von Unternehmensgründungen.
- Förderung von Innovationen (Subventionen, Prämien).
- Bereitstellung von Risikokapital.
- Begrenzung von Subventionen für bestehende Unternehmen.

Wichtige Gesetze und Institutionen im Bereich der Wettbewerbspolitik

Gesetze	Institutionen
▪ Gesetz gegen Wettbewerbsbeschränkungen ▪ Gesetz gegen unlauteren Wettbewerb	▪ Kartellbehörden (insbesondere Bundeskartellamt) ▪ Monopolkommission

Gesetz gegen Wettbewerbsbeschränkungen (GWB)

Das „Gesetz gegen Wettbewerbsbeschränkungen“ (auch als **„Kartellgesetz“** oder „Grundgesetz der Marktwirtschaft“ bezeichnet) ist das wichtigste deutsche Gesetz zum Schutze des Wettbewerbs. Die drei Säulen des Gesetzes sind die **Kartellbekämpfung,** die **Fusionskontrolle** und die **Missbrauchsaufsicht.** Nach § 1 dieses Gesetzes sind grundsätzlich alle Vereinbarungen zwischen Unternehmen verboten, die eine Einschränkung des Wettbewerbs zum Ziele haben.

§

Gesetz gegen Wettbewerbsbeschränkungen (GWB)

§ 1 Verbot wettbewerbsbeschränkender Vereinbarungen

Vereinbarungen zwischen Unternehmen, Beschlüsse von Unternehmensvereinigungen und aufeinander abgestimmte Verhaltensweisen, die eine Verhinderung, Einschränkung oder Verfälschung des Wettbewerbs bezwecken oder bewirken, sind verboten.

Gesetz gegen unlauteren Wettbewerb (UWG)

Das Gesetz gegen unlauteren Wettbewerb will sowohl für Mitbewerber als auch für Verbraucher einen fairen und lauteren Wettbewerb sicherstellen.

§

Gesetz gegen unlauteren Wettbewerb (UWG)

§ 1 Zweck des Gesetzes

Dieses Gesetz dient dem Schutz der Mitbewerber, der Verbraucherinnen und Verbraucher sowie der sonstigen Marktteilnehmer vor unlauteren geschäftlichen Handlungen. Es schützt zugleich das Interesse der Allgemeinheit an einem unverfälschten Wettbewerb.

§ 3 Verbot unlauterer geschäftlicher Handlungen

(1) Unlautere geschäftliche Handlungen sind unzulässig.

Zusammenfassung Kapitel 13.2.1:
Grundlagen der Wettbewerbspolitik in Deutschland

- Staatliche Maßnahmen zur Sicherung des Wettbewerbs sind:
  - Gesetzliche Regelungen, die einerseits möglichst weitgehenden Wettbewerb ermöglichen und andererseits Wettbewerbsbeschränkungen unterbinden.
  - Förderung von Unternehmensgründungen.
  - Förderung von Innovationen (Subventionen, Prämien).
  - Bereitstellung von Risikokapital.
  - Begrenzung von Subventionen für bestehende Unternehmen.
- Die wichtigsten Gesetze zur Sicherung des Wettbewerbs sind:
  - Gesetz gegen Wettbewerbsbeschränkungen (GWB, „Kartellgesetz“).
  - Gesetz gegen unlauteren Wettbewerb (UWG).
- Die wichtigsten Institutionen zur Sicherung des Wettbewerbs sind:
  - Kartellbehörden, insbesondere Bundeskartellamt,
  - Monopolkommission.

13.2.2 Kartellverbot, Fusionskontrolle, Missbrauchsaufsicht

Welche Wettbewerbsbeschränkungen sollen durch die Wettbewerbspolitik unterbunden werden? ?

▶ Kartellverbot

Kartelle jedweder Art und auch alle sonstigen wettbewerbsbeschränkenden Vereinbarungen sind durch die Generalklausel des § 1 des **Gesetzes gegen Wettbewerbsbeschränkungen (GWB)** grundsätzlich verboten.

Das Kartellverbot wird in der Realität jedoch immer wieder durchbrochen.

Bußgelder für Baufirmen

BONN (...) – Wegen Preisabsprachen hat das Bundeskartellamt gegen sieben Unternehmen des Tief- und Rohrleitungsbaus Bußgelder von insgesamt 1,2 Mio. EUR verhängt. Die Firmen hätten jeweils abgesprochen, wer das billigste Angebot einreiche, „damit jeder mal zum Zuge komme".

Rekord-Bußgeld für Stromkabelkartell

BONN (...) – Das Bundeskartellamt hat ein seit 95 Jahren bestehendes Starkstromkabel-Kartell deutscher Elektrounternehmen geknackt und gegen die Beteiligten mit 135 Mio. EUR die bisher höchste Bußgeldsumme in einem solchen Verfahren verhängt. Die Bußgeldbescheide gingen wegen verbotener Marktaufteilung an 14 Kabelhersteller.

Vom Verbot wettbewerbsbeschränkender Vereinbarungen freigestellt sind Vereinbarungen zwischen Unternehmen und aufeinander abgestimmte Verhaltensweisen, die unter angemessener Beteiligung der Verbraucher an dem entstehenden Gewinn zur Verbesserung der Warenerzeugung oder -verteilung oder zur Förderung des technischen oder wirtschaftlichen Fortschritts beitragen **(„Freigestellte Vereinbarungen",** GWB, § 2).

Über die Freistellung entscheiden die Unternehmen selbst; es ist weder eine Anmeldung beim Bundeskartellamt noch eine Entscheidung des Bundeskartellamtes notwendig. Vorteil dieser Regelung ist ein geringerer bürokratischer Aufwand. Stellt sich jedoch heraus, dass sich die Unternehmen zu Unrecht freigestellt haben, müssen sie mit einem Bußgeld rechnen.

Eine bestimmte **Ausnahme vom Kartellverbot** gilt für kleine und mittlere Unternehmen (GWB, § 3). Zur Stärkung ihrer Wettbewerbsfähigkeit können solche Unternehmen Vereinbarungen treffen, die die Rationalisierung wirtschaftlicher Vorgänge durch zwischenbetriebliche Zusammenarbeit zum Gegenstand haben **(Mittelstandskartelle).**

▶ Fusionskontrolle

Haben die an einer Fusion beteiligten Unternehmen eine gewisse Größe, muss der Zusammenschluss beim **Bundeskartellamt** angezeigt werden (GWB, § 39).

Beim Bundeskartellamt angemeldete Unternehmenszusammenschlüsse

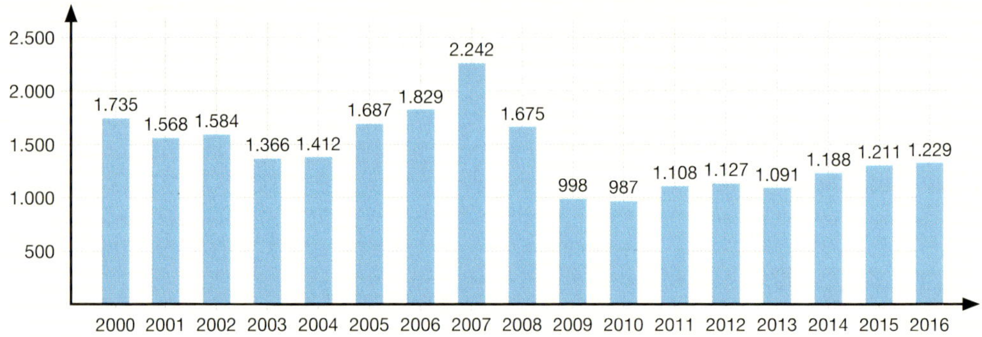

Das Bundeskartellamt hat einen beabsichtigten Zusammenschluss bei Vorliegen bestimmter Bedingungen zu untersagen.

§

Gesetz gegen Wettbewerbsbeschränkungen

§ 36 Grundsätze für die Beurteilung von Zusammenschlüssen

(1) Ein Zusammenschluss, durch den wirksamer Wettbewerb erheblich behindert würde, insbesondere von dem zu erwarten ist, dass er eine marktbeherrschende Stellung begründet oder verstärkt, ist vom Bundeskartellamt zu untersagen. Dies gilt nicht, wenn

1. die beteiligten Unternehmen nachweisen, dass durch den Zusammenschluss auch Verbesserungen der Wettbewerbsbedingungen eintreten und diese Verbesserungen die Behinderung des Wettbewerbs überwiegen, oder

...

Der Bundesminister für Wirtschaft und Technologie kann jedoch die Erlaubnis zu einem vom Bundeskartellamt untersagten Zusammenschluss erteilen, wenn im Einzelfall die Wettbewerbsbeschränkung von gesamtwirtschaftlichen Vorteilen des Zusammenschlusses aufgewogen wird oder der Zusammenschluss durch ein überragendes Interesse der Allgemeinheit gerechtfertigt ist (**„Ministererlaubnis“,** GWB, § 42).

▶ Missbrauchsaufsicht

Voraussetzungen für ein Eingreifen der Kartellbehörden sind, dass

- es sich um ein marktbeherrschendes Unternehmen handelt und dass
- Missbrauch vorliegt.

Bei Metro Missbrauch der Marktmacht vermutet

BONN (...) – Das Bundeskartellamt hat den Handelskonzern Metro wegen eines möglichen Missbrauchs seiner Nachfragemacht abgemahnt.

Die Wettbewerbshüter werfen der Kölner Metro AG vor, nach dem Kauf der Allkauf-Märkte von Allkauf-Lieferanten Vorzugsbedingungen auch für sich gefordert zu haben.

Die Frage, in welchen Fällen Missbrauch vorliegt, wird durch das Kartellgesetz so beantwortet:

§

Gesetz gegen Wettbewerbsbeschränkungen

§ 19 Verbotenes Verhalten von marktbeherrschenden Unternehmen

(1) Die missbräuchliche Ausnutzung einer marktbeherrschenden Stellung durch ein oder mehrere Unternehmen ist verboten.

(2) Ein Missbrauch liegt insbesondere vor, wenn ein marktbeherrschendes Unternehmen als Anbieter oder Nachfrager einer bestimmten Art von Waren oder gewerblichen Leistungen

1. ein anderes Unternehmen unmittelbar oder mittelbar unbillig behindert oder ohne sachlich gerechtfertigten Grund unmittelbar oder mittelbar anders behandelt als gleichartige Unternehmen;
2. Entgelte oder sonstige Geschäftsbedingungen fordert, die von denjenigen abweichen, die sich bei wirksamem Wettbewerb mit hoher Wahrscheinlichkeit ergeben würden; hierbei sind insbesondere die Verhaltensweisen von Unternehmen auf vergleichbaren Märkten mit wirksamem Wettbewerb zu berücksichtigen;
3. ungünstigere Entgelte oder sonstige Geschäftsbedingungen fordert, als sie das marktbeherrschende Unternehmen selbst auf vergleichbaren Märkten von gleichartigen Abnehmern fordert, es sei denn, dass der Unterschied sachlich gerechtfertigt ist;
4. sich weigert, einem anderen Unternehmen gegen angemessenes Entgelt Zugang zu den eigenen Netzen oder anderen Infrastruktureinrichtungen zu gewähren, wenn es dem anderen Unternehmen aus rechtlichen oder tatsächlichen Gründen ohne die Mitbenutzung nicht möglich ist, auf dem vor- oder nachgelagerten Markt als Wettbewerber des marktbeherrschenden Unternehmens tätig zu werden; dies gilt nicht, wenn das marktbeherrschende Unternehmen nachweist, dass die Mitbenutzung aus betriebsbedingten oder sonstigen Gründen nicht möglich oder nicht zumutbar ist;
5. andere Unternehmen dazu auffordert, ihm ohne sachlich gerechtfertigten Grund Vorteile zu gewähren; …

▶ Kartellbehörden

Deutsche Kartellbehörden sind das **Bundeskartellamt** und die jeweiligen **Landeskartellämter.** Bei grenzüberschreitenden Wettbewerbsfragen ist das **Wettbewerbskommissariat der Europäischen Union** zuständig.

§

Gesetz gegen Wettbewerbsbeschränkungen

§ 51 Bundeskartellamt

(1) Das Bundeskartellamt ist eine selbstständige Bundesoberbehörde mit dem Sitz in Bonn. Es gehört zum Geschäftsbereich des Bundesministeriums für Wirtschaft und Energie.

!

Aufgaben des Bundeskartellamtes:

- Durchsetzung des Kartellverbots
- Kontrolle von Unternehmenszusammenschlüssen
- Missbrauchsaufsicht über marktbeherrschende Unternehmen
- Überwachung zulässiger Preisbindungen

Das Bundeskartellamt kann Zusammenschlüsse von Unternehmen verbieten, missbräuchliche Verhaltensweisen untersagen und Geldbußen verhängen.

Ist von den Wettbewerbsbeschränkungen nur ein Bundesland betroffen, ist die jeweilige Landeskartellbehörde zuständig, Fusionsfälle werden jedoch ausschließlich vom Bundeskartellamt geprüft.

Zusammenfassung Kapitel 13.2.2:
Kartellverbot, Fusionskontrolle, Missbrauchsaufsicht

- Kartelle jedweder Art und auch alle sonstigen wettbewerbsbeschränkenden Vereinbarungen sind durch die Generalklausel des § 1 des Gesetzes gegen Wettbewerbsbeschränkungen (GWB) grundsätzlich verboten.
- Fusionen von Unternehmen müssen beim Bundeskartellamt angezeigt werden, wenn die Unternehmen eine gewisse Größe haben. Das Bundeskartellamt kann die Fusion untersagen.
- Marktbeherrschende Unternehmen unterliegen der Missbrauchsaufsicht durch die Kartellbehörden.

13.2.3 Wettbewerbspolitik in der Europäischen Union (EU)

? Welches sind die Anliegen und die Instrumente der europäischen Wettbewerbspolitik?

Entsprechend der Internationalisierung des Wettbewerbs werden auch die wettbewerbsrechtlichen Regelungen notwendigerweise immer internationaler. Bei grenzüberschreitenden Aktivitäten innerhalb der EU gilt heute weitgehend das von der EU-Kommission überwachte Wettbewerbsrecht der EU. Innerhalb der EU-Kommission ist hierfür insbesondere das Wettbewerbskommissariat der Europäischen Union zuständig.

EU-Kommission untersucht

BRÜSSEL (...) – Den geplanten Erwerb von 22,5 Prozent am Paket- und Expressdienst DHL International Brüssel, durch die Deutsche Post AG untersucht die Europäische Kommission gegenwärtig im Rahmen der vorbeugenden Fusionskontrolle.

Wegen des **Gemeinsamen Binnenmarktes** besteht zwischen den Wettbewerbsregeln der EU und denen der Mitgliedsländer naturgemäß eine weitgehende Übereinstimmung. Die wichtigsten Regeln sind in den §§ 101–106 des **Vertrags über die Arbeitsweise der Europäischen Union (AEUV)** niedergelegt.

Auf dieser gesetzlichen Basis bestehen fünf große Bereiche der Wettbewerbspolitik der EU:

Seit dem Inkrafttreten der Kartellverfahrensverordnung (VO 1/2003) im Mai 2004 sind die nationalen Kartellbehörden und Gerichte uneingeschränkt verpflichtet, europäisches Recht anzuwenden.

▶ Verbot wettbewerbsbeschränkender Vereinbarungen

§

Vertrag über die Arbeitsweise der Europäischen Union (AEUV)

Artikel 101

(1) Mit dem Binnenmarkt unvereinbar und verboten sind alle Vereinbarungen zwischen Unternehmen, Beschlüsse von Unternehmensvereinigungen und aufeinander abgestimmte Verhaltensweisen, welche den Handel zwischen Mitgliedstaaten zu beeinträchtigen geeignet sind und eine Verhinderung, Einschränkung oder Verfälschung des Wettbewerbs innerhalb des Binnenmarktes bezwecken oder bewirken, ...

Vereinbarungen zwischen Unternehmen (Absprachen, Kartelle) sind untersagt, wenn sie zu einer spürbaren Beschränkung des Wettbewerbs führen. Solche Vereinbarungen können z. B. zum Inhalt haben:

- Festsetzung von An- oder Verkaufspreisen
- Beschränkungen der Produktion
- Aufteilung der Märkte
- Diskriminierende Verhaltensweisen gegenüber Handelspartnern.

Für Vereinbarungen, die sich letztlich positiv auf den Markt auswirken, z. B. wenn sie dem technischen Fortschritt oder Verbesserungen beim Vertrieb dienen, sieht das Gemeinschaftsrecht Ausnahmen vom generellen Verbot vor. In diesen Fällen können die Unternehmen eine Freistellung bei der EU-Kommission beantragen.

EU will Kartell der Autohändler brechen

BRÜSSEL (...) – Autokäufer in Europa sollen künftig von mehr Wettbewerb zwischen Händlern und damit niedrigeren Preisen profitieren. Die Kartellausnahme, die den Herstellern exklusive Händlernetze erlaubt, wird damit beendet.

▶ Verbot des Missbrauchs einer marktbeherrschenden Stellung

§

Vertrag über die Arbeitsweise der Europäischen Union (AEUV)

Artikel 102

Mit dem Binnenmarkt unvereinbar und verboten ist die missbräuchliche Ausnutzung einer beherrschenden Stellung auf dem Binnenmarkt oder auf einem wesentlichen Teil desselben durch ein oder mehrere Unternehmen, soweit dies dazu führen kann, den Handel zwischen Mitgliedstaaten zu beeinträchtigen.

Beispiele für den Missbrauch einer marktbeherrschenden Stellung sind u. a.

- Erzwingung von unangemessenen Einkaufs- oder Verkaufspreisen
- Einschränkung der Produktion zum Schaden der Verbraucher
- Diskriminierende Verhaltensweisen gegenüber Handelspartnern.

Im Zusammenhang mit der Fußballweltmeisterschaft 1998 in Frankreich ging die EU-Kommission gegen das Veranstaltungskomitee vor, weil Interessenten, die eine Adresse in Frankreich angeben konnten, bei der Vergabe von Eintrittskarten gegenüber Interessenten aus anderen Ländern bevorzugt wurden.

▶ Kontrolle von Unternehmenszusammenschlüssen

In den letzten Jahrzehnten hat sich die Zahl der grenzüberschreitenden Unternehmenszusammenschlüsse (Fusion oder Übernahme) deutlich erhöht. Unternehmenszusammenschlüsse können durchaus zu größerem Wettbewerb führen, wenn dadurch Unternehmensgrößen geschaffen werden, die international wettbewerbsfähiger sind. Unternehmenszusammenschlüsse, die zur Begründung oder Verstärkung einer beherrschen Stellung führen, sind jedoch nach EU-Recht untersagt.

Zuständigkeit der Europäischen Kommission

Die EU-Kommission ist für Zusammenschlüsse zuständig, wenn sie gemeinschaftsweite Bedeutung besitzen. Eine solche Bedeutung liegt vor, wenn der Jahresumsatz der fusionswilligen Unternehmen eine bestimmte Grenze überschreitet (als Prozentsatz des weltweiten und europäischen Gesamtumsatzes). In diesen Fällen muss die Europäische Kommission in Kenntnis gesetzt werden, damit sie die Auswirkungen des Zusammenschlusses auf den Wettbewerb prüfen kann.

Grünes Licht aus Brüssel

BRÜSSEL (...) – Der EU-Wettbewerbskommissar hat grünes Licht für das geplante Bündnis der beiden Fluggesellschaften British Airways (BA) und Iberia gegeben. Die neue Gruppe wird den Namen „International Airlines Group" tragen. Sie kommt den größten Airlines in Europa, Air France-KLM und Lufthansa, nun erheblich näher. Durch die Fusion peilen BA und Iberia Einsparungen von jährlich 400 Mill. EUR an.

Brüssel stoppt Börsenfusion

BRÜSSEL (...) – Die geplante Fusion der Frankfurter und der New Yorker Börse ist gescheitert. Die EU-Kommission hat ihr Veto gegen den Zusammenschluss eingelegt: Ein vereinigtes Unternehmen hätte zu große Marktmacht gehabt. Der EU-Wettbewerbskommissar befürchtet vor allem die Marktmacht des angestrebten Börsenriesen im Derivatehandel. In diesem Bereich kommen die Börsen auf mehr als 90 Prozent Marktanteil.

▶ Liberalisierung von Märkten

Staaten können öffentlichen und privaten Unternehmen besondere Rechte, insbesondere monopolartige Marktstellungen, einräumen, um Aufgaben von allgemeinem wirtschaftlichem Interesse zu erfüllen. Solche Monopole bestanden in erster Linie in den Bereichen Verkehr, Energie und Telekommunikation.

§

Vertrag über die Arbeitsweise der Europäischen Union (AEUV)

Artikel 106

(1) Die Mitgliedstaaten werden in Bezug auf öffentliche Unternehmen und auf Unternehmen, denen sie besondere oder ausschließliche Rechte gewähren, keine den Verträgen ... widersprechende Maßnahmen treffen oder beibehalten.

In der Zeit von 1996 bis 2009 wurden drei Legislativpakete zur Harmonisierung und Liberalisierung des EU-Binnenmarkts für Energie verabschiedet. Sie betrafen die Themen Marktzugang, Transparenz und Regulierung, Verbraucherschutz, Förderung des Verbunds und Versorgungssicherheit. Diese Vorschriften öffneten die Gas- und Strommärkte der Mitgliedstaaten für neue Anbieter und ermöglichen den Verbrauchern die freie Wahl des Anbieters.

Europäisches Parlament

Vor allem wegen der hohen Kosten für den Aufbau einer angemessenen Infrastruktur ist es für neue Anbieter schwer, in diese Märkte einzudringen. Die EU-Kommission verfolgt in diesen Fällen das Konzept, Infrastruktur und Geschäftstätigkeiten zu trennen. Zwar bleibt in der Regel die Infrastruktur (z. B. das Telefon- oder Stromnetz) im Eigentum des bisherigen Monopolinhabers, er muss jedoch Dritten den Zugang gewähren und Durchleitungen vornehmen.

Die Erfahrungen, insbesondere mit der Liberalisierung der Telekommunikation, zeigen, dass Wettbewerb zu deutlich niedrigeren Preisen bei größerer Produktvielfalt und höherer Produktqualität führen kann.

▶ Kontrolle staatlicher Beihilfe an Unternehmen

§

Vertrag über die Arbeitsweise der Europäischen Union (AEUV)

Artikel 107

(1) Soweit in den Verträgen nicht etwas anderes bestimmt ist, sind staatliche oder aus staatlichen Mitteln gewährte Beihilfen gleich welcher Art, die durch die Begünstigung bestimmter Unternehmen oder Produktionszweige den Wettbewerb verfälschen oder zu verfälschen drohen, mit dem Binnenmarkt unvereinbar, soweit sie den Handel zwischen Mitgliedstaaten beeinträchtigen.

Staaten neigen dazu, aus arbeitsmarktpolitischen, regionalpolitischen, strukturpolitischen oder sonstigen Gründen Unternehmen oder Branchen, die in Schwierigkeiten sind, Beihilfen zu gewähren. Durch derartige Beihilfen wird der Wettbewerb verzerrt und die notwendige Umstrukturierung zumindest verzögert.

Staatliche Beihilfen an Unternehmen sind nach EU-Recht grundsätzlich verboten. Ausnahmen sind jedoch möglich. Wenn die positiven Wirkungen überwiegen und die Beihilfen der Regionalentwicklung oder der Förderung bestimmter Vorhaben von allgemeinem Interesse (Umweltschutz, Forschung und Entwicklung, Ausbildung usw.) dienen, kann die EU-Kommission Beihilfen genehmigen.

In der Vergangenheit sind Beihilfen vor allem zur Förderung von Unternehmen in wirtschaftlich benachteiligten Gebieten gewährt worden. Diese Beihilfen sind einzustellen, wenn die Benachteiligung nicht mehr besteht.

Die Kontrolle der staatlichen Beihilfen an Unternehmen liegt in den Händen der EU-Kommission.

Zusammenfassung Kapitel 13.2.3:
Wettbewerbspolitik in der Europäischen Union (EU)

- Wegen des Gemeinsamen Binnenmarktes besteht zwischen den Wettbewerbsregeln der EU und denen der Mitgliedsländer naturgemäß eine weitgehende Übereinstimmung.
- Die Wettbewerbspolitik der EU umfasst fünf Bereiche:
  - Verbot wettbewerbsbeschränkender Vereinbarungen.
  - Verbot des Missbrauchs einer marktbeherrschenden Stellung.
  - Kontrolle von Unternehmenszusammenschlüssen.
  - Liberalisierung von Märkten.
  - Kontrolle staatlicher Beihilfen an Unternehmen.

13.2.4 Internationale Wettbewerbspolitik

Gibt es so etwas wie eine internationale Wettbewerbspolitik und wer trägt sie?

Mit der fortschreitenden Liberalisierung und dem zunehmenden Wachstum des Welthandels erweitern sich die Märkte. Grenzüberschreitende Kooperationen und Unternehmensübernahmen nehmen stark zu. Dies geht nicht selten mit erheblichen Arbeitsplatzverlusten einher. Global agierende Unternehmen **(„Global Player")** schaffen partielle oligopolistische und manchmal monopolistische Marktstrukturen.

Diese Entwicklungen verschärfen nicht nur den internationalen Wettbewerb, sondern stellen auch die Wettbewerbspolitik vor neue Herausforderungen. Nationalstaaten haben kaum noch Zugriff auf international aufgestellte Konzerne. Auch nationale Gewerkschaften haben bestenfalls noch bedingt Einfluss auf Lohn- und Arbeitspolitik internationaler Unternehmen. Für derartige Unternehmen ist es auch relativ leicht, steuerlichen Regelungen, Umweltschutzvorschriften, Arbeitnehmerschutzgesetzen und ähnlichen Vorgaben nationaler Staaten auszuweichen. Die Erfassung grenzüberschreitender Wettbewerbsbeschränkungen stößt sowohl auf rechtliche als auch auf tatsächliche Schwierigkeiten.

Die grenzüberschreitenden Aktivitäten zahlreicher Unternehmen haben nicht nur zu einem internationalen Wettbewerb zwischen Unternehmen geführt, sondern auch zu einem Wettbewerb zwischen Staaten. In dem Wunsch, möglichst attraktive Standortbedingungen für Unternehmen zu bieten, konkurrieren heute die Staaten weltweit über Steuern, Umweltauflagen, Arbeitsmarktregelungen, Mitbestimmung, Subventionen usw. miteinander.[1]

Internationale Wettbewerbspolitik stellt den Versuch dar, internationale Standards für einen möglichst unbeschränkten und fairen weltweiten Wettbewerb zu formulieren und nachhaltig zu sichern.

Eine kodifizierte und institutionalisierte weltweite Wettbewerbsordnung, die das Verhalten von Unternehmen und Staaten steuern und Verstöße ahnden könnte, gibt es jedoch nicht. Lediglich regional haben sich Staaten auf gewisse Wettbewerbsregeln verständigt.

Eines der wirkungsvollsten regionalen Regelwerke ist das Wettbewerbsrecht der Europäischen Union.[2] Weniger stark ausgeprägt als in der EU finden sich wettbewerbsrechtliche Vereinbarungen auch in der **EFTA (European Free Trade Association).** Die EFTA wurde 1960 als Gegengewicht zur damaligen EWG gegründet. Die meisten ehemaligen Mitglieder sind inzwischen in der EU; derzeit gehören der EFTA noch die Schweiz, Norwegen, Island und Liechtenstein an. 1994 trat das Abkommen über den **Europäischen Wirtschaftsraum (EWR)** zwischen der EU und den drei EFTA-Staaten Norwegen, Liechtenstein und Island in Kraft, das die Kernregeln des EU-Wettbewerbsrechts auf den EWR überträgt.

▶ Ordnungsrahmen für eine internationale Wettbewerbspolitik

Die Schaffung eines international verbindlichen Wettbewerbsrechts war u.a. auch schon Anliegen der **Havannakonferenz** (1947/48). Der Abschnitt der *Havanna Charta*, der Ansätze eines internationalen Kartellrechts enthielt, wurde jedoch von den Teilnehmerstaaten nicht ratifiziert und damit nicht in Kraft gesetzt.

Der Schaffung einer internationalen Wettbewerbsordnung stehen insbesondere zwei Schwierigkeiten entgegen:

[1] Vgl. auch Abschnitt 13.3.3.1 „Internationaler Wettbewerb".

[2] Vgl. Abschnitt 13.2.3 „Wettbewerbspolitik in der Europäischen Union (EU)".

- **Zuständigkeit.** Hierbei geht es vor allem um die Frage, ob eine zentrale Institution, beispielsweise eine Welt-Wettbewerbsbehörde, den internationalen Wettbewerb regeln soll, oder ob weiterhin dezentrale, d.h. in der Regel nationale Wettbewerbsbehörden zuständig sein sollen. Bei einer dezentralen Lösung müssten jedoch die nationalen Wettbewerbspolitiken soweit wie möglich harmonisiert werden.
- **Durchsetzbarkeit.** Vorgaben und gegebenenfalls auch Sanktionen von Wettbewerbsbehörden müssen auch durchgesetzt werden können. Hierfür müssen die Behörden über ein Instrumentarium verfügen, das ihnen erlaubt, bei Bedarf in die Wettbewerbspolitik und Wettbewerbspraxis anderer Staaten einzugreifen.

Die Chancen auf baldige Realisierung einer internationalen Wettbewerbspolitik dürften nicht sehr groß sein. Zu stark ist zum einen der Wunsch der Nationalstaaten, über die eigene Wettbewerbspolitik selbst zu entscheiden, und zu groß ist zum anderen die Versuchung, der eigenen Wirtschaft durch eine entsprechend gestaltete Politik Wettbewerbsvorteile gegenüber der internationalen Konkurrenz zu verschaffen.

EU-Kommission leitet Verfahren gegen Chinas Solarbranche ein

25 europäische Solarfirmen reichten 2012 bei der europäischen Kartellbehörde eine Anti-Dumping-Klage gegen Solarkonzerne aus China ein. Sie werfen den Konkurrenten vor, ihre Produkte zu Schleuderpreisen auf den Markt zu werfen. Zudem würden sie von der Regierung in Peking mit milliardenschweren Krediten gestützt. Die EU-Kommission leitet nun ein Verfahren gegen chinesische Produzenten ein.

Vor diesem Hintergrund wird die internationale Zusammenarbeit der Wettbewerbsbehörden im Rahmen bestehender Systeme wie **WTO, OECD** und **UNCTAD** immer wichtiger.[1] Im Vordergrund dieser Zusammenarbeit steht dabei – wegen der oben genannten Schwierigkeiten – nicht die Vereinheitlichung des Wettbewerbsrechts, sondern die Vereinbarung von Mindeststandards für internationalen Handel, auf die sich die Staaten einigen sollten.

WTO rügt USA wegen Boeing-Subventionen

HAMBURG (...) – In einem am Mittwoch vorgelegten Zwischenbericht der bereits vor Jahren eingeschalteten Welthandelsorganisation WTO werden nach Angaben des französischen Verkehrsministeriums massive regelwidrige Subventionen der USA an den Airbus-Konkurrenten Boeing beanstandet. ... Beide Seiten werfen sich vor, Airbus und Boeing unfair zu subventionieren; in beiden Fällen laufen Prozesse bei der WTO. ... Im Fall der Klage der USA gegen die EU hat die Welthandelsorganisation bereits ihren Abschlussbericht vorgelegt. In ihm kam sie unter anderem zu dem Ergebnis, dass Teile der rückzuzahlenden Anschubfinanzierung für den Großflieger A380 illegale Exportsubventionen seien.

Zusammenfassung Kapitel 13.2.4:
Internationale Wettbewerbspolitik

- Internationale Wettbewerbspolitik stellt den Versuch dar, internationale Standards für einen möglichst unbeschränkten und fairen weltweiten Wettbewerb zu formulieren und nachhaltig zu sichern.

[1] Vgl. hierzu auch den Abschnitt 9.8 „Internationale Organisationen zur Regelung außenwirtschaftlicher Beziehungen“.

- Eine kodifizierte und institutionalisierte weltweite Wettbewerbsordnung gibt es nicht.
- Der Ordnungsrahmen für eine internationale Wettbewerbspolitik müsste vor allem festlegen:
  - Zuständigkeiten von Wettbewerbsbehörden.
  - Durchsetzbarkeit von Regeln und ggf. von Sanktionen.
- Internationale wettbewerbspolitische Vereinbarungen werden derzeit vor allem innerhalb bestehender internationaler Organisationen (WTO, OECD, UNCTAD) getroffen.

13.3 Globalisierung und internationaler Wettbewerb

13.3.1 Begriff und Entwicklung der Globalisierung

? Was bedeutet „Globalisierung" und seit wann gibt es sie?

! **Globalisierung** bezeichnet den Vorgang der zunehmenden weltweiten Verflechtung in Politik, Wirtschaft, Kultur, Umwelt, Kommunikation und vielen anderen Bereichen.

Wirtschaftliche Globalisierung zeigt sich in einer zunehmenden internationalen Verflechtung der Wirtschaftsbeziehungen (Handel, Standorte, Produktionsteilung, Unternehmenskooperationen usw.).

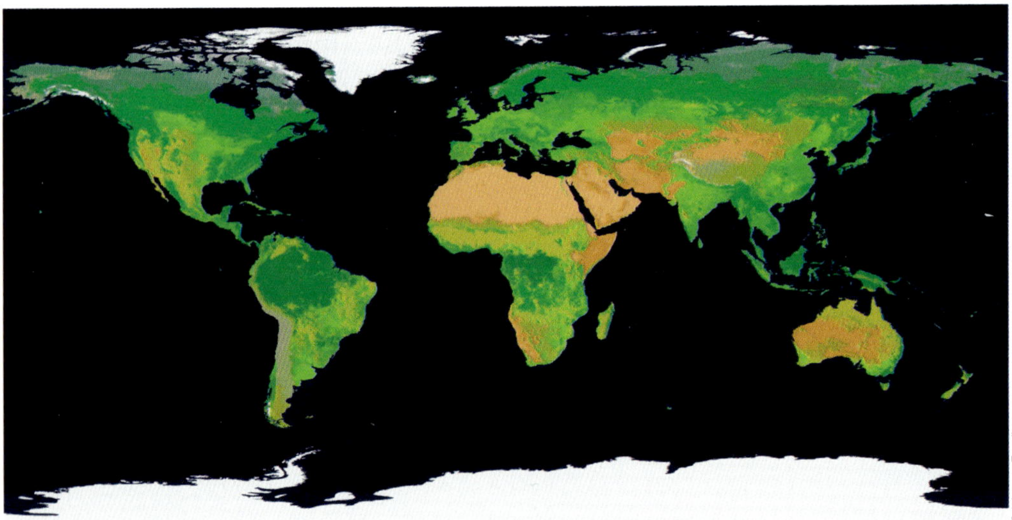

Unternehmen und Märkte wachsen seit Jahren über die regionalen und nationalen Grenzen hinaus. In gewisser Weise ist heute die ganze Welt zu einem einzigen Wirtschaftsraum zusammengewachsen.

Die Internationalität von Wirtschaftsbeziehungen ist keineswegs neu.[1] Seit etwa 10.000 v. Chr. kann Fernhandel durch archäologische Funde belegt werden. Im späten Mittelalter existierten bereits

[1] Vgl. hierzu auch Kapitel 9 „Außenwirtschaft".

international agierende Unternehmen. Zu ihnen gehörten die **Fugger** in Augsburg, die **Welser** in Augsburg und Nürnberg, die **Deutsche Hanse,** italienische Handelshäuser und Banken (u. a. Medici in Florenz), flämische Handelshäuser in Brügge, Antwerpen und Gent und etliche andere.

Die Fugger in Augsburg

Die Augsburger Kaufherren Fugger gehörten zu den reichsten Familien des Spätmittelalters. In der Blütezeit (ca. 1450–1550) betrieben die Fugger Bergwerke (Silber in Tirol, Kupfer in Ungarn, Quecksilber und Zinnober in Spanien), hatten Niederlassungen in fast ganz Europa, trieben Handel aber auch mit Indien, Südamerika und Afrika. Sie waren Bankiers mehrerer Päpste, der Kaiser Maximilian I., Karl V. und Ferdinand I. von Habsburg sowie der Könige von Deutschland, Spanien und Portugal, England, Dänemark und Ungarn. Sie finanzierten die „Wahlkämpfe" zahlreicher Herrscher und besaßen dadurch auch beträchtlichen politischen Einfluss.

1521 stiftete Jakob Fugger die weltberühmte **Fuggerei** in Augsburg, die älteste bestehende Sozialsiedlung der Welt, die (nach Wiederaufbau 1948) heute noch besteht.

Ausmaß und Bedeutung der Internationalisierung haben jedoch seit der zweiten Hälfte des 20. Jh. erheblich zugenommen. Seit dieser Zeit wird auch die Bezeichnung „Globalisierung" verwendet.

Zusammenfassung Kapitel 13.3.1:
Begriff und Entwicklung der Globalisierung

- Wirtschaftliche Globalisierung zeigt sich in einer zunehmenden internationalen Verflechtung der Wirtschaftsbeziehungen (Handel, Standorte, Produktionsteilung, Unternehmenskooperationen usw.).
- Die Internationalität von Wirtschaftsbeziehungen ist keineswegs neu. Auch in früheren Jahrhunderten gab es weltweiten Handel und international agierende Unternehmen.
- Ausmaß und Bedeutung der Internationalisierung haben jedoch seit der zweiten Hälfte des 20. Jh. erheblich zugenommen.

13.3.2 Ursachen der Globalisierung

Was hat zu der zunehmenden Internationalisierung der Wirtschafsbeziehungen geführt? ?

Die stürmische Entwicklung der internationalen Wirtschaftsbeziehungen hatte vor allem drei Ursachen:

Ursachen der Globalisierung

- **Liberalisierung des Welthandels**
- **Verbesserung der Transportmöglichkeiten**
- **Verbesserung der Informations- und Kommunikationsmöglichkeiten**

Gefördert wurde der Prozess auch durch das Ende der Zentralverwaltungswirtschaften Ende der 1980er-Jahre des vergangenen Jahrhunderts und die damit verbundene Auflösung abgeschotteter Wirtschaftsblöcke.

13.3.2.1 Liberalisierung des Welthandels

Der weltweite Handel ist – wenn auch in Schüben – in der zweiten Hälfte des 20. Jh. stark angewachsen. Mit der Liberalisierung des Welthandels ist aber nicht nur ein intensiverer Warenaustausch verbunden. Experten rechnen auch mit globalen Wachstumszuwächsen, Wohlstandsgewinnen in dreistelliger Milliardenhöhe und einem wesentlichen Beitrag zur internationalen Sicherheit und Stabilität.

Gefördert wird der internationale Wettbewerb ausdrücklich auch durch internationale **Handelsabkommen,** deren Ziel es ist, Handelshemmnisse und Investitionsbeschränkungen abzubauen. Hauptanliegen der frühen Handelsabkommen und -runden war ein weltweiter **Abbau von Zöllen.** Bereits 1948 trat das **GATT** (General Agreements on Tariffs and Trade; dt.: Allgemeines Zoll- und Handelsabkommen) in Kraft. Bei der Eingliederung des GATT in die heutige **WTO** (World Trade Organization; dt.: Welthandelsorganisation) gehörten ihm 123 Länder an. Wesentliche Meilensteile waren die vom GATT bzw. der WTO durchgeführten **Welthandelsrunden** (zuletzt **Uruguay-Runde** (1986–1994), **Doha-Runde** (seit 2001). Im Zuge der GATT- bzw. WTO-Verhandlungen wurden die früher zum Teil sehr hohen **Zölle** drastisch abgebaut.

Abgebaut wurden auch die sogenannten **nichttarifären Handelshemmnisse.** Hierbei handelt es sich um indirekte, nicht in Geld ausdrückbare Maßnahmen wie Quotenregelungen, Exportbeschränkungen, Kennzeichnungsvorschriften usw.

Handelshemmnisse sind auch die von Land zu Land unterschiedlichen **Normen** und **technischen Standards.** Dadurch sind viele Produkte, insbesondere auch technische Geräte, nicht miteinander kompatibel. Spürbar ist dies u.a bei den oftmals von Land zu Land unterschiedlichen Elektrosteckern und -steckdosen, die bei Auslandsreisen häufig das Mitführen von Adaptern erforderlich machen.

Liberalisierung des Welthandels	
Abbau von Zöllen	Einfuhr-, Ausfuhrzölle
Abbau nichttarifärer Handelshemmnisse	Einfuhr-, Ausfuhrquoten; Einfuhr-, Ausfuhrverbote; rechtliche Vorschriften; Kennzeichnungsvorschriften usw.
Standardisierung	Vereinheitlichung von Maßen, technischen Produkten, Verbindungen, Qualitätsstandards, Kennzeichnungen usw.

Derzeit noch nicht befriedigend gelöst sind:

- Einbezug der Entwicklungsländer in die weltweiten Handelsbeziehungen, vor allem deren Zugänge zu den nach wie vor abgeschotteten Agrarmärkten der Industrieländer,
- der Schutz geistigen Eigentums **(„Produktpiraterie"),**
- die Liberalisierung des Dienstleistungsverkehrs,
- Durchsetzung von Gewährleistungsrechten,
- Einhaltung sozialer und umweltbezogener Mindeststandards.

13.3.2.2 Verbesserung der Transportmöglichkeiten

Warenaustausch ist immer auch mit Transporten verbunden. Es liegt auf der Hand, dass Bedingungen und Kosten von Warentransporten für den Umfang des Warenaustausches von großer Bedeutung sind.

Die Kosten für **See- und Lufttransporte** sinken seit Jahrzehnten. Sie machen heute nur noch einen Bruchteil der früheren Kosten aus. Stark verkürzt haben sich auch die Transportzeiten. Während früher Segelschiffe oft monatelang unterwegs waren, benötigen heute moderne Frachtschiffe für die gleiche Strecke nur wenige Wochen. **Luftfracht** ermöglicht sogar Transporte weltweit innerhalb von wenig mehr als einem Tag. Die geringeren Transportzeiten senken nicht nur die Kosten, sie ermöglichen auch den weltweiten Austausch von Gütern, die – wie beispielsweise Lebensmittel – nur eine sehr begrenzte Lebensdauer haben.

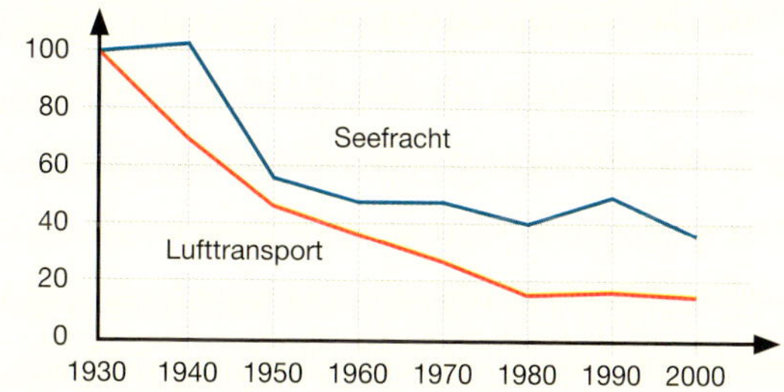

Quelle: Busse, M.: HWWA Discussion Paper Nr. 116; Bundesverband der Deutschen Industrie BDI: Außenwirtschaftsreport 04/2002

* durchschn. Seetransportkosten pro short ton (907,17 kg), durchschn. Lufttransportumsatz pro Passagier und Meile

Begünstigt wurde die Entwicklung im Seeverkehr vor allem durch den Bau immer größerer und effizienterer **Containerschiffe** sowie Entwicklung und massenhaften Einsatz des **Standardcontainers**. Diese Container sind in ihren Abmessungen genormt und erleichtern das Stapeln und Verladen enorm. Containerschiffe können je nach Größe mehrere Tausend dieser Container laden.

© Gary Blakeley – Fotolia.com

Viele Güter liegen heute in digitaler Form vor. Diese **digitalen Güter** – oftmals große Datenmengen – können in Sekundenschnelle und zu ganz geringen Kosten um den ganzen Globus verschickt werden.

13.3.2.3 Verbesserung der Informations- und Kommunikationsmöglichkeiten

Die Entwicklung neuer Technologien im Bereich der Informations- und Kommunikationstechniken hat die Globalisierung ebenfalls stark gefördert. Computer, Internet, weltweiter Telefonverkehr, E-Mail-Verkehr usw. haben völlig neue Möglichkeiten der Information und Kommunikation geschaffen. Zeit und Kosten sind beträchtlich gesunken.

Nicht zuletzt hat auch die weltweite Verbreitung der englischen Sprache die globalen Möglichkeiten der Information und Kommunikation beflügelt.

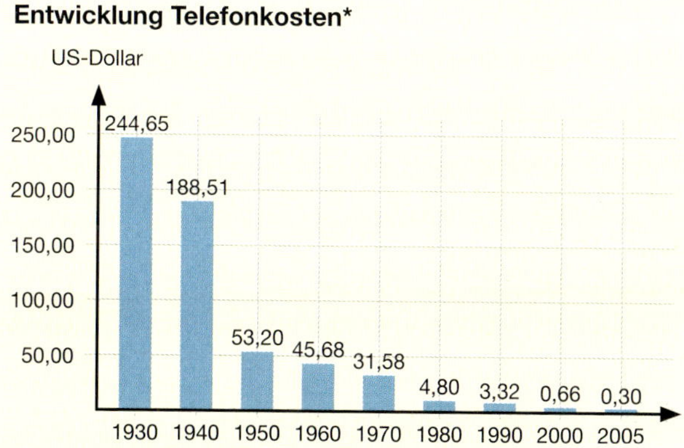

Quelle: Busse, M.: HWWA Discussion Paper Nr. 116; Bundesverband der Deutschen Industrie BDI: Außenwirtschaftsreport 04/2002

* Kosten eines 3-minütigen Gesprächs von New York nach London

Zusammenfassung Kapitel 13.3.2:
Ursachen der Globalisierung

- Liberalisierung des Welthandels
  - Abbau von Zöllen, Handelshemmnissen und Investitionsbeschränkungen
  - Internationale Normierungen
- Verbesserung der Transportmöglichkeiten
  - Erhebliche Verringerung der Transportkosten und der Transportzeiten
- Verbesserung der Informations- und Kommunikationsmöglichkeiten
  - Neue Technologien im Informations- und Kommunikationssektor
  - Zeit und Kosten für Information und Kommunikation stark reduziert
  - Weltweite Verbreitung der englischen Sprache

13.3.3 Merkmale der Globalisierung

? Worin zeigt sich die Globalisierung?

Globalisierung im wirtschaftlichen Bereich zeigt sich in einer Vielzahl von Entwicklungen. Die folgende Übersicht zeigt die wichtigsten:

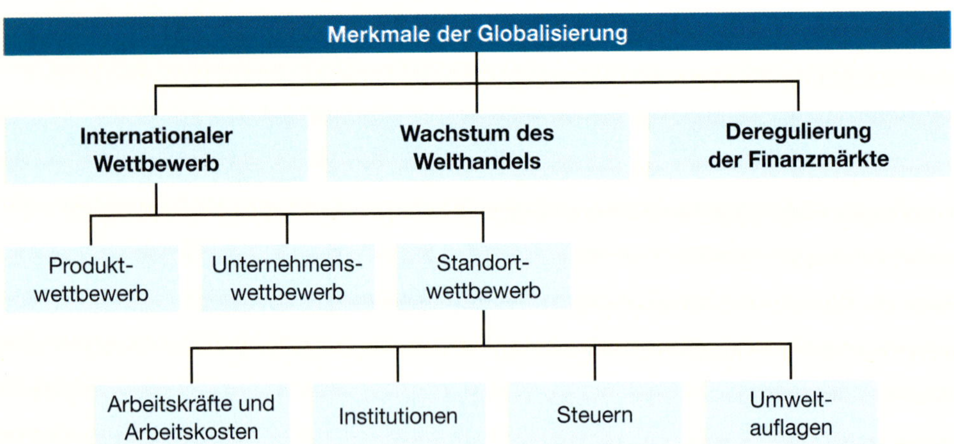

13.3.3.1 Internationaler Wettbewerb

Die Internationalisierung der Wirtschaftsbeziehungen und der damit einhergehende starke internationale Wettbewerb sind ein hervorstechendes Merkmal der Globalisierung. Weltweit konkurrieren heute Produkte, Unternehmen und Wirtschaftsstandorte.

Internationaler Wettbewerb

- **Produktwettbewerb**
- **Unternehmenswettbewerb**
- **Standortwettbewerb**

▶ Internationaler Produktwettbewerb

Internationaler Produktwettbewerb liegt vor, wenn in einem Land nicht nur heimische Produkte (Waren, Dienstleistungen, Finanzprodukte), sondern auch Produkte aus anderen Ländern angeboten werden. Den grenzüberschreitenden Austausch von Produkten gibt es schon sehr lange. Allerdings hat der Umfang in den vergangenen Jahrzehnten erheblich zugenommen. Diese Entwicklung ist Folge einer zunehmenden **internationalen Arbeitsteilung.**[1] Produkte werden weltweit dort hergestellt, wo sie am günstigsten hergestellt werden können, und dann grenzüberschreitend ausgetauscht.

Betroffen sind nicht nur Fertigwaren, sondern in zunehmenden Maße auch Vorprodukte. Viele Unternehmen produzieren heute weltweit und fügen die Einzelteile zu einem Endprodukt zusammen. Ein solches Verfahren rechnet sich, da Kostenvorteile und günstige Transportmöglichkeiten genutzt werden können.

▶ Internationaler Unternehmenswettbewerb

Internationaler **Produktaustausch** und **-wettbewerb** hat für die Unternehmen den Wettbewerbsdruck enorm erhöht. Die Unternehmen begegnen ihm mit unterschiedlichen Strategien. Zum einen werden Forschung und Entwicklung gestärkt, zum anderen werden Produktion, Marketing und Absatz international optimiert. Das führt u. a. dazu, dass die Produktion stärker zu den Absatzmärkten verlagert wird und dass bei der Entwicklung und Gestaltung von Produkten auf die Besonderheiten bestimmter Absatzmärkte abgestellt wird.

SIEMENS

weltweit:

- Aktivitäten in rund 190 Ländern.
- 360.000 Beschäftigte weltweit.
- Mitarbeiter aus 140 Nationen.
- 285 Fertigungsstätten weltweit.
- Bürogebäude, Lagerhäuser, Forschungs- und Entwicklungseinrichtungen oder Vertriebsstellen in nahezu allen Ländern der Erde.

Internationaler Wettbewerb ist vorrangig auch ein **Kostenwettbewerb.** Unternehmen kaufen nicht mehr nur Güter bei ausländischen Unternehmen, sondern errichten selbst Produktionsstätten in anderen, kostengünstigeren Ländern. Zum Teil geschieht dies, um zusätzliche Produktionskapazitäten möglichst nahe bei Kunden aufzubauen, zum Teil wird aber auch die Produktion von einem teureren Land in ein billigeres Land verlagert **(Produktionsverlagerung).** Auf diese Weise haben sich in den letzten Jahrzehnten zahlreiche Unternehmen zu **internationalen Konzernen („Global Player")** entwickelt.

Insbesondere auf Massenmärkten benötigen Unternehmen oft auch eine gewisse Größe, um im Wettbewerb mit anderen mithalten zu können. Dies hat vermehrt zu **internationalen Unternehmenskooperationen und -fusionen** geführt.

[1] Vgl. hierzu auch die Ausführungen zu „Außenhandel" und „Internationaler Arbeitsteilung" in Kapitel 9 „Außenwirtschaft".

Putzmeister geht an chinesischen Rivalen

FRANKUFRT (...) – Der schwäbische Betonpumpen-Hersteller Putzmeister gehört künftig dem chinesischen Konkurrenten Sany Heavy Industries. Das 1958 gegründete Unternehmen sei der bisher größte Zukauf eines chinesischen Käufers in Deutschland, teilte Putzmeister am Freitag mit. Es sei das erste Mal überhaupt, dass ein deutscher Mittelständler sein Unternehmen nach China verkaufe. Sany und Putzmeister werden durch die Fusion zum größten Hersteller von Betonpumpen weltweit. Putzmeister war zuletzt bekannt geworden durch die Lieferung übergroßer Betonpumpen für das havarierte japanische Atomkraftwerk Fukushima.

▶ Internationaler Standortwettbewerb

Der Produkt- und Unternehmenswettbewerb und die damit zusammenhängende internationale Suche nach günstigen Standorten haben zu einem weltweiten **Standortwettbewerb** geführt. Auf der einen Seite prüfen Unternehmen bei ihren Standortüberlegungen heute genau, wo sich ihre Vorstellungen von Absatzmöglichkeiten, Produktionskosten, Fachkräften, Steuerbelastungen usw. am besten verwirklichen lassen. Auf der anderen Seite bemühen sich die Länder intensiv um die Ansiedlung von Unternehmen, da mit deren Ansiedlung etliche Vorteile verbunden sind (Arbeitsplätze, Steuereinnahmen usw.). Daher konkurrieren Standorte, auch Länder, weltweit miteinander.

Wichtiger Indikator für die Attraktivität und die internationale Wettbewerbsfähigkeit eines Standortes sind die ausländischen **Direktinvestitionen.**[1]

Ausländische Direktinvestitionen sind Vermögensanlagen in einem Land durch einen Investor aus einem anderen Land. Es kann sich dabei um Investitionen in ein eigenes Tochterunternehmen im Ausland, um eine Fusion oder eine Beteiligung handeln.

Herkunft ausländischer Direktinvestitionen (2017 in Mrd. Dollar)

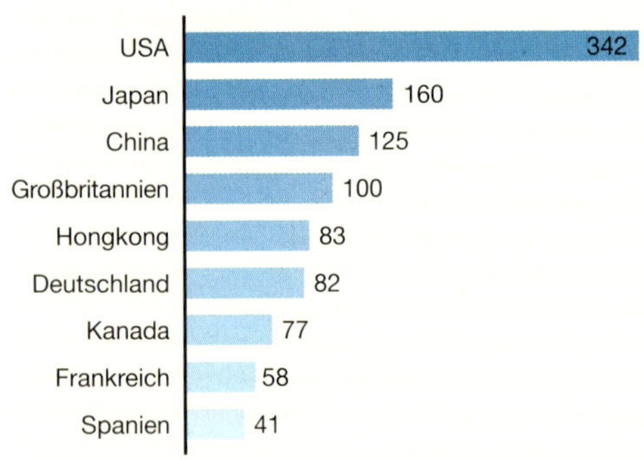

Quelle: UNCTAD

Ziele ausländischer Direktinvestitionen (2017 in Mrd. Dollar)

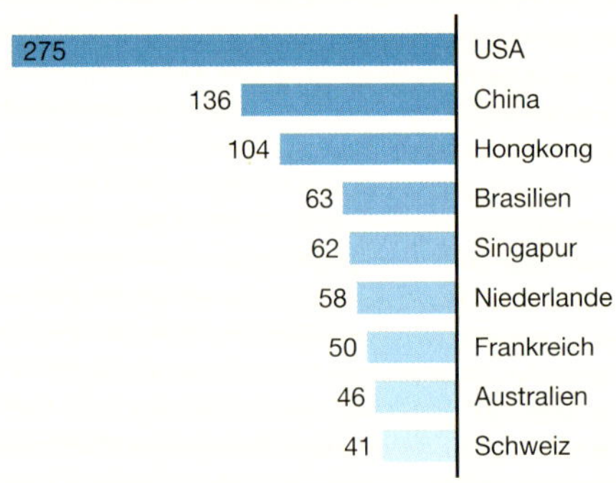

Quelle: UNCTAD

[1] Zum Umfang deutscher Direktinvestitionen im Ausland und ausländischer Direktinvestitionen in Deutschland vgl. Abschnitt 9.6.2 „Die Zahlungsbilanz Deutschlands“.

Index der Wettbewerbsfähigkeit 2017-2018

Beste Platzierungen			Schlechteste Platzierungen		
Rang	**Land**	**Wert**	**Rang**	**Land**	**Wert**
1	Schweiz	5,86	128	Haiti	3,22
2	USA	5,85	129	Burundi	3,21
3	Singapur	5,71	130	Sierra Leone	3,20
4	Niederlande	5,66	131	Lesotho	3,20
5	Deutschland	5,65	132	Malawi	3,11
6	Hongkong	5,53	133	Mauretanien	3,09
7	Schweden	5,52	134	Liberia	3,08
8	Großbritannien	5,51	135	Tschad	2,99
9	Japan	5,49	136	Mosambik	2,89
10	Finnland	5,45	137	Jemen	2,87

Quelle: Weltwirtschaftsforum

Der Standortwettbewerb wird über unterschiedliche Faktoren ausgetragen.

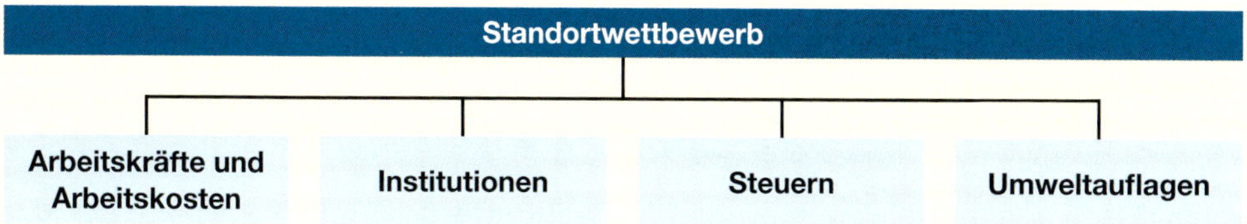

Arbeitskräfte und Arbeitskosten

Bei den Arbeitskräften ist zunächst wichtig, dass sie in ausreichender Menge vorhanden sind, dass sie genügend qualifiziert sind und über das benötigte technische und kaufmännische Wissen verfügen. Vor allem im Bereich der Massenfertigung spielen die Kosten für die Arbeitskräfte, die **Arbeitskosten (Direktentgelt** und **Personalzusatzkosten),** eine große Rolle. Die Arbeitskosten sind von Land zu Land höchst unterschiedlich.

Arbeitskosten in der Industrie (EUR je Stunde)

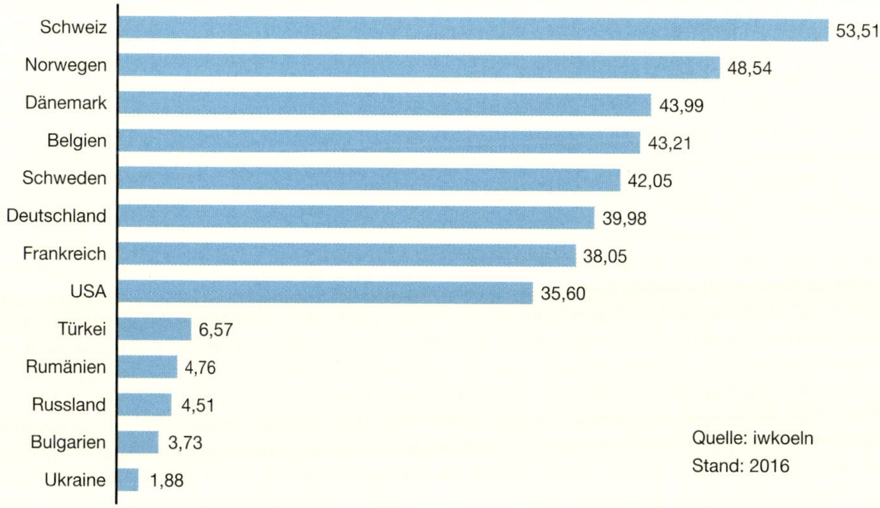

Neben den nominellen Arbeitskosten sind für ein Unternehmen auch die Lohnstückkosten wichtig. Die **Lohnstückkosten** setzen die Arbeitskosten in Beziehung zur Arbeitsleistung. Wenn bei gleichbleibenden Arbeitskosten die Arbeitsleistung (= Produktivität) steigt, sinken die in einem Produkt enthaltenen anteiligen Arbeitskosten (= Lohnstückkosten).

Arbeitskosten: Kosten je Arbeitsstunde **(Direktentgelt** und **Personalzusatzkosten).**

Lohnstückkosten: Arbeitskosten je Leistungseinheit (z. B. 1 Stück).

Betriebswirtschaftliche Ermittlung: $\text{Lohnstückkosten} = \frac{\text{Arbeitskosten}}{\text{Stückzahl}}$

Volkswirtschaftliche Ermittlung: $\text{Lohnstückkosten} = \frac{\text{Arbeitnehmerentgelt}}{\text{Bruttoinlandsprodukt (BIP)}}$

Mit erheblichen öffentlichen Subventionen wurde eine Handy-Produktion des finnischen Handy-Herstellers Nokia in Bochum aufgebaut. 2008 verlagerte Nokia seine Handy-Produktion von Bochum nach Cluj in Rumänien, weil nach Konzernangaben die Produktion in Deutschland zu teuer geworden sei. Auch für den Aufbau des Standortes Cluj nahm Nokia erneut beträchtliche staatliche Zuschüsse in Anspruch. 2011 wurde – angeblich wieder aus Kostengründen – die Fabrik in Cluj wieder geschlossen, weil Nokia die Handy-Produktion in das noch kostengünstigere Vietnam verlagert. Ebenso wie zuvor deutsche Behörden, will nun auch Rumänien zumindest einen Teil der Ansiedlungssubventionen zurückhaben.

Die langfristig wichtigste Voraussetzung für **Wettbewerbsfähigkeit** sowohl eines Unternehmens als auch einer ganzen Volkswirtschaft sind gut ausgebildete Mitarbeiter mit der Fähigkeit, qualitativ hochwertige Produkte herzustellen, Innovationen in Gang zu setzen und neue Produktions- und Dienstleistungsverfahren umzusetzen.

„Die Wettbewerbsfähigkeit eines Landes beginnt nicht in der Fabrikhalle oder im Forschungslabor. Sie beginnt im Klassenzimmer."

Henry Ford (1863–1947), amerikanischer Autobauer

Institutionen

Zu den standortbezogenen Wettbewerbsparametern zählen auch Institutionen. Im weiteren Sinne gehören dazu das jeweilige Wirtschafts-, und Gesellschafts- und Rechtssystem Im engeren Sinne gehören dazu Gesetze und Verträge, aber auch Organisationen und Konventionen.

Korruptionsindex 2017

Rang	Land	CPI*	Rang	Land	CPI*
180	Somalia	9	42	Spanien	57
135	Russland	29	23	Frankreich	70
81	Türkei	40	16	USA	75
77	China	41	12	Deutschland	81
71	Bulgarien	43	8	Großbritannien	82
59	Griechenland	48	3	Schweiz	85
54	Italien	50	2	Dänemark	88

* CPI = Corruption Perceptions Index

Quelle: Transparency International

Der **institutionelle Wettbewerb** wird oft auch als **Systemwettbewerb** bezeichnet. Je nach Ausprägung können die Institutionen eines Landes einen Standort begünstigen oder benachteiligen. Einen Standort benachteiligende Institutionen sind beispielsweise mangelnde öffentliche Sicherheit, Rechtsunsicherheit, Korruption, Bürokratisierung. Soweit öffentliche Institutionen betroffen sind, wird von **„guter Regierungsführung"** (engl. **„Good Governance")** oder von **„schlechter Regierungsführung"** (engl. **„Bad Governance")** gesprochen.

Steuern

Die für Unternehmen relevanten Steuern sind von Land zu Land unterschiedlich. In Deutschland sind es vor allem Einkommensteuer bzw. Körperschaftsteuer, Gewerbesteuer, Grunderwerbsteuer, Grundsteuer, Erbschafts- und Schenkungssteuer. Die tatsächlichen Steuerbelastungen von Unternehmen sind international nur schwer exakt zu ermitteln und wegen der unterschiedlichen Steuerarten auch nicht ohne Weiteres miteinander zu vergleichen.

Internationale Unternehmensbesteuerung 2015

Land	Besteuerung (%) *
USA	39,62
Frankreich	38
Japan	32,79
Italien	31,4
Deutschland	29,83
Großbritannien	20
Rumänien	16
Irland	12,5
Bulgarien	10

* Belastung des Gewinns von Kapitalgesellschaften (Körperschaftsteuern, Gewerbeertragssteuern und vergleichbare andere Steuern)

Quelle: Bundesfinanzministerium

Viele Länder versuchen, mit niedrigen Unternehmenssteuern Investitionen ins eigene Land zu holen **(„Steuerdumping").** Dieser **„internationale Steuerwettbewerb"** geschieht teilweise so offenkundig, dass oft auch von einem **„internationalen Steuerwettlauf"** gesprochen wird.

Irland verweigert Erhöhung der Unternehmenssteuern

BERLIN (...) – Nach dem Antrag Irlands auf Milliarden-Hilfen aus dem Euro-Rettungsfonds mehren sich die Forderungen nach Steuererhöhungen in dem angeschlagenen EU-Staat. Der irische Finanzminister lehnt eine Erhöhung der Unternehmenssteuer-Sätze des Landes aber strikt ab. Deutsche Politiker sind aufgebracht. In Brüssel wurde allerdings damit gerechnet, dass Irland bei seiner Haushaltskonsolidierung neben schmerzhaften Einsparungen auch um Steuererhöhungen nicht herumkommen wird. „Es ist wahrscheinlich, dass Irland kein Niedrigsteuerland mehr sein wird", sagte ein Sprecher des EU-Wirtschaftskommissars.

Unternehmen nutzen die unterschiedlichen Steuersätze nicht nur bei einer Standortentscheidung, sondern auch, um Steuern zu sparen. Hat ein Unternehmen Standorte in verschiedenen Ländern mit unterschiedlicher Besteuerung, kann es – durchaus legal – durch entsprechende Verrechnungspreise zwischen den Standorten höhere Kosten dort ansetzen, wo die Steuern hoch sind, und Gewinne dort anfallen lassen, wo die Steuern niedrig sind **(„Steuerverlagerung").**

Konzerne verlagern Gewinne in Niedrig-Steuerländer

FRANKFURT (...) – Internationale Konzerne haben derzeit eine Fülle legaler Manipulationsmöglichkeiten. So kann ein deutscher Autohersteller an seine Tochter in der Slowakei hohe Preise für Lieferungen zahlen, damit die dortige Tochter höhere Gewinne macht, die mit einem niedrigen Steuersatz versteuert werden. Er kann aber auch niedrige Preise festsetzen, wenn der Gewinn der Muttergesellschaft vergrößert werden soll.

Steuerverlagerungsmöglichkeiten verzerren den Wettbewerb zwischen den Standorten und führen zu Steuereinnahmen in einem Land auf Kosten eines anderen Landes. Daher bemühen sich insbesondere Länder mit höheren Steuersätzen, die Verlagerung von Steuern einzudämmen.

Steuerverlagerung ins Ausland verhindern.

Antrag der Fraktion Bündnis90/Die Grünen zur Beratung im Deutschen Bundestag 2008.

Mit unserem Antrag fordern wir die Bundesregierung klar und deutlich dazu auf, konsequent gegen die zunehmende Steuerverlagerung ins Ausland vorzugehen. ... Solange es keinen wirklich fairen Steuerwettbewerb zwischen den Ländern gibt, muss sich Deutschland gegen die Erosion der Steuereinnahmen durch Verlagerung von Einkünften in Niedrig- oder gar Nichtsteuergebiete besser als bisher schützen. ...

Unterschiedliche Sätze für die Unternehmensbesteuerung bestehen auch zwischen EU-Ländern. Daher hat sich auch die EU des Problems angenommen.

EU will gemeinsames Steuerrecht für Konzerne

FRANKFURT (...) – Die Unternehmenssteuern in Europa sollen künftig einheitlich berechnet werden. Die EU-Kommission will im März vorschlagen, eine einheitliche Gewinnberechnung für Unternehmen einzuführen, die in mehreren Ländern tätig sind. Der Gewinn würde dann je nach Größe der Geschäfte in den einzelnen Ländern aufgeteilt. Dann würde es sich nicht mehr lohnen, Gewinne in die Staaten zu verlagern, die die niedrigsten Steuersätze haben.

Allerdings gibt es Widerstände gegen das Modell. Irland etwa profitiert davon, dass internationale Konzerne ihre Europazentrale in das Land verlegt haben, auch wenn dort nur ein kleiner Teil ihres Europageschäfts stattfindet.

OECD-G20-Initiative gegen Gewinnverschiebungen in Niedrigsteuer-Länder

MOSKAU (...) Die OECD soll für das nächste Treffen der G20-Staaten einen Aktionsplan zur Besteuerung multinationaler Unternehmen vorlegen. Ziel ist es, durch internationale Kooperation sowie gemeinsame Regeln und Standards zu verhindern, dass große grenzüberschreitend tätige Konzerne oft weniger Steuern zahlen als viele mittelständische Unternehmen. Gezielte Strategien der Gewinnverlagerung bei Firmen wie Starbucks, Apple, Google und Amazon hatten zuletzt für heftige Diskussionen gesorgt. Der deutsche Finanzminister: „Multinationale Unternehmen sollten nicht die Möglichkeit haben, die Globalisierung als Mittel für unfaires Steuersparen zu missbrauchen." Die Konzerne müssten einen fairen Anteil an Steuern dort entrichten, wo sie ihre Geschäfte und ihre Gewinne machten.

Umweltauflagen

Durch den zunehmenden internationalen Wettbewerb läuft die Umwelt Gefahr, noch stärker als mehr oder weniger kostenloses Rohstofflager und als Entsorgungseinrichtung für problematische Produktionsabfälle genutzt zu werden. Folgen dieser Entwicklung zeigen sich u.a. in der zunehmenden Luft-, Boden- und Wasserverschmutzung, dem Mangel an sauberem Trinkwasser, den wachsenden Abfallbergen, dem Klimawandel, dem Ozonloch, in gentechnisch veränderten Lebensmitteln, im Abholzen der Tropenwälder.

Ein stärkerer Schutz der Umwelt ist mit höheren Kosten bei der Güterproduktion verbunden. Bei nationalen Alleingängen zum Umweltschutz besteht die Gefahr, dass Unternehmen Teile ihrer Produktion in Länder mit geringeren Umweltschutzstandards verlegen, um Kosten einzusparen und günstiger produzieren zu können. Sind in einem Land die Umweltstandards geringer als in einem anderen Land, so sind damit betriebswirtschaftliche Wettbewerbsvorteile verbunden.

Trotz zahlreicher Umweltschutzkonferenzen, Klimaschutzprotokolle und Weltgipfel für nachhaltige Entwicklung fehlt es derzeit weitgehend an weltweit gleichen und verbindlichen Umweltstandards. Manche Länder versuchen sogar, durch bewusst niedrige Umweltauflagen Unternehmen anzulocken **(Umweltdumping).**

5-DM-Sondermünze 1982.

10. Jahrestag der ersten Umweltschutzkonferenz in Stockholm.

Steuerdumping: Staaten erheben vergleichsweise geringe Steuersätze für Unternehmen.

Umweltdumping: Güterproduktion ohne Rücksicht auf ökologische Erfordernisse.

Sozialdumping: Niedrige Sozialstandards ermöglichen eine kostengünstigere Produktion.

BASF verlagert Gentechnik in die USA

FRANKFURT (...) Wegen der breiten Ablehnung der Gentechnik in Europa verlagert der deutsche Chemiekonzern BASF diese Sparte komplett in die USA. Die Zentrale der BASF-Pflanzengentechnik werde von Limburgerhof nahe Ludwigshafen in den US-Bundesstaat North Carolina verlegt, teilte BASF mit. Künftig werde man das Geschäft mit der Gentechnik auf Nord- und Südamerika konzentrieren. Im Zuge der Umorientierung sollen rund 120 Stellen in die USA verlagert werden, knapp 80 Stellen will die Gentechniksparte in den nächsten zwei Jahren streichen.

Die sogenannten **weichen Standortfaktoren** spielen bei der Entscheidung, in welchem Land ein Standort errichtet wird, keine besondere Rolle. Bei der Entscheidung allerdings, wo in einem bestimmten Land ein Unternehmen sich ansiedelt, werden sehr wohl auch die weichen Standortfaktoren bei der Auswahl berücksichtigt.

Harte Standortfaktoren schlagen sich unmittelbar in Kosten nieder.

Weiche Standortfaktoren lassen sich nicht unmittelbar in Kosten-Nutzen-Analysen quantifizieren, sondern stellen eine selektive Clusterung all der Faktoren dar, die auf dem individuellen Raumempfinden der Menschen in ihrer Lebens- und Arbeitswelt basieren.

Gablers Wirtschaftslexikon

Weiche Standortfaktoren sind u. a.:

- Image des Standortes
- Bildungs- und Kulturangebot
- Medizinische Versorgung
- Erholungs- und Freizeitangebot
- Wohn- und Einkaufsmöglichkeiten.

13.3.3.2 Wachstum des Welthandels

Liberalisierung des Welthandels, Verbesserung der Transportmöglichkeiten sowie der Informations- und Kommunikationsmöglichkeiten, Zunahme der internationalen Arbeitsteilung und ähnliche Faktoren haben in den vergangenen Jahrzehnten zu einem stürmischen Wachstum des Welthandels geführt.

Gehandelt werden Rohstoffe, Energie, Vorprodukte, Fertigwaren und Dienstleistungen. Die größten Handelsgruppen sind Energierohstoffe und technische Produkte.

Die größten Handelsströme fließen zwischen Nordamerika und Asien, zwischen Europa und Asien sowie zwischen Europa und Nordamerika.

Der weltweite Handel ist bedeutend schneller gewachsen als das weltweite Wirtschaftswachstum.

Waren des Welthandels

	Exporte 2016 Mrd. Dollar
Maschinen, Kraftwerke, Schiffe, Flugzeuge	2.686
EDV, Telekommunikation, Büromaschinen	1.674
Nahrungsmittel, Agrarprodukte	1.591
Energierohstoffe	1.512
Kraftfahrzeuge	1.362
Chemieprodukte	1.280
Konsumgüter	1.129
Halbwaren	1.040
Sonstige	3.220
Gesamt	**15.494**

Quelle: WTO

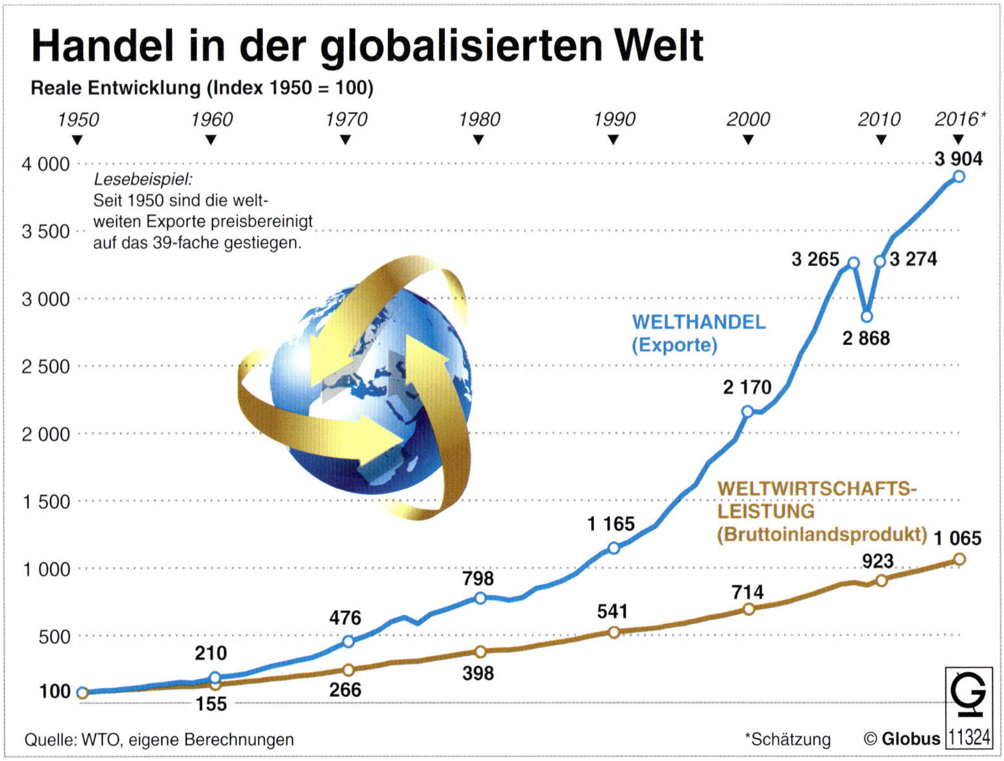

Die Beteiligung der Staaten am Welthandel ist ungleich. Während auf die fortgeschrittenen Industrieländer etwa zwei Drittel der Weltexporte, aber nur 15 % der Weltbevölkerung entfallen, sind die Entwicklungsländer und teilweise auch die Schwellenländer gemessen an ihrer Bevölkerungszahl unterproportional am Welthandel beteiligt. Diese Ungleichverteilung liegt zum Teil auch daran, dass die Industrieländer ihre Agrarmärkte gegen Produkte aus Entwicklungsländern abschotten.

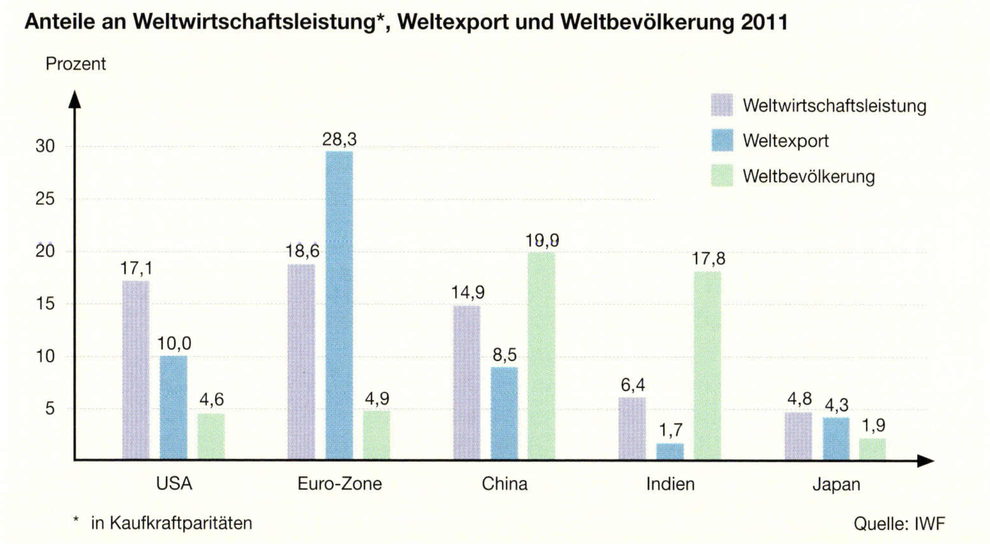

Entwicklungsländer: Länder, die im Vergleich zu Industrieländern einen deutlichen Entwicklungsrückstand aufweisen. Merkmale u. a.: Schlechte Versorgung großer Teile der Bevölkerung mit Nahrungsmitteln; niedriges Pro-Kopf-Einkommen; mangelhafte Gesundheitsversorgung; mangelhafte Bildungsmöglichkeiten.

Der Entwicklungsausschuss **DAC** (englisch: Development Assistance Committee) der *Organisation für wirtschaftliche Zusammenarbeit und Entwicklung* **(OECD)** erstellt eine Liste der Entwicklungsländer aufgrund des Pro-Kopf-Einkommens, die alle drei Jahre aktualisiert wird.

Schwellenländer: Staaten, die aufgrund ihrer wirtschaftlichen Leistungskraft nicht mehr zu den Entwicklungsländern gezählt werden, aber auch noch nicht zu den Industrieländern gerechnet werden können (engl. = Newly Industrialized Countries, **NIC).** Beispiele: **BRICS-Staaten** (Brasilien, Russland, Indien, China, Südafrika).

Industrieländer: Technisch hoch entwickelte Länder mit hohem Pro-Kopf-Einkommen, hoher Funktionsfähigkeit des Staates und des Wirtschaftssystems. Trotz Zunahme des Dienstleistungssektors werden diese Länder weiterhin als Industrieländer bezeichnet (engl. Developed Country).

Ein beträchtlicher Teil des Handels entfällt auf den Handel innerhalb von multinationalen Unternehmen. Zahlreiche Unternehmen fertigen Teile ihrer Produkte in ausländischen Tochterunternehmen und transportieren sie dann zur Weiterverarbeitung in andere Länder.

Durch die internationale Arbeitsteilung und den weltweiten Warenaustausch wachsen allerdings auch die Abhängigkeiten des Warenverkehrs von politischen Entwicklungen und von einem reibungslosen Ablauf.

Deutschem Elektrohandel geht der Nachschub aus

FRANKFURT (...) Fünf Wochen nach der Erdbeben- und Tsunamikatastrophe in Japan bekommen Verbraucher in Deutschland die Folgen zu spüren. Bei Produkten wie Kameras, Handys, Laptops oder LCD-Fernsehern, die auf Komponenten aus Japan angewiesen sind oder in dem Land gefertigt werden, seien ab Ende April merkliche Einschränkungen im Sortiment zu erwarten, schreibt die „Financial Times Deutschland" am Montag. Dies sei das Ergebnis einer Umfrage bei Herstellern und Händler.

13.3.3.3 Deregulierung der Finanzmärkte

Finanzmärkte sind alle Märkte, auf denen mit Kapital gehandelt wird. Teilmärkte sind der **Geldmarkt,** der **Kreditmarkt** und der **Devisenmarkt.**

Auf den Finanzmärkten ist die Globalisierung zweifellos am weitesten fortgeschritten. Wesentliche Ursache hiefür ist die in den 80er- und 90er-Jahren des 20. Jh. in vielen Ländern erfolgte Deregulierung der Finanzmärkte und die damit einhergehende Liberalisierung des Kapitalverkehrs.

Deregulierung bezeichnet die Vereinfachung von Beziehungen durch Aufgabe oder Reduktion staatlicher Vorgaben und Begrenzungen.

Die Vorgänge an den Finanzmärkten bergen ein nicht unerhebliches Risiko für die Weltwirtschaft in sich. Neben den gigantischen Summen, die weltweit täglich an den Börsen fließen, bereitet insbesondere der hohe Anteil spekulativen Kapitals zunehmend Unbehagen. Die rund um den Globus vagabundierenden und oft nur noch von Computern gesteuerten Finanzmittel können in der sensiblen weltwirtschaftlichen Architektur leicht zu Instabilitäten der Finanzmärkte, im schlimmen Falle zum Zusammenbruch von Unternehmen und ganzen Volkswirtschaften führen. Mitunter fließen riesige Geldströme in Länder, in denen sie vorübergehend einen hohen Gewinn versprechen, um dann bei einer Veränderung der Renditesituation ebenso schnell wieder abgezogen zu werden. Insbesondere finanzschwache Länder sind durch diese Devisenspekulation und dadurch möglicherweise hervorgerufene **Währungskrisen** gefährdet

Devisenmarkt

Auf dem Devisenmarkt, dem größtem der Finanzmärkte, werden täglich rund fünf Billionen Dollar umgesetzt, im Jahr über tausend Billionen Dollar. Der Markt besteht zu mehr als 60 Prozent aus dem Handel mit Devisenderivaten, aus Wetten auf zukünftige Entwicklungen der Währungen. Fünf Großbanken teilen sich die Hälfte des Umsatzes auf den Devisenmärkten.

Automatisierter Handel und Hochfrequenzhandel

Das weit verbreitete Unbehagen über die Vorgänge an Börsen und Finanzmärkten rührt auch daher, dass heute viele Entscheidungen von Computerprogrammen getroffen und Transaktionen selbstständig von Computern durchgeführt werden.

Beim automatisierten Handel entscheiden Computerprogramme mithilfe von Algorithmen über den Kauf und Verkauf von Wertpapieren *(Algorithmic Trading).* Der Faktor Mensch ist nicht mehr unmittelbar beteiligt.

Beim sogenannten Hochfrequenzhandel *(High Frequency Trading, HFT)* werden Wertpapiere in der Regel nur ganz kurz gehalten und oft in Sekundenbruchteilen gekauft und wieder verkauft. Angesichts der hohen Umsätze entscheiden oft Millisekunden über Gewinn oder Verlust an den Börsen.

Im August 2012 verlor der Finanzdienstleister Knight Capital Group wegen eines Softwarefehlers 440 Millionen Dollar und verursachte eine nachhaltigen Störung des Handels an der New Yorker Wall Street. Knight Capital entschuldigte – und rechtfertigte – sich mit dem Hinweis auf seine „Kultur des Risikos".

Automatisierter Handel und Hochfrequenzhandel werden als wesentliche Mitverursacher von Börsenkrisen und der Finanzmarktkrise von 2007/2008 angesehen. In etlichen Staaten wird inzwischen über ein Verbot, zumindest über eine stärkere Regulierung dieser Handelsformen, diskutiert.

Ein beträchtlicher Teil der Aktivitäten an den Finanzmärkten besteht in **Spekulationen.** Die Gegenstände sind vielfältig: Wetten gegen Währungen (bzw. gegen deren Wechselkurse), Wetten gegen Staaten (bzw. gegen Staatspapiere), Wetten gegen Aktienkurse. Wetten auf die Entwicklung von Rohstoffpreisen, Wetten auf die Entwicklung von Nahrungsmittelpreisen usw. Gerade Letzteres hat bei Finanzmarktkritikern scharfe Kritik hervorgerufen, da nach ihrer Ansicht, Nahrungsmittelpreise heute weniger durch Markteinflüsse als durch Spekulation bestimmt werden und durch die Spekulation erhöht werden. Den Finanzmarktakteuren haben diese Aktivitäten abfällige Bezeichnungen eingebracht: **Spekulanten, Zocker** usw.

Preisspekulation an der Nahrungsmittelbörse

BERLIN (...) – Alle 10 Sekunden verhungert ein Kind. Kann die Erde die gut 6 Milliarden Menschen nicht mehr ernähren? Nach Berechnungen der UNO gäbe es für doppelt so viele Menschen ausreichend Nahrungsmittel. Menschen verhungern, weil sie arm sind und weil die Preise an den Lebensmittelbörsen hochgetrieben werden. Spekulation ist nicht der einzige Grund für die Hungerkatastrophe, aber sie verschärft die Lage.

Mit der Deregulierung der Finanzmärkte hat sich der Staat weitgehend aus dem Bankensektor zurückgezogen und ihn überwiegend sich selbst überlassen. Heute besteht bei Experten kaum ein Zweifel daran, dass dies die eigentliche Ursache für den Beinahe-Zusammenbruch des Finanzsektors 2007/2008 war. Der vollständige Zusammenbruch konnte nur durch Stützung des Bankensektors mit riesigen Milliardenbeträgen verhindert werden.

Pleitebank braucht immer mehr Milliarden

MÜNCHEN (...) Die inzwischen verstaatlichte Münchner Immobilienbank Hypo Real Estate (HRE) stand in der Finanzkrise 2008 mehrfach vor dem Aus. Mit Staatshilfen von mehr als 100 Milliarden EUR wurde das Institut am Leben gehalten. Nun braucht die Bank erneut eine massive Geldspritze – 40 Milliarden EUR an Staatsgarantien.

Die Finanzmarktkrise schlug mit einiger Verzögerung auf die Realwirtschaft durch und führte 2008/2009 zur größten Weltwirtschaftskrise seit der Depression 1929/1930. Banken und andere Unternehmen gingen Pleite und erneut mussten die Staaten mit gewaltigen Konjunkturpaketen die Wirtschaft stützen.[1]

Nicht zuletzt, um den Gefahren sowohl für einzelne Länder als auch für die gesamte Weltwirtschaft entgegenzuwirken, werden in letzter Zeit Stimmen laut – von Politiker, Ökonomen, Gewerkschaftern und Nichtregierungsorganisationen –, die Finanzströme einer internationalen Kontrolle zu unterwerfen, d. h. diesen Teil der Bankgeschäfte wieder stärker zu regulieren. Darüber hinaus wird häufig gefordert, durch eine Besteuerung reiner Finanztransaktionen, ähnlich wie sie der amerikanische Ökonom James **Tobin** verlangt, deren Umfang zu reduzieren.

Tobin-Steuer (Tobin Tax)

Bereits 1972 schlug der amerikanische Nationalökonom James Tobin eine Steuer auf internationale Devisengeschäfte vor. Er wollte damit kurzfristige Spekulationen auf Währungsschwankungen eindämmen und erreichen, dass die Wechselkurse von Währungen stärker langfristige realwirtschaftliche als kurzfristige spekulative Erwartungen widerspiegeln.

[1] Vgl. auch Abschnitt 7.8 „Die Euro-Schuldenkrise“.

Elf EU-Länder wollen Finanztransaktionssteuer einführen

LUXEMBURG (...) – Das Projekt stand kurz vor dem Scheitern, nun kommt die Finanztransaktionssteuer doch – allerdings in einem kleinen Kreis: Elf EU-Länder haben sich dafür ausgesprochen, im Rahmen einer verstärkten Zusammenarbeit eine Finanztransaktionssteuer einzuführen. Da die EU-weite Einführung einer Finanztransaktionssteuer gescheitert war, haben sich besonders Deutschland und Frankreich für die Einführung einer Steuer im Rahmen der sogenannten verstärkten Zusammenarbeit eingesetzt. An der müssen sich mindestens neun EU-Länder beteiligen.

Probleme der Weltfinanzmärkte

- Gewaltiger Umfang der Finanztransaktionen.
- Transaktionen haben kaum noch Bezug zu realen Wirtschaftsvorgängen.
- Zum Teil hochkomplizierte Produkte (Derivate).
- Zum Teil hochspekulative Anlagen.
- Ein beträchtlicher Teil der Aktivitäten besteht in Wetten.
- Automatisierter Handel und Hochfrequenzhandel.
- Kaum staatliche Regulierung der Transaktionen.
- Konzentration auf einige wenige Banken.
- Finanzmarkttransaktionen werden nicht mit Steuern belastet.

Zusammenfassung Kapitel 13.3.3:
Merkmale der Globalisierung

- Die wichtigsten Merkmale der Globalisierung sind:
  - Internationaler Wettbewerb von Produkten, Unternehmen und Standorten,
  - Wachstums des Welthandels
  - Deregulierung der Finanzmärkte
- Internationaler Produktwettbewerb liegt vor, wenn in einem Land nicht nur heimische Produkte (Waren, Dienstleistungen, Finanzprodukte), sondern auch Produkte aus anderen Ländern angeboten werden.
- Internationaler Unternehmenswettbewerb wird vor allem als Kostenwettbewerb ausgetragen. Um im weltweiten Konkurrenzkampf bestehen zu können, haben sich viele Unternehmen zu internationalen Konzernen („Global Player“) entwickelt. Der internationalen Wettbewerbsfähigkeit dienen auch grenzüberschreitende Unternehmenskooperationen und -fusionen.
- Wichtiger Indikator für die Attraktivität und die internationale Wettbewerbsfähigkeit eines Standortes sind die ausländischen Direktinvestitionen.
- Bedeutsame Standortfaktoren sind:
  - Arbeitskräfte und Arbeitskosten
  - Institutionen
  - Steuern
  - Umweltauflagen

- Der weltweite Handel ist bedeutend schneller gewachsen als das weltweite Wirtschaftswachstum.
- Industrieländer sind überproportional, Entwicklungs- und Schwellenländer sind unterproportional am Welthandel beteiligt.
- Durch den weltweiten Warenaustausch wachsen die Abhängigkeiten des Warenverkehrs von politischen Entwicklungen und von einem reibungslosen Ablauf.
- Finanzmärkte sind alle Märkte, auf denen mit Kapital gehandelt wird. Teilmärkte sind der Geldmarkt, der Kreditmarkt und der Devisenmarkt.
- Die Deregulierung der Finanzmärkte in den 80er- und 90er-Jahren des 20. Jh. brachte eine beträchtliche Ausweitung der Finanzmarktaktivitäten, insbesondere im Bereich der spekulativen Transaktionen.
- Der gewaltige Umfang der Finanzmarkttransaktionen, die Bereitschaft von Banken und anderen Investoren, bei fehlender staatlicher Regulierung mit hochspekulativen und riskanten Produkten zu handeln, kann im Krisenfalle zu einer Bedrohung auch der Realwirtschaft führen.
- In der Finanzmarktkrise 2007/2008 mussten zahlreiche Banken durch riesige Milliardenbeträge aus öffentlichen Haushalten gestützt werden.

13.3.4 Folgen der Globalisierung

Bringt die Globalisierung eher Vorteile oder eher Nachteile? ?

Globalisierung: Vor- oder Nachteile?
Jugendliche in Deutschland (12–25 Jahre) gaben an:

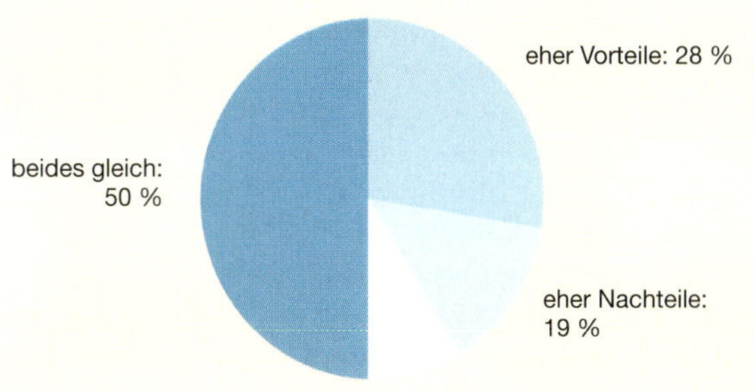

Quelle: Shell Jugendstudie 2010

Mit der Globalisierung sind zahlreiche politische, gesellschaftliche, ökonomische und ökologische Folgen verbunden. Die Frage, ob bestimmte Folgen eher als Vorteil oder als Nachteil zu sehen sind, ist kaum objektiv zu beantworten. Die Einschätzung hängt auch von subjektiven Sichtweisen, individuellen Grundeinstellungen und persönlichen Wertvorstellungen ab. Unabhängig davon, wie die Globalisierung gesehen wird: Aufhalten oder gar wieder rückgängig machen lässt sie sich nicht. So wird es für jedes Land, für jedes Unternehmen und für jedes Individuum darauf ankommen, die als vorteilhaft verstandenen Folgen zu stärken und die als nachteilig empfundenen Folgen zu mindern.

„Wir werden nicht gegen die Globalisierung, sondern nur mit ihr erfolgreich sein."

Horst Köhler, ehem. Deutscher Bundespräsident

Ob und inwieweit bestimme Entwicklungen von der Globalisierung beeinflusst werden, lässt sich im Einzelfall oft nur schwer sagen. Neben der Globalisierung wirken stets auch andere Faktoren auf die jeweilige Entwicklung, z. B. auf die Beschäftigungsentwicklung, ein. Der Beitrag eines einzelnen Faktors ist in einem solchen mehrfaktoriellen Ursache-Wirkungs-Verhältnis kaum zu isolieren.[1] Dennoch soll versucht werden, für einige Sachverhalte zumindest Tendenzen aufzuzeigen. Hierbei stehen ökonomische Tatbestände im Vordergrund, wobei jedoch bewusst sein muss, dass Globalisierung kein ausschließlich ökonomisches Phänomen ist. Folgen der Globalisierung zeigen sich vor allem in folgenden Bereichen:

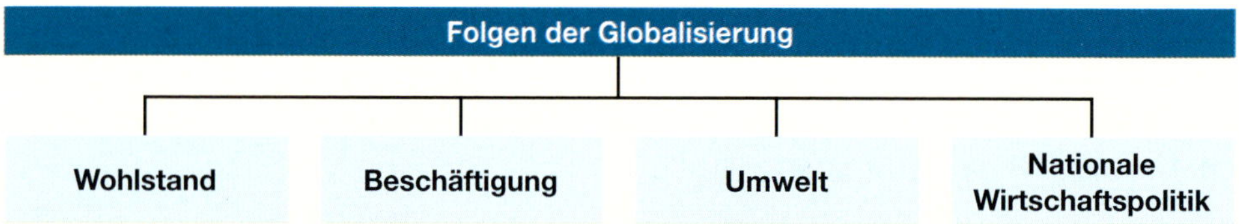

13.3.4.1 Globalisierung und Wohlstand

Nach der volkswirtschaftlichen Theorie führen zunehmende Arbeitsteilung und verstärkter Warenaustausch zu Wohlstandsgewinnen. Das gilt grundsätzlich auch für den Zusammenhang von Globalisierung und **Wohlstand.** Darüber hinaus fördern die im Durchschnitt steigenden Einkommen und dank des stärkeren Wettbewerbs niedrigeren Güterpreise den Wohlstand. Allerdings sind die Wirkungen in den einzelnen Ländern recht unterschiedlich. Entscheidend ist – neben der Verfügbarkeit über natürliche Ressourcen – die internationale Wettbewerbsfähigkeit von Volkswirtschaften. Wettbewerbsfähige Länder profitieren von der Globalisierung – zu ihnen wird auch Deutschland gezählt –, für weniger wettbewerbsfähige Länder hat sich die weltweite Öffnung der Märkte eher als nachteilig erwiesen.

In vielen Ländern Afrikas, Lateinamerikas, dem Nahen Osten und in großen Teilen Asiens hat die **Armut** zum Teil absolut, zum Teil relativ zugenommen. Absolute Armutszuname bedeutet, dass das verfügbare Einkommen pro Kopf geringer geworden ist. Relative Armutszuname bedeutet, dass das verfügbare Einkommen pro Kopf zwar gestiegen ist, aber langsamer als in anderen Ländern, so dass die Einkommensunterschiede zugenommen haben.

[1] Vgl. hierzu auch die Ausführungen zur Ceteris-paribus-Klausel im Kapitel „Erkenntnisobjekt, Gegenstände und Methoden der Volkswirtschaftslehre".

Inwieweit die Globalisierung für diese Entwicklung verantwortlich ist, ist schwer zu sagen. Die Mehrzahl der Armutsländer weist ein hohes Bevölkerungswachstum auf. Wenn das Wirtschaftswachstum hiermit nicht Schritt halten kann, sinkt statistisch das Einkommen pro Kopf. In etlichen der Länder herrschen auch hausgemachte Misswirtschaft und Korruption, häufig auch Bürgerkriege oder sonstige, der wirtschaftlichen Entwicklung abträgliche Zustände.

Ohne Zweifel hat aber auch die Globalisierung ihren Beitrag geleistet. Zwar sind durch die Globalisierung auch in armen Ländern Arbeitsplätze und damit Einkommen entstanden. Während jedoch die Bedingungen für transnationale Konzerne durch Liberalisierung und zahlreiche Abkommen verbessert wurden, hat sich kaum jemand der Interessen der Arbeitnehmer angenommen. Sie waren häufig die Verlierer im Rennen um die niedrigsten Löhne und die schlechtesten Standards im internationalen Wettbewerb.

Reiche und arme Länder			
Reiche Länder		Arme Länder	
Land	Bruttonationaleinkommen je Einwohner und Jahr in US-Dollar	Land	Bruttonationaleinkommen je Einwohner und Jahr in US-Dollar
Norwegen	93.820	Burundi	260
Schweiz	84.180	Zentralafrik. Republik	320
Australien	60.070	Malawi	350
Dänemark	58.590	Liberia	380
Schweden	57.810	Niger	390
USA	54.960	Kongo	410
Österreich	47.120	Madagaskar	420
Finnland	46.360	Gambia	460
Deutschland	45.790	Guinea	470
Großbritannien	43.340	Togo	540
Frankreich	40.580	Mozambik	580
Japan	36.680	Guinea-Bissau	590
Italien	32.790	Äthiopien	590
Stand: 2015			Quelle: Weltbank

13.2.4.2 Globalisierung und Beschäftigung

Der Zusammenhang zwischen Globalisierung und **Beschäftigung** ist insgesamt sowohl in seinen quantitativen Dimensionen als auch in seinen Wirkungen und Wechselwirkungen noch recht wenig bekannt und daher Gegenstand zahlreicher wissenschaftlicher Forschungsprojekte. Es lassen sich daher derzeit nur Tendenzen aufzeigen.

Steigender Wohlstand führt zu steigender Nachfrage. Auch die weltweite Verfügbarkeit der Produkte stimuliert die Nachfrage. Wachsende Nachfrage schafft tendenziell zusätzliche Arbeitsplätze. Im Gegenzug zwingt der starke internationale Wettbewerb die Unternehmen zur Rationalisierung und zur Kostendämpfung. Beides kostet Arbeitsplätze. Nach Einschätzung von Experten überwiegt jedoch der positive Effekt der Globalisierung auf die Beschäftigung.

Im Zuge der Globalisierung findet häufig eine **Beschäftigungsverlagerung** statt. Vor allem die Produktion arbeitsintensiver Güter wandert in Länder mit niedrigen Arbeitskosten

(Niedriglohnländer). Für Unternehmen ist es in der Regel auch vorteilhaft, nahe an den Absatzmärkten zu produzieren. Einem Anstieg der Beschäftigung in entsprechenden Ländern stehen Arbeitsplatzverluste, vor allem für gering Qualifizierte, in Ländern mit höheren Lohnkosten gegenüber.

Produktions- und Beschäftigungsverlagerungen sind zunächst einmal mit Verlusten für den heimischen Arbeitsmarkt verbunden. Allerdings ergeben sich oft auch positive Rückwirkungen. Wenn ein Unternehmen Teile seiner Produkte in Niedriglohnländern fertigen lässt, senkt das die Kosten für das Endprodukt und sichert auf diese Weise auch Beschäftigung im Inland. Das gilt für das exportorientierte Deutschland in besonderer Weise. Die deutschen Exporterfolge beruhen auf der hohen Wettbewerbsfähigkeit deutscher Produkte, und die schlägt sich neben der Qualität und anderen Faktoren eben auch in wettbewerbsfähigen Preisen nieder.

Der internationale Wettbewerb schließt auch den Kampf um Arbeitsplätze ein. Da die **Arbeitskosten** ein wichtiger Faktor bei Standortentscheidungen sind, bemühen sich viele Länder, bei den Arbeitskosten für Unternehmen „attraktiv" zu sein. Das führt zu niedrigeren Löhnen **(„Lohndumping"),** geringeren Sozialleistungen, geringerer Arbeitsplatzsicherheit und weniger Mitwirkungsrechten der Beschäftigten.

13.3.4.3 Globalisierung und Umwelt[1]

Die **Umwelt** wird oft als eindeutiger Verlierer der Globalisierung gesehen. Verantwortlich für diese Einschätzung sind u.a. folgende Entwicklungen:

- Neben der Zunahme der Weltbevölkerung, fortschreitender Industrialisierung und wachsendem Wohlstand führt auch die Globalisierung zu einem vermehrten Abbau natürlicher Rohstoffe.
- Der Rohstoffabbau liegt zu einem großen Teil in den Händen kapitalstarker transnationaler Unternehmen, die auf nationale, regionale und Umweltbedürfnisse bestenfalls bedingt Rücksicht nehmen.
- Der stark angestiegene weltweite Warenaustausch hat zu einer enormen Steigerung der Transporte zu Lande, zu Wasser und in der Luft geführt mit entsprechend nachteiligen Folgen für die Umwelt (Verschmutzung der Weltmeere, Schädigung der Ozonschicht, Treibhauseffekt usw.).
- Durch fortschreitende Industrialisierung und steigenden Wohlstand nehmen auch Abfallberge und umweltschädliche Emissionen erheblich zu. Die Umwelt wird dabei allzu oft als Mülldeponie zum Nulltarif missbraucht.
- Die Globalisierung hat auch den sogenannten **„Mülltourismus"** verstärkt. Strengere nationale Umweltschutzvorschriften werden durch den Export von Müll in andere Länder, insbesondere auch in Entwicklungsländer, umgangen.

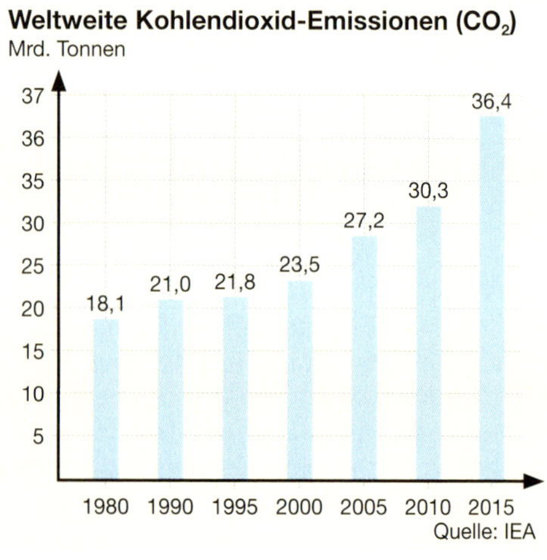

[1] Vgl. hierzu auch Kapitel 12 „Ökonomie und Ökologie".

- Da Umweltauflagen zu den Kriterien für Standortentscheidungen gehören, versuchen manche Länder, durch geringe Umweltstandards Unternehmen zur Ansiedlung zu bewegen **(„Umweltdumping")**, was dazu führen kann, dass umweltunfreundlich und daher kostengünstiger hergestellte Produkte die umweltfreundlicher hergestellten und daher teureren Produkte vom Markt verdrängen.

Umweltschädigungen, insbesondere Schädigungen von Wasser und Luft, halten sich nicht an nationale Grenzen und sind daher in besonderer Weise eine Form von Globalisierung. Der grenzüberschreitende Charakter vieler Umweltschädigungen hat zu der Einsicht geführt, dass ein breiter internationaler Konsens zur Einhaltung bestimmter Umweltstandards nötig ist. Auf zahlreichen **Weltklimagipfeln** und **Umweltschutzkonferenzen** ist über solche Umweltstandards diskutiert und teilweise auch beschlossen worden. Allerdings zeigt sich hierbei auch, dass zum einen solche Beschlüsse oft nur durch weitgehende Kompromisse möglich sind und dass zum anderen oft die Umsetzung den Beschlüssen weit hinterherhinkt.

13.3.4.4 Globalisierung und nationale Wirtschaftspolitik

Die Globalisierung schränkt die Steuerungsmöglichkeiten nationaler Wirtschaftspolitiken immer mehr ein. Staaten sind in internationale Gemeinschaften und Abkommen eingebunden. Unternehmen agieren weltweit und werden von nationalen Regeln zunehmend unabhängig. Arbeitnehmer können sich dank grenzüberschreitender Mobilität und nahezu unbegrenzter Informations- und Kommunikationsmöglichkeiten weltweit um Arbeitsplätze bemühen. Die unterschiedlichen Wirtschaftseinheiten können sich den Einflussnahmen einzelner Staaten mehr und mehr entziehen.

Hieraus ergeben sich für nationale Wirtschaftspolitiken zwei Notwendigkeiten:

- Nach innen müssen Maßnahmen zur Verbesserung der internationalen Wettbewerbsfähigkeit ergriffen werden. Dazu gehören u.a. die Erhöhung der Produktivität und der Produktqualität durch Forschung und Entwicklung, die Qualifikation des Produktionsfaktors Arbeit (Investitionen in Bildung und Ausbildung), technisch anspruchsvolle und zuverlässige Infrastruktur (Transportwesen, Informations- und Kommunikationswege), Effizienz von Institutionen.
- Nach außen müssen die Bemühungen um international einheitliche Standards verstärkt werden (Steuern, Umweltstandards, Arbeitnehmerrechte usw.). Das kann durch internationale Abkommen oder durch Übertragung von Aufgaben auf übernationale Einrichtungen geschehen. So wird beispielsweise die Einrichtung eines Welt-Umweltministeriums, z. B. bei den Vereinten Nationen, für notwendig, allerdings auch für unrealistisch gehalten. Internationale Verpflichtungen sind für die Nationalstaaten mit einem Souveränitätsverlust verbunden, der oftmals sachlich notwendige Vereinbarungen verhindert.

Zusammenfassung Kapitel 13.3.4:
Folgen der Globalisierung

- Mit der Globalisierung sind zahlreiche politische, gesellschaftliche, ökonomische und ökologische Folgen verbunden.
- Zu den ökonomisch relevanten Zusammenhängen gehören:
  - Globalisierung und Wohlstand.

    Arbeitsteilung, Warenaustausch, steigende Einkommen und sinkende Güterpreise fördern tendenziell den Wohlstand. Die Wohlstandsfolgen sind jedoch recht unterschiedlich verteilt. Es gibt Profiteure und Verlierer der Globalisierung.
  - Globalisierung und Beschäftigung.

    Der Zusammenhang ist bisher nur unzureichend erforscht. Steigender Wohlstand und steigende Nachfrage führen zu zusätzlichen Arbeitsplätzen. Rationalisierung und Kostendämpfung infolge des internationalen Wettbewerbsdrucks vernichten Arbeitsplätze. Vor allem gering qualifizierte Beschäftigte müssen mit Arbeitsplatzverlusten rechnen. Massenproduktion und arbeitsintensive Produktion wandern in Niedriglohnländer.
  - Globalisierung und Umwelt

    Die Umwelt wird oft als eindeutiger Verlierer der Globalisierung gesehen. Vermehrter Abbau natürlicher Rohstoffe, enorme Steigerung der Transporte zu Lande, zu Wasser und in der Luft, steigendes Abfallaufkommen und fehlende internationale Umweltstandards führen zu einer zunehmenden Schädigung der Umwelt.
  - Globalisierung und nationale Wirtschaftspolitik

    Die Globalisierung schränkt die Steuerungsmöglichkeiten nationaler Wirtschaftspolitiken immer mehr ein. Wirtschaftseinheiten können sich den Einflussnahmen einzelner Staaten mehr und mehr entziehen. Das zwingt die Staaten, im Inneren ihre internationale Wettbewerbsfähigkeit zu verbessern und nach außen sich um international einheitliche Standards zu bemühen.

Aufgaben zum Üben und Vertiefen

Kapitel 13 Wettbewerb, Wettbewerbspolitik und Globalisierung

1. Was wird unter „wirtschaftlichem Wettbewerb" verstanden?
2. Von Friedrich dem Großen ist aus dem Jahre 1786 folgende Aussage überliefert:

   „Wenn das Eisen und Stahl im Lande gemacht wird, ist das eine sehr gute Sache; aber ein Monopolium wollte Ich nicht gerne haben, denn das hat immer einen üblen Erfolg. Der Monopolist wendet keinen rechten Fleiß und Betriebsamkeit an auf die Sache, weil er niemanden neben sich hat, der ihm nacheifert. Daraus kommt denn, dass er seine Arbeit negligiert[1], und schlechte Waren macht; Hat er aber einen neben sich, so obligiert[2] ihm das, mehr Fleiß anzuwenden und bessere Arbeit zu machen."

   Geben Sie mit eigenen Worten wieder, warum Friedrich der Große Wettbewerb als wichtig ansah.

[1] negligieren = vernachlässigen

[2] obligieren = anspornen

3 Prüfen Sie, ob ein Zusammenhang zwischen der Stärke des Wettbewerbs und der Marktform besteht. Begründen Sie Ihre Auffassung.

4 Nennen und erläutern Sie mindestens drei Funktionen des Wettbewerbs.

5 Nennen Sie mindestens je drei Vorteile und Nachteile von Kooperation und Kooperation.

6 Ein Grund für Kooperation oder Konzentration von Unernehmen ist, dass durch höhere Stückzahlen die Kosten gesenkt werden können. Begründen Sie dies.

7 Nennen Sie aus der jüngeren Vergangenheit je zwei Beispiele für

- horizontale
- vertikale
- diagonale

Unternehmenszusammenschlüsse.

8 Beschreiben Sie die Konzentrationsformen Kartell, Konzern und Trust.

9 Zwei Banken schließen sich zu einer gemeinsamen neuen Bank zusammen. Um welche Art von Zusammenschluss handelt es sich?

10 Begründen Sie, warum in einer Marktwirtschaft Kartelle grundsätzlich verboten sind.

11

EON darf Ruhrgas übernehmen

BERLIN (...) – Gegen den Willen des Bundeskartellamtes und gegen Bedenken von Verbraucherschützern hat die Bundesregierung gestern die Übernahme der Ruhrgas AG durch den Energiekonzern EON erlaubt.

Das Bundeswirtschaftsministerium begründete die Ministererlaubnis damit, dass allein ein so großer Konzern, wie er durch die Fusion entstehe, die Preisstabilität, den Wettbewerb und die langfristige Versorgung Deutschlands im internationalen Gasmarkt garantieren könne.

Demgegenüber befürchten Verbraucherschützer durch die Fusion höhere Kosten für Strom und Gas. Nach Auffassung des Bundes der Energieverbraucher werde durch die Fusion dem Wettbewerb auf dem deutschen Strom- und Gasmarkt der Todesstoß versetzt.

a) Nennen und analysieren Sie die Gründe des Ministers für die Erteilung der Ausnahmeerlaubnis.

b) Nennen und analysieren Sie die Gründe der Verbraucherschützer und des Bundes der Energieverbraucher.

Wägen Sie beide Positionen gegeneinander ab, treffen Sie selbst eine „Entscheidung" und begründen Sie Ihren Standpunkt.

12 Nennen Sie mindestens drei Maßnahmen, die der Staat zur Förderung von Wettbewerb ergreifen kann.

13 Was ist das wichtigste Ziel der Fusionskontrolle?

14 Nennen Sie mindestens drei Vorgänge, bei denen das Bundeskartellamt von einem Missbrauch einer marktbeherrschenden Stellung ausgeht.

15 Nennen und erläutern Sie kurz mindestens drei Bereiche der Wettbewerbspolitik der EU.

16 Eine institutionalisierte weltweite Wettbewerbsordnung besteht nicht.

a) Was spricht für die Notwendigkeit einer Weltwettbewerbsordnung?

b) Was müsste eine Weltwettbewerbsordnung mindestens regeln?

c) Was steht einer Weltwettbewerbsordnung vor allem entgegen?

17 In der Finanzkrise 2007/2008 verlangten etliche Euro-Länder von Irland eine Erhöhung der Unternehmenssteuern im Gegenzug zu europäischen Finanzhilfen. Irland lehnte dies ab. Der irische Finanzminister begründete die Weigerung Irlands damit, dass die dank der geringen Unternehmenssteuern nach Irland fließenden Investitionen überwiegend nicht aus EU-Ländern kämen, und somit läge kein Wettbewerb mit anderen EU-Staaten vor.

Hatte der irische Finanzminister recht? Begründung.

18 Was wird unter „Wirtschaftlicher Globalisierung" verstanden?

19 Nennen und beschreiben Sie drei Ursachen der Globalisierung.

20 Nennen und beschreiben Sie drei Merkmale der Globalisierung.

21 Über welche Faktoren wird Standortwettbewerb betrieben?

22 Für internationale Vergleiche wird häufig die Höhe der Arbeitskosten je Stunde herangezogen. Warum sind Lohnstückkosten in vielen Fällen aussagefähiger?

23 Was ist „Steuerdumping"?

24 In welchen Bereichen machen sich die Folgen der Globalisierung besonders bemerkbar?

25 Warum wird häufig die Umwelt als eindeutiger Verlierer der Globalisierung bezeichnet?

Stichwortverzeichnis

H

I